【西域历史语言研究译丛】

蒙古入侵时期的突厥斯坦

［俄］巴托尔德／著

张锡彤 张广达／译

上

西域历史语言研究译丛

主 编
沈卫荣 李 肖

编委会
(按姓氏笔画为序)
马小鹤 王立翔 乌云必力格 刘迎胜 汤士华
毕 波 李 肖 芮传明 余太山 沈卫荣 张勇兵
府宪展 孟宪实 荣新江 侯世新 徐文堪

作者像

Академик

В.В. БАРТОЛЬД

I

ТУРКЕСТАН В ЭПОХУ МОНГОЛЬСКОГО НАШЕСТВИЯ

ИЗДАТЕЛЬСТВО
ВОСТОЧНОЙ ЛИТЕРАТУРЫ
Москва · 1963

《巴托尔德院士全集》第一卷 《蒙古人侵时期的突厥斯坦》俄文版扉页

TURKESTAN
DOWN TO THE MONGOL INVASION

BY W. BARTHOLD

E. J. W. GIBB MEMORIAL TRUST

《蒙古入侵时期的突厥斯坦》 英文版扉页

《西域历史语言研究译丛》编辑缘起

近年来我国学术界非常重视对国学,即中华民族传统文化的研究,并以中国学术要与国际学术接轨为号召。西域研究,尤其是对曾经生活于中国西部地区诸民族传统文化的研究,是中国多民族国家传统文化研究的一个不可分割的组成部分。由于古代的西域是一个民族迁徙、融合十分频繁的地带,亦是东西文化交流的一个中心枢纽,对西域历史、语言、宗教和文化的研究是一门关涉多种学科的非常国际化的学问。是故重视吸收海外西域研究的成果,不但有利于提高中国学者之西域研究的水准,而且亦有助于促进我国学术研究的国际化。有鉴于此,中国人民大学国学院、吐鲁番学研究院和上海古籍出版社决定联合编辑、出版《西域历史语言研究译丛》。

西域研究在中国的开展,曾与近代中国的形成密不可分。清末中国受西方殖民主义势力的侵略,出现了前所未有的边疆危机。当时相当数量的爱国学者积极投身于"西北舆地之学"的研究,其成果对于中国领土不受瓜分和中国作为一个民族国家的地位的确立和边疆疆域的界定发挥了积极的作用。但是,中国的"西北舆地之学"自清嘉、道以后,就因缺乏新资料、新方法而渐趋衰落,而西方的西域历史语言研究却因另辟蹊径而成绩斐然。以法国学者伯希和为代表的一批在西方学术界享有盛誉的汉学、西域研究学者在中国的西北地区,特别是敦煌和吐鲁番劫走了大量珍贵的西域古文献,他们利用历史语言学的方法,用汉语古音和民族、异国语言互相勘同、比对等方法来处理、解释这些多种语言的古文献资料,其成就超出了中国传统的"西北舆地之学",在西方中国研究史上写下了辉煌的篇章。尽管今日世界的中国研究从方法到内容均已日趋多样化,但西域研究依然是具有相当大的影响力、能够凝聚世界各国学者的一个跨学科的学术领域。

从事西域历史语言研究对于中国学者来说具有西方学者不可企及的天然优势,不但数量庞大的有关西域的汉文古文献是西域历史、文化研究的坚实基础,而且西域语言中的大多数是中国国内诸多少数民族同胞依然在使用的活语言。中国学者本应在这个领域大有作为。令人遗憾的是,中国的西域研究虽然于上个世纪三、四十年代在王国维、陈寅恪、陈垣等一代杰出学者的倡导下有过短期的辉煌,但这个传统并没有得到很好的继承和发展。当王国维、陈寅恪今天被国人推为数一数二的国学大师时,中国的西域研究还没有走在世界的最前列。这样的局面将阻碍中国学术赶超世界一流水平的进程,更不利于多元文化在中国的同存共荣与和谐发展。我们编辑《西域历史语言研究译丛》,意在激励中国学者在这个特殊的领域内充分吸收国际学术界的优秀成果,然后发挥我们潜在的优势,扬长避短,冀在较短的时间内,缩短与国际一流学术水平间的距离,重兴绝学!

沈卫荣　李　肖
二〇〇七年五月

目 录

中文版译者序言（张锡彤、张广达）…………………………… 1
补记（张广达）……………………………………………………… 19

1968年英文译本第三版序言（博斯沃思）……………………… 1
1963年俄文本第二版序言（彼得鲁舍夫斯基）………………… 4
1928年英文译本第一版序言（丹尼森·罗斯）………………… 21
1958年英文译本第二版校订者附记（米诺尔斯基）…………… 24
瓦·弗·巴托尔德院士生平事略（彼得鲁舍夫斯基）………… 25

著者前言……………………………………………………………… 1

绪论　史料…………………………………………………………… 1
第一章　河中地理概述…………………………………………… 77
第二章　截至十二世纪的中亚史………………………………… 210
第三章　哈剌契丹人与花剌子模沙……………………………… 370
第四章　成吉思汗与蒙古人……………………………………… 433
第五章　〔蒙古人统治下的突厥斯坦（1227－1269年）〕…… 522

大事年表…………………………………………………………… 576
文献目录…………………………………………………………… 594

附录一 ………………………………………………………… 670
附录二 ………………………………………………………… 674
索引 …………………………………………………………… 682

跋语（徐文堪、蒋维崧）………………………………………… 845

中文版译者序言

瓦·弗·巴托尔德(1869－1930)是俄国的东方学大家；至于今日,在国际东方史学界依然不失为一位享有盛誉的权威。这里译为中文以飨读者的《蒙古入侵时期的突厥斯坦》一书(以下简称《突厥斯坦》),是他的成名之作,原俄文本第一版在圣彼得堡出版于1900年,第二版作为《瓦·弗·巴托尔德全集》①的第一卷在莫斯科出版于1963年。此书之英文译本作为《E.J.W.吉布纪念丛书》②的新辑第五种在伦敦刊行,第一版出版于1928年,第二版出版于1958年,第三版出版于1968年。

《突厥斯坦》一书,是瓦·弗·巴托尔德于十九世纪九十年代在圣彼得堡大学进修,继而任副教授期间写成的。1900年出版以后,他把它作为取得硕士学位的论文提交大学东方语学系审查。审查和举行论文答辩的结果是,学系授予巴托尔德以硕士学位,而大学会议则因这篇论文出类拔萃,决定破格授予东方历史学博士学位。此后他在教学、讲学、科学研究、科学考察以及参加学术活动等方面连续作出贡献。早在

---

① 《瓦·弗·巴托尔德院士全集》(Академик В. В. Бартольд, Сочинения),莫斯科,共九卷十册(第二卷有两分册),1963－1976年。
② E. J. W. 吉布(E. J. W. Gibb)是英国研究土耳其文学的一位学者,系著名英国伊朗学家布朗(E. G. Browne)的早年学友,著有 History of Ottoman Poetry。享寿不永,卒于1902年,其母痛子心切,出赀5000英镑作为基金,委托 E. G. 布朗组成托管会,用以刊行与伊斯兰学有关的古籍和著作以资纪念,定名为《E. J. W. 吉布纪念丛书》(E. J. W. Gibb Memorial Series)。第一批受托人为 E. G. Browne, Guy le Strange, Jane Gibb, H. F. Amedroz, A. G. Ellis, R. A. Nicholson 与 E. Denison Ross。

二十世纪二十年代初期,他在东方史学领域的主导地位已为欧洲各国所公认。

1900年以来,《突厥斯坦》一书因未再版重印,以致逐渐成为难以寻觅的珍本,又此书系用俄文写成,在西欧因懂俄文的人少而读者不多。1922年,巴托尔德与伦敦大学东方研究学院院长E.丹尼森·罗斯爵士商定为此书刊行英文译本。英译本第一版于1928年在伦敦刊行,卷首有E.丹尼森·罗斯爵士写的序言。序言中说到"本书也并不是单纯的翻译,因为巴托尔德教授曾亲自细致地加以校订,并参照二十余年来陆续出世的大量新资料加以增补"。序言的结尾又说,"本书译文的校补是在巴托尔德教授躬亲指导下完成的,英文刊本和索引是由H. A. R.吉布先生设计和准备的。"译本出版后,一则因此书内容重要,史料丰赡,再则因作者此时已著作等身,名闻全欧,所以立即在欧洲东方学界受到热烈欢迎,许多人称之为《突厥斯坦》的第二版。由于在世界大多数地方懂英文的人多于懂俄文的人,所以《突厥斯坦》英译本所起的作用大于原俄文刊本,而著者研究中亚史地的业绩也因此为更多的人所谙知。

然而,《突厥斯坦》的英文本译文出于何人之手,长期以来,包括前苏联学者在内,却没有人说得清楚。E.丹尼森·罗斯在英译本序言中只是说在准备英译本过程中,巴托尔德亲自从事校订工作,H. A. R.吉布负责版面设计并编写索引,只字不及此书译者为何人。1976年,巴托尔德的门生、撒马尔罕大学的 И. И. 乌姆尼亚科夫(И. И. Уминяков)教授编纂的《附有解说的 В. В. 巴托尔德论著目录》①一书在莫斯科出版,该书页131-2的脚注中说到:"关于《突厥斯坦》英译本的准备过程,经我函询,米诺尔斯基(В. Ф. Минорский)教授在1961年3月5日写给我个人的一封信中亲切地告诉我,'当时年轻的吉布并

---

① Уминяков, Аннотированная библиография трудов В. В. Бартольда; Н. Н. Тумановин, Описание архива В. В. Бартольда,莫斯科,1976年。

未对《突厥斯坦》的原文作任何修改,翻译工作是由一位俄国女士一手完成的。吉布看了一遍她的译文,至于内容上的改动,则一概出于应E.丹尼森·罗斯爵士之请来到伦敦的巴托尔德本人之手'。"

看来为《突厥斯坦》1928年英译本的刊行拿主意、定计划的人,与其说是巴托尔德本人,还不如说是E.丹尼森·罗斯爵士①。恰如罗斯在英译本前言中所说的,"本书也并不是单纯的翻译而已",不过关于译本异于原著之处,罗斯仅仅说到著者本人曾对原著加以校补,这是不够全面的,因为原著以 *Туркестан в эпоху монгольского нашествия*(《蒙古入侵时期的突厥斯坦》)为标题,而英译本则改为 *Turkestan down to the Mongol Invasion*(《以蒙古入侵为下限的突厥斯坦史》),这显然是更值得注目的异点。又与此相关的另一异点是原著中的《著者前言》在译本中为罗斯本人所写的序言所取代。标题与前言均被改换的原因何在,我们有在这里试加解释的必要。

从十九世纪六十年代起,沙皇俄国在东亚与中亚方面因利乘便,巧取豪夺,连续囊括中国与中亚诸国大片的领土。为了经略新攫取的土地,沙俄政府首先倡导对中亚与东方史地进行研究。到了这个世纪的九十年代,志在治东方史学的巴托尔德选定《蒙古入侵时期的突厥斯

---

① E.丹尼森·罗斯(E. Denison Ross,1871－1940)是英国的东方学家,自青年时代起即常出国游历,通晓多种外语。1894年,在施特拉斯堡大学,因精通波斯语而取得哲学博士学位。同年,罗斯到圣彼得堡看望他在沙俄任监造战舰技师之兄A.罗斯,得与圣彼得堡大学东方学院院长维克托·罗森男爵(Baron Victor Rosen)结识,并旁听罗森讲授的阿拉伯语课程,从而与瓦·弗·巴托尔德成为同出于罗森门下的学友。1895-1900年,罗斯任伦敦大学波斯语教授,休假期间,再次游历俄国,足迹曾至布哈拉与撒马尔罕,并于归途初次访问波斯。1910年起,罗斯在印度先后充任加尔各答经文学院(Calcutta madrasah)院长及印度政府档案保管员。1909年休假期间曾游历中国。1914年,罗斯返回伦敦,一度在不列颠博物馆整理A.斯坦因自中亚及中国甘肃新疆境内窃取的文物。第一次世界大战期间,罗斯先被调到军政部服务;1916年,伦敦大学增设东方研究学院(School of Oriental Studies),聘罗斯为院长,任职达22年之久,1938年退休。

E.丹尼森·罗斯校订并翻译了一些阿拉伯语及波斯语文史旧籍,例如在1894年曾将穆罕默德·海德尔撰《中亚蒙兀儿人历史》译为英文(Muhammad Haidar, *Tarikh - i - Rashidi*, 伦敦, 1895年; 再版, 1898年; 再版重印本, 1972年)。罗斯曾与F. H.斯克林合撰《亚洲的心脏》一书(F. H. Skrine & E. D. Ross, *The Heart of Asia*, 伦敦, 1899年),此书有关1881年以前的记述成于罗斯之手。罗斯亦撰有自传,题名《蜡烛的两端》(*Both Ends of the Candle*, 伦敦, 1943年),意在表明自己多才多艺,广交游,在治学与从政两头忙乱中耗尽一生。

坦》这一标题写出一部专著以适合时尚,这是不足为奇的。与众不同的是,巴托尔德在为《突厥斯坦》拟定了编写提纲以后,排斥教士商旅的道听途说而集中精力于搜集第一手资料。他用了几年的时间阅读当时通常以抄本形式见知于世的阿拉伯文与波斯文中亚地志、史籍,并选录大量重要史料编为《原文资料选辑》,作为《突厥斯坦》的第一编,于1898年在圣彼得堡刊出,是为本书的资料编。资料编只印了这一次,以后未再重印过。1900年在圣彼得堡出版的《突厥斯坦》——与资料编相对而言,被称为第二编,亦被称为研究编——才是巴托尔德就自己钻研所得精心结撰的成果。现在我们提到《突厥斯坦》这部书,通常仅指其研究编而言。

　　巴托尔德编写《突厥斯坦》的研究编,本想局限于与蒙古入侵直接相关的时期,下限至1269年中亚出现了独立的蒙古国家为止。然而他逐渐觉察人们并不曾仔细而一贯地探讨过蒙古入侵以前中亚历史中的主要问题。另一方面,他也逐渐发现为成吉思汗逝世(1227年)以后至1269年止的一段中亚史搜集资料,必须对汉文史籍予以足够的重视,可是他自己不懂汉文,以致碰到如《元史》这样大部头或如元人文集这一类浩渺而星散的载籍,在其未转译为西文以前,他束手无策,只好停工待料。他本已为从1227年到1269年的一段中亚史写出底稿,这就是由 И. 彼得鲁舍夫斯基(И. Петрушевский)初次刊布于《突厥斯坦》俄文本第二版的第五章。今日看来,他本人曾犹豫多时,终于决定将这一章作废,这只表明他苦于不明汉文史籍的底细,以致失掉了刊布这一章的信心。也正是因为原定的写作计划必须变更,要收缩原定的年代下限并扩展蒙古入侵以前时期的历史沿革,以致全书最后定稿时,蒙古入侵时期所占篇幅竟不及全书的五分之一。这样,以书的内容与其标题《蒙古入侵时期的突厥斯坦》相对照,显然存在着比例失调、头重脚轻的缺陷。关于这一点,巴托尔德本人颇有自知之明,为了向读者表示歉意,《突厥斯坦》1900年俄文版《著者前言》的劈头第一句话便是"本书读者将觉察到,本书的标题与其内容并不完全相符"。下文又申明:

"在我们看到《元史》的完整译本以前，要想了解十三、十四世纪的中亚历史，可以说是不可能的。"大约也正是经过这番挫折，他才注意扬长避短，转向中亚突厥历史，高加索与中、近东史地和伊斯兰学方面发展，不复在蒙古学方面花费过多的力量。

在巴托尔德与E.丹尼森·罗斯会商刊行《突厥斯坦》的英译本时，可能是由罗斯建议，征得巴托尔德的同意，将原俄文本的标题《蒙古入侵时期的突厥斯坦》改变为《以蒙古入侵为下限的突厥斯坦史》。改用了这一标题，蒙古入侵以前的突厥斯坦史自然上升为全书的重点，从而头重脚轻，文不对题的情况也就不像在原俄文刊本中那样明显。标题这样改动以后，巴托尔德写的《著者前言》自然也必须改写，负起改写责任的是E.丹尼森·罗斯，他所写的序言的第三段特别值得注意，兹照录全文如下：

> 本书也并不是单纯的翻译而已，因为巴托尔德教授曾亲自细致地加以校订，并参照近二十余年来陆续出世的大量新资料加以增补。至于在校订、增补之后，全书实际上并没有多大的变动，这恰好对著者前此旁征博引的详赡，考订史实的正确提供了最有力的证明。这样，西方读者便得到了一部起于伊斯兰教开始武装进攻、断于十三世纪初成吉思汗登场的中亚历史，把这段历史的细节写得如此面面俱到，看来惟有巴托尔德教授能胜此任。

不可低估《突厥斯坦》英译本的影响，也不可低估罗斯写的这篇序言的影响。自英译本于1928年出版问世以来，至少在西方读者中间，《突厥斯坦》逐渐被认为是一部中世纪中亚史，"蒙古入侵"云云不过是这部中亚史的下限，并不是它的重点。将这部书的重点从蒙古入侵的时期转移到入侵以前的时期，这便是英译本改变书名和序言的原因所在。

《突厥斯坦》的1928年的英译本出版后，法国东方学家伯希和

(1878 – 1945)颇以得读多年来未能觅得的这部巨著为快。在细读一过以后，他认为书中与穆斯林文献有关的部分，几乎没有什么字句可以指摘，但在与蒙文及汉文资料有关的事实和名词方面，则须提出一系列意见供著者参证。伯希和为向著者提供意见而写的书评，标题作"*Notes sur le 'Turkestan' de M. W. Barthold*"，发表于《通报》第二七卷（1930 年），页 12 – 56①。巴托尔德很重视这篇书评，曾将他认为应该接受的伯希和的意见——附记在他自用的英译本的页缘上。不幸此后不久，未及进行订正，他就与世长辞了。

上述由巴托尔德亲自校订的《突厥斯坦》英译本第一版刊行於 1928 年，到 1958 年才又刊行第二版，第二版的校订者为巴托尔德的门生、以治伊朗学闻名的 V. 米诺尔斯基教授（1877 – 1966）②。米诺尔斯基教授作了为数不多的若干条补正，比较醒目的是在卷首附加了由他本人译为英文的巴托尔德编写的《论文提纲》，亦即《突厥斯坦》一书的提纲。《突厥斯坦》英译本的 1958 年第二版实际上不过是 1928 年第一版的复印本。

《突厥斯坦》的英译本第二版刊出后不久，苏联科学院历史学部于 1960 年 6 月通过决议，为科学院院士瓦·弗·巴托尔德的著作编印全集。如上所述，《突厥斯坦》列为《全集》的第一卷，对此卷负校订之责的为东方学家 И. 彼得鲁舍夫斯基。1963 年，《全集》第一卷出版于莫斯科，是为《突厥斯坦》的俄文本第二版。

为了准备《突厥斯坦》的俄文本第二版，И. 彼得鲁舍夫斯基氏勤勤恳恳地下了一番校勘整理的工夫。他以俄文本第一版为底本，不但收

---

① 伯希和这篇书评业经冯承钧氏译为中文《蒙古侵略时代之土耳其斯坦评注》，见冯承钧《西域南海史地考证译丛》，第三编，商务印书馆，1962 年重印，页 1 – 53。
② 约与校订《突厥斯坦》的英译本同时，V. 米诺尔斯基教授与其夫人 J. 米诺尔斯基合作，将巴托尔德的关于中亚史的其他几种著述译为英文，分卷陆续出版，题名为《瓦·弗·巴托尔德中亚史研究四种》（一至三卷，莱顿，1956 – 1962 年）。又图曼斯基（А. Т. Туманский）发现的《世界境域志》（*Ḥudūd al-ʿĀlam*）抄本于 1930 年在列宁格勒刊行，卷首有巴托尔德写的引言。此书之英文译注本亦成于 V. 米诺尔斯基之手，列为《E. J. W. 吉布纪念丛书》新辑第十一种，于 1937 年在伦敦刊出，其经 C. E. 博斯沃思校订的第二版刊出于 1970 年。

录了巴托尔德本人为1928年英译本第一版所作的增补与订正，而且也遵循巴托尔德进行补正的成例，就出现于1928年以后的新资料、新刊本以及新的研究成果等，斟酌去取，续加补正。由于无论巴托尔德的或彼得鲁舍夫斯基的补正几乎都涉及次要细节，有关正文者较少，所以绝大多数仅见于脚注。在俄文新版中，凡出于彼得鲁舍夫斯基本人之手的补正，他一律置于尖括弧即〈……，——校订者〉以内作为标志，在此中文译本中，我们用方括弧即〔……〕代替了他的标志；至于我们自己为了有所补充也偶然写出的附注，则括以弦月形括弧即〖……〗以资区别。总的说来，彼得鲁舍夫斯基氏在其准备《突厥斯坦》俄文本新版的过程中，既保持了俄文本旧版的原状，又摄取了英译本第一、二两版对俄文旧版的补正，因此俄文本新版得以具有汇校本的优点。

然而由于彼得鲁舍夫斯基要保持《突厥斯坦》俄文本旧版的原状，他就不得不抛弃巴托尔德本人同意过的英译本的书名，仍用俄文原著的标题《蒙古入侵时期的突厥斯坦》，他也必须抛开 E. 丹尼森·罗斯为英译本写的序言，仍然摆上巴托尔德本人写的《著者前言》。这样做的结果，确实有利于保持俄文旧版的原状，可是这样做也使得我们在上文指出的原著头重脚轻、文不切题的缺陷重新暴露了出来。

经过彼得鲁舍夫斯基的辛勤加工，《突厥斯坦》的俄文本新版也增添了一些新的内容。首先，他为巴托尔德写了一篇生平事略置于卷首，这篇事略不但报道了巴托尔德一生在学术上的成就，而且也显示了巴托尔德一生待人接物像他作学问同样切实认真，守正不阿。其次，他为《突厥斯坦》俄文本新版写了一篇简练紧凑而又面面俱到的序言。正如他自己说过的，"把中亚史的研究提高到当代历史科学水平的，实以巴托尔德为第一人，试以不多的字句来说明这部巨著的重大意义，确非易事"。他写的这篇序言很有条理、很有内容，等于记述他本人的读后感，从而有助于读者把握全书的基本内容。其次，新版的最大特色在于彼得鲁舍夫斯基刊布了《突厥斯坦》第五章的底稿，并为这一章补写了大事年表。关于巴托尔德本人曾决定将这一章作废的原因，我们已在上文提过了。彼得鲁舍夫斯基刊布这一章,毕竟是对新版读者有所助益的,无待烦言。

复次,彼得鲁舍夫斯基还为新版增加了附录,其中包含两个文件,均与 1900 年为授予巴托尔德以硕士学位而举行的论文答辩有关。一为《论文提纲》,即作为论文被提请审查的《突厥斯坦》一书的提纲。此《论文提纲》先已由 V. 米诺尔斯基译为英文并刊载于《突厥斯坦》英译本第二版的卷首。另一为巴托尔德编写的《论文答辩前的发言》稿。这篇发言稿与《突厥斯坦》的第五章相同,都是由彼得鲁舍夫斯基氏经手刊布问世的。单就刊布这篇发言稿来说,他们将读者引导到论文答辩会的旁听席上,让读者如见其人、如闻其声地听取巴托尔德口述东方学研究在俄国兴起和发展的经过,以及他本人在东方学研究中一贯具有的走在正确道路上的坚强信心,这对于我们了解见于《突厥斯坦》书中的许多论点,显然是必要的。

最后,彼得鲁舍夫斯基氏还按照《巴托尔德全集》编辑部的规划,为《突厥斯坦》编排了很长的《文献目录》,目录分为(一)史料;(二)研究著作与参考书两大部分。二者被严格区分,绝不牵混,这也是值得我们注意的一点。在这里,我们顺便说明,我们不曾把《文献目录》译为汉文,这是因为我们考虑到:一,著者在正文和脚注中引用的文献,我们多随译文作了翻译;二,对读者说来,如有必要进一步检索文献,自以直接利用原文较为便当。

在《突厥斯坦》俄文本第二版增补了第五章以后,英译本也有了刊行第三版的必要。1966 年,《吉布纪念基金》托管会将刊行第三版的准备工作交由曼彻斯特大学阿拉伯学教授 C. E. 博斯沃思(C. E. Bosworth)承担;1968 年,增补了第五章的英译本第三版在伦敦刊出问世,书的标题仍为《以蒙古入侵为下限的突厥斯坦史》。

《突厥斯坦》英译本第二版事实上系英译本第一版的复印本,同样,英译本第三版由页 1 至页 462,即由绪论起至第四章结尾,曾经博斯沃思教授加以补正,但基本上依然是第一版的复印本。第三版页

463以下至页519为依据《突厥斯坦》俄文本新版增补的第五章,这一章是由J.米诺尔斯基夫人译为英文的。这一章的脚注除巴托尔德本人的原注外,其为俄文本新版的校订者彼得鲁舍夫斯基氏所附加的脚注,在此中文译本中均置于方括弧内,其仅见于英译本第三版为C. E.博斯沃思、J. A.博伊尔(J. A. Boyle)等人所附加者,亦各括以方括弧并标出C. E. B.与J. A. B.等名姓起首字母以资区别。英译本第三版未在《大事年表》中增补1227年以后的部分;见于俄文本新版《附录》中之《论文答辩前的发言》并未补译;又《文献目录》亦较简略,且未将史料与研究著作分别开列。

《突厥斯坦》英译本第三版的第五章中存在着不少问题,特别是译文比较粗疏,并有些不应出现的失误。看来《突厥斯坦》一书的诸英译本,就译文质量而言,第一版已有不少问题,而第三版质量之差更属每况愈下,因此,F. H.斯图尔特在其标题为《中亚史的古典著作巴托尔德撰〈突厥斯坦〉一书的俄文与英文诸版本》书评①中对英译本各版所作结论似非过苛。他说:"一般说来,译文不佳也是常见的情况,不过此书的英译本,在长达四十年的时期内,照印三次而不加厘正,这就殊属罕见了。昔在1917年,戈尔德齐赫尔(Goldziher)撰《伊斯兰教讲义》的英译本刊行后,因译文不佳,书店主人认为必须立即全部回收作废。关于《突厥斯坦》的英译本,我们并不提倡采取同样的措施,不过对于如此重要的一部著作,或者刊行经过订正的英译本,或者用其他西欧语言另译完善的译本,毫无疑义还是十分可取的。"

总的说来,在《突厥斯坦》一书之俄文与英文的诸版本中,截至目前,自以刊行于1963年之俄文本第二版最为完善,虽则并非全无瑕疵。遇有英译本与俄文本第二版相歧之处,此中文译本通常依据后者定取舍之准。

---

① F. H. Stewart, "A Classic of Central Asian History: Barthold's 'Turkestan' in Russian and English",见 *Asian Affairs*,第五七卷(新辑,第一卷),part I,1970年,页51。

巴托尔德的著作被译为外文的已有多种,其中有的仅有一种外文译本,有的则有两种或两种以上的外文译本。外文种类包括英、德、法、日、土耳其、伊朗、阿拉伯、乌兹别克、吉尔吉斯、鞑靼等语。有的译本在作者生前业已刊行,有的则刊行于他身后,还有的译本已在他身前刊行,并在他身后再版重印。《突厥斯坦》的英译本第一版刊行于1928年,其后在1931年出现了乌兹别克文译本,译者名法提赫·卡里莫夫(Фатих Каримов)①,这个译本流行不广。又其后在1965年出现了《突厥斯坦》第二章的法尔斯-喀布尔语译本,译者阿里-穆罕默德·扎赫马(Али-Мухамед Цахма)根据《突厥斯坦》的1928年英译本只译了第二章,其他章节未译②。又在1968年,《突厥斯坦》的伊朗语译本由译者卡里木·凯沙瓦尔兹(Karim Keshavarz)据《巴托尔德全集》第一卷译出,题名《突厥斯坦志》(Turkestan Nameh),刊行于德黑兰③。

* * *

瓦·弗·巴托尔德是俄国东方学历史学派的创建人,在写出《突厥斯坦》以后,他又进而研究帖木儿时期的中亚史、中亚的历史地理、水利史、文化史以及中亚突厥诸族的历史与人文。巴托尔德以研究中亚史为主,旁及中近东史地、伊斯兰史、穆斯林碑铭与钱币、阿拉伯哈里发史、伊朗的社会经济史与文化史及其历史地理、外高加索的历史等。他一生的论著共四百余种,十分明显,别无一位与他同时的学者在中亚史地的研究上,单凭一个人的力量曾取得如此巨大的成就。

巴托尔德逝世后,伯希和在追悼他的一篇文章中写道:"一则由于他有渊博的学识,再则由于他有卓越的才智和明敏的思路,所以他的著述具有重大价值,而且多种多样。这样一位伟大学者留下来的虚位,目前似乎还没有人能够填补上去。"④就巴托尔德的学术成就而言,伯希

---

① Умняков,*Аннотированная библиография трудов В. В. Бартольда*,页140。
② 上引书,页155。
③ 上引书,页161。
④ P. Pelliot,"*W. Barthold*",见《通报》,第二七卷,1930年,页459。

和的这段话并非溢美之词,直到今天,东西方历史学界依然公认巴托尔德为中世纪中亚史研究的最高权威,而他的《突厥斯坦》一书则被认为是他一生的代表作。关于这一点,我们仍可引 F. H. 斯图尔特的意见为证:

> 历史学家要具备两种品质,其一为能进行微细而繁难的考察,又一为能将考察所得笔之于书,使读者不仅能据以深入了解个别的史实,而又能进一步地认清历史的全貌。总的说来,《突厥斯坦》一书是为突厥斯坦这个地区从穆斯林征服时起至十三世纪为止的政治变迁与行政管理写出一部一脉相承的历史,其中排列了难以计数的专有名号,然而……此一地区也迄未产生过任何真正超凡逸群的人物。巴托尔德的独到之处不仅在于他掌握了他人未曾涉猎过的大量资料,而且也在于他能够驾驭这些资料,整理成为富有启发性的整体。巴托尔德在其晚年曾为伊斯兰教与中亚的历史写出一系列精炼的论著(其中多数已有译本);然而在《突厥斯坦》一书之外,别无任何著作曾将如此连绵不断的一段历史写得如此周详明细,这也正是《突厥斯坦》一书被人们普遍认为是巴托尔德终生的代表作之原因所在。
>
> 此书至今仍在继续刊行,这证明此书至今尚未丧失其重要性。它还不带衰老的样子。当然,考古学家、钱币学家乃至历史学家们的工作都曾大大丰富了巴托尔德所描绘的关于经济与社会状况的图景,特别就伊斯兰教兴起以前的时期与就花剌子模来说,更是如此。……不过他搭成的整个间架并无变更,而且就许多重要时期如第十世纪来说,只有他所搭的间架能够长此屹然不动。①

上引 F. H. 斯图尔特的意见基本上说明了《突厥斯坦》之所以成为

---

① F. H. Stewart,前引文,页 47-8。

巴托尔德的代表作的原因。

看来研究中世纪与近代的中亚史,要做好一定的准备。例如,关于宗教,就需要对多种宗教的教义及其派别具备一些基础知识;而远比宗教知识更为重要、准备起来也更加困难的还是语文方面的知识。汉语、拉丁语、阿拉伯语、近代波斯语、亚美尼亚语、多种突厥语以及蒙古语等各有若干史籍对中世纪中亚史提供了原始资料或参考资料,又俄语、英语、法语、德语、日语等亦各有可供参考的研究著作。不能设想研究中亚史就必须对若多语言无不精通,然而在研究过程中,无论是原始或参考资料,总是看得越多、越全面才越有益处。能阅读资料或著作的原文当然最好,如其不能,即应争取看到自己能懂的译文,这都是无可置疑的。我们不应强调只有语言学家才适合研究中亚史,可是我们也不能否认研究中亚史的人仍以具备某些语文方面的条件为宜。就巴托尔德来说,他精通阿拉伯、近代波斯、突厥三种"穆斯林语言",用这三种语言写出的与中亚史有关的抄本资料,他也研读殆遍,而且关于蒙古人到来以后的中亚历史,在搜集并援用穆斯林资料方面他也驾轻就熟,得心应手。巴托尔德独擅胜场之处在这里,基于繁富的穆斯林资料而成书的《突厥斯坦》之至于今日依然保持其价值的原因也在这里。诚然,正如 F. H. 斯图尔特指出的,近年学术研究的进展已使《突厥斯坦》的某些章节显得薄弱,关于巴托尔德涉及的某些领域,现已必须参照新发现的穆斯林史料或穆斯林史籍的校订本,或某些后来居上的新的研究成果从事除旧布新。但是,从总体上看,《突厥斯坦》一书至于今日依然不失为研究中世纪中亚史的奠基著作,依然是研究中亚史的学者们的案头要籍。

另一方面,巴托尔德也显然有着他的弱点。如上所述,这位掌握穆斯林史料的斫轮老手,在碰上需要参考汉文、蒙文史料的场合,便时常为等候译本而停工待料,《突厥斯坦》也因此而有头重脚轻的缺陷。巴托尔德未能漫游中国史籍的胜境,常在其叙事行文中引为遗憾,这与我国老一辈的学者每为不能畅读"西域人书"或"泰西人书"而惆怅惋惜正复相同。个中苦恼,洪钧(1839－1893)、屠寄(1859－1921)二氏均所深悉。洪氏《元史译文证补》有目无书者计列传九篇,蒙古部族考一篇;屠氏《蒙兀儿史记》仅列传部分即缺十一卷之多,皆因文献不足征,史料不充分有以致之。学者出于审慎,与其敷衍成章,宁肯阙而勿滥,这种情况在东西学者间亦复大同小异。因此,读者对《突厥斯坦》一书自当利用其所长,而不苛求其所短。

现在我们十分高兴地看到,"西域人书"中,术外尼的《世界征服者史》、拉施都丁的《史集》等要籍已经译为中文,相继问世。当然,我们如果能够直接利用穆斯林文献,自更符合治史者的理想。多年来,我们一直期望着我们的学者既能利用汉文、蒙文文献,又兼通"西域人书"与"泰西人书"。我们深信,在不远的将来,我们将拥有一批这样的学者。目前,在不能直接利用原文的情况下,能读"西域人书"的译文,也还是赏心乐事。这必将大大开阔人们的学术眼界,而学术眼界的开阔又将帮助人们看清治学的路数,选择应当深入钻研的课题。深入研究的专题多了,蒙古史、中亚史的研究自将进入新的境界。我们希望,《突厥斯坦》作为一部"泰西人书",其译文的出版将在这方面能起一些不为无益的作用。

*　　　　*　　　　*

二十世纪五十年代末、六十年代初,我们为《突厥斯坦》的英译本译出了汉文初稿。1964年,我们得到了根据预告期待已久的《巴托尔德院士全集》本《突厥斯坦》(即本书俄文本第二版),翻阅一过,见到其中有不见于英译本的第五章,附录中的《论文答辩前的发言》以及从页613起长达76页之多的《文献目录》。我们决定根据《全集》本增补并订正我们的译文,此后一搁就是十多年之久。1976年起,我们着手为此书翻译二稿;1978年又看到此书英译本第三版,当即将该版校订者C. E. 博斯沃思教授写在该版卷首的《补注与订正》译出,补充在相关各页作为脚注。同时也重新把所译二稿从头到尾详加修订。本年夏季,我们又找到了附于《巴托尔德院士全集》第九卷的地图,于是译绘其中与本书特别有关的《九至十三世纪的中亚》一幅置于卷末。这样，我们翻译此书历时二十余年之久，至是全部竣工，可以勉强交出来和读者见面了。

我们的翻译主要依据这部书的俄文本，但在人名、地名以及一些专门性名词需要注出外文的场合，我们在正文中常仅注出英文，而见于脚注中的人名和书名等则多照录俄文。为了便于读者与英译本或原俄文本相参证，我们在此译本的页缘上用阿拉伯数字标出英译本第三版的页数，用斜体 R 及阿拉伯数字表明俄文本的页数，以便查寻。例如在本书第二章开始的一页就在页缘上标出英译本的页数 180，俄文本的页数 *R238*。又本书俄文本的索引过分详细，从而我们为此中文译本编写索引，基本上以英译本的较为简明的索引为准。索引所有条目，均先用英文标出，其次为绝大多数条目在方括弧内附注相应的俄文，然后标出中文的音译或意译，再用阿拉伯数字标出见于英译本的页数，举例如下：

       Khotan,〔Хотан〕,和田,旧名于阗、和阗,旧译斡端、忽炭,273,281,357,368,473 注,492,*R597*

翻到了被标出的英译本的页数，即可查明与之相当的俄文本的页数。例如翻到了英译本的页 273，即可查明与之相当的俄文本的页数为 *334 – 335*；翻到了英译本的页 281，可知与之相当的俄文本的页数为 *342 – 343*，余皆依此类推。在有的条目仅见于俄文本某页而不见于英译本的场合，则仅标出俄文本的页数，如仅见于俄文本页 *597* 而不见于英译本之于阗是。

上文说到我们只好勉强以此中文译本向读者交卷，这是因为我们深知译本中还存在着许多问题和错误。最显著的是有些人名、地名和若干类似术语的名词，我们翻译得不够恰当，会让读者感觉欠妥。举例来说，在本书绪论第一节第一段就出现了 Qutayba ibn Muslim 这一人名，此人是见于我国类书《册府元龟》卷999页17（1960年中华书局影印本）的屈底波，也是见于洪钧《元史译文证补》卷30《旧唐书大食传考证》的库退拔。又新、旧两《唐书》的《大食传》均记有"并波悉林"其人，"并波悉林"是否即ibn Muslim的音译？面对这样一些情况，我们考虑的结果是照我国古籍将Qutayba译为屈底波，ibn Muslim则用现代汉语译为"本·穆斯林"。这样揉合新旧两译，当然不免碍眼，但我们认为还算比较妥当；即便"并·波悉林"确实是"本·穆斯林"的音译，我们也不能希望读者赞同我们舍新存旧、竟用"并·波悉林"来顶替"本·穆斯林"。而且在《突厥斯坦》书中尚有阿拉伯历史学家Ibn Qutaybu其人见于英译本页4-5，又有一位布哈拉统治者（Bukhar-Khudāt）亦以Qutayba命名，见于页195，我们可否为了求译名前后一致，将这两个人的名字也都译作屈底波？当然不能这样译，尽管为了求译名前后一致，我们曾将这两个人名字中的Qutayba均译为库泰巴。同样是为了求译名前后一致，我们曾将创立伊斯兰教的先知也译为穆罕默德，未用旧译摩诃末，可是我们偏又为成吉思汗西征所要歼灭的主要敌人花剌子模沙摩诃末与札阑丁父子二人的名字保留了旧译，未将摩诃末译为穆罕默德，亦未将札阑丁译为札拉勒丁。由于存在着这样一些相当复杂的情况，我们曾为书中不少的人名保留了旧译，特别在第四、第五两章更是如此。

地名的翻译同样是困难重重。上文述及编写索引，举了于阗为例，说明于阗与和阗均系旧名，今名和田，元代旧译斡端、忽炭（这里不涉及唐代诸译）。这样列举几个名称，只是为了求其比较简明，实际上在敦煌与西域发现的有关文书中，此地称谓向有于阗与和阗两种发音。当地及西域诸民族多称之为和阗，藏语称之为李域，佛教典籍中则有瞿萨旦那等名称。中国史籍由两汉至明朝多称之为于阗，到清朝中叶改称和阗，并将和阗以东克里雅河畔之拘弥改称于阗。我们在索引中只举斡端与忽炭二旧译名，仅因其俱见于与本书所论述的时代相当的《元史》。再有见于本书书名及作为本书简称的"突厥斯坦" 词，多年以来常被人们译为"土耳其斯坦"。我们所以改译为突厥斯坦的原因，在于"斯坦"这一语尾，其意为"一地"，"突厥斯坦"意为突厥人所居之地。早在公元六世纪，突厥人已南进到阿母河北岸，七世纪伊朗萨珊朝灭亡时(637年)，阿母河已被公认为突厥斯坦的南界，甚至位于里海东岸阿特雷克河(Atrek)以北的迪希斯坦(《元史西北地附录》中作的希思丹)亦已成为突厥斯坦的一部分①。由此可见，至晚到公元七世纪末，"突厥斯坦"已在中亚成为人们习闻惯见的地名，以与奥斯曼土耳其国建立于十三世纪②相比，先后凡有六个世纪之差。既然如此，当然不能误译突厥人所居之地为土耳其人所居之地。进之，在西方历史地理文献中，突厥斯坦一向被划分为几个地区：其一为东突厥斯坦，西方人亦称之为喀什噶里亚(Kashgharia)，主要指我国新疆的南疆而言。其二为锡尔河东北方的草原，包括巴尔哈什湖以东以南的草原地带。其三为位于锡尔河与阿母河之间的地区，境内有撒马尔罕与布哈拉二大城市。此外，也有人把兴都库什山以北的阿富汗境称为阿富汗突厥斯坦。上述二、三两个地区合称西突厥斯坦。奥斯曼土耳其国建立后，其领土与上述突厥斯坦的几个地区俱无关联，从而不应将这几个地区的任何部分译为土耳其斯坦，可无疑义。

上文说到的锡尔河东北方的草原地带，近年以来，被称为七河流域(Semirechye)。至于阿母河以北的地区，早在公元前四世纪末叶，马其顿王大亚历山大东征的时候，已被希腊人命名为"乌浒水以外之地"，西文作 Transoxania。公元后七世纪阿拉伯人东来后，称阿母河为质浑河(Jayhun)，可是他们为此河以北的地区命名时，未附质浑字样，仅称之为"河外地"，这便是 Ma Wara' an – Nahr 一词的来源。公元十二世

---

① 参看巴托尔德，《突厥斯坦》，见《全集》，Ⅲ，518 以下，这是巴托尔德为《伊斯兰百科全书》第一版《突厥斯坦》这个条目写的释文。
② 土耳其建国应自奥斯曼帝国成立之时算起。惟第一位皇帝埃尔托格鲁勒(Ertoghrul, 1230 – 1288)在位期间，国势不振，其子奥斯曼一世(Osman Ⅰ, 1288 – 1326)继位后，始逐渐强大，因此帝国的成立常自奥斯曼即位之年算起，是年为元世祖忽必烈至元二十五年(1288)。

纪中叶，辽朝宗室耶律大石占领了撒马尔罕，在起儿漫①即皇帝位，是为西辽建国之始。西辽建国后，在锡尔、阿母二河之间的地区设置了河中府，以撒马尔罕为首邑。河外、河中、七河流域三个地名均与河有关，可谓巧合。河中一词常见于我国元明两代的史地文献，冯承钧氏译《多桑蒙古史》，亦称此地为河中，我们也沿用这一地名，本书第一章的标题被我们译为《河中地理概述》。顺便说一句：突厥斯坦的河中地区正是《突厥斯坦》一书的重点所在，所占篇幅最多，七河流域次之，东突厥斯坦所占篇幅最少。

人名、地名以外，还有些类似术语的专门性名词译起来也很困难。如埃米尔（amīr）、阿塔伯克（atabeg）、迪赫坎（dihqān）、古拉木（ghulām）、伊玛目（Imām）、答失蛮（dānishmand）、谢赫（Shaykh）、乌莱玛（'ulamā）、沙赫里斯坦（Shahristān）、拉巴特（rabāṭ）等是。这类名词可以译音，也可以译意，本书著者巴托尔德本人认为音译胜于意译，我们尊重他的意见，亦以音译为主。不过这类名词的音译同样有新旧之别，亦须选用得当。我们选用旧译较多，新译较少，还有的译名是结合新旧译名拼凑起来的。在这里，我们也要顺便说明：为 amīr 一词，我们选用了新译埃米尔以代旧译异密；wazīr 一词旧译宰相，新译维齐尔，我们译为韦齐尔；sulṭān 一词有算端、算滩、锁鲁檀、苏尔滩等旧译，新译作苏丹，我们结合新旧两译拼凑为苏勒坦。

有些旧译名久已无人理睬，势将永远作废，如阿剌必已被阿拉伯代替，剌合蛮已被拉赫曼代替，可以肯定其决不会东山再起。另有一些旧译名已成为根深蒂固、不可移易的定译，人名如华盛顿、达尔文是，地名如欧罗巴、太平洋是。在新译名方面，有些译名的出现虽为时非久，但已为绝大多数人所接受，约定俗成，遂能代替沿用已久的旧译名突变而为定译。如 Aḥmad 译为阿合马，Maḥmūd 译为马合木，Masʿūd 译为麻

---

① E. 布雷特施奈德认为此一起儿漫并非位于伊朗东南部之起儿漫（今译克尔曼），耶律大石西迁，未曾进入伊朗境内。此起儿漫介于撒马尔罕与布哈拉之间，位于泽拉夫尚河畔，旧名凯尔米尼亚，今译凯尔米涅（Kermanch），见 E. Bretschneider, *Mediaeval Researches*, I, 216 注 555。

速忽，皆为沿用已久的旧译名，而近年以来，Aḥmad 改译艾哈迈德，Maḥmūd 改译马哈茂德，Masʿūd 改译马斯乌德。

在译名方面的困难以外，我们还担心在将阿拉伯语或波斯语的单字转写为拉丁字母的场合会犯错误。举例来说，为被转写的单字填写元音，有时就没有把握。为了减少错填的情况，我们有时用圆点来代表辅音字母之间的元音字母。十分明显，这样处理会比错填稍好一些。原注中有些引文、出处等为阿拉伯文或波斯文，除一部分已转写成拉丁字母外，一部分没有把握转写的，因阿拉伯文等排版有困难，在注文中只能删去，将其集中排在参考书目后。在注释删去处均用加〔〕号的数码标明，读者可参阅。注文删节处，在不违原意的原则下，略作修改，以求文字的完整。总之，由于我们学识谫陋，或者习焉不察，这部译稿中可能还存在着这样那样的疏失和错误。我们十分欣幸在最后定稿的过程中曾蒙赵琪与王小甫二位同志详加审阅，匡其不逮。我们还十分感谢从事排印工作的诸位同志不厌烦琐，费心尽力，解决排印技术上诸多困难问题。

张锡彤　张广达
北京中央民族学院
1983 年

出版者附言：张锡彤教授已于 1988 年 8 月逝世。他是我国著名的中亚史专家，在年逾古稀之后，仍坚持以十余年功力，精心翻译本书。交稿后由于排版上的困难，生前未及见本书的出版，在此谨对他表示深切的悼念。

补　　记

　　家父张锡彤先生（1903—1988）晚年翻译本书，可谓全力以赴。当年没有电脑，全凭手写，译稿几经修改，均由我的妻子徐庭云悉心抄写誊清。

　　翻译此书，最大的困难在于如何处理译名。自从冯承钧先生（1887—1946）在《多桑蒙古史》的译序中提出"名从主人"的原则以来，学界翕然相从，没有异议。韩儒林先生（1903—1983）有关蒙元和西北史地的论著严格讲求审音和勘同；翁师独健（1906—1986）撰《斡脱考》、邵师循正（1909—1973）译释剌失德丁《集史》蒙元诸汗纪，无一处不精心考究符合时代的读音与用字。以上各位先生在知道家父从事本书的翻译工作时，均直接间接嘱咐在译名上多下工夫。邵师和冯家昇先生（1904—1970）进而叮嘱注意唐代译例与蒙元时代译例的差异。邵师甚至提示，穆斯林作家的名字也最好依其原籍而区别阿拉伯语、波斯语和阿尔泰语系的不同读法。可是，巴托尔德的这一巨著中出现的人名、地名和术语，远远超出了我国唐代和蒙元时期文献所提供的译例和用字的范围。《元史》和元人文集之外，其他诸如《元朝[蒙古]秘史》、《华夷译语》所提供的译例和用字在翻译穆斯林名词时也有很大局限。时代不同了，在今天，似乎不宜模仿当时，再把"哈桑"一律译做"阿三"。在对审音与选择用字至感为难的情况下，我请教了马坚先生（1906—1978）和纳忠先生（1910年生）。马坚先生认为，在经过比定确为一人的情况下，采用蒙元时期的译法当然可从，否则难免制造假古董和张冠李戴之嫌。家父因而陷于两难境地,这也就是为什么读者在译文中看到译例和用字时旧时新,甚至一些专名按今音标出而未加比勘的缘故。以上各位先生和老师除纳忠先生外均已作古多年,但是长者佳惠译者的教示不可埋没,作为晚辈和弟子,谨怀至诚,铭谢如上。

本书的出版,得到了许多同事与友好的大力襄助。上个世纪七十年代初,商务印书馆资深编辑赵琪先生处理了本书译稿。在决定删除阿拉伯语和波斯语原文,并把脚注移到每章之末后,准备交付发排。很遗憾,由于种种原因竟未能成为现实。而今本书即将问世,当可告慰赵琪先生在天之灵。

家父的弟子、我的挚友陈佳荣(南溟子)先生至为关心此书译稿的出版。佳荣在为恩师韩振华先生(1921—1993)编辑出版五卷本《韩振华选集》(香港大学亚洲研究中心,1999—2003)之后,考虑在港再出版本书。事有巧合,佳荣提出此议之际,正值余太山教授和芮传明教授大力推荐本书于上海社会科学院出版社而承蒙总编辑承载先生接受之时。我在此谨向陈佳荣先生、余太山教授、芮传明教授和承载总编深致谢忱。其后,译稿转至上海古籍出版社。幸得出版社领导鼎力支持,进行了细致的编辑工作,使本书终得出版。在此我要向王兴康社长、赵昌平总编、王立翔副总编等诸位先生表示由衷的谢意。

本书译稿即将问世,我的感激之情难以尽述。我深感最难充分表达谢忱的是上海汉语大词典编纂处的徐文堪先生。文堪先生家学渊源,淹通乙部,尤深粹于训诂、音韵、中外目录、古代中外关系、中亚史地、印欧人源流之学。近刊巨著《吐火罗人起源研究》(北京,昆仑出版社,2005),人们从中可窥文堪先生博学一斑。家父译稿得文堪先生作为责编之一,可谓喜庆得人。

在深深感谢文堪先生的同时,我要特别表达对上海古籍出版社编审蒋维崧先生的由衷感激。蒋先生为了推动学术的进展,擘划有方,不辞辛劳,付出了缕述不尽的心血,使家父夙愿得偿,译稿问世有日。

我还要由衷地感谢香港中文大学历史系博士生朱丽双女史。她在撰写博士论文的百忙之中,找出原著,订正了多处译文,花费了大量时间和精力校对了译稿清样,为此而一度损伤了视力。译稿转到上海古籍出版社后,英国纽卡斯尔大学言语系硕士陈乳燕与北京大学中国古代史研究中心博士王媛媛女史协助校对,付出了艰巨劳动,我也要表示感谢。

在此次校对清样中,特别是在校对索引过程中,我感受到出版社同仁在处理杂有多种文字的这样一部繁难译稿中的认真负责精神,我谨向出版社的所有有关成员表达我的深深敬意和谢忱。

张广达
2006年8月于巴黎

1968年英文译本第三版序言

巴托尔德的《突厥斯坦》一书现已需要刊行第三版，这一事实本身就表明此书具有经久不磨的价值，迄今将近七十年之久，别无他书在取材的广泛与考辨的精审方面出乎其右。刊行新版的准备工作本来由吉布纪念基金诸托管人委托给已故的 V. 米诺尔斯基教授，后者关于伊朗世界的渊博学识恰好能够补充巴托尔德对中亚地区的专门研究。米诺尔斯基教授不幸于即将着手此项工作时溘然长逝，于是基金托管人员又将这项任务移交给我来承担。

巴托尔德治学谨严，决不肯降低学术标准以迁就政治的和意识形态的要求，因此得不到苏维埃当局的嘉许。巴托尔德在学术界的名家地位是不能否认的，他坚定地热爱俄国也是无可怀疑的，但是他的著作在俄国越来越难找到，他的研究成果也只是有选择地被征引，而且不免常被歪曲。斯大林逝世后，形势开始松动，苏联主管意识形态的人员认为为巴托尔德恢复声誉的时机业已成熟。1963 年，在莫斯科开始刊行巴托尔德著作的全集。这是一桩值得称道的事情，人们由此能够利用巴托尔德的许多研究成果，而这些成果，至少就西方专家来说，多半是前此在西方接触不到的。依据 1928 年的英文译本校订而成的俄文本《突厥斯坦》一书，被列为全集的第一卷，由著名的东方学家 I. P. 彼得鲁舍夫斯基出色地完成了这一卷的校订任务。

在这里令人深感兴趣的是，新的莫斯科版本增加了一章，巴托尔德写的这一章既不见于本书 1900 年的俄文原本,也不见于 1928 年的英文译本。据米诺尔斯基教授写在本书 1958 年英文重印本卷首的《补注与订正》称,从巴托尔德的遗著中发现这一章,是由 1941 年 4 月 28 日的《莫斯科新闻》揭晓的。这一章记述了自 1227 年成吉思汗逝世至 1267 年独立的察合台汗国成立期间发生于中亚地区的事迹。在 1963 年莫斯科俄文版中,这一章连同旁征博引的大量注文,刊布于页 531 - 584。米诺尔斯基夫人将这一章译为英文,译文经我校订,在本书中首次刊出,以飨英语世界的读者。还应当指出,《突厥斯坦》的俄文版校订者为这一章的正文补加了一些注释,有时还作了一些订正,这些补注和订正都放在方括弧内。我本人续有增订,这些也放在方括弧内,并标以姓名起首字母"C. E. B."以资区别。这一章还蒙我的同事 J. A. 博伊尔教授通读一过,对巴托尔德本人或俄文版校订者所不熟悉的若干蒙古人名作了诠释性说明;他的诠释也经本书采用了若干条,同样放在方括弧内,并标以姓名起首字母"J. A. B."。

在 1958 年刊行本书英文译本第二版的时候,米诺尔斯基教授指出,此书 1900 年俄文原刊本中有若干部附有《提纲》,亦即巴托尔德将《突厥斯坦》作为论文送呈圣彼得堡大学东方语学系审查时提交的《提纲》。《提纲》有助于了解全书的梗概,因此本书现在刊行的第三版也再次将这份《提纲》重印①。米诺尔斯基教授从前还开列过他为本书所加的补注和所作的订正,并曾将这些补注和订正尽量纳入本书的正文和注文,其余的则作为《补注与订正》置于本书 1958 年重印本卷首页 xiii - xiv。我本人也积累了补注与订正多条,现与米诺尔斯基教授原有的补注与订正以及博伊尔教授告知的若干条合编付印,每条之后分别加注 C. E. B. , V. M. 与 J. A. B. 等姓名起首字母,以明其各出于何人之手②。

---

① 【这一《提纲》见此中文译本的《附录一》。】
② 【C. E. 博斯沃思编写的《补注与订正》见本书英译本第三版卷首页 xvi - xxiv。这些补注与订正在此中文译本中已分别纳入相应书页的脚注内。】

最后,容我代表学术界为又一次刊行这部巨著而向吉布纪念基金托管会敬致谢意。

曼彻斯特大学　C. E. 博斯沃思

1963年俄文本第二版序言

俄国与苏联研究中世纪的史学大家瓦·弗·巴托尔德的经典性著作《蒙古入侵时期的突厥斯坦》①一书，无疑是对东方中世纪史学的至为宝贵的贡献。这部著作的第一编为《原文史料选辑》，1898年出版于圣彼得堡，内容系自波斯文、阿拉伯文第一手史料中摘选的片段（也有些长篇摘录），当时，这些史料著作尚仅以抄本的形式见知于世②。《突厥斯坦》的第二编则为著者本人的研究成果，在圣彼得堡出版于1900年。同年，著者将此书提交圣彼得堡大学东方语学系，作为膺选东方史硕士学位的论文。论文答辩于1900年11月19日（公历12月2日）在全系会上举行。首席正式辩难人，代理编内教授 Н. И. 维谢洛夫斯基③，对巴托

---

① 下文简称《突厥斯坦》。
② 《原文史料选辑》收有：Гардизи, *Зайн ал-аҳбāр* (стр. 1—18); *Муджмал ат-тавāрūҳ ва-л-қиçaç* (19—2); ал-Гарнати, *Китāб туҳфат ал-албāб ва нуҳбат ал-а'джāб* (21—22); *Иншā'* (23—47); Несефи, *Китāб ал-қанд фū та'рūҳ Самарқанд* (48—51); Сам'ани, *Китāб ал-ансāб* (52—69); Имад ад-дин Ис-фахани, *Харūдат ал-қаçр ва джарūдат ал-'аçр* (7); ал-Катиб ас-Самарканди, *А'рāḍ ас-сийāсат фū агрāḍ ар-рийāсат* (71—72); Мухаммед Багдади, *Китāб ат-тавассул алā-т-тарассул* (73—8); Мухаммед ибн Неджиб Бекран, *Джахāн-нāме* (81—82) Ауфи, *Джāми' ал-ҳикāйāт ва лāми' ар-ривāйāт* (83—1 1); *Бутҳāне* (1 2); Джувейни, *Та'рūҳ-и джахāнгушāй* (103—119); Рашид ад-дин, *Джāми' ат-тавāрūҳ* (12 —127) Джемаль Карши, *Мулҳақāт аç-çурāҳ* (128—152); Хамдаллах Казвини, *Та'рūҳ-и гузū-де* (153); ал-Яфи'и, *Мир'āт ал-джинāн* (154—155); анонимное сочинение Cod. Bodl. Th. Hyde 31 (156); Хафиз-и Абру (157—158); *Китāб му'изз ал-ансāб фū шаджа-рат салāтūн мугул* (159); Фасих ал-Хавафи, *Муджмал-и Фаçūҳū* (16 —161); *Ша-джарат ал-атрāк* (162—164); Исфизари, *Китāб раузāт ал-джаннāт фū ауçāф ма-дūнат Харāт* (165); Му'ин ал-фукара, *Китāб-и Муллā-зāде* (166—172).
③ 当时任圣彼得堡大学东方语学系东方史教研室主任。

尔德盛加称赞，指出"目前还不可能恰如其分地估计这部书的价值，因为书中研究的对象只是刚刚为学术界所注意"，又说未来"任何研究突厥斯坦的新手都不会离开巴托尔德的著作另辟蹊径"。次席正式辩难人，编内教授 B. A. 茹科夫斯基同意维谢洛夫斯基所作的高度评价。学系承认了巴托尔德应试硕士学位合格，并因他提交的论文异常出色，学系决定向圣彼得堡大学会议申请授予巴托尔德博士最高学位①。同年12月，大学会议采纳了学系的意见，依《1884年俄罗斯大学章程》第88款的规定授予巴托尔德以东方史学博士学位②。

1928年，《E. J. W. 吉布纪念丛书》将《突厥斯坦》第二编列为该丛书新辑第五种刊出英文版，英文版由著者根据新见的资料加以修改和补充，卷首冠以 E. 丹尼森·罗斯写的序言③。英译本译文曾在 H. A. R. 吉布的协助下由著者本人亲自审定。1931年出版了《突厥斯坦》第二编的乌兹别克文译本④。1958年，英译本刊行了第二版⑤，第二版与第一版不同之处只是追加了巴托尔德的论文答辩《提纲》以及 B. Ф. 米诺尔斯基教授所作的《补注与订正》(Addenda and Corrigenda)。

巴托尔德的《突厥斯坦》一书，正如 E. 丹尼森·罗斯在为本书1928年英文版撰写的序言中所公正地指出的，是中亚史研究中一部划时代的著作。诚然，在巴托尔德以前，已经有一些知名的东方学家致力于东方史（特别是政治史方面）的研究，如 H. B. 哈内科夫（H. B. Ханыков）、B. B. 格列戈里耶夫、П. И. 列尔赫（П. И. Лерх）、H. И. 维谢

---

① 在塔什干刊行的《突厥斯坦公报》第97号（1900年12月俄历3日即公历16日出版）有关于巴托尔德的论文答辩的报道，标题为《B. B. 巴托尔德的学术答辩》。这是该公报编辑部写的一篇文章，文中说到"我们以真挚的喜悦来祝贺这位敬爱的学者的辉煌成功，他将自己的精力和天才用在对于我们这个地区的研究上"。
② 参看《关于圣彼得堡大学1900年状况与工作的报告》，H. Я. 马尔教授编，圣彼得堡，1901年，页53。
③ W. 巴托尔德，《以蒙古人侵为下限的突厥斯坦》（Turkestan down to the Mongol Invasion），译自俄文原著，并在 H. A. R. 吉布的协助下由著者本人审定，伦敦，1928年。第一编《原文史料选辑》未转印。
④ 法提赫·卡里莫夫（Фатих Каримов）译，莫斯科——撒马尔罕，1931年。此译本现已罕见。
⑤ 标题与丛书的卷次均与1928年版相同。

洛夫斯基均是，然而他们的工作仅仅是研究个别的、局部的问题。把中亚史的研究提高到当代历史科学水平的，实以巴托尔德为第一人。试以不多的字句来说明这部巨著的重大意义，确非易事①。首先应当指出的是，巴托尔德把当时绝大部分尚未刊行的、范围甚广的史料引进了本门学科，并对之作了充分的研究。巴托尔德早自青年时代起就在搜集抄本史料，探寻这些抄本史料的源流，核对诸抄本的异同，并对他从爬梳史料得来的事实资料进行科学加工等方面投入了非凡的劳动。在《突厥斯坦》俄文本第一版刊行以后的六十年间，学术界仅仅增添了为数甚少的中亚史新史料，因此，见于此书的史料概述，与见于此书中的中亚历史地理概述以及七至十二世纪中亚政治史总的分期规划一样，直到今天，都还保持着重要意义。即便是苏联学者——如 А. Ю. 雅库鲍夫斯基（А. Ю. Якубовский）、С. П. 托尔斯托夫（С. П. Толстов）等人——为社会经济发展所作的分期，大致说来也都十分接近巴托尔德的分期规划。当然，在研究中亚历史发展过程方面，巴托尔德毕竟是一位开路先锋，因而他提出的分期，或者更确切地说，他制定的分期规划，只具有草创的性质；然而总括说来，他的规划，直到今天，也还被人沿用，当前学者们所作的常常只不过是用更确切的方式和术语，对《突厥斯坦》作者所曾指出的历史现象加以阐述而已。

当巴托尔德着手撰写这部《突厥斯坦》的时候，他本想局限于研究与蒙古入侵直接相关时期及其以后至1269年为止的中亚历史。如果涉及在此以前的时期，他打算以对了解他所选定的本题确系必要的范围为限。但是，中世纪早期中亚史的主要问题，人们一向未曾仔细探索

---

① 这部书的重要意义，至于今日，人们还是远远没有看得和讲得完全透彻，参看 Н. Я. Марр, *Василий Владимирович Бартольд*, ——《Сообщениях ГАИМК》, 1931 年, No. 1; А. Ю. Якубовский, *Проблема социальной истории народов Востока в трудах академика В. В. Бартольда*, ——ВЛУ, 1947 年, No. 12; И. И. Умняков, *Значение трудов акад. В. В. Бартольда по истории Средней Азии*, ——МПВНКВ; И. Ю. Крачковский, *В. В. Бартольд В истории исламоведения*, ——ИАН СССР, 第七辑, ООН, 1934 年; В. А. Кранковская, *В. В. Бартольд——нумизмат и эпиграфист*, ЭВ, Ⅷ, 1953 年。

过，这一情况促使巴托尔德从根本上改变了他的写作计划，转而研究阿拉伯征服以来中亚地区的历史发展过程，以期探明蒙古人侵时期所特有的社会现象与社会制度的根源。因此，在他写作过程中，这部专著的结构和年代的上下限都有了巨大的变更。全书告成后，蒙古征服时期所占篇幅竟不及全书的五分之一。这样，书的内容远比书的标题为宽泛，实质上本书成为一部上起七世纪，下至十三世纪初叶的中亚史的概括性著作①。

在《突厥斯坦》一书中，巴托尔德令人信服地证明，八世纪初阿拉伯人对河中的征服绝非仅仅是一种外来因素。阿拉伯人的征服带来了新的社会关系、新的更加中央集权化的国家体制，其中包括新的征税制度，也带来了新的宗教——伊斯兰教以及阿拉伯字母。著者指出，当地的伊朗地主贵族——迪赫坎，相当迅速而轻松地开始与阿拉伯征服者达成和解，并与他们的上层分子融合为一个处于统治地位的地主阶级。

巴托尔德进而阐明塔希尔朝、萨法尔朝与萨曼朝国家构成的特征（九至十世纪），从而十分清楚地证明了（尽管他没有用今日历史著作中习见的术语），在十世纪进行着地主阶级之不同集团间的斗争，一方面为各省区的当地地主贵族，即迪赫坎，他们占有封地（领地）作为根基，代表离心的倾向，亦即具有封建割据的分散性；另一方面为有官阶的服役贵族，他们与国有地产及官僚机构联系在一起，拥护萨曼朝君主的中央集权政体。

《突厥斯坦》一书的作者摆出大量具体资料，使人们确认九至十世纪是河中与呼罗珊二地区在经济上高度繁荣的时期。当时经济发展的突出因素是新型城市（用现在的术语，应称之为发达的封建主义时期的城市）的兴起。巴托尔德研究了撒马尔罕、布哈拉及其他中亚城市

---

① 因此本书英文译本的标题稍有变动（参看上文），但是我们仍然保留本书著者于此书初问世时所定的标题。

的地形,他基于这一研究而证实,在十至十一世纪,城市生活中心从古老的贵族聚居的沙赫里斯坦(Шахристан)转移到工商业昌盛的郊区(阿拉伯语称之为рабад,波斯语称之为бирӯн)。这一点是巴托尔德最重要的发现之一,虽然他并未由此作出像后来继承他的研究的学者们,特别是М. Е. 马松(М. Е. Массон)与А. Ю. 雅库鲍夫斯基所作的那些结论。

巴托尔德的另一同样辉煌的贡献是他为十世纪末期至十一世纪上半期突厥游牧部落联合体之迁徙与征服活动所作的阐述。突厥人(Тюрки)①建立的国家——哈剌汗国家与塞勒术克国家——被巴托尔德看作是河中、花剌子模与呼罗珊地区中世纪社会发展的新的阶段,其表现为突厥军事—游牧贵族巩固地树立了他们的政治统治,实行了裂土分封制度,从而削弱了中央集权机构的重要作用。巴托尔德的巨大科学发现是他断定了迪赫坎(古老的伊朗地主贵族)消亡于十一世纪这一事实。迪赫坎不得不让位于突厥军事—游牧贵族,后者的社会基础是因服军役而授予采邑的有条件的土地占有制度,亦即伊克塔(иктā)制度,这种制度在萨曼朝业已存在,但在十一世纪哈剌汗与塞勒术克王朝时期才得到了更广泛的扩展。与这一过程相联系的是采邑与封地占有者的权力逐步增强,而国家中央权力则相应地被削弱。

在本书第三章讲到十二世纪至十三世纪初年中亚史的时候,巴托尔德非常鲜明地描绘了花剌子模沙国家的特征,指出它在政治实力上的徒有其表而无其实,内部矛盾重重和它必将瓦解的前提条件,这些前提条件说明了蒙古人之所以能够如此轻易而迅速地征服这个国家的原因。对于巴托尔德的这番描述,今天只能够作少许无关宏旨的补充,我

---

① 在其较晚的著作中,巴托尔德改用"土耳其人"(турки,与турецкий 相应)一词作为突厥族的总称,将所有操突厥语的各族人民一律包括在内。同时有其他一些俄国东方学家也采取了这种用法。现在的苏联东方学家通常用"突厥人"(тюрки)、"突厥语各族"(тюркоязычные народы)作为突厥人的总称,"土耳其人"则仅指突厥人的分支之一而言,即居于安纳托利亚的土耳其人,或称土耳其-奥斯曼人。

们所说的补充其实也就是该章业已引用过的两则珍贵的附带记载:布哈尔－萨德尔——布尔罕家族——的神权王国①和辛贾尔－麦利克所领导的布哈拉城手工业者的起义。

巴托尔德在本书第四章叙述继蒙古征服而来临的中亚史新时期的时候,就十三世纪初的蒙古游牧社会状况、蒙古人的草原国家结构以及蒙古的军事组织发表了很多前一时期的蒙古学家没有讲过的见解。由于对成吉思汗的帝国所起的历史作用持有新的观点,巴托尔德提出了一系列新的问题,这些问题成为后来苏联以及外国论著中进行讨论的要点。

值得注意的是:巴托尔德不但在《突厥斯坦》一书中,而且也在他以后的著作中,没有使用过"封建主义"这一术语,虽然他用过的"军役封地"、"分封制度"等术语,如众周知,都和封建主义紧密相关联。看来这一点正显示出这位开山学者的审慎态度,他考虑到前亚与中亚中世纪社会的社会—经济发展的特殊性,也考虑到这个问题历来无人问津,因而不急于为整个时期作出带有约束性的鉴定。只是到了晚年,巴托尔德才认为可以把前亚与中亚的中世纪的社会制度确定为封建制度②。然而正是巴托尔德本人的研究为中世纪前亚与中亚各国存在着封建制度的论点打下了坚实的科学基础,因为他凭借历史资料令人信服地证明了在中世纪东方存在着封建社会所特有的各种范畴的土地所有制、社会关系与社会制度。巴托尔德的《突厥斯坦》及其他著作所准备的结论,恰好就是今日所有研究前亚与中亚中古史的苏联历史学家所一致赞同的结论,即在塞勒术克与哈剌汗国家境内,自十一世纪起,伊克塔制度已经成为突厥游牧封建主(自十三世纪起则为蒙古或突厥封建主)对伊朗族或其他被征服民族的定居依附农民进行统治的一种特殊形式。巴托尔德的研究也明晰地描绘了封建制度在游牧人——突

---

① 巴托尔德后来在其《Burhān》一文(见《伊斯兰百科全书》本条)中对布尔罕家族作了详细论述。
② В. В. Бартольд, К вопросу о феодализмевиране, ——《Новый Восток》, No. 28, 1930 年。

厥人与蒙古人——中间形成的特点以及游牧封建国家各种形态的特点；接续他深入研究这个问题的是 Б. Я. 符拉基米尔佐夫（Б. Я. Владимирцов）院士①，又其后则有另外一些苏联历史学家。

瓦·弗·巴托尔德的历史观以及他对当时历史地理学派的态度如何，至今尚未充分加以研究。毫无疑义，他并不是一位马克思主义者。但是，在他的理论体系中却有许多重要方面颇与马克思主义的历史学家相近。他认为社会矛盾的对抗，亦即阶级斗争在人类历史上具有特别重要的意义。在《突厥斯坦》一书中，特别是在他的另外一些著作②中，巴托尔德就已经注意到社会斗争与人民反抗统治阶级的起义这一课题。在《突厥斯坦》中考察了"着白衣者"的农民起义（776－83 年的穆坎纳）、十世纪的卡尔玛特运动、1206－7 年布哈拉的辛贾尔－麦利克起义，以及 1238 年在马哈茂德－塔拉比领导下的布哈拉绿洲农民与手工业者的起义③。他的历史观与马克思主义相近之处，除了他承认阶级斗争因素具有头等重要意义以外，还表现在他也承认国家的出现是阶级形成的必然结果，国家是统治阶级用以与本族社会下层进行阶级斗争的工具。早在《突厥斯坦》问世以前，即在 1896 年④，巴托尔德就已经发表了他的这种见解，三十三年以后，他更清楚地表达了这一论点。他说："即便在游牧生活方式的条件下，若不是阶级斗争日趋尖锐，也没有产生强大的政府权力的土壤。游牧民族可以比其他民族更

---

① 我们这里所指的是他的非常精彩的著作 Общественный строй монголов, Монгольский кочевой феодализм, 列宁格勒，1934 年。〔中文译本，刘荣焌译，《蒙古社会制度史》，中国社会科学出版社，1980 年。〕

② Народное движение в Самарканде В 1365 г., ——ЗВОРАО，第十七卷，1906 年; К истории крестьянских движений В Персии,——《Из далекого и близкого прошлого. Сборник этюдов из всеобщей истории В честь … Н. И. Кареева》, 彼得格勒——莫斯科，1923 年; Место Прикаспийских областей в истории мусульманского мира，巴库，1925 年，页 82－4（о народном движении в Мазандеране В 1360г.）; Новый источник по истории Тимуридов——ЗИВАН，第五卷，列宁格勒，1935 年（о народном восстании в Хузистане в 40－х годах XV В.——статья, перс. текст из Джа'фари и русск. пер.）

③ 见本书初次刊出的第五章。

④ Образование империи Чингиз－хана, ЗВОРАО，第十卷，1897 年。

长久地在没有汗的情况下生活着,但是汗一旦出现,汗为掌握权力而对本民族展开的斗争有时还要比后来游牧人征服文明国度被更多的流血事件伴随着。"①

巴托尔德在论述中亚与伊朗几次农民运动的历史时指出:无论是在阿拉伯征服时期还是在蒙古征服时期,最高阶层的代表人物为了保全自身的特权地位与自己的地产,易与外来的统治者妥协,因此人民大众(农民与市民)针对异族征服者的运动也就转化为亦以本民族贵族阶级为对象的斗争。关于中世纪中亚与伊朗境内什叶派及其他宗教运动的历史作用问题,巴托尔德不止一次地强调说明,什叶派教旨主要在乡村中传播,宗教意识充当了发动群众的形式②。例如谈到在什叶派意识形态的掩饰下发生于塔巴里斯坦(即马赞德兰)的864年与913年两次人民起义的时候,巴托尔德就指出,这些起义之所以发生,是因为掌权的人们剥夺了村社的地产,"在这种情况下,由于侵犯农民的利益而引起了什叶派运动"③。讲到1441年胡齐斯坦境内穆沙阿沙阿(Мушаʻшаʻ)领导下的人民起义(这次起义具有反封建与平均主义倾向),他作出这样的结论:"穆沙阿沙阿的起义显然与发生在波斯境内的其他多次什叶派运动具有完全相同的性质。在宗教旗帜之下进行着无产者反对有产者的起义。"④十二世纪至十三世纪初年发生于剌夷、亦思法杭、你沙不儿、马鲁以及其他城市中的逊尼派分支——哈乃菲派与沙菲伊派——彼此之间以及这两派与什叶派之间的斗争,巴托尔德也都认为是阶级斗争,他说:"看来,在宗教旗帜下,进行着城市居民不同阶层之间的、特别是城市与乡村之间的经济斗争。"⑤巴托尔德推测,

---

① Связв общественного быта с хозяиственным укладом у турок и монголов,——ИОАИЭК,第三四卷,第3-4期,1929年,页3.
② 参看他的著作:К истории крестянскнх движений в Персии,页58-60;Иран. Исторический обзор,页33.
③ 参看本书页272-3;К истории крестьянских движений в Персии,页58-60;Историко-географический обзор ирана,页156.
④ Новый источник по истории Тимуридов,页22.
⑤ К исгории крестьянских движений в Персии,页61-2.

在这次斗争中,沙菲伊派代表城市的上层人物(当地的地主贵族与豪商巨贾),哈乃菲派代表手工业者与中层市民,而什叶派则代表近郊农业区的农民。有关史料充分证实了巴托尔德的推断,这个问题还有待于今后更加深入细致的探讨。

但是应当说明,巴托尔德研究前亚与中亚各国社会史、阶级斗争史与人民群众运动史的兴趣,主要表现在他的其他著作中;在《突厥斯坦》一书中,这些问题仅占较少的篇幅。《突厥斯坦》一书,仍以阐明八至十三世纪初年中亚各国的国际关系史、政治史以及这一时期的中亚历史地理与经济地理为主。

巴托尔德始终一贯地反对伪科学的、但在当时西欧史学界则甚为风行的种族主义与欧洲中心论的倾向。当时有一种意见认为,似乎"东方各族目前没有、而且从来也不曾有过欧洲涵义的历史,因此欧洲历史学家制定的历史研究法不适用于东方史研究"[1]。1900年秋季,巴托尔德在圣彼得堡大学论文答辩会上发言道,"我们看到,人和人到处都是一样的,至于东西文化之所以不同,只是因为东方各族人民的思维活动被种种情况引上了另外的道路。乞灵于先天论的臆测,说什么东方人的天性与西方人的天性根本不同,说什么二者各有不变不灭的种族特征,这是完全没有必要的。我们之所以必须为东方历史作出科学的解释,就是因为不这样做,而仅仅根据欧洲历史探讨出来的规律便必然带有片面性,使得我们不能达到研究历史的终极目的,也就是不能阐明支配着整个人类生活的规律"[2]。

从巴托尔德所发表的这些意见以及其他一系列的意见,可以看清他是一个反对里克尔特(Rickert)与温德尔班德(Windelband)历史学派的人,在俄国代表历史学派的有 Р. Ю. 维珀(Р. Ю. Виппр)与 Д. М. 彼得鲁舍夫斯基的著作。历史学派主张,历史与所谓"列线图解式的"

---

[1] Бартольд, *История изучения востока в Европе и в россии*, 第二版, 页22.
[2] 参看本书附录二, 页607.

(Номографический)，即归纳的或概括的科学不同，它必须是"个人签字式的"（ИDиографнческий），亦即必须研究历史现实中绝对是独一无二的、不会重演的事实才能成为科学。巴托尔德反对历史学派的这种主张，他深信，"在欧洲和在亚洲都是完全相同的一些历史进化规律在起作用"①。如果说他的这种观点在他的早期著作《突厥斯坦》一书中还反映得不够明确，那也只是由于这位开山学者持论审慎，避免为时过早地下断语的缘故。巴托尔德认为，任何理论性的概括或概念，如不以分析事实为其坚实的基础，就不可能有科学的价值，而这种基础是要靠对史料进行细致的考订和缜密的研究来奠定的。巴托尔德的这种可贵的科学方法被他的后继者苏联历史学家承受下来，其中不仅有他的及门弟子，而且还有受到他的著作影响的人们②。

在这里，我们无须细述巴托尔德的历史观，如上所述，他的历史观尚未经人们充分研究过。但是，我们不能不指出，《突厥斯坦》的作者反对种族主义与欧洲中心论；与某些甚至是知名的西欧东方学家不同，他没有沾染帝国主义的思想意识；当然，他也从来没有糟蹋过自己的笔墨来为沙皇政府的征服或为沙皇政府在中亚与高加索境内推行殖民主义与大俄罗斯民族主义进行辩护。在这方面，巴托尔德赞同俄国东方学优秀代表人物 В. Р. 罗森、Н. Я. 马尔、С. Ф. 奥登堡（С. Ф. Ольдинбург）与 И. Ю. 克拉奇科夫斯基的先进观点与传统。作为热爱俄罗斯的爱国人士，瓦·弗·巴托尔德认为正是俄国学者才能够、也应该承担起探讨前亚与中亚各国历史的这一科学研究重任③。

---

① 巴托尔德所撰书评：Н. А. Аристов，*заметки об этническом составе тюрских племен и народностей*，——ЗВОРАО，第十一卷，1899 年，页 355.
② 参看 УЗИВАН，第二五卷，莫斯科，1960 年，特别是下记几篇文章：В. В. Струве，*Советское Востоковеденне за сорок лет*（页 3 – 29）；В. А. Ромодин，*Вклад ленинградских востоковедов в изучение истории Средней Азии*（页 30 – 41）；Н. В. Пигулевская *Учение о докапиталистических фармациях на Ближнем и Среднем Востоке в трудах ленинградских востоковедов*（页 192 – 203）；И. П. Петрущевский，*Древня и крестьяне средневекового Ближнего Востока в трудах ленинградских востоковедов*（页 204 – 17）．
③ 参看本书附录二，页 608 – 10.

当然,时至今日,我们已经不能同意《突厥斯坦》作者的所有结论,我们现在尤其不能赞同巴托尔德在《突厥斯坦》[①]或在他的其他著作[②]中对蒙古人的征服所作的总的评价,也不能接受与这种评价相关联的他的一些论断。在今天,苏联历史学界一致认为,蒙古入侵以及其后游牧征服者在被侵略国度内的统治曾带来巨大破坏,导致经济凋敝与文化衰退,而巴托尔德却低估了这种后果的严重性。另一方面,巴托尔德显然又过高地估计了成吉思汗建立的帝国对于促进商队转贩贸易的发展和加强亚洲各国间的文化联系的作用。今日看来,这一类的成果实在微不足道,决不足以补偿由破坏带来的损失,破坏曾使中东与近东各国不能完全恢复元气,它们的经济与文化发展也不能达到先前的水平。不过,我们尚应指出,巴托尔德对成吉思汗帝国的历史作用有所理想化,其原因与泛突厥主义阵营的作家们的动机毫无共同之处。十九世纪老一辈历史学家认为蒙古人仅仅是野蛮的破坏者,巴托尔德批判了并重新检查了对蒙古征服史的这种片面的理解,力图揭示蒙古国家体制的新的特征。至于泛突厥主义者对中世纪的突厥与蒙古游牧征服者所作的种族主义—民族主义的理想化,正如 E. G. 布朗正确地指出的那样,则源出于 L. 加昂(L. Cahun)与 H. H. 豪沃思(H. H. Howorth)的历史学虚拟,这两个人硬说"突厥—蒙古"民族具有特异的天才、军事行政才能和组织才能[③]。

对成吉思汗帝国的历史意义作全盘否定的评价,这在目前苏联历史著作中占据统治地位[④],这种评价与卡尔·马克思当年对蒙古征服的评价[⑤]基本相符。此外,《突厥斯坦》的作者与现代苏联历史学家之

[①] 见本书,页 461–2,486,526–9。
[②] 例如 Место Прикаспийских областей в истории мусульманского мира,页 71,75。
[③] 参看 E. G. Browne, *A history of Persian literature under Tartar dominion*,剑桥,1920 年,页 14–5。
[④] 参看本书页 530,校订者注。
[⑤] 参看卡尔·马克思,Хронологические Выписки,——《Архив Маркса и Энгельса》,第五卷,1938 年,页 221:"同时,鞑靼军队在呼罗珊、布哈拉、撒马尔罕、巴里黑以及其他城市中干完了他们的野蛮破坏勾当,艺术、藏书丰富的图书馆、非常好的农村经济、宫廷与礼拜寺——所有这些都见鬼去了。"

间这一类结论方面的分歧点为数不多。

*　　　*　　　*

苏联历史学家高度评价研究东方各国历史的大师瓦·弗·巴托尔德的著作,他曾为确立我国在对中东民族史的科学研究中的领先地位投入了如此大量的劳动。И. Ю. 克拉奇科夫斯基说得完全正确,瓦·弗·巴托尔德的名字属于"在我们的文化史中,在全世界的科学史中永远不会被人忘记"[①]的那些名字之一。再版瓦·弗·巴托尔德的著作的必要性,特别是再版其中最为重要的《突厥斯坦》一书的必要性早已成熟。在目前出版的《В. В. 巴托尔德院士全集》中,《突厥斯坦》被安排为第一卷。

这次重刊《突厥斯坦》一书,只刊行了《研究编》,即俄文第一版的第二编。《原文史料选辑》(俄文第一版的第一编)已无再版的必要,因为《选辑》引用的绝大部分史料已有刊本行世。

《突厥斯坦》的这一版,是以俄文第一版的原文作为基础的,但是并不能将俄文第一版毫无变更地原样付印,因为在俄文第一版刊行以后,巴托尔德本人的意见有了一些改变,尤以在历史地理、年代学、史料学方面为然。这些改变反映在由著者本人订正与增补的1928年英文版中。1928年英文版还引用了新发现的史料抄本、新出的刊本、新出的研究著作以及新得到的考古发掘资料。固然,大部分的订正与增补仅涉及研究的次要细节,但是这些订正与增补在数量上还是颇为可观的。所有这些订正与增补俱经本版收录[②],因此本版已与1900年俄文第一版大不相同。由于这些订正与增补或出于著者本人之手,或为他本人所赞同,故在本版中一律不再附加声明。

巴托尔德的学生 И. И. 乌姆尼亚科夫(И. И. Умняков)教授首先报道了《突厥斯坦》一书尚有未经刊行的一章,其内容系叙述蒙古

---

① И. Ю. Крачковский, *Очерки по истории русской арабистики*, 页143。
② 我们也并不是机械地照搬见于1928年英文版的订正与增补,收录以前,通常进行了必要的核对。1928年英文版中的订正与增补,有的(虽然为数不多)并不足信。

统治中亚的第一个阶段,自成吉思汗去世时起至塔拉斯河上举行忽鲁勒台与在中亚建立了一个特殊的、被人们牵强地称为察合台汗国的蒙古国家①时(1269年)止。这一章的著者亲笔手稿②曾由苏联科学院东方研究所研究员、阿拉伯学家 С. Л. 沃林(С. Л. Волин)准备刊行,后因卫国战争爆发与 С. Л. 沃林于1943年逝世而告中断。

  关于《突厥斯坦》第五章的写作时间,我们并不掌握任何确切的资料。这一章的手稿与前面的各章不同,没有征引《原文史料选辑》③,这一情况令人推想著者写这一章,在时间上或比写其他各章与编选《原文史料选辑》为早,大约在1895-6年间。然而了解他的情况较多的他的弟子 И. И. 乌姆尼亚科夫教授则认为这样推想未必得实。乌姆尼亚科夫教授以为,巴托尔德在第五章中所以没有征引《原文史料选辑》(虽然选入《选辑》中的资料配合到了1296年),正如著者本人在《突厥斯坦》1900年版的前言中所说的那样,是因为他在写这部书的过程中改变了最初的计划,决定以成吉思汗去世之年(1227年)结束全书,因而也就决定不再把第五章列入全书的出版方案。大概也正是出于这一原因,第五章一直未经著者定稿:如在摘自抄本的引文中标有不易索解的字迹,有些摘引的史料(如引自米尔洪德书的资料)有脱文,还有两三处留下空白,显然是留待日后补入专门论述。巴托尔德本人说过④他对这一章并不完全满意:一则缺乏当地记述十三世纪的史料,再则这个时期的其他史料也很少提供关于中亚的报道,以致对这个时期的中亚史的多方面情况,特别是中亚内政史的情况,无法加以阐明。这就促使巴托尔德寄希望于学术界可能发现和引进新的史料,也可能出现《元史》的完整译本,从而推迟了第五章的发表。不过,这一章涉及的若干个别问题,巴托尔德已在他的其他著作(如《七河流域史纲要》、

---

① 这个蒙古国家事实上是由窝阔台后王海都汗建立的。
② 苏联科学院档案馆,ф.68,on.1,No.12(共25两面书写叶)。
③ 本版第五章征引《原文史料选辑》的脚注,均系校订者所增补,依例置于方括弧内。
④ 见著者为本书俄文本第一版撰写的前言。

《兀鲁伯与其时代》等是)中作了详细的研究。

我们把这一章收入全集本卷作为第五章。本卷也收录了巴托尔德的《论文提纲》①(附录一)与《论文答辩前的发言》②(附录二)。《论文答辩前的发言》饶有意趣,因为它反映了巴托尔德在历史发展过程的理论、历史学的任务、俄国东方史学家的任务等方面的观点。

《突厥斯坦》的俄文本第一版与英文本第一、第二两版均仅仅刊出压缩了的文献目录,其内容远不足以概括巴托尔德曾经用过的全部文献。因此,我们不得不为本版附加巴托尔德曾经用过的史料与参考书的详细目录,而且要把著者本人审定的1928年英译本出版以后刊行的新的史料与参考书也一并收录在内。

在《突厥斯坦》的旧版(俄文本第一版与英文本第一、二两版)中,引文的处理没有统一的规格。例如征引 И. Н. 别列津刊行的拉施都丁书之一编时,在脚注内或仅标《Березин》,或标《Pauue ae - eun, Mpyeui Bocm Ome》,又或标《Труды вост. отд.》;有的地方所记的页数或为波斯语原文本的页数,或为俄语译文本的页数,又有的地方仅记译文本的页数或仅记原文本的页数,所有这些情况均不附加说明。我们在可能范围内已尽力作到引文规格与书名简称的规范化③。巴托尔德在征引著名的《阿拉伯舆地丛书》中某阿拉伯地理家的著作时,在脚注中往往仅标出丛书的卷数,而不标明著者为何人(尽管丛书的第六、第七两卷各由两位地理家的著作合成)④。又巴托尔德征引第六卷(即征引伊

---

① 《突厥斯坦》俄文第一版印本的一部分以此《提纲》作为附录。此《提纲》亦曾发表于《俄罗斯的突厥斯坦》杂志,1900年,No.28,略有删节。又巴托尔德本人将此《提纲》稍加压缩,发表于MSOS (Bd. Ⅳ, Abt. 2, 1901年, 页 176-9)。V. 米诺尔斯基将此《提纲》译为英文,在本书英文译本1958年第二版中刊出。

② 据著者的手稿刊出,手稿存苏联科学院档案馆,编号Ф.68, оп.1, No.13,共16叶。И. И. 乌姆尼亚科夫首先报道了这份手稿的存在,见所撰 Значение трудов акад. В. В. Бартольда по истории Средней Азии——МПВНКВ,页678。

③ 凡经巴托尔德征引的著作,我们均在脚注内标出这些著作的简称,著作的全名见附于卷末的文献目录。

④ 第六卷页1-184为伊本·霍尔达德贝赫的著作,页185-266为库达玛的著作(均阿拉伯语原文);第七卷页3-229为伊本·鲁斯特的著作,页232-360为亚库比的地理著作(均阿拉伯语原文)。

本·霍尔达德贝赫或库达玛的著作)时,与征引其他各卷不同,不标阿拉伯语原文的页数,而标法语译文的页数。为使处理引文的规格一致,我们在注文中标出地理家的名字;在巴托尔德征引伊本·霍尔达德贝赫书或库达玛书的法译本的地方,我们均代之以阿拉伯语原文的出处。

在本书1928年英文版中,巴托尔德原来引自某抄本以及部分见于《原文史料选辑》的出处均已替换为刊本(如萨木阿尼书、术外尼书等刊本)的出处。在本版中,我们既保留了这些引文的新出处,也恢复了引文见于某抄本及《原文史料选辑》的出处,因为这样可以表明著者的工作过程。凡史料之见于1928年以后出版的新刊本中者,或见于个别的旧版本而未经巴托尔德本人标记者①,我们分别标记,并置于方括弧内以资识别。我们的评述与说明以及H. A. R. 吉布(为1928年英文版)、V. 米诺尔斯基(为1958年英文版)所加的注释②亦各置于方括弧内,并分别标记"校订者"③、"Gibb"、"V. M.",以明其各出于何人之手。

当本卷已发稿到出版社的时候,在莫斯科苏联科学院亚洲民族研究所发现了巴托尔德自用的《突厥斯坦》的俄文刊本与英文译本,该俄文刊本的页缘上有由巴托尔德本人用铅笔或钢笔写的大量附记,这些附记大部分相当于1928年英文译本中的订正与增补,看来巴托尔德即用此俄文刊本来准备英文译本的刊行。在巴托尔德自用的1928年英

---

① 例如巴托尔德征引瓦萨夫的著作只用了有删节的Hammer - Purgstall 的刊本,而未用完整的1269/1852 - 3 年的孟买石印本;他征引术兹贾尼著 Ṭabaqāt - i Nāṣirī,也只用了雷沃蒂的英译本,而未用 Nassau - Lees 的波斯原文刊本(加尔各答,1863 - 4 年)。被征引的著作如有两种刊本并行,则引文在两种刊本中的出处通常一并记出;如仅记一种,这表明该段引文在另一刊本中被删节,例如引自加尔迪齐书的语句,有的在 Muhammad Nazim 的刊本中被删节,引自术兹贾尼著 Ṭabaqāt - i Nāṣirī 的语句,有的在 Nassau - Lees 的刊本中被删节(雷沃蒂的英译本也并不完整)。
② 1958年英文译本第二版中有V. 米诺尔斯基写的《补注与订正》(见卷首页 xiii - xiv),我们在本版已将这些补注与订正分别纳入相应书页的脚注内。
③ 【本书脚注置于方括弧内者,绝大多数出于俄文本第二版校订者(即本前言的笔者)之手,在此中文译本中,凡系俄文本第二版校订者增补的脚注均仅加方括弧,不注"校订者"字样。由他人增补的脚注,分别加注增补者名姓的起首字母以资区别,如由H. A. R. 吉布增补者,加注"H. A. R. G.";由V. 米诺尔斯基增补者,加注"V. M.",其他依此类推。其由中文译者增补的脚注,均括以弦月形括号。】

文译本的页缘上约有附注二十来条，其中有的是改正排版中的偶然误植的，其余的附注则采自伯希和为本书所作的书评，这篇书评发表于1930年①，在巴托尔德逝世前不久。所有这些附注均被本版纳入与正文相应的书页下端脚注中。

上文述及，《突厥斯坦》的第五章未经著者定稿，资料的征引亦不完备，因此安排本章就绪，便需要做更多的工作：解读摘自抄本的引文中之表意图纹②，考证资料（如摘自米尔洪德书的资料）中脱漏的字句③，标明史料在新刊本中的出处④，并在补注与校订方面进行各种各样的加工。我们也收录了已故的 С. Л. 沃林留下来的评注若干条，并标以他的名姓的起首字母"С. В."以便识别。

本卷原文最先是由 Н. А. Пегрова 在 Л. Н. Карская 协助下，以1900年俄文本与1928年英文本⑤作为底本整理出来的，编纂索引的是 Т. А. Стецкевич，Н. А. Петрова，Т. М. Сипенкова 与 Л. И. Николоева。

本版的校订工作是由本序言的笔者承担的。本序言的笔者还编写了校订者的补注，引文的补充资料、配合本版第五章的大事年表，排入本版卷首的瓦·弗·巴托尔德的《生平事略》以及本卷的文献目录。Ю. Э. 布列格利（Ю. Э. Брегель）为文献目录作了大量的增补并详加订正。

对于以前未经刊行的本书第五章，Н. Н. 托马诺维奇（Н. Н. Туманович）进行了最初的加工，其后刊行该章（以及《附录》一与二）的全部准备工作是由本序言的笔者完成的。

在准备本书本版的过程中，屡向 О. Г. Большаков，Ю. Э. Брегель，

---

① P. Pelliot, Notes sur le《Turkestan》de M. W. Barthold, *T'oung Pao*, 第二七卷, 1930年, 页 12 – 56.
② 在本书第五章的手稿中，巴托尔德征引拉施都丁与术外尼的著作，时而标记在此一抄本、时而标记在另一抄本中的出处。我们保留了他所标记的出处，并附加了在原著之新的刊本中的出处。
③ 由于在列宁格勒找不到米尔洪德书的孟买刊本，我们就只好用拉克奈伊刊本。1270 – 4/1853 – 7 年的德黑兰刊本远较拉克奈伊刊本为佳，因而其未标页次，故不能用以标引文的出处。
④ 巴托尔德在第五章的手稿中没有引用《原文史料选辑》，本版已分别补引。
⑤ 1958年英文译本的第二版基本上系1928年第一版的铅版重印本。

Л. Т. Тюзальян, А. И. Доватур, С. Т. Кляшторный, А. Н. Кононов, Н. Д. Милухо - Маклай, В. Ф. Минорский 与 Т. А. Минорская, Н. В. Пигулевская, Б. Л. Рифтин, М. Н. Салахетлинова, О. И. Смирнова, И. И. Умняков 与 К. Н. Юзбашян 请教、商讨, 并请解答个别问题, 征求批判性意见与技术性指导, 受益良深, 铭感之余, 谨在此敬致谢忱。

И. 彼得鲁舍夫斯基

1928年英文译本第一版序言

翻译本书并把它列入《E.J.W.吉布纪念丛书》，其原因所在，已无待申述。

巴托尔德的这部划时代的著作，初于1900年问世，其俄文标题为Туркестанъ въ эпоху монгольского нашествія，即《蒙古人侵时期的突厥斯坦》。尽管此书系用俄文写成，从而读者为数较少，可是在自诩藏书比较完备的图书馆中，或在有志于研究中亚历史的学者们的书斋中，此书总有它应有的地位，是以此书俄文原本绝版以来，殊难寻见。

本书也并不是单纯的翻译而已，因为巴托尔德教授曾亲自细致地加以校订，并参照近二十余年来陆续出世的大量新资料加以增补。至于在校订、增补之后，全书实际上并没有多大变动，这恰好对著者前此旁征博引的详赡、考订史实的正确提供了最有力的证明。这样，西方读者便得到了一部起于伊斯兰教开始武装进攻，断于十三世纪初成吉思汗登场的一部中亚历史，把这段历史的细节写得如此面面俱到，看来惟有巴托尔德教授能胜此任。

正如著者在本书第一版序言中曾经说明的，他选择了中亚史的一个最重要的时期，亦即蒙古统治时期，作为他专门研究的主题。他的原来的意图是要在他的主题理应涉及的范围内对于在此以前的诸世纪的历史稍事回顾，但在他检阅原始资料的过程中，他发现中亚境内蒙古统治的由来和发展，还一直没有被适当地研究过。因此他认为有必要将这部书的大部分篇幅用于阐明蒙古时期以前的历史。这样一来，他的著作便变为对下列问题的探讨:蒙古人到来前,中亚的历史发展取决于哪些因素;蒙古人出现于突厥斯坦的情况如何;蒙古人如何征服了中亚地区。

著者原来计划考察蒙古人曾将哪些生活方式带入中亚,并打算把本书写到 1269 年在中亚建立了独立的蒙古国家为止。然而著者至今还没有着手撰写察合台汗国的历史,又因穆斯林的记载过于简略,要想适当地为十三、十四世纪的中亚历史理出端绪,尚须等待《元史》完整译本的出现。

此书俄文原本包含与著者的主题有关的、摘自波斯及阿拉伯史籍的资料多篇,共计 172 页,绝大部分是从当时尚未刊行的著作中摘录来的。鉴于学者们现在可以从刊本中找到这些资料的原文,吉布纪念基金托管会考虑到这些资料可以不再重印,以节省开支。

巴托尔德教授苦心孤诣地为河中地区撰写了一个历史地理节略,为此他不仅利用了所有可能利用的文献资料,而且也利用了存留下来的古代遗迹。著者在他的原序中重复了他本人在 1899 年写出的一些语句来论证现场考察人员所应作的先行工作的重要性。

"在这个问题上,著者依然无所增减地保持他前此发表于《突厥斯坦公报》(1899 年,No.87)中的意见①,'现场工作人员承担的任务之一在于搜集原始资料,原始资料搜集得越丰富,就越易于进行科学处理工作,而得出的结论也越正确,越细密';另一方面,'为了使考古爱好者的工作常有定向,就必须让他们有可能更广泛地利用科学研究的成果,无论如何,也必须让他们在进行工作时手头上有一些可以帮助他们了解相关情况、明确方向的著作,以免妄费时力去探求别人已经寻获的东

---

① 【发表于《突厥斯坦公报》,1899 年,No.87 中的意见并不是巴托尔德本人的意见,而是 B. Л. 维亚特金的意见,参看本书《著者前言》,页 40,注 1。由于巴托尔德完全赞同此项意见,遂在 1900 年为本书撰写《著者前言》时,从《公报》该号引用了有关的维亚特金的一些语句。E. 丹尼森·罗斯以为这些语句出于巴托尔德本人之手,从而假定他只是"重复了"并"依然保持"他本人从前发表的意见,显因失察而致误。】

西,去重新发现美洲'。这样就出现了一种令人困惑的特殊的循环关系:现场工作者如不掌握'科学研究的成果'就不会常有定向;而从事科学研究的人在现场工作者向他们提供足够数量的'原始资料'以前,又不会作出'正确、周详'的论断。想打破这种循环关系,只有一个办法,这就是科学研究工作者与现场工作者各自努力提供所能提供的东西,同时又相互体谅各自工作中由于上述情况而产生的暂时的缺陷。因此,著者希望本书能在某种程度上为现场工作者提供机会,便于他们了解直到成吉思汗去世以前中亚历史的'种种相关情况',同时也希望他们将获得一些资料,不仅能够据以改正本书中的错误,而且也能够把研究工作再向前推进一步。"

至于本书俄文版问世后出现了哪些补充资料,我们未便在这篇序言中加以论列,试读巴托尔德教授所作的脚注,可见这类新资料数量之多。本书译文的校补是在巴托尔德教授躬亲指导下完成的,版面设计和索引是由 H. A. R. 吉布先生准备的。这并不是一项轻而易举的工作;固然行文上有时不免带有翻译的气息,但是我们确信译文在任何地方都不曾脱离原文的确切意义。我们没有在著者自己的材料以外增加材料,仅有几处增补了在本书印刷期间新出版的书刊,并将增补的文字置于鱼尾号内以示区别。

本书的刊印存在着非同寻常的困难,蒙牛津大学出版部有关工作人员不厌其烦,多所襄助,让我们在这里对他们敬表谢意。

E. 丹尼森・罗斯

1958年英文译本第二版校订者附记[1]

我在一次长时间仔细阅读巴托尔德的《突厥斯坦》之英文译本的过程中，曾写了札记若干条，交付"E. J. W. 吉布纪念基金"托管人员。我的这些意见已被尽可能多地纳入本版正文以内，还有一些意见则作为《补注与订正》刊于本版卷首。

我很高兴蒙莱顿的 E. J. 布里尔 (E. J. Brill) 书局慨允，得将我从前翻译的巴托尔德编写的《提纲》转载于此。这个《提纲》为贯串于巴托尔德这部内容充实、经受了六十年考验的著作中的基本概念作了简明扼要的总结。

V. 米诺尔斯基
剑桥
1957年2月5日

---

[1]【此一附记很短，分作两小段，附于 E. D. 罗斯为英译本第一版撰写的序言之后，V. 米诺尔斯基称之为附记，实则为英译本第二版的序言。】

瓦·弗·巴托尔德院士生平事略[1]

瓦西利·弗拉基米罗维奇·巴托尔德(Василий Владимирович Бартольд)于1869年11月俄历3日(公历15日)生在圣彼得堡一个俄罗斯化了的日耳曼人家庭中。父系祖先来自波罗的海沿岸地区,外曾祖父是路德派新教牧师,从汉堡迁居俄国。巴托尔德的父亲是交易所的经纪人。巴托尔德在《自传》[2]中说他的父亲的财产后来并没有在儿子们中间保存下来,1917年十月革命后,"我父亲的孩子们没有一个流亡外国。"但是,在巴托尔德的青少年时代,他的家境既使他有可能受到多方面人文学科的教育,其中包括学好古典语文和主要的西欧语文,也使他其后能够为自己选定一个专业,这就是他在中学学习时就十分爱好的历史。1887年,巴托尔德毕业于圣彼得堡第八文科中学,获得

---

[1]【译自《瓦·弗·巴托尔德院士全集》,第一卷,莫斯科,1963年,页14—21;写作这篇《事略》的 И. 彼得鲁舍夫斯基氏即该卷的校订者。】
参看巴托尔德,《自传》,——《Огонек》,1927年,No. 40;*Бартольд, В. В.*,——《Материалы для биографического словаря действительных членов Академии наук》,第一卷,彼得格勒,1915年,页19—24;И. Крачковский, *памяти В. В. Бартольда*,——《Красная газета》,列宁格勒, No. 197(2555),1930年8月21日(晚刊);Н. Я. Марр, *Василий Владимирович Бартольд*,——《Сообщения ГАИМК》,1931年,No. 1,页8—12;И. И. Умняков, *В. В. Бартольд, Попобеду 30 - Летия профессорской Деятельности*,——《Бюлл. САГУ》, No. 14,塔什干,1926年,页175—206;M. Dostojevskij, *W. Barthold zum Gedächtnis. Versuch einer Charakteristik*,——WI,第十二卷,第三期,1931年,页89—136;P. Pelliot, W. Barthold, *T'oung Pao*,第二七卷,1930年,页458—9。关于论述瓦·弗·巴托尔德生平的其他著作,见 И. И. Умняков,《Аннотированная Библиография трудов В. В. Бартольда》(现在印刷中),第七编。

[2] 原载《Огонек》,1927年,No. 40。

金质奖章。他在考虑是选读古希腊罗马史,还是选读中东、近东史问题上经过一番犹豫,终于决定专修后者,于是在当年秋季进入圣彼得堡大学东方语学系阿拉伯-波斯-突厥-鞑靼语科肄业。

在大学期间,巴托尔德钻研阿拉伯、波斯及突厥语言,但是他最衷心向往的还是中近东各国中世纪史。在当时的学系里,东方学这一分支和语言学比起来,只占次要而又次要的地位。巴托尔德本人后来追述说,"学系内讲授东方史的只有一位教师,即维谢洛夫斯基教授,讲授欧洲人游历东方的历史作为通史课程,此外,还讲授有关中亚史的几门课程"①。主持东方史教研室的维谢洛夫斯基(Н. И. Веселовский,1848-1918)教授容许巴托尔德在选课方面享有充分的自由。巴托尔德的真正导师是维克托·罗曼诺维奇·罗森(Виктор Романович Розен,1849-1908),一位卓越的学兼多科的学者②。罗森的祖先是法兰西人,然而罗森作为一位热爱俄国的人士,深信俄国的东方学有着远大的前程③,于是满腔热情地致力于培育青年东方学家的事业④。用巴托尔德自己的话来说,他"在大学期间,和当时的其他青年东方学家一样,更多的是受阿拉伯学家罗森男爵教授的教导,男爵才华横溢,精力充沛,鼓舞着刚刚粗识门径的东方学家们孜孜向学"⑤。在大学期间,巴托尔德还和突厥学家 П. М. 梅列奥兰斯基(П. М. Мелиоранский,1868-1906)过从甚密;此外,尽管在年龄和地位上相去甚远,他也尽可能地接近突厥学名家 В. В. 拉德洛夫(В. В. Родлов,1837-1918)院士⑥。

早在大学期间,巴托尔德已经从事科学研究工作。1889 年,他写

---

① 《自传》。
② 参看 И. Ю. Кранковский 编,《Памяти академика В. Р. Розина》,莫斯科,1947 年(特别值得注意的是 А. Ю. 雅库博夫斯基写的文章《作为历史家的 В. Р. 罗森其人》)。
③ 1876 年在圣彼得堡召开的第三次国际东方学家大会,В. Р. 罗森为其召集人之一。
④ 罗森由于想要提高俄国东方学的国际地位,要求他的学生们用俄文出版他们的著作,尽管当时在西欧有一种很有势力的成见,认为用俄文写的书籍读不得("Rossica non leguntur")。
⑤ 《自传》。
⑥ 同上。

的一篇《论中亚的基督教》的论文,荣膺学系授予的银质奖章①。1891年大学毕业后,他听从罗森的建议,为了增进自己的学识,在1891－1892年间自费出国游历,访问了芬兰、德意志、瑞士、北部意大利、奥地利、匈牙利与克拉科夫②。在哈雷大学里,他听过伊斯兰学专家奥古斯特·米勒(August Müller,1849－1892)的讲课,日后他每回忆起这位专家,总是像回忆自己的老师那样亲切。他还在施特拉斯堡大学里听过著名的阿拉伯学家特奥多尔·内尔德克(Theodor Nöldeke,1836－1930)讲学③。巴托尔德回国后被留在圣彼得堡大学"为取得东方史讲座的教授职衔而进修"(1892年)。1893年,他通过了待位硕士的考试④。1896年,他接受副教授的职衔,开始在圣彼得堡大学任教⑤;在他担任的几门课程中,有的课程的讲稿后来刊印行世。1897－1901年间,他还是圣彼得堡大学古钱储存室的保管员。

十九世纪九十年代是巴托尔德攻读大量的、多数是未曾刊行过的第一手历史资料而真正下了苦工夫的年代,他在钻研这些资料的基础上,在这些年份内,写出了他的主要巨著《蒙古入侵时期的突厥斯坦》⑥。1900年秋季,他将这部著作作为取得硕士学位的论文提交东方语学系审查;但在进行了论文答辩以后,巴托尔德被大学授予最高的学位——东方历史学博士⑦。

1901年起,巴托尔德任圣彼得堡大学编外教授,1906年改为编内教授。1906－1910年任东方语学系秘书。1910年,被选为科学院通讯

---

① 发表于1893年(ЗВОРАО,第八卷),标题为《Охристианстве в Туркестане в домонгольский период》,但是巴托尔德的第一篇被印行的文字为《Пизанец Исол》(ЗВОРАО,第六卷,1892年)。
② 克拉科夫(Краков)当时在奥匈帝国境内。
③ 特奥多尔·内尔德克在其诸多职衔中,也是俄国科学院院士(1885年起为通讯院士,1927年起为名誉院士)。
④ 当时《留校进修备取教授职称》制大致相当于现在的研究院制,而硕士考试则大致相当于现在的按专业进行的副博士考试。
⑤ 试讲的题目为《成吉思汗帝国的建立》(刊行于1896年,ЗВОРАО,第十卷)。
⑥ 1898－1900年在圣彼得堡出版(第一卷,原文史料编;第二卷,研究编)。
⑦ 详见本卷序言。

院士,1913年(10月12日)提升院士。1905－1912年,任俄罗斯考古学会东方部秘书,1908－1912年,任《俄罗斯考古学会东方部会刊》(ЗВОРАО)编辑①。巴托尔德还在俄罗斯地理学会兼职,其中包括负责编审该学会出版的《马可波罗行记》一书之 И. П. 米纳耶夫(И. П. Минаев)的俄文译本②。1912年,巴托尔德为创办伊斯兰学杂志《伊斯兰世界》③的发起人之一,并任该杂志的编辑。《伊斯兰世界》创刊号出版后,内政部长马卡罗夫要求将该杂志从纯科学的、客观的刊物变为宣传沙俄民族—殖民主义政策的喉舌,巴托尔德断然回绝,因此被解除了编辑职务。设立于1903年的俄罗斯中亚与东亚研究委员会置秘书二人,其一由巴托尔德充任,在该委员会存在期间,所有的会议记录,用他自己的话说,尽出他一人之手④。

巴托尔德曾多次到中亚进行科学考察,或者为了在各种抄本收藏处进行研究,或者为了完成考古工作,如1893－1894年由圣彼得堡大学与科学院、1902年由圣彼得堡大学、1904年为了在撒马尔罕进行发掘由俄罗斯中亚与东亚研究委员会派往中亚⑤;又在1916年也到了中亚。巴托尔德写道,"我几次去中亚考察,其中最成功的是1902年的一次,当时在了解抄本一类文献之外,别无其他任务。在东方史范围内,由于有丰富的未经任何人用过的资料,在阅读抄本时,就像在古城遗址进行发掘一样,常常体验到探险家发现新世界那样的喜悦"⑥。1900年与1908年,巴托尔德也出差到高加索进行科学考察。巴托尔德还常出国:1895年(巴黎、伦敦、牛津、荷兰),1898年(德意志),1905年(德意志、奥地利、蒂罗尔、瑞士),1906年(奥地利、塞尔维亚、保加利亚、土耳

---

① 不定期刊物,刊行于1886－1921年间;俄国东方学家的主要机关刊物,创办人与领导人为 В. Р. 罗森(至1908年逝世时止)。
② 1902年在圣彼得堡出版。
③ 东方学会出版。
④ 参看瓦·弗·巴托尔德, Воспоминания о С. М. Дудине——《Сборник Музея антропологии и этнографии АН СССР》,第十卷,1930年,页350,注1。
⑤ 用巴托尔德的话说,他参加考古发掘,"不是没受拉德洛夫的影响"(《自传》)。
⑥ 《自传》。

其、埃及),1908－1909年(意大利至那不勒斯、布达佩斯),1909年(芬兰),1911年(爱尔兰、北美洲、德意志、法兰西),1912年(维也纳、蒂宾根、汉堡、吕贝克),1913年(瑞典与挪威),1914年(瑞典、丹麦、英吉利、直布罗陀、土伦、意大利、希腊、保加利亚、罗马尼亚)。

巴托尔德有着非凡的工作能力。他担负着教学任务,参预各种学会活动和期刊出版工作,可是他认为科学研究工作最为重要①。他钻研伊朗、外高加索各国、阿拉伯各国、突厥诸族、蒙古人的历史以及伊斯兰学,但他用力最勤的还是中亚地区的历史。他继承了他的前辈们 B. B. 格列戈里耶夫(В. В. Грегорьев)与 Н. И. 维谢洛夫斯基所开创的研究中亚史的传统。在中亚,巴托尔德开展了广泛的学术与社会活动,与地方志专家们保持密切联系,参预考古学爱好者突厥斯坦小组(1895－1917)的工作②,协助《突厥斯坦公报》、《边疆》、《俄属突厥斯坦》以及其他地方刊物的编辑工作。巴托尔德十分紧张勤奋地开展科学研究活动③。他在东方中世纪史领域的主导地位,早自二十世纪二十年代以来即已取得了国内外的承认。

在伟大的十月社会主义革命以后,巴托尔德广泛展开了科学—社会活动与科学—组织活动。他担任了科学院东方学研究委员会常任主席,参加了设在塔什干的中亚国立大学(САГУ)建校筹备工作,担任纪念 В.В.拉德洛夫东方学家协会的领导人,后又任突厥学研究室的领导人(1928－1930),国立物质文明史研究院(ГАИМК)副主席,学术杂志《伊朗》④以及科学院其他若干出版物的编辑。巴托尔德完成了苏维埃政府交给他的多项任务,在苏维埃东方各共和国成立东方史教研室,创建图书馆、抄本文献保管处与博物馆。二十年代,巴托尔德还在新设立

---
① 《自传》。
② 参看 Е. В. Лунин, Из истории русского востоковедения и археогогии в Туркестане. Туркестанский кружок любителей археологии (1895－1917гг),塔什干,1958年。
③ 1913年以前,巴托尔德的著作共印行了150种以上,为百科全书写的条目不在此数之内。
④ 先后出版了三卷。

的列宁格勒东方现代语文研究所(ЛИЖВЯ)以及列宁格勒的其他高等学校从事教学工作,1920年、1927年与1928年三次到中亚进行科学考察。应地方机构的邀请,巴托尔德又先后到莫斯科大学、巴库大学(1924年)①与塔什干大学(1925年与1927年)讲学。1925年,巴托尔德访问了塔什干、撒马尔罕、布哈拉与沙赫里夏卜兹,1927年访问了塔什干、布哈拉与基发。1926年3月,巴托尔德参加了在巴库举行的第一次全苏联突厥学家大会的工作。1926年,在塔什干举行了庆祝他的博士论文答辩25周年②、任教30周年(1896－1926)纪念会,人们试图为他多年来在学术方面的创造性贡献作一总结③。

革命以后,巴托尔德仍多次出国:1917年到了芬兰,1922－1923年到了芬兰、牛津、伦敦、比利时、荷兰与德意志。1923年,巴托尔德作为俄国科学院的代表参加了在布鲁塞尔举行的国际历史学家大会的工作。在伦敦,他在王家学院讲述突厥人与蒙古人的历史;正是在这一时期,他在H. A. R. 吉布的协助下为自己的巨著《蒙古入侵时期的突厥斯坦》准备了英文译本④。1926年,他应土耳其政府的邀请到伊斯坦布尔讲学⑤,1929年,又到德意志讲学(柏林、汉堡、戈丁根)。

在伟大的十月社会主义革命以后,巴托尔德依然十分勤奋地致力于研究工作。在专门性的学术著作⑥以外,他也刊行了一些通俗的学术著作:《伊斯兰》、《木速蛮文化》(二者均出版于1918年)、《突厥斯坦

---

① 课程名称为《里海滨省在穆斯林世界中的地位》,1924年在阿塞拜疆国立大学(巴库)讲授,1925年在巴库印行。
② 为了庆祝巴托尔德博士论文答辩25周年,出版了一部论文集,论文集的阿拉伯语标题为《'Икд ал－джумān》("珍珠项链"),副标题为《突厥斯坦的朋友们、门生们与景仰者们敬献于瓦·弗·巴托尔德》(塔什干,1927年)。
③ 我们这里指的是И. И. 乌姆尼亚科夫写的一篇文章,刊载于《Бюлл. САГУ》,1926年,No. 14(参看本书文献目录),这篇文章是为了纪念巴托尔德的教学活动30周年而发表的。
④ 出版于1928年。
⑤ 在伊斯坦布尔大学讲授的题目是中亚境内突厥各族的历史,1927年用土耳其语出版,后来在1925年刊行了德文版,1945年又刊行了法文节("adaptation")译本。
⑥ 在专门性著作中,我们应特别提到《兀鲁伯与其时代》(彼得格勒,1918年)与《米尔－阿里－施尔及其政治生涯》,见《米尔－阿里－施尔诞生五百年纪念文集》(列宁格勒,1928年)。

史》(1922年)①、《突厥斯坦文化生活史》(1927年),他还刊行了塔吉克(1925年)、吉尔吉斯(1927年)②、土库曼(1929年)等民族的历史纲要,这些著作将当时几乎无人探讨的上述诸民族的历史研究推上了新的阶段。关于巴托尔德的通俗的学术著作,И. Ю. 克拉奇科夫斯基(И. Ю. Крачковский)院士写道:"从体裁上看是通俗的,但是对专家们也大有裨益,因为他不仅总结了前人的科学论断,而且也介绍了著者本人研究的重大成果。"③在1892—1930年间,巴托尔德刊印行世的论著总计在400种以上,还有些论著是在他身后刊行的④。他的许多著作已有外文译本(其中有的译为土耳其文、波斯文与阿拉伯文),并在国外刊行。巴托尔德也是《伊斯兰百科全书》的多产的撰稿人,由他撰写的条目共246条。

В. В. 巴托尔德的晚年生活因其爱妻马利娅·阿列克谢耶夫娜⑤于1928年5月突然病故而骤转暗淡。他们夫妇并无子女,相依为命。巴托尔德孤身生活,为时非久,1930年8月19日因患肾脏病在列宁格勒附近的疗养院逝世,终年61岁,与其妻合葬于列宁格勒的斯摩棱斯克公墓。

Н. Я. 马尔院士在苏联科学院为巴托尔德举行的纪念会上发言:"这是一位坚毅的、对所眷恋的事物永远锲而不舍的人物,无论在思维科学方面,或在日常生活、家庭生活方面都是这样。大家像怕烈火一样地怕这位心地极端善良的瓦西利·弗拉基米罗维奇;真理即便在敌人一边,他也会毫无保留地予以支持;弄虚作假,哪怕是同胞兄弟……他也决不曲加原宥。应付旧社会交往中的虚情假意,他很感吃力,他决不

---

① 1920年在塔什干中亚国立大学(САГУ)讲课稿。
② 1943年刊行了第二版。
③ И. Ю. Крачковский, *Очерки по истории русской арабистики*,莫斯科,1950年,页224—5。
④ 参看本书文献目录。
⑤ Мария Алексеевна,出嫁前姓茹科夫斯卡娅,是俄国著名伊朗学家 В. А. 茹科夫斯基教授(1858—1918)的妹妹,这位教授的另一位胞妹 Александра Алексеевна 为 Н. Я. 马尔院士(1864—1934)之妻,苏联伊朗学家 Ю. Н. 马尔教授(1892—1935)之母。А. А. 马尔卒于1939年。

逢迎迁就,讨人欢心。他为人落落寡合,离群索居,然而人们却自远方外地投奔到他门下来。"①经常前来访问巴托尔德的,有青年,有学者,有地方志专家和科学工作者,还有苏维埃东方各共和国许多新成立的科学机构的创办人。对所有这些人,巴托尔德一律殷勤接待,有求必应,总是向他们毫无保留地传授自己的渊博知识和治学经验。巴托尔德表情严肃,然而受人爱戴;他刻板地坚持原则,求全责备,但又对门生们亲切关怀。他为人耿直诚实,刚正不阿。革命前夕,阿谀谄媚,追名逐利,风靡于学术界,巴托尔德洁身自好,一尘不染。在大学授课,巴托尔德从来不注意演说技巧,讲话平淡,犹如相对晤语。可是,由他任教的各门课程,他无不精心准备,分析透彻,条理详明,一方面大量引用第一手资料,另一方面对陈词旧说痛加驳斥。曾为自己的国家和苏维埃科学作出如此丰富的创造性的贡献的这位卓越人物和学者的风貌就是如此②。

И. 彼得鲁舍夫斯基

---

① 《Сообщения ГАИМК》,1931 年,No.1,页 8。
② 本文作者在撰写这篇《生平事略》时,除参考上引与瓦·弗·巴托尔德有关的文献外,蒙 А. Л. Троицкая 教授指示,也利用了巴托尔德亲笔写的历次出差进行科学考察与外出旅行一览表(至 1925 年止)。又《事略》中一些细节承 В. А. Кранковская 教授、苏联科学院通讯院士 А. Н. Кононов、И. И. Зарубин 教授、В. Ф. Минорский 教授、И. И. Умняков 教授、Т. В. Шитов(巴托尔德指导的最后一名研究生)告知,作者获益良多,统在此深表谢意。

著者前言[1]

　　本书读者将觉察到,本书的标题与其内容并不完全相符。其所以文不切题,则出于下述原因。著者选择了中亚历史的一个最重要的时期,即蒙古统治的时期,作为自己进行科学研究的专题,而对于前此若干世纪的历史,本想只在为了说明当前的问题必不可缺和为了纠正并补充前人的结论必不可少的限度内有所交代。但在进一步了解了有关本题的文献之后,著者发现,截至目前,还根本没有基于研究史料得来的结论可言,而且著者感觉到,不对原始史料下一番独立钻研的工夫,就不可能对诸如蒙古人前来中亚遇到了什么情况,那种情况是如何形成的等问题作出即便是仅仅大致妥贴的答案。因此,尽管著者原有预定的计划,却也必须用本书大部分篇幅来阐述蒙古人到来以前的历史。这样,本书就其现有的格局而言,便成为答复下列问题的一种尝试:蒙古人到来前,中亚地区的历史进程决定于哪些因素?蒙古人在突厥斯坦登场时带来了什么变化?这个地区被征服的过程如何?为了解答这些问题,著者还打算在最后一年中察看一下蒙古人为中亚建立了什么样的秩序,叙事到1269年为止,也就是到突厥斯坦境内形成了独立的蒙古国家之时为止。本书第一编《原文史料选辑》以及第二编《中亚史研究》的绪论,正是本于这样的计划来安排材料的。但是著者终于决

---

[1] 【著者写的这篇前言仅见于本书俄文本第一、第二两版,英译本各版均略而未译,代之以 E. 丹尼森·罗斯为英译本撰于1928年的序言。】

定，为了本书的完整，还是以成吉思汗的死亡来结束本书，将其后几十年中的变迁结合察合台汗国的历史进行考察方为妥善。关于后一任务，著者目前还不准备着手，因为这方面穆斯林的记载十分缺乏；在这种情况下，在我们看到《元史》的完整译本以前，要想了解十三、十四世纪的中亚历史，可以说是不可能的。

著者在《原文史料选辑》中刊载了一些史料，用意仅在研究历史，而不在研究语文，因此，著者仅仅从与自己的课题有关的历史著作中作了一些摘录，抛开了那些对历史家没有什么意义的撰述。摘录中这种性质的删节，也都用删节号分别标明。有些摘录颇为简短，这是由于绝大多数抄本著者只能借阅很短的时间，从而只能抄录其中最重要的段落的缘故。从伦敦、牛津、巴黎、莱顿诸地所藏抄本中摘选来的史料，还都是在1895年过录的，而原文史料也就从那年开始付印了。著者愿意承认，自己现在对这项工作的看法，已和五年前多少不同，如果把它放到现在来作，多半也会作得更完善、更恰当一些。彼时著者还不曾深切体会到像过录原文、校对抄件和清样这类工作，看来似乎简单，实则并非易事；结果是不得不在书后附加长篇的勘误表。从勘误表可以看出，绝大多数的错误是著者在摘录亚洲博物馆所藏萨木阿尼辞书的抄本时出现的，对此，凡是用过那个抄本的人可能不以为异。直到现在，也许还有一些疏漏之处尚未纠正，不过其中值得历史家考订、斟酌的错误，大概已经没有了。

著者从来不曾幻想，作为根据原始史料来阐述突厥斯坦历史并进而注意社会与日常生活状况的首次尝试，本书竟会没有什么错误，因为一个历史学者，如果没有前人研究的成果可资借鉴，缺点总是难以避免的。著者为河中地区撰写历史地理简介时尤感困难。著者企图既利用所有相关的史料，也利用有关现存古迹的报道；可是有很多问题只有有机会到当地进行过考察的人才能够解决。著者编写这个历史地理简介时，比编写本书其他部分更加深刻地体会到，对久居京城的专家们来说，突厥斯坦方面诸工作者的准备工作是怎样地不可缺少。在这个问题上，著者认为发表于突厥斯坦刊物（《突厥斯坦公报》，1899年，No.87）中的一段话①，已经说得十分透彻、无可补充了。这就是一方面，"现场工作人员承担的任务之一在于搜集原始资料。原始资料搜集得越丰富，就越易于进行科学处理工作，而得出的结论也越正确、越细密"；另一方面，"为了使考古爱好者的工作常有定向，就必须让他们有可能更广泛地利用科学研究的成果，无论如何，也必须让他们在进行工作时手头上有一些可以帮助他们了解相关情况、明确方向的著作，以免妄费时力去探求别人已经寻获的东西，去重新发现美洲"。这样说来，现场工作者未拥有"学术研究的成果"，工作就不会常有定向；而学术专家在现场工作者未向他们提供足够的"原料"以前，就不能得出"正确、周详的"结论，由此形成了一个难以突破的循环。要突破这一循环，那就只有学术研究者也好，现场工作者也好，要各将自己能够提供的东西尽量提供出来，而对于各自工作中在目前情况下尚未能补救的缺陷则暂且容忍。著者希望本书能在一定程度上帮助现场工作者们在研究成吉思汗去世以前的中亚历史时"明确方向"，也希望现场工作者们提供一些资料，不但能够据以纠正本书的错误，而且也能够推动进一步的探讨②。由于热望得到突厥斯坦方面读者们的教益，著者曾力避使用那些只有专家们才能够了解的用语，并将许多由专家们看来毫不新颖的报道写入本书。基于同一原因，著者没有为自己写的地理简介附上地图。著者深信，由身在突厥斯坦，掌握制图技术的工作者们在研究本书所搜集的资料并在边区进行直接考察的基础上来从事此项工

---

① 〔В.巴托尔德引自В.维亚特金（В. Л. Вяткин）的《答В.巴托尔德先生书》。维亚特金的这封信是回答巴托尔德的《答В. В.先生书》的，后者刊载于同年的《突厥斯坦公报》，No. 42. 先是S. Lane-Poole，*The Mohammadan Dynasties*（L.莱恩-普尔，《木速蛮诸朝代》）一书的俄文译本，由巴托尔德负校订之责，于1899年在圣彼得堡出版。该俄文译本出版后，维亚特金写了一篇书评。为答复这篇书评，巴托尔德发表了《答В. В.先生书》。〕
② 在本书的排版、订正与增补均已竣工以后，著者才看到了Н. Ф.西特尼亚科夫斯基写的关于泽拉夫尚河流域的文章（见 ИТОРГО，第一卷，第二期，1900年）与В. А.卡劳尔写的关于佩罗夫斯基县诸废墟的文章（见 ПТКЛА，第五年）。〔根据这两篇文章写出的订正和增补已刊入本书1928年英文版中。〕

作,定将得到远胜于著者本人试制的成果。制图时应当特别注意几条大河的流向;又如可在本书中看到的,阿母河、锡尔河以及泽拉夫尚河的主要支流,在蒙古人到来前的时期,其方位与现今的方位大不相同①。

最后,著者认为既应向在圣彼得堡、伦敦、牛津、剑桥、巴黎、莱顿等地图书馆中给与协助的诸人员,也应向在圣彼得堡和国外指导自己的诸师友,敬致深厚的谢意。著者在作学生的时代,就受到了Д. А. 赫沃尔松教授(проф. Д. А. Хвольсон)的启发,开始对阿拉伯方面关于突厥斯坦的报道进行研究。著者以无限感激的心情怀念已故的老师A. 米勒(A. Müller)先生,深幸在先生弃世的一年还有从先生受教的机会。不厌其烦愿为本书审定清样的有К. Г. 扎列曼(К. Г. Золеман,审定波斯原文)、В. Р. 罗森男爵(бар. В. Р. Розен,审定阿拉伯原文与引言)和Н. Я. 马尔(Н. Я. Марр);征引文献与抄本的索引是由К. А. 伊诺斯特兰采夫(К. А. Иностранцев)编订的。В. Р. 罗森男爵对待门生的态度,素为人所共知,无待著者在此申谢,不过著者还是有责任声明,自己有如一些老学友们那样不断受到他的教导,并在一个新进的研究人员所经常经历的困惑时刻从他得到了精神上的支持。

В. 巴托尔德
1900 年 6 月

---

① 〔附加于《突厥斯坦》的地图,像附加于《瓦·弗·巴托尔德院士全集》其他各卷的地图一样,现在印刷中,即将装入单行的封套内随《全集》的某卷一并发行。〕【附加于《瓦·弗·巴托尔德院士全集》的地图共六幅,由О. Г. 鲍尔沙科夫(О. Г. Большаков)编绘,已于1977 年随《全集》第九卷一并发行,其中与本书密切相关的一幅业经译制,附于此译本卷末。〕

绪论　史料

一　蒙古入侵以前的时期

穆斯林征服以前,中亚有无历史著作,今已无从确知。七世纪的中国旅行家玄奘说到有这类著作①;可是这类著作甚至连标题也不曾流传下来。如果十一世纪著作家比鲁尼的记述②可信的话,那么,阿拉伯征服者,特别是八世纪初的屈底波·伊本·穆斯林,曾在波斯、粟特与花剌子模境内将僧侣(地方文物的保存者)歼灭殆尽并将他们的典籍扫荡一空。然而更早的史料并没有提到这一类灭、毁事件,而且这类事件也不像有发生的可能③。遍检流传至今的有关阿拉伯征服的记载,其中没有讲到任何事实足以证明当时地方上存在着势力强大的、煽动居民反抗阿拉伯人的僧侣集团。更可能的情况是:当时的中亚和直到

---

① 玄奘,《大唐西域记》,Stan. Julien 法文译本,巴黎,1857 年,Ⅰ,页 13. 〔儒莲译本此页将《西域记》卷 1 所述窣利地区"粗有书记,竖读其文,递相传授,师资无替"云云译作"居民刚刚有了若干历史记载,他们自上而下地阅读这些记载的本文,互相交换得自这些典籍的知识。就是这样,文献知识得以无间断地被保存下来。"按原文中"书记"二字,系泛指一般文字书写,并非单指历史记载而言。儒莲译文枝蔓失真,导致巴托尔德误以为依据玄奘的记述,当时中亚地区容或已有历史文献。〕
② Bīrūnī, *Athār ul – Bākiya*〔《过去世代的遗迹》〕,Sachau 刊本,*Chronologie orientalischer Völker*,莱比锡,1878 年,页 36,48;Sachau 英文译本,*The Chronology of Ancient Nations*,伦敦,1879 年,页 42,58.
③ 比鲁尼著作的校订者扎豪教授认为,比鲁尼述及屈底波的征服时,可能联想到亚历山大征服波斯波利斯(Persepolis)(Sachau, *Zur Geschichte und Chronologie von Khwârizm*,1,页 29.)

萨珊朝的波斯一样，并没有合乎现代意义的历史著作，当时所有的只是一些民间传说，而在当地居民信仰了伊斯兰教以后，这些传说就失掉了意义，无待征服者采取什么严峻措施，便被居民们完全遗忘了。

无论当时情况如何，现在我们只能根据阿拉伯人本身的记述来推断阿拉伯征服的经过及其后果。穆斯林纪元后的头三个世纪内，在穆斯林统治所及的整个地区，几乎所有的散文著作都是用阿拉伯语写成的。从回历四世纪起，波斯语才逐渐成为穆斯林世界东部的文学用语，并保持这种地位直到现在。用突厥语写的散文著作，即便到今天，也还是为数不多。

波斯文著作也好，阿拉伯文著作也好，首先传入欧洲的都是在东方取代了著作原本的最晚出的编纂本。在阿文著作的编纂本中，马金（卒于672/1273－4年）的著作①和阿布勒法拉只（卒于685/1286年）的著作②都早在十七世纪就已被译成拉丁文。在很长时期内更受重视的是十四世纪一位编纂家阿布勒-菲达的作品③，他的作品是在十八世纪末期刊行的，原文以外，附有拉丁语译文。现已考实，当阿布勒-菲达叙述回历纪元后头六个世纪的历史时，他几乎逐字逐句地抄录了一位较早的编纂家伊本·阿西尔（伊祖丁·阿布勒－侯赛因·阿里·本·穆罕默德，卒于回历630年）的著作，后者叙事至回历628年止。只是在伊本·阿西尔的杰作④刊行以后，研究穆斯林东方史的学者们才开始感觉脚踏实地，心中有数。这位编纂家以极为谨严的治学态度与在当时罕见的考辨才能来从各方面为自己的著作搜集资料。在资料

---

① Al-Makin, *Historia Saracenica*, Th. Erpenius 刊本与拉丁文译本, Lugduni Batavorum, 1625年; Brockelmann, *Geschichte der Arabischen Litteratur*【《阿拉伯文献史》，以下简称 GAL】, I, 页348。

② Abū'l-Faraj, *Historia compendiosa dynastiarum*, Edw. Pococke 刊本与拉丁文译本, Oxoniae, 1663年, Brockelmann, GAL, I, 页349以下。

③ Abulfedae, *Annales Moslemicae*, J. J. Reiskii 刊本与拉丁文译本, 五卷, Hafniae, 1789－94年; Brockelmann, GAL, II, 页44以下。

④ Ibn el-Athiri *Chronicon quod Perfectissimum inscribitur*【《伊本·阿西尔全史》】, C. J. Tornberg 刊本, 十四卷, Upsala 1851－3年与 Lugduni Batavorum, 1867－76年。又于1301/1883年在开罗印行。参看 Brockelmann, GAL, I, 页345以下。

互相矛盾、难以决定取舍的场合,则往往两说一并列举。他的著作又决非仅仅是外在事件的编年,作者在其撰述的间架所能容许的范围内,对各个时期比较突出的观念和思潮以及历史人物的真实性格等等,都向我们提供了相当清晰的概念,同时也给予许多文学家以应有的地位。

关于伊斯兰头三个世纪的历史,伊本·阿西尔采用了阿布-贾法尔·穆罕默德·本·杰里尔·塔巴里(卒于310/923年)的成书作为蓝本,塔巴里书叙事至回历302年止。由于一些东方学家共同努力,塔巴里书的刊行得于1901年竣事①,东方学因此向前跨进了一大步。德国学者 C.布罗克尔曼曾经专门探讨了伊本·阿西尔与塔巴里这两家著作之间的关系②。他得出的结论是:即便在塔巴里的著作刊行之后,伊本·阿西尔的著作依然在原始资料方面保持着特殊地位,甚至就伊斯兰最早时期的历史而言也是如此。布罗克尔曼指出,塔巴里锐意使其著作成为阿拉伯人全部历史知识的总汇。他的著作的大部分篇幅只是叙述了他所找到的史料,有时他把取自不同史籍的资料拼在一起叙述,而几无一语道及何一来源比较可靠③。这种在自己的撰述中全然不下考订工夫的作法,即便拿他的时代来衡量,也会令人惊讶。不仅如此,与其他绝大多数撰述不同,塔巴里越是叙述到离他本人较近的时代,行文就越简略,在叙述与他本人同时的事件时,往往简略到无以复加的地步。或许正如布罗克尔曼所揣想的那样,这是由于塔巴里年已老耄的缘故(塔巴里生于224/839年)。伊本·阿西尔则与塔巴里不同,他更善于处理他所占有的资料,从而大大增补了他的这位前辈的著作。他在许多方面征引的资料,至于今日,我们依然无缘接触,但就他在另外一些方面的叙述,我们现在已有可能进行对证。对证的结果促

---

① At-Tabari, *Annals*〖《年代记》,全名《诸先知与诸王的历史》〗,M. J. de Goeje 刊本,十五卷,Lugduni Batavorum,1879-1901 年;Brockelmann,GAL,Ⅰ,页 142 以下。
② Brockelmann, *Das Verhältnis*, Strassburg, 1890 年。
③〖布罗克尔曼在其著作中批判塔巴里处理史料的方式时加了"gelegentlich"一词〖意为"有时"、"偶而"〗,用以缓和自己的语气。——V. M.〗。

使我们肯定作者的记述信而有征,即便他引用的史料全为我们所不及知,我们也还可以相信他出言有据。关于布罗克尔曼的这一论断,下面的例子足以证明其正确无误:公元751年,阿拉伯人与中国人在中亚发生冲突,决定了中亚西部的命运。有关这次冲突的详细经过,只有伊本·阿西尔曾笔之于书。塔巴里的著作也好,流传至今的阿拉伯人的其他早期史书也好,都不曾提到这次冲突;然而中国的《唐书》却完全证实了伊本·阿西尔的记述①。

在其他最晚出的阿拉伯人编纂的载籍中,对我们来说较为重要的有伊本·哈利坎(谢木斯丁·艾哈迈德·本·穆罕默德,卒于681/1282年)的《传记辞书》。此书曾经数度刊行,并有英文译本②。这位作者标明了大部分资料的出处③,有时长篇摘引今已失传的撰述。刊行于东方④的伊本·哈勒敦(韦利丁·阿布·扎伊德·阿卜德·拉赫曼,卒于808/1406年)的《列国史》,虽曾与伊本·阿西尔书同样常为论述东方这一或那一朝代的作家们所援引,但是对我们来说,则属于次要的著作。伊本·哈勒敦生活在西班牙和非洲,他写与中亚史有关的部分,显然利用了伊本·阿西尔的著作,并无新颖之处。他所记载的不见于伊本·阿西尔书的少数事实,往往经不起对证。同样,他在那篇著名的《序言》⑤中所表达的历史哲学观点固然值得注意,却亦与中亚没有什么关系。

无待赘言,我们只有抛开最晚出的史籍编纂本而追溯到原始资料,

---

① 参照 Бартольд, *О христианстве в Туркестане*, 页7;也参照 Chavannes, *Documents*, 页142以下,页297以下,[冯承钧译,《西突厥史料》,1958年版,页132,273以下]。这次战役也被萨阿利比提到了,见所撰 *Laṭā'if al-ma'ārif*, Jong 刊本,页126。

② *Ibn-Challikani Vitae illustrium virorum*, F. Wüstenfeld 校订本,影印十三卷,戈丁根,1835—50年;*Ibn Khallikan. Vies des hommes illustres de l'Islamisme*, MacGuckin de Slane 男爵刊本,第一卷,巴黎,1838—42年。此外,尚有东方(Bulaq)印本,1275/1859年;参看 Brockelmann, GAL, I, 页326以下。

    Ibn Khallikan, *Biographical Dictionary*, MacGuckin de Slane 男爵英文译本,四卷,巴黎,1842—71年。

③ 关于这些,参看 Wüstenfeld, *Über die Quellen des werkes Ibn-Challikani*, 参看戈丁根,1837年。

④ 印行于 Bulaq, 1284/1867年。

⑤ 原文与法语译文,见 *Notices et Extraits*, 页XVI—XXI。

这才能够满足历史考据的各项要求。感谢一些阿拉伯学家的劳绩,保存到现在的阿拉伯原始资料大部分得到了整理刊布。可惜的是,写成于回历纪元后头几个世纪中的史书,我们今日仅知书名的为数甚多,而已刊著作在数量上与之相比,则未免过少。关于阿拉伯的历史文献的发展,学者间久已有所论列[1],在这里,我们只消指出:阿拉伯人撰写史籍,早在乌迈亚朝即已开始。到了阿拔斯朝,由于文化教育的普及,在所有学科中都有如此大量的文献问世,以致阿布勒-法拉只·穆罕默德·本·伊斯哈克·奈迪木在公元十世纪末已经能够纂成名为《百科津逮》(*Fihrist al-'Ulūm*,直译《科学索引》)的书志学巨著。奈迪木的这部著作,已由弗吕格尔与勒迪格尔校订刊布[2],任凭学者研究阿拉伯文献的某一门类,它永远不失为案头必备之书。不仅如此,我们从这部书中也可以找到一些不见于其他史料的有价值的一般历史记载。此外,我们还可以从马斯乌迪(阿布勒-哈桑·阿里·本·侯赛因,卒于345/956年)的著名的百科全书《黄金草原》(*Murūj adh-dhahab*)中找到阿拉伯历史家名录,此书原文与其法文译本已由巴比埃·德·梅纳尔刊布行世[3]。马斯乌迪所列举的名字,有的未为 *Fihrist* 所著录。又伊本·库泰巴(阿布·穆罕默德·阿卜杜拉·本·穆斯林,卒于276/839年)所编的简明百科全书中,也有一些关于早期阿拉伯历史家生平的记载;伊本·库泰巴的著作已由维斯滕费尔德刊布[4]。

---

[1] 参照 von Kremer,*Culturgeschichte des Orients*,维也纳,II,页414-25;又关于阿拉伯早期诸历史家,可参看扎豪为其所刊行的伊本·赛阿德书(第三卷)所写的前言和他发表于 MSOS 第七卷(1904年)中的论文〔Sachau,*Studien*〕。

[2] *Kitāb al-Fihrist*,先由 G. Flügel 加注释刊行,Flügel 逝世后,继之者为 J. Roediger 与 A. Müller:第一卷,原文,Roediger 刊行,莱比锡,1871年;第二卷,注释与索引,Müller 刊行,莱比锡,1872年。参看 Brockelmann,GAL,I,页147以下。亚库特书中(*Irshād*,VI,408)有奈迪木传略。

[3] 马斯乌迪,*Murūj*,巴黎,1861-77年,I,页10以下;Brockelmann,GAL,I,页143以下。马夸特对马斯乌迪颇有贬词,谓为"今日新闻记者与旅游家的先驱",见所撰 *Osteuropäische und ostasiatische Streifzüge*,莱比锡,1903年,页XXV。

[4] Ibn Coteiba's *Handbuch der Geschichte*(伊本·库泰巴撰《历史手册》),维斯滕费尔德刊本,页265以下。维斯滕费尔德并试将有关阿拉伯历史家的报道纳入他所写的"Die Geschichtschreiber der Araber und ihre Werke"一文中。

在 Fihrist 著录的书籍中,对我们来说具有特殊重要意义的,当推马达伊尼①(阿布勒-哈桑·阿里·本·穆罕默德,卒于 215/830 或 225/840 年)的几种著作。阿拉伯人士认为②,马达伊尼撰写呼罗珊、印度与法尔斯的历史,其详尽在其他作家以上。的确,塔巴里叙述发生在东部边区的事件时,正是通过阿布·扎伊德·欧马尔·本·谢巴·努迈里(卒于 262/875 年,终年九十岁)③的作品最频繁地转引了马达伊尼的原著。Fihrist 所录的马达伊尼的著作中,有写到穆阿塔西木(833-842 年在位)末年为止的诸哈里发本纪。马达伊尼的其他著作,对我们特别重要的有以下数种:(1)记呼罗珊境内征服之书;(2)记阿萨德·本·阿卜杜拉·卡斯里政绩之书;(3)记纳斯尔·本·赛亚尔政绩之书;(4)记屈底波·本·穆斯林轶事之书。当然,马达伊尼著书立说,也曾利用了更早的著作,其中有著名的为先知立传的作家伊本·伊斯哈克(穆罕默德·本·伊斯哈克·本·亚萨尔,卒于 150 或 151/767-68 年)的若干著作。伊本·伊斯哈克也写过一部《诸哈里发本纪》④。伊本·伊斯哈克的著作曾为另一历史家阿里·本·穆贾希德所利用,而马达伊尼即以阿里·本·穆贾希德的撰述作为直接的依据。阿里·本·穆贾希德的撰述未经 Fihrist 著录,马斯乌迪曾提到他是《乌迈亚朝史书》的作者⑤。

关于伊拉克的历史,阿布·米赫纳甫⑥(卢特·本·叶海亚·阿米里·阿兹迪,卒于 157/773 年)被公认为最有权威的作家。人们熟知,呼罗珊曾经长期处于伊拉克总督管辖之下,塔巴里在记述发生于

---
① Fihrist,Ⅰ,页 100-3;亚库特书有传(Irshād,Ⅴ,页 309-18)。据塔巴里书,Ⅲ,页 1330,马达伊尼卒于回历 228 年。
② Fihrist,Ⅰ,页 93。这是卒于 258/872 年的某人的见解(同上书,页 105)。
③ 关于此人,参看 Fihrist,Ⅰ,页 111-3;马斯乌迪,Murūj,Ⅰ,页 11,亚库特,Irshād,Ⅵ,页 48。
④ Fihrist,Ⅰ,页 92。
⑤ Murūj,Ⅰ,页 2。
⑥ 关于此人,参看 Fihrist,Ⅰ,页 93;马斯乌迪,Murūj,Ⅰ,页 10;伊本·库泰巴,Handbuch der Geschichte,页 267;亚库特,Irshād,Ⅵ,页 220 以下;Wüstenfeld,Der Tod des Husein ben Ali,戈丁根,1883 年,页 ⅲ-ⅳ;参看我的论文〔Абу Михнаф〕,见 ЗВОРАО,ⅩⅡ,页 0147-0149。

呼罗珊的事件时之所以频繁地征引阿布·米赫纳甫的著作,其原因在此。

塔巴里利用过的这些史料,均已失传。在保存到今天、并经部分刊布的几种写成于回历第三世纪的著作中,关于穆斯林帝国东部历史事件的记述,虽然偶有未经塔巴里道及的片断,但总的说来,均较塔巴里书为简略。这类著作之中,我们应当首先提到巴拉祖里①(阿布勒-哈桑·艾哈迈德·本·叶海亚,有的文献亦作阿布·贾法尔,卒于279/892年)的《武功录》。马斯乌迪认为《武功录》是记述阿拉伯征服的最好的著作,这部著作由已故荷兰东方学家德·古耶教授刊印行世②。巴拉祖里所依据的旧史,看来有一些是未经塔巴里引用的,其中对我们来说特别重要的当推阿布·乌拜达③(马阿马尔·本·穆桑纳,卒于207-11/822-26年间)的撰述。阿布·乌拜达曾被人们认为是熟谙阿拉伯史事的大家之一,巴拉祖里从他的撰述中引用了一些别无记载的资料。举例说,阿布·乌拜达与其他史学家不同,断言早在哈里发奥斯曼在位和阿卜杜拉·本·阿米尔任呼罗珊总督的时候,阿拉伯人就已经进行了第一次越过阿母河的出征④。事实确系如此,我们从汉文史料得知,在公元650-655年间,阿拉伯人曾陷弭末贺地区(在撒马尔罕东南方),使之残破⑤。

豪茨玛教授刊布的亚尔库比(艾哈迈德·本·阿比·亚尔库卜·本·贾法尔·本·瓦赫卜·本·瓦迪赫,卒于284/897年)的世界史⑥,

---

① *Fihrist*,Ⅰ,页113;马斯乌迪,*Murūj*,Ⅰ,页14;von Kremer,*Culturgeschichte*,Ⅱ,页420。
② Beladsori,*Liber expugnationis regionum*,M. J. de Goeje 刊本,Lugduni Batavorum,1866年;Brockelmann,GAL,Ⅰ,页141。
③ *Fihrist*,Ⅰ,页53-4;伊本·库泰巴,*Handbuch der Geschichte*,页269;伊本·哈利坎书,No.741 (de Slane 译本,Ⅲ,页388以下)。戈尔德齐赫尔有关于阿布·乌拜达生平的详细记述(Goldziher,*Muhammedanische Studien*,哈勒,1888年,Ⅰ,194-206)。
④ 巴拉祖里书,页408。
⑤ Бичурин,*Собрание сведений*,第一版,Ⅲ,页245;Chavannes,*Documents*,页144,[冯承钧译,《西突厥史料》,1958年版,页134。]但"米"在此处可能指马鲁而言,而汉文误以为指弭末贺。
⑥ *Ibn Wādhih qui dicitur al-Ja'qubī*,*Historiae*,ed. M. Th. Houtsma 刊本,Lugduni Batavorum,1883年;Brockelmann,GAL,Ⅰ,页266;亚库特,*Irshād*,Ⅱ,页156以下。

也很值得我们注意。这部著作写成于回历三世纪后半期,叙事至258/872年止。刊布者豪茨玛教授认为①,亚尔库比书与塔巴里书以及塔巴里引用过的史料都没有什么共同之处,亚尔库比所引用的是另一批史料,马斯乌迪、马金与尤蒂希伊②等作家也可以归入此派。然而亚尔库比撰写呼罗珊史所使用的也不外乎塔巴里所依据的主要资料,即马达伊尼的著作③,尽管我们有时也发现他的书中一些饶有趣味的细节不见于塔巴里的记载。

最后,我们还可以提一下由吉尔加斯刊布的阿布·哈尼法(艾哈迈德·本·达乌德·迪纳韦里,卒于288/901年)的著作④,虽然这部叙事仅至227/842年为止的作品文笔简略,可是对我们来说,毕竟不失为有用的著述。

回历三世纪时,伴随历史著作出现了地理著作。地理方面的著作,一类是描写人们不熟悉的地区、意在满足读者好奇心的旅行家行纪,另一类是适应政府需要而编纂的官方道里志以及各个地区财政收入的统计表册。早在回历二世纪,帝国东半部就已经出现了这方面的撰述,见于记载的有呼罗珊总督阿里·本·伊萨(180–191/796–807年在职)的秘书哈弗斯·本·曼苏尔·麦尔韦齐编纂的《呼罗珊赋税之书》⑤。写于回历三、四世纪而流传至今的地理著作已由德·古耶汇刊为 *Bibliotheca Geographorum Arabicorum*⑥。其中成书最早的是伊本·霍尔达德贝赫(乌拜杜拉·本·阿卜杜拉·本·霍尔达德贝赫)的著作。人们推断这一著作的初稿当写成于232/847年左右,而内容更加完备的增

---

① 亚尔库比,*Historiae*,Ⅰ,页ⅷ。
② 亚历山大里亚〔东正教〕大主教,卒于328/940年;他的著作,对于我们来说,虽非要籍,但早在十七世纪即已印行并译为拉丁文,后又收入 Corpus scriptorum chrstianorum orientalium。
③ 亚尔库比,*Historiae*,Ⅱ.页4.
④ Abû–Ḥanîfa ad–Dînaweri, *Kitâb al–Aḫbâr aṭ–ṭiwâl*, W. Guirgass 刊本,莱顿,1888年;Brockelmann, GAL, Ⅰ,页123;Kratchkowsky, *Préface etc. à Abū Ḥanīfa*,莱顿,1912年(Seybold 为此书所撰书评,见 ZDMG,页 LXⅦ,1913年)。
⑤ 《原文史料选辑》,页2(摘自加尔迪齐书)。
⑥ 《阿拉伯舆地丛书》,简写作 BGA。

订稿约写成于272/885－6年①。在时间上比此书稍晚的是亚尔库比写成于278/891年的地理著作②,亚尔库比作为历史家,已在上文述及。伊本·鲁斯泰(阿布·阿里·艾哈迈德·本·欧马尔)的著作③与伊本·法吉·哈马丹尼的著作④均约完成于公元十世纪初年。

哈里发政权的解体开始于公元九世纪,至十世纪已为既成事实。在不同地区兴起了一些独立王朝,彼此攻伐不已。这些王朝的君主无不尽力为自己的京城及宫廷增光延誉,为此大力延揽学者和诗人。这样,穆斯林帝国的瓦解反而促进了科学与文学的发展,至少从数量上看是如此。在十世纪诸朝廷中,对我们说来特别重要的是统治着伊拉克与西部波斯的布伊朝与领有河中及东部波斯的萨曼朝。

由于布伊朝与萨曼朝具有极其密切的(友好的与敌对的)关系,所以在前者的宫廷中写出的历史著作,对于研究中亚史也应当具有重要意义。不幸的是,截至现在,我们势须承认这些著作已散失殆尽。在这些著作中占首要地位的是布伊朝君主穆伊兹·道拉的御医阿布勒哈桑·萨比特·本·锡南·萨比⑤(赛伯伊人,卒于365/976年)的著作。萨比特书叙事从回历295年(此乃哈里发穆克塔迪尔即位之年)起,至回历363年止。

萨比特书经其侄阿布勒－侯赛因·希拉勒·本·穆哈桑⑥(卒于448/1056年)续编至回历447年。这部编年著作大部已残缺,仅有从390至392三年的记载保存在不列颠博物馆收藏的一份抄本(编号Cod. Add. 19,360)中,其中有关于哈剌汗朝占领布哈拉的颇有趣味的

---

① BGA. Ⅵ;Brockelmann,GAL,Ⅰ,页225。关于这部地理著作写成的年代,参看书的前言,页 xviii - xx;但马夸特认为(见所撰 *Streifzüge*,页390)这部著作仅有一稿,写成于回历272年左右。
② BGA,Ⅶ。
③ 同上书;Brockelmann,GAL,Ⅰ,页227。
④ BGA,Ⅴ;Brockelmann,GAL,Ⅰ,页227。亚库特书中有报简略的记述 *Irshād* Ⅱ,页63。
⑤ 关于此人,参看 Chwolsohn,*Die Ssabier*,圣彼得堡,1856年,Ⅰ,页578以下;*Fihrist*,Ⅰ,页302;伊本·阿西尔书,Tornberg刊本,Ⅷ,页476,491;亚库特,*Irshād*,Ⅱ,页397。
⑥ 关于此人,参看 Chwolsohn,*Die Ssabier*,Ⅰ,页606以下。

叙述。这部分记载的原文已由 V. R. 罗森男爵印出,并附以译文①。希拉勒的儿子加尔斯·尼阿玛·穆罕默德·本·希拉勒又继其父将这一著作续编至回历 476 年②。

除上述著作外,还有其他一些著作见于著录,例如萨木阿尼(关于此人,参看下文)的辞书曾提到胡塔比(阿布·穆罕默德·亦思马因·本·阿里,卒于 350/961 年)的编年体记载,并称许其为一部信史③。

阿布·伊斯哈克·伊卜拉欣·本·希拉勒④(卒于 384/994 年)与萨比特及希拉勒属于同一家族,约在回历 371 年为布伊朝君主阿杜德·道拉写了一部布伊朝历史,书名 Kitāb at - Tāj fi dawlat ad - Daylam⑤。这部书屡为后来的作家所征引,并奉为行文笔法的圭臬,但此书的主要目的在于颂扬布伊朝诸君主,故叙事不免浮夸失实,连作者本人也并不讳言,为了颂圣,他的著作颇多曲笔⑥。

最后,于十三世纪从事写作的历史家术外尼⑦在蒙古人攻下亦思马因派的首邑阿剌模忒的时候(公元 1265 年),在该派诸魁首的藏书室中发现了一部某佚名作者为布伊君主法赫鲁·道拉(卒于 387/997 年)写的《歧兰与低廉史》(Ta'rīkh - i Jīl wa Daylam)⑧

---

① Розен,Рассказ Хилāля ас - Сāби,页 272 以下;Brockelmann,GAL,Ⅰ,页 323。Amedroz 节录希拉勒的著作,先刊出单行本,后又编入 Eclipse of the Abbasids,第三卷,Margoliouth 教授的译文见同书第六卷。
② 此书后又迭经若干作家续编到回历 616 年,参照 Haji - Khalfa 书,Ⅱ,页 123。书中注释取自 Ibn al - Qiftī 书,页 110 以下。
③ 《原文史料选辑》,页 57(萨木阿尼书;Margoliouth 刊本,al - Khutabī 条;亚库特,Irshād,Ⅱ,页 349。
④ Chwolshn,Die Ssabier,Ⅰ,页 588 以下;伊本·阿西尔书,Tornberg 刊本,Ⅷ,页 397;Ⅸ,页 11,74;Brockelmann,GAL,Ⅰ,页 96;亚库特书中有传(Irshād Ⅰ,页 324 - 58),传文中有摘录,摘自其外孙希拉勒的撰述。
⑤ 《《低廉国家王冠之书》。〕
〔《王冠》一书概要之一部分的抄本已在也门被发现。参看 M. S. Khan,"A manuscript of an e- pitome of al - Ṣābī's Kitab at - Tāǧi,"Arabica,Ⅻ,1965,页 27 - 44,M. S. Khan 亦在为已发现的部分准备刊本。——C. E. B.〕
⑥ 参照 Goldziher,Muhammedanische Studien,Ⅰ,页 159。
⑦ ГПБ Ⅳ,2,34 抄本,叶 127。J. n. k. 读作 Jīl,系根据同馆所藏 Ханыков 抄本,叶 71。
⑧ (伊本·)米斯卡韦赫及其诸续纂人的著作,将于下文述及(R78 注)。亚库特书(Irshād)中有许多摘自记述布伊朝历史而今已失传的书籍的段落;遗憾的是由 D. S. Margoliouth 校订的(转下页)

统治东土的萨曼朝诸君主,在延揽作家和学者这一点上,与布伊朝不相上下。萨曼诸君主本身是波斯人,因此他们主要提倡波斯文诗歌,可是他们的宫廷中也有不少诗人用阿拉伯文写作。萨阿利比(阿布·曼苏尔·阿卜杜-麦利克·本·穆罕默德,卒于 429 或 430/1037 – 1039 年)所编诗选中详细介绍了这些诗人。这部诗选的第四编,亦即最后一编,专门收录呼罗珊与河中诗人的作品。萨阿利比在 382/992 年访问过布哈拉,因此他还结识了一些诗人。在他所写的当时诗人的传略中,常有描绘萨曼王国境内生活状况的有趣的资料。萨阿利比的诗选,全名作《歌颂贤能德业的时代奇珍》,已在东方印行①。巴比埃·德·梅纳尔曾从最后一编中摘取若干首译为法文,发表于 *Journal Asiatique*(《亚洲杂志》)②。

按萨阿利比的说法③,萨曼朝治下的布哈拉是"荣誉的府第,权威的天房,当代人文荟萃之乡"。著名的阿维森纳(伊本·锡纳)曾于努赫·本·曼苏尔(卒于 387/997 年)在位期间利用过萨曼王室图书馆

(接上页)*Irshād* 刊本(《吉布纪念丛书》第六种)原文尚非全璧,且无索引。即如 *Irshād*,Ⅱ,页 304 与 V,页 355 这两处都提到了韦齐尔阿布·赛齐德·曼苏尔·本·侯赛因·阿比(卒于回历 421 年)所写的历史,亚库特的 *Muʻjam* 也几次提到这位韦齐尔(索引,Ⅳ,页 730);亦可参照阿布·海延·陶希迪的传记(亚库特,*Irshād*,V,页 380 – 407),传文中几次提到此人攻讦阿布勒-法兹勒·本·阿米德与亦思马因·本·阿巴德。传文(*Irshād* I,页 273 – 343)中也有采自此书的摘录。又阿布·阿卜杜拉·穆罕默德·本·优素福·花剌子米编写的 *Mafātiḥ al-ʻOlūm* 一书中颇多关于十世纪波斯诸王国治国经邦与行政术语的极为珍贵的资料;参照 Brockelmann, GAL, I, 页 244。

① 〔布罗克尔曼谓系 1304/1886 – 7 年在大马士革印行,此即比托尔德所用的版本。〕萨阿利比另一富有趣味的作品专录著名君王、大臣与作家的名言隽语,已由 J. J. Ph. Valeton 校订刊行,附拉丁语译文(*Specimen e litteris orientalibus, exhibens Taaālibii Syntagma*, Lugduni Batavorum, 1884 年)。〔关于萨阿利比,参看下文 R64 注。〕

② *JA*,第五辑,第一卷,第三卷。萨阿利比诗选其他各编的摘录,见于下记二书:F. Dieterici, *Mutanabbi und Seifuddaula*; *aus der Edelperle des Tsaâlibi*(莱比锡,1847 年);R. Dvořák, *Abû Firâs*(莱顿,1895 年)。前者列举了萨阿利比提到的所有诗人名氏。Dieterici 的博士论文也是研究萨阿利比的诗选的。萨阿利比又著有 *Laṭāʼif al – maʻārif*《知识精华》一书(P. de Jong 刊本,Lug. Batav.,1867 年),此书有关于撒马尔罕制造的纸张以及其他商品的报道(关于纸张的报道见页 126)。也参看 Brockelmann, GAL I,页 284 以下。〔萨阿利比的 *Laṭāif al – maʻārif* 现已有 C. E. Bosworth 的英文译本,*The Book of Curious and Entertaining Information*,爱丁堡,1968 年。——C. E. B.〕

③ Thaʻālibī, *Yatīmat*,贝鲁特印本,Ⅳ,页 33;*JA*,第五辑,Ⅲ,页 291。

的藏书,他在自传①中对这座图书馆作了如下的描述:"我走入馆内,内分多室,每室都有成摞叠放着的书籍。一室收藏阿拉伯文书籍和诗集,另一室收藏律书,如此等等,每门学科的书籍各有一室收藏。我翻阅了古代作家著述的目录,请求取出我所需要的卷帙过目。我看到了许多甚至世人不知其名称的著作。不仅在此以前,就是在此以后,我也没有见过如此丰富的皮藏。我阅读了这些书籍,获益非浅,我了解了每一个人在各自学科中的重要地位。"

然而萨曼王国的史学发展,看来不及布伊王国的水平。阿卜杜-麦利克与曼苏尔在位期间充任韦齐尔的阿布·阿里·穆罕默德·本·穆罕默德·巴勒阿米(卒于 363/974 年②)于 352/963 年将塔巴里的著作译为波斯文,但不曾把它续到他自己的时代。巴勒阿米书已由佐唐贝格先生译为法文③。在塔巴里的阿拉伯文原作刊行之后,巴勒阿米书事实上已无史学价值可言④。除开巴勒阿米书以外,还可以举出的史籍有阿布勒·侯赛因·阿里⑤·本·艾哈迈德·塞拉米用阿拉伯文写作的《呼罗珊统治者史》。萨阿利比在其书中提到了这位作者⑥,但语殊简略几未道及这位作者的生平,我们仅从中得知这

---

① Ibn Abi Useibia 书,Ⅱ,页 4;也参看 Ibn al‐Qiftī 书,页 416。参照 Ibn Khallikān 书,Wüstenfeld 刊本,No.308(de Slane 译本,Ⅰ,页 441),此处伊本·哈利坎进而言及,这座图书馆此后不久被焚,当时谣传系由阿维森纳本人纵火,意在独自占有他已经得到的知识。

② 此据加尔迪齐记载的年代(牛津抄本,叶 129)。里欧博士谓在回历 386 年(见 Pers MSS,Ⅰ,页 70),非是。里欧博士的年代依据 Notices et Extraits,Ⅳ〔de Sacy,Histoire de Yémineddoula〕,页 363。但此系阿布·阿里·西木木里的本年,非巴勒阿米的本年。另一方面,历史家乌特比则述及巴勒阿米在回历 382 年尚在人世并继续供职;参看 Утби 与 Манини 书,页 170;乌特比书,亚洲博物馆藏抄本,页 32;奈尔沙希书,Schefer 刊本,页 159。

③ Chronique de Tabari,trad. sur la version persane de Bel' ami par M. H. Zotenberg,四卷,巴黎,1867‐74 年。〔波斯文本曾在东方数次石印。关于巴勒阿米,参看 Barthold,Bal' ami,见《伊斯兰百科全书》本条。〕

④〔巴托尔德这样全盘否定巴勒阿米译本的价值,今日看来,似有未当。巴勒阿米曾保全了塔巴里书之今已失传的一些部分以及其他若干史料,因此在他的译本中有一些记述不见于今塔巴里书之莱顿印本。〕

⑤ 伊本·哈利坎书作阿布勒‐侯赛因·阿里,但应作阿布·阿里·侯赛因;参看 Barthold,Zur Geschichte des Ṣaffāriden,页 174 以下。

⑥ 萨阿利比,Yatīmat,贝鲁特印本,Ⅳ,页 29,巴比埃·德·梅纳尔选译,见 JA,第五辑,Ⅰ,页 212。

位作者与阿布·贝克尔·本·穆赫塔只·查甘尼(意为石汗那人)
及其子阿布·阿里关系密切,因而也和他们有着共同的遭际。大家
知道,阿布·阿里几次起兵反抗努赫·本·纳斯尔,并在他于344/
955年身死以前不久也反抗过阿卜杜－麦利克。我们将在下文述
及,塞拉米的著作无疑是加尔迪齐与伊本·阿西尔所依据的主要资
料,他们据此为呼罗珊与河中写出最详细的报道。不仅伊本·阿西
尔如此,而且连术外尼①,特别是伊本·哈利坎②,也在十三世纪利用
了塞拉米的著作。塞拉米一方面为呼罗珊写出详细的历史,另一方
面他也似乎企图掩饰这个地区的统治者们的"阴暗行为"。举例说,
他根本没有讲塔希尔·本·侯赛因的叛变,也没有讲纳斯尔·本·
艾哈迈德的异端活动。关于后一事实,我们在下文讲到萨曼朝历史
的时候将试图证明其无置疑之余地;但在所有可以被认为是受了塞
拉米的影响(当然并非都是直接的影响)而写成的著作中,却均无与
此有关的记载③。

在塞拉米的诸前辈中,我们可以提一下阿布勒－卡西木·阿卜杜
拉·本·艾哈迈德·巴里希·卡尔比(卒于319/913年),他撰有《塔
希尔家族懿行录》与《呼罗珊引以自豪的事物》④。

---

① 术外尼征引塞拉米书,见 ГТІБ Ⅳ,页2,34;抄本,叶275;〔Qazwini 刊本,Ⅲ,页271。——B. M.〕。〔lbn Funduq 在其 *Ta'rīkh – i Bayhaq* 一书之塞拉米传略中(Bahmanyār 刊本,页154)也提到了塞拉米的《呼罗珊征服者史》(*Ta'rīkh wulāt Khurāsān*). ——C. E. B.〕。
② 伊本·哈利坎引用塞拉米的著作,见于他为下列诸人撰写的传记中:(1) Ṭāhir b. Ḥusayn (no. 308);(2) 'Aldallāh b. Ṭāhir (no. 350);(3) Faḍl b. Sahl (no 540);(4) Qutayba b. Muslim (no. 553);(5) Muhallab Abī Sufrā (no. 764);(6) the Ṣaffārids (no. 838). 亚库特的 *Irshād* 几次征引了塞拉米的著作,例如在杰伊哈尼传文中(Ⅵ,页293)。引用了塞拉米的著作的还有伊本·马库拉(萨木阿尼书,Margoliouth 刊本,al – Yaftalī 条)。伊本·马库拉即 Abu Naṣr 'Alī b. al – Wazīr Abu'l – Qāsim Haybatallāh (卒于473/1080 – 1年),著有《进步之书》(*Kitāb al – Ikmal*);参照米尔洪德,*Geschichte der Sultane aus dem Geschlechte Bujeh*, Wilken 刊本,页108;Wüstenfeld, *Die Geschichtsschreiber*,页72。亚库特书有伊本·马库拉传(*Irshād* Ⅴ,页435 – 440),传中提到了伊本·马库拉尚有另一历史著作,即 *Kitāb al – Wuzarā*《韦齐尔之书》)。
③ *Irshād*,Ⅱ,页60 提到一部呼罗珊史,此书大约写出较晚,作者为阿布勒－侯赛因·穆罕默德·本·苏莱曼。〔*Farīd at – ta'rīkh* 应作 *Mazīd at – ta'rīkh*,参看页252注。——V. M.〕。
④ 哈吉－哈里发书,Ⅴ,页412,Ⅵ,页7;Wüstenfeld, *Die Geschichtsschreiber*,页33。

蒙古入侵时期的突厥斯坦

萨曼王国地理著作①的发展水平,看来比历史著作为高。地理学家阿布·扎伊德·艾哈迈德·本·萨赫勒·巴里希②(卒于公元934年)就住在萨曼朝领域以内的巴里黑城。一位较晚的地理学家马克迪西评论道,巴里希的撰述主要采取了为他自己绘制的地图写出注释的方式,因此行文异常简略,省去许多细节,关于城镇的记述更是如此③。流传至今的巴里希的著作,只有后人的增补本,出于阿布·伊斯哈克·伊卜拉欣·本·穆罕默德·法尔西·伊斯塔赫里(约公元951年)之手④。伊斯塔赫里的增补本后来复经阿布勒卡西木·伊本·豪卡勒(约公元976年)增订⑤。伊斯塔赫里与豪卡勒并出生于西部地区,但他们游历过河中而且留下了详细的记述。另一位这样的旅行家是马克迪西⑥(谢木斯丁·阿布·阿卜杜拉·穆罕默德·本·艾哈迈德,约公元985年)。马克迪西是到任何时代都数得上的大地理学家之一;冯·克雷默尔引用施普伦格尔的原话说明⑦,"他留下的关于每一国度的气

---

① 与地理文献或与阿拉伯人对于中国及印度支那的了解有关的许多事实,现在已由 G. 费郎汇集并译注为 *Relations de voyages et textes géographiques arabes, persans et turks relatifs à l'Extrême - Orient du VIIIe au XVIIIe Siècles*,二卷,巴黎,1913-14年,两卷页码连贯。第二卷页 627 以下有一些与"汉、日、泰米尔、卡维、马来语文献"有关的资料。

② 关于巴里希及其著作的抄本、印本等,参看德·古耶的专题论文(de Goeje, *Die Iṣṭ akhrī - Balkhī Frage*,页42-58)。尽管这篇论文已经发表,而布罗克尔曼却再次错误地申述柏林图书馆所收藏的是巴里希的著作(GAL, I,页229)。关于新的抄本,参看 Kratchkowsky, *Préface etc. à Abū Ḥanīfa*,页24 与 Seybold 的书评(ZDMG, LXⅦ,页541)。〔还可参看 Крачковский, *Арабская географическая литература*,页195-6。〕

③ 马克迪所书,BGA,Ⅲ,页4;前引德·古耶的论文有这段话的译文(*Die Iṣṭ akhrī - Balkhī Frage*,页56)。

④ BGA, I。

⑤ BGA, Ⅱ。

⑥ BGA, Ⅲ;第二版(1906年)几无任何订正。关于马克迪西的名字应拼作 Maqdisī 或 Muqaddasī 的讨论,参看德·古耶的论文(JA,第九辑 XIV,页367)和他为1906年第二版所撰前言,以及 A. 菲舍尔的答复(A. Fischer, *Al - Maqdisī und al - Muqaddasī*,载 ZDMG, LX,1906年,页404以下,亦可参看 Schwarz, *Iran im Mittelalter*, Ⅱ,前言,萨木阿尼辞书中(Margoliouth 影印本,页539b)仅作 Maqdisī。

〔按马克迪西的著作已有新刊本及法文译本:Al - Muqaddasi, *Description de l'Occident musulman au Ⅳ - X siècles*. Texte arabe et traduction française avec une introduction, des notes et quatre index. Par Charles Pellat, Alger, 1950。〕

⑦ von Kremer, *Culturgeschichte*, Ⅱ,页433。

候、物产、贸易、货币、度量、习俗、赋税、捐输、徭役等方面的报道,都是研究东方文化史的最重要的资料。"

阿布·扎伊德·巴里希是萨曼朝韦齐尔阿布·阿卜杜拉·穆罕默德·本·艾哈迈德·杰伊哈尼①门下的清客,杰伊哈尼在纳斯尔·本·艾哈迈德未成年时摄理萨曼朝国政(自公元914年起)。用加尔迪齐的话说②,杰伊哈尼"著述宏富,内容涉及所有学科"。其中的地理著作,也与其他同类著作相同,题名为《道路与诸王国之书》。马克迪西评论这部著作说③,"著者聚集了许多外国人,采访各国情况,询问如何入境,道路凡几,以及各地星辰的高度和日影的长度,以便于对各地用兵时熟悉它们的道路,也便于更确凿地认识星宿和了解苍穹的转动。众人皆知,他把世界划分为七个气候带,并为每一个气候带配上一个星体。他时而讨论星辰和几何学,时而讨论无益于人民大众的事物,时而描写印度的偶像,时而叙述信德的奇迹,时而列举赋税和收入。我亲自看到他甚至记载了人们很少知道的驿站和遥远的居停地点。他没有一一列举省区,也没有指出兵力的部署,他不描写城镇,对城镇的情况也不多着笔墨。他记录了通向东西南北的路径,详细叙述了沿途的平原、山脉、谷地、丘陵、森林与河流。因此他的著作流于冗长,可是他却不能不忽略大部分行军要道与对主要城市的描述。"马克迪西在其地理著作的一个修订本中还补充说,"在阿杜德·道拉(975-983年在位)的藏书室中,我看到他的书分订为七卷,不具撰者名氏;另有人说,此书乃伊本·霍尔达德贝赫所撰。在你沙不儿,我见到此书的两种节本,其一标明撰者为杰伊哈尼,另一标明撰者为伊本·霍尔达德贝赫,两种本子内容相同,惟杰伊哈尼本略有增补而已。"

由此我们可以推断,杰伊哈尼一方面根据他亲自搜集的资料来写他的著作,另一方面也利用了,而且是相当充分地利用了伊本·霍尔达

---

① Fihrist,Ⅰ,页138,此处误作 Abū ʿAlī, Abū ʿAlī 系 Abū ʿAbdallāh 之子,时代较晚。
② 《原文史料选辑》,页6。
③ 马克迪西书,BGA,Ⅲ,页3-4。

德贝赫的成书。加尔迪齐书中引自伊本·霍尔达德贝赫书的引文与摘自杰伊哈尼书的摘录,均与现行刊本的文字不相符合;据德·古耶研究的结果①,由于我们至今还没有找到伊本·霍尔达德贝赫的全份地理著作,所以我们尚难断定马克迪西所指的究竟是伊本·霍尔达德贝赫的这部业经刊行的著作,还是他的另一部篇幅更长、题名为《波斯人谱牒及其殖民地之书》②的著作。现在我们可以满怀希望,在中亚或在印度,会有一天不但能够找到杰伊哈尼著作的抄本,而且也能够找到他所自取材的伊本·霍尔达德贝赫著作的抄本,至少找到其波斯文译本③。

加尔迪齐在编写关于突厥人的篇章时,标明他所依据的主要资料之中有伊本·霍尔达德贝赫与杰伊哈尼的著作④。这些资料无疑也曾为《世界境域志》的佚名作者所采用。《世界境域志》用波斯文写成于372/982-83年,系为萨曼朝的藩属之一胡实健的统治者阿布勒-哈里思·穆罕默德·本·艾哈迈德·本·费里贡而作。这部极有趣味的著作,现知仅有一份抄本行世,这份抄本于1892年发现于布哈拉,为已故的A.G.图曼斯基所得⑤。这部书之所以重要,在于它对突厥人的疆土和整个中亚非穆斯林地区所作叙述之详尽,远为其他现存的阿拉伯地理书所不及。

---

① BGA,Ⅵ,页ⅹⅴ-ⅹⅶ。
② *Fihrist*,Ⅰ,页149;BGA,Ⅵ,页ⅹ。
③ 在写本书1900年俄文本时,我曾根据已故雷沃蒂少校在其术兹贾尼书的英文译本第二卷页961-2注文中引用的语句,推测雷沃蒂少校藏有伊本·霍尔达德贝赫书的波斯文译本,此项推测迄未证实。承E.G.布朗教授于1923年1月2日函告,自雷沃蒂少校于1907年逝世后,所藏抄本仅有数种出售,其中并无上述诸如任何一种。〔关于杰伊哈尼,还可参看 Крачковский, *Арабская географическая литература*,页219-24。〕
④ 参看 Бартольд, *Отчет о поездка в Среднюю Азию*,页126。
⑤ V.A.G.图曼斯基所撰关于这一抄本的论文〔Ново открытый персидский географ〕,发表于 ЗВОРАО,Ⅹ,1897年,页121以下。图曼斯基有意刊行这一抄本,但在他逝世(1920年12月1日)以前未能如愿。已故的罗森男爵曾为《世界境域志》亲手抄出一副本,现存彼得格勒亚洲图书馆。〔巴托尔德于1930年将图曼斯基所得抄本在列宁格勒影印出版,内有他所撰序言及所编索引。嗣经V.米诺尔斯基译为英文——*Ḥudūd al-'Ālam*,并加笺释,冠以巴托尔德序言的英译文,于1937年在伦敦出版(《吉布纪念丛书》,新辑,第十一种)。〕〔V.米诺尔斯基的英文译本经C.E.博斯沃思增订,于1970在伦敦印行了第二版。〕

绪论 史料

萨曼时期也出现了许多记载各城镇历史的撰述。其中与中亚城镇有关的,原本久已散失,没有一种流传到今日。从介绍这些撰述的资料以及各书(特别是萨木阿尼的辞书)摘自它们的引文来看,除了少数例外,与其将这些撰述归入历史类,勿宁归入神学类。每一作者都摘引一些据说是穆罕默德或其战友们的言词来称赞自己的城镇,然后一一举出诞生在这个城镇的谢赫与其他圣徒,结果叙述城镇中其他事实的篇幅所余无几。

关于萨曼王朝都城布哈拉的历史,先有阿布·阿卜杜拉·穆罕默德·本·艾哈迈德·本·苏莱曼·布哈里①(卒于312/924年)的撰述。稍后,阿布·贝克尔·穆罕默德·本·贾法尔·奈尔沙希②(卒于348/959年)在332/943-44年用阿拉伯文写成一部"行文酣畅"的《布哈拉史》献于努赫·本·纳斯尔。这部书谈到了"布哈拉城的状况、它的荣耀、它的妩媚"、"城区及四郊种种令人欢快的设施以及一切与布哈拉有关的事物"。作者在书中还征引了先知及其众门徒称道布哈拉胜似其他城镇的圣训。到了十二世纪③,人们"多已不复有研读阿拉伯文书籍的兴趣",于是阿布·纳斯尔·艾哈迈德·本·穆罕默德·库巴维应友人之请把这部书译为波斯文(看来他不曾将译本献给当时在位的君主)。他对此书略有删节,因为阿拉伯文原著中有些叙述"读来令人生倦"。库巴维的译本完成于522/1128-29年;574/1178-79年,穆罕默德·本·祖费尔再次加以删节,而后把它献给当时统治布哈拉城的萨德尔(教士的首脑)阿卜杜·阿齐兹。另一佚名

R59

14

---

① 哈吉-哈里发书,Ⅱ,页117;Ⅶ,页654;Wüstenfeld,*Die Geschichtsschreiber*,页33。al-Bukhārī 或与 al-Ghunjār 同为一人;哈吉-哈里发之所以将 al-Bukhārī 与 al-Ghunjār 分别著录,大约是因为他所用的抄本在记述 al-Ghunjār 时脱落了第二个附名,而其卒年412年又被误写为312年的缘故。名字与卒年的类似表明同为一人是可能的。哈吉-哈里发书中,al-Bukhārī 的全名作 Abū 'Abdallāh Muḥammad b. Aḥmad b. Sulaymān,而 al-Ghunjār 的全名作 Abū 'Abdallāh Muḥammad b. Aḥmad b. Muḥammad b. Sulaymān (参看《原文史料选辑》,页63;萨木阿尼书,Margoliouth 刊本,页411B)。

② 关于此人,参看 Lerch,*Sur les monnaies des Boukhâr-khoudahs*,页424 (单行本,页8)。

③ 〔1928年英译本误作十三世纪,1900年俄文本作十二世纪。〕

作者把这部著作续纂到蒙古入侵时期,是为此书流传至今的形式,1892 年由已故的 Ch. 舍费尔刊出①。舍费尔拟将此书译为法文并加注释②,而未能如愿以偿。1897 年,N. S. 雷科申将此书译为俄文,由我校订,刊行于塔什干③。

奈尔沙希的著作的原本比记载其他城镇的编年史书包含更多的一般历史知识,这是由于作者系为一位世俗统治者编写此书,而当时虔诚主义的思潮尚未臻于全盛的缘故。奈尔沙希叙述阿拉伯人的征战,有时比塔巴里更为详尽,他显然利用了今已失传的若干阿拉伯语的历史著作。在一段文字中,他曾引用了马达伊尼的语句④。波斯文本经译者删节了译者认为冗长无用的段落,同时增补了采自其他史书的若干资料。在他增补的资料中,对我们最重要的是摘自阿布勒-哈桑·阿卜杜·拉赫曼·本·穆罕默德·你沙不里所著《百科宝藏》一书中有关布哈拉古代历史的记述和采自某一伊卜拉欣的撰述中关于穆坎纳的事迹。这位伊卜拉欣可能就是著名的诗人阿布·伊斯哈克·伊卜拉欣·本·阿拔斯·苏利⑤(卒于 243/857 - 58 年),这位诗人也写过一些历史著作。Fihrist 的作者在叙述另一教派时,就提到了这位苏利的一部著作⑥。

纸匠或书商(al - warrāq)阿布·阿卜杜拉·穆罕默德·布哈里·

---

① Description topographique et historique de Boukhara par Mohammed Nerchakhy, suivie de textes relatifs à la Transoxiane. Texte persan publié par Ch. Schefer,巴黎,1892 年(PELOV,第三辑,第十三卷)。此书也有布哈拉石印本。

② 奈尔沙希书,Schefer 刊本,页 iv。

③ Мухамкад Наршахи, История Бухары. Н. Лыкошин 译自波斯文,В. В. Бартольд 校订,塔什干,1897 年〔R. N. Frye 英文译本, The History of Bukhara, Cambridge, Mass. ,1954 年。〕

④ 奈尔沙希书,Schefer 刊本,页 58。此页之 Mīdānī 多半应读作 Madā'nī。

⑤ 关于此人,参看 Fihrist,Ⅰ,页 122;Ⅱ,页 157; Goldziher, Muḥammedanische Studien,Ⅰ,页 114。Irshād 有其传略,Ⅰ,页 260 - 77。此苏利不可与历史家阿布·贝克尔·穆罕默德·本·叶海亚·苏利相混同。关于后者,参考 Brockelmann, GAL,Ⅰ,页 143;Бартольд, О некоторых восточных рукописях в библиотеках Константинополя и Каира,页 0148 以下;Крачковский, Поэтическое творчество Абу - л - ʿAтāхии,页 77 以下;Крачковский, К описанию рукописей Ибн - Тайфура,页 98 以下。

⑥ Fihrist,Ⅰ,页 344。

贡贾尔①（卒于412/1021年）写过一部《布哈拉史》。萨木阿尼书中的萨曼朝大事编年是从穆斯塔格菲里的作品中过录来的，而后者即取材于贡贾尔的这部著作。萨木阿尼②还提到阿布·贝克尔·曼苏尔·贝尔萨希③撰写的一部《布哈拉史》。

出生于阿斯特拉巴德，但居住在撒马尔罕的阿布·赛义德·阿卜杜-拉赫曼·本·穆罕默德·伊德里西（卒于405/1015年）编写了这两座城镇的历史④。他的撒马尔罕史由著名的神学家阿布·哈弗斯·欧马尔·本·穆罕默德·那色菲（卒于537/1142-43年）续写到十二世纪。这部著作通称为《坎德》⑤或《坎迪埃》。那色菲的弟子阿布勒-法兹勒·穆罕默德·本·阿卜杜-杰利勒·撒马尔罕迪为此书作了节本⑥。流传到今天的看来只是这个节本的波斯文译本，它的几份抄本现由彼得格勒大学图书馆和科学院亚洲博物馆收藏⑦。我们在此书中看到了关于前穆斯林时期若干情况的记载、阿拉伯征服的传说、某些建筑物和灌溉系统的描述，但绝大部分的篇幅则用于记录圣训、圣徒生平，列举诸圣徒墓地所在，详细说明何时并如何瞻拜这些墓地。此外，哈吉·哈里发提到那色波史的作者穆斯塔格菲里也撰有一部《撒马尔罕史》。

阿布勒-哈里思·阿萨德·本·哈木杜亚·韦尔辛尼⑧（卒于315/

① 传文见 *Irshād*, Ⅵ, 页329，此处提到两个不同的卒年，回历410与422年。
② 《原文史料选辑》，页53，此处 Abū 之后，由于疏忽，夺 bakr 字。
③ 萨木阿尼书，Margoliouth 刊本，页74B，al-Barsakhī 条，但可能与阿布·贝克尔·穆罕默德·奈尔沙希同为一人。
④ 《原文史料选辑》，页52（萨木阿尼书，Margoliouth 刊本，al-Adrīsī 条）。萨木阿尼书也提到（见 al-Khīdhshat·rī 条，页215a）他的撒马尔罕史另有标题。
⑤ 比较完整的标题是 Kitāb al-Qand fi Ta'rīkhi Samarqand，直译《关于撒马尔罕历史的甜蜜之书》。此书原标题见萨木阿尼书 Margoliouth 刊本，al-Shabānī 条。
⑥ 哈吉·哈里发布，Ⅱ，页133。
⑦ 《原文史料选辑》，页48。此书已由 V. 维亚特全译为俄文，参看 CKCO，第八号与巴托尔德发表于 3BOPAO Ⅷ，页0182-0190 的书评。传至今日的抄本，其中引文之最晚的作者为 Sayyid Aḥmad b. Amīr Walī，此人写作时间不早于十五世纪末叶。
⑧ 《原文史料选辑》，页69（萨木阿尼书，Margoliouth 刊本，al-Warthīnī 条）。

927年)所写的《记碣石人与那色波人的抗争(mufākharat)之书》,专门记述了卡什卡河流域的情况。韦尔辛尼的故乡韦尔辛村即在那色波近郊。另一部碣石与那色波史出于阿布勒-阿拔斯·贾法尔·本·穆罕默德·穆斯塔格菲里(卒于432/1041年)之手,这位作者把关于那色波显要人物的资料汇编为二巨册,并将这些人物区分为八十部类之多。

哈基木阿布·阿卜杜拉·穆罕默德·本·阿卜杜拉·拜伊阿①(al-Bayyi')·你沙不里(卒于405/1014年)写了一本记述你沙不儿城诸贤哲的历史,全书凡八巨册②。突厥书志学家哈吉·哈里发(卒于1658年)显然藏有此书的一份抄本,他摘引了此书的弁言与结尾,并附加评论道③:"我曾寓目的编年著作无出此书之右者;在方志一类著作中,我置此书于首位。这部书所提到的人物,大多数是作者的谢赫(师长)或者是其他谢赫的谢赫。作者也提到了移居呼罗珊的[先知的]迁士和辅士们,并为这些人的籍贯和生平作出简明的叙述。接着(他又列举了)信徒们的第二代,依次至第三代、第四代。他把所有这些人物分为六类,然后依字母顺序分代排列,其第六类,即最后一类,包括320年至380年间传述圣训的人物。"阿卜杜·加菲尔·本·亦思马因·法里西④把拜伊阿的著作续编到518年。编纂家泽赫比(卒于748/1348年)复剪裁拜伊阿的著作另成节本。

尽管拜伊阿的著作的内容十分专门,但从萨木阿尼的辞书所征引的记述西木术里家族历史的一段文字⑤看来,应当肯定这部著作对我们很

---

① ["拜伊阿"应作"伊本·拜伊阿",其卒年为405/1014;关于此人,参看 V. A. Hamdani, "Some rare manuscripts in Istanbul libraries," JRAS,1938年,页561-2. 你沙不儿地方史的原文,现已由 Frye 刊出影印本,题名 The Histories of Nīshāpūr,海牙,1966年。——C. E. B. 与 V. M.〕。
② 《原文史料选辑》,页54,68(萨木阿尼书,Margoliouth 刊本,al-Bayyi'与 al-Naysālūrī 条)。据阿布勒-哈桑·拜哈吉的记述,拜伊阿的著作共有12卷之多(Rieu, Supplement to Cat. of Persian Mss.,页61)。
③ 哈吉·哈里发书,Ⅱ,页155-6。
④ 亚库特书(Irshād,Ⅱ,页107)在为卒于回历518年拉马丹月的某学者所写的传略中引用了阿卜杜·加菲尔的著作。我的朋友 Aḥmad Zaki Walidī 曾在君士坦丁堡见过这一著作的抄本。[伊斯坦布尔有法里西所撰续编的抄本,书号为 Köprülü 1152。——C. E. B.〕。
⑤ 《原文史料选辑》,页60(萨木阿尼书,Margoliouth 刊本,al-Sīmjūrī 条)。

有用处。我们根据这段记载得知:当西木术里家族与萨曼王朝失和,发展到公开冲突时,他们得到了教士们的毫不隐讳的同情,教士们在官僚机构对军事贵族进行的斗争中通常站在军事贵族方面。拜伊阿的著作很可能就是加尔迪齐①、奥菲②与哈木杜拉·可疾云尼③等人取材之所自,这三个人在叙述韦齐尔阿布勒-侯赛因·乌特比与西木术里家族间的冲突时,其态度与历史家阿布·纳斯尔·乌特比的态度有所不同,他们对这位韦齐尔并不那么逢迎阿谀。后者,即阿布·纳斯尔·乌特比的著作,则为伊本·阿西尔、拉施都丁、米尔洪德等历史家所依据的蓝本④。

阿布·艾哈迈德·本·赛义德·卡迪(卒于346/957年)所写的 al-Kāfi 一书,是讲花剌子模史的专著⑤。

突厥系的哈剌汗朝统治时期,无疑是河中文化倒退的时期。哈剌汗朝的个别统治者虽然抱有良好意愿,但是汗国被视为汗族私产的观点,从这种观点产生的分封制度,以及与分封制度伴随而来的纷争,势将导致农、工、商业方面发生与文化方面同样的衰退。论述哈剌汗朝的文献,即便仅举名称,也只有屈指可数的几种著作,其中有麦只杜丁·穆罕默德·本·阿德南为桃花石汗·伊卜拉欣·本·侯赛因(卒于597/1201年)写的《突厥斯坦史》与《契丹史》⑥。前一书叙述"突厥各部情况与突厥斯坦的奇迹,据奥菲说,此书也讲到了突厥人"故去的诸王";后一书记载契丹诸帝。作者写作于回历六世纪⑦,他所用的契丹

---

① 《原文史料选辑》,页11-2。
② 同上书,页91-3。
③ Ta'rīkh-i Guzīda[《选史》],Browne 刊本,页385以下,奈尔沙希书,Schefer 刊本,页105。
④ 还可参看我所作的拜伊阿著作的摘录载 ЗВОРАО,XⅧ,页0147,此项摘录是我从 Ибн ал-Джаузи 的 Китаб ал-мунтазам(开罗抄本 Та'рūх306)过录来的;关于 Ибн ал-Джаузи,参看 Brockelmann,GAL,Ⅰ,页502。
⑤ 哈吉-哈里发书,Ⅱ,页129。关于马鲁的历史,参看 Жуковский,Развалины Старого Мерва,页2;关于巴里黑的年代记,参看 Schefer,Chrestomalhie persane,Ⅰ,页62-3。
⑥ 哈吉·哈里发书,Ⅱ,页122,127,143。奥菲在其《心灵之纯洁》一书中(Lubāb al-Albāb,Ⅰ,页179以下;Ⅱ,页378)言及作者为其舅父。[本书1900年俄文本作"为桃花石汗·伊卜拉欣·本·纳斯尔(卒于460=1068年)写的"。]
⑦ [本书1900年俄文本误作"回历五世纪"。]

一词，自非指近代意义的中国全部，而是仅指当时统治着中国北部的契丹人的辖境，更可能的是仅指哈剌契丹帝国亦即西辽而言。奥菲利用过《突厥斯坦史》，从中摘引了一段关于该王朝始祖得名为哈剌汗的荒诞不经、显然出于臆造的传说①。《契丹史》亦经舒克拉拉·泽基（约861/1457年）在其所撰《年代记菁华》（*Bahjat at - Tawārīkh*）一书中道及②；此外，穆罕默德·本·阿里·库施曾将穆罕默德·本·阿德南的这部书译为突厥文。

哈剌汗朝时期写成于河中地区的历史著作，看来只有一种流传至于今日，这就是穆罕默德·本·阿里·卡提卜·撒马尔罕迪所写的《施政中之权变举例》③。此书乃作者为献给十二世纪后半期在位的吉利奇－桃花石汗·马斯乌德·本·阿里而撰。然作者之见知于世，主要还是因为他写出了波斯语散文诗《辛德巴德的大作》④。就今所知，他的历史著作只有一份抄本传世⑤，内容为直到苏勒坦辛贾尔逝世时为止的诸君王的传记。他的叙述大部分属于掌故性质；除书末关于吉利奇－桃花石汗在位期间、即与作者同时的诸事件的记载⑥外，他的撰述总的说来用处不大。

居于东突厥斯坦、与哈剌汗朝同时的学者中间，我们只知道一位历史家，即阿布勒－弗图赫·阿卜杜·加菲尔（或作阿卜杜·加法尔）·本·侯赛因·阿勒马伊。回历五世纪时，他住在喀什噶尔；他的父亲卒于486/1093年，他先于其父去世。他为喀什噶尔写了一部历史。从杰马勒·卡尔希（关于此人，参看下文）摘录此书的文字来看，此书包含

---

① 《原文史料选辑》，页100－1（奥菲书）。
② Sachau 与 Ethé，*Catalogue*，页25。
③ 哈吉·哈里发书，Ⅰ，页368。奥菲虽几次征引此书；见所撰 *Jawāmi' al - Ḥikāyāt*（此承 H. M. Nizāmuddīn 面告）。〖卡提卜·撒马尔罕迪所著书，原名 *A'raḍ as - Siyāsat fiaghraḍ ar - Riyāsat*，本书之俄文本译作 Премеры строгости при случайностях управления，英文本译作 *Examples of Diplomacy in the Aims of Government*.〗
④ 参照 Ольденбург，*О перснδской версии*，页255 以下。
⑤ Cod. Lugd. 页904（*Catalogus LB*，Ⅲ，页14。）
⑥ 《原文史料选辑》，页71－2。

很多来自传说的东西,并有不少年代上的错误。同一作者还写出另一著作,名《谢赫辞典》(*Mu'jam ash – Shuyūkh*),曾为萨木阿尼所著录①。

即便是穆斯林编纂家记述当时河中发生的事件,也不得不完全取材于在波斯写成的书籍,至于欧洲学者,不消说更须如此。这一情况只能从哈剌汗国文化的衰退得到解释。因此,我们应首先介绍在哥疾宁朝诸苏勒坦(他们是萨曼国家在阿母河以南各省区的直接继承者)官廷中从事写作的历史家们的作品。

哥疾宁朝留下来的历史文献相当宏富。最早的一部历史作品,其作者为阿布·曼苏尔·侯赛因·本·穆罕默德·萨阿利比,生与本书页 53-54 提到的阿卜杜·麦利克·本·穆罕默德·萨阿利比同时②。这部作品是为了献给马哈茂德的弟兄阿布勒-穆扎法尔·纳斯尔(卒于 412/1021 年)而写的,书凡四卷,叙事至马哈茂德在位时期为止。四卷之中,只有前两卷流传到今天,内容为前穆斯林时期的历史与穆罕默德的历史。书名为《照耀诸王生平及其历史的闪光(al – ghurar)之书》③。

此后不久,在纳斯尔死后,阿布·纳斯尔·穆罕默德·本·阿卜杜·贾巴尔·乌特比用阿拉伯文写出了 *Ta'rīkh al – Yamīnī*④ 一书,叙

---

① 《原文史料选辑》,——页 64(萨木阿尼书, Margoliouth 刊本, al – Alma'ī 与 al – Kājghaī 条页 129, 130(杰马勒·卡尔施本)。

② 洪德米尔则谓此书系阿卜杜·麦利克所撰(*Habīb al – Sīr*,德黑兰版,1271/1854 – 5 年, II, 页 140)。由于巴黎图书馆所藏此书抄本无撰者名氏,故哈吉·哈里发的征引可能有误,这部史书的撰者容或与诗选的编者同为一人。另据哈吉·哈里发的记载,史书撰者生于马尔阿什(Mar'ash,在亚洲西部),而诗选的编者则生于你沙不儿,是二者同为一人之说亦属可疑。在伊本·穆因书中(*Firdaws at – Tawārīkh*,页 422a),史家萨阿利比的全名作阿卜杜·穆塔利卜·本·穆罕默德·本·亦思马因。〔参看次注。〕

③ De Slane, *Catalogue BN*,页 284(Suppl. 742a)。〔"'二'萨阿利比同为一人,至今已成定论"(Rosental, *From Arabic Books*,页 182)——V. M.〕。

〔牛津博德利图书馆所藏抄本(d'Orv. X, 2)叙事至阿拔斯朝哈里发曼苏尔在位时期止。——V. M.〕。

〔*Ghurar as – siyar* 的第一卷,已由 H. Zotenberg 刊行并转为法文,题名 *Histoire des rois des perses*,巴黎,1900 年;其尚未刊行的部分述伊斯兰时期初年史事。——C. E. B.〕。

④ 〔苏勒坦马哈茂德在位时(公元 991 – 1030 年),哈里发卡迪尔授以 Yamin – al – Dawla 的称号,意为"国家的右臂"。乌特比记述哥疾宁朝初期事,因名其书为《亚敏史》。〕

事至纳斯尔死时为止。在这部书中,我们可以找到关于回历 365–412 年间史事之最完整的概述,伊本·阿西尔以及其他编纂家记述这一时期的历史,均以此书为主要依据。尽管乌特比过分追求辞藻的华美,从而大大增加了阅读他的原作的困难,然而诚如 A. 米勒所述①,他还是以远远超过人们可能期望于一位宫廷历史家的自由意志来对历史事件发表他个人的一些见解。著者在其自传中并不讳言他所以写这部书,是为了"颂扬"马哈茂德,藉以博取韦齐尔的好感;虽然如此,乌特比并不隐瞒马哈茂德辉煌治绩下的阴暗面,也不掩饰因横征暴敛而陷于破产的人民所遭受的痛苦。乌特比家族在萨曼朝时期出过两位韦齐尔,他本人也在马哈茂德君临期间在朝为官,因此他自然深受官僚专制主义思想的薰染,往往用极为激烈的词句攻讦僧侣反对派以及所有敌视官僚统治的人士。乌特比的阿拉伯文原作由施普伦格尔于 1847 年在德里刊出(看来在彼得格勒找不到这一版的印本);另一刊本在 1286/1869 年刊出于开罗,附有谢赫马尼尼所作的语言学的注释;1301/1833 年,乌特比的著作再在开罗刊出,页缘上附有伊本·阿西尔书的原文(摘自第十卷)。彼得格勒科学院亚洲博物馆藏有一份于 663/1265 年过录的、精美绝伦的 *Ta'rīkh al‑Yamīnī* 抄本②。

乌特比的著作于 602/1205–06 年由阿布什‑谢雷甫·纳西赫·本·贾法尔·杰尔巴德卡尼译为波斯文;波斯的编纂家们所用的正是这个译本,他们常是逐字逐句地照抄杰尔巴德卡尼的译文。这个译本的石印本在 1274/1857–58 年刊出于德黑兰。此书有关萨曼朝历史的各章,经舍费尔刊于他编订的 *Ta'rīkh‑i Narshakhī* 一书(见上文页 59–60)之后作为附录。1858 年,雷诺兹刊布了杰尔巴德卡尼书的英文译本③,但是这

---

① Müller, *Der Islam*, Ⅱ, 页 62。
② 抄本 No. 510〔C 342〕,参照 V. Rosen, *Notices Sommaires des Manuscripts arabes du musée asiatique*, 页 94。*Notices et extraits*, Ⅳ〔de Sacy, *Histoire de Yémineddoula*〕对此书波斯文译本有周详的评论。关于此书阿拉伯文本与波斯文本的异同,参看 Browne, *A Literary History of Persian*, Ⅱ, 页 471。
③ *The Kitab‑i‑Yamini*, J. Reynolds 英文译本,伦敦,1858 年(OTF)。

个重译本,诚如舍费尔与里欧博士①所公正指出的,并非十分确切。乌特比书的波斯文译本,除了几处原文稍有脱漏外,大体说来,尚颇信实,但乌特比附在原著后面的自传则略而未译。

与乌特比同时的阿布·赖罕·穆罕默德·本·艾哈迈德·比鲁尼(约卒于公元 1048 年),或许可以说是最伟大的穆斯林学者②。他擅长数学和天文学,而亦从事历史撰述。他写的《花剌子模史》现已失传;拜哈吉关于马哈茂德征服花剌子模的叙述即取材于此书。比鲁尼所写的年代记有不少珍贵资料,其中就有关于花剌子模史的一些资料。扎豪教授曾将原著刊出并附以英语译文。扎豪教授还曾综合比鲁尼的记述写出题名为 Zur Geschichte und Chronologie von Khwârizm(《关于花剌子模的历史与年代记》)的小册子③。

约在 1050 年,阿布·赛义德·阿卜杜·海伊·本·扎哈克·加尔迪齐用波斯文写出他的《记述的装饰》(Zayn al-akhbār)一书。此书除一章讲突厥人(参看上文页 58)、一章讲印度④以外,还包括 423/1032 年以前的诸哈里发的历史和直至毛杜德与穆罕默德之间发生迪纳韦尔战役(432/1041 年)为止的呼罗珊的历史。尽管加尔迪齐的著作目前不幸仅有两份抄本⑤,而且是很晚的两份抄本传世,但因塞拉米

---

① Rieu, *Pers. MSS*, Ⅰ,页 157。
② 关于此人,参看 V. Roson 发表于 3BOPAO, Ⅲ,页 147 以下的论文〔对扎豪刊本的书评。〕
③ 参看上文 R45,注。关于比鲁尼著作之新的(并较完全的)抄本,参看 C. Salemann, *Zus Handschriftenkunde*,页 861 以下。〔还可参看 Халидов, *Дополнения*,页 147 以下。〕比鲁尼传略见亚库特 *Irshād* Ⅵ,页 308 - 14。
④ 比鲁尼, *India*; Sachau 译本,Ⅱ,页 360,397 征引了加尔迪齐书记述印度的一章。此蒙 S. Th. Oldenburg 告知,谨致谢意。
⑤ 在本书第一版中,我沿袭 H. Ethé 的错误(Sachau 与 Ethé, *Catalogue*,页 11),以为牛津抄本(Ousely 240)是加尔迪齐著作的仅存抄本,实际上剑桥就藏有另一抄本——King's College Library, no. 213。关于剑桥抄本,可看发表于 JRAS 新辑第三卷(1868 年)页 105 - 31 的文章,文章的标题为《剑桥王家学院图书馆东方抄本目录》。此文系 E. H. Palmer 所撰,而在刊载于 *Festschrift Nöldeke* 的我所写的"Zur Geschichte des Ṣaffāriden"一文中却被误记为 W. H. Morley 所撰。Palmer 撰文的页 120(no. 213)讲到了加尔迪齐的基础。剑桥所藏抄本年代不明,可定为 930/1524 年,抄本的字体与外形均与此年代相称。牛津抄本可能系自剑桥抄本过录而来,这样推测的依据是,两个抄本常有相同的错误(例如,'amrū dukhtar 二字次序颠例,参照《原文史料选辑》,页 6,注 11);但有些地方可据剑桥抄本订正牛津抄本。关于牛津抄本,甚至 E. G. 布朗教授在 1906 年也曾谓(转下页)

的著作已告亡佚,我们势须以它作为研究萨曼王朝灭亡以前一段历史的主要资料。加尔迪齐的原文有时与伊本·阿西尔的原文极其相似,有些段落几乎等於逐字对译①,揆其原因,当然只是由於两位作者采用了同一史料,而这无疑就是塞拉米的著作。伊本·阿西尔书中有至阿布·阿里·查甘尼去世时为止的萨曼朝历史的详细记载,很有可能(参看上文页55),塞拉米的著作即以阿布·阿里·查甘尼去世之时为下限。至於345-365年间的史事,伊本·阿西尔书中几乎全部失载,而加尔迪齐则依据伊本·阿西尔所未曾见的某项资料为这一时期作出颇为详尽的叙述。证以加尔迪齐关於阿慕尔·本·莱思的叙述与伊本·哈利坎辞书中摘自塞拉米著作的语句完全相同②,更可断定加尔迪齐曾以塞拉米的著作为蓝本③。

450/1058年,马哈茂德·瓦拉克完成了叙事至409年、上下"数千年"的一部历史。我们对这部书的了解,完全得自历史家拜哈吉的著作④。拜哈吉曾从这部书摘引了关於阿慕尔·本·莱思重建哥疾宁城的记述。拜哈吉称道马哈茂德是信实可靠的历史家,他本想对他作出更详细的介绍,可是基於一种无可奈何的原因未得如愿:"我准备了赞扬他的长篇颂词。我阅读了他写的十至十五种涉及不同学科的卓越著

(接上页)为"现在所知唯一的抄本"(*A Literary History of Persia*, Ⅱ,页283)。雷沃蒂在其所译《纳西尔大事记》一书的注文(Ⅱ,页901)中引用了加尔迪齐的著作,所系何抄本,未经注明。〔Muḥammad Nazim 教授根据剑桥抄本刊布了加尔迪齐的著作(不全,仅自页81b至148a);并在前言中(页1-2)说明巴托尔德定剑桥抄本的年代为回历930年,失之过早,他列举了一些理由以明其应定为回历(10)93年,即公元1682年。又加尔迪齐的《记述的装饰》目前已有 Nafīsī 教授整理的全部波斯原文新刊本,德黑兰,回历太阳年1333年,即公元1954年。〕

① 特别是讲到 Aḥmad b. Sahl 的各段,参照《原史料选辑》,页6与伊本·阿西尔书,Tornberg 刊本,Ⅷ,页86)。

② 伊本·哈利坎书,Wüstenfeld 刊本,No. 838;de Slane 译本,Ⅳ,页322,326;参看《原文史料选辑》,页5。

③ 〔《记述的装饰》之不完全的刊本有二:一为 M. Nazim 所刊行,包括由塔希尔朝至哥疾宁朝诸部分,柏林1928年出版;又一为 Sa'īd Nafīsī 所刊行,包括由萨珊至塔希尔朝诸部分,德黑兰1333/1954年出版。此书至今尚无完整的刊本,但 V. Pontecorvo 现正准备刊行完整的英文译本。——C. E. B〕

④ 拜哈吉书,Morley 刊本,页317;〔Ghanī 与 Fayyāḍ 刊本,页261-2。〕

作。事为他的儿子们所闻知,他们对我大吵大闹,声称:我们是他的儿子,在他自己把话说出以前(意即在他的著作被发表以前),不能由你随意措置我们的父亲的言词(意即"抑扬其词"等等)。于是我只好放弃自己的打算。"马哈茂德·瓦拉克的叙述断限于回历409年,其所以如此,正因拜哈吉的记述从这一年的史事开始。

阿布勒-法兹勒·穆罕默德·本·侯赛因·拜哈吉(卒于470/1077-78年)的著作,在穆斯林史籍中占有独特的地位,至少在流传到今天的穆斯林史籍中是如此。拜哈吉认为,"在一般的年代记中可以读到的不外乎某某苏勒坦派遣某某将领出征某某地方;某日与敌对阵或某日与敌媾和;此胜彼负,或彼胜此负;某某进驻某某地"等等①,因此他十分自觉地使自己的著作不落这一类年代记的窠臼。他与一般历史家截然相反,详细叙述了他本人目击的事件。我们已在上文述及,拜哈吉的记载从409年的史事开始②,可是他的巨著只有一小部分流传下来,内容为苏勒坦马斯乌德君临期间(1030-41年)的事迹,亦即原书第六卷的后半,第七、八、九各卷和第十卷的一部分。拜哈吉著作的残

---

① 拜哈吉书,Morley 刊本,页 438,〔Ghanī 与 Fayyāḍ 刊本,页 354。〕
② 因此我们不得不认为里欧博士推测拜哈吉书叙事始于哥疾宁朝兴起的论断(见 Pers. MSS,Ⅰ,页 159)有误。历史家术兹贾尼(参看下文)摘自拜哈吉书的段落,固然提到了塞布克-的斤,但这段文字显系摘自马哈茂德纪事部分;拜哈吉书颇多离题旁涉的段落,此其一例。与塞布克-的斤有关的题外文章,亦见于马斯乌德纪事部分(拜哈吉书,Morley 刊本,页 557;〔Ghanī 与 Fayyāḍ 刊本,页 450〕)。拜哈吉的著作,除 Morley 刊本外,尚有回历 1307 年德黑兰刊本,系据公元 1305 年抄本刊行,V. A. 茹科夫斯基教授曾在 1899 年购置数部交彼得格勒大学图书馆收藏。德黑兰刊本与 Morley 刊本内容相同,但开卷多出与较早的史实有关的数页。阿布勒-哈桑·拜哈吉在其所撰《拜哈克史》中(Ta'rīkh-i Bayhaq,不列颠博物馆所藏抄本,页 101b-103b)对阿布勒-法兹勒·拜哈吉的生平提供了一些有趣味的资料,关于他的著作也有一些报道,据称阿布勒-法兹勒·拜哈吉的著作达三十余卷之多,叙事自塞布克-的斤即位时起,至伊卜拉欣初即位时止,显然他把马哈茂德·瓦拉克的著作也计算在内了。还说到作者卒于回历 470 年萨法尔月(公元 1077 年 8-9 月)。阿布勒-哈桑·拜哈吉曾在不同的藏书室中看到了阿布勒-法兹勒·拜哈吉著作的不同部分,但从未看到过一份完整的抄本。参照 Barthold, Baihaḳī(《伊斯兰百科全书》本条)。〔回历太阳年 1324 年(公元 1945 年)刊行的《拜哈吉历史》波斯文本,由加尼与法伊亚兹校订,远较 Morley 刊本为佳。另有著名的伊朗语言学专家赛义德·纳菲西教授校释的《拜哈吉历史》,第一、二两卷为波斯原文,第三卷为详细的笺注,其中包括引自多种史籍的关于哈剌汗朝的丰富史料。《拜哈吉历史》之俄文译注本,1962 年由 A. K. Аренд 刊于塔什干。〕

卷已由莫利在加尔各答刊印行世,这一部分写成于450年和451年两年(公元1058-59年)。拜哈吉的著作,叙事止于何年,现已不明,我们只知道全书共达三十卷之多①。十三世纪历史家术兹贾尼②和十五世纪编纂家哈菲兹-伊·阿卜鲁③都从此书前几卷中做过摘录;但从后二十卷做的摘录,我们迄未发现过④。

A. 米勒称拜哈吉的著作为"一位波斯官员的日记"⑤,日记一词,不甚贴切;扎豪教授建议称之为拜哈吉的"回忆录"⑥,似较妥帖。作者此书,写于暮年,时在辞卸政府职务以后。他大约生于386/996年⑦,约在412/1021年步入仕途,在阿布·纳斯尔·米什坎(卒于431/1039年)主管的外交文牍部(dīwān ar-rasā'il)中供职十九年之久⑧。阿布·纳斯尔去世后,拜哈吉续蒙苏勒坦马斯乌德的眷顾,在马斯乌德死后,他的地位起了变化,在一段时间内颇受冷遇,不过他承认自己也应对此负一定责任⑨。其后拜哈吉恢复官职,在苏勒坦阿卜杜·拉施德君临期间(1049-58年)典领外交文牍部事务⑩。

作为一个能够出入宫禁的官员,拜哈吉自然更多地着墨于宫廷生活和官场见闻、宫廷和官僚集团的阴谋以及企图左右君主意旨的各种人物的互相倾轧。此外,他也相当详细地叙述了对外关系。送达各国统治者的公文国书,大多出自拜哈吉之手;可惜这种情况并未能使他把这些文件的原文传留给我们,大约在他被免职的时候,这些文件均被强

---

① 此据十五世纪编纂家法西赫的记载(亚洲博物馆581a抄本,页263);米尔洪德亦谓共三十卷。
② 术兹贾尼书,Raverty译本,I,页67以下;[Nassau-Lees刊本,页6以下]。
③ 《原文史料选辑》,页157。
④ [其他著作中摘自拜哈吉书的引文以及显系取材于拜哈吉书的章节已由纳菲西辑校成书,题名 Dar pīrāmūn-i Ta'rīkh-i Bayhaqū, shāmil-i āthār-i gum-shuda-yi Alu'l-Faḍl Bayhaqī va Ta'rīkh-i Ghaznaviyān,德黑兰,1342/1963年,二卷。——C. E. B.]。
⑤ Müller, Der Islam, II,页194。
⑥ Sachau, Zur Geschichte, II,页5。
⑦ 拜哈吉书,Morley刊本,页246;[Ghanī与Fayyāḍ刊本,页209]。
⑧ 同上书,Morley刊本,页749;[Ghanī与Fayyāḍ刊本,页596-7]。
⑨ 同上书,Morley刊本,页754;[Ghanī与Fayyāḍ刊本,页601]。
⑩ 同上书,Morley刊本,页122;[Ghanī与Fayyāḍ刊本,页110]。

行拿走。"与哈里发政府、突厥斯坦诸汗以及诸小王侯的全部文书往来,均我一手经办;所有卷宗也归我掌管;如今这些已被故意损毁,原处已无天国乐园,良堪浩叹!如其不然,这些文牍会使本书成为一部弥足珍贵的历史。不过我现在并未绝望,蒙真主保佑,或许我能够重新觅得这些文件,那时节我将一切着之纸笔"①。事实上,文书原件的丧失并不曾妨碍拜哈吉留给我们一部"弥足珍贵的"历史。恰如扎豪教授所公正指出的,他相当坦率地描绘出一幅宫廷生活的图景;尽管他对在位君主崇敬备至,可是他仍然认为自己不当隐讳君主的过恶②。作者声称③,在离职以后,他已勾销了和原来的政敌的宿仇旧怨,力图抛开一切成见,无所偏颇地来陈述事实。现在看来,关于宫廷中的明争暗斗,他确实是从公正观察家的角度来秉笔直书的。

拜哈吉的著作,直到目前,还远远没有得到与其史料价值相称的利用;特别突出的是:虽然人们正是从拜哈吉书中找到关于哈剌汗国的一个颇长历史阶段的最翔实的报道,然而在所有记述哈剌汗国历史的学者④中间,至今还没有哪一位比较充分地利用过拜哈吉的著作⑤。出现这种情况的部分原因,是莫利刊本有着一些缺陷,如字迹不清、缺少目录和索引等等⑥。A. 比贝尔施泰恩-卡齐米尔斯基在刊布诗人米努切赫里的诗集⑦时,在引言中加入了《拜哈吉历史》一书的颇为详细的、用法文写的内容提要,但是这位提要作用对拜哈吉这位波斯历史学家的著作原文的理解并非永远正确,举例说,上文引用的原作者关于公牍的

---

① 同上书,Morley 刊本,页 362;〔Ghanī 与 Fayyāḍ刊本,页 294〕。
② 同上书,Morley 刊本,页 573;〔Ghanī 与 Fayyāḍ刊本,页 462〕。
③ 同上书,Morley 刊本,页 207;〔Ghanī 与 Fayyāḍ刊本,页 178 – 9〕。
④ Грнгорьев, *Караханиды*; Sachau, *Zur Geschichte*, Ⅱ, 页 35 – 46; Dorn, *Über die Münzen*; Dorn, *Nachtrage*; 术兹贾尼书, Raverty 译本, Ⅰ, 页 900 – 1(雷沃蒂的注文);《福乐智慧》, Радлов 刊本 Ⅰ, Lxxⅷ – Lxxx (= Родлов, *К вопросу об уйгурак*, 页 122 – 5)。
⑤ Sachau 与 Raverty 各有零星摘引。
⑥ 〔拜哈吉书现在已有较好的版本,例如 Nafīsī 的版本,德黑兰,1319 – 32/1940 – 53 年,二卷为原文,一卷为注释;还有 Q. Ghanī 与'A. A. Fayyāḍ的版本,德黑兰,1324/1945 年。此外尚有良好的俄文译本,即 A. K. Арендс 译 *История Мас' уда*,1030 – 41,塔什干,1962 年。——C. E. B.〕
⑦ Менучехри, 页 17 – 131。

叙述，竟被提要作者认为是指拜哈吉的"历史撰述"而言①。

十三世纪的历史学家术兹贾尼②还援引过另外一部写作年代不明、讲述哥疾宁朝历史的著作，即阿布勒-卡西木·穆罕默德·本·阿里·伊马迪的《归类正确的历史》（Ta'rīkh – i Mujadwal）。这部书包括诸先知、乌迈亚朝与阿拔斯朝诸哈里发、古代波斯诸王的历史以及直到马哈茂德为止的哥疾宁朝的历史，也就是说这部书的内容与萨阿利比的著作（参看上文页64）大致相同。写成于520/1126年的《年代记要略》一书（参看下文）的作者，在叙述哥疾宁朝历史的时候，曾经征引他的同时人埃米尔马哈茂德·伊马迪（其父为伊玛目辛贾里·哥疾宁维）的著作③；此人可能与穆罕默德·本·阿里·伊马迪同为一人。

在1040年5月登丹坎战役以后，东部波斯从哥疾宁朝转入塞勒术克朝之手。阿勒普-阿尔斯兰君临期间（1063–1072年），塞勒术克人开始进攻河中；其子麦利克-沙在位时（1072–1092年），哈剌汗朝沦为塞勒术克苏勒坦的藩属。因此，在塞勒术克国家写出的历史著作，就研究河中历史来说，当然亦甚重要。

就今所知，十一世纪没有出现记载塞勒术克诸苏勒坦事迹的真正的历史撰述；但关于这个时期的国家制度和社会生活状况，我们可从著名的韦齐尔尼扎木·穆勒克（即阿布·阿里·哈桑·本·阿里·徒锡，卒于1092年）所写的《治国策》（Siyāsat – Nāmah）④中得知梗概。

1091年，苏勒坦麦利克-沙谕知若干大臣上书议政，条陈时弊及

---

① 同上书，前言，页V。
② 雷沃蒂译本，I，XXII – XXIII，页69。
③ Cod. Paris Ancien Fonds Persan 62，叶263。
④ 此书原文已由舍费尔刊出并有法文译本：Siasset Nameh，波斯原文，巴黎，1891年（PELOV，第三辑，第三卷，第一分册）；Supplement，巴黎，1897年（PELOV，第三辑，第三卷，第二分册）；法文译本，巴黎，1893年（PELOV，第三辑，第八卷）。此书标题亦作《君人之道》（Siyar al – mulūk）。〔此书已有俄文译本：Сиасет – намэ. Книга о правлении вазира XI столетия Низам ал – мулька，Б. Н. Заходер 译注并撰有引言，莫斯科—列宁格勒，1949年。〕

〔此书以H. Darke的版本为最新亦最优，德黑兰，1340/1962年。H. Darke也刊行了此书的英文译本，题名The Book of Government or Rules for Kings，伦敦，1960年。此书亦有德文、土耳其文和俄文译本。——C. E. B.〕

革新对策。在大臣们的奏章中,麦利克沙独对尼扎木·穆勒克的奏章深致嘉许,取以为施政的指针①。尼扎木·穆勒克的奏章分为三十九章,其中讲到了各部曹官吏的职司,并对各行政机构有所建白。1092年,这位韦齐尔在末次前往巴格达以前,又将增补的十一章交付苏勒坦的御览书籍缮写员穆罕默德·马格里比②收存,嘱以必须在他本人死后始能转呈苏勒坦。恰如这位缮写员所公正指出的,尼扎木·穆勒克之所以补写这一部分,"原因在于他为帝国的敌人所构陷,隐忧在心"。也正是因为这样,这一部分的语调,远比其他部分更为激昂,更为直率。应当如何评价这位波斯官僚集团首脑人物的理想,兹姑不论,单是根据他的辞句,我们就不得不承认他是一个有牢固信念、并为坚持信念而置生死于度外的人。他明知他与亦思马因派为敌,不啻自召杀身之祸,然而他相信,他的见解在他身后终必获胜③:"当他们(亦思马因派)开始把名流贵胄纷纷投入坑穴的时候,当他们的鼙鼓馀音尚缭绕于人们耳际的时候,当他们的阴谋诡计已被全盘揭穿的时候,人们自然会想起我的话来。在这灾祸已作的时候,他(苏勒坦)自将悟及④,凡我所言,靡不恰中要害。"

毫无疑义,尼扎木·穆勒克的著作是研究东方穆斯林诸国政治结构的主要资料。此外,最后专讲亦思马因派的几章所提供的史料尤为丰富。内尔德克教授在评论此书之舍费尔刊本⑤时,曾对这些史料的真实性,特别是对亦思马因派引致萨曼君主纳斯尔·本·艾哈迈德信奉亦思马因异端表示怀疑。然而尽管历史家们全都没有提到这一事件(参看上文页55-6),但是 Fihrist 中的记载⑥足以证明此事千真万确,断非虚构。舍费尔的译文,从我们对上文摘引的语句所作的评述来看,

---

① 尼扎木·穆勒克书,Schefer 刊本,原文,页2;译文,页3-4。
② 同上书,原文,页210;译文省略了他的名字(页307)。
③ 同上书,原文,页205;译文,页299。
④ 法文译文此处作"que le prince sache"(意为"让这位君主知道"),与原意未尽合。
⑤ ZDMG,XLVI,页767。
⑥ Fihrist,I,页188。

并非十分贴切,可是我们也不曾发现其中有什么字句严重歪曲了原文的意义①。

十一世纪也出现了宗教史专著,奈迪木的 *Fihrist* 已为著录这类撰述用了相当多的篇幅。西班牙人伊本·哈兹木②(卒于 456/1064 年)撰有《宗教与哲学义理的历史》(*Kitāb al - milal wa'n - niḥal*)一书,多齐、冯·克雷默尔·戈尔德齐赫尔等人都曾利用过这部现存几个抄本的著作;不久以前,施赖纳先生大量摘录此书,刊布行世③。稍后,485/1092 年,阿布·麦阿利·穆罕默德·本·乌拜杜拉在哥疾宁城写出了《宗教的诠释》(*Bayān al - Adyān*),此书有些章节被舍费尔编入他的《波斯文选》④。此书大约只有一份抄本传世,而此孤本即为舍费尔所有。1915 年,此书之丹麦文译本经 A. 克里斯滕森刊出⑤。

在十二世纪的著作中,我们应当首先提到一位佚名作家所写的《年代记与叙事文汇要》(*Mujmil at - Tawārīkh wa'l - Qiṣaṣ*)。这部著作写成于 520/1126 年,现仅存一份抄本,收藏于巴黎国立图书馆⑥。此书叙述包括塞勒术克朝在内的穆斯林诸朝代的历史极为简略;比较有意义的是书中记载古代波斯诸王⑦、印度⑧和突厥诸部的各章。特别重要的则为书中的东方统治者称号表,表内举出一系列不见于其他史料的称号。此书记载了有关突厥诸部的起源以及突厥诸部因以得名的各英

---

① 其他举例见下文。还可参看 E. G. 布朗教授(Browne,*A Literary History of Persia*,II)对此书及其版本的评述:"十分必要的订正"(页 212),"优美的法语译文"(页 214)。
② 关于此人,参看罗森撰文,3BOPAO,VIII,页 179 - 180;关于他的著作,参看 Flügel,*Handschriften*,II,页 179 - 8。
③ Schreiner,*Beiträge*,页 475 - 86。此书现已分为五编在开罗刊行,1317 - 21/1899 - 1903 年。
④ Schreiner,*Chrestomathie persane*,I,页 132 - 71;注释,页 132 - 3。抄本现在巴黎(Suppl. pers. 1356,No. 7,页 195 - 224);参照 Blochet,*Catalogue de la collection Schefer*,页 76。
⑤ Abû - l - Maâlî,*Fremstilling af Religionerne*,oversat af A. Christensen,哥本哈根,1915 年。〔也有 A. Massé 的法语译本,1926 年。〕
⑥ Ancien fond persan,No. 62.〔Mujmal at - tawārīkh,Malik ash - Shu'arā' Bahār(波斯文)刊本,德黑兰,回历太阳年 1318 年(公历 1939 年)。——V. M.〕
⑦ 参看 *Mujmal at - tawārīkh*,J. Mohl 辑译。
⑧ *Mujmal at - tawārīkh*,Reinaud 辑译。

雄的传说,这些传说与加尔迪齐的记载稍有出入。关于雅弗有子名叫突厥,其诞生地在伊塞克湖附近的传说①,大约首先见于此书。此书现存抄本述及乌古斯人在1153年俘获苏勒坦辛贾尔之后毁灭你沙不儿城的事件,显而易见,这一记载是作者本人或他人在书成以后附于卷末的。

约在同时,阿布勒-弗图赫·贝雷卡特·本·穆巴雷克·本·亦思马因(525/1131年卒于你沙不儿)用阿拉伯文写出了《年代记的闪光》(*Lam' at Tawārīkh*)②一书,此书今已失传。作者在460/1068年以后生于哥疾宁城,他的这部编年体著作叙事止于500/1106-7年。

《塞勒术克王族史》(*Ta'rīkh-i Āl-i Saljūq*)之成书,亦在十二世纪,作者的名字阿布·塔希尔·可敦尼见于道雷特沙的诗选。E. G. 布朗教授只说可敦尼是诸家诗选(Manāqib ash-Shu'arā)的编者,并指出道雷特沙提到《塞勒术克王族史》一书时如此闪烁其词,以致人们不能辨其确指何书③。然而以道雷特沙在其诗人阿马克·布哈里小传④中引自此书的文句相参证,则此书作者显然就是出生与苏勒坦辛贾尔同时的阿布·塔希尔·可敦尼⑤,殆不容疑。

谢雷甫丁·阿布·纳斯尔·阿努施尔宛·本·哈利德·卡沙尼⑥(卒于533/1138-39年)先后任哈里发穆斯塔尔施德、塞勒术克苏勒坦马

---

① 《原文史料选辑》,页19-20;参照 Aboul-Ghâzi,*Histoire des Mongols et des Tatares*,Desmaisons 男爵刊本,〔原文,页9〕;译文,页9。
② 《原文史料选辑》,页70(选自'Imad ad-Dīn Isfahanī,*Kharīdat al-Qaṣr*)。
③ Browne,*The Sources*,页42。
④ 道雷特沙书,Browne 刊本,页64-5。
⑤ 这位阿布·塔希尔见于豪茨玛编纂的 *Recueil*(参看下文),〔RTHS〕,Ⅱ,页89(此处选录了他的另一作品,一篇攻讦某韦齐尔的文章)与105以下。参照 Browne,*A Literary History*,Ⅱ,页183以下,326以下。还可参照奥菲书校订者搜集的有关阿布·塔希尔的资料,'Awfī,*Lubāb al-Albāb*(Ⅰ,页6以下)。阿布·塔希尔之所以被称为可敦尼,因为他是苏勒坦穆罕默德·本·麦利沙之妻昭哈尔可敦的财务总管(mustawfī)。参看 Rāwandī 书,Iqbal 刊本,页131,136。〔Iqbal 应作 Muḥammad Iqbāl。——V. M.〕。
⑥ 关于这位作者和以下两位作者,参看 Bundārī 书,Houtsma 刊本,前言;还可参看 Розен,*Арабские ски-зание*,Ⅱ,页190-1。

斯乌德的韦齐尔,晚年用波斯文写出回忆录,书名别开生面,标作《宰辅时代的衰微与衰微时代的宰辅》。这部回忆录记述1092–1134年间的事迹,传到今天的只有伊马杜丁·亦思法杭尼译为阿拉伯文的修订本。阿文译者指责作者持论偏颇,有意对政敌实行报复。豪茨玛教授有不同的看法,他认为卡沙尼的著作不过表现了作者的个性,这是回忆录一类作品通常具有的特征,甚而正是这种体裁的作品具有魅力之所在。

在579/1183年从事写作的伊马杜丁·亦思法杭尼(阿布·阿卜杜拉·穆罕默德·本·穆罕默德)翻译并增补了(豪茨玛教授则认为在某些地方删节了)卡沙尼的著作,附加了1072年以前的塞勒术克朝简史,并将原著续纂至575年韶瓦勒月,即公元1180年2–3月。他的作品(Nuṣrat al-fatra wa 'uṣrat al-fiṭra《倦怠的佐兴与创造的寄托》),据我们所知,只有一份十八世纪的抄本传世,现藏巴黎国立图书馆①。同书另有本达里(即法特赫·本·阿里·本·穆罕默德,写作于623/1226年)的删节本,名为《〈佐兴〉之书的精华与〈寄托〉之书的选录》,已由豪茨玛教授刊出。本达里力图保存伊马杜丁的"所有事实、所有历史特色乃至华美的词藻"。有时本达里也为原作补阙拾遗,对回历六世纪末和七世纪初的事迹附加简略的记述。这部书虽经本达里修订,但依然十分难读,这是由于原作行文雕琢,用字冷僻,铺叙务求典雅的缘故。然而它的确是一部极其重要的著作:作为塞勒术克朝的史料来说,它的记载最为完备,而对于520年以后的事实来说,它的记载又为时最早。作者的叙述固然侧重于西部波斯、伊拉克、叙利亚等他居住过的地区,但我们能够从这部书里找到许多不见于其他史籍的资料,乃至关于塞勒术克帝国东部以及相邻的河中地区的资料。

这位伊马杜丁还编纂了一部阿拉伯语名家文选,集录了许多作家的代表作并附以作家的生平事略;编选者在书中也顺便提到了一些历

---

① Suppl. Arabe, No. 772;参看de Slane, Catalogue BN, No. 2145.关于作者及其撰述,参看Brockelmann GAL,Ⅰ,页314以下;关于本达里和侯赛尼,参看同上书,页321以下。

史撰述①。这部文选题名 *Kharīdat al - Qaṣr wa Jarīdat al - 'Aṣr*,舍费尔译为《城堡之淑女与时代之史册》。书中记述塞勒术克朝一位韦齐尔事迹的章节由舍费尔刊出②。

十二世纪末,590/1194 年以后,花剌子模沙泰凯什的侍臣,埃米尔萨德鲁丁·阿布勒-哈桑·阿里·本·纳西尔·侯赛尼写出《年代记精华》一书,内容包括塞勒术克人的历史。现在世人所知此书唯一的抄本收藏于不列颠博物馆③。豪茨玛教授认为,侯赛尼的著作基本上是伊马杜丁作品的节本;只是在记述头几位塞勒术克君主的时候,作者才引用了其他一些史籍。作者很少标明他的资料来源,他可能是逐字逐句地抄袭了那些资料。比较重要的是作者关于当代史实的记述,在这方面,他留下了"许多几乎不见於其他任何史籍的详细记载"。

十三世纪初,在 599/1202 - 03 年,阿布·贝克尔·穆罕默德·本·阿里·拉文迪在小亚细亚写了《心灵的慰藉与欢乐的标志》一书。拉文迪的特点是叙事简洁,但很少写出新颖的史实。此书只有一份原波斯文抄本传世,为已故的 Ch. 舍费尔所有④。舍费尔首先刊出其中辛贾尔在位期间一段历史的原文,并附以法语译文⑤,后复刊出头几位塞

---

① *Catalogue LB*,Ⅱ,页 208 - 88。参照《原文史料选辑》,页 70。
② 尼扎木·穆勒克书,舍费尔刊本,补编,页 115 - 22。
〔*Kharīdat al - qaṣr* 至今仍仅刊行了一部分;即 Aḥmad Amīn 所撰关于埃及诗人的部分,开罗,1951 年,二卷,与 M. Bahjat al - Atharī 及 Jamīl Sa'īd 所撰关于伊拉克诗人的部分,巴格达,1375/1955 年。——C. E. B.〕。
③ MS. Stowe,Orient,页 7。关于这一抄本,参看 Rieu,*Suppl. Arabic Mss.*,页 342 - 4;RTHS,第一卷,页 X;第二卷,页 ⅩⅩⅦ;Розен,*Арабские сказания*,Ⅲ,页 234 以下,此处摘录了记载阿勒普 - 阿尔斯兰对〔拜占庭皇帝〕Romanus Diogenes 作战的原文并附以俄译文。不列颠博物馆获得这一抄本之后,Professor Wright 立即复写了一部,意在刊印行世;其后 K. Süssheim 也作了同样的约许,见所撰 *Prolegomena*,但至今(1925 年)未见诸事实。Süssheim 认为 *Zubdat at - Tawārīkh* 一书是 MS. Stowe,Orient. 7 之失名作者所撰年代记的唯一史源。〔萨德鲁丁(?)的〕*Akbār ad - dawla as Saljūqiyya* 业经 Muḥammad Iqbāl 刊出,拉合尔,1933 年。——V. M.〕。
④ 现藏巴黎国立图书馆,Suppl. pers. 页 1314;参照 Blochet,*Catalogue de la collection Schefer*,页 65。
⑤ *Nouveaux mélanges orientaux*,巴黎,1866 年(= PELOV,第二辑,第十九册),页 3 - 47,令人遗憾的是,译文中完全歪曲了原文意义的错误甚多,姑举一例以概其余:"dar sir kas firistādand"(意为他们秘密派出一人)竟被译为"députa à Serkes",并在注文中解释 Serkes 是碣石地区的一座城镇(页 19,35)。

勒术克苏勒坦的历史,至麦利克沙下世时为止①(仅有原文)。现全书经穆罕默德·伊克巴勒重加编订,已在英国刊行②。苏勒坦穆拉德二世在位时期(1421–1451年),拉文迪书被译为土耳其文;亚洲博物馆的图书馆藏有土耳其译文的一份抄本③。土耳其文译本之记载小亚细亚塞勒术克人的部分(这一部分曾由土耳其文译者续至1225年)业经豪茨玛教授刊出④。

杰马鲁丁·阿里·本·优素福·吉弗蒂⑤(卒于646/1248年)所撰《塞勒术克王族史》(Ta'rīkh–i Āl–i Saljūq)一书今已不存,另外一些写作年代无考的著作也没有流传下来,如佚名作者所写的《帝王之书》(Malik–nāmah 或 Mulūk–nāmah),扎希鲁丁·你沙不里⑥所写的《塞勒术克人之书》(Saljūq–nāmah)就属於这一类失传的著作。《帝王之书》是米尔洪德与阿布勒–法拉只所依据的史料⑦,可能也是伊本·阿西尔所依据的史料;《塞勒术克人之书》则是拉文迪据以叙述他的时代以前诸史实的唯一的蓝本。扎希鲁丁·你沙不里是拉文迪的亲属,曾任苏勒坦阿尔斯兰(1161–1177年)与马斯乌德(1133–1152年)的太傅(ustād),其写作活动系在伊拉克最后一位塞勒术克苏勒坦托格鲁勒

---

① 尼扎木·穆勒克书,舍费尔刊本,补编,页70–114。
② *The Rāḥat–uṣ–Ṣudūr wa Àyat–us Surūr being a history of the Saljúqs* by Muhammad ibn 'Ali ibn Sulaymán ar–Ráwandi,穆罕默德·伊克巴勒校订,莱顿与伦敦,1921年(《吉布纪念丛书》,新辑,第二种)。
③ MS. 590 ba (D116)。
④ *Histoire des Seldjoucides d'Asie Mineure d'après Ibn–Bībī*. Texte turc publié ... par M. Th. Houtsma,莱顿,1902年(RTHS,第三卷)。豪茨玛在序言中说明波斯文原本系某伊本·比比的作品,并举 *Recueil de textes et de traductions publ. par les professeurs de l'École des langues orientales vivantes* 第一卷页1以下舍费尔撰文为证。舍费尔在此文中指出,纳西尔丁·叶海亚·本·穆罕默德就是伊本·比比,撰有回历588–679年之小亚细亚塞勒术克人的历史,此书有十五世纪土耳其文译本,现德累斯顿图书馆藏有该译本的抄本。Behrnauer有意刊印这一抄本而未果。Fleischer所编目录未著此书。亚洲博物馆所藏抄本MS. 590 ba(D116),据我们所知,系选录莱顿抄本,其原文明白指出拉文迪的著作乃此书底本。取土耳其文译本与波斯文刊本相对照,此点已无可置疑。此书第二部分为小亚细亚塞勒术克人的历史,看来确系由伊本·比比译出。
⑤ 哈吉·哈里发书,II,页109。
⑥ 同上书,III,页606。
⑦ Barhebraei, *Chronicon Syriacum*, Bruns与Kirsch刊本,页209;RTHS,I,页ix。

在位期间(1177-94年)①。哈菲兹-伊·阿卜鲁(十五世纪)的历史地理撰述②曾据拉文迪书转述一头大象从苏勒坦马斯乌德的帐幕中被窃走的故事,此事即出自扎希鲁丁的著作,并见于拜哈吉书③。又十四世纪一位编纂家哈木杜拉·可疾云尼还提到一位阿布勒-阿拉·阿赫瓦勒曾写过一部塞勒术克人的历史④。

十二世纪后半期与十三世纪初年,总的说来,是穆斯林历史上最隐晦的一页。流传至今的史料中的记载,矛盾到无以复加的地步,即便是最重要的事件,亦难确定其年代。但发生在这个时期的一些事件,对穆斯林各族人民的历史来说,却又非常重要:正是在这个时期,塞勒术克人的统治趋于衰微;河中地区屈服于一个异教王朝的管辖;两个新的穆斯林朝代,花剌子模朝与古尔朝先后兴起;花剌子模诸沙在与他们的穆斯林对手及信奉邪教的哈剌契丹人的斗争中连获胜利,东部穆斯林世界完全统一在花剌子模沙统治之下,由此形成为一个貌似强大而徒有其表的帝国,一旦与外来敌人发生严重冲突,其内部虚弱立即暴露无遗。

为古尔朝诸苏勒坦与花剌子模朝诸沙撰写的历史著作均已失传;

---

① Morley, *A descriptive catalogue*〖《皇家亚洲学会图书馆藏阿拉伯语波斯语抄本史书目录解题》〗, No. CXXXIII(页133)下所著录的可能就是这部献给托格鲁勒的著作。我在图书馆询知,此一抄本已不幸遗失。
〔扎希鲁丁撰《塞勒术克人之书》,连同阿布·哈米德·穆罕默德·本·伊卜拉欣所撰补编,已于1332/1954年在德黑兰刊出;是以知《塞勒术克人之书》确系扎希鲁丁的著作,阿布·哈米德仅曾加以增补,此增补部分即拉文迪的 *Rāḥat aṣ-ṣudūr* 之所本。——V. M. 与 C. E. B.〕

② ГПБ Дорн 290 抄本,叶196а。

③ Morley 刊本,页708-9;〔Ghanī 与 Fayyaḍ 刊本,页566〕。

④ 哈木杜拉·可疾云尼, *Tarikhi Guzidlh*, Defrémery 节译本,页421;RTY153 抄本,叶256;Browne 刊本,页434;Browne 译本,页93。关于塞勒术克历史之较晚的著作,参照穆罕默德·本·穆罕默德·侯赛尼(十四世纪)所撰之'*Apaдa фū - л - ҳикāuam ас - салджуқūйa* ; Rieu, *Pers. MSS.*, II, 页848以下;Süssheim, *Prolegomena*;穆罕默德·侯赛尼书的版本有二:开罗,1326/1908年;莱顿,1909年。还可参看拉施德丁, Iqbāl 版本,前言,页XXIII。拉施德丁提到的阿布·哈米德·穆罕默德·本·伊卜拉欣的著作,即穆罕默德·本·阿里·拉文迪的 *Rāḥat aṣ-Ṣudūr*,参看上引 Iqbāl 所撰前言,页XXIV。
〔阿赫勒(Aḥwal)系伊本·哈苏勒(Ibn Hassūl)之误书;伊本·哈苏勒写的小册子 *Tafḍīl al-Atrāk*,由'Abbās al-'Azzāwī 校订,发表于 Belleten, No. 14-15(伊斯坦布尔,1940年)。——V. M.〕

我们有关这两个朝代的知识只是得自十三世纪的一些编纂家的作品，对这些编纂家，我们将在次节加以介绍。记述古尔朝的主要史籍是术兹贾尼的 Ṭabaqāt-i Nāṣirī 一书。术兹贾尼撰写此书，利用了阿布勒-哈桑·海萨木·本·穆罕默德·纳比①的著作 Qiṣaṣ-i Thānī。海萨木的这部著作也讲到塔希尔朝、萨法尔朝、萨曼朝与塞勒术克朝的历史②。术兹贾尼在记述古尔朝诸苏勒坦时，还利用了法赫鲁丁·穆巴雷克-沙·麦尔韦鲁迪的宗谱著作③。后者写成於十三世纪初年，包含许多涉及突厥人的语言和部落的有趣记载④。

术外尼的《世界征服者传》以相当长的篇幅叙述了花剌子模诸沙的历史。在这方面，术外尼书是米尔洪德及其他较早的波斯编纂家所依据的唯一史料来源。术外尼⑤与伊本·阿西尔⑥在记述花剌子模诸沙的历史时，都利用了阿布勒-哈桑·阿里·本·扎伊德⑦·拜哈吉的著作 Mashārib at-Tajārib wa Ghawārib al-Gharā'ib⑧（直译《〈经验〉的颐养地与〈奇迹〉的天顶点》）。 术外尼则谓拜哈吉的这部著作乃是

---

① 纳比（Nābī）或当作巴吉（al-Bāqī）；在其他段落中，作者被称为伊本·海萨木（Ibn Hayṣam）。
② 术兹贾尼书，雷沃蒂译本，Ⅰ，页 11,19,26,56,116,320。
③ 同上书，页 300。现可参照 A. G. Ellis 先生买到的抄本；E. D. Ross 与 R. Gauthiot 合撰，L' Alphabet Sogdien，E. D. Ross，The genealogies. 据伊本·阿西尔书（Ⅱ，页 160），作者卒于回历 602 年韶瓦勒月，即公元 1206 年五、六月间（参照 Ross，The genealogies，页 403），但在其本人著作中却提到了回历同年祖勒-卡达月（同上书，页 401）。
④ 部落名称（同上书，页 407 以下）有一部分与十一世纪马哈茂德·喀什噶里所记载的相同，而异于后来的拼写。感谢 E. D. Ross 爵士的盛意，我得借用伦敦东方学院所藏的这一著作的抄本。〔麦尔韦鲁迪的著作业经 E. D. Ross 于 1927 年刊出。〕
⑤ Qazwīnī 刊本，Ⅱ，页 1。
⑥ 伊本·阿西尔书，Tornberg 刊本，Ⅺ，页 249；在这段文字中，伊本·阿西尔系在交代回历 568 年的史实时征引此书，但此书曾为写成于回历 563 年的《拜哈克史》所征引，且《拜哈克史》的作者卒于 565 年，可见此书必写成于回历 563 年以前，容或伊本·阿西尔持有此书的续编亦未可知。
⑦ 术外尼称此人为伊本·丰杜克（Ibn Funduq）。
⑧ 哈吉·哈里发书，Ⅴ，页 544。传至今日的《拜哈克史》乃同一作者为记述其诞生地拜哈克的史事而作。参照 Pertsch，Verzeichniss，页 516，No. 535；Rieu，Suppl. Pers.，页 60 以下；Калв，Персидские，арабские и тюрские рукописи，页 8-9（No. 9a），此处 Калв 误引《拜哈克史》的作者为 Алиб. Абу Салих ал Хавари，《你沙不儿史》的作者为 Абу Абдаллах ал-Бейи'，均非是，参照 Rieu，上引书，页 61。〔Alu'l-Ḥasan 'Alī ibn Funduq 所撰 Ta'rīkh-i Bayhaq 已于回历太阳年 1317 年（公元 1938 年）由 Ahmad Bahmanyār 在德黑兰刊出。——V. M.〕

另一著作《列国的经验》的续编,而《列国的经验》一书当然是指米斯卡韦赫(即阿布·阿里·艾哈迈德·本·穆罕默德,卒于421/1030年)的以此为书名的撰述①而言。此外,术外尼还引用了著名神学家法赫鲁丁·阿布·阿卜杜拉·穆罕默德·本·欧马尔·拉齐(卒于606/1210年)为献给花剌子模沙泰凯什而写的名为《百科集成》(*Jāmu' al - 'ulūm*)的一部百科辞书②。对花剌子模的早期历史来说,阿布·穆罕默德·马哈茂德·本·穆罕默德·本·阿尔斯兰·阿拔西·花剌子米(卒于568/1172-73年)记述花剌子模及其居民的巨著(共八十卷)无疑十分重要。这部书有十四世纪编纂家泽赫比(上文页62我们介绍拜伊阿时已提到此人)的删节本③。亚库特④从花剌子米的作品中摘引了关于哲学家沙赫里斯坦尼的一段饶有趣味的叙述,沙赫里斯坦尼是有名的论宗教与哲学信条一书的作者⑤。在记载花剌子模诸沙的史籍中,哈

---

① 此书第一、五、六各卷,业经 Caetani 影印行世,列为《吉布纪念丛书》第七种;五、六两卷又经 Amedroz 与 Margoliouth 刊印和翻译,附以 Abū Shujā' 所撰续编,注释中并有采自其他书籍的摘录,书名作 *The Eclipse of the Abbasid Caliphate*,牛津,1920-1年。德·古耶也曾抽印了与回历198-251年有关的记载(*Fragmenta Historicorum Arabicorum*, Lugduni Batavorum, 1869-1871年,第二卷)。D. S. Margoliouth 教授在其刊本的序言中(*Eclipse*, Ⅶ,页11)企图证明,Miskawayh 名字前面的"Ibn"一字系后人所误加,但《伊斯兰百科全书》"Ibn Miskawai"条之未署名的作者有与此相反的意见,认为 Miskawayh 或 Mushkōye 是这位著作家的祖父的名字。至于这部著作的诸续编者,哈吉·哈里发书(Ⅱ,页191)只提到 Abū Shujā' Muhammad b. Ḥusayn(卒于488/1095年,曾任哈里发穆斯塔兹希尔的韦齐尔)与 Muḥ b. 'Abdal - malik al - Hamadhānī。尽管〔阿布勒-哈桑·〕拜吉著作的标题显然受到米斯卡瓦伊赫书名的暗示,但拜哈吉本人却说明他的著作原为续 *Ta'rīkh al - Yamīnī* 而作(*Ta' rikh Bayhaq*,不列颠博物馆藏 Or. 3587 抄本,叶 12a)。拜哈吉的另一著作,学人的历史,有一抄本收藏在柏林,参看 Brockelmann, GAL, Ⅰ,页324 以及 Jacob 与 Wiedemann, *Zu 'Omer i - Chajjâm* 页 43 以下摘自此书的篇章。还可参看我为《伊斯兰百科全书》写的 Baihakī 条与亚库特的 *Irshād*, V,页 208-18;拜哈吉生于回历499年沙阿班月27日土曜日(公元1106年5月5日),卒于565/1169-70年。
② 参看 Rieu, *Suppl. Pers.*, 页 1021; Pertsch, *Verzeichniss*, 页 162-3(No. 92);有一部被维斯滕费尔德误认为(见所撰 *Die Geschichtsreiber*, 页 106)也出于这位作者之手的篇幅简短的史书,实则该书写成于十四世纪初年(参看 Elfachri 书,W. Ahlwardt 刊本,戈塔,1860年)。
③ 哈吉·哈里发书,Ⅱ,页 129;Ⅶ,页 655;维斯滕费尔德,上引书,页 90,此引自亚库特书的一段文字中,341应作343。
④ *Mu'jam*, Ⅲ, 页 343。
⑤ 亚库特在 *Irshād*, V,页 412 Abu'l - Ḥasan 'Alī b. Muḥ. al - 'Umrānī(卒于回历约560年)的传记中也提到了 Abū Muḥammad b. Arslān(同书Ⅲ,页 212 又称之为 Abū Aḥmad Maḥmūd b. Arslān)(转下页)

吉·哈里发也提到了赛伊德萨德鲁丁编写的 *Ta'rīkh - i Khwārazmshāhī*[①]。

有两套官方文牍对花刺子模诸沙时期的历史提供了最重要的史料。第一套没有标题[②]，保存在彼得格勒外交部东方语言学院收藏的一份抄本中，V. R. 罗森男爵对这份抄本有细致的描述[③]。这批文牍大部分出自苏勒坦辛贾尔[④]的秘书蒙塔贾卜丁[⑤]·贝迪阿之手，术外尼在叙述辛贾尔于 542/1147 年出征花刺子模时曾提到此人[⑥]。别有以花刺子模沙伊勒-阿尔斯兰的名义致哈里发政府的一封有趣的信件[⑦]，我们根据伊马杜丁编纂的文选[⑧]，知其为诗人瓦特瓦特（卒於 578/1182 年）所撰；还有些同样以花刺子模沙名义发出的文件容或也是这位诗

（接上页）的这部记述花刺子模历史的著作（手稿本）。'Ali b. Muḥ al - 'Umrānī 是 Zamakhsharī（关于此人，看 Brockelmann, GAL，Ⅰ，页 289 以下）的弟子，也是亚库特在其 *Mu'jam* 书中几次提到（参照索引，Ⅵ，页 586）的一部地志的作者。

[①] 哈吉·哈里发书，Ⅱ，页 129。此与上文（R74）已经提到的塞勒术克人历史的作者显然同为一人。在提交于 Sir Gore Ouseley 的应在东方访求的失传史书目录（此目录用阿拉伯文写成，现存伦敦东方学院）中（页 148）记有一部 Hamza Isfahānī 撰写的 Gurgānj 的历史，但是我在他处从不曾发现有人提到此书。【本书英文译本 1958 年版删去"但是我在他处从不曾发现有人提到此书"云云，改为"参看 Hamza b. Yūsuf al - Sahmi al - Jurjānī 所撰 *History of Jurjan*，Nizām ad - dīn 刊本，海得拉巴，1950 年。"】

[②] 〔B. B. 巴托尔德从俄国外交部东方语言学院收藏的 No. 282 无题抄本中选择了这套文牍的若干件，以 Инща'（意为文牍，英语转写 inshā）为题，刊出于《原文史料选辑》，页 23 - 47〕。

[③] Rosen, *Les manuscrits persans*,（东方语言学院收藏的波斯文抄本）, 叶 146 以下。此处列举了各件文牍的细目，但脱漏了最后一件文牍的标题；参照《原文史料选辑》，页 44。Инща' 这一抄本已与东方语言学院收藏的所有其他抄本移交俄国科学院亚洲博物馆收藏〔现移交苏联科学院民族研究所〕。

[④] 〔按辛贾尔（Sinjar）读音应作桑贾尔（Sanjar），突厥语字义为"射手、以矛刺敌的人"。参看伯希和，"Quelques noms tucs d'hommes et de peuples en - ar(- är), - ur(- ür), - ïr(- ir)"，见《遗著》，Ⅱ，巴黎，1949 年，页 176 - 80。——C. E. B.〕

[⑤] 〔蒙塔贾卜丁的文集，'*Atalat al - kataba*, 已由 M. M. Qazwīnī 与 'Abbās Iqbāl 刊出，德黑兰，1329/1950 年；亦参看 A. K. S. Lambton "The administration of Sanjar's empire as illustrated in the 'Atabat al - kataba," BSOAS, XX, 1957 年, 页 367 - 88。——V. M. 与 C. E. B.〕

[⑥] ГПБ Ⅳ, 2, 34 抄本，叶 102；Qazwīnī 刊本，Ⅱ, 页 9；术外尼摘引了贝迪阿的рисāла，见 Qazwīnī 刊本，Ⅰ, 页 8。

[⑦] 《原文史料选辑》，页 30 - 2（Инща'）。

[⑧] 同上书，页 70（*Kharīdat al - Qaṣr*）. 关于瓦特瓦特（即 Rashīd ad - Dīn Muḥammad b. 'Alī al - Jalīl），参照 Browne, *A Literary History*, Ⅱ, 页 330 以下；Ethé, *Neupersische Litteratur*, 页 259 以下。〔瓦特瓦特的阿拉伯语的文牍已刊出于 *Majmū'at rasā'il*，开罗，1315/1897 - 8 年；波斯语的函件现已刊出于 Q. Tūysirkānī 的 *Nāmahā - yi Rashīd ad - Dīn Waṭwāṭ*，德黑兰，1338/1959 年。——C. E. B.〕

人的手笔。特别耐人寻味的是阿特西兹的一些函件,这包括阿特西兹自称为辛贾尔的忠实子民的那些函件,也包括阿特西兹对这位塞勒术克苏勒坦多方加以指责并为其本人的叛变进行辩护的一件公文①。再有反映苏勒坦辛贾尔如何对待突厥斯坦诸汗的一些公文②,也使我们深感兴趣。

另一套文牍是花剌子模沙泰凯什的廷臣贝哈艾丁·穆罕默德·本·穆艾亚德·巴格达迪编写的《公务入门》③(at–Tawassul ila't–Tarassul)。据哈木杜拉·可疾云尼的记述④,贝哈艾丁·穆罕默德是由花剌子模沙摩诃末下令处死的著名谢赫麦只杜丁·巴格达迪的弟兄。贝哈艾丁·穆罕默德在序言中讲到自己在奉诏入觐、受任文书部(dīwān al–inshā)长官以前,住在呼罗珊的奈萨城。由于友人怂恿,也迫于苏勒坦的命令,他勉强将最近一、二年内撰写的文牍编次问世。他把此书献给了韦齐尔⑤。从原文来看⑥,尽管文牍提到的事件有时被历史家置于远较 578–9/1182–4 年为晚的时期,但这些文牍显然写成于上述年份以内。

令人遗憾的是我们的点滴历史知识并不能从旅行家的记载中得到补充。十世纪以后,阿拉伯的地理撰述多系掇拾故实,杂纂成书,而且编写为穆斯林世界的西部。十二世纪的旅行家为数不多,可以指出的有施哈卜丁·阿布·阿卜杜拉(或作阿布·哈米德)·艾哈迈德·加尔纳蒂。此人出生于西班牙,但访问过东方许多地区,甚而远至北方,到过卡马河流域保加尔人的围度。我们在他的撰述中看到一则很有特

---

① 《原文史料选辑》,页 43–4(*Иншā*')。
② 同上书,页 23–6(*Иншā*')。
③ 参看哈吉·哈里发书,Ⅱ,页 463;*Catalogus* LB,Ⅰ,页 169–72。〔B. B. 巴托尔德曾从 *Kitab am-tавассул* 一书中选译了若干文件刊出于《原文史料选辑》,页 73–82。回历太阳年 1315 年(公元 1936 年),Ахмед Бахманйар 据莱顿及巴黎抄本之波斯原文刊出全书,冠以 Мирза Мухаммед-хан Казвини 教授的序言。〕
④ 《原文史料选辑》,页 153(*Ta'rīkh–i Guzīdah*)。此书之布朗刊本该处有缺文,无论原文页 778 或译文页 215 均未标明。
⑤ 《原文史料选辑》,页 73〔Бахманйар 刊本,页 4 以下〕。
⑥ 《原文史料选辑》,页 79〔Бахманйар 刊本,页 156〕。

色的记载,即在巴里黑近郊发现了相传是哈里发阿里的坟墓①。

约在回历六世纪中叶,萨木阿尼(即阿布·赛阿德②·阿卜杜·凯里木·本·穆罕默德,卒于 562/1166 年)写出了名为《Книга радословний》③(Kitāb al – Ansāb,宗谱)的一部辞书。这位作者生于马鲁,他也写出一部专记该城历史的著作。亚库特曾在马鲁看到了萨木阿尼家族的两个藏书室④。萨木阿尼撰写这部辞书,意在将那些宣扬伊斯兰教义有功、从而取得令誉的谢赫以及其他等人的名号按照字母顺序排列成表,同时为每个人写出一篇生平事略。由于大多数人的名号带有城镇或乡村的名称,所以萨木阿尼的著作对于研究中古的地理具有重要意义,它也是亚库特所依据的主要史源之一。著者为了搜集有关资料,曾漫游四方。他在 550 – 551/1155 – 1156 年⑤访问了河中和花剌子模,在布哈拉⑥和撒马尔罕⑦听过探讨神学上各种问题的说教;在那色波⑧居住了约两个月,在忒耳迷⑨停留了十二天。他在提到他曾观光过的某城镇或乡村时,常常连带写出这一城镇或乡村的若干具体细节。

萨木阿尼的著作,当然是文献史中的要籍,可惜的是著者的注意力几乎完全集中于神学方面的文献,惟有提到诗人鲁德基⑩是少有的一个例外。他根本不曾提及杰伊哈尼;巴勒阿米条下,也仅仅谈到作过韦齐尔的老巴勒阿米,即阿布勒 – 法兹勒·穆罕默德⑪,而对于他的儿

---

① 《原文史料选辑》,页 21 – 2。关于作者及其作品,参看 Brockelmann GAL, I, 页 477 以下。〔作者的作品,现已由 G. Ferrand 刊出于 JA,第二〇七卷——Gibb.〕〔César E. Dubler 刊本,马德里,1953 年。〕
② 某些抄本与刊本中,不作阿布·赛阿德(Abū Sa'd),而作阿布·赛义德(Abū Sa'īd),例如伊本·阿西尔书,Tornberg 刊本,XI,152。
③ B. A. 茹科夫斯基教授译 Kitāb al – Ansal 为《Книга радословний》,见所撰 Развалины Старого Мерва,页 35,从原书内容看来,ansāb 当为"家族名号"之意。
④ 茹科夫斯基,Развалины Старого Мерва,页 2, 34。参照亚库特,Mu'jam, IV,页 509,页 21。
⑤ 《原文史料选辑》,页 66(萨木阿尼书,Margoliouth 影印本,al – Kindī 条)。
⑥ 同上书,页 62, 65(萨木阿尼书,al – Saffār 与 al – Kāshānī 条)。
⑦ 同上书,页 56(萨木阿尼书,al – Khudīmankanī 条)。
⑧ 同上书,页 68(萨木阿尼书,al – Nasafī 条)。
⑨ 同上书,页 55(萨木阿尼书,al – Tarmidhī 或 al – Tirmidhī 条)。
⑩ 同上书,页 54, 58(萨木阿尼书,al – B. njī 与 al – Rūdakī 条)。
⑪ 同上书,页 54(萨木阿尼书,al – Bal'amī 条)。

子,塔巴里著作的译者①,则只字未及。据伊本·哈利坎记载②,萨木阿尼的著作原有八卷,早在十三世纪已成珍本;流传较广的是历史家伊本·阿西尔的三卷删节本③。原著本文近由 D. S. 马戈利乌思教授据不列颠博物馆收藏的抄本加以整理,影印刊出④;亚洲博物馆图书室藏有另一几乎完整的抄本⑤。

亚库特(施哈卜丁·阿布·阿卜杜拉·哈马维,卒于626/1229年)的地理辞书⑥,已为人所熟知,无烦详述。亚库特主要从马鲁的各藏书室中搜集了丰富资料,列举了穆斯林诸国度几乎所有城镇和比较重要的村落的名称。由于阿拉伯字母的特征,某些城镇名称的写法易于舛误失真,难以辨认,因此亚库特力图为这些名称确定本来的读音。然而他没有能够处处作到这一点,就那些他仅仅从载籍中得知的城、乡名称而言,情况更是如此。亚库特一生多次远游,可是他的足迹当然不能遍及所有穆斯林国度,例如,他虽然到过花剌子模,却终生不曾到过河中。德·古耶正确地指出⑦,对于亚库特标定的音符,不可盲从。亚库特还编辑了一部学者传记辞书,其中包含许多他从今已失传的著述中作出的摘录。这部著作的现存部分,已由马戈利乌思教授校订出版⑧。在这里也应该提一下扎卡里亚·本·穆罕默德·可疾云尼(卒于682/

---

① 茹科夫斯基教授在 *Развалины Старого Мерва* 页 18 误将父子关系倒置。
② Wüstenfeld 刊本,No. 406;de Slane 译本,Ⅱ,页 157。
③ 删节本首卷由 Wüstenfeld 刊出(*Specimen el – Lobabi sive Geneologiarum Arabum*,格廷根,1835 年)。
④ GMS, XX。
⑤ 参照 Rosen, *Notices Sommaires*,页 146。关于作者及其著作,参看 Brockelmann, GAL,Ⅰ,页 329 以下。
   〔印度海得拉巴的 Osmania University 现正刊行萨木阿尼的原著,1962 年 –(截至目前已有六卷出版)。——C. E. B.〕
⑥ Wüstenfeld 刊本。Von Kremer, *Culturgeschichte*,Ⅱ,页 433 – 6 有亚库特传略。
⑦ BGA,Ⅰ,页Ⅶ – Ⅷ。
⑧ *The Irshád al – arîb ilá ma' rifat al – adîb or Dictionary of learned men of Yáqút*, D. S. Margoliouth 校订,《吉布纪念丛书》第六种,Ⅰ,Ⅱ,Ⅲ,Ⅴ,Ⅵ卷。据说前此失传的各卷现已找到,参看 Margoliouth, "A hitherto undiscovered volume of yaqut's dictionary of learned men",见 *Islamica*,第一卷,莱比锡,1925 年,页 100 – 5.〔按此书之马戈利乌思校订本共七卷,已全部出齐,各卷刊出年份如下:第一卷 1907 年,第二卷 1909 年,第三卷 1910 年,第四卷 1927 年,第五卷 1911 年,第六卷 1913 年,第七卷 1926 年。〕

1283年)的宇宙志和地理学的著作,这一著作亦已由维斯滕费尔德整理刊布①。可疾云尼利用了亚库特的著作,但某些篇章提供了不见于 Mu'jam 的记载。

610/1214年,萨菲艾丁·阿布·贝克尔·阿卜杜拉·本·欧马尔用阿拉伯文写出一部描绘巴里黑城情况和简述该城沿革的著作。书中记述了"这座城市的消闲场所,它的建立、河渠、林木、果实、庭园与花卉;寺庙与经院;城市的繁华;城中的贤哲、谢赫与著名的君王;居民的繁庶和他们对于圣徒的尊敬;道路的安全;衣食的富足,居民生活的安适,以及扰乱这种安适生活者所受的惩罚。"676/1277年,一位失名的译者将这部著作从著者的手稿译为波斯文。译文的抄本现存巴黎国家图书馆(Ancien Fonds persan 115);舍费尔的《波斯文选》收有摘自这个译本的文章②。

约在625/1228年,穆罕默德·奥菲在印度编成一部文选,题名《掌故与佳话广记》③。编者在青年时代旅游甚广,到过布哈拉④和花剌子模⑤。在他所掇拾的轶事之中,对我们特别重要的是关于哈剌汗朝诸汗的多条记述,尤其是关于桃花石汗·伊卜拉欣·本·纳斯尔的记述⑥。此书除轶事、掌故外,也有叙述历史的专章(第一编,第五章)和叙述地理的专章(第四编,第十六章);在叙述地理的一章中,特别富有意义的是关于亚洲东部诸部落和突厥诸部落的记载;举例说,编者是第

---

① Zakarija Ben Muhammad Ben Mahmud el – Cazwini's *Kosmographie*, Wüstenfeld 刊本,格廷根,1848 – 9 年;参照 Brockelmann, GAL,Ⅰ,页481;Browne,*A literary History*,Ⅱ,页482 以下。
② Schefer, *Chrestomathie persane*,Ⅰ,页66 – 103;注释,页63 – 8。
③ 参看 Бартольд,*Новое мусульманское известие о русских*,页263 以下。关于作者及其作品,参看 Browne,*A Literary History*,Ⅱ,页447 以下(其他引文见索引);GIPH,Ⅱ,页213,330,332 有摘自马夸特书(*Komanen*)的段落与说明,参照索引 Muḥammad – i 'Awfī 条。〔参看 M. Nizamu'ddin,*Introduction* 对奥菲书(*Jawāmi' al – Ḥikāyāt*)的研究和评论,见《吉布纪念丛书》,新辑,第八种。——Gibb.〕。
④《原文史料选辑》,页93。
⑤ 同上书,页88。
⑥ 同上书,页84 – 7。

一位谈到畏兀儿人的穆斯林作家①。

穆罕默德·本·奈吉卜·贝克兰用波斯文为花剌子模沙摩诃末(1200/1220年)撰有《寰宇志略》(*Jahān – Nāmah*)一书;就目前所知,这部书只有两份抄本传世②。我们在这部书中看到一些关于河中地理和关于哈剌契丹人历史的有趣味的报道③。

上文提到的历史家术外尼为河中征服者哈剌契丹人写了一部简史,术外尼在这方面的记述有不少史实错误、语意含混和自相矛盾之处;虽然如此,它仍不失为以后的编纂家们所依据的几乎是唯一的史源。关于哈剌契丹人建国的事实,要以伊本·阿西尔的记载最为详备④。又舍费尔在其所校订的 *Ta'rīkh – i Narshakhī* 一书的补编中⑤,刊有一篇记述哈剌汗朝和另一篇记述哈剌契丹人的文章,这两篇文章据称出自"一位佚名的编纂家在十六世纪末年编成的一部书"。实际上这部书就是十七世纪初年海德尔·本·阿里·侯赛尼·拉齐所编的 *Ta'rīkh – i Ḥaydarī*。舍费尔刊本的原文与柏林所藏的 *Ta'rīkh – i Ḥaydarī* 抄本⑥中相应的两章逐字逐句地吻合,1898年夏季我留在柏林的时候已经核实了这一情况。海德尔·拉齐的叙述包含有术外尼书所未载的一些细节和人名。

―――――――――

① 《原文史料选辑》,页99。就目前所知,阿拉伯文献中首先提到畏兀儿人的是马哈茂德·喀什噶里于十一世纪末编写的 *Dīwān lughāt at – Turk*。
〖此处"第一位谈到畏兀儿人的穆斯林作家",在英译本中作"第一位谈到畏兀儿人的波斯作家"。〗
② 参照 Туманский 写的一篇书评,见 ЗВОРАО, IX,页302 – 3;还可参照他写的 *Новооткрытый персидский географ*,页124。
③ 《原文史料选辑》,页81 – 2。〔现在 Ю. Е. Борщевский 已将《寰宇志略》一书之列宁格勒抄本影印行世。〕
④ Tornberg 刊本,XI,页55以下。
⑤ 奈尔沙希书,舍费尔刊本,页 ii,230 – 43。
⑥ Pertsch, *Verzeichniss*, No. 418。页410,参照里欧,*Suppl. Pers.*,页20 – 1。里欧在这里所记的不列颠博物馆抄本 Or. 4508 即海德尔的著作,其标题与舍费尔的抄本相同,皆作 *Маджма'ат – таварīх*,还可参照我为《伊斯兰百科全书》写的 *Ḥaidar b. 'Alī* 条。

二　蒙古入侵时期

凡被蒙古人征服或蹂躏过的国度，它们的历史家自然要对蒙古人入侵有所记述；因此，我们势须以穆斯林史料和中国史料作为主要依据，间或利用亚美尼亚人的记载①。在独树一帜的中国记述中，我们可以参照孟珙的报道，孟珙于1221年充任南宋政府的专使与蒙古人结盟反对女真②。另外一些行纪已被辑入医学博士布雷特施奈德书③中，其中最有趣味的是道士长春真人的弟子执笔写的《长春真人西游记》，此书亦已译为俄文④。中国人像穆斯林一样，惯用鲜明的笔调描绘蒙古人的残酷破坏行径，但二者也有所不同，即穆斯林，除开少数例外，蔽于宗教狂热，看不到游牧人也有胜于中亚定居居民的所在，而中国人对蒙古人的论断反较平允。中国人固然十分珍视自己的悠久文明，可是他们也时常赞叹游牧生活的淳朴；他们对于蒙古人的评述，例如"有上古

---

① 亚美尼亚方面关于蒙古人的资料，已由 К. П. Патканов 译为俄文的有 История монголов инока Магакии XIII века, 圣彼得堡, 1871年；История моголов по Армянским источникам, 一二两编, 圣彼得堡, 1873–4年。〔К. П. Патканов 的译本, 现已不能认为完善。亚美尼亚史料之质量较优的译本中, 有 M. Brosset 的法文译本 (Deux historiens Arméniens……, 圣彼得堡, 1870年；Histoire de la Siounie par Stéphanos Orbélian……, 圣彼得堡, 1866年), 还有由 Т. И. Тер‑Григорьян 译为俄文的 Гандзакский, История Армении, 巴库, 1954年。История народастрелов (монголов)《射手族 (蒙古族) 的历史》》一书, 从前传系修道僧马加基亚 (Магакия) 所撰, 现已考知作者为 Григор из Аканца (Акнерци), 卒于1335年。此书有 R. P. Blake 及 R. И. Frye 刊出的亚美尼亚原文及英文译注本, 马萨诸塞州坎布里奇, 1954年。还可参见 А. Г. Галстян, Армянские источники.〕

② В. П. Васильев, История и древности, 其中有《蒙鞑备录》的俄译文。伯希和教授认为俄译文质量平常, 见 P. Pelliot, À proposdes Comans, 页130；〔冯承钧《西域南海史地考证译丛》, 第二编, 1962年版, 页3〕。〔自十四世纪以来, 人们误传《蒙鞑备录》的作者为孟珙。现经中国学者王国维考证, 此书作者为赵珙。王氏此说为伯希和所赞同, 见 Pelliot, L'édition collective des oeuvres de Wang Kuo‑wei, 页165–6〔上引冯译书, 第五编, 页54〕；Notes sur le《Turkestan》de W. W. Barthold, 页132〔上引冯译书, 第三编, 页2〕。还可参见 Мункуев, О《Мэн‑Да бэй‑лу》, 页81.〕

③ E. Bretschneider, Mediaeval Researches from Eastern Asiatic Sources, 伦敦, 1888年 (新版, 1910年), 第一卷。

④ Си ю цзи, или Описание путешествия на Запад, Архимандрит Палладий (Кафаров)〔修士大司祭鲍乃迪 (卡法罗夫)〕译注, ——ТЧРДМ〔《俄国驻北京传道团团员著作集》〕, 第四卷, 圣彼得堡, 1846年。

之遗风焉。……圣贤不得垂文化,历代纵横只自由"①,让我们自然联想到希腊、罗马古典作家对于斯基泰人和日耳曼人的评述。孟珙不仅认为淳朴的蒙古人"有太古遗风",甚至痛惜这种原始的淳朴因受中国文化的外来熏染而归于泯灭:"可恨金虏叛亡之臣教之,今乃凿混沌,破彼天真,教以奸计为可恶也"②。

以当时人记当时蒙古进攻事的穆斯林历史家凡三人:名著《全史》③的作者伊本·阿西尔;《纳西尔大事记》④的作者敏哈术丁·阿布·欧马尔·奥斯曼·本·锡拉术丁·穆罕默德·术兹贾尼;《苏勒坦札阑丁·曼古贝尔蒂(或应作曼库比尔尼)传》的作者施哈卜丁·穆罕默德·本·艾哈迈德·奈塞维⑤。可是这三位作者,谁都没有为成

---

① 《长春真人西游记》,卡法罗夫译本。页289。〔《海宁王静安先生遗书·长春真人西游记注》,卷上,页19上。〕
② TBOPAO,Ⅳ,页232;《海宁王静安先生遗书·蒙鞑备录笺证》,页13下至14上〕。至于其他有关蒙古史的汉文著述,参照布雷特施奈德书,Ⅰ,页180以下;(Pelliot, À propos des Comans,页130以下〔冯承钧,《西域南海史地考证译丛》,第二编,1962年版,页3以下〕。伯希和说明,这方面最早的汉文著述为《蒙鞑备录》,其次为《黑鞑事略》(布雷特施奈德未曾言及此书),附有写于1237年的注释;《圣武亲征录》由鲍乃迪译为俄文。原书写于十四世纪(布雷特施奈德书,Ⅰ,页194;Pelliot, À propos des Comans,页130)。伯希和认为,《圣武亲征录》与拉施都丁书有密切联系,惟其文颇有脱讹(同上书,页176)。〔关于此书,参看 Мункуев, Мэн – да бэй – лу, 页86 – 92。〕
③ 伊本·阿西尔书有关蒙古人入侵的记载,已由 В. Г. Тизенгаузен 男爵译为俄文,见 Тизенгаузен, Сборник материалов, относящихся к истории Золотой Орды (《金帐汗国史料汇编》),第一卷,圣彼得堡,1884年,页1 – 45。
④ 此书之叙述古尔人、哈拉契丹人与蒙古人的部分,于1864年在加尔各答印行,题名 The Tabaqát – i Nasiri of Aboo ' Omar Minháj al – dín 'Othmán, ibn Siráj al – dín al – Jawzjani,校订者 W. Nassau Lees, Mawlawis Khadim Hosain 与 ' Abd al – Hai。全书经 H. G. 雷沃蒂少校译为英文,题名 The Ṭabaḳāt – i – Nāṣirī: A general history of the Muḥammadan dynasties of Asia, including Hindūstān,伦敦,二卷,1881年,附有详细注释;索引单行,刊于1897年。
〔Ṭabaqāt – i Nāṣirī 的原文本,现已由 'Abd al – Ḥayy Ḥabibi 全部刊出,第二版,喀布尔,1342 – 3/1963 – 4年,全二卷。——C. E. B.〕
⑤ 奈塞维书经 O. Houdas 刊出并译为法文,题名 Histoire du sultan Djelal ed – Din Mankobirti prince du Kharezm。第一卷,阿拉伯原文,巴黎,1891年;第二卷,法语译文与注释,巴黎,1895年(PELOV,第三辑,第九至十卷)。关于作者,参看 Brockelmann, GAL, Ⅰ,页319。Ibn Shiḥna 曾提到此书,称之为马哈茂德蒙施(Maḥmud al – Munshi)所撰《鞑靼史》,原文见伊本·阿西尔书埃及1301/1883 – 4年刊本第九卷页86的页缘。关于 Ibn Shiḥna 及其著作,参看 Brockelmann, GAL, Ⅱ,页141以下。Ismā'il ibn al – Athīr(参看 Brockelmann, GAL, Ⅰ,页484)也提到了这部著作,谓作者为伊本·蒙施,见不列颠博物馆抄本 Or. 7914,页46b.〔回历太阳年1308年(公元1929年)在德黑(转下页)

吉思汗及其将领们的征战写出一部完整的历史；他们各自偏居一隅,从而只能了解这一动乱时代的局部情况。伊本·阿西尔住在美索不达米亚,无从为在突厥斯坦发生的事件搜集详细的报道；只是关于几桩事件,如布哈拉与撒马尔罕的失陷,他采用了目击者的叙述。

奈塞维在蒙古入侵时,住在呼罗珊的他本族的堡寨以内,到 1223 年花剌子模沙札阑丁自印度归来,他才投效后者。在这以前,他和花剌子模一些高级官吏已有往来,因而能够大量用这些官吏的原话引人入胜地传述花剌子模内忧外患的许多事实。关于当时他的家乡呼罗珊的情况,我们正是靠他的著作得到最详尽的报道；但是他的关于征战的报道则较其他史书为简略。

术兹贾尼生于 589/1193 年,仕於古尔朝,因此他叙述阿富汗境内发生的事变特别细致。他亲身参加过防守某一堡寨的战斗。他在 1227 年移居印度,后在印度任大卡孜（法官）,于 658/1260 年写出他的著作。有些战役,例如术赤从讹答剌进取锡尔河流域的战役,三位历史家均只字未及。关于蒙古人从成吉思汗到旭烈兀的一段历史,纳西尔丁·徒锡（卒于 1274 年）在其所编 Zīj - i Īlkhānī① 一书的卷首有着颇为简短的叙述。

为蒙古人的征战作出完备记载的是《世界征服者史》(Ta'rī'kh - i Jahān - Gushāy)的作者阿老丁·阿塔 - 麦利克·本·穆罕默德·术外尼（卒于 681/1283 年）。他的著作是和术兹贾尼（卒于 681/1283 年）的著作同年写成的②,但是他比术兹贾尼年轻得多,因此不能列为生与蒙

（接上页）兰依据现已遗失的抄本刊出了用波斯文写的 Nafthat al - masdūr,这一刊本还是早经 Riḍa - Qulī - Khan Hidāyat（卒于 1871 年）校订就绪的,但校订者误以为作者是他所设想的 Muḥammad Zaydarī,后经 Mīrzā Muḥammad - Khan Qazwīnī 证明,此书实系奈塞维的回忆录。还可参看 И. Петрушевский, Новый персидский источник.〕

① 不列颠博物馆所藏此书复本（Add. 7698）,业经里欧著录（Rieu, Pers. MSS, Ⅱ,页 454）。其后,该馆又觅得同书之年份更早、字迹更清晰,并有更详细的历史导言的另一复本（Or. 7464）。关于作者,参看 Browne, A Literary History, Ⅱ,页 484 以下; Ethé, Neupersische Litteratur,页 344 - 8。

② 虽然如此,雷沃蒂少校却曾推断《世界征服者史》作者的生年可能晚于术兹贾尼"一至三个世纪"（术兹贾尼书,Raverty 译本,Ⅱ,页 987,注）。

古进攻同时的人物；不过他仍能采用年长的当代人的传述。术外尼的著作包括旭烈兀对亦思马因派用兵的历史。有些抄本①另附攻取巴格达的一章作为"书的补编"(dhayl‐i kitāb)。术外尼的著作还包括花剌子模朝的历史（参看上文 R77）。书中讲到蒙古人征服河中与呼罗珊的篇章已被舍费尔选入他的《波斯文选》②。

术外尼书至今还不曾得到它应得的评价。多桑指摘术外尼过分阿谀陷其故乡于残破的蒙古人，行文也过分追求辞藻的华美。多桑实则未曾详察术外尼书的优点，而即为作者"文体铺张太过，叙事鲜所次第"③表示惋惜。多桑对术外尼过分阿谀蒙古人的指摘，早经《多桑蒙古史》的第一篇书评的作者阿贝尔－雷暮沙指出其有失公允④。阿贝尔－雷暮沙十分正确地评论说，当时还谈不上有现今意义的"祖国"观念，除开战乱时期难以避免的种种灾难之外，波斯人在蒙古人的统治下不见得比在花剌子模沙的统治下更为痛苦。至于歌颂的语调和华丽的辞藻，术外尼在这方面也并不曾标新立异、与绝大多数波斯历史家有所不同。其次，术外尼在其叙事的章法上也很难说有什么特殊缺陷。著者只是处理史料不尽妥善，陈述中有时出现绝难调和的矛盾；但是，在这方面，后起编纂家的作品，连拉施都丁的作品包括在内，也并非尽善尽美，无可非议。总的说来，我们不能不承认著者力求为每一事件作出完整、信实的叙述。术外尼远远胜过拉施都丁与瓦萨夫之处，在于他生活在蒙古帝国还是大一统的时期，又亲自到过突厥斯坦、畏兀儿和蒙古地区。只要文献足征，他总是力求在自己的著作中阐述整个帝国的历史，而拉施都丁与瓦萨夫的注意力则主要是集中在波斯境内的蒙古汗国方面，只是部分地照顾到与它结盟的中国。至于察合台汗国境内发

R88

---

① 例如 ГПБ IV,2,34 抄本。据术外尼书校订者米尔扎·穆罕默德·可疾云尼的意见（见为校订本所撰导言，页LⅢ）补编成于 Nāṣir ad‐Dīn Ṭūsī 之手；但布朗教授（*A Literary History*, Ⅲ,页66）只说它"多半为一较晚的作者所增补"。
② Schefer, *Chrestomathie persane*, Ⅱ, 页 110‐60。
③ D'Ohsson, *Histoire des Mongols*, 第一卷, 页 XX‐XXⅦ。
④ Abel‐Rémusat, *Sur l'histoire des Mongols*, 页 437。

生的事迹,这两位历史家不仅自身所知无几,甚而屏弃了术外尼的关于察合台头几位继承者的记载①。

术外尼已经利用了蒙古人的一些口头传说②,可能也利用了一些成文记载;他的某些词句显然证明他接触过蒙文资料③。但大量利用了蒙古成文资料的还是拉施都丁。

世人皆知,在成吉思汗以前,蒙古人尚无文字。他们采用了畏兀儿字母以后,首先用以编写"成吉思汗的规章"成为法典,亦即用畏兀儿字母写出经成吉思汗裁可的蒙古人中间的公共意见和惯例,责成帝国所有居民乃至诸汗一体遵守。由此产生了成吉思汗的"大札撒"④。许多历史家谈到了札撒的抄本,例如术外尼就说过这些法令写在若干纸叶上,藏于主要宗王的宝库以内;当新汗登极、大举兴师以及诸王集会共商国政时,即将这些纸叶取出,据以决定事务的处理方案⑤。札撒的抄本曾否有哪位历史家经眼过目,我们无从得知。关于札撒条文的最

---

① 这一部分记载,业经 M. C. Defrémery 刊布并译为法文(*Histoire des khans Mongols du Turkistan et de la Transoxiane, extraite du Habib essiier de Khondémir*,——JA,第四辑,第二十卷,1852 年,页 381 - 8,399 - 406)。对术外尼的著作至今尚无完整刊本这一情况,布朗教授虽公正地加以指责称"实属不成事体"(Browne,*A Literary History*,Ⅱ,页 473)。目前米尔扎·穆哈默德·可疾云尼已刊布了术外尼书的前两卷(《吉布纪念丛书》,第十六种),第一卷中有刊布者的长篇绪言,此绪言由布朗教授译为英文;现仅馀亦思马因派历史部分尚待刊布。参照《伊斯兰百科全书》我写的 *Djuwainī* 条;Browne,*A Literary History*,Ⅲ,页 63 以下。〔记述伊朗亦思马因派历史的术外尼书第三卷,已于 1937 年经可疾云尼刊出。又全书已有博伊尔(J. A. Boyle)的英译本,出版于 1958 年。〕
② 例如他说(Qazwīnī 刊本,Ⅰ,页 28):"我自可靠的蒙古人处闻及。"
③ 术外尼叙述贵由即位以前的事迹时,有这样的记载(Qazwīnī 刊本,Ⅰ,页 197):阔端的母亲命阔端交出隐藏在他身旁的某些贵族,阔端于是回答。参照 ГПБ Ⅳ,2,34 抄本,页 86。蒙古记载中《元朝秘史》,Кафаров 译本,页 43;〔Козин 刊本,页 93〕,〔§85〕,拯救成吉思汗的人们用过同样的比喻:"雀儿被龙多儿赶入丛草去呵,丛草也能救他性命,草尚能如此,咱每行来的人不能救他呵,反不如丛草。"
④ Yāsā,意为规章法令,伊本·巴图塔书(Ⅲ,页 140)使用了此字之更完整的形式 al - yasāq(蒙语作 Dzasak)。瓦萨夫使用了另外一词(ГПБ Ⅴ,3,24 抄本,叶 390;Tūnchin,参看 Hammer - Purgstall,*Geschichte der Goldenen Horde*,页 183);兀鲁伯的 *Ta' rīkh - i Arba' Ulūs* 的节本用了一个令人莫解的名称 sh·b āshub(不列颠博物馆抄本 Add. 26, 190, 叶 56)。还可参照我的论文 *Персидская набисъ на стене анийской мечети Мануче*,圣彼得堡,1911 年,页 31,该页有从瓦萨夫书引来的另一词:tankghōl yarlīgh。
⑤ 《原文史料选辑》,页 103;术外尼书,Qazwīnī 刊本,Ⅰ,页 17 以下。参照拉施都丁书,Quatremère 刊本,页 CLXI。

详细的记载,见于埃及著作家马克里齐(即塔吉丁·艾哈迈德,卒于845/1441－42年)的著作①。

除此之外,蒙古人也规仿中国的成例记录汗的言辞,并在汗逝世以后正式颁布。无待赘言,汗的言辞必须由汗本人授意才被著录,在这种情况下,汗也往往要求把他的言辞写成诗歌或至少是押韵的散文②。这些训言,取突厥语称为"bilik",意即"知识"。成吉思汗的训言是人们诵习的对象。发生在中国的一次汗位继承问题,即以争位者之中最熟悉这些训言的人入承汗位而获解决③。成吉思汗训言若干条被拉施都丁收入他的著作作为附录④。

蒙古人迭获辉煌胜利,助长了他们的民族情绪⑤,在这种情绪的支配下,蒙古人及其诸汗产生了了解本族历史、表彰先世业绩以免湮没的愿望。和其他原始民族一样,蒙古人也很不了解历史和传说的区别。十有八九,甚至蒙古人的教师,畏兀儿人,也没有真正的历史著作,至少术外尼和拉施都丁从畏兀儿人的书籍中摘引来的只是一些关于他们的族源的荒诞不经的传说⑥。由于环境、阶级倾向等等的影响,关于成吉思汗、他的先世、他的伴当以及他的帝国的建立,必然产生种种不同的传述。这些传述在什么时候最初见诸文字,现已难以判断。根据拉施都丁的一则记述,察合台的一位汉籍韦齐尔,在其任职以前,手中就已有一份包括成吉思汗历次征战的武功录⑦。流传到今天的有一部1240

---

① S. de Sacy, *Chrestomathie arabe*,第二卷,原文,页58以下,译文,页160以下;俄译文见别列津教授,*Очерк внутреннего устройства*,页25－31。
② 《原文史料选辑》,页24;拉施都丁书,Blochet刊本,页195。
③ D'Ohsson, *Histoire des Mongols*,Ⅱ,页506－7[冯承钧译,《多桑蒙古史》,1962年版,上册,页336,注1]。
④ 拉施都丁书,Березин刊本,XV,页120以下。别列津教授(同上书,页173)与瓦西里耶夫教授(*Вопрос и сомнение*,页381)均误将训言与札撒混为一谈。[参看洪钧,《元史译文证补》,卷一下,《太祖训言补辑》。]
⑤ Volentes nomen suum, hoc est Moal, exaltare super omne nomen (鲁卜鲁克书,Michel与Wright刊本,页259)。
⑥ *Кутадгу билик*, Родлов刊本,Ⅰ,页xxv以下,xlⅡ以下 = Родлов, *К вопросу об уйгурах*,页40以下,56以下。
⑦ 拉施都丁书,Blochet刊本,页195。

年在蒙古编定的、既有原文也有汉译的记述①，已故的别列津教授并非十分恰当地称之为《蒙古－中国年代记》，因为此书并不同于一般的编年体著作，它并非逐年记事，而且关于事件的年代观念极为混乱、模糊。我们认为，这份耐人玩味的文献当属于英雄史诗一类的作品。其中有一些英雄受到作者的赞扬，远在成吉思汗及其家族以上。根据作者的叙述，成吉思汗还在幼年时代就杀害了自己的弟兄，这件事引起了他的母亲的悲愤，她痛责她的几个年长的儿子的残暴，把他们比作猛兽②；后来，成吉思汗又奸诈地杀害了他的一个忠实的侍从③。作者也谴责窝阔台同样"将一位忠诚的战友因私恨暗害"了④。另一方面，作者毫无保留地称许英雄们的狂妄要求，有一位英雄公然对成吉思汗说，"不拣说甚言语，都要听我"⑤。作者又写出成吉思汗亲口说过，对汗的护卫军亦即军事贵族要表示礼敬⑥。作者在这部史诗中突出地描绘了勇敢无畏、坚贞忠实于本族首领，而又殷勤好客的草野英雄的理

---

① 关于此书之蒙语原本，可看 A. M. Позднеев 教授所写的小册子 *O древнем китайско-монгольском памятнике*. 关于此书之蒙语标题（*Mongolun nigucha tobchiyan* =《蒙古秘史》），看 Pelliot, Le titre mongol du Yuan tch'ao pi che, 见《通报》，第十四卷，1913 年，页 131－2。此书之俄文译本，系修士大司祭鲍乃迪〔卡法罗夫〕由汉文本（当时尚未找到蒙语原本）译出，收入 ТЧРДМ，第四卷。Позднеев 本拟在俄国刊布此书之蒙语原本，现伯希和教授将加以刊布，见所撰 *À propos des Comans*一文页 132 约许之辞〔冯承钧，《西域南海史地考证译丛》，第二编，1962 年版，页 3－4〕。
〔苏联考古学家 C. A. Козин 院士于 1941 年刊出《元朝秘史》之新的俄文译本：*Сокровенное сказание*，附蒙语原文转写与辞汇。出现于西欧的《元朝秘史》刊本，成于知名的远东学专家 E. Haenisch 与 P. Pelliot 之手。前者的刊本于 1937－41 年在莱比锡出版，第一编原文，第二编辞汇，第三编德语译文；后者的刊本于 1949 年在巴黎出版（Oeuvres posthumes de Paul Pelliot，I），有蒙语原文全部，法语译文分为六章。在中国，刊布的《元朝秘史》的两种汉文转写本，即叶德辉刊本（北京，1908 年）与商务印书馆刊本（上海，未记出版年份）。《元朝秘史》已有多种语文的译本，A, Mostaert〔田清波〕, *Sur quelques passages de l'Histoire Secrète des Mongols*（见 HJAS，第十三至十五卷，1950－52 年）对《元朝秘史》之各蒙语刊本及其译本（特别是对 C. A. Козин 的译本）所作的科学评判，值得注意。Б. А. Панкратов〔潘克福〕现为《元朝秘史》刊行新的版本，第一册影印《元朝秘史》的抄本，出版于 1962 年，分为十五卷，与一般分为十二卷者不同。〕
② *Сокровенное сказание*, Кафаров 译本，页 39－40；〔Козин 刊本，页 90－91〕。【《元朝秘史》，页 77－8。】
③ 同上书，Кафаров 译本，页 69；〔Козин 刊本，页 116〕。【《元朝秘史》，页 140。】
④ 同上书，Кафаров 译本，页 159；〔Козин 刊本，页 199〕。【《元朝秘史》，页 281。】
⑤ 同上书，Кафаров 译本，页 61；〔Козин 刊本，页 107〕。【《元朝秘史》，页 121。】
⑥ 同上书，Кафаров 译本，页 129；〔Козин 刊本，页 170〕。【《元朝秘史》，页 231。】

想形象①。在与外部的关系上,作者以叙述发生在亚洲东部的战争为主,对蒙古人西向征战,所着笔墨不多。

与上述同样的资料,也被采入蒙古传说之官方编定的记载中——当然,官方编定的记载已与原作的面目很不相同,靠波斯语与汉语的修订本传到今日。我们知道,中国境内的蒙古皇帝留意为蒙古修史,如海山(Kai-san)帝在位期间(1308-11 年),就有过这种官修的蒙古历史②。蒙古政权倾覆后,中国人依照成例为已经灭亡的朝代编纂详细的历史,名之曰《元史》。可惜的是,这部历史直到目前还只是被节译为欧洲文字③。在欧洲汉学家的著作中,有时遇到摘自《元史》的语句和引文,于以知此书如有完整的译本,自将为我们提供许多未见的新资料。

在波斯,编纂蒙古史的工作,系由合赞汗(1295-1304 年)交给韦齐尔拉施都丁承担。法兹卢拉·拉施都丁·本·伊马杜-道拉·阿布勒-海尔④原以行医为业,写过许多神学著作,早在阿八哈汗(1265-82 年)在位时已入朝为官,其后于 697/1298 年擢升为韦齐尔。合赞汗委托他编写一部可供大众阅读的蒙古帝国的历史⑤。蒙古官方的编年

---

① 对于搭救铁木真的义士锁儿罕失剌的住处的描写:"他家的记号打马奶子自夜到明,听着这记号行呵。听得打马奶子声,到他家里人去呵。"(同上书,Кафаров 译本,页 43;〔Козин 刊本,页 93〕【《元朝秘史》§85】显然也应当从这种意义上来理解。译者 Кафаров 解释此文说(页 180),"制造马湩或酒,可能是分配给锁儿罕失剌家的一项任务",这种解释很难认为正确。
② Abel-Rèmusat, Khaïsang,页 3.〔伯希和指出(P. Pelliot, Notes sur le《Turkestan》,页 14〕,这位汗的名字,依其汉字转写,应读作海山,但就其起源来说,此名当非汉名,而多半是蒙古人名 Qaïšan 的转写。巴托尔德在他自用的英文版本书此处页缘上注记了"Hai-shan"字样。〕【参看冯承钧,《西域南海史地考证译丛》,第三编,1962 年版,页 3。】
③ Иакинф, История первых четырех ханов из дома Чингисова〔《成吉思汗家族前四汗史》,修道士雅金夫译自中国史书〕,圣彼得堡,1829 年;R. K. Douglas, The Life of Jenghiz Khan,伦敦,1877 年。关于《元史》的编纂及其内容,参看布雷特施奈德,《依据东亚资料的中古史研究》,Ⅰ,页 189-91。关于其他著述,可看 Pelliot, À propos des Comans,页 131 以下〔冯承钧,《西域南海史地考证译丛》,第二编,1962 年版,页 2 以下。〕
④ 加特麦尔在其所刊《史集》的部分原文与法译文(Histoire des Mongols de la Perse,第一卷,巴黎,1836 年)的绪言中有关于拉施都丁生平及其著作的详细介绍。可参看 E. Blochet, Introduction,还可参照发表于《Мир ислама》第一卷,1912 年,页 56-107 的我写的书评。
⑤ 多桑《蒙古史》,Ⅰ,页 xxxv〔冯承钧译本,上册,页 11〕谓拉施都丁于 702/1302-3 年受命修史;加特麦尔刊本中未记何时受命。

记载一向收藏在伊儿汗的宝库中,根据拉施都丁的描述,这些编年记载均用蒙古语和蒙古字写成,零篇断简,从来无人编次整理。这样的记载被视为圣典,任何人不得接触,因此历史家也未能利用,他们仅能取材于"黎民的传述"①。拉施都丁在叙述泰亦赤兀惕部的事迹②时,曾引用了永被收藏于汗的宝库、由老臣们掌管的金册(Altan-depter)之中的一些语句,他所说的"金册",很可能就是上述编年记载。写成于十五世纪的蒙古世系的佚名作者讲到窝阔台的一位必阇赤(bitikchi)时说,"他系出……③部落,他们守护成吉思汗的'金册';除开他的家族和皇室以外,无人见过此书"④。拉施都丁是波斯人,大概也不能直接利用蒙古人的神圣编年记载,他主要从波斯汗廷的大汗代表、熟谙蒙古史事的孛罗丞相口中,以及从历史知识之丰富仅次于孛罗(或福罗)一人的合赞汗本人口中听取关于蒙古人的传述⑤。拉施都丁的叙述常逐字逐句地与《元史》吻合,这当然是由于二者均取材于蒙古官方记载的缘故⑥。遇有蒙古人的传述关于某次战役不能提供足够材料的情况,拉施都丁便利用遭受蒙古侵袭的各族人民的史籍;他提到的这样的民族有汉人、印度人、畏兀儿人与乞卜察克人(Qipchāqs)。关于穆斯林地区被征服的经过,著者的叙述完全依据术外尼的著作。

　　合赞汗去世时,拉施都丁的修史工作尚未告竣。合赞汗之弟与继承人完者都交给拉施德丁一项更加繁重的任务,即编纂一部涉及所有与蒙古人有关的诸民族的历史。著者为此而利用了住在波斯汗廷的各

---

① 拉施都丁书,加特麦尔刊本,页74-5。
② 拉施都丁书,别列津刊本,译文导言,圣彼得堡,1859年,页183;波斯原文,圣彼得堡,1861年,页244。
③ 名称不详。
④ 《原文史料选辑》,页159(Mu'izz al-Ansāb)。
⑤ 多桑书,Ⅳ,页359-60 [冯承钧译本,下册,页330-1]。
⑥ [伯希和曾指出,拉施都丁的叙述,虽与修于1369年的《元史》颇多相合之处,但其与《圣武亲征录》相合之处为数更多,此因后者所记蒙古史事,与拉施都丁本人所了解,或由别人向他转述的蒙古史事同出一源,惟以汉语记之而已。《元朝秘史》则在传统上另成体系,与上述有异,故不可混同。参看Pelliot, Notes sur le《Turkestan》,页14;[冯承钧,《西域南海史地考证译丛》,第三编,页3。]

国学者的帮助。即如印度史是在克什米尔的比丘(bhikshu)卡马拉什里的协助下写成,中国史则有赖于两位中国学者 Li-ta-chi 与 Maksun①(?)的协助依据三位佛僧写的一部史书编定。我们不知道哪些欧洲人向拉施都丁提供了关于法兰克人历史的材料。他的这一部分著作,亦以叙事明确见称;在叙述罗马教皇与神圣罗马帝国的关系时,对前者的重要性略有夸大,由此可以推断,协助拉施都丁写作的欧洲人,当如人们所意料,是教会的僧侣。拉施都丁书全部完成于710/1310-11年②;原为三卷;第一卷是蒙古史,第二卷是全史与完者都在位史(按照拉施都丁的计划,此卷应由其他历史家续纂),第三卷是地志附编③。其后,著者采用了另一分卷法;他似乎把原第二卷中作为第二编(bāb)第一篇(qism)第一章(faṣl)的全史总结改作第三卷,把原为全书附编的地志改作第四卷④。全书定名为《史集》(*Jāmi'at-Tawārīkh*);因第一卷系奉合赞汗命而编纂,故依完者都之意,保留了《合赞汗勅编历史》(*Ta'rīkh-i Ghāzānī*))的原名⑤。

由此可见,拉施都丁的著作可以说是一部中古时期亚洲或欧洲任何国家都不曾有过的历史百科全书。由于各国学者通力合作而有可能成此巨著,这一事实表明了把相距绝远的文明各族联系起来的蒙古进攻,如在较为良好的条件下,会取得一些什么样的结果。拉施都丁本人相信,他的著作将为后人所利用,因此他把他的所有波斯文的撰述均译为阿拉伯文⑥,也把他的所有阿拉伯文的撰述译为波斯文,并采取措施保

---

① 此依加特麦尔说,见拉施都丁书,加特麦尔刊本,页 LXXIII;参看 Rosen, *Collections Scientifiques*, iii, 页 106, Kasmūn; Blochet, *Introduction à l'histoire des Mongols de Fadl Allah Rashid ed-Din*, 页 98, Yaksūn。
② 据瓦萨夫的记述,完者都的历史被续到 712/1312-3 年(拉施都丁书,加特麦尔刊本,页 LXXI)。
③ 同上书,页 L-LIX。
④ 同上书,页 LXIII-LXXIV, CLIX-CLX。
⑤ 〔瓦·弗·巴托尔德在其对 Blochet 所撰 *Introduction à l'histoire des Mongols* 一书的书评(见《Мир ислама》,第一卷,1912 年,页 56-107)中为拉施都丁编写《史集》的过程写了更详细的说明。〕
⑥ 牛津博德利图书馆(Bodleian Library)收藏的诸抄本中,有一份(MS. Arab. b 1)保存了《史集》记述中国史部分的阿拉伯译文。关于选自《史集》之阿拉伯语译本的比较重要的摘录,参看 Morley, *A descriptive catalogue*, 页 5, 8-11。

证他的两种文字的全部撰述每年均过录副本①。然而《史集》一书,即便在这位历史家的故乡,也未能完整无缺地保存下来。从拉施都丁本人的话头②即可看出,甚至在他生前,在穆斯林文人中间,已有一个强有力的集团和他作对。1318 年,当伊儿汗不赛因在位时,他被以叛逆论罪处死刑,其后当然不会还有人来关心传布他的著作的抄本。十四世纪的一位历史家,Majmaʻ al-Ansāb(《宗谱汇编》的作者穆罕默德·本·阿里·谢班加拉伊③一面承认拉施都丁学识渊博,一面又指斥他多行不义④,把他的著作屏弃不用,甚而亦无一语道及。另外一位和拉施都丁同时的人物,《完者都史》⑤的作者阿布勒-卡西木·阿卜杜拉·本·阿里·卡沙尼则指责拉施都丁攘夺他人的作品,言下俨然以《史集》一书的实际作者自居,说拉施都丁"采用了卑鄙的犹太人的手法",用他个人的名义将这部书送呈苏勒坦披阅,因此蒙赐价值五十托曼的封邑,每年从封邑可得二十托曼的收益(?)⑥;从这样的厚赏中,拉施都丁食言自肥,竟至连一枚第尔赫姆也未曾分配于实际作者⑦。卡沙尼的这种说辞,究竟有无根据,今日已难断言,很有可能,他曾为拉施都丁搜集资料出

---

① 拉施都丁书,加特麦尔刊本,页 CXXXV – CXXXIX , CLXVII。
② 同上书,页 v , CXXVI。
③ 彼得格勒亚洲博物馆藏有作者的亲笔手稿, d. 566〔现存 ИНА,编号 372〕,还可参照 Rieu, Peis. MSS , I, 页 83–4。
〔作者的名字应读作 Shabānkāra'i,关于他的著作,参看 Bosworth, "Early sources for the history of the first four Ghaznavid Sultans (977–1041)",—— *Islamie Quarterly*, VI, 1963, 18–20. —— C. E. B.〕
④ 亚洲博物馆抄本, d 566(372),叶 222, 225Б。
⑤ 已故的舍费尔曾有这部著作的一份抄本,现在巴黎保存(参照 Blochet, *Catalogue de la collection Schefer*, No. 1419, 页 95–6)。君士坦丁堡有另一抄本, Aya Sofia 图书馆藏 No. 3019,参看发表于 ЗВОРАО 第十八卷的我的文章〔*О некоторых восточных рукописях в библиотеках Константинополя и Каира*〕,页 0119;还可参看 Muh. Ḥusaynī 书,页 xi〔Süssheim 的前言〕。Süssheim 认为舍费尔所藏抄本系自君士坦丁堡抄本过录。同一作者还撰有一部叙述到巴格达陷落时为止的通史,柏林图书馆所藏抄本(W. Pertsch 目录内的 No. 368)中有这一著作的第一编。米儿洪德曾提到这一著作,称之为《年代记精华》,但将卡沙尼误书为卡施。
⑥ 〔此据俄文本,英译本作"为此而蒙赏钱五十托曼和每年能有二十托曼收益的巨额财产"且未附加疑问号。按 1 托曼(toman) = 10,000 纳尔(dinars), 1 纳尔 = 6 第尔赫姆(dirhams)。〕
⑦ Schefer, *Notice*, 页 12. ЗВОРАО 第十八卷〔Бартольд, *О некоторых восточных рукописях в библиотеках Константинополя и Каира*〕,页 0122 以下有录自君士坦丁堡抄本的原文,较精确。

过力。另一方面，十四世纪也有其他一些历史家，如瓦萨夫，在拉施都丁被处死以后，仍然十分钦佩他的品格和他的著作。但就求得和传布《史集》的抄本而言，看来甚至连拉施都丁的儿子们（其中且有一人在1328年至1336年间充任韦齐尔）也都并不十分在意。拉施都丁家族在大不里士的宅第在1336年遭到劫掠①，这多半也是《史集》抄本失散的原因之一。十五世纪初，苏勒坦沙赫鲁下令搜求劫余的《史集》抄本，这时候已经找不到这部著作的全帙。十九世纪初，人们认为甚至沙赫鲁及其诸子令人抄写的复本亦已失传，加特麦尔于1836年着手刊布拉施都丁的著作时，其所知仅仅是此书之涉及蒙古历史的部分而已②。

目前已经发现了《史集》的数量可观的抄本，只有完者都史③与地志附编迄未寻获。从欧洲各图书馆的目录来看，属于十四世纪的抄本现仅存有一份，由不列颠博物馆收藏，编号 Add. 16,688④。在这份抄本中，我们看到一个较晚的日期，即回历930年祖勒－希贾月3日，当公元1524年10月2日；但里欧博士认为这个日期仅与几叶（叶2,3,291－3）有关，这几叶的内容出自一位较晚的作者之手，而这几叶的誊录人又竭力摹仿旧本誊录人的笔迹。我们发现这个抄本有叙述完者都即位的一章作为附录，这一章不出于拉施都丁本人，而出于他的誊录人之手，这位誊录人自称生与拉施都丁同时。然而这个抄本尽管年份较早，却不具备人们通常认为古本应当具有的那种精确性。仅举一例就足以表明这一情况：该抄本先说（叶8）察合台共有六子，而下文（叶17）则与其他抄本相同，又提到了察合台汗的第七子⑤。

---

① 拉施都丁书，Quatremère 刊本，页 LII。
② Morley, *A descriptive catalogue* 页 3 述及 1838 年初次发现 *Jami' at-tawārīkh* 其他部分的经过。
③ 1923 年，Aḥmad Zaki Walidi 在迈谢德图书馆中发现了包括完者都史在内的一部《史集》抄本（Валидов, *Мешхедская рукопись*, 页 247 以下）。
④ Rieu, *Pers. MSS*, I，页 78－9。大不列颠与北爱尔兰王家亚洲学会图书馆所藏抄本（Morley, *A descriptive catalogue*, 页 11，《史集》一部分的阿拉伯语译文）记有 714/1314－15 年的年份。
⑤〔关于拉施都丁《史集》的诸抄本，详见 C. A. Storey, *Persian Literature. A bio-bibliographical Survey*, vol. I, pt. I, sect. II, fasc. 1, 页 70 以下；拉施都丁书，苏联科学院东方学研究所刊本的俄译文，第三卷，A. K. Арендс 撰前言，页 8 13〕。

其余抄本均属于十五世纪或更晚的时期。看来《史集》一书之得以虽然不是全部，至少也是大部分被保存下来，仍应归功于沙赫鲁及其助手们对于该书的开明的关怀。厘定此书正文，困难甚多，即便只用较早的善本互勘，依然要遇到许多关系重大的互相牴牾之处，尤以在成吉思汗家族的世系方面为然。彼得格勒公共图书馆曾藏有一份录于810/1407-08年的抄本（抄本.V,3,1），既早且精，现不幸失落①。

尚在拉施都丁的著作出现以前，在回历699年沙阿班月（公元1300年春季），后来得名瓦萨夫·哈兹雷特（Waṣṣāf al-Ḥaḍrat，意为国王陛下的颂扬者）的阿卜杜拉·本·法兹卢拉已经开始撰写他的蒙古人的历史。世人皆知，瓦萨夫的写作极尽铺张渲染之能事，一向被认为波斯文辞气酣畅的典范②。他对术外尼书推崇备至，并自诩继术外尼而写作，因此他的记述自蒙哥之死开始。关于忽必烈在位时期的事件，他的记载多处与拉施都丁的记载有重大出入，而且有时很难判断谁的记载更符合事实真相。回历712年穆哈兰月24日，木曜日（公元1312年6月1日），他将自己著作的前四编进呈苏勒坦完者都与韦齐尔拉施都丁披阅③。他的记述以710/1310-11年为下限，然后依据术外尼书补述蒙古帝国的建立、花剌子模朝的历史以及旭烈兀的征讨。

---

① 参看 Бартольд, *Отчет о командировке в Туркестан*(1902), 页232, 此处述及收藏在塔什干的一份精美的《合赞汗史》抄本, 其世系中专有名词均用畏兀儿字母转写。关于突厥与蒙古诸部的导言与成吉思汗史, 已由别列津校订刊出并译为俄文（TBOPAO, V, Ⅶ, ⅩⅢ, ⅩⅤ）。旭烈兀史有 Quatremère 刊本（参照上文页92注2）。《合赞汗史》之从窝阔台至忽必烈孙铁穆耳的部分, 有 Blochet 刊本, 列为《吉布纪念丛书》第十八种。关於拉施都丁及其著述, 参看 Browne, *A Literary History*, Ⅲ, 页68-87, 页80以下列有见于一份新发现的抄本中的拉施都丁信札的细目, 颇饶趣味。

〔Karl Jahn 刊出《合赞汗史》波斯原文的一部分（其内容为旭烈兀汗诸继承人的历史与合赞汗的历史）, 1940-1年。苏联科学院东方学研究所早在1940年已将《合赞汗史》的一部分编订就绪, 分为三卷, 第二卷于1957年在巴库出版, 第三卷亦在巴库印行; 俄译文三卷刊出于1946-61年。拉施都丁信札（Mukātibāt-i Rashidi）于1947年由 Khan-Bahadur Muḥammad Shafi' 教授刊布。〕

② 此书通称《瓦萨夫历史》, 作者自题此书为 *Kitāb tabжзйиат ал-амçāp ва тазджйиат ал-a 'cāp*（《土地区划与时代推移之书》）。

③ 此书第一编早在回历702年拉贾卜月13日, 日曜日（公元1303年3月3日）进呈合赞汗, 见拉施都丁书, Quatremère 刊本, 页xiii。

第五编脱稿较晚[①]；内容为蒙古史的终篇和关于术赤系、察合台系汗国的一章。作者在这里完全追随拉施都丁的记载，虽在前卷中对同一事实曾另样叙述处亦复如此。此后，作者续成旭烈兀朝诸汗史，至平定埃米尔库尔米施的叛乱（719/1319 年）止。前卷已由哈默尔－普尔格施塔尔刊布并译为德文[②]，全书有 1269/1852－53 年孟买石印本[③]。

合赞汗宫廷诗人别纳凯提，即阿布·苏莱曼·达乌德·本·阿布勒－法兹勒·穆罕默德，于回历 717 年岁杪（序言中记明回历韶瓦勒月 25 日[④]＝公元 1317 年 12 月 31 日）写成一部著作，定名为《论显贵纪年与系谱中的智者园地》（Rawḍat uli'l－albāb fī tawārīkh al－akābir wa'l－ansāb）。这一著作实际上不过是拉施都丁的《史集》的复写本；作者只是补述了他自己时代的一些无关宏旨的事迹而已[⑤]。

十四世纪内，还出现了哈木杜拉·本·阿布·贝克尔·穆斯陶菲·可疾云尼的历史撰述与地理撰述[⑥]。可疾云尼的历史撰述题名曰《选史》（Ta'rīkh－i Guzīda），写成于 735/1334－5 年，叙事至 730/1330 年止[⑦]。这仅仅是一部简略的通史，然而有其重要的所在。拉施都丁叙述萨曼朝君主以及哥疾宁朝早期君主的历史时，逐字逐句地抄袭乌特比著作的波斯文译本，而可疾云尼则向我们提供了一些不见于乌特

R98

50

---

① 多桑（《蒙古史》，Ⅰ，页XXXⅧ〖冯承钧译本，上册，页 11〗）与 Rieu（Pers. MSS，Ⅰ，页 161）谓此编脱稿于 728 年；ГПБ Ⅴ，3，24 抄本标明上编写于 717 年（页 424）与 718 年（页 425），但此一年份均不正确，因在同处就又说到当时察合台汗宴只吉带仍然在位。印度石印本（孟买，1269/1852－3 年）作 727 年（页 607）与 718 年（页 608）。
② Geschichte Wassaf's（《瓦萨夫的历史》），Hammer－Purgstall 刊出波斯原文与德语译文，第一卷，维也纳，1856 年。关于作者及其撰述，参看 Browne，A Literary History，Ⅲ，页 67 以下。
③ 不列颠博物馆似未藏有此书之孟买石印本。印行的目录（Edwards，Catalogue，页 45）只提到 1272/1865－6 在大不里士印行的另一波斯印本，且仅有第一卷。
④ 〔1928 年英译本误作回历韶瓦勒月 15 日。〕
⑤ 参照 Rieu，Pers MSS，Ⅰ，页 79－80。彼得格勒大学图书馆亦藏有此书的一份抄本（No. 285）。布朗对此书的论述（Browne，A Literary History，Ⅲ，页 100 以下），并不完全正确。别纳凯提关于欧洲（罗马皇帝与教皇）与中国（印刷术）的记载皆录自拉施都丁的著作，参看罗森男爵刊出于 Les manuscrits persans 页 107 以下之拉施都丁记载中国印刷术的原文。
⑥ 关于这位作者及其著作，参看布朗的十分全面的记述（Browne，A Literary History，Ⅲ，页 87－100）。
⑦ 参看 Rieu，Pers. MSS，Ⅰ，页 80－2。

比书、但可以从其他史源找到佐证的资料。例如他阐述萨曼政府与西木术里家族的冲突始末,即不同于乌特比的记载而与加尔迪齐及奥菲的记载相合①。可疾云尼关于察合台汗国的叙述②十分简短,而且看来不尽可靠。他在卷末按年代顺序附加了许多谢赫的事略;最后,他在晚年又将十四世纪续出的史实补入书内,截至 744/1343 - 4 年止。他的儿子扎伊恩丁再续写到帖木儿征服波斯的时期。此书讲萨曼朝的一章,曾由舍费尔编入他刊布的奈尔沙希的著作作为附录③;记塞勒术克朝的一章亦曾经披露于《亚洲杂志》④。1873 年,梅利古诺夫将全书整理付印,但迄未问世⑤。现在此书由 E. G. 布朗教授根据一个年代较早(十五世纪)、但并非正确无讹的抄本影印出版,收入《吉布纪念丛书》(第十四种),末附节译与索引。

哈木杜拉·可疾云尼的地理著作,题名曰《心灵的喜悦》(*Nuzhat al - Qulūb*),写成于 740/1339 年。著者并不像他的同时人阿布勒 - 菲达与迪麦什吉那样仅仅重复十世纪地理学家们的语句,而是写出其后发生的各种变化。此外,他也详细报道了蒙古统治时期波斯的行政区划以及各省的税敛情况。他的著作对语言学家也有重要意义,因为它是中古时期有关蒙古语言的数种重要文献之一;此书之宇宙志部分对照列举了多种动物的波斯语、突厥语和蒙古语的名称。*Nuzhat al - Qulūb* 全部有 1311/1894 年孟买石印本,其后又经 G. 勒·斯特兰奇刊布,附以译文,列入《吉布纪念丛书》(第二十三种,1915 - 18 年)⑥。舍

---

① 《原文史料选辑》,页 11 - 2,91 - 2。
② 哈木杜拉·可疾云尼,*Ta'rīkh - i Guzīda*,ЛГУ No. 153 抄本,页 319 - 20;布朗刊本,原文,页 576 以下。
③ 奈尔沙希书,舍费尔刊本,页 99 - 111。
④ *Histoire des Seldjoukides et des Ismaéliens ou Assassins de l'Iran. Extraite du Tarikhi Guzideh ou Histoire Choisie d' Hamd - Allah Mustawfi.* M. Defrémery 节译自波斯文,巴黎,1849 年(原载 JA,第四辑,第十一卷,1848 年,页 417 - 62;第十二卷,1848 年,页 259 - 79,334 - 70;第十三卷,1849 年,页 15 - 55)。
⑤ 彼得格勒大学图书馆藏有在回历 813 年祖勒 - 卡达月(公历 1411 年 3 月)过录的一份《选史》的抄本(No. 153)。
⑥ 关于这位作家用韵文写的年代纪〔Ẓafar - nāme〕,参看 Ethé,*Neupersische Litteratur*,页 236,Blochet,*Introduction*,页 106 以下;Browne,*A Literary History*,III,页 95。

费尔亦曾选印此书之若干章作为他校订的 *Siyāsat - Nāmah* 一书的补编①。

另外一些十三、十四世纪在波斯和亚洲西部写成的历史和地理著作,与突厥斯坦无大牵涉,至少与我们所研究的时期的突厥斯坦无何关联,自无须在这里一一述及②。从上文所述事实看来,在这个时期,波斯境内的历史写作已经发展到相当高的水平,我们研究蒙古人统治波斯的历史,可不患文献之不足征。另一方面,研究这一时期中亚历史的条件则与此不同。察合台后人之间的政治纷争,不利于学术和文艺的发展;此外,波斯文化也不曾在这里完全占据统治地位。畏兀儿字母③像阿拉伯字母同样通用,即便在帖木儿朝诸君主的宫廷中,我们也能看到畏兀儿族书吏,直到该朝最后一位君主在位时,情况依然如此④。源于梵文"比丘"(bhikshu)的"八合识"(bakhshī)一词,既用以称佛教僧徒,亦用以称畏兀儿书吏;察合台辞典的作者解释这个单词时,就说人们用它来称呼"突厥斯坦诸君主的那些完全不懂波斯语文的书吏"⑤。看来这些书吏在察合台诸汗身旁更被宠信,逐年记载历史事件的任务概由他们承担。有许多事实证明当时确实有畏兀儿文记载存在,这一点我们将在下文述及;可是我们完全不知道当时有无一种奉某察合台汗之命写成的穆斯林作品。

这个时期在中亚写成的历史著作仅有一种流传到今天,此即世人称为杰马勒·卡尔希的阿布勒 - 法兹勒·本·穆罕默德所写的《〈苏

---

① 尼扎木·穆勒克书,舍费尔刊本,补编,页 141 - 235。
② 然而在这里尚应提到阿布·赛阿达特·阿卜杜拉·本·阿里·也门尼·亚菲尔伊写成于十四世纪的《识别人事盛衰的天堂乐园明鉴》一书,此书依年代铺叙史实,而对谢赫和学者们的事迹特别留意。我们从此书摘引了关于著名的谢赫奈只木丁·库卜拉的记述(《原文史料选辑》,页 154 - 5)。关于这位作者及其著作,参看 Brockelmann, GAL, 页 176 以下。
③ Abel - Rémusat, *Recherches*, I, 页 40; Langlès, *Notices*, 页 586 - 7。
④ 参看巴托尔德撰文, ЗВОРАО, X, 页 219。
⑤ 参照 Будагов 编辞典 Bakhshi 条。〔Bakhshi 一词起源于梵文 bhiksu 的解说,至今已被屏弃,一般人现认为此词是汉语"博士"的对音,参看 Pelliot, Notes sur le《Turkestan》,页 14 - 5;详见 G. Doerfer, *Türkische und mongolische Elemente im Neupersischen*, II,271 - 7,No. 724. ——C. E. B.〕〖参看冯承钧《西域南海史地考证译丛》,第三编,页 4;又第五编,页 30。〗

拉赫〉辞典补编》(Supplement to the dictionary "Ṣurāḥ")。杰马勒·卡尔希于681/1282年把昭哈里的阿拉伯语辞典译为波斯文①，并在十四世纪初用阿拉伯语为它写出《补编》。《补编》中有关于中亚几个朝代的资料，特别是关于中亚一些享有盛名的谢赫和学者的资料。作者的叙述常常带有传说的味道，但有时向我们提供了非常珍贵的历史资料和年代学数据；此外，他对和他同时代的谢赫们的介绍让我们对当时的精神生活有所了解。《补编》系在喀什噶尔应当地宗教首脑们之请写成，与蒙古朝廷并无任何关联。《补编》的第一个已知抄本于十九世纪末始被 M.S. 安德烈耶夫在中亚发现，通过 V.P. 纳利夫金送交彼得格勒亚洲博物馆收藏②。

兀鲁伯史简编的作者征引了"大埃米尔"忽毡迪的《集史削繁》(Muḫtaṣar)一书，但此书之写成多半并不早于帖木儿时代，因为它颂扬了帖木儿的祖先哈剌察儿-那颜的功业③。又哈吉·哈里发曾提到穆罕默德·塔什干迪的《成吉思汗家族史》④，这部书的写成时间，我们根据十六世纪末历史家甄纳比著作中摘自此书的引文判断⑤，不会早于十五世纪后半期。

畏兀儿人的撰述不能取代波斯历史著作的地位。在突厥各族中间，惟有奥斯曼人达到了区别历史和传说的水平；看来畏兀儿人并没有如我们所理解的那种真正的历史著作⑥。因此历史家们采用蒙古人和畏兀儿人的资料所作的有关蒙古史的报道，很自然地带有纯粹传说的性质，关于拖雷之死是因他舍身以赎其兄窝阔台之死的故事便是一例。

---

① 关于这部阿拉伯语辞典及其波斯语译文，参看 Brockelmann, GAL, I, 页128, 296。
② Петровский, Башня《Бурана》, 页353. Бартольд, Мулхакȃт-ас-Cypȃx, 页283-7；《原文史料选辑》, 页128-52. 关于我在1902年购得的另一（较好的）抄本，看 Бартольд, Отчет о командировке в Туркестан (1902), 页271以下. 关于 al-qarsh（卡尔希）的读法，看 Бартольд, Мулхакȃт-ас-Cypȃx, 页286与《原文史料选辑》, 页140。
③ 《原文史料选辑》, 页162。
④ 哈吉·哈里发书, III, 109。
⑤ 亚洲博物馆藏抄本528(353)，叶441；CME30, I, 535-8。
⑥ 参看上文叶90。

这个故事既见于中国史籍①与拉施都丁的著作②,也见于东部蒙古的叙事诗篇③,前已述及,这位叙事诗人也同情于拖雷及其诸子。类似的带有倾向性的故事,同样广泛流传在术赤汗国和察合台汗国境内。兀鲁伯史简编的作者在叙述到察合台与窝阔台列举术赤的各条罪状时附加评论道,察合台汗国的学者们所编纂的史籍详细记录了这些攻讦之词,但所有公正的历史家的见证都表明这些罪状不能成立。兀鲁伯史简编成书于乌兹别克统治时期,从而作者也用了术赤汗国方面的传说④。

畏兀儿作家之不足凭信,就在他们动辄窜改察合台兀鲁思的历史以取悦于帖木儿这一点上,也明显地表现了出来。帖木儿委派波斯历史家尼扎木丁·沙米为他的历次征讨写出战纪,同时也命令畏兀儿书吏用突厥语为他的武功写出编年史诗⑤。有一桩荒唐无稽的传说,探本溯源,多半即为这些畏兀儿书吏所伪造;据传,成吉思汗的祖先葛不律(Qābūl)与帖木儿的祖先哈出来(Qāchūlī)原为兄弟,二人似曾相约,前者的后裔世代为君,后者的后裔世代为相(韦齐尔)。据说他们当时还立有上盖"朱印"的文书⑥。其后,成吉思汗与哈出来的后裔哈剌察儿(Kharachār 或 Qarāchār)续约一次,都哇汗(Duva-Khān)与哈剌察儿之孙亦连吉儿(Ilengir)重续一次。到阿里-苏勒坦('Alī-Sulṭān)在位时,变乱迭起,文书失落,而哈剌察儿及其后裔数人得为察合台汗国全权之主,仍基于前约之成效云。实际上,正如多桑已经指出的⑦,

---

① *Сокровенное сказание*,Кафаров 译本,页 254 注。
② ГПБ V,3,1 抄本,叶 199;Blochet 刊本,页 220 以下;多桑,《蒙古史》,Ⅱ,页 52-9〔冯承钧译本,上册,页 196 注 1〕。
③ *Сокровенное сказание*,Кафаров 译本,页 154;〔Козин 译本,页 193〕,《《元朝秘史》,页 272〕。
④ 《原文史料选辑》,页 162-4。
⑤ 关于这一编年作品及其标题〔《汗史》〕,参看 Бартольд,*Отчет О командировке в Туркестан* (1902),页 188。
⑥ 兀鲁伯史简编对这一文书有最详细的叙述,参照 Miles 节译,*The Shajarat al-Atrāk*,伦敦,1838 年,页 373。
⑦ 多桑,《蒙古史》,Ⅱ,页 108-9,〔冯承钧译本,上册,页 210 注 3〕。多桑谓哈剌察儿不见于拉施都丁书,其说有误。英雄史诗(*Сокровенное сказание*,Кафаров 译本,页 134;〔Козин 译本,页 158〕;《元朝秘史》§243〕与拉施都丁书〔Березин 刊本,页 178;Березин 刊本,第十五编,页 144〕都虽提到哈剌察儿为察合台的诸埃米尔之一。但这些史料都没有说明在察合台汗国内他的权位如何重要。

十三、十四世纪的任何历史家都不曾说到哈刺察儿及其后裔有过这样的权威;至于几位韦齐尔享有这种无限权威的传说,显然是为帖木儿取得的权利捏造根据。虽然如此,此项传说到现在仍在一些欧洲学者中间引起误会。我们首先在十五世纪一些依靠畏兀儿人资料的历史家的撰述中看到这种误解。

在这一类历史撰述中,于 828/1425 年从事写作的谢雷甫丁·阿里·叶兹迪的《武功录》①最负盛名。《武功录》或《胜利之书》(Ẕafar-Nāmah)这一书名,原为帖木儿所自定,用来作谢雷甫丁的先行者尼扎木丁·沙米为他编写的传记的标题。尼扎木丁·沙米编写的传记脱稿于 806/1403-4 年②,时在帖木儿这位伟大的征服者去世以前。谢雷甫丁几乎不加任何变动地继承了他的先行者的体例,但关于帖木儿的历次征战,他也利用了畏兀儿人叙事诗体的编年作品。谢雷甫丁书的引言(muqaddama)叙述了蒙古诸汗国的历史梗概,其中对察合台汗国历史的叙述特别简略,作者显然采用了术外尼和瓦萨夫的著作,也部分采用了拉施德丁的著作,可是关于十四世纪的历史,他所记载的也不过是一些汗的名字而已③。

在法尔斯,帖木儿之孙伊斯肯德尔朝廷中的一位失名作者约于 815/

---

① Rieu,*Pers. MSS*,Ⅰ,页 173-7;Browne,*A Literary History*,Ⅲ,页 362-5。
② Rieu,*Pers. MSS*,Ⅰ,页 170-2;Browne,*A Literary History*,Ⅲ,页 361 以下。塔什干图书馆藏抄本 No. 146 (Каль,*Персидские, арабские и тюркские рукописи*,页 13-4)是一部较早的、加苏丁·阿里·叶兹迪的著作的抄本;这一著作(已由 Зимин 与 Бартольд 校订,收入 Тексты по истории Средней Азии,Ⅰ,1915 年)乃尼扎木丁与谢雷甫丁所依据的史料来源之一。*Тексты по истории Средней Азии* 的导言虽对这一著作详加探讨,并从不列颠博物馆所藏尼扎木丁书(关于尼扎木丁书,参看导言 XXVI 以下)的抄本中摘引了原文以资对证。尼扎木丁书曾被哈菲兹-阿卜鲁全部收入他的编纂作品的初稿中,稿本现存君士坦丁堡 Damad Ibrahim Pasha 图书馆,No. 919(参照 Бартольд,*О некоторых восточных рукописях в библиотеках Константинополя и Каира*,页 0138 下。〔尼扎木丁·沙米书已有刊本:Niẓāmuddīn Šāmī,*Histoire des conquêtes de Tamerlan intitulée Ẕafarnāma*,F. Tauer 校订,1937 年;加苏丁·阿里书俄文译本刊出于 1958 年,译者 А. А. Семенов 教授。〕
③ 如所熟知,谢雷甫丁的著作早在上一世纪业经 Pétis de la Croix 译为法文,题名 *Histoire de Timur Bec, connu sous le nom du Grand Tamerlan*,四卷,Delf,1723 年。原著于 1887-8 年在加尔各答刊出,题名 *The Ẕafarnamah by Maulana Sharfuddin Ali of Yazd*,校订者 Maulawi Muḥammad. Ilahdád,二卷。法文译本与加尔各答刊本均缺原著导言,我曾用过亚洲博物馆所藏抄本,No. 568。不列颠博物馆、塔什干图书馆等处亦藏有此书抄本。

1412年写出一部史书,其抄本缺少标题①。作者此书主要以哈木杜拉·可疾云尼与拉施都丁等人的著作为蓝本,但在察合台诸汗历史方面,他比其他历史家更多地采用了传说故事。从这些故事的性质来看,可知其取自蒙古人或畏兀儿人的记载,而非出于穆斯林的资料。举例说,答儿麻失仑汗曾因左袒伊斯兰教义与穆斯林文化而招致蒙古人对他的不满,但书中提到他时,只是说他"不遵守札撒,因此各地叛乱风起云涌"②。

法尔斯也是胡斯老·本·阿比德·阿巴尔库希的故乡③,阿巴尔库希以伊本·穆因之名见知于世。他在808/1405 – 6年写出一部比较更为罕见的著作,名为《年代记园圃》(*Firdaws at – Tawārīkh*)④。阿巴尔库希只对几个朝代的历史作了极其简略的叙述,列举了每一君主在位的年数,死于何年或何年被废,以及与每一君主同时的将、相、学者等等。彼得格勒公共图书馆藏有此书的抄本(抄本Dorn 267),虽有残缺,而似系作者亲笔手书。

突厥人的传说故事也为蒙古世系一书的失名作者所引用,此书写于829/1426年,全名为《显扬蒙古苏勒坦家谱世系之书》⑤。作者征引

---

① Rieu, *Pers. MSS*, Ⅲ, 页1062以下。彼得格勒亚洲博物馆藏有此书之另一复本(No. 566 bc)〔苏联科学院亚洲民族所, C381〕。鉴于不列颠博物馆虽将所藏一份既无标题、亦无作者名号的抄本(Or. 159,参看Rieu, *Pers. MSS*, Ⅰ, 页180)命名为《沙赫鲁佚名之书》(Anonym of Shāhrukh, 参看 *Тексты по истории Средней Азии* 的导言, 页XXXIII以下; Бартольд, *О погребении Тимура*, 页20以下),我虽在几篇论文中援例亦称此书为《伊斯肯德尔佚名之书》(Anonym of Iskandar)。这一著作并不是Ethé以 Aṣaḥḥ al – tawārikh 这一不正确的标题著录于Sachau 与 Ethé《博德利图书馆藏抄本目录》页21 – 2, 编号为Elliot 2的那一著作。本书1900年俄文本以及我的论文 *Народное движение в Самарканде в* 1365 г.(见3BOPAO, XVII, 06) 均误认二者同为一书; Ethé此处著录的实为 Ta'rīkhi Khayrat《善事系年》, 参照下文, 也参照我的论文 *Историк Мусеви*。

〔后来瓦·弗·巴托尔德依据 Dawlatshāh 的记述(Browne 刊本, 页371) 而得确定所谓《伊斯肯德尔佚名之书》乃 Mu'īn ad – Dīn Natanzī 所撰, 成书于816/1413 – 4年。参看Бартольд, *Еще об* 《анониме》 Искендера; Бартольд, *О пределение* 《анонима Искендера》。〕

②〔《伊斯肯德尔佚名之书》的波斯语原文, 其绝大部分已于1957年由Jean Aubin教授刊出。顺便言及, 仅见于伦敦抄本的帖木儿传诸章亦被收入刊本中。〕

③ 关于阿巴尔库赫(Abarqūh)城, 参看亚库特, *Mu'jam*, Ⅰ, 页85 – 7。

④ 关于这一著作, 参看Dorn, *Catalogue*, 页265 – 7; Horn, "Asadi's neupersisches Wörterbuch Lughat – i Furs", 页30; Жуковский, *Омар Хайам*, 页335以下。

⑤ 参看多桑, 《蒙古史》, Ⅰ, 页XLV;〔冯承钧译本, 上册, 页15; 书名冯译作《贵显世系》〕; Rieu, *Pers. MSS*, Ⅰ, 页183;《原义史料选辑》, 页159。

了突厥历史家、蒙古历史家以及汗族(uruq)①历史家的撰述。关于帖木儿祖先的历史和世系,作者从这些资料中采用了曾经谢雷甫丁采用过的那些传说故事,可是他有时也提供一些不见于其他资料的有趣的报道。书中帖木儿朝世系被另一作者补续到这一朝代的末尾②。

当沙赫鲁在位时期,艾哈迈德·本·穆罕默德·法西赫·哈瓦菲却曾在与宫廷全无关联的情况下,完成了他的作品《法西赫史事撷要》(Mujmil-i Fasīhī)③。此书按年记事,概括了从回历纪元初年直到作者执笔时(854/1441年)的重大事件。法西赫书虽较简短,但不失为重要撰述,它包含一些新的资料,尤其是有关中亚与波斯的谢赫和作家们的资料。

至于沙赫鲁在位时期的宫廷历史家哈菲兹-伊·阿卜鲁,即施哈卜丁·阿卜杜拉·本·卢特弗拉·哈瓦菲(Shihāb ad-Dīn 'Abdallāh b. Luṭfallāh al-Khwāfī④,卒于833/1430年),以及他所编纂的历史及地理书籍,我已在他书有详细论述⑤。哈菲兹-伊·阿卜鲁编纂的史

---

① 〖Uluq,参照《元朝秘史》,§51,§255,音译"兀鲁黑",旁译"子嗣","子孙"。〗

② 牛津Th. Hyde引抄本(Sachau与Ethé, Catalogue,页83)之佚名作者也引用了"懂突厥语的诸八合识与讲蒙古语的诸畏兀儿"(页8)的传说。这一著作的写成不能早于十四世纪,因其中有摘自亚菲尔伊书的语句(页116)。

③ Dorn, ueber Mudschmel Faszihy, Sp. 1以下;Берже, Краткий каталог,页1033;〔Browne, The Mujmal. 法西赫的著作于1961年在麦谢德刊出〕。

④ 欧洲人所编书目沿袭阿卜杜-拉扎克·撒马尔罕迪的叙述均误作Nūr ad-Dīn Luṭfallāh b. 'Abdallāh al-Harawī.〖al-Khwāfī俄文本作ал-Хавафи.〗

⑤ Бартольд, Хафизи-Абру,其后又有下记撰述:О некоторых восточных рукописях в Библиотеках Константинополя и Каира,页0138-0144;Отчет о командировке в Лондон,页881,此处提到Catalogue of India Office之No. 171抄本(Ethé, Catalogue Ind. Off.页76);还可参看Barthold, Ḥāfiẓ-i Abrū. 令人遗憾的是E. G. Browne教授在其A Literary History中(Ⅲ,页424以下)对所有这些论述全未理会,以致该书关于哈菲兹-伊·阿卜鲁著作现存篇目的介绍殊多舛误。1900年以来,我虽看到哈菲兹-伊·阿卜鲁地理著述的两份抄本,未经任何书目著录,其内容与不列颠博物馆所藏抄本Or. 1577同样包括以呼罗珊史结尾的部分;两份抄本一在撒马尔罕,为W.维亚特金所有,另一由伦敦东方学院收藏。

〔哈菲兹-伊·阿卜鲁的历史著述,现已刊布者如下所记:Dhayl-i Jāmi' at-tawārīkh,选自哈菲兹-伊·阿卜鲁的Majmu'a, K. Bayani刊本(第二卷,法语译文,巴黎,1936年;第一卷,波斯原文,有删节,德黑兰,1938年);Dhayl-i Ẓafar-nāme,亦选自Majmu'a, F. Tauer刊本,布拉格,1934年;Majma' at-tawārīkh摘录:Cinq opuscules de Ḥāfiẓ-i Abrū..., F. Tauer选编,布拉格,1959年。〕

书《年代记精华》是阿卜杜－拉扎克·撒马尔罕迪编写《二幸运星座升起之处与二海会合之地》①一书所依据的主要蓝本。阿卜杜－拉扎克的著作写于 872－5/1467－71 年之间，叙述 704－875/1304－1471 年间的史事。此书记载帖木儿的历史在许多方面不同于谢雷甫丁的叙述；看来或者是阿卜杜－拉扎克，或者是哈菲兹－伊·阿卜鲁，二人之中当有一人利用了"伊斯肯德尔佚名之书"(anonym of Iskandar)。在东方，阿卜杜－拉扎克的著作完全替代了他的先行者的著作；例如在东方流传甚广的关于沙赫鲁遣使中国的故事，尽管哈菲兹－伊·阿卜鲁叙述较详②，但所有后来的历史家均取材于阿卜杜－拉扎克的著作。沙赫鲁的另一同时人，穆罕默德·本·法兹卢拉·穆塞维也曾提到这一故事，但非常简略③。穆塞维撰有《善事系年》(Taʼrīkh－i Khayrāt) 一书，自回历 831 年拉贾卜月 (公元 1428 年 4－5 月) 执笔，书成当在 850/1446－7 年以后，因为书中说到了沙赫鲁的死亡④。根据里欧《目录》中对于抄本的描述⑤，这位作家也曾利用了哈菲兹－伊·阿卜鲁的著作。

沙赫鲁之子及继承者兀鲁伯 (卒于 1449 年) 撰有《四兀鲁思史》(Taʼrīkh－i arbāʻulūs)，标题表明这是一部包括整个蒙古帝国历史的著作。兀鲁伯的著作没有流传下来，但是我们可以在几位作家的撰述中，特别是在洪德米尔的"Ḥabīb as－Siyar"(《传记之友》) 中见到摘自此书的引文。从这些引文来看，作者显然曾将蒙古诸汗国的历史叙述到他自己的时代，但他往往限于列举诸汗的名字，而将他们在位期间的事迹一概从略⑥，因此，此书不传，亦无足深惜。我们在上文 (R101) 提到

R105

---

① Notices et extraits,第十四卷,第一编;Rieu,*Pers. MSS*,Ⅰ,页 181－3.〔*Maṭlaʻ as－Saʻdayn*, Muḥammad Shafi 校刊,拉合尔,1360－8/1941－9 年,二卷。——V. M.〕.
② Бартольд, *Хафизи－Абру*, 页 27。
③〔此据英译本,俄文本无"但非常简略"字样。〕
④ Rieu, *Suppl Pers.* , 页 270－1。
⑤ 同上书,页 270。
⑥ 洪德米尔书,德黑兰,1271/1854－5 年版,Ⅲ,页 25－6。

的兀鲁伯史简编,现由不列颠博物馆收藏①,此书之失名的作者亦名之为《突厥人世系谱》(Shajarat al - Atrāk)②。此书旧有迈尔斯上校的英译本,殊不能令人满意。

十五世纪末,897/1492 年,穆因丁·穆罕默德·伊斯菲扎里写出一部哈烈城的历史,题名为《天堂乐园哈烈灵秀之书》③。此书尚无刊本行世,我们从中摘录了关于哈烈工匠被俘往蒙古的特有的记载④。

写成于帖木儿朝末年的米尔洪德(穆罕默德·本·埃米尔-洪德-沙,卒于903/1498 年)的《纯洁之园,记载先知、君王与哈里发生平之书》(Rawḍat aṣ - Ṣafā fī sīrat al - anbiyā w'al - mulūk w'al - khulafā)⑤,在很长时期内几乎是欧洲研究波斯史与中亚史的学者们所依靠的唯一史源。世人熟知,米尔洪德此书分为七编,最后一编为与米尔洪德同时的苏勒坦侯赛因的历史,乃米尔洪德之孙洪德米尔所续成。该书地志补编的定稿,亦出于洪德米尔之手。米尔洪德书的东方石印本都

---

① Rieu, Pers. MSS, I,页 163 - 4。Sachau 与 Ethé, Catalogue,页 77 以下,此处与里欧在其所编目录中同样错误地认为"就此书内容而言,殊不应名之为《突厥人世系谱》"。然而不列颠博物馆现藏有第三份复本,Or. 8106,页 340 - 513,迈尔斯上校的英译文即以此为底本,Add. 26190 抄本似亦由此过录,而书名 Shajarat al - Atrāk 即见于此复本页 348b。印度事务部图书馆尚有另一复本。关于兀鲁伯的撰述,看我写的 Улугбек и его время,页 118,我在该处说明,此书并非兀鲁伯本人所撰而是一位"学人"写成,用兀鲁伯的名义贡献于沙赫鲁的。

② 页 13a。

③ 多桑,《蒙古史》,I,页XLIV - XLV,[冯承钧译本,上册,页 14];Rieu, Pers. MSS, I,页 206 - 7;Browne, A Literary History, III,页 430 以下,布朗此处引用了 Barbier de Meynard 发表于 JA 第五辑,第十六卷页 461 - 520 的详细叙述。伊斯菲扎里说到,在他所依据的史料中,有 Sayfi Harawī 撰写的"库尔特某王纪事"。加尔各答有 Sayfi Harawī 一书的一份抄本,E. 丹尼森·罗斯爵士照录了一份。[伊斯菲扎里所引用的、包括 617 - 721/1220 - 1321 年的这一部分史料,乃是 Sayfi al - Harawī 所撰 Ta'rikh - nāma - i - Harāt,全书于 1944 年由 Muḥammad Zubayr aṣ - Ṣiddīqī 在加尔各答刊出。关于此书,详见 Петрушевский, Труд Сейфи。伊斯菲扎里的著作亦已于 1959 - 60 年在德黑兰刊出。]

④ 《原文史料选辑》,页 165[关于这一记载,参看 Sayfi al - Harawī 书,页 107 - 8]。

⑤ Rieu, Pers. MSS, I,页 87 - 96;Elliott, History of India, IV,页 131 - 3,此处列举了米尔洪德书在欧洲的不同刊本及其若干篇章的不同译本。全书仅有东方刊本(德黑兰与孟买)。我用的是 1270/1854 年的德黑兰刊本,惜未标页码。还可参照 Browne, A Literary History, III,页 431 以下。Edwards, Catalogue,页 416 以下对米尔洪德书近期欧洲及东方刊本与译本列有详表。[米尔洪德之业经全部或部分刊布的著作,其细目见 A. Крымский, История Персии, III,页 66 - 8;C. A. Storey, Persian Literature, vol. I, pt. I, sect. II, fasc. 1,页 95 - 100。]

没有收入地志补编,地志的单行抄本比该书其他部分的抄本更为罕见。

在该书第一编中,米尔洪德既未按年代先后、也未按其他顺序列举了他所知道的阿拉伯和波斯的历史撰述;他本人是否就有他所列举的全部书籍,殊难断言。上起为先知立传的穆罕默德·本·伊斯哈克,下至帖木儿朝诸历史家,这些人的为数颇多的著作,他都在这里提到了。在此后的行文中,米尔洪德很少再为自己引用的资料注明出处,可是我们不时看到其中一些引文出自今已不传的书籍。该书第四编(波斯诸朝史)和第五编(蒙古史)对我们特别重要。在记述花剌子模沙、哈剌契丹和蒙古的历史时①,米尔洪德所依据的自然也是术外尼、拉施都丁、瓦萨夫、谢雷甫丁等人的著作。然而该书这一部分,总的说来,似难使人对作者完全置信,因为我们在术外尼书中看到的关于花剌子模诸沙及哈剌契丹的许多自相矛盾的叙述,米尔洪德对之并未详加考订,只是选录其中一种说法,而将与其相牴牾的异说随意删除。奥佩尔特在其对于长老约翰的研究中盲目依赖米尔洪德著作的有关部分,这或许是奥佩尔特的专著②的主要缺点。关于成吉思汗的后裔,米尔洪德基本上重复了拉施都丁的叙述,但有时也提出一些新的资料;例如他记述窝阔台之孙,中亚独立蒙古汗国的建立者海都的事迹,即较其他记载为详备。可是书中引用的拉施都丁著作的相应段落则遭到严重的窜改和删节,以致我们不能据以推度拉施都丁文字的原貌。

较上述为晚的波斯史籍,没有在此缕述的必要,但有一部讲到布哈拉诸谢赫的史书,因与本书相辅而行的《原文史料选辑》从中摘录了若干条③,故仍应略加介绍。此书标题是"*Kitāb - i Mullāzāda*"(《毛拉之子之书》),为某一浑名作"贫汉的恩主"(Muʻīn al - fuqarā)的艾哈迈

---

① 其花拉子模诸沙史与成吉思汗史在欧洲亦有刊本:Mirkhond, *Histoire des sultans de Kharezm*,波斯原文,Defrémery 刊本,巴黎,1842 年;Mirkhond, *Vie de Djenghiz - Khan*,波斯原文,A. Jaubert 刊本,巴黎,1841 年。
② G. Oppert, *Der Presbyter Johannes*,柏林,1864 年,第二版,1870 年。
③ 《原文史料选辑》,页 166 - 72。关于这一著作,还可参看 Barthold, *Burhān*,——《伊斯兰百科全书》本条。

德·本·穆罕默德所撰。此书抄本甚多,可见其在中亚颇为风行。作者列举了埋葬在布哈拉的穆斯林圣徒的坟墓,附以他们的生平事略。我们不知道作者的生卒年月;但从书中引用的材料来看,可知作者在世的时间不早于十五世纪①。作者举出的年代资料至为精确,于此可见作者以极为审慎的态度选用史料。

三 参考书

如世所知,试为突厥与蒙古诸部的历史轮廓作出全面叙述的,当推德居涅为第一人②。德居涅的著作关于中亚东部的历史比关于中亚西部的历史更为重要,这是因为他大量使用了汉文资料,而在引用穆斯林文献方面,则不得不满足于少数几种编纂性记述。

最早对穆斯林方面有关蒙古历史的原始资料详加检阅的是多桑男爵,他的《蒙古史》第一版在 1824 年问世,第二版篇幅大增,刊行于 1834—5 年③。作者以十分谨严的态度对待自己的工作,举凡他能找到的资料,特别是有关中国和波斯境内蒙古人的历史资料,他遍加翻检,殆无遗漏。此书的缺点,可以说首先在于多桑对蒙古史持有一种未免偏颇的见解,即作者认为蒙古史呈现出来的是"一幅可憎的画面"。多桑只是从了解"十三、十四世纪的重大事变"不可缺少蒙古史方面的知识这一意义上承认蒙古史具有一定的重要性;正因为如此,所以他一方面叙述蒙古统治下各文明国家的历史相当详尽,而另一方面在交代蒙古对中亚和俄罗斯的统治时,则着墨无多。此外,他使用未经刊布的撰

---

① 〔据 Р. Гафурова 之即将刊出的、专门研究 Kumāb - u Муллā - зāde 一书的候补博士论文,此书当写于 814/1411 - 2 年以后不久,这是见于书中的最晚的年份。〕

② J. Deguignes,*Histoire générale des Huns,des Turcs,des Mogols, et des autres Tartares occidentaux*,四卷分订五册,巴黎,1756 - 58 年。

③ O. d'Ohsson,*Histoire des Mongols, depuis Tchinguiz - khan jusqu'à Timour Bey ou Tamerlan*,四卷,海牙与阿姆斯特丹,1834 - 35 年。第三版(阿姆斯特丹,1892 年)只是第二版的重印本。〔天津版,1940 年。〕〔冯承钧译,《多桑蒙古史》,二册,上海,1936 年;新版,北京,1962 年。〕

述,几乎全无例外地单靠一份抄本,而且往往不是最好的抄本;今天,一些原著已有校订本行世,从而我们能够据以改正他的若干错误。不过,尽管如此,多桑的著作至今仍不失为重要史籍。由于作者学识渊博,持论谨严,所以他的著作仍能远出后来出版的哈默尔-普尔格施塔尔①、沃尔夫②、埃尔德曼③等人的著作之上,即便是亨利·豪沃思爵士的多卷本蒙古史④亦不能与相匹拟。豪沃思不懂东方语言,完全依靠前人的传述。他自称是"作为人种学家和历史学家,而不是作为语言学家"投入工作的。可是,在他的著作中,我们指不出有哪一处足以表明他对于历史和人种学的规律和方法有着深刻过于多桑的了解。他关于不同民族的起源,完全从人名和称号的基础上立论,然而,尽人皆知,正是在人名和称号上,一个民族最易感受文明诸族的影响,纵令二者在源流上全无关联。作者认为,成吉思汗以前,蒙古境内的居民几乎尽属突厥族,看来他并不曾考虑这样一个问题:何以人数甚少的蒙古族在征服若干强大的突厥部落以后,不但能够保持自己的语言,而且能够使被征服者同化于蒙古族。作者以人种学家自居,对于游牧生活习俗及其政治结构自应有所了解⑤,总该知道在游牧人中间根本谈不到什么王位继承的正规顺序或合法选举,但豪沃思却郑重其事地来讨论⑥成吉思汗的哪一位后人在哪一种场合有着更多的继承汗位的权利,以及这位汗

---

① J. Hammer-Purgstall, *Geschichte der Goldenen Horde in Kiptschak, das ist: der Mongolen in Russland*, 佩斯, 1840年; J. Hammer-Purgstall, *Geschichte der Ilchane, das ist: der Mongolen in Persien*, 二卷, 达姆施塔特, 1842-43年。
② O. Wolff, *Geschichte der Mongolen oder Tataren, besonders ihres Vordringens nach Europa, so wie ihrer Eroberungen und Einfälle in diesem Weltheile*, 布雷斯劳, 1872年。
③ F. Erdmann, *Temudschin der Unerschütterliche*, 莱比锡, 1862年。
④ H. Howorth, *History of the Mongols from the 9th to the 19th Century*, 一至三编, 伦敦, 1876-88年;〔第四编(补编), 伦敦, 1927年〕。
⑤〔豪沃思书的特点是将突厥游牧民族与游牧征服的历史作用高度理想化,卡安的著作(L. Cahun, *Introduction à l'Histoire de l'Asie. Turcs et Mongols des origines à 1405*, 巴黎, 1896年)在这一点上尤为显著。正如 E. G. 布朗正确指出的(*A Literary History*, Ⅲ, 页13-15),这两位作家,特别是卡安,曾对"土耳其沙文主义集团"与泛土耳其运动产生了强烈影响。〕
⑥ 豪沃思,《蒙古史》, Ⅰ, 页171, 180, 218。

或那位汗的当选是否合法①等等。

R110　　术兹贾尼的著作(参看上文 R86)曾由雷沃蒂少校译为英文,并附以大量注释,对这些注释,我们应当稍加说明。雷沃蒂在其注释中摘录了大量其他著作,其中一部分从未刊布过,而且世人知之者甚少。译注者还时常排比与某一族或某一朝代有关的已知资料,试为作出总结。译注者本人在序言中②把自己的作品称为"当前极为繁富的、而且常是前此极为冷僻的历史资料的宝库(thesaurus)","许多日久年深、习非成是的历史误解"经他指出而得到纠正。书评家们"惟恐他人见不及此",十有八九会提出此书还缺少索引;但就编索引来说,译注者自己的时间"过于宝贵"(too valuable),因而希望专编索引的机构("Index Society")能够代劳。现在译注者已如愿以偿,我们已经有了这部书的索引。如果相信译注者自我评价的话,那么,此书当已尽善尽美,无懈可击。译注者对自己的撰述如此赞扬,而对前辈的著作则多方挑剔,甚至冷嘲热讽,这就使得译注者无权希望评论家们单单对他多加体谅,尽管最需要这种体谅的还是这位译注者本人。他本人的荒谬之处,我们

61. 在以下叙述过程中将顺便指出其一部分(还可参看上文 R87 注),他自己的错误实比他所指摘的别人的"错误"严重得多。他叙述史实,不肯下任何甚至是最起码的历史考证工夫,他对于历史和传说、原始资料和后出的编纂物,亦不加以任何区别。他苛刻地抨击前人转写专名不当,可是雷沃蒂先生自己竟胡乱窜改了最习闻惯见的人、地专名,如将 Khazar 写作 Khurz,将 Oghuz 写作 Aghuz,将 'Amr 写作 'Umro。看来译注者的时间过于宝贵,不仅不能自编索引,而且也不能将自己的著作粗略地校阅一过,否则很难解释为什么他在页 33 断言塔巴里书的译者阿

---

① 同一作者于 1875–98 年间以 "The northern Frontagers of China" 为总题发表于 JRAS 的一组论述中亚各民族的文章,同样没有什么科学价值可言。其中最后一篇(The Mohammedan Turks of Turkestan from the 10th to the 13th Century(见 JRAS,1898 年 7 月号)专论哈剌汗朝;作者说(页 468),"最早提到博格拉–汗侵入河中的作家,其写作时间亦在博格拉–汗去世两个多世纪以后",仅此一语,已足以反映这篇文章的科学水平。

② 术兹贾尼书,雷沃蒂译本,I,页 xv。

布勒-法兹勒·巴勒阿米于亦思马因在位时受任韦齐尔,直至努赫·本·曼苏尔君临期间仍任此职(即居相位达七十余年之久),而在页38又说阿布勒-法兹勒·巴勒阿米(在这里,作者把他和塔巴里书的译者区别开来是正确的)于回历330年被处死(原文如此)。至于此书形式上的缺点,有些远比缺少索引更难邀人谅解。译注者在任何地方都不曾征引任何固定的抄本,在绝大多数情况下,也不说明他使用的是哪个抄本以及这部或那部著作是在何时由何人写成,因此人们根本没有核对他所摘引的语句的可能。本来译注者既然拥有大量历史资料(其他不论,就我们所知,他是第一位征引加尔迪齐著作的人),无疑他能够澄清相沿已久的若干误解而代之以新的、较能持久的论证;但是,要取得这样的成就,一则要有谨严的治学态度,二则也多少要有基本的科学方法训练。而在这两方面,雷沃蒂先生的作品还都未能满足我们习惯于向写作新手提出的要求。因此,雷沃蒂书的重要性就在于它丰富地、但又极其凌乱地搜罗来那么一批史实资料①。

卡安先生的著作②,是综述突厥、蒙古诸族历史概貌的新的尝试。我们在别处已对此书作了详细评介③,意在表明此书纵然从文笔上看写得相当出色,但在科学上并无重大价值。

E. D. 罗斯(现为 E. D. 罗斯爵士)在其于1899年出版的《亚洲的心脏》④一书的第一编简单地叙述了突厥斯坦的历史。此书主要的功绩在于根据阿拉伯文本与波斯文本的塔巴里书比较详细地阐明了伊斯兰教头几个世纪的体制⑤,但作者对较晚的资料引用得较少,唯一被引用的抄本资料是尼扎木丁·沙米的《武功录》。著者本人当然也不会认

---

① 在多桑、雷沃蒂以后,从未经刊布的穆斯林撰述中征引资料的,当以加特麦尔在其为拉施都丁的部分著作(即经他刊布的部分,参看上文页92)所写的注释中为最多。
② M. Cahun, *Introduction à l'Histoire de l'Asie, Turcs et Mongols des origines à 1405*〔《亚洲史引言,由起源至1405年的突厥人与蒙古人》〕,巴黎,1896年。
③ ЖМНП,1896年6月号。亦可参看 M. Th. Houtsma 发表于 GGA,1896年第九期的书评,这位荷兰学者的评论实质上和我的意见完全一致。
④ 看发表于 3BOPAO,XII,页0130以下我所写的书评。
⑤ F. H. Skrine and E. D. Ross, *The Heart of Asia*,页34–108。

为，我们能从他的著作中得知有关中亚史的"所有重大事件"①。

杰里迈亚·柯廷的两卷本著作，《蒙古人：其历史》与《俄罗斯境内的蒙古人》，出版于1908年（时作者已去世），第一卷有Th.罗斯福写的前言。这两卷著作也不能说有什么价值。尽管罗斯福在其前言中曾为作者吹嘘"在这一专门领域内，没有其他美洲或欧洲学者能望其项背"，实则在知识的渊博和确切方面作者尚不逮豪沃思远甚。他从不标明他的资料来源，自更不必期待他在估计各种资料的相对重要性方面抒发己见。我们只是从《俄罗斯境内的蒙古人》的卷头语中得知："柯廷先生在为《蒙古人：其历史》与《俄罗斯境内的蒙古人》搜集资料的时候，引用了中国、波斯和俄国的早期编年记载。为得到这些编年记载，他曾数度前往俄国，一度前往东方。"可是这两卷著作本身并没有提供任何证据，证明作者对原始资料有所了解。此书第二卷与其说是金帐汗国的历史，还远不如说是一部杂乱无章的俄国史。

直到目前，还不曾有人发表过符合现代科学要求的、研究蒙古入侵以前时期中亚穆斯林区域历史的专著；除了一些学者为自己所校订的原文史料写过学术性导言（这些在上文各有关地方已分别述及）以外，也还没有人发表过对个别史料进行研究的成果。这种情况必然会影响到研究伊斯兰史的一般著作，甚而影响到其中最晚出的一种，即已故的A.米勒教授的著作②。米勒教授谨慎地利用了阿拉伯文的史料（绝大部分是已经刊布的撰述），但他对于波斯文的史料所知较少；因此，他的著作对于中亚史上的一些主要人物（例如哥疾宁的马哈茂德）的刻画，不免粗疏、片面。在讲到蒙古人的历史的时候，作者本人也深深感到，由于没有掌握波斯文的原始资料，自己的论断非常脆弱，乃至声明

---

① 参照 Rickmers, *The Duab of Turkestan*, 剑桥, 1913年, 页543.
② A. Müller, *Der Islam im Morgen – und Abendlande*, 二卷, 柏林, 1885 – 87年。令人遗憾的是, 由 H. A. Медников 校订的此书之俄文译本（A. Мюллер, *История ислама с основания до новейших времен*, 四卷, 圣彼得堡, 1895 – 96年）完全不能令人满意。参看我写在 *Мусульманский Мир* 页82以下的评语。

对自己的著作的这一部分不能完全负责①。

在俄国史学界,除金帐汗国史②以外,对蒙古史以及蒙古入侵以前中亚各王朝的历史,至今还没有人作过深入细致的研究③。在研究局部问题的专著中,能够符合现代科学要求的也只有 V. A. 茹科夫斯基教授撰写的马鲁史考一种④。我们殷切希望,对中亚其他大城市,特别是布哈拉、撒马尔罕和巴里黑的历史和文物,也将有人仿照这一专著的模式进行研究⑤。

---

① Müller,上引书,Ⅱ,页 211。
② 关于金帐汗国历史的著作,特别值得注意的有 И. Н. Березин 教授的《Очерк внутреннего устройства улуса Джучиева》,圣彼得堡,1863 年(ТВОРАО,第八编),还有 В. Г. Тизенгаузен 男爵选辑的《Сборник материалов, относящихся к истории Золотой Орды》,第一卷,阿拉伯语著述编,圣彼得堡,1884 年;〔第二卷,波斯语著述编,ИВАН 刊行,1941 年。近期苏联学者著作中,比较重要的有 Б. Я. Владимирцов, Общественный строй монголов, Монгольский кочевой феодализм, 列宁格勒,1934 年〔中文译本:Б. Я. 符拉基米尔佐夫著,刘荣焌译,《蒙古社会制度史》,中国社会科学出版社,1980 年;Б. Д. Греков и А. Ю. Якубовский, Золотая Орда и ее падение, 莫斯科与列宁格勒,1950 年;К. В. Тревер и А. Ю. Якубовский, История народов Узбекистана, 第一卷,塔什干,1950 年;История Узбекской ССР, 第一卷,第一分册,塔什干,1955 年。〕
③ М. И. Иванин, О военном искусстве и завоеваниях монголо - татар и среднеазиатских народов при Чинтиз - хане и Тамерлане, 圣彼得堡,1875 年,仅对军事史有参考的价值。
④ Древности Закаспийского края. Развалины Старого Мерва, 圣彼得堡,1894 年。关于这一著作的评论,见 ЗВОРАО, Ⅸ, 页 300 - 3〔撰者 А. Туманский〕; ⅩI, 页 327 - 33〔撰者 В. Г. Тизенгаузен〕。还可看我写的 К истории Мерва (ЗВОРАО ⅩⅨ, 页 115 - 38)。
⑤ V. 维亚特金在撒马尔罕刊布了研究撒马尔罕地区历史地理的一部佳作,参看我写的书评,刊载于 ЗВОРАО, ⅩⅤ, 页 0150 - 0156。关于勒·斯特兰奇(G. Le Strange)的知名著作 The Lands of the Eastern Caliphate 及其专讲河中的部分,参看我写的书评(刊载于 ЗВОРАО, ⅩⅦ, 页 0102 - 0107)和我为《伊斯兰百科全书》撰写的 Bukhārā 条。
马夸特(J. Marquart)的著作中,主要是在下记专著或论文中,有许多富有趣味、但叙述则异常凌乱的事实和意见: Die Chronologie des alttürkischen Inschriften(莱比锡,1898 年)以及论文 Historische Glossen zu den alttürkischen Inschriften(刊载于 WZKM, 第十二卷,1898 年,页 157 - 200);Ērānšahr nach der Geographie des Ps. Moses Xorenacʻi(柏林,1901 年); Osteuropäische und ostasiatische Streifzüge(莱比锡,1903 年); Osttürkische Dialektstudien(柏林,1914 年,标题有误〔当作 Über das Volkstum des Komanen〕)。对上举最后一书,有伯希和写的书评 Á propos des Comans(刊载于 JA, 第二辑,第十五卷,页 125 - 85〔中译文见冯承钧,《西域南海史地考证译丛》,第二编,页 1 - 45〕)和我写的书评 Новый труд о половцах(刊载于 Русский исторический журнал, 第七卷,1921 年,页 138 - 156)。马夸特所引史料之一是用 Parsi 语写的《Список городов Ирана》,〔俄文本作"为一位 Parsi 人士"〕、于穆斯林初期写成的《伊兰城镇表》(Stadtbeliste, 亦即 E. Blochet 的 Liste géographique des villes de l' Iran, 刊载于 Recueil des travaux relatifs à la philology et l'archéologie égypt. et assyr., 第十七卷,1895 年,页 165 - 176。参阅 West, Pahlavi Literature, 页 118(§98)。(转下页)

(接上页)

关于伊斯兰时期的诸地理学家(《伊斯兰百科全书》缺少这一方面的条目),参考 Carra de Vaux 男爵的 *Les penseurs de l'Islam*,第二卷(*Les géographes*, etc.),巴黎,1921 年。关于河中地区的历史地理,可参看《伊斯兰百科全书》中我撰写的一些条目(主要是 Āmū‑Darya, Bukhārā 与 Farghāna 条)和我写的几种专书:*Сведения об Аральском море и низовьях Аму‑Дарьи с древнейших времен до XVIII века*,塔什干,1902 年(德文译本,*Nachrichten über den Aral‑See und den unteren Lauf des Amu‑Darja...*,1910 年);*К истории орошения Туркестана*,圣彼得堡,1914 年。

〔关于 1928 年以后新出的中亚历史地理著述,参看本书《文献目录》。〕

第一章　河中地理概述

河中（Māwarā'an‑nahr 或 Transoxania）即位于阿母河与锡尔河流域的文明地区，考之中古穆斯林诸地理学家所用术语，并不在突厥斯坦境内；突厥斯坦意为突厥人的土地，指穆斯林领域与中国之间分布有突厥与蒙古游牧人的地区而言。但从政治上讲，由于河中并没有足资防御游牧人入侵的天然屏障，所以这个地区绝大部分已为突厥诸族所占有。历史上伊朗（Īrān）与突朗（Tūrān）的政治疆界屡有变更，有的时候，如在阿黑美尼朝与阿拉伯称雄时期，全部河中在政治上与前亚（Anterior Asia）构成一个整体；但自第十世纪起，这一地区一直处于中亚各族统治之下；伊朗诸统治者与突朗诸统治者缔结和约，亦常以阿母河为双方"势力范围"的分界。从人种类型上看，这一原来居住着阿利安人（Aryans）的地区也已经突厥化，至于今日，不仅分布在这里的游牧人，而且有为数甚多的定居者也使用突厥语。在突厥人领有的诸地区中，就土地肥沃、人烟繁盛而言，河中首屈一指；此外，这也是我们占有详细历史记载和历史地理报道的唯一地区。由于上述原因，加以我们在另外一些撰述①中对于西突厥斯坦的其他地区，即七河省与锡尔河省东部的历史地理资料已有所评介，所以本章地理概述将仅就河中加以说明。

---

① *О христианстве в Туркестане*（此文之德译文：Zur Geschichte des Christentums）; *Отчет о поездке в Среднюю Азию*; *Очерк истории Семиречья*.

鉴于阿母河经常作为伊朗与突朗间之正式分界的重要性,我们的说明应从此河两岸开始。又由于这一分界时常受到来自此岸或彼岸的侵扰,所以我们也必须述及阿母河以南的一些地区,事实上河中若干地方与河南诸地区的关系往往比它们与撒马尔罕和布哈拉的关系更为密切①。

古代阿利安语称阿母河为 Vakschu② 或 Wakschu,这一古名还保存在瓦赫什(Wakhsh③,即苏尔哈卜河)的名称中。由此可以推断,在古代,瓦赫什河被看作是阿母河的正源。穆斯林地理学家则视杰尔亚卜河为阿母河正源。杰尔亚卜河即今喷赤河,其上游虽被称为瓦哈卜河④,瓦哈卡河流经瓦罕、舒格南与凯尔兰(Karrān),凯尔兰当即今罗善与达尔瓦兹二地⑤。公元十世纪,这些地区虽然政治上看来已从属于穆斯林,但其居民在信仰上仍为异教徒⑥。依据伊本-霍尔达德贝

---

① 别列津刊行的 *Русский энциклопедический словарь* 中之 *Мавераннагр, или Заречье* 条(见该辞书第三辑,第三卷,圣彼得堡,1875 年,页 577–83),系 П. И. Лерх 所撰,叙述精当,但当然失之简略。此外,W. Tomaschek 曾对泽拉夫尚河盆地及阿母河上游流域的历史地理概况加以探讨,见所撰 *Centralasiatische Studien. I. Sogdiana*。И. П. Минаев 著有 *Сведения о странах по верховьян Аму-Дарьи*,圣彼得堡,1879 年,其中几乎没有关于从穆斯林征服至蒙古入侵时期的历史地理报道。M. J. de Goeje 的专著 *Das alte Bett des Oxus Amû-Darja*(莱顿,1875 年)是研究花剌子模历史地理方面的珍贵参考著作。此外尚可参照 G. Le Strange,*The Lands of the Eastern Caliphate* 一书的最后四章及刊载于 ЗВОРАО,XVII,页 0102 以下的我对此书的评价。今日所见有关河中的详细叙述,类皆属于萨曼时期,关于萨曼时期以前及此时期以后的地理状况,我们只能找到一些零星资料。〔*Hudūd al-'ālam* 一书英文译本的译者 V. Minorsky 为其译本所作的历史地理方面的注释也是极有价值的参考著述。〕

② Tomaschek,*Soghdiana*,页 37;W. Geiger,*Die Pamir-Gebiete*,维也纳,1887 年,页 136。【参看冯承钧,《西域地名》,1980 年增订本,Oxus 条。】

③ 依照比鲁尼的记述(《过去世代的遗迹》,Sachau 刊本,页 237;Sachau 译本,页 225),十一世纪时,瓦赫什仍被称为诸河流、特别是阿母河的保护神。Regel 认为(见 *Petermanns geographische Mitteilung*,XXX,页 333;Geiger 的引文见 *Die Pamir-Gebiete*,页 136),至于今日,瓦赫什一词仅不仅用以指称苏尔哈卜河,而亦用以指称喷赤河及阿母河的其他一些源流。还可参看 Marquart,*Untersuchungen zur Geschichte von Eran*,II,页 26,注 2。【《大唐西域记》卷 1 及《新唐书(卷 221 下)·西域传》中之馒沙,即 Wakhsh 之对音。又《新唐书(卷 43 下)·地理志》称,"高附都督府以骨咄施沃沙城置",沙畹谓"沃沙即《西域记》之馒沙,大食撰述中之 Waksch",见所编《西突厥史料》,冯承钧译本,1958 年版,页 252。】

④ BGA,VII,Ibn Rusta 书,页 91。

⑤ 凯尔兰(Karrān),马夸特写作库兰(Kurān),并置其地于巴达赫尚南部,见所撰 *Ērānshahr*,页 222。【参照冯承钧,《西域地名》,1980 年版,Wakhan,Shignan,Kuran 等条。】

⑥ BGA,I,伊斯塔赫里书,页 296–7。

赫的记载①,瓦罕的贡额为20,000第尔赫姆(另一抄本作10,000),舒格南40,000(另一抄本作4,000),凯尔兰4,000。亚尔库比书中②曾经提到一位"舒格南与巴达赫商之王胡马尔-伯克"。马可·波罗③已称当时瓦罕居民为穆斯林。史籍还提到瓦罕境内有金矿④和银矿⑤;通往吐蕃的商道,亦即通往吐蕃人居住着的印度河上源河系地区(麝香即由此采购)的商道,就经过瓦罕与舒格南,而马可·波罗即循此路以达喀什噶尔。但总括说来,这些地区以其出入维艰和完全不适于游牧生活而很少遭受外来侵犯,从而保存下来一支纯粹的阿利安人至于今日。

在商道上与吐蕃邻接的地区为巴达赫尚,其地自然条件之优越,殆为阿母河上游诸省之冠。它所以负有盛名,因为它有丰美的草原,宽广而精耕细作的谷地,产红宝石与天青石,又气候宜人,寒燠适中⑥。外来征服者只能从西南方,即由阿母河谷侵入巴达赫尚,而且也只是在这一带,除阿利安族居民外,还可以遇到若干突厥族居民。总而言之,巴达赫尚很少受到外来的侵犯,经常保持着政治自主⑦。巴达赫尚的首府,似乎一直是在今法扎巴德地方;稍南为杰尔姆,其名称沿用至今,九世纪时之穆斯林版图,就其入吐蕃的道路方向而言,以此地为最远点⑧。

巴里黑与巴达赫尚之间为吐火罗斯坦。如所周知,这个地区系因

---

① BGA,Ⅵ,伊本·霍尔达德贝赫书,页26。据马克迪西的记载(BGA,Ⅲ,页340),瓦罕交纳40,000第尔赫姆。
② BGA,Ⅶ,亚尔库比,*Kitāb al-Buldān*,页292;参照马夸特,*Ērānshahr*,页225。
③ Минаев,*Сведения*,页75;马可·波罗书,Yule译本,第三版,Ⅰ,页171。
④ BGA,Ⅶ,Ibn Rusta书,页93。
⑤ BGA,Ⅰ,伊斯塔赫里书,页297。
⑥ BGA,Ⅰ,伊斯塔赫里书,页278;Ⅱ,伊本·豪卡勒书,页327;Ⅲ,马克迪西书,页303;Минаев,*Сведения*,页73-4。
⑦ Muḥammad-Haydar,*The Ta'rīkh-i-Rashīdī*,E. D. Ross与N. Elias译注,伦敦,1895年,页107断言,在马其顿王亚历山大以后,巴达赫尚即未再遭受过外来进攻,其说涉于浮夸,不可尽信。参照《伊斯兰百科全书》我所写的Badakhshān条,我在该条指出,关于巴达赫尚统治者系亚历山大后裔的传说,十三世纪以前无人道及,首倡此说者为马可·波罗,见Yule译注,《马可·波罗行纪》,第三版,Ⅰ,页157。【参看冯承钧译本,上册,页128。】
⑧ BGA,Ⅶ,亚尔库比,*Kitāb al-Buldān*,页288。萨木阿尼书(Margoliouth刊本 al-Badakhshī条)与亚库特书(*Mu'jam*,Ⅰ,页528)都提到哈伦·拉施德之妻祖拜达在巴达赫尚境内修建的一座拉巴特【rabāṭ,阿拉伯语称戍卒所驻守之亭障或堡垒为拉巴特,后为军站、商站之总称】。

吐火罗人而得名,吐火罗人即史书所记推翻希腊－巴克特里亚王国的诸族之一①。在阿拉伯统治时期和萨曼朝时期,吐火罗斯坦的疆域自阿母河岸延伸至兴都库什诸山口。在这一带,阿母河沿岸几乎均为沙碛不毛之地,完全不适于人工灌溉;较大的居民点均离河甚远,位于流向阿母河的诸山溪出山附近,而这些山溪多遇沙而伏,其得泻入阿母河者为数无几。从巴里黑通向巴达赫尚的大路②经过下列各地:胡勒姆(距巴里黑二日程)、瓦尔瓦利兹或瓦勒瓦利兹(距胡勒姆二日程)、塔伊寒或塔里寒(距瓦尔瓦利兹二日程,距巴达赫尚首府七日程)。昆都士城在十九世纪前半期为一重要王国的首府,虽早在十三世纪即已见于记载,但其上升为要镇,则系近年之事。塔里寒曾被人们认为是吐火罗斯坦的最大城镇,其名称今仍沿用(塔利坎)。该城面积约当巴里黑城的三分之一③。胡勒姆为军事及商业重镇,位于胡勒姆河畔,距该河自一狭谷流出之处不远。现在的胡勒姆城,或称塔什－库尔干,在旧城废墟稍南,初建于十九世纪。前往兴都库什山的行旅通常取道于胡勒姆河谷地,此谷地遂成为最繁忙的要道④。距胡勒姆二日程有悉泯健城,大约相当于现在的海巴克;河谷到此转狭,至今尚有一堡垒雄踞其地。自悉泯健启行二日可抵巴格兰村,该村位于巴格兰河汇合昆都士士之处附近,村名至今仍旧。由此可见,这段路程联系着胡勒姆河流域与昆都士河流域。八世纪初,在胡勒姆、悉泯健与巴格兰之间的地带,阿拉伯人曾与土著数度作战,塔巴里书记载颇详⑤。

---

① Vivien de St. Martin, *Les Huns Blancs ou Ephthalites*, 巴黎,1849 年,页 25 – 6;Tomaschek, *Sogdiana*, 页 33;参照 Грум－Гржимайло, *Историческое прошлое*, 圣彼得堡,1898 年, 页 5 – 6,作者在此处力图证明,吐火罗人自古以来一直住在阿富汗,公元前二至一世纪时,吐火罗人"并不是征服民族,而是被征服民族"。Marquart, *Ērānshahr*, 页 204 亦将大夏比定为吐火罗。
② BGA,Ⅰ,伊斯塔赫里书,页 286。
③ 同上书,Ⅰ,页 279。
④ 同上书,Ⅰ,页 279,286;Ⅲ,马克迪西书,页 346;A. Burnes, *Travels into Bokhara*, 新版,伦敦,1839, Ⅱ,页 147 – 200。Л. Ф. Костенко, *Туркестанский край*, 圣彼得堡,1880 年,Ⅱ,页 175 – 90。
⑤ 塔巴里书,Ⅱ,页 1219。
【关于本段的吐火罗斯坦、胡勒姆、瓦尔瓦利兹、昆都士、塔里寒、悉泯健、巴格兰诸地名,可依次参看冯承钧,《西域地名》,1980 年版,Tukhara、Khulum、Warwalīz、Kunduz、Talikan、Siminjan、(转下页)

安德拉卜，或如见于钱币铭文之安德拉巴，位于兴都库什主岭之麓，距悉泯健五日程，这大约是行经巴格兰所需日数。十世纪时，此城被认作是仅次于塔里寒与瓦尔瓦利兹的第三大城。如所熟知，钱币学资料表明，当时统治安德拉卜和巴里黑的是臣服于萨曼王朝的一个特殊王朝。从安德拉下越过兴都库什（以取道于高13,000英尺的哈瓦克山口为最便），可达本只希尔河（今喷赤施尔河）流域。早在一千年以前，本只希尔河谷地已以其现时仍然存在的银矿驰名，当时人们认为这是穆斯林世界东部最富的矿区①。沿河城镇见于记载的有加尔亚巴、本只希尔②与费尔弯或八鲁弯，其中八鲁弯至今尚沿用旧名。从八鲁弯出发，一路经查里卡尔与伊斯塔利夫下抵喀布尔河谷；另一路沿古尔本德河经古尔本德村上达帆延。八世纪末，古尔本德被阿拉伯人攻占③。帆延与喀布尔之间，隔以山岭与山口，其高度远在帆延与胡勒姆、巴里黑间之山岭和山口的高度以上；虽然如此，通往胡勒姆道路上的诸山口却更经常地构成政治边界，甚而到了十九世纪，在乌兹别克人臣服于阿富汗埃米尔以前，乌兹别克与阿富汗二者之间仍以帆延以北的阿克－拉巴特山口为界。十世纪时，帆延、喀布尔与哥疾宁合为一个省区，受一位土著王公的统治，帆延为其首府④。今天从巴里黑前往帆延，通常取道于胡勒姆；但当日阿拉伯地理学家则注意另一条路，即溯巴里黑河上行，然后西折⑤入于来自胡勒姆的大道。这条路上唯一见于记载的城镇是马德尔，距巴里黑六日程，距帆延四日程。在来自胡勒姆的大道上距帆延106俄里处，至今仍有一个叫作马德尔的村落；此村

（接上页）Baghlan等条。还可参看沙畹著，冯承钧译，《西突厥史料》，页249－50。〕
① BGA，Ⅰ，伊斯塔赫里书，页288。参照亚库特的生动描述（*Mu'jam*，Ⅰ，页743）。
② BGA，Ⅰ，伊斯塔赫里书，页280 al－Gāryāba；Ⅲ，马克迪西书，页346 Kāryāba，Ⅶ，亚尔库比，*Kitāb al－Buldān*，页288 Banjhār；在其他段落中作 Banjhīr。
③ BGA，Ⅶ，亚尔库比，*Kitāb al－Buldān*，页288－90。
④ BGA，Ⅰ，伊斯塔赫里书，页280。
⑤〔俄文本与英译本均作"西折"，疑应作"东折"。又关于本段的地名安德拉卜、八鲁弯、喀布尔、帆延等，可依次参看冯承钧编《西域地名》Andarab, Parwan, Kabul, Bamiyan等条。关于本只希尔河及本只希尔城，亦可参看沙畹著、冯承钧译，《西突厥史料》，页253。〕

稍北路东仍可看到马德尔古城废墟。

"吐火罗斯坦"一词,也曾在远较上述为广的意义上泛指阿姆河两侧经济上依赖于巴里黑的所有省区①。在喷赤河与瓦赫什河之间,伊斯塔赫里②列举了四条河流,四河在阿尔痕渡口上方合为一流;距杰尔亚布卜河最近的为阿赫舒(?阿克苏)河,流经胡勒布克,其次为贝尔班③、帕尔加尔河④与安迪贾拉格河⑤。阿赫舒河与贝尔班河(或作贝尔桑河,参看下文)似指库拉卜河⑥而言,帕尔加尔河当即克奇－苏尔哈卜河,安迪贾拉格河殆为塔伊尔－苏河。图曼斯基抄本⑦说到——河流经蒙克与胡勒布克,在帕尔加尔附近注入阿母河。至于今日,其地仍有一个叫作帕尔加尔或帕尔哈尔的村庄。喷赤与瓦赫什二河之间的省区叫作珂咄罗或珂咄兰⑧。该省最重要的部分一直是克奇－苏尔哈卜河及其支流库拉卜河之狭长然而肥沃的谷地。克奇－苏尔哈卜河沿岸有蒙克与胡勒布克二城,前者为该省第一大城,位于今巴勒术安地方,后者为珂咄罗埃米尔驻在地,位于库拉卜稍南今胡勒巴格附近⑨。占有库尔干－提尤别平原的瓦赫什省与珂咄罗省受同一政权的管辖,其首城哈拉韦尔德仅小于蒙克而大于胡勒布克。

---

① BGA,Ⅰ,伊斯塔赫里书,页289－92;Ⅶ,伊本·鲁斯特书,页93;塔巴里书,Ⅱ,页1180。吐火罗斯坦本部称为第一或下吐火罗斯坦;阿母河上游多山的诸省区则均在上吐火罗斯坦境内。

② BGA,Ⅰ,伊斯塔赫里书,页296。

③ 贝尔班(Barbān)也拼作贝勒班(Balbān)(参照BGA,Ⅱ,伊本·豪卡勒书,页348)。正确的读法可能是Talbār或Tarbār,这一名称虽保存在库拉卜河诸源之一的名称中,近代地图上作塔勒瓦尔(Talvar)或塔勒巴尔(Talbar)。马夸特(Ērānshahr,页233)将阿赫舒(Akhshū)读作巴赫舒(Bākhshū),但原文另见亚库特书(Muʻjam,Ⅱ,页171,16)。

④ 伊斯塔赫里书作Fārghar;图曼斯基抄本(Ḥudūd al－ʻĀlam,页9a)作Pārghar与Bārghar;伊本·鲁斯特书(BGA,Ⅶ,93)作Bārghar。

⑤ 亚尔库比书(Kitāb al－Buldān,290,1)作Andīshārāʻ。

⑥ 库拉卜河至今仍称阿克苏河(Geiger, Die Pamir－Gebiete,页155。)

⑦ 〔Ḥudūd al－ʻĀlam,页9a。〕

⑧ 〔参看А.М.Беленицкий, Историко－географический очерк Хутталя。〕【参看冯承钧,《西域地名》,1980年版,Khotl条。】

⑨ Tomaschek虽比定这些地方今为何地(Sogdiana,页36,46),他还认为胡勒布克即Ptolemy书中之Χολβισιʹινα或Χόλβνσσα。近库拉卜附近有大量希腊－巴克特里亚钱币出土;参照Д.Н.Логофет, На границах Средней Азии,圣彼得堡,1909年,кн.Ⅲ,页190。

利乌肯德城①亦位于瓦赫什河沿岸,在哈拉韦尔德以上一日程。当时人们计算蒙克与胡勒布克相去二日程,胡勒布克距阿母河的阿尔痕渡口,该渡口距哈拉韦尔德亦各二日程。此外,有的记载也提到杰尔亚卜河上、距蒙克六日程的所在,有一"巴达赫尚渡口"。由巴达赫尚渡口二日行至一鲁斯塔克②,是为比克乡③,复前行一日渡过安迪贾拉格河而至与河同名之地,更前行一日渡过帕尔加尔河以抵帕尔加尔;此后渡过贝尔桑河(参看上文)到达胡勒布克。自利肯德城上行二日程有跨瓦赫什河之石桥一座,此桥今仍存在。由石桥至蒙克,据记载为二日程;途经泰姆利亚特城,此城距石桥4法尔萨赫之遥④。根据上述材料,可以推断:胡勒布克位于库拉卜河左岸,距该河与克奇-苏尔哈布河相会之处不远;哈拉韦尔德即今库尔干-提尤别⑤。利乌肯德在桑格-图达村附近,安迪贾拉格当去塔伊尔-苏河口不远(马克迪西⑥也说此城距阿母河颇近)。较难考定其确切位置的为阿尔痕⑦与巴达赫

① 写作 Lāwkand 与 Līwkand(BGA,Ⅰ,伊斯塔赫里书,页 297,339)。
② Rustāq,意为一簇村落〔略与汉语之乡相当〕;有时一个乡属于单独一个主人所有。参看 BGA,Ⅰ,伊斯塔赫里书,页 323;Ⅴ,伊本·法吉赫书,页 323。
③ BGA,Ⅶ,亚库比,*Kitāb al – Buldān*,页 290。此比克乡亦为一个主人所有。
④ 〔1 法尔萨赫相当于 3 – 4 英里,详言之,在阿拉伯等于 3.001 英里,即 4.828 公里,9.657 华里;在伊朗等于 3.88 英里,即 6.242 公里,12.5 华里。6 法尔萨赫为一日程。参照《伊斯兰百科全书》,Ⅱ,1965 年新版,Farsakh 条。〕
⑤ 马夸特也认为哈拉韦尔德即今库尔干-提尤别,见 *Ērānshahr*,页 233。
⑥ BGA,Ⅲ,马克迪西书,页 291。
⑦ 谢雷甫丁·阿里·叶兹迪,《帖木儿史》中(Pétis de la Croix 译本,Ⅰ,19,页 172;加尔各答刊本,Ⅰ,页 38,184)作 Arhank,位于阿母河南岸。马夸特(*Ērānshahr*,页 233)比定 Arhang 为 Ḥaẓrat – Imām,其说必误,因成书于十六世纪的 '*Abdallāh Nāmah*(参照里欧,*Suppl. Pers*,No.73,页 49)之亚洲博物馆所藏 574 age(D88)抄本中(叶 413b,473a),此二地被分别述及。Ḥaẓrat – Imām 一名不见于中世纪史料,有人认为此地与 Imām Ḥusayn 的头颅的传说有关。又相传帖木儿系宗王 Muḥammad Jūkī(帖木儿之孙〔英译本作兀鲁伯之孙〕),参看我写的 *Улугбек*,页 141 以下)曾将能同时烹羊三百只的一口大锅赠予此地的圣坛。Ḥaẓrat – Imām 是从阿母河分出的一条大渠的起点,此渠开浚于十六世纪 Abdallāh – Khān 在位期间;参照我写的 *Орошение*,页 76。另一传说将 Ḥaẓrat – Imām 与 Imām ʿAlqama 联系起来,参照下文关于撒马尔罕郊区的叙述;参看 Muḥammad Kāẓim 撰 Nādir – Shāh 的历史,Ⅲ,页 203a(此书仅有一份抄本存列宁格勒;参看我写的 *О некоторых восточных рукописях*,页 927 以下)。〔苏联科学院亚洲民族研究所现将这份仅存的抄本影印行世,第一卷已于 1960 年出版。〕

尚二渡口,因为我们不知道它们和阿母河以南诸城镇之间的距离。沿杰尔亚卜河下距阿尔痕渡口1法尔萨赫尚有一城,名卡尔本格①。

瓦赫什河发源于突厥族葛逻禄部之地,流经帕米尔②、拉什特、库麦德③诸省。由此可知当时帕米尔包括阿赖岭在内。拉什特早在十世纪就被认作是穆斯林辖境的一部分,其地为今喀剌提锦④。库麦德省,据托玛舍克考证⑤,当即托勒密提到的 Κομηδῶν ὀρεινή,亦即玄奘提到的拘谜陀国⑥。依照图曼斯基抄本,卡菲尔尼干河上游亦在该省境内。苏尔罕河诸源之一,哈剌塔格河,当时称为库姆河。此省居民为库米吉人⑦,被马克迪西列入突厥族。卡菲尔尼干河旧称拉米德河⑧,其上源之一至今仍保有这一名称——拉米特河或饶米特河。卡菲尔尼干与瓦赫什二河之间为瓦什吉尔德与库瓦迪延⑨(亦称卡巴迪安)二省

---

① 抄本中作 Kārbanj 与 Kārbank(BGA,I,伊斯塔赫里书,页276,297,339;Ⅲ,马克迪西书,页290)。与珂咄罗并称的有叫作 Bāsār, Bāsara 或 Bāsarān 的一省,见 BGA,Ⅵ,伊本·霍尔达德贝赫书,页37;Ⅶ,伊本·鲁斯塔书,页92;亚尔库比,*Kitāb al - Buldān*,页289。塔巴里书,Ⅱ,页1180与1597讲到的大约也是这一省。塔巴里书校订者的推测必有误。加尔迪齐似乎也提到了这一省(《原文史料选择》,页7),称之为 Bāshanlārh。亚尔库比书(*Kitāb al - Buldān*)页92末段所言是否与此省有关,鉴于马夸特对于原文的修订(Ērānshahr,页234,注1),颇为可疑;但我们在伊本·霍尔达德贝赫书(页37)与亚尔库比书(*Kitāb al - Buldān* 页289)所遇到的则无疑是这一省的名称。巴拉祖里书(de Goeje,刊本,页420)有地名从上下文判断,其地当在费尔干纳境内。
② 通常作 Fāmir,但在亚尔库比书中(*Kitāb al - Buldān*,页290)作 Bāmir。
③ BGA,Ⅶ,伊本·鲁斯塔书,页92,此处作 al - Kumīdh;亚尔库比书(*Kitāb al - Buldān*,页290)作 Kumād。【参看冯承钧,《西域地名》,Kumidh 条】。
④ 帖木儿史中(谢雷甫丁·叶兹迪书,Pétis de la Croix 译本,Ⅰ,页174),该省名称作 Qāyrtikīn,同书加尔各答刊本(Ⅰ,页89)作 Tïrtikīn。
⑤ Tomaschek,*Sogdiana*,页47-8。
⑥ 参看沙畹,《西突厥史料》,页164【冯承钧译本,页150】,与发表于 3BOPAO,XV 的我的意见(Отчет о командировке в Туркестан (1902),页0177);还可参照《伊斯兰百科全书》中我写的 Karategin 条。
⑦ 这一族名之不同的拼写,见加尔迪齐书与拜哈吉书(《原文史料选辑》,页9)。
〔库米吉人以及与他们互有关联的坎吉纳人(Kanjīna)都居住在布特曼山旁的谷地内。很有可能,他们是在中亚早期建立了强大帝国的塞种或哒的后裔;托勒密提加到一个名为 Κωμηδαι 的塞种部落(参看米诺尔斯基,Ḥudūd al - 'Ālam,页120,361-3)。——C. E. B.〕。
⑧ BGA,Ⅶ,伊本·鲁斯塔书,页93 作 Zāmil;比较正确的拼写为 Rāmīdh,见 Lerch,*Ein Blick*,页186,No. 8. 参照 Tomaschek,*Soghdiana*,页43.《原文史料选辑》,页63(萨木阿尼书;Margoliouth 刊本,al - Qabādhyānī,该条写作 Zāmīl)。
⑨ 【《新唐书》(卷33下)·地理志】作久越德犍;参看冯承钧,《西域地名》,Quwadhiyan 条】。

区。瓦什吉尔德的首邑与省同名,九世纪时由珂咄罗领有,珂咄罗统治者且曾以之为首都①。该城面积约与忒耳迷相垺②,距瓦赫什河上的石桥一日程③,当即今法扎巴德地方。九世纪时,瓦什吉尔德省特别重要;去省城不过4法尔萨赫即与突厥人的领土接壤,因此该省有堡垒达七百座之多。根据萨木阿尼的记载,此地于穆斯林时代初期仍在使用的一套特殊字母,在书籍中被保存了下来④;这套字母十之八九渊源于梵文,出现于佛教在此地传播最盛之时。十世纪顷,此地主要以产番红花闻名⑤。瓦什吉尔德城与拉什特城(即拉什特省首邑)相距四日或五日程⑥,可知拉什特省首邑或"堡垒"当在今喀剌提锦首邑加尔姆附近。沿途见于记载⑦的城镇有易刺克(距瓦什吉尔德一日程,约即今卡拉-伊·达什特)⑧、代尔本德(自易刺克前行一日程,约即今奥比-加尔姆)与加尔坎(距拉什特堡垒二日程)。八世纪末,阿拉伯人曾在此修建障塞以防突厥人入侵⑨。

关于库瓦迪延省,除与省同名的首邑之外,我们在记载中还可以看到努迪兹(意为"新堡")以及卡菲尔尼干河沿岸的其他一些城镇,这些城镇不仅其名称读音难定⑩,又其方位亦隐约不明。该省大量输出茜草⑪。卡菲尔尼干河口附近,有奥札只或乌札只渡口,今名艾瓦只渡口⑫;瓦赫

---

① 亚尔库比,*Kitāb al-Buldān*,页292。
② BGA,Ⅰ,伊斯塔赫里书,页298。
③ 同上书,Ⅰ,页341。
④ 《原文史料选辑》,页68(萨木阿尼书,Margoliouth 刊本,al-Wāshjirdī 条)。
⑤ BGA,Ⅰ,伊斯塔赫里书,页288,298。
⑥ BGA,Ⅵ,伊本·霍尔达德贝赫书,页34。
⑦ BGA,Ⅰ,伊斯塔赫里书,页340。
⑧ 至于今日,流经法札巴德城之河仍名易刺克河。
⑨ 托玛舍克书(*Sogdiana*,页49)叙述了这道障塞的若干细节,出处不明。他本人说取材于伊本·霍尔达德贝赫与伊本·赛义德的著述,但我所过目的这两位作家著述的诸原本,并不曾提到有两座堡垒防护这道障塞,也不曾提到障塞以东有喀什噶尔城。
⑩ BGA,Ⅲ,马克迪西书,页290。
⑪ BGA,Ⅰ,伊斯塔赫里书,页298;Ⅱ,伊本·豪卡勒书,页350。
⑫ BGA,Ⅲ,马克迪西书,页290,292;在帖木儿史中(谢雷甫丁·叶兹迪书,Pétis de la Croix 译本,Ⅰ,页184),这一渡口的名称为 Awbāj(加尔各答刊本,Ⅰ,页196 作 Awyāj)。

什河口附近,有著名的迈拉渡口①,距巴里黑三日程②,距忒耳迷 2 法尔萨赫③。十三世纪,此地叫作盆贾卜④。库瓦迪延在九世纪本是珂咄罗辖境的一部分⑤,但十世纪的地理学家⑥仅指出它距石汗那三日程(这多半是取道于哈兹雷特－博维山口的日数),距忒耳迷二日程,由此可见,库瓦迪延和这些城镇的联系比它和珂咄罗境内各城镇的联系更为密切。

卡菲尔尼干河流域北部与阿母河次一支流苏尔罕河流域相连,在图曼斯基抄本⑦与帖木儿史⑧中,苏尔罕河作查甘河。伊本·鲁斯塔⑨列举的卡菲尔尼干河诸支流有库姆河、尼哈姆河与哈韦尔河,这些支流均发源于布特姆山脉(关于此山脉,参看下文)之锡纳姆、尼哈姆⑩(即喜萨尔山脉中之达拉－伊·尼哈姆山)与哈韦尔山;事实上,这些河流(今卡拉塔格河、图帕兰格河与桑格－加尔达克河)都是苏尔罕河的源头⑪。中古时期,苏尔罕河流域为石汗那或查甘尼延省所在地;该省统治者在前穆斯林时期的称号为石汗－胡达特⑫。据马克迪西的记载⑬,石汗那的村庄达 16,000 之多,但从城镇的面积、富饶与规模看来,石汗那尚逊珂咄罗一筹。石汗那的首邑与省同名,距忒耳迷四日程或 24 法尔萨赫⑭,距库瓦迪延三日程,大约位于今之迭瑙地方,此地今日从商

---

① 常见的拼写作 Mil·t,马斯乌迪书(BBAA Ⅷ,*Kitâb-at-tanbîh wa'l-inchrâf*,页 64)作 Mālah。
② BGA,Ⅰ,伊斯塔赫里书,页 283。
③ BGA,Ⅷ,马斯乌迪书,*Tanbîh*,页 64。
④ Bakrān,*Jahān-nāmah*,巴黎图书馆旧藏波斯文抄本,384,叶 191。
⑤ BGA,Ⅶ,伊本·鲁斯塔书,页 93。
⑥ BGA,Ⅰ,伊斯塔赫里书,页 341。
⑦ 〔*Ḥudūd al-'Ālam*,页 9a Jaghān-rūd.〕
⑧ 谢雷弗丁·叶兹迪书,Pétis de la Croix 译本,Ⅰ,页 183;加尔各答刊本,Ⅰ,页 196。
⑨ BGA,Ⅶ,伊本·鲁斯塔书,页 93。
⑩ 在伊本·霍尔达德贝赫书中(BGA,Ⅵ,页 37)尼哈姆为省名,马克迪西书中(BGA,Ⅲ,页 344)作 Bihām,距石汗那三日程。伊本·霍尔达德贝赫述及尼哈姆省时,还一并举出宾坎、曼达詹、卡斯特等省(这些省名如何发音,颇难确定),其位置大约在苏尔罕河诸支流流域。
⑪ 托玛舍克书,*Sogdiana*,页 43。
⑫ 塔巴里书,Ⅱ,页 1596。
⑬ BGA,Ⅲ,马克迪西书,页 283,290。
⑭ BGA,Ⅰ,伊斯塔赫里书,页 339-40;Ⅵ,伊本·霍尔达德贝赫书,页 34;库达玛书,页 211。

务或战略意义上来说,依然是这个地区的心脏①。该城今名(全名应作迪赫-伊·瑙,意为新村)已见于帖木儿史②。石汗那城③内有子城,全城在人口数目及财力上虽逊于忒耳迷,但面积则大于后者。城内诸巴扎尔上有覆盖,整齐美观;面食价格低廉,肉类销售量甚巨。位于巴扎尔中心的礼拜寺,建筑宏伟,用砖砌成列柱以代拱门;石汗那的礼拜寺至十二世纪仍极著名④。城内水渠纵横,遍入各家各户;由于灌溉甚便,四郊掩映着一片葱翠。人们惯在冬季猎鸟,草深足以没马。居民夙以笃信伊斯兰教正宗及慷慨好客著称,但学人为数无多,全然没有法吉。

苏尔罕河流域南部介于忒耳迷与石汗那城之间,见于记载的有若干村镇:首先是萨尔曼干或查尔曼干⑤,距忒耳迷一日程或6法尔萨赫;该城遗址可能即今贾尔-库尔干村南三里的废墟,至今在其地仍可看到高约二十八米、直径约四米半的砖塔⑥。萨尔曼干与另一城镇哈施木吉尔德⑦(此城在从忒耳迷通往铁门的路上距忒耳迷一站之遥),均在另一省区⑧,该省以忒耳迷为首邑,在前穆斯林时期曾受处于特殊地位的迪赫坎或君王的统治⑨;在萨曼朝,至少有的时候受石汗那埃米

---

① Л. Ф. Костенко, *Туркестанский край*, Ⅱ, 页 146.〔参看 М. М. Дьяконов, *Работы Кафирниганского отряда*, 页 180(关于查甘尼延亦即石汗那今地所在)。〕
② 谢雷甫丁·叶兹迪书, Pétis da la Croix 译本, Ⅰ, 页 109. 还可参看《伊斯兰百科全书》中我写的 Chaghāniyān 条,在该条下我征引了十七世纪 Maḥmūd b Walī 的用语:〔"今日以新村之名见知于人的 Čaghāniyān"〕。马夸特最近的意见〔Marquart, *Komanen*, 页 71, 注 2(第一个在西方深深扎了根的蒙古字)〕认为 Chaghāniyān 渊源于蒙古语 chagan(此言"白"),这一意见无疑是错误的。
③ BGA, Ⅰ, 伊斯塔赫里书, 页 298; Ⅲ, 马克迪西书, 页 283.
④《原文史料选辑》,页 62(萨木阿尼书; Margoliouth 刊本, Al-Saghānī 条)。
⑤ BGA, Ⅰ, 伊斯塔赫里书, 页 339-40; 亚库特, *Mu'jam*, Ⅲ, 页 383. 萨木阿尼书(亚洲博物馆藏抄本,叶 351b)用了 Jarmankān 作为 Sarmanjīn 之波斯语的转写(bi-l-'ajamiyat)。
⑥ Караульщиков, *Маршрут*, 页 396. 关于苏尔罕河流域南部的其他废墟,看 Geiger, *Die Pamir-Gebiete*, 页 160.
⑦ 该城可能因瓦赫什与哈拉韦尔德的统治者哈施木·本·巴尼丘尔(巴伊丘尔?)而得名,见亚尔库比, *Kitāb al-Buldān*, 页 291. 关于这位君主及其朝代,看马夸特, *Ērānshahr*, 页 301 以下。
⑧ BGA, Ⅰ, 伊斯塔赫里书, 页 298. 伊本·豪卡勒书页 349 与 401 提到的萨尔曼吉无疑就是萨尔曼干。
⑨ 巴拉祖里书, 页 418; 塔巴里书, Ⅱ, 页 1147, 此处说明该君王的称号为忒耳迷沙。

74　尔的管辖①。萨木阿尼与亚库特②都提到距忒耳迷 6 法尔萨赫有布格村③。另有人烟稠密、贸易繁盛的工业村达尔增吉④,距萨尔曼干一日程或 6 法尔萨赫,该村居民均以纺织为业;巴扎尔列列大礼拜寺周围。除苏尔罕河外,别有一河亦流经该村⑤,此别一河显系指库姆·库尔干以西 6 公里本德－伊·罕或科克－贾尔峡谷而言,这一峡谷今仅在春泛时期水满;这里有古老而坚固的砖桥一座⑥,至今尚存。在达尔增吉村与石汗那城之间,尚有一巴兰吉村⑦,距达尔增吉村 7 法尔萨赫,距石汗那城 5 法尔萨赫。石汗那境内尚存其他几个村庄见于记载⑧,如巴森德,这是距石汗那城二日程(马克迪西书作一日程)的大村,园林甚多;津韦尔,距石汗那城一日程(马克迪西则作三日程);布拉卜,与石汗那城相距一站或 4 法尔萨赫;桑格－加尔达克⑨,距省城一日程,大约在桑格－加尔达克河口附近;里克德什特,距省城 6 法尔萨赫;库姆加南⑩,距省城 2 法尔萨赫。此外还有一些村庄,其读音甚难确定。

　　关于石汗那与瓦什吉尔德二城之间,亦即今迭瑙与法扎巴德之间的道路,阿拉伯诸地理学家⑪的叙述互相矛盾。位于苏尔罕与卡菲尔

---

① 《原文史料选辑》,页 10(加尔迪齐书)。
② 亚库特,*Mu'jam*,Ⅰ,页 761。
③ 忒耳迷附近见于记载的其他乡村有布桑只,见亚库特,*Mu'jam*,Ⅰ,页 758,萨木阿尼书失载。还有鲁赫沙布只(此据萨木阿尼书,Margoliouth 刊本,Al-Rukhshabūdhī 条)或鲁赫沙尤只(此据亚库特,*Mu'jam*,Ⅱ,页 771)。
④ 十世纪地理学家的撰述中作 Dārzanjī;亚尔库比书(*Kitāb al-Buldān*,页 289)作 Dārzankā;拜哈吉书(Morley 刊本,页 576)作 Dārzankī。
⑤ BGA,Ⅲ,马克迪西书,页 283-4。同书页 344 所记达尔增吉村与省城间的距离有误。
⑥ Костенко,*Туркестанский край*,Ⅱ,页 144;Галкин,*Маршрутное описание*,页 391;Караульщиков,*Маршрут*,页 395。
⑦ BGA,Ⅵ,伊本·霍尔达德贝赫书页 33 与库达玛书页 211 均作 Baranjī。
⑧ BGA,Ⅰ,伊斯塔赫里书,页 340-1;Ⅲ,马克迪西书,页 283-4,344。
⑨ 马克迪西书中作 Sankardat。
⑩ 《原文史料选辑》,页 9(加尔迪齐书)。
⑪ BGA,Ⅰ,伊斯塔赫里书,页 340;Ⅵ,伊本·霍尔达德贝赫书,页 34;库达玛书,页 211。根据加尔迪齐的记述(《原文史料选辑》,页 9),石汗那城与舒曼相距 12 法尔萨赫。德·古耶以为(BGA,Ⅵ,伊本·霍尔达德贝赫书,页 34,注 C;译文,页 24),这条路上的行旅须渡过瓦赫什河,此说必误。这里提到的河流,舍卡菲尔尼干河莫属,惟对河的宽度未免夸大而已。

尼干二河之间的平原,在中古时期为阿哈仑或哈仑与舒曼二省所在地,玄奘《西域记》中分别作忽露摩国与愉漫国,后者在前者以东①。八世纪初,二省受同一统治者的管辖②,其后显然均并归石汗那③。叙述屈底波出征的记载中提到的古弗坦区,多半在苏尔罕河流域南部或南部偏西今之施拉巴德伯克统治区内④。

坚固的忒耳迷⑤城堡去苏尔罕河口不远,在阿拉伯诸地理学家的著作中,我们能够找到关于这一城堡的颇为详细的记载。这些记载,我已在我为波斯拉夫斯基的一篇文章⑥所作的诠释中述及。波斯拉夫斯基此文为我们详细地描绘了这一城堡现存的遗迹。我们确认他所描绘的是中世纪忒耳迷⑦城的遗存,尽管我们这样确认似与伊本·豪卡勒的记述⑧互相牴牾。依照后者的记述,(苏尔罕)河系在忒耳迷下方流入阿母河。阿拉伯统帅奥斯曼·本·马斯乌德于85/704年围攻忒耳迷时曾在一岛屿上驻军15,000人,该岛从而得名"奥斯曼岛"⑨,此奥斯曼岛必然就是阿拉勒-佩甘贝尔岛;拜哈吉书⑩、谢雷甫丁·叶兹迪

---

① 托玛舍克,*Sogdiana*,页39–40,42;沙畹,《西突厥史料》,页195以下〔冯承钧译本,页175〕。
② 巴拉祖里书,页419;塔巴里书,Ⅱ,页1180。
③ 《原文史料选辑》,页9(加尔迪齐书)。
④ 巴拉祖里书,页419;塔巴里书,Ⅱ,页1150,1180。
⑤ 〔巴托尔德原认为 Тармиз〔塔尔米兹〕的写法正确无误(参看下文 R125 注),并在本书1900年俄文版中一直采用这一写法。但巴托尔德在以后的著述中均改写作 Термез,本书1928年英文版中亦写作 Tirmidh,因此本版一律改用 Термез,这一写法亦已在俄国文献中通用。关于忒耳迷城遗址之考古学及地形学的调查,可看 M. E. 馬斯松,*Городища Старого Термеза*;M. E. Моссон,*Работы Термезской экспедиции*;В. А. Шишкин, *К исторической топографии*;Б. Лунин, *К истории города Термеза*.〕
⑥ И. Пославский, *О развалинах Термеза*,页87–8.参照 А. А. Семенов,〔*Происхождение Термезских сейидов*〕,见 ПТКЛА,год ⅩⅠⅩ,1915年,页3–20。
⑦ 在 Тармиз 住过十二天的萨木阿尼记载了这一地名在当地的读音(《原文史料选辑》,页55;Margoliouth 刊本,al–Tarmidhī条)此项记载证明托玛舍克考订的"塔尔米兹"的读音完全正确。迄今当地居民仍称旧城为"塔尔米兹",1889年在该地进行测量的俄国军官们亦将这一地名写作"Термиз"或"Тармыз"(Галкин,*Маршрутное описание*,页393;Караульщиков,*Маршрут*,页399)。
⑧ BGA,Ⅱ,伊本·豪卡勒书,页349。
⑨ 巴拉祖里书,页419;塔巴里书,Ⅱ,页1162。
⑩ 拜哈吉书,Morley 刊本,页704。

书①也都提到了这一岛屿。阿拉伯诸地理学家的记述表明,被成吉思汗破坏了的忒耳迷古城确实位于阿母河畔,这里一直残存着忒耳迷城最早的遗迹,而距阿母河岸较远的另一群废墟则是在成吉思汗以后建立,到乌兹别克人时期依然存在着的忒耳迷新城的遗址。帖木儿史也提到"忒耳迷老城"以明其与当时存在的忒耳迷有别②。

在老城残迹中,除其他建筑外,尚可见到圣洁的哈基木阿布·阿卜杜拉·穆罕默德·本·阿里·忒耳迷齐③(卒于 255/896 年)的陵墓。波斯拉夫斯基说,这座陵墓是用白大理石建成的,穆什克托夫教授则谓④系用类似大理石的石灰石建成。波斯拉夫斯基认为"就工程技巧与材料质量而论",这座陵墓是他在这个地区看到的最好的建筑遗存。毫无疑义,这座陵墓并不是与这位哈基木同时的人建造的,其建成甚至不早于十四世纪,这有当时特有的纳斯希书体(naskhī)的阿拉伯语铭文为证⑤。帖木儿史也提到了这座陵墓⑥。

忒耳迷既有一个大岛便于搭设浮桥,其位置又靠近这一带的中心城市巴里黑城(相距两站路),因此它自然成为阿母河上仅次于阿模里(即查尔术)的重要渡口;河中与阿富汗的统治者常为争夺这一渡口相

---

① 谢雷甫丁·叶兹迪书,Pétis de la Croix 译本,Ⅰ,页 62;加尔各答刊本,Ⅰ,页 81。
② 谢雷甫丁·叶兹迪书,Pétis de la Croix 译本,Ⅰ,页 41;加尔各答刊本,Ⅰ,页 57。忒耳迷赖以进行灌溉的水渠,系自苏尔罕河分出,其自苏尔罕河引水之处,约与本德-伊·罕(参照上文)相隔不远,下距忒耳迷 82 俄里,而建于 1894 年的俄国堡垒,其自苏尔罕河引水之处,下距忒耳迷不过 16 俄里(П. Т., *Термезский арык*)。被成吉思汗堕毁的城堡虽经数次重建,其中值得注意的是十五世纪初由哈利勒·阿拉与十八世纪由穆罕默德·拉希木·汗进行的两次重建;参照我写的 *Орошение*,页 73 以下。
③ 有关这位圣徒的记载,见于 Farīd ad-Dīn 'Aṭṭār 撰写的 *Tadhkiratu 'l Awliyā*〔《圣徒回忆录》〕(Ⅱ,页 91 以下,〔亦见于〕Джами 的 *Нафахāт ал-унс*,加尔各答刊本,页 77);还可参看 ПТКЛА,год Ⅱ,1897 年 8 月 29 日会议记录附件,页 17-20〔*Надпись на памятнике в Термезе*,页 17;К. Биографии,页 18-20〕。不可将这位圣徒混同于经典性圣训汇编的编者,后者的名字为阿布·伊萨·穆罕默德·本·伊萨。
④ *Туркестан*,页 578。
⑤ 感谢已故的艺术家 Н. Н. Щербина-Крамаренко 的盛意,示我以他所拍摄的此一铭文的精美照片。参照发表于《俄罗斯帝国地理学会通讯》第四十四卷的 Р. Ю. Рожиевц 的论文 *Поездка в Южную и Среднюю Бухару в 1906 г.*,文中附有照片和由我翻译的铭文译文,页 647 及 652。
⑥ 谢雷甫丁·叶兹迪书,Pétis de la Croix 译本,Ⅲ,页 202;加尔各答刊本,页 209。

见以兵。据穆什克托夫教授所述,在旧城堡废墟中,时有"钱币,而且大多数是希腊钱币"出土,果然如此,则这座城堡当然远在阿拉伯人的统治开始以前就已经成为重镇。

锡亚赫吉尔德,据记载,位于从忒耳迷到巴里黑的中途,这一村落今仍存在,但旧锡亚赫吉尔德的废墟则在距今村十五俄里之处①。巴里黑可以说是阿母河盆地最古老的大城市,被穆斯林作家们称为"城镇的母亲"(Umm al – bilād),可以当之无愧。它虽经是半神话性质的巴克特里亚国家的都城,后来又成为波斯阿黑美尼朝巴克特里亚省的首邑,马尔吉安那②(即马鲁省)也曾并归该省,至少在大流士君临波斯期间是如此。在马其顿王亚历山大以后,巴里黑是希腊 – 巴克特里亚王国的中心。我们关于希腊 – 巴克特里亚王国所知无多,故不能确切指出它的疆界,不过无论如何,古典地理学家们的著作表明,在一段时期内,阿母河以北几乎全部文明地区都曾包括在它的版图以内③。巴里黑之所以如此重要,正如亚尔库比早已指出的④,在于它的方位适中,恰恰位于东部伊朗文明世界的中央,到东、西、南、北边境距离相等。因此,当整个阿利安人的中亚还统一在一位君主或总督管辖之下的时候,巴里黑便是这个国度或地区的首府;而在阿母河以北诸省区已臣属于中亚诸部落,从而呼罗珊诸统治者的主要目的在于或如萨珊王室那样固守阿母河一线,或如阿拉伯人与塞勒术克人那样图在河中树立威权的时候,它的地位就势必为马鲁所取代。依据穆斯林记载,在萨珊王朝统治下,巴里黑是呼罗珊四镇将(Marzbāns)之一的驻在地⑤;八世纪初,土著统治者又采用了伊斯佩赫贝德(Ispahbadh)这一尊荣有加的

---

① Костенко,*Туркестанский край*,Ⅱ,页168。
② Жуковский,*Развалины Старого Мерва*,页3。
③ Strabonis *Geographica*,Didot 刊本,第十一卷,第十一章,第二节。参照我的论文 *Греко – бактрийское государство и его распространение на северо – восток*,——《帝国科学院通报》,第六辑,第十卷,1916年,页823 – 8。
④ *Kitāb al – Buldān*,页287 – 8。
⑤ Жуковский,*Развалины Старого Мерва*,页9(根据BGA,Ⅵ,伊本·霍尔达德贝赫书,页18)。

称号①。不过,从玄奘关于巴里黑城及阿母河两岸依附于巴里黑诸省境内佛教寺院的记载②看来,至少七世纪时,萨珊王朝在这一带的权势已日益凌夷,不绝如缕了。

巴里黑附近有名为瑙贝哈尔(Nawbahār,此言"新寺")的佛寺,在穆斯林中间颇负时誉。关于这座佛寺,伊本·法吉曾作过详细描述③。他说这座寺院属于与中国皇帝及喀布尔沙有着相同信仰的偶像崇拜者,许多香客到这里来膜拜一尊最大的偶像。瑙贝哈尔的管理权操在巴尔马基家族手中,这一家族领有长 8 法尔萨赫、宽 4 法尔萨赫的一片田产。当哈里发奥斯曼在位时期(另有一些记载则作为哈里发穆阿维亚在位时期④),巴里黑与瑙贝哈尔均为阿拉伯人所平毁。阿拉伯人在距巴里黑 2 法尔萨赫的巴鲁坎地方别建新城;只是到了 107/725 年,总督阿萨德·本·阿卜杜拉才在故址修复旧城,修复工程仍交巴尔马基家族的代表人物承担⑤。公元九世纪(据巴里黑史作者的记载⑥,从 848 年 6 月起),巴里黑由哈施木·本·马希丘尔(当与上文提到的哈施木·本·巴尼丘尔同为一人)之孙达乌德·本·阿拔斯统治⑦。达乌德·本·阿拔斯是巴里黑郊区努萨尔村、努萨尔堡以及巴里黑城内若干建筑物的建造人。所有这些建筑物均于 256/870 年毁于萨法尔朝开国之主亚尔库卜之手;亚尔库卜离去后,达乌德回到他的已毁的堡寨,未及十七日而卒⑧。在塔希尔朝与萨曼朝,巴里黑⑨是呼罗珊境内最大的城市之一,与马鲁、哈烈同等,

---

① 塔巴里书,Ⅱ,页 1206,1218。
② 玄奘书,儒莲法文译本,Ⅰ,页 23-4。还可参照《伊斯兰百科全书》Balkh 条(R. Hartmann 撰)。
③ BGA,Ⅴ,伊本·法吉书,页 322-4;还可参照亚库特,*Muʻjam*,Ⅳ,页 817-20。
④ 巴拉祖里书,页 408-9。
⑤ 塔巴里书,Ⅱ,页 1490。巴里黑史学家谓该城修复于 118/736 年(Schefer, *Chrestomathie persane*,Ⅰ,页 71)。据塔巴里书(Ⅱ,页 1591),阿萨德于回历 118 年迁都巴里黑。还可参照《伊斯兰百科全书》中我写的 Barmakiden 条,以及我写的论文 Šuʻubīja,页 261。
⑥ Schefer, *Chrestomathie persane*,Ⅰ,页 72。
⑦ 参看上文 R123 注。还可参照马夸特,*Ērānshahr*,页 301 以下。
⑧ 《原文史料选辑》,页 4(加尔迪齐书);萨木阿尼书,Margoliouth 刊本,al-Nūsārī 条。
⑨ BGA,Ⅰ,伊斯塔赫里书,页 254,278;Ⅲ,马克迪西书,页 301-2;亚尔库比,*Kital āl-Buldān*,页 287-8。

据马克迪西的记述,在面积上与布哈拉相颉颃。

巴里黑四郊,像布哈拉和撒马尔罕的四郊一样,早年曾有一道围护着市区及其周围乡村的、长达 12 法尔萨赫的郛郭①,郛郭有门十二座。九世纪,郛郭与门均已无存。巴里黑像所有大城市一样,也分为本城或内城——阿拉伯语称为麦迪那(madīna),波斯语称为沙赫里斯坦(shahristān)②——和外城——即拉巴德(rabad),与此相当之波斯语比伦(bīrūn)③一词迄不见于历史家和地理家的撰述。据亚尔库比的记载,巴里黑的拉巴德有门四座,而十世纪诸地理家则谓有门七座。看来前者的记载并非指拉巴德,而系指沙赫里斯坦而言;其他诸大城市的沙赫里斯坦通常也有门四座,这多半由于受到波斯萨珊朝城市建筑的影响④。亚尔库比又说巴里黑内城和外城的城墙相距 1 法尔萨赫,内城长宽亦各为 1 法尔萨赫(3 英里),但另据伊斯塔赫里的记述,内城长宽各为半法尔萨赫;城墙及其他建筑物均用黏土建成。沙赫里斯坦中央为大礼拜寺,巴里黑史家谓此寺建于 124/742 年⑤;大礼拜寺周围为巴扎尔。马克迪西曾盛赞巴里黑的繁荣,正因为繁荣,该城及其郊区才能向国库输纳巨款。

在成吉思汗时期,巴里黑因居民起义被堕毁。十四世纪前半期,当伊本·巴图塔旅游各地时⑥,此城仍为一片废墟;其后不久,该城虽经修复,但未曾恢复到原有的重要地位。古城遗址周长 25 俄里,迄未进行过细微的考察和发掘,地面上见到的残迹,正如人们预料所及,多系穆斯林时期的遗存⑦。现今这个省区的首府是巴里黑城以东 22 俄里的麻扎-伊·谢里甫,这是围绕十二世纪时在海尔村附近发现的哈

---
① 看 3BOPAO XIX,页 119 我在〔К истории Мерва〕论文中所摘引的原文。
② 奈尔沙希书中常见此词。还可以看 3BOPAO, XVII,页 0107 我所摘引的原文。
③ 比鲁尼,《过去世代的遗址》,Sachau 刊本,页 xviii。
④ F. Justi, *Geschichte der Orientalischen Völker im Altertum*,柏林,1884 年,页 455。
⑤ Schefer, *Chrestomathie persane*,Ⅰ,页 71。然而这一年份不无可疑,因既指出该寺为阿萨德·本·阿卜杜拉所建,而据各记载,阿萨德·本·阿卜杜拉实卒于 120 或 121/738 或 739 年。
⑥ 《伊本·巴图塔行纪》,Ⅲ,页 58-62。
⑦ A. Burnes, *Travels into Bokhara*,Ⅱ,页 204。还可参照 Yate, *Northern Afghanistan* 的叙述(附简图),页 256,280,和我撰写的 *Историко-географический обзор Ирана*,页 19 摘自此书的引文。

里发阿里的伪墓而兴起的一座城镇。旅行家加尔纳蒂传述的一则故事说①，此省总督及其士卒与乌莱玛等都曾亲眼看到这位哈里发的尚未腐朽的遗体；人们一如常例，用奇迹来证明这确实是阿里的陵墓；当时这样加以证明，看来也有其必要，因为亚伯拉罕、以撒、雅各诸族长之不朽遗骨的发现都在这个时期②（到伊本·巴图塔的时代，人们更证明先知以西结的墓葬也在巴里黑附近）。在阿里的陵墓之上添盖了一座华丽的殿堂，殿堂旋即成为朝拜的对象。现存陵墓的兴建年代，当然比被成吉思汗平毁的旧陵墓晚得很多③。

连结巴里黑与马鲁（马鲁是阿拉伯人在呼罗珊的另一据点）的道路，也像从巴里黑到巴达哈商的道路一样，依傍山脉迂回曲折④，至木尔加卜河以后转向西北，沿河以抵马鲁。在巴里黑与麦尔韦鲁德（今麦鲁查克，更可能的是今巴拉－木尔加卜）⑤之间，见于记载的城镇有沙普尔坎或乌什普尔坎、法尔亚卜与塔里寒；此中仅沙普尔坎还保有原来的名称以至于今⑥。所有这些城镇相距各为三日程。沙普尔坎与法尔亚卜均在胡实健省境内⑦，该省在九、十世纪受费里贡朝的统治，费里贡朝后为哥疾宁朝马哈茂德所灭⑧。胡实健省首府，伊斯塔赫里谓系沙普尔坎以南一站路的安巴尔，而马克迪西则谓系叶胡迪亚；由安巴尔赴叶胡迪亚，须先行二日至法尔亚卜，再行一日始抵叶胡迪亚。从沙普尔坎到叶胡迪亚，亦为三日程，再行一日可抵昆迪雷姆⑨。据马克迪西的记载，从叶胡迪亚到法尔亚卜二日程，到沙普尔坎亦为二日程，从叶胡迪亚到安巴尔一日程。

R130

80

---

① 《原文史料选辑》，页 21 - 2。
② 伊本·阿西尔书，Tornberg 刊本，X，页 394。
③ 十五世纪，这座陵墓重被发现。参照我撰写的 Историко - географический обзор Ирана，页 21 摘自 Isfizārī 书的引文。
④ BGA，I，伊斯塔赫里书，页 286；III；马克迪西书，页 346。
⑤ 关于这一问题，参照我发表于 ЗВОРАО XIV 的报告 Мервверруд，页 028 - 032。
⑥ 关于其他城镇的方位，参看上记报告页 028 以下。
⑦ BGA，I，伊斯塔赫里书，页 270 - 1；III，马克迪西书，页 298，347。
⑧ 关于费里贡朝，参看 Туманский，Новооткрытый персидский географ X столетия，页 128 - 30。
⑨ 马夸特（Ērānshahr，页 85 以下）拼读作 Kunddarm，并置此城镇于今古尔齐宛（Gurziwān 或 Guzarwān）地方。

由此可见，叶胡迪亚大约也在大路以南①。载籍中还提到由马鲁至叶胡迪亚的另一条路，此路在阿赫纳甫·本·凯斯堡附近与巴里黑路交叉，该堡与木尔加卜河畔的麦尔韦鲁德相距一日程②。

阿拉伯地理学家不曾说到这些城镇与傍阿母河岸的次一城镇凯利夫的距离，唯一的报道是说忒耳迷与凯利夫相距二日程③；巴里黑与凯利夫的距离仅见于十二世纪著作家萨木阿尼书，谓为18法尔萨赫④。十世纪时，凯利夫城跨据阿母河两岸，在这一点上与阿母河沿岸其他城镇均不相同。凯利夫城的主要部分和坐落在祖勒－卡尔奈恩拉巴特以内的礼拜寺均在河的左岸；右岸与此拉巴特相对处为祖勒－基弗勒拉巴特⑤。从布哈拉到凯利夫的道路，和今天的情况一样，穿过卡什卡河流域。不过，顺便说一句，卡什卡河流域与泽拉夫尚河盆地的关系通常比它和阿母河两岸的关系更为密切。

自凯利夫以下，阿母河沿岸有泽姆与阿赫西塞克二城镇，前者在河左岸，后者在右岸，其地距忒耳迷五日程，距阿模里（今查尔周）四日程，准其地望，显然位于今克尔基要塞所在之处。泽姆与阿赫西塞克属于同一行政单位，伊玛目的法坛亦即大礼拜寺，据马克迪西的记载，位于泽姆之有覆盖的诸巴扎尔的中心。伊斯塔赫里谓泽姆为小城镇，而马克迪西则谓此镇颇具规模，近郊放牧着许多骆驼和羊⑥。马克迪西在列举阿母河上的渡口时既没有提到泽姆，也没有提到阿

---

① 叶胡迪亚大约即麦门奈（Maymana），此地在中古时期名麦门德（Maymand），参照我写的 *Историко-географический обзор Ирана*，页23；马夸特，*Ērānshahr*，页78。
② BGA，Ⅰ，伊斯塔赫里书，页270；Ⅲ，马克迪西书，页314。关于阿赫纳甫堡，还可参看巴拉祖里书，页406。
③ BGA，Ⅲ，马克迪西书，页343。
④ 亚洲博物馆藏抄本，页359；Margoliouth 刊本，al-Kālifī 条，还可参看亚库特，*Mu'jam*，Ⅳ，页229。
⑤ BGA，Ⅲ，马克迪西书，页291。据马克迪西的记述（页292），凯利夫与忒耳迷之间有三个渡口。祖勒-基甫勒是一位先知，见《古兰经》21∶85 与 38∶48；参看《伊斯兰百科全书》Dhu'l-Kifl 条（I. Goldziher 撰）。礼敬这位圣徒的地点，后来从凯利夫转移到忒耳迷近旁的岛屿上，该岛因此而得名阿拉勒-佩甘贝尔（Aral-Payghambar）；参照我写的 *Орошение*，页75。十八世纪的著作仍称凯利夫位于阿母河南岸，于以知今这位于河北岸的新城必系近年所建。
⑥ BGA，Ⅰ，伊斯塔赫里书，页283，298，Ⅲ，马克迪西书，页291。

赫西塞克;克尔基渡口被他称为克尔库赫,河右岸与克尔库赫相对处称班凯尔①或拜凯尔渡口。马克迪西进而记述从胡实健省,亦即从法尔亚卜经过安德胡德(今安德胡伊)以达克尔库赫的道路;从安德胡德到克尔库赫,计为三日程②。据伊斯塔赫里的记述,安德胡德或安胡德系全县(rustāq)的名称,县城为一小镇,名乌什图尔只③。后来安德胡德似乎日益重要;据旅行家们传述,安德胡伊现在是一个普通的村庄,但附近有一片幅面颇广的古城废墟④。

从泽姆起,阿母河左岸的居民开始进行灌溉⑤;从阿模里(查尔周)起,河左岸出现阡陌相连的农田⑥。阿模里距河约1法尔萨赫之遥,面积与泽姆相仿佛⑦;此城虽小,但为呼罗珊与河中往来要冲,故阿母河即因此城而得名⑧。右岸距河亦约1法尔萨赫处有城名费雷卜尔或法拉卜。该城有一大礼拜寺,寺以砖砌成,未用任何木料。法拉卜埃米尔前曾享有高度的自主权,以致"他没有因任何事务前往布哈拉的必要"。还有一种传说,此地曾有一位地方法官,"惯以谢达德(Shaddād)的不公平判决案件"⑨。库达玛⑩称费雷卜尔为"阿里的村庄";据亚库

---

① BGA,Ⅲ,马克迪西书,页292。
② 同上书,页347。
③ BGA,Ⅰ,伊斯塔赫里书,页270-1。
④ A. Vambery, *Travels in Central Asia*,伦敦,1864年,页240以下(俄文译本,圣彼得堡,1865年,页120);M. P. X. *Сведения*,页109. 参照我写的 *Историко-географический обзор Ирана*,页24;Le Strange, *The Lands of the Eastern Caliphate*,页426,《伊斯兰百科全书》,Andkhuy条(释文甚短)有摘自此书的引文。
⑤ BGA,Ⅰ,伊斯塔黑里书,页297。
⑥ 同上书,页338。
⑦ 同上书,页281。
⑧ 还可参照 M. Streck 的意见(《伊斯兰百科全书》,Āmul条),Streck 认为"阿母"(Āmū)容或为"古代当地居民对乌浒水(Oxus)的称呼",而阿模里城更因河而得名。很有可能,乌浒水岸上的阿模里城像马赞德兰境内的阿模里城一样,其得名亦与阿利安人到来前的阿玛尔德人(Amards)有关。阿玛尔德人可能在古代向东分布到乌浒水一带;参照马夸特的意见(*Ērānshahr*,页136)。倘事实确系如此,则阿母一名当比阿利安人所用的瓦赫什(乌浒)一名出现更早。阿模里改称查尔周,始于十五世纪,参照《伊斯兰百科全书》中我写的 Amū Daryā 条。
⑨ 奈尔沙希书,舍费尔刊本,页17;Лыкошин 俄文译本,页29。关于法拉卜及此城残迹,参看 Л. Зимин, *Старый Фараб*,页1以下。
⑩ BAG,Ⅵ,库达玛书,页203。

特书①,它又叫作"塔希尔·本·阿里的拉巴特"。马克迪西曾经记述了克尔库赫与呼罗珊大路之间的若干渡口;其中有阿母河右岸的小城镇纳维达(这是撒马尔罕居民的渡口,镇内有一座大礼拜寺)和阿拉伯人的村庄布尔马杜伊②。距法拉卜不远,有贝提克村,见于奈尔沙希的记载③,此村今仍存在。

从呼罗珊入河中的主要道路,自古至今,一直经过阿模里和法拉卜,因为阿母河在这一带与泽拉夫尚河相距最近。泽拉夫尚河的水流,不仅在十世纪,而早在亚历山大的时代④,即未及泻入阿母河已遇沙而伏。该河流域一直是河中全境最肥沃、最富庶的地区,下文就来介绍。

泽拉夫尚这个名称,不见于十八世纪以前的历史撰述⑤。托玛舍克根据中国人转写的那密二字推断古代阿利安人称此河为那米克⑥。依照阿拉伯人的记载,此河发源于布特姆或布特曼⑦山;此布特姆或布特曼山乃阿母、锡尔二河上游之间整个山区的总称。又阿拉伯人将此山区分为第一布特姆、中央布特姆与外布特姆,这显然分别指喜萨尔、泽拉夫尚与突厥斯坦三条山脉而言。泽拉夫尚河在距离石汗那边境不远的布尔加尔地方从中央布特姆山流出⑧;是即阿拉伯人所说的溱水,其形似湖,周围布有村庄⑨。从河源到撒马尔罕的距离,当时估计为 20

---

① 亚库特,*Mu'jam*,Ⅲ,页 867。
② BGA,Ⅲ,马克迪西书,页 291 – 2。
③ 奈尔沙希书,Schefer 刊本,页 5。
④ 参照 Arrian,*Anabasis*,Ⅳ,页 6,与 3ВОРАО,XXI,页 0147 我的评述。只有 Ḥāfiẓ Abrū 曾说,在他那时候,泽拉夫尚河水涨时能流入乌浒水,参看我的论文 *Хафизи – Абру*,页 18。与此相反,*Bābur – Nāmah*,Beveridge 刊本,页 45b,译本,页 77 称,在他那时代,"每年有三或四个月的时间"泽拉夫尚河水还流不到布哈拉。
⑤ 〔此依英译本,俄新版无"十八世纪以前的"等字。〕
⑥ Tomaschek,*Sogdiana*,页 19 – 20。亚尔库比书(BGA,Ⅶ,页 293)作 Dāsif,奈尔沙希书(Schefer 刊本,页 5)作 Māsif,二者大约均应读作 Nāmiq。后来的作家,直到近期常称此河为库赫克(Kūhak),意为小山,盖因撒尔罕附近的高岗,今称乔盘 – 阿塔者而得名。〔伯希和认为汉文"那密"(Nâ – miĕt)二字不能还原作 Namik,他揭示此名之阿拉伯书法多半作 Nāmidh,参看 Pelliot,Notes sur le 《Turkestan》de M. W. Barthold,页 15。〕〔冯承钧,《西域南海史地考证译丛》,三编,页 4。〕
⑦ 图曼斯基抄本作布特曼山〔χуδуд ал - 'āлам,页 23b – 25a Butmān〕。
⑧ BGA,Ⅰ,伊斯塔赫里书,页 328。
⑨ BGA,Ⅰ,伊斯塔赫里书,页 319。

至30法尔萨赫①。这种估计表明,当时人们把凡河,甚至把左岸更小的支流之一看作是泽拉夫尚河的正流。在布尔加尔村,有发自乌斯鲁沙那境内麦斯哈县之水来会②,巴布尔书③称来会之水为麦西哈或麦斯恰,即今马特恰河,实为泽拉夫尚河正源。布尔加尔村以下不远,有城名本吉凯特,亦即喷赤凯特。据诸地理家记载④,此城距撒马尔罕9法尔萨赫;另据萨木阿尼与亚库特书⑤,两地相距不过6法尔萨赫;二说当以前说近是⑥。自本吉凯特下行不远,在距撒马尔罕4法尔萨赫的瓦拉格塞尔(直译"坝头")地方⑦,有坝一座,河水至此分为数支。最长的一支名巴尔什,流经撒马尔罕,可能即今之达尔加姆渠;城内诸渠俱自此引水⑧。此河以南为巴尔米什渠(全长约一日程)与巴什敏渠(三渠以此为最短)。瓦拉格塞尔居民承担维修水坝之责,为此免纳赋税。瓦拉格塞尔当即近代的火者拉巴特;三渠后来分别被称为达尔加姆、阿拔斯与卡拉乌纳斯,今名达尔加姆、养吉渠、卡赞渠⑨。又自瓦拉格塞尔对岸古巴尔地方亦分出布兹马真、锡纳瓦卜与瑟底痕三渠,此三渠灌溉着撒马尔罕县的北部。据称最大的渠道,即巴尔什与巴尔米什,当时可以行船⑩,但多半只能用筏浮行,据马克迪西的记载,他那时候

---

① BGA,Ⅱ,伊本·豪卡勒书,页370-383。
② 同上书,页386。
③ 巴布尔书,Ильминский 刊本,页118;Beveridge 刊本,页97,译本,Ⅰ,页149,索引,Macha 条。参照同书,Beveridge 刊本,页99,译本,Ⅰ,页152,此处提到阿卜-布尔丹村,村有一墓,在泉源近旁。该村亦曾发现一根颇为古老的木柱〔参看 Бартольд, *Отчет о командировке в Туркестан* (1920г.),页215〕。
④ BGA,Ⅰ,伊斯塔赫里书,页342。
⑤ 亚尔库特,*Mu'jam*,Ⅰ,页744。
⑥ 较晚的记载提到喷赤凯特附近有一村庄名穆护凯德-伊·喷赤凯特,意为喷赤凯特拜火教徒的大厦,参看 Вяткин, *Материалы*,页25〔此页作:Мугкадаи - Панджкент〕。
⑦ BGA,Ⅰ,伊斯塔赫里书,页342;亦见于萨木阿尼书(亚洲博物馆藏抄本,叶455;Margoliouth 刊本,al - Wāraghsarī 条)。
⑧ 中亚专称用于灌溉之水渠为 arīq,亦作 arigh。
⑨ 参看我写的 Орошение,页104以下;关于 Rabāṭ - i Khoja〔火者拉巴特〕,看同书,页116;巴布尔书,Beveridge 刊本,页59,译本,Ⅰ,页97。
⑩ BGA,Ⅰ,伊斯塔赫里书,页319-21。

已和现在一样,惟阿母、锡尔二河可通舟楫①。

上述灌溉系统无疑在伊斯兰以前已粗具规模,此可于735年或736年总督阿萨德·本·阿卜杜拉企图在瓦拉格塞尔筑坝以断撒马尔罕居民水源一事见之②。然而,另据伊斯塔赫里的记载,流向撒马尔罕以南的渠道均不甚长,由此可知当时还没有如阿兰达连科所描述③的、"向哈尔施远方大量输水"的莫纳斯渠,容或根本就没有这样一条渠道存在过亦未可知。

无论从面积或从人口来说,撒马尔罕一向是河中地区第一大城④,即便在如萨曼朝以布哈拉为都城之时也是如此。撒马尔罕之所以这样重要,其原因首先在于它的地理位置适当来自印度(经过巴里黑)、来自波斯(经过马鲁)以及来自突厥人地区的几条商路干线相会之处。次则撒马尔罕的土地异常肥沃,足以供养集中于一地的数量庞大的人口。然而古代撒马尔罕的规模,远不能和萨曼时期相比;昆图斯⑤说,撒马尔罕外城周长70斯泰迪阿⑥,即全长约15俄里,玄奘说只有20里⑦(约7俄里)。那色菲记录了有关此城起源的若干当地传说⑧,据称撒马尔罕在屈底波入侵时(八世纪初),已经存在了2,250年之久;可是为人所知的只有十三位相继临朝的君主,而且这些君主均属于阿拉伯征服时期的那个朝代。根据另一传说,撒马尔罕全城或至少其一部

---

① BGA,Ⅲ,马克迪西书,页323。
② 塔巴里书,Ⅱ,页1586。
③ Арандаренко,*Досуги*,页270。此书之外,Н. Петровский先生也对泽拉夫尚河上游的水坝作了一些有趣味的描述,见所撰 *Заметка*,页490-3。但此文所提供的情况,亦颇可疑;参照我写的 *Орошение*,页103。
④〔除了 B. B. 巴托尔德在下文征引的与撒马尔罕有关的文献之外,还可参看下记刊行于《突厥斯坦》俄文第一版问世以后的撰述:Бартольд,*Отчет о поездке в Самарканд*; Вяткин,*Афрасиаб*; Вяткин,*Памятники*; Бартольд,《*Иран*》,Ⅱ,181-5; Умняков,*Архитектурные памятники*; Якубовский,*Из истории археологического изучения Самарканда*; Шишкин,*Города Узбекистана*; Тереножкин,*Вопросы*; Тереножкин,*Раскопки на городище Афрасиабе*; Полупанов,*Архитектурные памятники*; Массон,*К периодизации*.〕
⑤〖Quintus Curtius Rugus,罗马历史家,公元一世纪时人。以撰有亚历山大传为世所知。〗
⑥〖Stadium,多数 Stadia,希腊长度名,等于185.2米或606.75英尺。〗
⑦ Tomaschek,*Sogdiana*,页65。彼时1华里为1俄里的1/3,今则为1俄里的1/2。
⑧《原文史料选辑》,页48-9(*Qandiya*)。

分的建立人是马其顿王亚历山大①。

关于穆斯林时期撒马尔罕的记述,当以伊本·法吉书②为最早。依据他的记述,撒马尔罕及其近郊,像巴里黑和布哈拉一样,外有郛郭,郛郭周长12法尔萨赫,辟门十二,门木制,各有双扉。门皆二重,外门亦有双扉,形制与内门同,内外二门中间为门守住所。尽管阿拉伯原文的语意有些含混,但依德·古耶的解释,亦足以证明两道围墙的存在。城厢占地6,000杰里卜③,城区5,000杰里卜,内城④(沙赫里斯坦)2,500杰里卜。内城以内有大礼拜寺、子城及位于子城以内的总督官邸;子城有二门,铁制。由此看来,撒马尔罕与布哈拉有所不同,即它像其他若干城市(如乌斯鲁沙那的首城)一样,其子城位于沙赫里斯坦以内。

关于撒马尔罕的地形及其变迁沿革,历史家只向我们提供了零星片断的资料。根据塔巴里的记载⑤,外城系阿布·穆斯林所建。塔巴里更述及⑥,当叛乱者拉菲尔·本·莱思被哈尔萨玛将军围困时,外城失陷,退据内城(809年),在内城又坚守了一年之久。又据亚尔库比的记载⑦,撒马尔罕原有一道大墙,后来此墙倾圮,由哈仑·拉施德下令修复。那色菲则谓⑧外城的建筑人为阿布·努阿曼,此人多半是指半神

---

① 还可参看 BGA, I,伊斯塔赫里书,页318;V,伊本·法吉书,页325。
② BGA, V,伊本·法吉书,页325-6。还可参看亚库特, *Mu'jam*, III, 页134, 此处只说到外城和内城,前者的面积为10,000杰里卜,后者为2500杰里卜。
③ [Jarīb.]据 *Tāj al-'Arūs*《新娘的花冠》这部辞书的解释(东方版, I, 179),一杰里卜含十卡菲兹(qafiz),另说仅合四卡菲兹;这一计算面积的单位和表明长度、重量的单位一样,其大小因地而异。同书IV,页70谓一卡菲兹折合144齐拉(dhirā'),当即144平方齐拉(参看 Ханыков, *Описание бухарского ханства*,页133所记关于танап 之类似的定义),或2,304平方俄丈,稍小于一俄亩。《伊斯兰百科全书》Djarīb 条只说杰里卜的大小"因地因时而有不同"。一般认为一杰里卜等于3,600平方齐拉,参照 Khwārizmī, *Mafātīḥ al-'Olūm*, 页66。据 Herzfeld 推算,一齐拉等于51.8厘米(*Der Islam*, IV, 页199),即半米强,一俄尺弱。由此可知,一杰里卜当稍大于900平方米。〔据 W. Hinz, *Islamische Masse und Gewichte umgerechnet ins metrische System*, 页65-6, 在中古早期,一法定的杰里卜等于1,952平方米,至中古晚期(不晚于十五世纪),在伊朗及其邻接地区,等于958平方米。〕
④ 城有四门的记载,多半是指此内城,而并不是像原文那样指面积为5,000杰里卜之城而言。
⑤ 塔巴里书, III, 页80。
⑥ 同上书, III, 页775。
⑦ BGA, VII (*Kitāb al-Buldān*), 页293。
⑧《原文史料选辑》,页48-49(Nasafī, *Qandīya*;同上书, Вяткин 译本,页242, 250)。

话性的也门诸王之一而言,而记载历史传说的作家们之所以把也门诸王也引入撒马尔罕的历史,其原因看来不外也门诸王之一的名字叫作沙玛尔(Shammar)而已。奈塞菲还说到,135/752－3 年,阿布·穆斯林修建了城门、垛口和望楼;城墙全长 7.5 法尔萨赫;阿布·穆斯林分之为 360 段。每隔 200 加兹(加兹即齐拉,参看上文脚注)有一望楼;由于奈塞菲按 12,000 加兹等于 1 法尔萨赫计算,故全城望楼当有 450 座。城高 4 加兹。

十世纪的诸地理家①主要描写了沙赫里斯坦的情况。撒马尔罕像其他城市一样,其沙赫里斯坦亦有四门。东为位于高地之上的中国门,出门下阶,级数颇多,阶尽即泽拉夫尚河滨;西为瑙贝哈尔门,或称铁门;北为布哈拉门,亦称乌斯鲁沙那门;南为碣石门,或称大门。沙赫里斯坦的城墙显然造于前穆斯林时期;由于筑墙用土甚多,取土处成为一道大壕;为利用此壕引水入城,遂在"铜匠坊"(aṣ-Ṣaffārūn)起石坝一座。水由碣石门旁"拱头"(Ra's aṭ-Ṭāq)流入沙赫里斯坦,这里正是主要市场和全城人烟稠密的所在。又至十二世纪,碣石门一带依然是撒马尔罕繁华区坊之一②。水渠开凿于前穆斯林时期,渠道越壕入城;渠身全部覆以铅板。征自沿渠地段的税款,即用以保养渠道。撒马尔罕的拜火教徒出工维修水坝的义务,他们因此而被蠲免人丁税。

只靠这些资料,对中古时期撒马尔罕沙赫里斯坦的位置,仍难得到确切的概念;不过现已完全判明:今城以北被称为阿弗拉锡亚卜的废墟便是中古沙赫里斯坦的遗址③。沙赫里斯坦之外有一高冈,名库赫克(意为"小山",今名乔盘－阿塔),据伊斯塔赫里的记述④,长约半英里,紧傍城墙,人们从这里采石作为建筑材料,取土用以制造器皿及其

---

① BGA, I,伊斯塔里黑书,页 316－7;II,伊本·豪卡勒书,页 365－6;III,马克迪西书,页 278－9; V,伊本·法吉书,页 322。
② 亚库特,*Mu'jam*, I,页 446(摘自萨木阿尼书,参看亚洲博物馆藏抄本,页 35;Margoliouth 刊本,al-Bābkasī 条)。
③ 参看我写的 *Орошение*,页 106 以下。
④ BGA, I,伊斯塔赫里书,页 318。

他物品。出中国门,下阶有路直趋当时存在的桥,桥名吉尔德,见于伊本·豪卡勒的记载①。今日在这一带我们仍能看到较晚的一座桥的遗迹(此桥遗迹距阿弗拉锡亚卜较远);故老相传,这座桥像此地所有其他建筑物一样,系帖木儿或布哈拉的阿卜杜拉所建,实则此桥系由昔班尼汗建于十六世纪初年②。桥下河深2卡码(卡码,长度名,相当于一人的身高);当山间积雪融解时,河水上涨,有时漫过桥面(撒马尔罕人缺乏防洪的能力)。历史家乌特比曾言及③撒马尔罕的另一座较小的桥。据萨木阿尼的记载,此桥位于"城内"(十二世纪时,城的大小已几与近代的城相埒)加特菲尔区坊④。

阿弗拉锡亚卜西墙的门是璐贝哈尔门;近代的森格雷散墓场在此门附近⑤。从遗迹的分布来看,子城位于阿弗拉锡亚卜的北部;哈菲兹·阿卜鲁所说的毁于成吉思汗之手的"子城"⑥,不仅指十世纪的子城,实指阿弗拉锡亚卜全部而言(参看下文术外尼关于成吉思汗征服的叙述)。阿弗拉锡亚卜城墙的北门为布哈拉门,南门为碣石门。全城人烟最稠密的区坊,十世纪诸地理家称之为拱头,萨木阿尼称之为德尔瓦泽-伊·碣石(Darwāza – i Kish),已延伸到今城范围以内,位于今城北部。碣石门附近一带在前穆斯林时期已并归撒马尔罕城,这一事实有伊斯塔赫里的一段记载⑦为证:伊斯塔赫里说他曾亲眼看到门上嵌有一块铁版,上有人们不明其为何种文字的铭文。居民世代相传铭文系希姆亚里文,内容叙述也门都城萨那(Ṣanʿā)与撒马尔罕之间的距离

---

① BGA,Ⅱ,伊本·豪卡勒书,页371。
② 参看我1916年考察突厥斯坦边区的报告〔*Отчет о командировке в Туркестанский край летом 1916 года*〕,页1239以下。
③ 奈尔沙希书,Schefer刊本,页217;'*Utbī – Manīnī*书,Ⅰ,页323(qanṭarat kūh. k)。
④ 萨木阿尼书,Margoliouth刊本,al – Ghātfirī 条(关于此字读音,参照同书 al – Rastaghfirī 条。这一区坊位于近代子城近旁,参照 Вяткин,*Материалы*,页19。
⑤ 此门附近,沙赫里斯坦以内,曾经发现一古老建筑物的遗迹,但尚未进行发掘;参照巴托尔德,*Отчет о командировке в Туркестанский край летом 1916 года*,页1241。
⑥ Бартольд,*Хафизи – Абру*,页14,16。
⑦ BGA,Ⅰ,伊斯塔赫里书,页318。

以及其他数地之间的距离①。对铭文加以这样的解释，显系附会上文提到的也门诸王远征撒马尔罕的无稽之谈；尽管如此，十世纪时，碣石门上悬有一块当时居民已不能通读其铭文的铁版，仍属事实。伊斯塔赫里留居撒马尔罕期间，各门为叛乱者所堕毁，后经该城部督阿布勒－穆扎法尔·穆罕默德·本·罗克曼·本·纳斯尔·本·艾哈迈德·本·阿萨德（埃米尔纳斯尔的从兄弟）改建为铁门，铭文铁版当然未再悬出。

撒马尔罕外城城墙的状况，伊斯塔赫里记述如下②："粟特河流经拉巴德与内城（沙赫里斯坦）之间，墙在河的后面，起自名为阿弗施那的地方，经库赫克门，然后依次绕经瓦尔斯宁·费奈克门、里乌达德门、法尔鲁赫施德门以及加达瓦德门；从这里延伸到河边，此河适成为拉巴德北面的护城河。把撒马尔罕的拉巴德圈起来的这道城墙，每面长2法尔萨赫。"这段记载当然有不能自圆其说之处，如果粟特河流经沙赫里斯坦与拉巴德之间，那末，它自不能"适成为拉巴德北面的护城河"。伊斯塔赫里在其著作的另一处说③，又马克迪西也说④，拉巴德有门八座，即加达瓦德、伊斯比斯克、苏哈颀、阿弗施那、瓦尔斯宁、库赫克、里乌达德与法尔鲁赫施德。这里没有提到弗奈克门，可知其或为伊斯比斯克门，或为苏哈欣门。萨木阿尼与亚库特⑤都提到了费奈克，谓为撒马尔罕附近的一个村庄，距撒马尔罕半法尔萨赫之遥。加达瓦德是撒马尔罕郊外的区坊，离城1法尔萨赫⑥。伊斯比斯凯特（亚库特书中作伊斯巴斯凯特）是距撒马尔罕2法尔萨赫的村庄⑦；瓦尔斯宁或瓦尔斯南则为撒马尔罕城内区

---

① 伊本·法吉书（BGA，V，页326）与亚库特书（Mu'jam，Ⅲ，页136）从著名语言学家阿斯马伊（Aṣma'ī，关于此人，参看 Brockelmann，GAL，Ⅰ，页104）转引的铭文，较伊斯塔黑里所引的为完备。布洛舍推想铭文系用鄂本浑文字书写，后者有与希姆亚里文字相似之处；但阿拉伯人通常把自己不认识的文字都叫作希姆亚里文或穆斯纳德文（Musnad），参照 3BOPAO，Ⅻ，页 xxiv 以下。
② BGA，Ⅰ，伊斯塔赫里书，页317。
③ BGA，Ⅰ，伊斯塔赫里书，页318。
④ BGA，Ⅲ，马克迪西书，页278。
⑤ Mu'jam，Ⅲ，页920。
⑥ 同上书，页776。萨木阿尼写作古扎瓦兹（Ghudhāwadh）。
⑦ 亚库特，Mu'jam，Ⅰ，页238。

坊之一①。里乌达德村(下文仍将述及)位于城南,相距1法尔萨赫。十世纪时,由于撒马尔罕居民有背叛萨曼家族的行动,萨曼政府下令将拉巴德所有城门一律平毁②。城墙以外,法尔鲁赫施德村旁,有称为火者阿卜迪·比龙(意为外火者阿卜迪)的坟墓,今仍存;另一坟墓在城墙附近,被称为火者阿卜迪·达龙(意为内火者阿卜迪)③。

到汉内科夫的时候,撒马尔罕西面的老城墙仍存残迹④,在今城以西四俄里。但据甄纳比的记述⑤,旧城墙的残迹尚远在此以西,距撒马尔罕可半日程;帖木儿曾在其地建立迪麦什克城镇,今为安加尔斯克州的一个村庄。甄纳比说的正是拉巴德的城墙,残迹今犹历历在目,1903年,俄罗斯中亚与东亚考察委员会曾加以探查。此墙现被称为迪瓦尔－伊·吉亚马特或昆达兰格,全长几达40俄里(27英里),所包括的地面约10,000俄亩(约44平方英里)⑥。

人口数字自与我们对这类大城市所料想的很不相称;园林占去城内颇大一部分面积,几乎每家都有庭园。从子城的最高点俯瞰全城,只见树海汪洋,看不到什么建筑物⑦。关于撒马尔罕的人口数字,我们当然没有统计资料,据长春真人的记述⑧,在成吉思汗进攻以前,全城居民凡十万户。估计到成吉思汗入侵前数年撒马尔罕已经受过花剌子模沙的蹂躏,又哈剌汗朝时期总的说来是一个文化衰退,从而也是城市生活衰退的时期,因此我们设想萨曼朝时期撒马尔罕的人口或在五十万人以上,可无夸大之嫌。

---

① 亚库特,*Mu'jam*,Ⅳ,页921。
② BGA,Ⅱ,伊本·豪卡勒书,页367。
③ 参照奈塞菲,*Qandīya*,Вяткин 译本,页279。
④ Ханыков,*Описание Бухарского ханства*,页100与106;此处称西城墙为《Дивуали－Киомят》,即Дивал－и(或 Днвар－и) Киямат。
⑤ 亚洲博物馆藏抄本,No.528,叶452。甄纳比所依据的资料为 Ibn 'Arabshāh, '*Ajā'ib al-Maqdūr*,开罗刊本,页17。
⑥ Вяткин,*Материалы*,页21;奈塞菲,*Qandīya*,Вяткин 译本,页277以下。
⑦ BGA,Ⅰ,伊斯塔赫里书,页317。
⑧ Кафаров 俄译本,页311;Bretschneider,*Researches*,Ⅰ,页78。[《海宁王静安先生遗书·长春真人西游记注》,卷上,页40上。]

伊斯塔赫里提到的园艺事业的广泛发展，必与大规模的人工灌溉互为因果。可惜十世纪诸地理学家未曾留给我们关于撒马尔罕渠道的详细记载；只有从那色菲的撰述中可以找到一些资料①，而亦模糊不清。依照他的记述，河水从西（？）门入城，分为四渠，四渠又各分为二支渠，因此全城共有八条渠道。四条干渠的名称为加凯尔迪扎、穆扎欣（或作马兹达欣）、伊斯肯德尔加姆、阿森金与森格雷散；后二者看来是同一干渠之两条支渠的名称。上述诸渠灌溉的地段，其面积均按哈卜勒计算，每一哈卜勒等于60平方齐拉②。据称撒马尔罕及其四郊共有14,600（另一抄本作4,600）哈卜勒水浇地和670（或作680）座拦水坝。诸渠道中，加凯尔迪扎全长17,240加兹，灌地1,067哈卜勒，拦水坝59座。这一渠道就是伊斯塔赫里和马克迪西提到的在前穆斯林时期开浚的渠道，向沙赫里斯坦供给用水。穆扎欣或马兹达欣细分为45条支渠，灌地2,900哈卜勒或2,750（另一抄本作2,785）吉弗特（jift，一吉弗特等于一犋牛拉犁一日所耕之地③，与拉丁语 jugum 同义）。伊斯肯德尔加姆渠灌地1,486吉弗特。阿森金渠与森格雷散渠灌地275吉弗特。按上列数字计算，哈卜勒的总数大大超过了4,600，但又远远不及14,600。所有这些渠道只供给本城及西、南二郊区的用水，至于北、东二郊区的用水，当时似乎和现在一样，都依靠从溪涧引水的渠道，如锡亚卜（Siyāb = Siyāh Āb，与突厥语 Qara Su 同义，此言黑水）或巴布尔提到的阿卜－伊·拉赫马特④。伊斯塔赫里所用的"瓦迪－斯－粟特"（Wādī－s－Sughd）一词，大约兼指泽拉夫尚与锡亚卜二者而言，否则难以解释上述矛盾。十三世纪时，长春真人⑤说只有

---

① 《原文史料选辑》，页49-50（Qandīya）；参照维亚特金的译文与释义：Несефи, Кандийа, 维亚特金译本，页252以下，287以下；还可参照 Бартольд, Орошение, 页108。
② Le Strange, Baghdad, 页326。
③ 〔"一日所耕之地"应作"一季所耕之地"。〕
④ Bābur-Nāmah, Beveridge 刊本，页48；译本，Ⅰ，页81。
⑤ Кафаров 译本，页311；Bretschneider, Researches, Ⅰ，页77以下。《海宁王静安先生遗书·长春真人西游记注》，页40上。〕

两条水渠入城;可是即便到了他这时候,流水也和十世纪时一样,几乎被引到每户人家。

加凯尔迪扎一词,在十二世纪时,也是撒马尔罕一个区坊的名称,这一区坊内有专葬乌莱玛及当时显要人物的一块墓地①。此外,我们还知道下记撒马尔罕区坊(maḥalla)的名称:(1)阿斯菲扎尔,在沙赫里斯坦以内,此区坊内有萨曼朝的宫殿②。(2)巴卜-德斯坦,有乌什塔卜迪扎③大区坊与此区坊合而为一。(3)喷赤欣④,大区坊。(4)扎格里马什⑤,大区坊。(5)森格迪扎⑥(此为波斯语名)或拉德拉达(此为阿拉伯语名,意为"小石")。(6)费尔扎米坦⑦,在拉巴德以内。(7)法吉迪扎⑧。(8)坎宛⑨。(9)马图里德或马图里特⑩,在拉巴德以内,今为城西北方的村庄,昔为城内富贵人家别墅所在地⑪。(10)吉尔只敏或凯尔术敏(?),区坊内有桃花石汗·伊卜拉欣·本·侯赛因的宫院⑫。(11)齐巴卜⑬。瓦尔斯宁区坊亦名亚尔凯特⑭区坊。萨

---

① 萨木阿尼书,Margoliouth 刊本,al-Jākardīzī 条,此条释文脱漏了以下数字:〖"此中有乌莱玛及诸显要人物的大墓地"〗,我所编的《原文史料选辑》,页55亚洲博物馆藏抄本补出。这一墓地现仍存在,位于今城东南部(Bābur-nāme,维里特金译本,页31,32)。萨木阿尼书(Margoliouth 刊本 al-Sūbkhī 条)置此墓地于"麻扎门"(Mazār Gate)近旁,此麻扎似指库萨木·本·阿拔斯的麻扎而言。

② BGA,Ⅱ,伊本·豪卡勒书,页366。

③ 亚库特,Muʻjam,Ⅰ,页275,444;萨木阿尼书,Margoliouth 刊本,al-Ashtābdizkī 条。

④ 萨木阿尼书,Margoliouth 刊本,al-Banjkhīnī 条;亚库特,Muʻjam,Ⅰ,页743.

⑤ 亚库特,Muʻjam,Ⅱ,页931;《原文史料选辑》,页58(萨木阿尼书,Margoliouth 刊本,al-Zaghrīmāshī 条。

⑥ 亚库特,Muʻjam,Ⅱ,页789;Ⅲ,页162,168。

⑦ 同上书,Ⅲ,页872;萨木阿尼书,Margoliouth 刊本,al-Farzāmīthanī 条。

⑧ 亚库特,Muʻjam,Ⅲ,页904,此处拼 Faghandarat;萨木阿尼书,Margoliouth 刊本,al-Faghīdizī 条。

⑨ 亚库特,Muʻjam,Ⅳ,页313〔本书1900年俄文版作 Кенун〕。

⑩ 《原文史料选辑》,页66(萨木阿尼书,Margoliouth 刊本,al-Māturītī 条);亚库特,Muʻjam,Ⅳ,页378提到这一区坊,但读音为 Mātūrib。

⑪ Арандаренко,Досуги,页653。马图里德是大神学家阿布·曼苏尔·马图里迪(卒于约333/944年,参照 Brockelmann,GAL,Ⅰ,页195)的故里,今在加凯尔迪扎仍能看到他的坟墓。参看巴尔托德,Отчет о командировке в Туркестан(1920),页215以下。

⑫ 《原文史料选辑》,页87(ʻAwfī)〔本书1900年俄文版作"伊卜拉欣·本·纳斯尔的宫院"〗。

⑬ 亚库特,Muʻjam,Ⅳ,页25(阿拉伯语作 qibāb,系 qubba 的多数,意为圆屋顶或帐篷)。

⑭ 萨木阿尼书,亚洲博物馆藏抄本,叶466;同书,Margoliouth 刊本,al-Yārkathī 条。

木阿尼还述及①三条街道的名称,即阿卜德克街、加特费尔区坊内的萨利赫街以及海延墙街。

城内个别建筑物见于记载的有:(1)子城内阿拉伯诸埃米尔的古老官邸;在伊斯塔赫里②的时代尚颇完好,但至伊本·豪卡勒③的时代则已残破不堪。(2)子城以内的监狱;这座监狱业经伊斯塔赫里道及,虽则伊本·豪术勒说它初建于他的时代。(3)沙赫里斯坦以内,子城近旁,有大礼拜寺;大礼拜寺与子城之间是一道大街④;这座礼拜寺的遗址位于阿弗拉锡阿卜以内的子城以西,1904年与1905年,经维亚特金和我勘查确定⑤。(4)拉菲尔·本·莱思的堡寨⑥。城内街道,除了少数例外,均用石铺砌,建筑物像现在一样,绝大多数系用泥土和木料建成。市场多在拉巴德以内,主要集中在碣石门附近⑦。沙赫里斯坦与拉巴德共有2,000场所免费供应冰水,这项业务的经费来自善人们的布施。冰水贮藏在喷水器中,或在铜壶、瓦罐内存放⑧。值得注意的还有伊木·豪卡勒关于撒马尔罕各广场上(违反伊斯兰教基本教规)设置一些动物雕像的记载⑨:"取柏木雕成一些令人吃惊的马、牛、骆驼和野山羊的形象,一对对地对面站着,怒目相视,似在取势扑斗。"

在撒马尔罕诸圣迹中,居于首位的一直是库萨木·本·阿拔斯的陵墓。库萨木是先知的从兄弟,相传在56/676年偕赛义德·本·奥斯

R142

91

---

① 《原文史料选辑》,页58(萨木阿尼书,亚洲博物馆藏抄本,叶209;Margoliouth刊本,al – Zaghrīmashī与al – Sāghrijī条。萨木阿尼书,Margoliouth刊本 al – Murabba'ī条还提到了撒马尔罕的一个方形广场(al – Murabba'at)。
② BGA,Ⅰ,伊斯塔赫里书,页316。
③ BGA,Ⅱ,伊本·豪卡勒书,页365。
④ BGA,Ⅰ,伊斯塔赫里书,页317。
⑤ 参看 Бартольд,Поездка в Самарканд,页ⅩⅩⅩⅣ下;Бартольд,Отчет о поездке в Самарканд,页21以下;Вяткин,Отчет о раскопках на Афрасиабе,页22以下。试在此地进行深的发掘,当能发现偶像崇拜的寺院。参照《原文史料选辑》,页49(奈塞菲书);奈塞菲,Qandiya,维亚特金译本,页250。
⑥ 《原文史料选辑》,页64(萨木阿尼书,Margoliouth刊本,页456a,al – Qasrī条)。
⑦ BGA,Ⅰ,伊斯塔赫里书,页317-9。
⑧ BGA,Ⅰ,伊斯塔赫里书,页290;Ⅱ,伊本·豪卡勒书,页339。
⑨ BGA,Ⅱ,伊本·豪卡勒书,页365。

曼同来撒马尔罕①。其实关于库萨木的事迹,虽在阿拉伯人中间亦异说纷纭;一说库萨木死于非命,一说他获终天年②;又一说甚至认为他的死地不是撒马尔罕,而是马鲁③。到库萨木的亲族阿拔斯朝兴起后,多半也由于这一王朝的策动,他的真假难辨的陵墓便成为穆斯林崇拜的对象。现在人们常称库萨木为沙-津德,意为"活着的王公";相传他并未遇害,而是进入山岩,以免遭受不信教者的毒手,山岩在他面前神奇地裂开,到他进入以后,又神奇地合拢了④。

早在巴布尔时代⑤,这座陵墓已被称为麻扎-伊·沙,意为'王者之墓'。很有可能,在前伊斯兰时期,这里已有一座为土著所崇拜的墓葬,后来对穆斯林圣徒的崇拜即由崇拜这座墓葬转移而来。在十二世纪,情况和现在一样,重要人物死后,都埋葬在库萨木陵墓近旁;这里还有一座经文学院(madrasa),亦以库萨木为名⑥。伊本·巴图塔首先描写了这座陵墓⑦,从他的描写中我们得知,在前帖木儿时期,这里曾有一座建筑物,其富丽堂皇远非现存的陵墓所能及。伊本·巴图塔说这座建筑物建筑于蒙古以前的时期;鞑靼人到来后,虽在他们还信仰异教的时候,也不曾加以毁损,甚至由于目睹出现在这里的灵迹而对它表示

---

① 伊本·阿西尔书,Tornberg 刊本,Ⅲ,页 425。塔巴里在其叙述赛义德出征的记载(Ⅱ,页 179)中,没有提到库萨木,但在其附于年代记刊本之后的另一著作中则述及此人;看塔巴里书,Ⅲ,页 2352以下。
② 巴拉祖里书,页 412。
③ BGA,Ⅶ,亚尔库比,*Kitāb al - Buldān*,页 298;奈尔沙希书,Schefer 刊本,页 39。
④ 这一传说见于 Qandīya 一书之未经维亚特金迻译的部分,但维亚特金另自其他史籍中译出此一传说,见 CKCO〔*Самаркандские легенды*〕页 230 以下。C. A. Лапин 在 1896 年 CKCO 中摘引了其他一些传说〔*Лапин,Шахи - Зинда*〕,页 40 - 41。
⑤ *Бабур - Нāме*,Ильминский 刊本,页 55;*Bābur - Nāmah*,Beveridge 刊本,页 441,译本,Ⅰ,页 75(此处已称库萨木为 Shāh - i zinda);维亚特金摘译本,页 31。
⑥ 《原文史料选辑》,页 65(萨木阿尼书,Margoliouth 刊本,al - Kushānī 条)。Лапин 先生认为,根据阿布·阿卜杜拉所撰《你沙不儿史》中一段记载,可知这座经文学院乃苏勒坦辛贾尔所建;其实他所根据的是近代阿布·塔希尔·火者所写的"Samariya"一书,此书于 1904 年由韦谢洛夫斯基刊出(见页 22),由维亚特金译载于 CKCO,第六辑(页 175 以下);参照我写的书评(评 CKCO,第六辑),见 ЗВОРАО,Ⅻ,页 0122 以下。
⑦ 伊本·巴图塔书,Ⅲ,页 52 - 4。关于 Ibn Baṭṭūṭa 一名的拼法,看 Fischer,"Baṭṭūṭa,nicht Batūṭa",页 289。

礼敬。伊本·巴图塔用以下的词句描写这座墓葬:"撒马尔罕郊外有库萨木·本·阿拔斯·本·阿卜杜－穆塔利卜的墓葬;撒马尔罕居民每月曜日及金曜日①夜间出来拜墓。鞑靼人〔也〕来拜墓、许愿,并奉献牛、羊、第尔赫姆与第纳尔;所有奉献均用以招待拜墓者,赡养知客寮②的执事人员和修整陵墓。墓上方为方形建筑物,覆以圆顶,四隅各有大理石柱二,分为绿、黑、白、红诸色。建筑物的墙壁〔也〕用不同颜色的大理石砌成,敷以金饰(或铭文);屋顶铅制。墓上覆以嵌有宝石之乌木,边角镶以白银;墓上高烧三盏银灯。圆顶的垂帷用羊毛和棉纱织成。建筑物外临大渠,此渠流经知客寮;夹岸植有树木、葡萄和素馨;知客寮内有供拜墓者休憩的房间。"

撒马尔罕省辖县(rustāqs)十二③,六县在泽拉夫尚河以南,自东而西,依次为本吉凯特或喷赤凯特、瓦拉格塞尔、弭末贺、桑贾尔费甘、达尔加姆与阿卜加尔;六县在河以北,自东而西,依次为亚尔凯特、布尔奈麦德、布兹马真、凯布丹加凯特、维达尔与玛尔兹班。就中有些县份,如弭末贺(瓦拉格塞尔与桑贾尔费甘原在该县境内)、凯布丹加凯特④与阿卜加尔⑤,在前伊斯兰时期都是分立自主的王公小国。瓦拉格塞尔、弭末贺、桑贾尔费甘⑥、达尔加姆四县利用从瓦拉格塞尔分出的诸渠道进行灌溉;当时达尔加姆是公认的特别肥腴的地区,以葡萄园驰名遐迩⑦。从瓦拉格塞尔至达尔加姆西界止,全部灌溉面积长10法尔萨赫,宽4法尔萨赫。阿卜加尔(今查什马－阿卜州)不行人工灌溉,境

R144

---

① 〔此从俄文版,英文版作"每日曜日及木曜日"。〕
② al－zāwīyat 意为寺院中的修道小室或接待宾客的房间;此处显然用其后一意义,亦或指"经文学院"而言。
③ BGA,Ⅰ,伊斯塔赫里书,页320－23;Ⅱ,伊本·豪卡勒书,页269－73。
④ Tomaschek,*Sogdiana*,页79－87;还可参看 Marquart,*Die Chronologie*,页56以下;沙畹,《西突厥史料》,页134以下〔冯承钧译本,1958年版,页123以下〕。
⑤ 伊本·阿西尔书,Tornberg 刊本,Ⅴ,页68。
⑥ 桑贾尔费甘(Sanjarfaghān)一名,至今尚保存在赞吉尔巴格(Zanjīrbāgh)村名中,该村位于养吉渠右岸,参照写成于十六世纪的 *Waqf－nāmah*,亚洲博物馆藏抄本;叶38a与67b;还可参看 Вяткин,*Материалы*,页38.〔1928年英译本页93误将此注置于下文"宽4法尔萨赫"之后。〕
⑦ 达尔加姆作为河流(wādī)的名称已见于亚库特 *Muʻjam* Ⅱ,页568所引诗作中。

内主要是赖雨水滋润的牧场和耕地,但收成甚丰(种子的百倍或者更多);县内村庄也多于其他各县。伊本·豪卡勒说过,遇到丰年,阿卜加尔的出产能供养粟特全境的居民①。此县广袤达二日程,个别村庄绵延2法尔萨赫。在撒马尔罕以下二日程处,有帕伊或法伊②渠从河的南岸分出,渠长二日程。它所灌溉的地面被认作是粟特最肥沃、最富庶的区域。法伊从前也是分立自主的王公小国③。泽拉夫尚河以南各县,除撒马尔罕以外,别无其他大城;仅在喷赤凯特有一座大礼拜寺。该城近郊盛植果树,从果品(尤其是叭哒杏和核桃)的产量说,喷赤凯特居于首位。弭末贺县堡寨特多,境内一个主要的村镇名里乌达德,前穆斯林时期粟特统治者伊赫施德家族的堡寨即在此地④。依据萨木阿尼的记载⑤,里乌达德与撒马尔罕相距仅1法尔萨赫。十二世纪时,每年有军队来这里驻扎一段时间。撒马尔罕省向南延伸到沙乌达尔山脉,该地区自成一县,县内村庄之一名瓦兹凯尔德,系聂斯脱里派教徒所立,早见于伊斯塔赫里的著作;并经伊本·豪卡勒详加叙述。它可能就是萨木阿尼书中⑥所说的、距撒马尔罕4法尔萨赫,在沙乌达尔境内的瓦兹德或维兹德村。沙乌达尔县广袤在10法尔萨赫以上,当时被认作是最适于养生,景物亦最绮丽的地区之一。聂斯脱里派在这里筑有教堂和修道院;伊本·豪卡勒曾在这里看到许多从美索不达米亚前来享受幽闲生活和清新空气的基督教徒。据维亚特金考证,这个基督教的村庄当即今之乌尔古特县的金吉尔村⑦。

---

① 依照马克迪西的记述(BGA,Ⅲ,页279),"能供养粟特与布哈拉的所有居民二年之久"。
② 当作 Fayy,不作 Kayy,有近代的 Narpay(= Nahr – i Pay)为证;参照我写的 *Орошение*,页117.〔本书1900年俄文版页96作"Кий или Кай"。〕由此可知马夸特提示的解释(见所撰 *Die Chronologie*,页60;*Komanen*,页197)必误。
③ Marquart,*Die Chronologie*,页60(摘引塔巴里书,Ⅱ,页1422),此处提到了法伊的一位王公(malik)。
④ BGA,Ⅲ,马克迪西书,页279。
⑤ 《原文史料选辑》,页58(萨木阿尼书,Margoliouth 刊本,al – Rīwdadī 条)。
⑥ 《原文史料选辑》,页68(萨木阿尼书,Margoliouth 刊本,al – Wāzdī 条)。
⑦ Вяткин,*К исторической географии*,页159 以下;*Материалы*,页37. 在乌尔古特西北苏菲延(Sufiyān)村附近已发现基督教的"粗刻",有十字架及叙利亚文字,参照 Бартольд,*Отчет о командировке в Туркестан*(1920),页215。

泽拉夫尚河以北各县中,有两县,即亚尔凯特及布尔奈麦德,与次一省份乌什鲁桑那毗连。泽拉夫尚河水流不到这一带来,耕地要靠泉水灌溉和雨水滋润。萨木阿尼已将亚尔凯特列入乌什鲁桑那省境①;亚库特也将布尔奈麦德列入乌什鲁桑那省境②。布尔奈麦德距扎敏四法尔萨赫,位于来自撒马尔罕的干路上③。布兹马真县有水渠灌溉之利,渠名与县名同;此县主要城镇名巴尔凯特或阿巴尔凯特④,距撒马尔罕4法尔萨赫,为从撒马尔罕到锡尔河干路上的重镇⑤。据萨木阿尼与亚库特的记述,巴尔凯特亦曾一度由乌什鲁桑那管辖⑥,维达尔县有锡纳瓦卜渠流贯全境,此渠远达瑟底痕,凯布丹加凯特与玛尔兹班二县的灌溉用水皆另取给于从撒马尔罕对岸分出之渠。凯布丹加凯特与维达尔二城各距撒马尔罕2法尔萨赫⑦。托玛舍克⑧将凯布丹加凯特比定为今之古卜丹或古卜敦村⑨。维达尔城与该县若干村庄均为该县阿拉伯人聚居中心;这些阿拉伯人属于贝克尔·本·瓦伊勒部落,但显然为了纪念当地大礼拜寺的建立者阿布·穆扎希木·苏巴·本·纳德尔·苏卡里(卒于回历269年⑩米玛达Ⅰ月,即公元882年岁末)而自称苏巴人。在伊本·豪卡勒的时候,阿拉伯人的这一聚落已趋衰微,但仍保有许多遗风令人想见其当年气势之宏伟。萨木阿尼还参拜过苏巴

---

① 亚库特,*Muʿjam*,Ⅳ,页1011;萨木阿尼书,Margoliouth 刊本,al‑Yārkathī 条。
② 亚库特,*Muʿjam*,Ⅰ,页755。
③ BGA,Ⅵ,伊本·霍尔达德贝赫书,页27;库达玛书,页203。
④ BGA,Ⅲ,马克迪西书,页279。
⑤ BGA,Ⅰ,伊斯塔赫里书,页334,342。
⑥ 亚库特,*Muʿjam*,Ⅰ,页464;萨木阿尼书,亚洲博物馆藏抄本,页38;Margoliouth 刊本,al‑Bārkathī 条(影印误作 al‑Abārkathī,下文又误作 Abārkath。巴尔凯特适位于帖木儿建立施拉兹(Shīrōz)村的地方;参看我写的 *Орошение*,页111。
⑦ BGA,Ⅰ,伊斯塔赫里书,页342,依据萨木阿尼《原文史料选辑》页68;Margoliouth 刊本,al‑Wadhārī 条)与亚库特(*Muʿjam*,Ⅳ,页916)的记载,维达尔距撒马尔罕4法尔萨赫。又萨木阿尼述及,维达尔有堡垒(ḥiṣn)、大礼拜寺及呼楼各一。
⑧ Tomaschek,*Sogdiana*,页85。
⑨ 巴布尔书(Beveridge 刊本,页59b;译本,1,页98)在提到施拉兹的时候,也提到了卡布德村,该村即今贝什‑阿里克,参看 Вяткин,*Материалы*,页70。
⑩ 《原文史料选辑》,页69(萨木阿尼书,Margoliouth 刊本,al‑Wadhārī 条。亚库特,*Muʿjam*,Ⅳ,917作209年误,因据萨木阿尼的记载,阿布·穆扎希木于回历233年从伊拉克返回他的故乡。

・本・纳德尔的坟墓。维达尔出产的棉织品负有盛名,远在伊拉克亦售价甚昂。对维达尔的棉织品,伊本・豪卡勒曾极口称赞①。玛尔兹班县因当地统治者玛尔兹班・本・突骑施②而得名,他曾与粟特的其他迪赫坎同被哈里发征召入朝。

撒马尔罕西北方有瑟底痕与贵霜匿二县③,此二县合成一特殊行政单位,因而未计入上述撒马尔罕诸县之列。撒马尔罕与瑟底痕相距7法尔萨赫,瑟底痕与贵霜匿相距一站路或5法尔萨赫④。萨木阿尼与亚库特⑤亦谓贵霜匿距撒马尔罕12法尔萨赫。上文已述及瑟底痕渠是在古巴尔地方从泽拉夫尚河分出的。如所熟知,瑟底痕村至今犹存;十世纪时,它曾经是一个由沙赫里斯坦、子城与拉巴德组成的具有相当规模的城镇。八世纪时,在阿拉伯人占领了撒马尔罕以后,粟特的伊赫施德家族迁都此地⑥。瑟底痕诸巴扎尔及若干村镇的赋税,均归哈里发史中提到的乌杰伊夫・本・安巴萨将军⑦征用。哈里发穆阿塔西木没收了此项赋税,其后由哈里发穆阿塔米德(870-892年)赏赐给呼罗珊统治者穆罕默德・本・塔希尔(862-873年)。瑟底痕的面积长五日程,宽一日程,东北以萨加尔只山脉为界。依据萨木阿尼与亚库特⑧的记载,瑟底痕附近,距撒马尔罕5法尔萨赫处有村庄亦名瑟底痕。同一地区还有阿法林凯特或费伦凯特城,即今弗林肯特或普林肯特,该城初建于七世纪,建城人为撒马尔罕王公乌勒伽(Ghūrak)

---

① BGA,Ⅱ,伊本・豪卡勒书,页403。
② 据说当名人阿夫申被审讯时(225/840年),玛尔兹班・本・突骑施为控诉人之一,参照塔巴里书,Ⅲ,页1310,1312;伊本・阿西尔书,Tornberg刊本,Ⅵ,页365-366。
③ BGA,Ⅰ,伊斯塔赫里书,Ⅰ,页323;Ⅱ,伊本・豪卡勒书,页374-5;Ⅲ,马克迪西书,页279-80。
④ BGA,Ⅰ,伊斯塔赫里书,页342;Ⅱ,伊本・豪卡勒书,页403。
⑤ 亚库特,Mu'jam,Ⅳ,页276;《原文史料选辑》,页65(萨木阿尼书,Margoliouth刊本,al-Kashānī 条)。
⑥ 参看我写的"Die alttürkischen Inschriften und die Arabischen Quellen",页21-22。
⑦ 此人系哈里发马蒙与哈里发穆阿塔西木的将领,于192/808年背叛拉菲尔・本・莱思,投效哈里发(塔巴里书,Ⅲ,页732;伊本・阿西尔书,Tornberg刊本,Ⅵ,页142);223/838年被穆阿塔西木下令处死(塔巴里书,Ⅲ,页1265-5;伊本・阿西尔书,Tornberg刊本,Ⅵ,页349)。
⑧ 亚库特,Mu'jam,Ⅲ,页11。

的弟兄阿法仑①。

贵霜匿县宽与瑟底痕县相等(马克迪西甚至说宽达二日程),长则远不之及(长仅两站路)。贵霜匿城曾被认作是粟特境内繁华仅次于撒马尔罕的城镇;伊斯塔赫里称之为"粟特诸城镇的心脏"。在前穆斯林时期,它自成一个王公国家②。贵霜沙(Kushān-shāh)的称号甚至早见于塔巴里的撰述③。据伊本·霍尔达德贝赫的报道④,整个河中的统治者一度以贵霜沙为号;这一报道多半是指月氏王朝或贵霜王朝统治时期而言。贵霜之名也转用到当地继起的统治者挹怛或呎哒身上⑤。伊斯塔赫里记载了瑟底痕、贵霜匿与位于撒马尔罕至布哈拉大路上各城镇之间的距离⑥:从瑟底痕至泽尔曼为1法尔萨赫,从贵霜匿至雷宾詹或阿尔宾詹为2法尔萨赫。

连贯河中两大城市撒马尔罕与布哈拉的道路,称为"王家大路(Shāh-rāh)"⑦,一向极关重要。撒马尔罕与布哈拉相距37或39法尔萨赫,亦即六日或七日程⑧。路上第一个村镇为泽尔曼,距撒马尔罕7法尔萨赫,早在八世纪已见于记载⑨,其地可能在今奇姆拜伊附近⑩。

R148

---

① 参照 *Fihrist*,Ⅰ,页18;《原文史料选辑》,页48(奈塞菲,*Qandiya*;维亚特金译本,页241);Бартольд,*О христианстве в Туркестане*,页9。甚至在十七世纪,阿法林凯特仍为一位噶基木或伯克的驻地,只是在此以后,其驻地始迁至达赫比德。两村居民皆为波斯人(塔吉克人);阿法林凯特也有一些阿拉伯人(Вяткин,*Материалы*,页57以下)。
② Tomaschek,*Sogdiana*,页89-99。
③ Marquart,*Die Chronologie*,页59。
④ BGA,Ⅵ,伊本·霍尔达德贝赫书,页29。由此看来,托玛舍克推断贵霜匿为贵霜诸王的都城,可能得实。
⑤ 根据中国史书记载,贵霜匿有一建筑物,内绘中国皇帝、突厥、波斯、罗马及印度婆罗门等君王,见沙畹,《西突厥史料》,页145[冯承钧译本,1958年版,页134]。此地今名卡商-阿塔(Вяткин,*Материалы*,页49)。
⑥ BGA,Ⅰ,伊斯塔赫里书,页343;哈菲兹-伊·阿卜鲁(Бартольд,*Хафизи-Абру*,页21)也记载了贵霜匿与答不昔牙二地间的距离(5法尔萨赫)。
⑦ 此为奈尔沙希所用的名称(Schefer刊本,页11)。
⑧ BGA,Ⅰ,伊斯塔赫里书,页334;Ⅴ,伊本·法吉书,页325;Ⅵ,伊本·霍尔达德贝赫书,页26;Ⅵ,库达玛书,页203。
⑨ 塔巴里书,Ⅱ,页1529。
⑩ 泽尔曼今为一很小的村庄(Вяткин,*Материалы*,页76)。

97 撒马尔罕与泽尔曼之间,距前者 2 法尔萨赫处,有阿勒卡玛堡寨①。由泽尔曼前行 5 或 6 法尔萨赫到达雷宾詹或阿尔宾詹,此城也在八世纪见于记载②;它大约在今卡塔-库尔干稍西,距齐拉布拉克高地不远。十二世纪,当花剌子模沙伊勒-阿尔斯兰进攻时(1158 年),此城被毁③。根据距离判断,上文(R144)提到的利用帕伊或法伊渠进行灌溉的法伊地区,当在阿尔宾詹及其附近一带④。阿尔宾詹以下,答不昔牙、凯尔米尼亚以及塔瓦维斯等重要驿站,都是和阿尔宾詹年代不相上下的古老城镇。答不昔牙距阿尔宾詹 5 法尔萨赫,其废墟位于齐亚丁村稍东,今称卡拉-伊·答不斯,尚保有古名。与废墟毗连之卡拉-伊·齐亚丁堡,为当地统治者的治所,自应亦在答不昔牙境内。Н. Ф. 西特尼亚科夫斯基踏查过这一废墟,他说⑤,"广大的墓地证明这里确有城池存在过。"这座建于十五世纪的堡垒,人们认为系末代花剌子模沙札阑丁所建⑥,显然是错误的。

R149

由答不昔牙前行 5 法尔萨赫为凯尔米尼亚,即今凯尔米涅;凯尔米尼亚与布哈拉的距离,奈尔沙希⑦谓为 14 法尔萨赫,萨木阿尼与亚库特⑧谓为 18 法尔萨赫。根据奈尔沙希所引当地一则传说,该城原名巴

---

① 阔什克-伊·阿勒卡玛(Köshk-i 'Alqama,意即阿勒卡玛堡寨)或"伊玛目阿塔-伊·阿卡玛"(Imam Ata-i 'Alqama),至今仍为一个村庄的名称,此村当在从撒马尔罕到布哈拉的大路,与撒马尔罕相距 16 俄里(Вяткин,Материалы,页 55;阿布·塔查尔-火者书,维亚特金译本,页 254)。
② 塔巴里书,Ⅱ,页 1249。
③ 《原文史料选辑》,页 58(萨木阿尼书,Margoliouth 刊本,al-Rabinjanī 条)。
④ 卡塔-库尔干地区引水灌溉,至今仍惟纳尔帕伊渠是赖。哈内科夫(Описание Бухарского ханства,页 35)推想纳尔帕伊渠并非人工所造,而为泽拉夫尚河的天然支流。即便此渠为人工所开浚,其开浚时间亦当在马其顿王亚历山大东侵以后,亦即在"马拉坎达"(Marakanda,即撒马尔罕)被毁,泽拉夫尚盆地的政治中心有如中国史书所记,由公元前二世纪起转移到近代卡塔-库尔干地区以后。撒马尔罕一名,不见于公元五世纪以前的中国载籍。在今齐拉布拉克附近,适当旧日(1914 年以前)俄罗斯与布哈拉分界处,有一小山,其名为拉姆詹(Рамджан)或拉米詹-帖别(Рамиджан-тепе);参照 Вяткин,Материалы,页 55;Ф. Поспелов,Материалы,页 108。
⑤ Собращение в заседанин ТКЛА 21 апреля 1898 年,页 92。已故的 Л. Зимин 于 1915 年对此墟重加踏查,写出了更详细的报告(1917 年出版:Зимин,Кала-и-Дабус)。
⑥ Бартольд,Хафизи-Абру,页 19(波斯原文),页 21(译文)。
⑦ 奈尔沙希书,Schefer 刊本,页 10。
⑧ 《原文史料选辑》,页 65(萨木阿尼书,Margoliouth 刊本,al-Karmīnī 条);亚库特,Mu'jam,Ⅳ,页 268。

迪亚－伊·胡尔德克,直译"小水壶"。萨木阿尼征引了十二世纪当地某学究为凯尔米尼亚得名由来所作的一项难以取信的解释,据称阿拉伯人发现该城四郊土质肥沃,水量充足,"与亚美尼亚相似",遂名以凯－阿尔米尼亚(ka - Armīnīya)云云。萨木阿尼目睹此城败落不堪,这当系遭受花剌子模沙伊勒－阿尔斯兰蹂躏的结果。到了十五世纪,这里重新出现了一座大城①。凯尔米尼亚以东1法尔萨赫(萨木阿尼谓为2法尔萨赫)处,在大路以北约150沙绳②,为胡逾门肯村,此村在十二世纪属于"圣训遵循者"或沙菲伊派,村内有大礼拜寺一座③。泽拉夫尚河以北,距凯尔米尼亚－法尔萨赫处为哈尔甘凯特村,近旁又有麦德亚姆贾凯特村。托马舍克④认为哈尔甘凯特(今卡勒坎－阿塔)当即喝汗,据中国史书记载,喝汗位于贵霜匿与布哈拉之间。

次一大村镇塔瓦维斯距布哈拉7或8⑤法尔萨赫,已位于围绕布哈拉及其郊区的郛郭以内⑥。它在91/710年得到它的阿拉伯语的名称,意为"孔雀"⑦。阿拉伯人在这里初次见到了孔雀,这些孔雀,依奈尔沙希的记载⑧,养在富豪家中,而据塔巴里的记载,则为村民所公养。这个村镇旧名阿尔福德⑨。阿尔福德有一座供奉偶像的寺院,还有一

---

① Бартольд, *Хафизи-Абру*, 页21。
② 伊斯塔赫里书(BGA, Ⅰ, 页316, 343)作 ghalwat〔音译加勒瓦,意译"一箭之地"〕;据伊本·鲁斯泰书(BGA, Ⅶ, 页22),一加勒瓦约等于1/24法尔萨赫,或稍多于1/4公里。〔按沙绳系俄国旧长度单位,等于2.134米或2.333码。英译本将150沙绳折合为350码。〕
③ 《原文史料选辑》,页56(萨木阿尼书, Margoliouth 刊本, al-Khudīmankanī 条)。
④ Tomaschek, *Sogdiana*, 页99-100;沙畹,《西突厥史料》,页137, 273〔冯承钧译本,1958年版,页127-8, 248〕。当地土著至今相传,从前当地有一统治者,名哈尔汗(Khar-Khān),见 Ситняковский, *Сообщение в заседании ТКЛА 21 апреля 1898 年*,页94。
⑤ 后一数字(8法尔萨赫)系据萨木阿尼书(亚洲博物馆藏抄本,叶277; Margoliouth 刊本, al-Tawāwīsī 条)。
⑥ BGA, Ⅰ, 伊斯塔赫里书,页313; Ⅲ, 马克迪西书,页281。
⑦ 塔巴里书, Ⅱ, 页1230。
⑧ 奈尔沙希书, Schefer 刊本,页11。
⑨ 奈尔沙希书印本中作 Arqūd;但萨木阿尼书(Margoliouth 刊本, al-Arfūdī 条)与亚库特书(*Mu'jam*, Ⅰ, 页209)均称阿尔福德乃凯尔米尼亚附近的一个村庄,临道往布哈拉的大路。萨木阿尼书中(亚洲博物馆藏抄本,页455; Margoliouth 刊本, al-Warqūdī 条)之瓦尔库德,与亚库特书中(*Mu'jam*, Ⅳ, 页922)之瓦拉库德(Waraqūd),为位于凯尔米尼亚附近之村庄,可能亦与塔瓦维斯的旧名有关。

座拜火教的寺院。古时这里每年深秋举办一次巴扎,为期十日,比鲁尼谓为七日①。在这个巴扎出售的商品,无论有何情况,即便后来证实售主居心行骗,也概不退换。这一巴扎结集了来自河中各个角落,甚至来自费尔干纳与赭时的商人;这样的集市成为不甚重视农耕的塔瓦维斯居民的财源。塔瓦维斯有大礼拜寺一,但规模比不上凯尔米尼亚的大礼拜寺;它的堡垒早在十世纪末已经倾圮②,到十五世纪,连这个村镇本身也不复存在③。塔瓦维斯以东有库克或库克施巴甘村,突厥人在其对布哈拉省的攻扰中曾以此村作为集合地点。此村与塔瓦维斯的距离,一说6法尔萨赫④,另一说3法尔萨赫⑤。

从布哈拉到塔瓦维斯,有时一日可达,有时需要两日,在后一情况下则以沙尔格或贾尔格⑥作为中间站。沙尔格距布哈拉4法尔萨赫,位于萨姆真渠岸上,此渠后称哈拉姆卡姆渠。十二世纪时,阿尔斯兰-汗·穆罕默德在这里建造了一座坚固的砖桥。隔渠与沙尔格相对的为伊斯基只凯特或锡基只凯特村⑦。此二村都是重要的工商业中心,村民均甚富裕;但农产品不敷当地之需,因为伊斯基只凯特村已耕及未耕的土地合计也仅有1,000吉弗特。伊斯基只凯特每逢木曜日,沙尔格每逢金曜日各有巴扎尔;早年沙尔格村每届仲冬亦有集市,这一点比鲁尼也提到了⑧。伊斯基只凯特和瑟底痕一样,本由哈里发领有,嗣经授予穆罕默德·本·塔希尔为封地,后者又将其权利转售于萨赫勒·本·艾哈迈德·达古尼。萨赫勒在渠岸上修建了一所宏伟的宅第,后被

---

① *Athār ul-Bākiya*,Sachau 英译本,页 221。
② BGA,Ⅲ,马克迪西书,页 281。
③ Бартольд,*Хафизи-Абру*,页 19(波斯原文),页 21(译文)。Л. Зимин 所描写的(*Отчет о двух поездках по Бухаре*,页 135 以下),位于城墙附近的沙赫尔-伊·瓦伊兰(Shahr-i Wayrūn,意为"芜城")废墟,殆即塔瓦维斯故址。
④ BGA,Ⅵ,伊本·库尔达德贝赫书,页 26。
⑤ BGA,Ⅵ,库达玛书,页 203。
⑥ 亚库特,*Mu'jam*,Ⅲ,页 276,正确的拼读应作查尔格(Chargh)。
⑦ 同上书,页 106。
⑧ *Athār ul-Bākiya*,Sachau 英译本,页 222。

泽拉夫尚河水冲毁。十一世纪，当谢本斯－穆勒克·纳斯尔统治期间，村民汗－萨拉尔出赀在这里修建了一座大礼拜寺，但因布哈拉诸伊玛目提出抗议，故在寺中只举行过一次礼拜。十二世纪，阿尔斯兰汗·穆罕默德在伊斯基只凯特建筑了一个拉巴特，并在沙尔格建筑了一座大礼拜寺①。沙尔格与伊斯基只凯特二村附近尚有下记村落：贝米只凯特②，位于距布哈拉 4 法尔萨赫、大路以北半法尔萨赫处；塞克比延③，在贝米只凯特附近；迪麦斯，马克迪西④谓在从塔瓦维斯到布哈拉的道路上，萨木阿尼⑤谓在距布哈拉 3 法尔萨赫处。

R151

　　布哈拉⑥与撒马尔罕不同，位置从未移动过，今城即其原址；一千年来虽屡次遭受游牧人的骚扰和破坏，而全城布局迄无重大变更。在萨曼时期，布哈拉当然区分为子城、沙赫里斯坦与拉巴德；沙赫里斯坦位于子城近侧，适当流水所不能及的高地⑦。由此可见，当时的沙赫里斯坦即今城中央之地势较高的部分，至于今日，这一带仍不能引水灌溉。子城的状况⑧与今日的子城稍有不同，彼时子城有东、西二门，西为里吉斯坦门，东为大礼拜寺门；后者在奈尔沙希书中称古里延门（Ghūriyān），前者在十二世纪称"干草商（'Alaf－Furūshān 或 Kāh-Furūshān）门"⑨。东西二门有大街相连⑩。根据伊斯塔赫里的记载，子

100

---

① 奈尔沙希书，Schefer 刊本，页 11－13。
② BGA，Ⅰ，伊斯塔赫里书，页 315，342；亚库特，*Mu'jam*，Ⅰ，页 737。
③ 萨木阿尼书，亚洲博物馆藏抄本，页 219；Margoliouth 刊本，al－Sakbiyānī 条；亚库特书（*Mu'jam*，Ⅲ，页 106），没有说明这一村庄的方位。
④ BGA，Ⅲ，马克迪西书，页 342。
⑤ 亚洲博物馆藏抄本，叶 175；Margoliouth 刊本，al－Dīmasī 条；在上文 al－Dīmasī 条中，萨木阿尼指明 dīmās 意为 ḥammām（浴池）。亚库特书（*Mu'jam*，Ⅱ，页 713）未曾言及距离。
⑥ 〔关于八至十三世纪布哈拉城的地形和沿革，还可参看本书俄文第一版问世以后出版的下记著作：巴托尔德为《伊斯兰百科全书》撰写的 Bukhārā 条；И. Умняков，*К вопросу об исторической топографии*；В. А. Шишкин，*Алкитектурные памятники*；В. А. Шншкин，*Города Узбекистана*；Г. Пугаченкова и Л. Ремпель，*Бухара*；О. А. Сухарева，*К истории.*〕
⑦ BGA，Ⅰ，伊斯塔赫里书，页 305，307。
⑧ 同上书，页 305－6；奈尔沙希书，Schefer 刊本，页 21－3。
⑨ 奈尔沙希书（Schefer 刊本）页 7，22）如此云云；根据同书原文另一处（页 21），似可推断东门称干草商门。
⑩ 两门（今已只有一座西门）亦见十五世纪的记载；参看我写的 *Улугбек*，页 51。

城以内又有内堡,为萨曼王室宫院所在。这显然就是奈尔沙希提到的、由子城建造人或修复人布哈尔-胡达特比敦①建于七世纪的堡寨(kākh),比敦的名字曾长期保存在固定于堡寨诸门的铁版上。相传堡寨落成以前,屡建屡圮,最后采纳诸智者的建议,按照大熊座的星数用七根石柱加固,才圆满竣工。其后子城与堡寨再度被毁;十二世纪由阿尔斯兰汗·穆罕默德修复。534/1139-40年,子城又为花剌子模沙阿特西兹所毁;536/1141-42年经布哈拉的哈剌契丹统治者阿勒普-的斤重建;538/1143-44年复毁于古斯人。560/1165年,子城的土木材料被移用于建造布哈拉拉巴德的城墙。604/1207-08年,花剌子模沙摩诃末再建子城,后于1220年毁于成吉思汗之手。

布哈拉的沙赫里斯坦有门七座,不同于撒马尔罕、巴里黑、马鲁诸城市的沙赫里斯坦;门之所以较多,揆以建造子城内堡寨之例,容或出于同样的宗教考虑。伊斯塔赫里②与奈尔沙希③都列举了沙赫里斯坦诸门的名称,奈尔沙希列举的诸门次序如下④:(1) 巴扎尔门(伊斯塔赫里书作铁门),后改名香料商('Aṭṭārān)门;(2) 沙赫里斯坦门(伊斯塔赫里书作 Bāb-al-Madīna);(3) 贝努-赛阿德门;(4) 贝努·阿萨德门,前穆斯林时期称穆赫雷门;(5) 子城门⑤;(6) 哈克-拉赫门;(7) 新门,此门开辟最晚⑥。关于以上各门的方位,除子城门当然面对子城外,我们未能根据奈尔沙希的记述得到明确的概念,可以肯定的一点是:巴扎尔、贝努·赛阿德、贝努·阿萨德三门相隔不远。沙赫里斯坦诸门约以子城门最为强固,附近有防御工事,为某突厥统治者苏巴施

---

① 此人当即从突厥斯坦前来援助布哈拉女王的比敦(Bīdūn)亲王(奈尔沙希书,Schefer 刊本,页 40)。巴拉祖里书(de Goeje 刊本,页 413)称比敦为粟特全境之王。尤斯蒂中(Justi, *Iranisches Namenbuch*,页 62b,219b)有班敦(Bandūn)、拜敦(Baydūn)与奈敦(Naydūn)诸异读。
② BGA,I,伊斯塔赫里书,页 306。
③ 奈尔沙希书,Schefer 刊本,页 52-6。
④〔巴托尔德排列的布哈拉诸门方位有失实之处,O. A. Сухарева 已加以纠正,见所撰 *К истории*,页 36-44。〕
⑤ Schefer 刊本,页 54,应将 Kabrīh 读作 Kandīz,参照奈尔沙希书,Лыкошин 俄译本,页 72。
⑥ 此据奈尔沙希的解释;Schefer 刊本 nū,亦作 nūn(页 52);de Goeje 依据阿拉伯文抄本读作 nūr。

-的斤①(意为"统军王公")所建。这一带主要是阿拉伯人住宅区；至十世纪，这一名为法格萨德雷的区坊已归荒废。哈克－拉赫(Ḥaqq-rāh,意为"通向真理之路")门之得名，是由于著名的圣者阿布·哈弗斯(卒于217/832年②)曾卜居此处，人们遇到了疑难问题，便向他求教。这位圣者的坟墓在新门附近。奈尔沙希书另一处③说，阿布·哈弗斯墓旁尚有一巨冢，当时人们认为其中埋葬的是神话中人物阿弗拉锡亚卜；此巨冢离"马阿比德门"或"马阿比德宫门"不远；根据奈尔沙希的叙述④，马阿比德门乃因阿拉伯派驻布哈拉的长官马阿比杜－海勒(Ma'bid-al-Khayl⑤,意为"骑手们崇拜的对象")而得名。子城西门与马阿比德门之间为里吉斯坦⑥。看来马阿比德门当即费加斯昆门或今之伊玛目门⑦，在这里，至于今日，仍有"一个高大的土阜和两个较小、长而狭窄的土丘"。此等土阜或土丘地带现在仍为墓场⑧。由此可见，新门位于沙赫里斯坦的北部。哈克－拉赫门在此稍西；入新门，右手方为古莱氏人(Qurayshites)的礼拜寺，此礼拜寺距阿布·哈弗斯的住处不远。

　　拉巴德的城墙筑于穆斯林时期，建成于235/849－50年⑨；它和今城一样，辟门十一座。诸门名称，从城西南隅起，伊斯塔赫里⑩列举如下：(1) 方场门(al-Maydān)，面对通呼罗珊的道路；(2) 伊卜拉欣门，

_____

① Schefer 刊本中作 Sūnās。
② 这一年份可能有误,据记载,阿布·哈弗斯之子于874年任布哈拉长官(参照下文)。
③ 奈尔沙希书,Schefer 刊本,页 15。
④ 同上书,页 51。
⑤ 〔当读作 Ma'bad al-Jalīl,此为回历 148－57 年布哈拉埃米尔的名字。〕
⑥ 奈尔沙希书,Schefer 刊本,页 24。
⑦ 此门因"大伊玛目"阿布·哈弗斯而得名,载籍中常作阿布·哈弗斯门；参照 ГПБ Ф. Ханыков 抄本 81(История〔эмира〕Насруллы),叶 117a。今日人们仍能在此门近旁指出这位伊玛目的坟墓。现布哈拉人将他的名字读作阿布·希弗斯,其为谬误,自不待言。近代所立这位伊玛目墓碑的铭文中称他为"河中学人的先师"。参看 Бартольд, *Отчет о командировке в Туркестан* (1920),页 215。
⑧ Пословский, *Бухара*,页 56。
⑨ 奈尔沙希书,Schefer 刊本,页 33－4。
⑩ BGA, 1,伊斯塔赫里书,页 306 以下。

在方场门以东;(3)里乌门;(4)麦尔德库珊(伊斯塔赫里书作麦尔德库沙)门;(5)凯拉巴德门;(6)璐贝哈尔①门;(7)撒马尔罕门,出门为往撒马尔罕及河中其他地区的道路;(8)费加斯昆门;(9)拉米坦门;(10)哈德施龙门,出门为通花剌子模的道路;(11)古谢只门。麦尔德库珊门与凯拉巴德门面对通往那色波(哈尔施)与巴里黑的道路。这些资料表明:

>方场门相当于今之哈剌库勒门。
>
>伊卜拉欣门相当于今之谢赫杰拉勒门。
>
>里乌门相当于今之乃玛孜加门。
>
>麦尔德库珊门相当于今之萨拉罕那门。
>
>凯拉巴德门相当于今之卡瓦拉(哈尔施)门。
>
>璐贝哈尔门相当于今之麻扎门。
>
>撒马尔罕门名称未变。
>
>费加斯昆门相当于今之伊玛目门。
>
>拉米坦门相当于今之乌格兰门。
>
>哈德施龙门相当于今之塔利帕奇门。
>
>古谢只门相当于今之施尔吉兰门。

奈尔沙希书在一处②说,阿拉伯人进攻时期,布哈拉全城不过是一个沙赫里斯坦而已。然而从同书他处的字句③看来,可知早在前穆斯林时期,即便布哈拉的其他部分容或尚未并入该城,而这些部分亦已颇为重

---

① Tomaschek (*Sogdiana*,页 103)谓梵文 Vihâra 一字〔音译毗诃罗、鼻诃罗,意为僧坊、僧游履处、精舍、佛寺〕,在呎哒国家像后来在维吾尔人和蒙古人中间一样,转为 Bukhâr,而在伊朗人中间则常作 Bahâr;托马舍克并举巴里黑近郊的 Nawbahâr 寺院(见同书页 79)及其他数地的名称为证。撒马尔罕与布哈拉各有城门名 Nawbahâr,可见在此二地,至少有一个时期,通用了伊朗人的 Bahâr 这一形式。

② 奈尔沙希书,Schefer 刊本,页 29。

③ 同上书,页 19–24。

要。布哈拉旧城(即前萨曼时期的、可能上溯到阿布·穆斯林的布哈拉城)①,另有城墙为界,城门亦有十一座②,名称如下:(1) 铁门;(2) 哈散桥门;(3) 与 (4) 马赫礼拜寺附近二门;(5) 鲁赫那门③;(6) 阿布·希沙木·基纳尼堡寨附近门;(7) 小巴扎尔(Suwayqa)桥附近门;(8) 法尔杰克门;(9) 德尔瓦兹杰门;(10) 穆护街门;(11) (内)撒马尔罕门。从奈尔沙希关于 325/937 年大火的叙述④看来,法儿杰克经文学院以及同名的城门显然都在城内干渠(下文即将述及,此渠流经之地大致与今日无异)以北,马赫礼拜寺则在其南。由此可知,城门列举的次序系从城的东北部开始,因而各门的位置可以推定如下:

> 铁门与瑙贝哈尔(麻扎)门相对。
> 哈散桥门与凯拉巴德(哈尔施)门相对。
> 马赫礼拜寺二门与麦尔德库珊及里乌(萨拉罕那及乃玛孜加)二门相对。
> 鲁赫那门与伊卜拉欣(谢赫杰拉勒)门相对。
> 阿布·希沙木堡寨门与方场(哈剌库勒)门相对。
> 小巴扎尔桥门与古谢只(施尔吉兰)门相对。
> 法尔杰克门与哈德施龙(塔利帕奇)门相对。
> 德尔瓦兹杰门与拉米坦(乌格兰)门相对。
> 穆护街门与费加斯昆(伊玛目)门相对。
> 撒马尔罕门与撒马尔罕门相对。

环绕布哈拉的双重城墙首先于十二世纪由阿尔斯兰-汗·穆罕默

---

① 参照奈尔沙希书,Schefer 刊本,页 63。
② BGA, Ⅰ,伊斯塔赫里书,页 307;Ⅱ,伊本·豪卡勒书,页 356;Ⅲ,马克迪西书,页 280。
③ 但很有可能,在这里,像在 BGA, Ⅰ,伊斯塔赫里书页 278 一样,Rukhnat 应读 Raḥbat(意为庭院或广场)。
④ 奈尔沙希书,Schefer 刊本,页 93-4。

德改建,继于560/1165年再经吉利奇-桃花石汗·马斯乌德重建,至十三世纪初,复经花剌子模沙摩诃末重建。

在我们列举流传到今天的区坊名称以前,有先就布哈拉的灌溉系统略加介绍的必要①。据奈尔沙希的记载,布哈拉的干渠名鲁德-伊·泽尔,意为"金河"或"挟金河"。马克迪西写道:"河由凯拉巴德方面流入城门,入城处筑有拦河坝,成为宽阔的闸口,以木为闸。每逢夏季水涨,视水位高度撤减闸木,使大量河水泄入闸口,流向培肯德;如果没有这种精巧的设备,洪水势将在布哈拉泛滥成灾。这一地点名叫法顺;布哈拉以下,还有构造与此相同的闸口,名为赖斯·瓦拉格(Ra's al-Wāragh),意即'坝头'。河水穿过布哈拉,流经诸巴扎尔,支渠分绕巷陌。城内有若干露天大蓄水池(ḥiyōḍ),池边有带门的板棚,备人入内净身之用。有时由于放到培肯德的河水水位过高,以致仲夏之际,有些地方被水淹没。我来到这里的一年,就有不少地区发生了水灾,居民颇受其害。众谢赫倡导修堰防堵;谢赫阿布勒-阿拔斯·叶兹达迪为此捐助了一笔巨款。水浊多泥,而居民们复倾入大量垃圾。"

从上引马克迪西的记述看来,干渠在今哈尔施门附近入城,这和现在的情况无大差异。十分明显,上文提到的哈散桥是在城的东部架在干渠上面的。又"小巴扎尔桥门"所在的位置,使人设想此渠系在今施尔吉兰门附近流往城外。

伊斯塔赫里列举了以下小的城渠,依照他的记述②,所有这些小的城渠均自流贯布哈拉城中间、将全城平分为二的泽尔干渠分出:

(1)法施迪泽渠;在瓦拉格地方由干渠分出(渠水既从东面入城,故此渠由干渠分出之地多半相当于马克迪西所说的法顺,而不是他所说的赖斯·瓦拉格),穿麦尔德库珊门(今萨拉罕那门),在阿布·伊卜拉欣的术巴尔(术巴尔意为"河岔")旁边经过,流至"有名的谢赫阿布

---

① 奈尔沙希书,Schefer 刊本,页 31;BGA,Ⅰ,伊斯塔赫里书,页 307-9;Ⅲ,马克迪西书,页 331-2。
② BGA,Ⅰ,伊斯塔赫里书,页 307 以下。

勒－法兹勒"门注入瑙肯达渠。沿法施迪泽渠有堡寨与园林约2,000座,此数尚不包括农田在内。渠长约半法尔萨赫。谢赫阿布勒－法兹勒就是萨曼朝著名的韦齐尔阿布勒－法兹勒·穆罕默德·本·乌拜杜拉·巴勒阿米（卒于329/940年）；以他为名的城门,我们应当认为多半就是伊卜拉欣门,这座城内今称谢赫杰拉勒门,亦因他而得名。在他的坟墓附近,现在也还有术巴尔经文学院和墓地。

（2）术伊巴尔－贝卡尔渠（直译"有益的河岔"）；在城中央阿赫亚德（Aḥyad）礼拜寺附近由干渠分出,于灌溉拉巴德部分地区之后也注入瑙肯达渠①。沿渠有园林和堡寨1,000座。

（3）术伊巴尔·卡瓦黑里因（"玻璃工匠的支流"）；此渠从城中名为"军需官（'āriḍ）礼拜寺"的地点从干渠分出,灌溉拉巴德的部分地区,其流量大于术伊巴尔－贝卡尔渠,所灌溉的园林为数颇多。

（4）术－古谢只或术伊巴尔·阿里兹；此渠在军需官礼拜寺附近流出城外,灌溉拉巴德的部分地区,注入瑙肯达渠。此渠之前一名称表明它流经城的西部,从而可知军需官礼拜寺亦位于城的西部。

（5）培肯德渠；在"向导（Khuta'）街"街头附近从干渠分出,灌溉拉巴德的部分地区,注入瑙肯达渠。从下文介绍的资料看来,布哈拉的这条水渠只是借用了培肯德这一市镇的名称（假定渠名的拼写经德·古耶考订无误）,实则与该市镇别无任何关联。

（6）瑙肯达渠；在"哈木杜那家宅"附近由河分出。其他水渠之水皆注入此渠；此渠在灌溉拉巴德部分地区之后,流入草原而没,未再灌溉任何农田。这一水渠的名称（直译"新开渠"）令人设想它的开浚较他渠为晚,开浚目的大约在于排泄剩余水量。它大概流经城的西部,特别是西南部。

（7）磨房（Ṭakhūna）渠；在城内瑙贝哈尔由河分出,灌溉拉巴德的部分地区。沿渠有许多磨房；渠水流至培肯德,为该地居民所取用。看

---

① 【此从英译本,俄文本尤"于灌溉拉巴德部分地区之后"等字。】

来马克迪西提到的水闸很可能就在麻扎门附近。

（8）库什那渠；亦在城内瑙贝哈尔附近分出，拉巴德即用此渠之水；沿渠有许多堡寨、农田及园林；流经库什那而至弭末贺村，该村距那色波（哈尔施）一站路有奇①。

（9）拉巴赫（Rabāh，意为"收入"）渠；在里吉斯坦附近由河分出，流抵拉巴赫堡寨；沿渠堡寨及园林近1,000座。

（10）里吉斯坦渠；在里吉斯坦附近分出，供应里吉斯坦、子城及宫廷用水；渠水流抵杰拉勒-迪泽堡寨。

（11）某渠，渠名失载；于哈木杜那桥附近（大约与瑙肯达渠的源头同在一地）由河分出，潜流而至贝努·阿萨德门附近（亦即沙赫里斯坦西南隅附近）诸蓄水池，余水泄入子城城壕。

（12）祖加尔肯德渠；在名为瓦拉格的地方（此地可能就是马克迪西所说的赖斯-瓦拉格）由河分出，流经德尔瓦兹杰门附近，穿过同名的巴扎尔以达撒马尔罕门，最后流到塞皮德-马沙地方。全长1法尔萨赫，沿渠有许多堡寨、园林和农田。此渠显然流贯城的西北部。

拿这些资料来和布哈拉水利灌溉实况相对证的工作，我们要留给能在当地进行地志考察的人们去作②。关于中古布哈拉城的区坊、街道和建筑物等，我们应当首先ைऑ奈尔沙希撰述中有关沙赫里斯坦的资料加以研究③。奈尔沙希告诉我们，屈底波将沙赫里斯坦分配于阿拉伯人，把从巴扎尔门到新门的地区划给穆达尔与拉比尔二部落，其余地区均划归也门人。如从巴扎尔门入城，左侧为"醉汉街"（Kū-i-Rindān）④，街的后面有基督教的教堂，这座教堂后经改变为贝努·罕扎拉部落的礼拜寺。如从沙赫里斯坦门入城，右侧为韦齐尔·本·艾尤卜·本·哈散街，亦名"堡寨街"（Kū-i-Kākh）。艾尤卜·本·哈

---

① BGA，Ⅰ，伊斯塔赫里书，页337。
② 参看 И. Умняков, К вопросу об исторической топографии, 页148以下。
③ Schefer 刊本，页52-57。
④〖英译本译"醉汉街"，俄文本译"荡子街"。〗

散生与屈底波同时,是布哈拉的第一任阿拉伯籍埃米尔,后继各任埃米尔也都住在这里。这条街与堡寨均为迪赫坎希纳所有,希纳后来改用艾哈迈德这个穆斯林名字。沙赫里斯坦城墙附近有"用木板搭成的青菜摊"①(Chūba-i Baqqālān)与"阿月浑子壳果破碎者的巴扎尔"。沙赫里斯坦以内,贝努-赛阿德门附近,有哈桑·本·阿拉·赛阿迪的堡寨;街道与城门均以哈桑之父阿拉之名为名。堡寨宏伟,世罕其匹,虽王公君主亦未之曾有。由哈桑围圈起来的土地每月提供 1,200 第纳尔的收入。在贝努-阿萨德门出口附近,有呼罗珊埃米尔的宫院。在哈克-拉赫门附近,亦即在沙赫里斯坦的西北隅,仍然存留有伊玛目阿布·哈弗斯的修道室,它受到人们的崇敬,其旁也还有许多礼拜寺和修道室。离此不远,在从新门入城的右侧为古莱氏人的礼拜寺,其创建人为古莱氏人穆卡提勒·本·苏莱曼,穆卡提勒乃随同屈底波作战、久负盛名之纳巴泰人海延的恩主(?)②。

萨曼朝时期,人们认为上文(R153)提到的、相传埋葬着阿弗拉锡亚卜的巨冢是前伊斯兰时期的遗存。死于阿弗拉锡亚卜之手的锡亚乌什的坟墓,人们认为位于子城东门附近;拜火教徒在每年元旦日出以前例用雄鸡一只在此致祭。有颂赞锡亚乌什的一些诗歌,总称"穆护哀歌"③。除子城以内有著名的堡寨之外,早在前伊斯兰时期,里吉斯坦以内,也有了王家的宫院④。不仅如此,在前伊斯兰时期,布哈拉城东南部后来称为"马赫礼拜寺门"的地区也是一个重要所在。这里有马赫-鲁兹巴扎尔,每年举行两次集市,集市上出卖偶像(可能是佛像);这种异教习俗,沿至萨曼时期,迄无变更⑤。偶像需求量如此之巨,总

---

① 〖俄文本作"用木板搭成的食品杂货摊"。〗
② Maulā 一词有不同的涵义,既可训为恩主,亦可训为依附者。此处之海延为纳巴泰人,而穆卡提勒则为古莱氏人,因此上述二义以取前义为宜。
③ 奈尔沙希书,Schefer 刊本,页 21。
④ 同上书,页 24。
⑤ 奈尔沙希说,这种习俗"甚至到他的时代依然存在"。由此可知,这种习俗的废除,当在奈尔沙希诞生(时在 286/899 年,见赛木阿尼书,Margoliouth 刊本,al-Narshakhī 条)以后,他写成他的著作(332/943-4 年)以前。

R159 值竟达50,000第尔赫姆之多。据说这种习俗创始于神话中人物马赫王公;相传这里曾有丛林,集市即在林荫中举行;马赫王公在后来建成礼拜寺的地点坐在宝座上,鼓励人们购买偶像。人们聚集在一个地方礼神,其后遂在礼神之处修建了拜火教徒的一座寺院,至穆斯林时期改建为一座主要礼拜寺①。十二世纪,萨木阿尼②所听到的已是此项传闻的异说,即马赫原为拜火教徒,后来归依伊斯兰教,遂将自己的家宅改建为礼拜寺。在萨木阿尼的时候,"马赫礼拜寺门"区坊已经有了经常的集市。

108 最后,还有一个地区在八世纪取得了重要地位,这就是在屈底波占领了布哈拉以后被称为凯什 - 贵霜人③的、来自外地的异族富商相率移居的地区。托马舍克④推测他们是贵霜或嚈哒的后裔。他们把自己在沙赫里斯坦的宅舍让给阿拉伯人,在另一地区为自己建成七百座堡寨,并环绕堡寨培植园林,安顿仆役及从居者,因此新区人口数目很快就超过了旧区。新区得名"穆护堡寨"(Kūshk - i Mughān),拜火教徒的寺院亦以此地为最多。迨萨曼朝定都布哈拉后,禁卫军诸长官开始在穆护堡寨区购置土地,使土地价格上涨到每吉弗特值4,000第尔赫姆;根据奈尔沙希所引努赫·本·纳斯尔的叙述,有一个时期,地价涨得更高,达到每吉弗特12,000第尔赫姆。相传穆护堡寨的居民曾与穆斯林居民一度发生冲突,穆斯林攻克各堡寨,拆除其门户,后来用以扩建大礼拜寺。每一堡寨门上原来雕有本堡寨主人所崇拜的神像(大约是他的家神),这些雕像也就保存在大礼拜寺的门上,只磨掉了它们的面部。萨曼时期,尚有两三座堡寨残留着,至十二世纪,还有雕像的门

---

① 奈尔沙希书,Schefer 刊本,页 18 - 9。人们认为从前的马赫(Mākh)礼拜寺就是现在的城池(Maghāk)礼拜寺;参照 Бартольд, О некоторых восточных рукописях, 页 926;Умняков, К вопросу об исторической топографии, 页 151。取代"马赫礼拜寺"的今名"城池礼拜寺",已见于奈尔沙希书,Schefer 刊本,页 63。

② 《原文史料选辑》,页 66(萨木阿尼书,Margoliouth 刊本,al - Mākhi 条);亚库特,Muʻjam,Ⅳ,页 380。

③ 奈尔沙希书作 Āl - i Kathkatha 或 Kathkathān。

④ Tomaschek, Sogdiana, 页 106。托马舍克推想凯什 - 贵霜人是佛教徒,但从下文引自奈尔沙希书的语句,可知他的推想不能成立。

已仅存一扉①。令人遗憾的是"穆护堡寨"的位置不见于记载；然而"穆护街门"既与今之伊玛目门相对，那么，"穆护堡寨"自应求之于布哈拉城西北部。奈尔沙希也提到过②"穆护街"，此街与"迪赫坎街"之间为哈尔坎巴扎尔。

R160

在穆斯林诸建筑物中，自以大礼拜寺最值得我们注意③。布哈拉的第一座礼拜寺乃94/713年屈底波在子城内就偶像教（多半是佛教）寺院的旧址所兴建。为举行节日礼祷，也就是为在两个主要的节日（'īd）举行礼神仪式，特在里吉斯坦北部马阿比德门附近开辟了一个道场。后来总督法兹勒·本·叶海亚·巴尔马基于794-5年在子城与沙赫里斯坦之间修建了一座新的大礼拜寺。这座大礼拜寺于290/902年由萨曼君主亦思马因重建并大加扩展，为此亦思马因收购了附近的诸住宅。纳斯尔在位(914-43年)初期，这座礼拜寺两次坍塌，第一次恰在金曜日举行礼拜的时候，造成了重大伤亡。政府下令重修，并于306/918-9年由韦齐尔阿布·阿卜杜拉·杰哈尼出资增建了一座呼楼。阿拉伯诸地理家所注意的正是这一建筑物；依照马克迪西的描述④，这座礼拜寺有几个庭院均以清洁著称。布哈拉城主要的纺织厂位于这座礼拜寺近旁⑤。另一座礼拜寺是埃米尔努赫·本·纳斯尔于340/951-2年在"呼罗珊埃米尔的宫院"附近建造的，大约坐落在沙赫里斯坦的西南部。关于这一建筑物，我们只知道到了十二世纪它仍存在；上文征引的、奈尔沙希著作的译者述及的、当时只有一扉门上还保存着雕像的故事，多半即指这一建筑物而言，因为人们走向呼罗珊埃米尔的宫院，必须在此门前面经过。360/971年，埃米尔曼苏尔为举行节日礼神仪式下令在通往萨姆廷村路旁、距子城门半法

109

---

① 奈尔沙希书，Schefer 刊本，页 29,47-8,62。
② 同上书，页 56。
③ 同上书，页 47-51。
④ BGA，Ⅲ，马克迪西书，页 280。
⑤ 奈尔沙希书，Schefer 刊本，页 18。

尔萨赫处辟一新道场。萨姆廷村方位不明，惟新道场似与旧道场相隔不远①。

萨曼朝大礼拜寺于460/1068年在桃花石汗·伊卜拉欣的儿子们争夺王位时毁于兵燹；从子城抛来的火种烧掉了呼楼上部的木结构，呼楼坍塌，砸毁了这座礼拜寺。翌年，全寺重建，呼楼上部用砖砌成；此外还在离子城较远的地点新建了一座包括一间内室(maqṣūra)的建筑物。这间内室以及讲经坛和壁龛，都是在撒马尔罕雕制的。阿尔斯兰汗·穆罕默德下令在沙赫里斯坦以内兴建一座新的大礼拜寺；这座礼拜寺于515/1121年落成，备极壮丽，似乎一直存在到成吉思汗入侵的时候。建于回历521年的呼楼②一向完好无损，直到1920年9月革命的时候才被围攻的炮火击毁。稍早于521年，即在513/1119年，阿尔斯兰-汗为节日礼神在伊卜拉欣门附近修建了一个新道场，其地至今仍为道场。十一世纪，谢木斯-穆勒克(1068-80年)曾在此地兴建宫院，且辟有园林、牧场、兽苑，因此被认为禁地(原文 ghūruq 应作 quruq)，并因宫院兴建者而得名谢木斯阿巴德。谢木斯阿巴德迭经谢木斯-穆勒克的继承人希兹尔修葺，后渐芜废，终在塞勒术克苏勒坦麦利克-沙入侵时(1089年)彻底被毁③。布哈拉还有一座"叙利亚礼拜寺"(Masjid ash-Shām)，萨木阿尼与亚库特均曾著录④。

布哈拉城内建于不同时代的王家宫院，为数颇多。埃米尔亦思马因曾在离子城和里吉斯坦不远的术-伊·穆利延这一当时人们认为是布哈拉风景最优美的地方为自己兴建了一座宫院⑤。从里吉斯坦门到子城附近的德什特克苇田，其间布满了宫院、客栈、园林及池沼等。很

---

① Hāfiẓ-i Tānish, 'Abdallāh-Nāmah, 亚洲博物馆藏抄本，页116b。
② 《原文史料选辑》，页172(Kitāb-i Mullāzāda)。
③ 奈尔沙希书, Schefer 刊本，页27-8。关于 quruq 一字，现可参看 Bābur-Nāmah, Beveridge 译本，I，页81以下；还可参看我写的 Орошение，页31。
④ 萨木阿尼书, Margoliouth 刊本，al-shāmī 条；亚库特, Mu'jam, III, 页244。
⑤ 奈尔沙希书, Schefer 刊本，页25-7。【此句从俄文新版；英译本作"埃米尔亦思马因曾在离子城和里吉斯坦不远的术-伊-穆利延地方为自己兴建了一座被人们认为是布哈拉诸宫院中最华丽的宫院。"】

有可能,术－伊－穆利延这一名称即指伊斯塔赫里提到的、从里吉斯坦附近分出的二水渠之一(里吉斯坦渠或拉巴赫渠),更可能的是指拉巴赫渠而言,因为依照伊斯塔赫里的记述,此渠沿岸有园林及堡寨1,000座。今日距布哈拉2俄里之遥,仍有一村庄叫作术－伊－穆利延①。根据奈尔沙希的记载,术－伊－穆利延是当地居民呼术－伊－马瓦利延(Jū－i－Mawāliyān,意为"依附者之河")的音转②,因为亦思马因曾在这里建造屋宇供禁卫军的首领们居住③,也把来自这些土地的大部分收入拨归这些首领们享用。这些土地从前曾经是布哈尔－胡达特的私产;亦思马因从哈桑·本·穆罕默德·本·塔卢特手中购得术－伊－穆利延和德什特克,将得自德什特克的收入拨充大礼拜寺的经费。 *R162*
术－伊－穆利延的宫院一直存在到萨曼朝末年。

纳斯尔在里吉斯坦以内兴建的另一所宫院④存在到961年,其旁为政府诸官廨。阿卜杜－麦利克在位期间(954－61年),韦齐尔阿布·贾法尔·乌特比(任职至348/959年)⑤又在这里修建了一座壮丽的礼拜寺。这所宫院,在因阿卜杜－麦利克暴卒而发生的骚动中,遭到了叛乱者的劫掠,继被焚烧。埃米尔曼苏尔下令重修,但未及一年再毁于火,起火原因,系沿袭信仰异教时的旧习,在节日燃烧木堆,某次不幸失慎所致⑥。全部建筑这次焚烧净尽;埃米尔乃将自己的产业迁移到术－伊－穆利延,从此里吉斯坦日就荒废。不过马克迪西在十世纪末年写作时仍然提到⑦宫院的位置在里吉斯坦,西与堡寨相对。

火后数年,曼苏尔于356/967年在新门附近的卡雷克－伊阿莱维

---

① 奈尔沙希书,Лыкошин 译本,页38。
② 此为 mūlī 一字之破碎复数的再生形式。
③ 此处用的 mūlī 一字与奈尔沙希书中(Schefer 刊本,页83)之 ghulām 同义。
④ 奈尔沙希书,Schefer 译本,页24－5。
⑤ 奈尔沙希书的译者误将此人与 Ta'rīkhi Yamīnī 的作者(参看上文 R64)混为一谈,称之为艾哈迈德·本·哈桑;加尔迪齐书一处(《原文史料选辑》,页8)作艾哈迈德·本·侯赛因,另一处(《原文史料选辑》,页10)作侯赛因·本·穆罕默德。
⑥ 关于此项旧习,参看Ханыков,*Описание Бухарского ханства*,页208。
⑦ BGA,Ⅲ,马克迪西书,页280－1。

延地方建造了一所新宫院①。这所宫院，像亦思马因的宫院一样，存在到萨曼朝末年。宫院占用的地面被认作是王家财产，但至谢木斯－穆勒克君临期间，将地面所有权转让于布哈拉诸乌莱玛。哈剌汗朝时期②，见于记载的不仅有上文述及的谢木斯阿巴德，此外还有艾哈迈德－汗（卒于1095年）的一所宫院，后者位于术伊巴尔地方，即在伊卜拉欣门附近。阿尔斯兰－汗下令拆除这所宫院，改在子城以内重建；过了几年，又在德尔瓦兹杰区坊（布哈拉城西北部）的布－莱思街兴建一所新宫院，又在同地筑有两所浴场。后来，阿尔斯兰－汗把这所宫院改为经文学院，另在赛阿达巴德门（贝努－赛阿德门的别称）附近，亦即在沙赫里斯坦西南隅，建筑了新的宫院。

除上文述及的区坊与街道以外，萨木阿尼还提到了杰迪德街③、长凳街（"修道院对过"）④、里乌区坊⑤以及方场门（今哈剌库勒门）附近的法尔齐赫堡⑥。奈尔沙希在其描述937年大火的记载⑦中，还提到了贝卡尔街，大约位于布哈拉城西部撒马尔罕门与法尔杰克门之间同名水渠的附近⑧。

布哈拉的街道以宽阔著称⑨，路面用石铺砌，石材取自瓦尔卡村附近的同名之山，该山绵亘于撒马尔罕与碣石二省之间，成为二省边界之山脉的西端⑩。萨木阿尼⑪置瓦尔卡村于距布哈拉2法尔萨赫之地，谓

---

① 奈尔沙希书，Schefer 刊本，页27。
② 同上书，页28。
③ 《原文史料选辑》，页55（萨木阿尼书，Margoliouth 刊本，al‐Jadīdī 条）。
④ 《原文史料选辑》，页57（萨木阿尼书，Margoliouth 刊本，al‐Dhīmūnī 条）。
⑤ 亚库特，Muʿjam，Ⅱ，页892；萨木阿尼书，亚洲博物馆藏抄本，页194；Margoliouth 刊本，al‐Rīwī 条）。
⑥ 萨木阿尼书，亚洲博物馆藏抄本，页314；Margoliouth 刊本，al‐Fārzī 条。亚库特，Muʿjam，Ⅲ，页835 无"堡"字，亦未说明方位。
⑦ 奈尔沙希书，Schefer 刊本，页93。
⑧ 亚库特，Muʿjam，Ⅲ，页881 也提到了布哈拉的一个地点（mauẓaʿ），名法尔卡德。
⑨ BGA，Ⅲ，马克迪西书，页284。
⑩ BGA，Ⅰ，伊斯塔赫里书，页312。
⑪ 萨木阿尼书，亚洲博物馆藏抄本，页455；Margoliouth 刊本，al‐Wārkī 条。亚库特书 Muʿjam，Ⅳ，924 未言其与布哈拉的距离。在前页（页923）述及此村时，亚库特所用名称为 Warkay 与 Warkan。

为正临从布哈拉去那色波(哈尔施)的大路。布哈拉的街道虽然宽阔,但因居民密度甚高,故在当时已人满为患。这一缺点在布哈拉比在萨曼国家所有其他城市中更为显著。由于这一原因,布哈拉时常发生火灾①;奈尔沙希书记载了纳斯尔在位期间317/929年与325/937年发生的两次大火②。第二次大火为害尤烈;值得注意的是,虽然这次大火延烧甚广,有几处巴扎尔化为飞烟寒灰,但据估计,损失总数不过十余万第尔赫姆。布哈拉其他令人不快之点,有如马克迪西③和某些诗人④所严词指摘的恶臭、污水等等,亦皆因房屋鳞次栉比有以致之。

伊斯塔赫里⑤将布哈拉郊区分为22县,其中15县位于郛郭以内。布哈拉像撒马尔罕和巴里黑一样,修建郛郭以卫近郊。阿布勒-哈桑·你沙不里的著作(参看上文R60)述及,布哈拉的郛郭系总督阿布勒-阿拔斯·法兹勒·本·苏莱曼·徒锡(783-787年在职)所筑造⑥,旨在保护布哈拉的城区及郊区免遭突厥游牧人的侵扰。此项措施的实行,出于撒马尔罕王公叶齐德·本·古雷克的建议,这位王公援撒马尔罕为例,指出撒马尔罕即因建成郛郭而得保证安全。布哈拉的郛郭每隔半英里(约1俄里)设门和塔楼一座,修建工程直到215/830年始全部告竣。另据马斯乌迪征引⑦某一塞勒穆亚(或作塞勒麦韦赫)所著《关于阿拔斯朝诸君主与呼罗珊诸埃米尔》一书称:布哈拉在古代原有城郭,为粟特某君王所建,其后倾圮,法兹勒·本·苏莱曼不过就这道旧墙进行修复而已。

根据伊斯塔赫里的记载⑧,布哈拉的郛郭长宽各12法尔萨赫。通

---

① BGA,Ⅲ,马克迪西书,页281。
② 奈尔沙希书,Schefer 刊本,页93-4。
③ BGA,Ⅲ,马克迪西书,页281。
④ 萨阿利比,*Yatīmat ad-Dahr*,Barbier de Meynard 选译,Ⅰ,页184-5;贝鲁特刊本,Ⅳ,页8-9。
⑤ BGA,Ⅰ,伊斯塔赫里书,页309-10。
⑥ 奈尔沙希书,Schefer 刊本,页32-3。
⑦ BGA,Ⅷ,Mas'ūdī,*Kitâb at-tanbîh wa'l-ischrâf*,页65;B. Carra de Vaux 译本,页96。
⑧ BGA,Ⅰ,伊斯塔赫里书,页305。本书1900年俄文本误称郛郭长度不明,我已在 ЗВОРАО 卷XIX〔К истории Мерва〕,页119加以更正。

往撒马尔罕的大路在塔瓦维斯以东,亦即在距城 7 法尔萨赫以上的地方穿过郛郭①;通往呼罗珊的大路在距城 3 法尔萨赫处穿过郛郭②。此外,位于郛郭以内的村庄有穆护坎(距布哈拉 5 法尔萨赫,在通往呼罗珊的大路以北 3 法尔萨赫)与增达那③(在布哈拉以北 4 法尔萨赫)。郛郭逐年维修,需款甚巨,成为居民的沉重负担;只是到了亦思马因的时代,外患威胁才减轻到可为居民豁免此项负担的程度。此后,郛郭逐渐倾毁,至十二世纪,被称为凯姆皮雷克,意为"老妇人"。郛郭残迹今犹存在,形如土围墙,当地居民呼为凯姆皮尔-杜瓦勒(Kempir-duval);Н.Ф.西特尼亚科夫斯基与Л.齐敏曾先后对郛郭遗迹加以查勘④。在东北方,围墙"介于耕地与向东伸张到凯尔米涅的空旷草原之间",北面一部分与泽拉夫尚河之高峻的左岸平行⑤。

布哈拉所属各县,其拼读及方位有的颇成疑问。有些县得名于赖以灌溉的水渠,伊斯塔赫里⑥与奈尔沙希⑦曾列举渠名如下⑧:

(1)凯尔米尼亚渠;伊斯塔赫里称凯尔米尼亚这一城镇所领之县为叶西尔(?)。

(2)沙普尔卡姆(Shāpūrkām)⑨,得名于前来布哈拉定居的波斯王公沙普尔;沙普尔从布哈尔-胡达特手中接受了土地,并在这里建立了

---

① 参看上文 R149。
② BGA,Ⅵ,伊本·霍尔达德贝赫书,页25;Ⅷ,Mas'ūdî,Kitâb at-tanbîh wa'l ischrâf,页 65。
③ BGA,Ⅰ,伊斯塔赫里书,页 315。【"增达那"系俄文本 Зендана 一名之音译,英译本作 Zandān,应译"增丹。"】
④ Ситняковский,Собщение в заседании ТКЛА 21 апреля 1898 年,页 89-92;Зимин,Отчет о двух поездках по Бухаре,页 119 以下。Л.齐敏断定,郛郭遗迹不仅如西特尼亚科夫斯基所见,残存于东北方,而且残存于西南方去呼罗珊的路旁。
⑤〔参看 Якубовский,Археологическая экспедиция;Шишкин,Археологические работы 1937 年等撰述中关于围绕布哈拉绿洲之郛郭的珍贵资料。〕
⑥ BGA,Ⅰ,伊斯塔赫里书,页 310-11。
⑦ 奈尔沙希书,Schefer 刊本,页 30-31。
⑧ 西特尼亚科夫斯基(Заметкн,页 121 以下)说明,这些渠道有许多直到现在依然保有旧的名称;参看 ЗВОРАО 卷ⅩⅢ Ⅰ,页 0115 以下我的评论和我写的 Орошение,页 119 以下。
⑨ 布哈拉方言称阿里克(ariq,水渠)为卡姆(kām),参看我写的 Орошение 页 29。西特尼亚科夫斯基将 Kām-i Zar 与 Ju-i Zar 译为"大泽尔与小泽尔",由此可知,方言中卡姆一词系指大于波斯语中称术(Ju)或术伊(Juy)之渠道而言,参看我写的 Орошение,页 120。

堡寨和瓦尔达那村；水渠即被引至此处。瓦尔达那诸统治者号称瓦尔丹－胡达特，直到八世纪初不断与布哈尔－胡达特争雄。瓦尔达那甚至曾被认为有比布哈拉更为悠久的历史。瓦尔达那村在战略上（作为防御突厥游牧人的边塞）、商业上以及工业上都占有重要地位①。后来此地改置瓦尔丹齐提尤绵（tümen，即"县"之意），1868年，大部分没于流沙②。

（3）上哈尔坎那；以此为名之县位于郛郭以外，约在上文（R149）提到的，位于泽拉夫尚河以北，隔河与凯尔米尼亚相对的哈尔甘凯特村附近。

（4）哈尔坎－鲁德；此渠大约供给位于郛郭以内的下哈尔坎那县的灌溉用水。据伊斯塔赫里的记述，哈尔坎－鲁德流抵祖什村；后者如萨木阿尼与亚尔库特所记③，位于努尔附近，亦即距布哈拉约20法尔萨赫处。

（5）加乌－希特费尔；此渠殆即伊斯塔赫里书著录的奈贾尔－希特费尔渠，而奈贾尔－希特费尔可能系布哈尔－希特费尔形近之讹。此渠灌溉同名之县，流抵哈尔麦坦（Kharmaythan④，此据亚库特）或胡尔米坦（Khurmīthan，此据萨木阿尼）村，该村方位，各书均失载。奈尔沙希认为加乌－希特费尔并非人工开凿之渠，其河床乃流水自然切成。此渠当即近代的古德法尔河或瓦卜肯德河，后者因位于通往花剌子模道路上的瓦弗肯德村而得名⑤。哈内科夫也说此渠系天然河道⑥。沿

---

① 奈尔沙希书，Schefer 刊本，页14。
② Tomaschek, *Sogdiana*，页108。瓦尔丹齐提尤绵亦系以渠名县，此渠现名沙菲尔卡姆；参看 Hāfiẓ-i Tānish,'Abdallāh–Nāmah，亚洲博物馆藏抄本，叶385。此渠今在阿拉卜-汗那村附近分为旧沙菲尔卡姆与新沙菲尔卡姆二渠。J. 马夸特（*Die Chronologie*，页62，此处他误译 Shāhpūr kām 为"Wunsch des Shāpūr"）考证瓦尔达那村即见于中国史书之伐地（Fa-ti）；参照沙畹，《西突厥史料》，索引。【冯承钧译本，1958年版，页123-4。】
③ 亚库特，*Mu'jam*，Ⅱ，页959；萨木阿尼书（亚洲博物馆藏抄本，叶205）附加了 fīmā'azunnu 二字，意为"我认为"（Margoliouth 刊本，al-Zūshī 条）。
④ 亚库特，*Mu'jam*，Ⅱ，页427；萨木阿尼书，亚洲博物馆抄本，叶145；Margoliouth 刊本，al-Khurmīthanī 条。
⑤ 参照伊本·巴图塔书，Ⅲ，页21。
⑥ Ханыков，*Описание Бухарского ханства*，页32。

河诸支渠亦对增达那与拉米坦那供给灌溉用水。

（6）萨姆真；如上文所述，此渠又名鲁德-伊-贾尔格（见于伊斯塔赫里书的名称）或哈拉姆卡姆，在距布哈拉4法尔萨赫处穿过通往撒马尔罕的大路。伊斯塔赫里书中提到的前萨姆真与后萨姆真二县大约均在此地。收容泽拉夫尚河过剩水量的沼泽亦名萨姆真①。

（7）培坎（Paykān②，意为"箭镞"）；流至上文（R163）述及之瓦尔卡村，铺砌布哈拉街道所用的石材取自此处。

（8）上费拉维兹或费拉瓦兹；与渠同名之上下二县均位于布哈拉郛郭以内；此渠流抵乌布卡尔（？）村③。据奈尔沙希的记载④，此渠开浚于穆斯林时期。

（9）下费拉维兹，县名与渠名同；此渠又名代蒙渠，因古老的代蒙村得名，该村距布哈拉2.5法尔萨赫，当通往培肯德的道路⑤。

（10）阿尔宛，县名与渠名同；此渠流抵巴奈卜村；关于该村方位，亚库特书⑥或萨木阿尼书均无记载。

（11）吉费尔（Gīfar）；在伊斯塔赫里书所记诸渠中，何渠与此渠相当，已难考定。萨木阿尼书⑦与亚库特书叙述乌丹那村时提到的只费尔（Jīfar），或即此渠。

（12）泽尔（Zar），伊斯塔赫里书中作阿-扎尔（adh-Dhar），此为布哈拉城内干渠的名称，今名沙-鲁德；布哈拉所属诸县之一亦名泽尔。

---

① 奈尔沙希书，Schefer 刊本，页17。
② 伊斯塔赫里书的 de Goeje 刊本作 Tankān。
③ 据伊本·豪卡勒书（BGA，Ⅱ，页380），流抵里乌坎村。
④ 奈尔沙希书，Schefer 刊本，页53。
⑤ 《原文史料选辑》，页57（萨木阿尼书，Margoliouth 刊本，al-Dhaymūnī 条）。此渠流抵之村，在伊斯塔赫里书之德·古耶刊本中作法拉卜（Fārāb），可断言其必误。此村名称当读塔拉卜（Tārāb），在洪本村附近，距布哈拉4法尔萨赫，傍通往呼罗珊的大路。参照亚库特，Mu'jam，Ⅱ，页474；Ⅲ，页487；萨木阿尼书，亚洲博物馆藏抄本，叶269，Margoliouth 刊本，al-'jārābī 条。上、下二费拉维兹至今仍沿用旧称。
⑥ Mu'jam，Ⅰ，页482。
⑦ 亚洲博物馆藏抄本，叶32，Margoliouth 刊本，al-Aw·d·nī 条；渠名或应读 Hittafar。这些字均不见于亚库特书（Mu'jam，Ⅰ，页399）。

（13）瑙肯德；依照伊斯塔赫里的记载,有两条渠道皆以瑙肯德为名,其一流至费拉那(?),另一流至努巴格·埃米尔(意为"埃米尔的新园林")。努巴格·埃米尔当非塔瓦维斯附近之瓦努法格村①；如其为该村,则第二条瑙肯德渠即为灌溉塔瓦维斯所领之县的渠道②。

（14）法拉赫沙；此渠流至同名之村,村名亦作巴拉赫沙③、瓦拉赫沙④、阿弗拉赫沙以及法拉赫商（Фарахшан）⑤。村距布哈拉一日程或4法尔萨赫,正当通往花剌子模的道路。此村又名达赫芬敦⑥。据奈尔沙希的记载,此地有渠十二条。法拉赫沙位于郛郭以内,从来就是布哈尔-胡达特的私产,并被人们认为是年代上比布哈拉更早的城镇。这里有布哈尔-胡达特的旧宫院,相传已存在了千余年之久。八世纪时,这所宫院复经两位布哈尔-胡达特,亦即胡努克-胡达特与布尼亚特重建。布哈尔-胡达特在法拉赫沙的田产每年提供20,000第尔赫姆的收入,其后此项田产被萨曼君主亦思马因抄没。亦思马因谕令居民改宫院为大礼拜寺而未得如愿。努赫·本·纳斯尔之子艾哈迈德下令取用这里的材料在布哈拉子城门近旁兴建另一宫院,这所宫院遂被拆毁。在瓦拉赫沙,"农民们的新年"早于穆护新年五日。这个古老村庄的名称至今尚保存在拉米坦村（参看下文）附近一座大山头的名称中⑦。

（15）库什那；此渠已于布哈拉城渠名称表中述及（见 R157）。

（16）拉米坦,亦作拉米坦那；流抵同名的村庄。这个设有防御工

---

① 萨木阿尼书,亚洲博物馆藏抄本,叶 459；Margoliouth 刊本,亚库特书,*Mu'jam*,Ⅳ,页 942 未记方位。
② 〖此句从英译本,俄文本作"努巴格·埃米尔可能就是塔瓦维斯附近之瓦努法格村；如其为该村,则第二条瑙肯德渠应即为灌溉塔瓦维斯所领之县的渠道。"〗
③ BGA,Ⅱ,伊本·豪卡勒书,页 360；Ⅲ,马克迪西书,页 282。
④ 奈尔沙希书,Schefer 刊本,页 15 – 16,下文所述关于此村的详细情况皆取材于此。
⑤ 《原文史料选辑》,页 53（萨木阿尼书,Margoliouth 刊本,al – Afarakhshī 条）；亚库特 *Mu'jam*,Ⅲ,页 869。
⑥ 此名读音见萨木阿尼书与亚库特书（*Mu'jam*,Ⅱ,页 568）。
⑦ Зимин,*Отчет о двух поездках по Бухаре*,页 131。

事①、至今仍保留旧名的村庄,是布哈拉附近最引人注目的村庄之一。它曾被认作是"老布哈拉"②,亦即布哈拉省长官旧日的治所;布哈拉建立后,当地统治者仍然常到拉米坦过冬。相传此村乃神话人物阿弗拉锡亚卜所建,他的敌手凯伊-胡斯老则在对面,亦即在拉米坦渠彼岸建立了拉穆什村,并在该村建成拜火教徒的寺院,到萨曼时期,这一寺院依然存在。比鲁尼也曾提到拉穆什的拜火教徒寺院③,穆护们在这里庆祝他们每年最重要的节日之一。拉米坦也有偶像教徒的一座寺院④。到马克迪西的时候,拉米坦四郊被毁,渐趋荒落⑤。

(17) 哈玛;流抵同名的村庄,该村方位全然不明。

可见位于郭郭以内的十五县——泽尔、法尔吉达德(?)、萨哈尔、塔瓦维斯、布尔克或布鲁克(?)、下哈尔坎那、布玛(?)、奈贾尔-希特费尔或布哈尔-希特费尔、加胡什图宛、安迪亚尔-肯德曼(?)、前萨姆真、后萨姆真、下费拉维兹、阿尔宛、上费拉维兹——中,有六县无从与确定的水渠联系,而且我们也找不到任何资料据以推断它们的地理位置。六县之中,只有加胡什图宛(阿拉伯语作卡胡什图宛)见于萨木阿尼和亚库特的记载⑥,可是他们都不曾指出它的方位。阿拉伯诸地理家引用村名每不与其所在之县的县名并举,因此我们无由得知例如拉米坦与法拉赫沙等村究在何县境内。

至于郭郭以外的七县——杰扎(?),沙-巴赫什(意为"王公的赠品")、叶西尔(即凯尔米涅县)、上哈尔坎那、拉门德或加尔坎德⑦、培肯

---

① 奈尔沙希书,Schefer 刊本,页 14-15。
② BGA,Ⅲ,马克迪西书,页 282。
③ *Athâr-ul-bâkiya*,Sachau 译本,页 221。
④ 奈尔沙希书,Schefer 译本,页 6。
⑤ 马克迪西言尽于此,他并没说过什么"古城之广阔遗址"(Le Strange,*The Lands of the Eastern Caliphate*,页 462)。我在 3BOPAO XVII,页 0106 纠正了 Le Strange 的错误。关于今日拉米坦的状况,看 Зимин,*Отчет о двух поездках по Бухаре с археологической целью*,页 146 以下。
⑥ 亚库特,*Muʿjam*,Ⅳ,页 222。
⑦ 可能 Gharqand 应读作 Qazghand;萨木阿尼(《原文史料选辑》,页 64;Margoliouth 刊本,al-Qazghandī 条)认为库兹贡德村位于撒马尔罕附近。

德以及费雷卡尔(即法拉卜)——我们能确定其位置的仅有叶西尔、上哈尔坎那(参看上文 R165)与最后两县(此两县均当通往呼罗珊的道路)。现存载籍对介于布哈拉与阿母河岸之间的地区,叙述尚颇详尽①。距布哈拉 1.5 法尔萨赫②处为马斯廷或马斯蒂村,该村被认为是布哈拉最早的村庄之一③;至十二世纪被遗弃,失却水源④。距布哈拉 2.5 法尔萨赫处为前已述及之代蒙村。复前行,距城 3 法尔萨赫,则为大路穿过郛郭之处。郛郭以内,路之右侧,有胡贾达村(距布哈拉 3 法尔萨赫,距大路 1 法尔萨赫)与穆护坎村⑤(距布哈拉 5 法尔萨赫,距大路 3 法尔萨赫)。郛郭以外,距布哈拉 4 法尔萨赫处为洪本村,其旁为塔拉卜村⑥。在洪本、塔拉卜与拉米坦中间,库泰巴曾一度遭受粟特人与突厥人的包围⑦。

最后,与布哈拉相距 5 法尔萨赫的培肯德城⑧早在前穆斯林时期就已经被认为是一个巨大的商业中心。培肯德像拉米坦和法拉赫沙一样,也比布哈拉古老;它被称为"铜城"或"商人城"⑨。当地商人与中国进行贸易,甚至从事海上贸易(多半指与里海沿岸各地通商而言)。布哈拉的每一村庄都在培肯德的城门附近设置了拉巴特(军站或货栈),总数在 1000 个以上,其中有驻军防御突厥人的侵犯。依据奈尔沙希的记载,诸拉巴特自 240/854 – 5 年起开始衰落(由于边防可保无虞,警备已非必要),到马克迪西的时候,有些拉巴特已仅余断壁颓垣,尽

---

① BGA,Ⅵ,霍尔德贝赫书,页 25。
② 据库达玛的记述(BGA,Ⅵ,库达玛书,页 203)为 5 法尔萨赫,因此,在库达玛书中,布哈拉与阿模里相距为 22.5 法尔萨赫,此数比伊本·霍尔达德贝赫所记多 3.5 法尔萨赫;但此说别无旁证。
③ 奈尔沙希书,Schefer 刊本,页 6。
④ 《原文史料选辑》,页 66(萨木阿尼书,Margoliouth 刊本,al – Māstīnī 条)。
⑤ BGA,Ⅰ,伊斯塔赫里书,页 315。
⑥ 萨木阿尼书,亚洲博物馆藏抄本,叶 154,269;Margoliouth 刊本,al – Khunbūnī 与 Al – Tārābī 条;亚库特,*Mu'jam*,Ⅱ,页 474;Ⅲ,487(此处脱落了 'inda khunbūn 二字)。萨木阿尼书(Margoliouth 刊本,al – Khujādī 条)也提到胡贾达村,谓为有礼拜寺的大村庄。
⑦ 奈尔沙希书,Schefer 刊本,页 44。
⑧ 同上书,页 16 – 7;BGA,Ⅰ,伊斯塔赫里书,页 314;Ⅲ,马克迪西书,页 282。
⑨ 塔巴里书,Ⅱ,页 1186。关于"神话地理学"中的"铜城"或"铜堡"这一名称,参看 Marquart,*Beiträge*,页 639;还可参考 Marquart,*Ērānshahr*,页 83,93。〔还可参看 Зимин,*Развалины старого Пейкенда*;Кесати,*Раскопки на Пайкенде*. 1940 年。〕

管在萨曼时期,培肯德颇为繁荣。彼时培肯德有内外两道坚固的城墙,内城①城区只有一个入口。巴扎尔有二,一在城内,一在关厢。大礼拜寺夙以其壁龛之庄严华丽驰名遐迩,全部镏金,饰以宝石,就镏金装饰而言,河中所有壁龛无出其右者。培肯德位于草原边缘,因此周围没有村庄;仅在西方草原尽头有名为阿姆迪扎的一个设防村落。哈拉姆卡姆渠流经培肯德附近,但往往不能流抵城下;渠水泄入萨姆真湖。哈拉姆卡姆、萨姆真等名称表明,此渠就是在距布哈拉4法尔萨赫处与通往呼罗珊的道路相交叉的那条水渠(参看上文R150与166);其过剩水量,依照伊斯塔赫里的记载②,流归本河。萨姆真沼泽在十二世纪也被称为巴尔金-伊·费拉赫("宽广的盆地"),最后则以其今突厥语名哈剌-库勒("黑水湖")见称。此地饶有鱼、鸟。在培肯德与已在上文述及的费雷卜尔(法拉卜)之间,为占地达12法尔萨赫的一片多沙的草原③。

培肯德城像其他许多城镇一样,在萨曼朝灭亡后转趋衰微;十二世纪初,阿尔斯兰-汗一度企图恢复它的繁荣,甚至在这里为自己修建了一所宫院,也想为此城开浚一条新渠。培肯德坐落在一个山头上,惟山势不高。阿尔斯兰-汗下令凿山通渠,开凿后发现岩层坚固,在耗费了大量资财、牺牲了不少人命而未见功效之后,终于作罢。通渠计划之未能实现,多半是阿尔斯兰-汗的建筑物未能久存的原因之一。其后萨木阿尼来到这里的时候,他看到建筑物均已残破,其中住着一些土库曼人的家族④。萨木阿尼也看到了拉巴特的遗迹,拉巴特的数目,据他说,曾达3,000个之多。

---

① 这显然就是马克迪西在此处所用ḥiṣn一字的意义,这一用例屡见于马克迪西书中,参照同页及页291。
② BGA,Ⅰ,伊斯塔赫里书,页311。根据这些资料,似可推断,泽尔渠与磨房渠(参看上文R156-7)都是哈拉姆卡姆渠的分支。
③ 萨木阿尼书(Margoliouth刊本,al-Kabīrī条)与亚库特书(Muʻjam,Ⅳ,页234)还都提到一个"大村"(阿拉伯语作al-qaryat al-kabīra,波斯语作dih-i buzurg)在布哈拉郊区,去质浑河(即阿姆河)不远(萨木阿尼书如此云云)。
④ 《原文史料选辑》,页55(萨木阿尼书,Margoliouth刊本,al-Baykandī条;此处数目字以后的字母w大约出于误抄)。Н.Ф.西特尼亚科夫斯基对这些遗址的现况有颇为简短的报道,见 Сообщение в заседании ТКЛА 11 Декабря 1896年,页20。西特尼亚科夫斯基说明,培肯德渠旁有九个(转下页)

奈尔沙希还描述了布哈拉的其他村庄如下：

（1）努尔①，今之努尔－阿塔，位于布哈拉东北方山麓。此村有一大礼拜寺和许多拉巴特，并以诸圣徒的坟墓著称，信徒来此瞻拜者甚众。此村既处于农耕区与草原交界地带，可知其亦必有重要战略意义；在萨曼朝最后一位君主蒙塔西尔对敌斗争的历史记载中，它被称为一座堡垒②。距努尔1法尔萨赫，距布哈拉20法尔萨赫，有村庄名希查尔或奇查尔③。

（2）阿弗施那，为一设防村庄④，马克迪西⑤谓在布哈拉西方。屈底波甚至在这里建造了一座礼拜寺，据此我们可以推定，阿弗施那当即塔巴里提到的⑥距布哈拉1法尔萨赫的麦斯吉德驿站。

（3）巴尔凯德⑦，为一有古堡的古村。埃米尔亦思马因购得这一村庄，并将从它得来的收入分配给阿里的后裔（5/7）、布哈拉的贫民（1/7）和他自己的子嗣（1/7）。

奈尔沙希在其著作的不同章节中还提到了伊斯瓦那⑧、萨克马廷、萨姆廷⑨、萨姆敦⑩（可能是前一村名的异称）、苏弗那、西宛奇⑪、吉只

（接上页）小村庄，距这些小村庄3俄里处，"在高阜上，有一座长方形的堡垒和若干住宅的遗迹"。R. Pumpelly, *Explorations in Turkestan*, 1905年，页10对这些遗迹的速写和叙述，与人以完全错误的印象。Л. Зимин 对此遗址有详细的叙述，与他进行发掘的经过一并发表于 ПТУЛА，卷XVIII，1913年，页59－89；卷XIX，1915年，页63－131。古城的废墟今称"培肯德旧城"（Paykand–i kuhna）；别有培肯德新城，十九世纪的文献称之为堡垒。旧城周长不过678俄丈，即稍多于7/8英里，有门一座（与马克迪西的记载相符）。发掘出土的文物（特别是铜币）似皆为萨曼时期的遗存。

① 奈尔沙希书，Schefer 刊本，页10－11；亚库特，*Mu'jam*, IV，页822。
② 奈尔沙希书，Schefer 刊本，页225。
③ 亚库特，*Mu'jam*, III, 页40。
④ 奈尔沙希书，Schefer 刊本，页14。萨木阿尼书与亚库特书（*Mu'jam*, III, 页902）皆作 f·sh·n.t；亚库特书（*Mu'jam*, I，页330）亦作'Affshinah。
⑤ BGA, III, 马克迪西书，页282。
⑥ 塔巴里书，II，页1516。
⑦ 奈尔沙希书，Schefer 刊本，页14。此村亦见于萨木阿尼书（《原文史料选辑》，页54；Margoliouth 刊本，al–Barkadī 条）与亚库特书（*Mu'jam*, I，页589），但两书皆未说明其方位。
⑧ 奈尔沙希书，Schefer 刊本，页5。
⑨ 同上书，页6。
⑩ 同上书，页32。
⑪ 同上书，页5－10。西宛奇可能与伊斯瓦那同为一村。

杜宛或古只杜宛①(萨木阿尼将此村名拼作古只达宛②,说明其与布哈拉相距6法尔萨赫,并称之为商业重镇)等村庄。后一村庄至于今日仍名吉只杜宛,受哈尔坎－鲁德或卡勒坎－鲁德的灌溉;这就是中古地理家说到的"下哈尔坎那县"。在近代著作中,此县(提尤绵)有时以村名为名,称吉只杜宛提尤绵,又有时以渠名为名,称哈尔坎－鲁德提尤绵③。奈尔沙希也提到了奈尔沙赫或奈尔贾克村及其堡垒④(关于此村方位,参看下文)。又马克迪西著作中⑤也有一些其他地理家没有提过的村名,即奥沙尔(与突厥疆域为邻、有许多园林的大村庄)、泽尔米坦(有大礼拜寺的设防村庄)与瓦赫苏(亦一设防大村庄)。按照马克迪西的记述,布哈拉近郊有几个大村庄,其人烟之繁盛本与城镇无别,不过没有大礼拜寺;依据哈乃菲学派的说教,非大城镇请求兴建大礼拜寺,不得轻易许可,因此,甚至培肯德的居民为取得其建立大礼拜寺的权利,亦曾煞费周折⑥。

我们行将结束对于泽拉夫尚河盆地的观察,惟散见于萨木阿尼及亚库特的辞书⑦而为地理家所未尝著录的村庄名称,尚待我们按字母顺序予以列举。

这些村庄的名称如下⑧:

----

① 奈尔沙希书,Schefer 刊本,页 66。
② 萨木阿尼书,亚洲博物馆藏抄本,叶 306;Margoliouth 刊本,al－Ghijduwanī 条。
③ 参照 Бартольд,*Орошение*,页 120。
④ 奈尔沙希书,Schefer 刊本,页 67。
⑤ BGA,Ⅲ,马克迪西书,页 282。
⑥ 关于在凯尔米尼亚(凯尔米涅)建立一座金曜日礼拜寺的问题,参照萨木阿尼书,al－Shāmī 条。
⑦ 如所熟知,萨木阿尼的辞书是亚库特所倚靠的主要资料来源,但有些见于萨木阿尼辞书的村名却不见于亚库特,亚库特有时又删掉萨木阿尼所记某些村庄的方位。我们裒辑下列村名,编缀成表,系取则于 B. A. 茹科夫斯基为马鲁地区所列村名表,见 *Развалины Старого Мерва*,页 35－48。
⑧ 厘定这些村名的确切读音,原非易事,重以阿拉伯诸作家时常改动这些名称以求其合乎阿拉伯单词的读音规则,即求其合乎长元音后不得有两个辅音、短元音后不得有三个辅音的规则,因而使读音问题更加复杂。从萨木阿尼与亚库特对那些他们仅从文字资料得知之地名的处理方式看来,他们都显示出改动字形以求其适应上述规则的意图,例如萨木阿尼曾将 Sangbāt 改为 Sangabāt,将 Surkhkath 改为 Surkhakath。这样的改动使得原名面目全非。遇到这种情况,我们可以不必理会他所增入的元音。亚库特之受阿拉伯单词发音规则的约束,似较萨木阿尼尤甚,例如萨木阿尼照写 Sūtkhan 未改,而亚库特则改写为 Sūtakhan(*Mu'jam*,Ⅲ,页 183)。但是在(转下页)

阿弗沙宛(Afshawān)　Ⅰ,330　距布哈拉4法尔萨赫。

阿格敦(Aghdūn)　Ⅰ,319　布哈拉附近村庄。

阿格宗(Aghzūn)　Ⅰ,319　亚库特谓与前者同为一村,说甚是。

安贝尔杜宛(Anbarduwān)　Ⅰ,369　布哈拉附近村庄。

安达克(Andāq)　Ⅰ,371　距撒马尔罕3法尔萨赫;可能即近代之乌尔古特(Urgut),乌尔古特距撒马尔罕虽稍远于3法尔萨赫,然该村西部至今仍名安达克。

安德克(Andaq)　Ⅰ,374　距布哈拉10法尔萨赫。

阿尼克法尔达尔(Anikfardar)　Ⅰ,393　未注音符。在布哈拉附近。

阿尼松(Anīsūn)　Ⅰ,393　在布哈拉附近(《原文史料选辑》,页93)。

安贾法林(Anjāfarīn)或安术法林(Anjufārīn)　Ⅰ,371　在布哈拉附近。

阿斯门德(Asmand),见乌斯门德(Usmand)

巴卜(Bāb)　Ⅰ,437　在布哈拉附近。

巴比(Bāba)　Ⅰ,452　在布哈拉附近。

巴比什(Bābish)　Ⅰ,445　萨木阿尼认为在布哈拉附近。

贝达凯德(Badākad)或贝达凯达(Badakadā)　Ⅰ,523　在布哈拉附近。

巴登(Bādan)　Ⅰ,460　在布哈拉附近,或从亚库特说在撒马尔罕附近。

贝迪洪(Badhīkhūn)　Ⅰ,531　距布哈拉4法尔萨赫。在穆护坎附近(参看上文R169)。萨木阿尼归自苏尔玛拉(见下文)时行经此

(接上页)萨木阿尼或亚库特有机会亲自听到某些地名的发音的场合,他们就不再受阿拉伯单词发音规则的限制;最能说明这方面情况的实例是亚库特所引的 Ghawshfinj 一名(*Mu'jam*, Ⅲ,页825)。尤其重要的是确定在许多地名中时常出现的词尾的读音,这类词尾无疑是一些普通名词,自有涵义。在这方面,可取萨木阿尼所标读音据以纠正亚库特的纰缪,例如 faghan 应恢复为 faghn。

【此中文译本依照英文译本排列村名顺序,又出处栏所标"亚库特《地理辞书》"表明所列村名各见十亚库特 *Mu'jam* 何卷何页。】

村。一度由沙菲伊派居住,至十二世纪,由哈乃菲派居住(《原文史料选辑》,页53)。

本迪麦什(Bandīmash) Ⅰ,745 萨木阿尼推想其为撒马尔罕附近村庄。

贝拉凯德(Barākad)或贝拉凯丹(Barākadān) Ⅰ,538 在布哈拉附近,或即贝达凯德,亦或与巴尔凯德(见上文R171)同为一村。

贝尔达德(Bardād) Ⅰ,551 距撒马尔罕3法尔萨赫,当通往瑟底痕的道路。

巴尔迪扎(Bārdīza) Ⅰ,463 在布哈拉农耕区(Sawād)内。

贝尔法什赫(Barfashkh) Ⅰ,568 在布哈拉附近。

贝尔兰(Barrān),布拉纳(Burānā)或缶兰(Fawrān) Ⅰ,540 距布哈拉5法尔萨赫。

巴尔斯罕(Barskhān),亚库特书作巴尔苏罕(Barsukhān) Ⅰ,565 距布哈拉2法尔萨赫。萨木阿尼自贝尔拉尼亚(Barrānīya,可能即上记之贝尔兰)回程时曾在此驻足。

贝斯巴(Basba) Ⅰ,611 在布哈拉附近。

贝西卡伊尔(Basikāyir) Ⅰ,624 在布哈拉附近。

宾凯特(Binkat) Ⅰ,746 在瑟底痕附近。

比尔麦斯(Birmas) Ⅰ,785 在布哈拉附近。比尔麦斯与迪麦斯(参看上文R151)可能皆突厥字,直译"将不给"与"将不说";但我们不应肯定地如此解释,因别无理由可据以推断河中境内在十二世纪已有突厥人村庄。

布拉姆(Buram) Ⅰ,594 县名,伊斯塔赫里(BGA,Ⅰ,322)称之为Alghui,亚库特(Mu'jam,Ⅰ,93)亦以此名称之。

布尔散(Bursān) Ⅰ,565 在撒马尔罕附近。

布泰因(Butayīn)或布塔宁(Butanīn) 距答不昔牙半法尔萨赫,位于答不昔牙与阿尔宾詹之间。

达赫芬敦(Dakhfandūn) Ⅱ,558 在布哈拉附近(参看上文

R167)。

德尔齐乌(Darzīw) Ⅱ,567 距撒马尔罕3法尔萨赫,当通往卡特宛(Qaṭwān)的道路。

德希奈瓦(Dhakhīnawa) Ⅱ,717 距撒马尔罕3法尔萨赫。

德玛(Dhammā) Ⅱ,721 距撒马尔罕2法尔萨赫。

德尔艾那(Dharʿayna) Ⅱ,719 在布哈拉附近。

迪巴德宛(Dhībadwān) Ⅱ,727 在布哈拉附近。

迪扎克(Dīzak) Ⅱ,710 在撒马尔罕附近。

法格(Fāgh) Ⅲ,845 在撒马尔罕附近,此从萨木阿尼说。

法甘迪扎(Faghāndīza),亚库特书作法甘迪兹(Faghāndīz) Ⅲ,904 在布哈拉附近。

法格丁(Faghdīn)或法格迪兹(Faghdīz)〔亚库特书作菲格丁(Fighdīn)或菲格迪兹(Fighdīz)〕 Ⅲ,904 在布哈拉附近。

法吉费德(Faghīfad) Ⅲ,904 在粟特境内。

法吉图辛(Faghīṭūsīn)或法吉提辛(Faghītīsīn) Ⅲ,904 在布哈拉附近。

法敏(Fāmīn) Ⅲ,848 在布哈拉附近。

法拉卜(Farāb) Ⅲ,860 距撒马尔罕8法尔萨赫,位于拦水坝近旁的山脚下;从前俄国与布哈拉交界处一村庄至今仍名法拉卜。

费尔代德(Fardad) Ⅲ,870 在撒马尔罕附近,其旁为叶兹恩(Yazn),萨木阿尼书Margoliouth刊本疑有讹。

费尔贾亚(Farjayā) Ⅲ,869 在撒马尔罕附近。

法舒克(Fāshūq) Ⅲ,844 在布哈拉附近。

缶兰(Fawrān),见贝尔兰。

法伊(Fayy) Ⅲ,936 介于瑟底痕与贵霜匿之间,自系以上文提到的渠名为名。

弗尔法拉(Fūrfara) Ⅲ,923 距撒马尔罕1.5法尔萨赫,在阿尔宾詹附近(?)。

弗亚德松(Fuyādhsūn)〔亚库特书作菲亚代松(Fiyādasūn)〕 Ⅲ,926　在布哈拉附近。

加根(Gāgan)或贾真(Jājan)　Ⅱ,4　在布哈拉附近。

加丹(Ghadhān)或加达那(Ghadhāna)　Ⅲ,776　在布哈拉附近。

加施德(Ghashīd),加施达(Ghashīda),加施提(Ghashtī)或加施塔(Ghashīta)　Ⅲ,803　在布哈拉附近。

吉什提(Ghīshtī),可能应作吉什塔(Ghīshtā),亚库特书作吉沙提(Ghīshatī)　Ⅲ,828　在布哈拉附近,大约与上记加施德同为一村。

古达什费尔德尔(Ghudhashfardar),亚库特书作古达什费尔德(Ghudhashfard)　Ⅲ,776　在布哈拉附近。

古只达宛(Ghujdawān),亚尔库特书作古只杜宛(Ghujduwān)　Ⅲ,775　距布哈拉6法尔萨赫。

贡吉尔(Ghunjīr)　在撒马尔罕附近。

古雷只克(Ghūrajk)　Ⅲ,821　在瑟底痕附近。

古雷什克(Ghūrashk)　Ⅲ,823　在撒马尔罕附近,大约与前者同为一村。

古尔敏奈瓦(Ghurmīnawā)　在弭末贺县境内,距撒马尔罕2或3法尔萨赫(《原文史料选辑》,页63)。

古什丹(Ghushdān)　Ⅲ,803　在撒马尔罕附近,旁为沙乌达尔山。

伊达只(Īdhaj),或伊杜只(Īdhūj)或伊杜赫(Īdhūkh)　Ⅰ,417　距撒马尔罕3法尔萨赫,旁为沙乌达尔山。

伊斯比斯凯特(Isbiskath)　距撒马尔罕2法尔萨赫。

伊斯法兰只(Isfaranj)　Ⅰ,248　在粟特境内。

伊斯卡伦(Iskāran)　Ⅰ,252　距答不昔牙1或2法尔萨赫;一般认为在贵霜匿附近,亦即在泽拉夫尚河以北。

伊斯米坦(Ismīthan)　Ⅰ,265　在贵霜匿附近,距撒马尔罕不远。

伊斯坦(Istān),亚库特书作伊斯塔(Istā)　Ⅰ,240　距撒马尔罕3

法尔萨赫。

贾赫增(Jakhzan)或贾赫增那(Jakhzana) Ⅱ,36 距撒马尔罕3法尔萨赫。

吉拉哈什特(Jīrākhasht) Ⅱ,173 在布哈拉附近。

术伊巴尔(Jūybār) Ⅱ,163 萨木阿尼认为在撒马尔罕附近。

凯布德(Kabūdh) Ⅳ,234 距撒马尔罕4法尔萨赫,在法兰(Fārān)附近(?)

凯弗西西宛(Kafsīsīān)或凯弗施施宛(Kafshīshiwān) Ⅳ,292 在布哈拉附近,萨木阿尼书 Margoliouth 刊本作卡菲西西宛(Kafisīsiwān),疑误。

凯麦雷(Kamara)或凯麦拉(Kamarā) Ⅳ,304 在布哈拉附近。

凯麦尔德(Kamard) Ⅳ,304 在撒马尔罕附近,或泛言在粟特境内;伊往里西(上文 R60)已不能确指此地方位。

凯麦尔加((Kamarja) Ⅳ,304 距撒马尔罕7法尔萨赫。110/728-9 年,一支阿拉伯军队被围困于此堡寨内①。

卡姆达德(Kāmdad)或卡姆迪兹(Kāmdiz) Ⅳ,230 在布哈拉附近。

肯达塞尔宛(Kandasarwān) Ⅳ,309 在布哈拉附近。

肯杜金(Kandukīn) Ⅳ,310 距答不昔牙半法尔萨赫。

卡尔增(Kārzan),亚库特书作卡拉兹恩(Kārazn) Ⅳ,224 在阿尔宾詹附近。

凯萨敦(Kasādun) Ⅳ,273 在撒马尔罕附近。

凯塔(Kaththa) Ⅳ,239 距布哈拉4法尔萨赫,临由苏尔玛拉至穆护坎的道路。

卡伊什肯(Kāyishkan),亚库特书作卡什肯(Kāshkan) Ⅳ,228 在布哈拉附近。

---

① 塔巴里书,Ⅱ,页 15,16-23。

哈坎加(Khakanja)　Ⅱ,457　在布哈拉附近。

哈赫萨尔(Khākhsar),亚库特书作哈哈斯尔(Khākhasr)　Ⅱ,385　距撒马尔罕2法尔萨赫,在达尔加姆县境内。

哈拉丁(Kharādīn)　Ⅱ,408　在布哈拉附近。

哈拉杰尔(Kharājar)或哈拉杰拉(Kharājara)　Ⅱ,408　距布哈拉1法尔萨赫,在上费拉维兹境内。可能与距布哈拉5法尔萨赫、位于增达那附近之 Khayrākhara 或 Khayzākhaza(见萨木阿尼书,al-Khīrākharī 条,Margoliouth 刊本有缺文;亚库特书,Ⅱ,506)同为一村。

哈尔贡(Kharghūn)　Ⅱ,423　在撒马尔罕附近阿卜加尔县境内。

哈尔坎(Kharqān)　Ⅱ,424　距撒马尔罕8法尔萨赫,有一名为 Qaiḥarqan(?)的拉巴特。

哈尔滕格(Khartang)　Ⅱ,418　距撒马尔罕3法尔萨赫。纂辑圣训的著名学者穆罕默德·本·亦思马因·布哈里死于并葬于此地(256/870年)。

哈乌斯(Khāwuṣ)　撒马尔罕以上滨河村镇。

海德什泰尔(Khaydhashtar)或罕德什泰尔(Khandhashtar)(亚库特如此读音,萨木阿尼未在 kh 后面标写元音)　Ⅱ,506　在瑟底痕附近。

哈兹宛(Khagwān)或哈日宛(Khaghwān)　Ⅱ,440　在布哈拉附近。

胡达巴德(Khudābād)　Ⅱ,405　距布哈拉5法尔萨赫,系重要村庄之一,位于路旁(此依亚库特),或位于草原边缘(此依萨木阿尼)①。

胡德菲兰(Khudfirān),亚库特书作胡德法兰(Khudfarān)　Ⅱ,406　在撒马尔罕附近。

胡丹德(Khudhānd)　Ⅱ,407　距撒马尔罕1.5法尔萨赫。

胡迪塞尔(Khudīsar)　Ⅱ,406　撒马尔罕边境驿站(thughūr)之一,在乌什鲁桑那省境内②。

---

① Веселовский,*Заметка о курганах*,页255。Веселовский 教授误书为 Sary-pul,意为"黄桥"。
②〔库芬在凯尔米涅附近——V.M.〕。

胡米坦（Khumīthan） Ⅲ,472 在撒马尔罕附近。

胡姆希塞拉（Khumkhīsara），亚库特书作胡姆海塞拉（Khumkhaysara） Ⅱ,470 在布哈拉附近。

胡纳麦塔（Khunāmata） Ⅲ,474 在布哈拉附近。

胡尔米坦（Khurmīthan）亚库特书作哈尔麦坦（Kharmaythan） Ⅱ,427 在布哈拉附近。

胡沙加尔（Khushāghar?） Ⅱ,444 在布哈拉附近。

胡舒法根（Khushūfaghn），亚库特书作胡舒法甘（Khushūfaghan） Ⅱ,447 瑟底痕与贵霜匿之间大而富庶的村庄①。在十二世纪被称为"桥头"（ra's al-qanṭara）并被认为是粟特境内最美好的胜地，与村同名"桥头"（波斯语作塞尔-伊·普勒，Sar-i Pul）的堡垒见于有关成吉思汗征战的记载（参看下文）。塞尔-伊·普勒作为村名再见于十六世纪的载籍②，谓在米延卡勒（Miyānkal）境内。1885年，Н. И. Веселовский教授考察了距卡塔-库尔干6俄里的这一堡垒的废墟，谓其"构造令人极感兴趣"③。

胡舒尔塔（Khushurtā） Ⅱ,445 在布哈拉附近。

胡赞德（Khuzānd） Ⅱ,436 距撒马尔罕2或少于2法尔萨赫，可能与胡丹德同为一村。

库芬（Kufīn） Ⅳ,293 在布哈拉郊区或城区以内。④

昆达（Kunda）或昆德（Kund） Ⅳ,309 在撒马尔罕附近。

昆迪凯特（Kundīkath） 在达尔加姆县境内。

---

① 【此从俄文版，英译本作"距布哈拉5法尔萨赫，系重要村庄之一，位于草原的边缘（此依亚库特）或临通往草原的道路（此依萨木阿尼）"。】
② 【此从英译本，俄文版作"撒马尔罕省与乌斯鲁沙那之间的边疆驿站之一"。】
③ 根据此一记述，可知萨木阿尼与亚库特所说的胡舒法根与伊本·霍尔达德贝赫（BGA,Ⅵ,页26）和库达玛（BGA,Ⅵ,页203）所说的胡舒法根并非同地，后二人所说的胡舒法根当通往扎敏的道路，距撒马尔罕8法尔萨赫；在巴尔凯特（参看上文）与胡舒法根之间为卡特宛草原。惟此处萨木阿尼的记载可能有误，如所记果误，则致误之由当因此一胡舒法根与位于瑟底痕和贵霜匿之间的胡舒法根同样曾被称为塞尔-伊·普勒，即桥头村。此地驿站名石桥，是乃此地昔日有桥之明证。
④ Hāfiẓ Tānish, 'Abdallāh-Nāmah, 亚洲博物馆抄本，叶275a。

马真丹（Mājandān）　Ⅳ，379　距撒马尔罕5法尔萨赫。

马杰尔姆（Mājarm）　Ⅳ，379　在撒马尔罕附近。

麦只贝斯（Majbas）或麦只贝斯特（Majbast），萨木阿尼书作麦术卜斯（Majubs）或麦术卜萨特（Majubsat）　Ⅳ，418　在布哈拉附近。

曼凯特（Mankath）　Ⅳ，671　在布哈拉附近。

马尔格本（Marghbūn）　Ⅳ，500　在布哈拉附近。

麦兹伦肯（Mazrankan）或麦兹伦真（Mazranjan）或麦兹伦根（Mezrengen）　Ⅳ，521　在布哈拉附近。

米德亚马只凯特（Midhyāmajkath），亚库特书作麦德亚马只凯特（Madhyāmajkath）　Ⅳ，472　在凯尔米尼亚附近。

米格（Mīgh）　Ⅳ，717　在布哈拉附近。

米甘（Mīghan）　Ⅳ，717　萨木阿尼认为在撒马尔罕附近。

米只敦（Mijdūn）　Ⅳ，419　在布哈拉附近，布哈拉人的发音作比兹敦（Bizdūn）。

米兹（Mīz）　Ⅳ，822，依据乌木拉尼。　距布哈拉与撒马尔罕均三日程。

穆德延肯（Mudhyānkan），亚库特书作麦德延肯（Madhyānkan）Ⅳ，472　在布哈拉附近。

穆德延凯特（Mudhyānkath），亚库特书作麦德延凯特（Madhyānkath）　Ⅳ，450　在布哈拉附近，显然与前者同为一村。

穆尔津（Murzīn），亚库特书作麦兹林（Mazrīn）　Ⅳ，521　在布哈拉附近。

穆兹恩（Muzn）　Ⅳ，521　距撒马尔罕3或4法尔萨赫。

穆兹努瓦（Muznuwā），亚库特书作麦兹奈瓦（Maznawā）　Ⅳ，521　距撒马尔罕4法尔萨赫。

纳法赫斯（Nāfakhs），亚库特书作纳法赫什（Nāfakhsh）　Ⅳ，732　距撒马尔罕2法尔萨赫。

纳赫勒（Naḥl）　Ⅳ，765　在布哈拉附近。

奈卡本（Nakabūn 或 Naqabūn），亚库特书作纳克本（Nakbūn）或奈克本（Naqbūn）　Ⅳ,803 与 811　在布哈拉附近。

奈尔沙赫（Narshakh）　在布哈拉附近,距瓦卜肯纳（Wābkana）不远,参看下文。

奈瓦（Nawa）　Ⅳ,815　距撒马尔罕 2 法尔萨赫（亚库特书作 3 法尔萨赫）,距维达尔（参看上文 R94）不远。萨木阿尼田维达尔返回撒马尔罕时行经此村。

瑙法尔（Nawfar）　Ⅳ,824　在布哈拉附近。

瑙贾巴德（Nawjābādh）,亚库特书作努贾巴德（Nūjābādh）　Ⅳ,821　在布哈拉附近。

瑙凯德克（Nawkadak）,亚库特书作努凯德克（Nūkadak）　Ⅳ,826　在瑟底痕附近。

瑙肯德（Nawkand）,亚库特书作努肯德（Nūkand）　Ⅳ,826　萨木阿尼认为在撒马尔罕附近。

瑙哈斯（Nawkhas）,亚库特书作努哈斯（Nūkhas）　Ⅳ,821　在布哈拉附近。

瑙扎巴德（Nawzābād）,亚库特书作努扎巴德（Nūzābād）　Ⅳ,522　在布哈拉附近。

努贾尼凯特（Nujānīkath）　Ⅳ,744　撒马尔罕附近的小城镇;萨木阿尼认为去乌什鲁桑那不远。

喷赤（Panj）或喷赤鲁德克（Panj‑rūdak）　在撒马尔罕附近,诗人鲁德基的诞生地。

卡特宛（Qaṭwān）　Ⅳ,139　距撒马尔罕 5 法尔萨赫。在萨木阿尼的时代,此地有一大礼拜寺,并有在 1141 年著名战役中阵亡的诸信徒的坟墓①。

库兹贡德（Quzghund）　Ⅳ,87　萨木阿尼认为在撒马尔罕附近;

---

① 关于卡特宛平原的方位,参看下文关于锡尔河盆地的叙述。

参看上文 R117 注。

拉金(Rāghin)亚库特书作拉甘(Rāghan)　Ⅱ,734　在答不昔牙附近。

雷希奈瓦(Rakhīnawā),亚库特书作雷希农(Rakhīnūn)　Ⅱ,772　距撒马尔罕 3 法尔萨赫。

雷孔德(Rakund)　在撒马尔罕附近。

拉门(Rāman),亚库特书作拉曼尼(Rāmanī)　Ⅱ,738　距布哈拉 2 法尔萨赫,去洪本不远;萨木阿尼时已荒废。

雷斯塔格费尔(Rastaghfar),亚库特书作雷斯塔格菲尔(Rastaghfir)　Ⅱ,778　在瑟底痕附近,可能与鲁斯图法根(Rustufaghn)或鲁斯塔格法根(Rustaghfaghn)同为一地,参看下文。

雷兹马纳赫(Razmānākh)　距布哈拉 1 法尔萨赫。

雷兹马兹(Razmāz)或雷兹曼(Razmān)　Ⅱ,776　距撒马尔罕 6 或 7 法尔萨赫,位于瑟底痕与贵霜匿之间。

里格达蒙(Rīghdamūn),亚库特书作里加德蒙(Rīghadmūn)　Ⅱ,888　距布哈拉 4 法尔萨赫。

里赫申(Rīkhshan),亚库特书作里哈什恩(Rīkhashn)　Ⅱ,885　萨木阿尼认为在撒马尔罕附近。

里瓦尔暾(Rīwartūn)　Ⅱ,891　在布哈拉附近。据十四世纪记载,贝哈艾丁·纳克什本德(Bahā ad-Dīn Naqshband)居于此地。

里乌达(Rīwda)或里乌德(Rīwd)　Ⅱ,890　在布哈拉附近。

鲁德法格凯德(Rūdhfaghkad),此依亚库特　Ⅱ,833　在撒马尔罕附近。

鲁弗恩(Rufūn)　Ⅱ,796　在撒马尔罕附近。

鲁斯图法根(Rustufaghn),亚库特书作鲁斯塔格凡(Rustaghfan),可能系鲁斯塔格法根(Rustaghfaghn)之讹　Ⅱ,778　在撒马尔罕附近,今为拜利－阿塔(Beili-Ata)村,该村今尚有被称为阿布勒－哈桑·拉斯塔菲甘尼(Abu'l-Ḥasan Rastafighanī,原文如此)的坟墓;此人全名在萨木阿尼书中作阿布勒-哈桑·阿里·本·赛义德·鲁斯图法格尼(Abu'l-Ḥasan 'Alī b. Sa'īd ar-Rustufaghnī①.

塞贝德蒙(Sabadhmūn)苏贝德蒙(Subadhmun),或塞贝敦(Sabadhūn) Ⅲ,31 距布哈拉半法尔萨赫。

塞比拉(Sabīra)或锡巴拉(Sibāra) Ⅲ,36 在布哈拉农耕区内。

萨加尔只(Sāgharj) Ⅲ,11 距撒马尔罕5法尔萨赫,在瑟底痕附近②。

塞坎(Sakān)或阿斯坎(Askān) Ⅲ,106 在阿尔宾詹附近。

塞克比延(Sakbiyān) Ⅲ,106 在布哈拉附近,去贝米只凯特不远(参看上文 R150)。

塞米真(Samījan) Ⅲ,147 在撒马尔罕附近,距马鲁(Merv?)不远,此依萨木阿尼说。

森格巴特(Sangbāth)或桑贾巴特(Sangabāth) Ⅲ,168 在阿尔宾詹附近。

森术芬(Sanjufīn),亚库特书作森杰芬(Sanjafīn) Ⅲ,162 在乌斯鲁沙那境内,去撒马尔罕不远,可能属布尔奈麦德县管辖,参看上文 R145。

塞尔德尔(Sardar), Ⅲ,74 在布哈拉附近。

萨尔昆(Sārkūn) Ⅲ,9 在布哈拉农耕区内。

沙卜真(Shābjan),亚库特书作沙贝只恩(Shābajn) Ⅲ,225 在撒马尔罕附近。

谢米迪扎(Shamīdīza) Ⅲ,324 在布哈拉附近③。

谢雷甫丹(Sharafdan),当地发音作施雷甫丹(Shīrafdan) Ⅲ,227 在布哈拉附近。

---

① Вяткин, *Материалы к исторической географии самаркандского вилаета*, 页49.
② 参照维亚特金的叙述(见 Абу Тахир-ходжа, *Самария*, 维亚特金译文, 页252): "萨加尔只位于泽拉夫尚河流域, 在撒马尔罕西北, 距养告-库尔干(Yangi-kurgan)村约4俄里, 此地至今尚可看到许多废墟和墓碑, 占地甚广。"乌兹别克统治时期, 特别是在札恩家族统治时期, 萨加尔只为一独立自主之王公国家的都城, 当系此地历史上极盛时期。
③【此从俄文版, 英译本作"在撒马尔罕附近"。】

沙乌坎(shāwkān) Ⅲ,245 在布哈拉附近。

施坎(Shikān) Ⅲ,310 萨木阿尼认为在布哈拉附近。他所收藏的《坎德》一书(见上文 R61)的抄本谓此村属碣石管辖,但据页缘所记的订正,此村实位于布哈拉附近。

施基斯坦(Shikistān) Ⅲ,311 位于瑟底痕与贵霜匿之间。

施尔加乌顺(Shīrghāwshun) Ⅲ,352 在布哈拉附近。

施尔宛(Shīrwān) Ⅲ,352 在布哈拉附近,去贝米只凯特不远。

施亚(Shiyā)或施延(Shiyān) Ⅲ,345 距布哈拉 4 法尔萨赫。

舒赫纳克(Shūkhnāk),亚库特书作舒哈南(Shūkhanān) Ⅲ,333 在撒马尔罕附近。

锡亚拉(Siyāra)或锡亚扎(Siyāza) Ⅲ,207 在布哈拉附近,可能与塞比拉同为一村。

苏比德古克(Subīdhghuk) Ⅲ,36 在布哈拉附近。

苏弗雷丹(Sufradān),亚库特书作苏弗拉丹(Sufrādan) Ⅲ,97 在布哈拉附近。

粟格丹(Sughdān) Ⅲ,94,依据乌木拉尼。 在布哈拉附近。

苏尔赫凯特(Surkhkat) Ⅲ,72 在撒马尔罕的加尔吉斯坦境内,亦即可能在上泽拉夫尚山区。依据奥菲的记述(*Lubāb*,Ⅰ,179),苏尔赫凯特系麦只杜丁·阿德南(Majd ad-Dīn 'Adnān)的诞生地。

苏尔玛拉(Surmārā) Ⅲ,82 距布哈拉 3 法尔萨赫。

苏提法根(Sutīfaghn)或苏提法格那(Sutīfaghna) Ⅲ,39 在布哈拉附近。

苏提肯(Sutīkan) Ⅲ,39 在布哈拉附近。

苏特罕(Sūtkhan) Ⅲ,183 在布哈拉附近。

苏扬只(Sūyanj) Ⅲ,202 在布哈拉附近。

塔登(Tādhan) Ⅰ,810 在布哈拉附近,可能与巴登同为一村。

塔迪扎(Tādīza) Ⅰ,810 在布哈拉附近。

塔加玛(Ṭaghāma) Ⅲ,832 在布哈拉农作区内。

塔赫散只凯特(Takhsānjkath)　Ⅰ,828　在撒马尔罕附近。

塔赫西(Takhsī)　Ⅰ,828　距撒马尔罕5法尔萨赫,在阿卜加尔县境内。

塔拉卜(Ṭārāb)　Ⅲ,487　在布哈拉附近,去洪本不远。

塔尔瓦赫(Tarwākh)或提尔瓦赫(Tirwākh)或塔拉哈(Tarākha)或塔扎哈(Tazākha);亚库特书作塔拉哈与图尔瓦哈(Turwākhā),当地发音作Tarākhā或Tirākhā　Ⅰ,833,847;与Ⅲ,534　距哈拉4法尔萨赫。

提姆(Tīm)　Ⅰ,908,此据伊本·法吉,不见于德·古耶刊本。粟特境内村庄。

图德(Tūdh)　Ⅰ,891　距撒马尔罕3法尔萨赫,去维达尔不远。

图姆塔尔(Tumtar)　Ⅰ,873　在布哈拉附近。

图穆什凯特(Tumushkath)　Ⅰ,874　在布哈拉附近。

图尔班(Turbān)　Ⅰ,833　距撒马尔罕5法尔萨赫,在费兰凯特近旁。

图尔纳韦德(Turnāwadh)　Ⅰ,844　在布哈拉附近。

图桑(Ṭūsan)　Ⅲ,562　在布哈拉附近。

图什基达扎(Tushkīdaza)　Ⅰ,852　在撒马尔罕附近。

图斯卡斯(Tūskās),亚库特书作图萨卡斯(Tūsakās)　Ⅰ,894　距撒马尔罕1法尔萨赫。

乌丹那(Ūdana)　Ⅰ,399　在布哈拉附近之济费尔(Jīfar,可能系Gīfar之讹,待考)县境内,滨同名之渠(参看上文R115)。

乌鲁赫斯(Urukhs)　Ⅰ,197　距撒马尔罕4法尔萨赫,在沙乌达尔(Shāwdār)山近旁。

乌斯门德(Usmand),亚库特书作阿斯门德(Asmand)或塞门德(Samand)　Ⅰ,265　在撒马尔罕附近。

瓦卜肯那(Wābkana),亚库特书作瓦贝克那(Wābakna)　Ⅳ,872　距布哈拉3法尔萨赫;亦见于伊本·巴图塔书(Ⅲ,21),伊本·巴图塔白花拉子模返回布哈拉时,行经此地,即今之瓦弗肯德(Vafkend)。

瓦南敦(Wanandūn)　Ⅳ,942　在布哈拉附近,滨哈拉姆卡姆渠;萨木阿尼自贝尔拉尼亚(Barrānīya)回程时,曾在此驻足。

瓦努法格(Wanūfāgh)　Ⅳ,942　在塔瓦维斯附近。

瓦努法赫(Wanūfākh)①　Ⅳ,942　在布哈拉附近,可能与前者同为一村。

瓦扎加尔(Wazāghar)　Ⅳ,926　在撒马尔罕附近。

瓦兹温(Wazwīn)　Ⅳ,926　在布哈拉附近。

维保德(Wībawd),亚库特书作瓦伊保达(Waybawdha)　Ⅳ,944　在布哈拉附近。

叶西尔凯特(Yasīrkath)　Ⅳ,1021　距撒马尔罕1法尔萨赫。

尤甘克(Yūghank)　Ⅳ,1044　在撒马尔罕附近。

尤哈松(Yūkhasūn),亚库特书作尤哈顺(Yūkhashūn)　Ⅳ,1043　在布哈拉附近。

泽巴格杜宛(Zabaghduwān)或塞巴格杜宛(Sabaghduwān)　Ⅱ,914　在布哈拉附近。

扎加尔塞尔斯(Zāgharsars),亚库特书作扎加尔扫森(Zāgharsawsan)　Ⅱ,907　在撒马尔罕或那色波附近。

泽坎(Zakān)　Ⅱ,938　在撒马尔罕附近,位于泽尔曼(Zarmān)与凯麦尔加(Kamarja)之间。

扎米坦(Zāmīthan)或扎米坦那(Zāmīthana)　Ⅱ,909　在布哈拉附近;亚库特本人在另处(Ⅱ,739)说明扎米坦即拉米坦(参看上文),因乌木拉尼将 Rāmīthan 拼作 zāmīthan 而致误。

增德(Zand)　Ⅱ,951　在布哈拉附近。

增德尔米坦(Zandarmīthan)　Ⅱ,951　在布哈拉附近。

泽拉赫什(Zarakhsh)　Ⅱ,923　在布哈拉附近。

泽伦葛拉(Zarangara)或泽伦杰拉(Zaranjara)　Ⅱ,926　距布哈拉

---

① 〔据1963年俄文版增补。〕

5法尔萨赫。

泽尔凯兰（Zarkarān） Ⅱ,925 在撒马尔罕省的布兹马真（Buzmajan）县境内。

泽鲁迪扎（Zarūdīza） Ⅱ,928-929 距撒马尔罕4法尔萨赫,在碣石山口附近。

扎维尔（Zāwir） Ⅱ,910 在瑟底痕附近。

扎兹（Zāz）,亚库特书作扎尔（Zār） Ⅱ,906 在瑟底痕附近。

齐姆利克（Zimliq）,亚库特书作齐姆利卡（Zimliqa） Ⅱ,944 在布哈拉附近。

将布哈拉、撒马尔罕与巴里黑连接起来的诸道路,都经过卡什卡河（Kashka-Darya）流域。此河流域虽然不像泽拉夫尚河流域那样重要,但仍以土地肥沃著称。在泽拉夫尚河流域之最富饶的部分并入俄罗斯版图以后,卡什卡河流域已成为布哈拉汗国的粮仓,哈尔施城亦列为布哈拉汗国境内第二大城。

凯什克-鲁德一名,显然与今卡什卡河的名称具有联系;依据伊本·豪卡勒的记载①,凯什克-鲁德乃县的名称,此县为流经碣石北门之河②的诸上源所自出。另有支流流经碣石南门,是为阿斯鲁德,发源于锡亚姆或锡纳姆山;如前所述③,今哈剌塔格河发源之山名锡亚姆山,由此可知,锡亚姆山可能是喜萨尔岭北部诸山的总称。锡亚姆山中有一堡垒,先知穆坎纳曾于八世纪七十年代④率诸追随者据以自保,在若干年内胜利地击退阿拉伯人的进攻。除上述诸河外,见于记载的尚有

---

① BGA,Ⅱ,伊本·豪卡勒书,页376。
② 德·古耶刊本中（BGA,Ⅰ,伊斯塔赫里书,页324;Ⅲ,马克迪西书,页282）作 Nahr al-Kaṣṣārīn〔漂白工人河〕。此河及滨河之门在诸抄本中亦作 Nahr al-Kaṣṣābīn〔肉商河〕。波斯文译本中,亦作 Rūd-i Kazurān（相当于阿拉伯语之 Nahr al-Kaṣṣārīn）与 Rūd-i Kaṣṣābān 二名参见。
③ 〔见上文 R120,122。〕
④ 关于这次武装反抗的起迄年月,史家记载不一其说。奈尔沙希书（Schefer 刊本,页72）谓穆坎纳坚守达14年之久,惟此说仅有比鲁尼的撰述（Athâr-ul-bâkiya,Sachau 刊本,页211,译本,页194）可资参证。

以下诸河道:贾只-鲁德,在碣石以北1法尔萨赫,今名维泽勒河(Uizel),现有基塔卜城位于该河岸上;胡什克鲁德,在碣石以南1法尔萨赫,即今克孜勒苏河或亚卡巴格河;胡扎尔-鲁德,在碣石以南8法尔萨赫,今名胡扎尔河或卡蒂-乌鲁河①。

碣石城②,今名沙赫里夏卜兹,当地发音作沙阿尔-萨比兹;据亚尔库比的记载③,该城曾一度被认为是粟特全境最重要的城市;至萨曼时期,转趋衰微,这可能是由于撒马尔罕与布哈拉代之而兴的缘故。一如通例,碣石也有一沙赫里斯坦,辟门四座:(1)铁门;(2)乌拜杜拉门;(3)屠户门;(4)内城门。由于资料缺乏,我们无法确定这些门的位置,仅从河的名称可以推想"屠户门"容或在城的南面。萨曼时期,沙赫里斯坦与子城均已倾毁,惟有拉巴德尚可居住。拉巴德有门二座,一为外城门,一为贝尔肯楠门,有贝尔肯楠村紧在城旁。当时在拉巴德附近正兴起一座新城。此城每边长1/3法尔萨赫,即1.5英里。房屋均用土、木建成。沙赫里斯坦以内有监狱和大礼拜寺,拉巴德以内有若干巴札尔。统治者的宫院在沙赫里斯坦与拉巴德以外的穆萨拉地方,即在节日祈祷场附近。碣石的气候,当时认为颇不利于人的健康。

伊本·豪卡勒列举了碣石省管辖的十六个县:(1)米延-碣石;(2)鲁德;(3)巴兰德冉;(4)拉期马因;(5)凯什克;(6)阿鲁;(7)布兹马真;(8)锡亚姆(或锡纳姆);(9)阿尔甘;(10)贾只-鲁德;

---

① 主要的河流被中国人称为独莫水(Tamo),见沙畹,《西突厥史料》,页146〔冯承钧译本,页135〕。此河甚至在帖木儿的历史中亦以独莫之名(Tūm)见称,见 Yazdī, Ẓafar Nāmah,加尔各答刊本,Ⅰ,页158.〔伯希和指出,Ta-mo 应作 Tu-mo,汉字独莫,古读 D'uk-mâk,见所撰《〈蒙古入侵时期的突厥斯坦〉评注》,页15。巴托尔德曾在其自用本书英译本此处缘上亲笔标注:"伯希和文页15,Tūm 出自 Tūqmāq(?)"。〖参看冯承钧,《西域南海史地考证译丛》,第三编,1962年版,页4.〗

② BGA,Ⅰ,伊斯塔赫里书,页324;Ⅱ,伊本·豪卡勒书,页375-7;Ⅲ,马克迪西书,页282。碣石一名,其正确的拼读应作基什什(Kishsh);亚库特(Muʿjam,Ⅳ,页274)转引伊本·马库拉(关于此人,参看上文 R55,注)书称当地土音作基斯什(Kiss)。近代的读音凯什(Kesh)可从 dilkesh 这一后缀形容语得到证实(Kesh-i dilkesh,意为"令人心旷神怡的凯什")。近代的沙赫里夏卜兹一名,意为"绿城",初见于十四世纪的钱币。

③ BGA,Ⅶ, Kitāb-al-Buldān,页299;参照马夸特, Die Chronologie,页57。马夸特根据中国史料谓碣石建城晚在七世纪(Ērānshahr,页304)。

(11)胡扎尔－鲁德;(12)胡扎尔;(13)苏鲁达;(14)内桑格－加尔达克;(15)外桑格－加尔达克;(16)骍末贺。这些县份的罗列次序显然均与它们的方位无关。它们的名称表明,被包括在碣石省以内的有近代胡扎尔伯克国的辖境,还有桑格－加尔达克河流域,虽则与此河同名的城镇,如上文所述(R124),属石汗那省管辖。凯什克－鲁德与锡亚姆二县大约位于卡什卡河上游流域;米延－碣石多半是碣石城所在之县的县名,又苏鲁达也多半因其境内之阿斯鲁德或苏鲁德①河而得名。十六个县中最重要为胡扎尔县,县内有苏巴赫②、瑙卡德－古莱氏与伊斯基法根(或伊斯基法甘)诸城镇。据伊斯塔赫里的记载③,苏巴赫正当从那色波到巴里黑的大路,距那色波一程之遥;另据伊本·豪卡勒的记载④,苏巴赫与碣石相距2法尔萨赫。尽管德·古耶所持意见不同,我们认为第二个道里数字必误,"2法尔萨赫"应依伊斯塔赫里书⑤读作"二程"。据此,苏巴赫的方位当求于今古扎尔(Guzar,比较正确的转写应作 Khuzar)所在之地。据萨木阿尼书,苏巴赫与那色波相据6法尔萨赫。瑙卡德－古莱氏位于从碣石到那色波的道路上,依伊斯塔赫里⑥,距碣石5法尔萨赫,依萨木阿尼⑦,距那色波6法尔萨赫,故址大约在今之哈拉－巴格村⑧。伊斯基法根距苏巴赫1法尔萨赫,距那色波较远;今之埃斯基－巴格村可能继承了它的名称。瑙卡德－

---

① 马克迪西的一份抄本中作 Surūd,见 BGA,Ⅲ,页282。
② 此据萨木阿尼书(《原文史料选辑》页359;Margoliouth 刊本,al－Sūbakh 条)与亚库特,Mu'jam,Ⅲ,页182。
③ BGA,Ⅰ,伊斯塔赫里书,页337。
④ BGA,Ⅱ,伊本·豪卡勒书,页403。
⑤ BGA,Ⅰ,伊斯塔赫里书,页343。
⑥ 同上。
⑦ 萨木阿尼书,亚洲博物馆藏抄本,页445,Margoliouth 刊本,al－Nawqad 条;亚库特,Mu'jam,Ⅳ,页825。萨木阿尼谓河中境内尚有一地名瑙卡德,继在下文他竟提到名称中有"瑙卡德"字样的两个村庄,一为瑙卡德－胡尔达胡尔(Nawqad－Khurdākhur),亦在那色波境内,又一为瑙卡德－萨瓦夫(Nawqad－Sāwaf),亚库特书中作胡尔达洪(Khurdākhun)与萨扎(Sāza)。
⑧ 晚至十八世纪,瑙卡德这一村名尚见于 Muḥ. Wafā Karmīnagī 所撰 Tuḥfat al－Khānī 一书中,参看我写的 Orowenue,页126。

古莱氏在萨木阿尼的时代尚为一个大村。

那色波(Nasaf)①一名,显系来自当地名称那黑沙不(Nakhshab)在阿拉伯人中间的音转。十四世纪,察合台汗凯贝克在距该城 2.5 法尔萨赫处兴建宫殿②,那色波始得今名哈尔施(Qarshī,蒙语意为宫殿)。十世纪的那色波似乎还没有沙赫里斯坦,当时诸地理家们曾提到拉巴德和子城;但萨木阿尼与亚库特二人则已言及沙赫里斯坦(madīna)③。那色波城凡有四门,即奈贾尔(Najjār,可能为布哈拉之讹)门、撒马尔罕门、碣石门、古卜丁门;古卜丁门因同名之村而得名,此村距那色波 2 法尔萨赫④。卡什卡河流贯那色波城中心;统治者的宫院位于"桥头"附近的河岸上。大礼拜寺在古卜丁门旁,节日祈祷场则在奈贾尔门(布哈拉门?)附近。统治者宫院与大礼拜寺之间有巴扎尔⑤。那色波城所在县境有凯斯巴与贝兹达二大村,二村各有大礼拜寺一座。凯斯巴甚至较那色波为大,距那色波 4 法尔萨赫,在通往布哈拉的一条道路上;贝兹达距那色波 6 法尔萨赫⑥,距布哈拉四日程,在通往凯利夫的道路上⑦。这两个村庄至十二世纪尚见于记载,其时凯斯巴仍有大礼拜寺⑧,贝兹达已变为强固的堡垒⑨。那色波附近虽水量供应不足,但

---

① BGA,Ⅰ,伊斯塔赫里书,页 325;Ⅱ,伊本·豪卡勒书,页 377-9;Ⅲ,马克迪西书,页 282-3。
② 谢雷甫丁·叶兹迪书,Pétis de la Croix 译本,Ⅰ,页 95;加尔各答刊本,Ⅰ,页 111。
③ 萨木阿尼书,Margoliouth 刊本,al-Madīnī 条;亚库特,Mu'jam,Ⅳ,页 458。
④ 萨木阿尼书(亚洲博物馆藏抄本,叶 311,Margoliouth 刊本,al-Ghubdīnī 条)作 2 法尔萨赫;亚库特书(Mu'jam,Ⅲ,页 820)作 1 法尔萨赫。十六世纪的 Waqf-nāmah(亚洲博物馆藏抄本,叶 78b)提到了古卜丁村,谓系那色波上方诸村(qurā-i'ulyā)之一,大约在那色波城东方。
⑤ 前蒙古时期的那黑沙不的废墟,今名舒鲁克(Shulluk),或依乞儿吉思语拼音作舒勒笃克(Shulduq);参照 Зимин, Краткий отчет о поездке по Бухаре,页 103 下;Логофет, В горах и на равнинах Бухары,页 583。该废墟在今城西北方 16 俄里处(Зимин 此文的印本误作东北方,兹依 Зимин 本人对一份抄本的改正)。Mahdī Khān, History of Nādir Shāh(德黑兰 1262/1848 年版,页 324)与 Muḥ. Wafā Karmīnagī, Tuhfat al-Khānī(页 17b)都提到了这个废墟。十四世纪的哈尔施的废墟位于今城以南火车站附近,现名扎哈克-伊·马兰(Ḍaḥḥāk-i Mārān);参照 Зимин, Краткий отчет о поездке по Бухаре;Кастанье, Археологические разведки,页 27。
⑥ BGA,Ⅰ,伊斯塔赫里书,页 343。
⑦ BGA,Ⅲ,马克迪西书,页 343。
⑧ 萨木阿尼书,亚洲博物馆藏抄本,叶 368;Margoliouth 刊本,al-Kasbūī 条;亚库特 Mu'jam,Ⅳ,页 273。
⑨ 萨木阿尼书,亚洲博物馆藏抄本,叶 53;Margoliouth 刊本,al-Bazdūī 条;亚库特,Mu'jam,Ⅳ,页 604。

村庄数目甚多;卡什卡河水有时流不到那色波,省境内又无其他河流。农田靠井水灌溉,更常见的情况是靠自然湿气滋润。

从布哈拉到那色波的路程①(约90英里或140俄里,据马克迪西的记述为30法尔萨赫),需时四日,中间站有卡拉琼②、米延卡勒与弚末贺③。萨木阿尼在返回布哈拉的途程中曾在弚末贺驻足,其时弚末贺还是繁盛的大村落。见于记载的也有经过凯斯巴的一条路;最后,马克迪西说到从布哈拉经过贝兹达到凯利夫的道路,全程需时九日;中间站为:(1)吉凯姆;(2)古拉巴特(Ribāṭ 'atīq);(3)赛义德井;(4)贝兹达;(5)拉巴特·霍兰;(6)布哈拉人村;(7)花剌子模人村;(8)巴勒罕。布哈拉人村与花剌子模人村可能就是马克迪西在他处④提到的位于阿母河上的布哈里延与花剌子米延二渡口。所有这些道路,一如今日,都穿过沙漠地带;那色波与阿母河之间,同样是一片沙碛⑤。

从那色波有路通往碣石⑥(三日程)与苏巴赫(一日程),越苏巴赫(胡扎尔)路入山中。由苏巴赫前行一日,抵迪德吉村⑦,复行一日,抵肯德克,来自那色波的道路与来自撒马尔罕、中经碣石的道路在此相会。撒马尔罕与碣石相距二日程;马克迪西指出⑧迪里兹德赫为二者之中间站,此中间站当在山岭以南,因萨木阿尼与亚库特⑨都把它列入那色波城所在省境。碣石与撒马尔罕之间的山口乃阿拉伯人与突厥人决战场所之一,故在阿拉伯人征服史上颇为著名⑩。此外尚有经行穆

---

① BGA,Ⅰ,伊斯塔赫里书,页337。
② 此名似应读法拉琼(Farāchūn)或法拉炯(Farājūn);Bahā ad-Dīn Naqshband 传略中有"法拉炯树林"(bīsha-i Farājūn)一词。参看 Anīs aṭ-Ṭalibīn,页174a。
③ 在马克迪西书的一份抄本中(BGA,Ⅲ,页345),尚有名为拉巴特·阿斯塔那(Rabāṭ Āstāna)之另一中间站位于米延卡勒与弚末贺之间,据此则自布哈拉至那色波为五日程。
④ BGA,Ⅲ,马克迪西书,页292。
⑤ 《原文史料选辑》,页82(Bakrūn,Jahān-Nāmah)。
⑥ BGA,Ⅰ,伊斯塔赫里书,页343。
⑦ 伊斯塔赫里书中(BGA,Ⅰ,页337)作 Dādkī 与 Didjī。
⑧ BGA,Ⅲ,马克迪西书,页342。
⑨ 萨木阿尼书,亚洲博物馆藏抄本,叶165;Margoliouth 刊本,al-Dirizdahī 条;亚库特,Muʻjam,Ⅱ,页566。
⑩ Marquart,Die Chronologie,页35。

赫塔里卡（Muḥtariqa，直译"被焚烧的"）村的一条路，此村因被阿拉伯军司令官哈比卜烧毁而得名。80/699 年，哈比卜在击溃布哈拉军队之后前往碣石与其父穆哈拉卜会师，时穆哈拉卜正率军围攻碣石①。但塔巴里在另处②又称，此村为库泰巴所焚毁，并谓时在 91/710 年；先是此村名法尔亚卜（Faryāb）或哈尔亚特（Qaryāt）。730 年，阿拉伯人不愿经穆赫塔里卡进军，因该地林木茂密，他们担心突厥人将火烧森林；由阿拉伯人看来，葬身火窟尚不如死于刀剑之为愈③。穆哈塔里卡大约位于山岭以北，因哈菲兹-伊·阿卜鲁把它计入撒马尔干省境④。这里所说的法尔亚卜与上文提到的法拉卜村（参看泽拉夫尚河流域村名表）是否有关，颇难断言。

肯德克距碣石三日程⑤，大约在基奇-乌鲁河流域，故址可能在今卡拉霍瓦勒村。萨木阿尼与亚库特都不曾提到这个地方，看来前者根本没有到过这一山区，他从那色波取道凯利夫径至忒耳迷。这多半也正是萨木阿尼（和遵循他的亚库特）之所以把甚至距碣石较近的若干村庄置于那色波省境以内的原因所在。在帖木儿武功史中⑥，我们看到的则是完全不同的一套地名；其中最常提到的是滕格-伊·哈拉姆县、切克达利克或沙克达利克河（此河诸支流在卡特利什汇合，今名基奇-乌鲁河），以及铁门以北的切克切克地方，今称查克查谷地，亦即查克查河流域。

肯德克距著名的铁门一日程，波斯语称铁门为德尔-伊·阿赫宁⑦，即今布兹加拉峡谷；过此峡谷行三日而抵忒耳迷，中间站为拉齐克拉巴特与哈施姆吉尔德（参看上文 R123）。马克迪西书中不曾言及

R193

---

① 塔巴里书，Ⅱ，页 1041。
② 同上书，页 1229。
③ 同上书，页 1533。
④ Бартольд，*Хафизи-Абру*，页 15,18；Mutafariqah 显然应读作 Muḥtariqah。
⑤ 马克迪西书（BGA，Ⅲ，页 342），谓两地相距仅一日程，殊不足据。
⑥ 谢雷甫丁·叶兹迪书，Pétis de la Croix 译本，Ⅰ，页 108–11,123,125,128；加尔各答刊本，Ⅰ，页 123–5,138,140,142。
⑦ 亚尔库比，*Kitāb al-Buldān*，页 290 作 Daryāhanīn-i Āhanīn。

拉齐克拉巴特与哈施姆吉尔德,但举出卡尔那这一村名。从铁门到石汗那(迭瑙)另有一路,行经今之拜松,948 年秋,布哈拉军队即循此路前进①。最后,还有从碣石经过桑格-加尔达克谷地以达石汗那的一条路,经行此路全程需时六日。

139

在萨木阿尼与亚库特的辞书中,我们可以看到分布在卡什卡河流域的,特别是位于那色波(萨木阿尼曾在这里住过两个月,参看上文 R81)附近的一些村庄的名称以及那色波城内某些区坊和街巷的名称。这些名称如下:

阿福兰(Āfurān)　Ⅰ,64　距那色波 1(亚库特书作 2)法尔萨赫。　R193-196

安德迪(Andadī)　Ⅰ,372　在那色波附近。

安沙米坦(Anshamīthan)　Ⅰ,380　在那色波附近。

贝什坦(Bashtān)　Ⅰ,628　在那色波附近。

贝特胡丹(Batkhudān),亚库特书作布特哈丹(Butkhadān)　Ⅰ,488　在那色波附近。

巴延(Bāyān)　Ⅰ,488　那色波的街名与区坊名。

比兰(Bīrān)　Ⅰ,782　距那色波 1 法尔萨赫。

布兹加姆(Buzghām)　Ⅰ,605　在那色波附近。

杜加坎(Dujākan)　Ⅱ,551　在那色波附近。

凡凯德(Fankad)　Ⅲ,920　在那色波附近;萨木阿尼认为(但又不敢确信)自己曾行经此地。

费尔胡尔迪扎(Farkhūrdīza)　Ⅲ,870　距那色波 2(亚库特书作 1)法尔萨赫,位于上游地区(al-'wālī),萨木阿尼曾在此过夜。

菲只凯特(Fījkath)或菲贾凯特(Fījakath)　Ⅲ,926　在那色波附近。

弗瓦伊丁(Fuwaydīn)　Ⅲ,924　在那色波附近,可能为古瓦伊丁

---

① 《原文史料选辑》,页 8,加尔迪齐书。

(Ghuwaydīn)之讹。

加尔迪延(Ghardiyān),萨木阿尼书作加尔德延(Ghardyān?) Ⅲ,784 在碣石附近。

加兹纳延(Ghaznayān) Ⅲ,798 在碣石附近。

伊贝森(Ībasan),亚库特书作伊贝斯恩(Ībasn) Ⅰ,415 距那色波1法尔萨赫。

术巴克(Jūbaq) Ⅱ,142 那色波城内某地,马鲁城与你沙不儿城亦用此名称呼小的市场(果子市等)与商栈。

术维克(Juwīk) 那色波城区坊之一。萨木阿尼则谓仅为巴阿勒贝克(Ba'lbak)地方的一条街。

术伊巴尔(Jūybār) Ⅱ,163 那色波的街(sikka)名与区坊名,萨木阿尼曾身莅其地。

卡杰尔(Kājar) Ⅳ,222 距那色波2法尔萨赫。

凯尔穆钦(Karmuchīn),亚库特书作凯尔麦钦(Karmachīn) Ⅳ,267 在那色波附近。

卡森(Kāsan) Ⅳ,227 在那色波附近。

哈什扬迪扎(Khashyandīza),亚库特书作哈欣迪扎(Khashīndīza) Ⅱ,447 在那色波附近。

胡什敏加凯特(Khushminjakath) Ⅱ,446 在碣石附近。

胡舒南加凯特(Khushūnanjakath) Ⅱ,447 在碣石附近,与撒马尔罕的村庄为邻;此村曾属撒马尔罕省管辖。

胡兹延(Khūzyān)或胡齐延(Khūziyān) Ⅱ,497 那色波附近的堡寨,在古卜丁县境内。

库宾达-马阿卡勒(Kubindā Ma'qal) Ⅳ,234 在那色波附近,载籍中亦作凯宾达(Kabinda)与凯本达(Kabanda)。

马尔吉班(Marghibān) Ⅳ,499 在碣石附近。

米斯南(Misnān) Ⅳ,553 在那色波附近。

穆达(Mūdā) Ⅳ,678 在碣石附近;萨木阿尼认为,但又不敢相信穆达确在碣石附近。

穆只杜宛(Mujduwān)亚库特书作麦只杜宛(Majduwān) Ⅳ,419 在那色波附近,至萨木阿尼时已渐就荒废。

穆宛(Muwān) 在那色波附近。

尼亚扎(Niyāza) Ⅳ,854 碣石与那色波之间的大村落;萨木阿尼在此度过一夜,"正值落雪天寒"。

佩德亚那(Padyāna),亚库特书作贝德亚那(Badyāna) Ⅰ,527 在那色波附近。

卡拉锡(Qalāsī) 那色波著名的家族。

拉格西里斯那(Rāghsirisna?)或拉格西尔桑那(Rāghsirsana) Ⅱ,734 距那色波半法尔萨姆。

萨克巴德亚祖(Sākbadyāzū?),亚库特书作萨克卜迪亚兹(Sākabdiyāz) Ⅲ,13 在那色波附近。

散真(Sānjan) Ⅲ,23 在那色波附近。

萨尔凯特(Sarkath) Ⅲ,82 在碣石附近。

沙尔吉延(Sharghiyān)或贾尔吉延(Jarghiyān) Ⅲ,277 那色波的一条街,因居民系自布哈拉的商业村庄沙尔格或贾尔格(参看上文R150)移来而得名。

沙乌哈兰(Shāwkharān),亚库特书作沙瓦赫兰(Shāwakhrān) Ⅲ,245 在那色波附近,十二世纪时已仅余残迹(《原文史料选辑》,页61)。

施尔凯特(Shīrkath) Ⅲ,352 在那色波附近。

舒兹延(Shūzyān)或舒齐延(Shūziyān) 在碣石附近。

苏纳只(Sūnaj) Ⅲ,197 在那色波附近,可能与苏巴赫同为一地。

泰德亚那(Tadyāna) Ⅰ,832 在那色波附近,可能与佩德亚那同为一地。

图木(Tūban) Ⅰ,888 在苏巴赫附近。

乌斯图格达迪扎(Ustughdādīza) Ⅰ,243　距那色波4法尔萨赫；萨木阿尼自那色波前往布哈拉时行经此村。

乌特顺德(Utshund)，亚库特书作乌特申德(Utshand) Ⅰ,112 在那色波附近。

韦纳(Wana)或韦纳只(Wanaj) Ⅳ,941,942　在那色波附近,此地有一拉巴特。

瓦拉格钦(Waraghchan),亚库特书作瓦尔加真(Warghajan)或瓦扎格真(Wazaghjan) Ⅳ,921 萨木阿尼认为在那色波附近；可能与瓦兹加只恩(Wazghajn)同为一地。

韦尔辛(Warthīn) Ⅳ,920　在那色波附近。

瓦萨夫(Waṣṣāf)或德尔卜-伊·瓦萨夫(Darb-i Waṣṣāf) Ⅳ,931　那色波的一条街。

瓦兹加只恩(Wazghajn) 萨木阿尼认为在那色波附近(《原文史料选辑》,页69)；参照瓦拉格钦。

亚格纳(Yaghnā) Ⅳ,1022　在那色波附近,萨木阿尼以为当他前往布哈拉时曾经过此地。

扎德克(Zādhak) Ⅱ,906　在碣石附近。

增迪亚(Zandiyā?)①,亚库特书作增迪那(Zandīna) Ⅱ,952　在那色波附近。

齐孔(Zīkūn),亚库特书作扎伊孔(Zaykūn) Ⅱ,966　在那色波附近。

此外,在谢赫阿布·阿卜杜·拉赫曼·穆阿兹·本·亚尔库卜(卡森村人,卒于219/834年)的传记中,提到了这位谢赫在那沙波兴建的古老的大礼拜寺(al-jāmi' al-'atīq)和拉巴特,这些建筑物都坐落在"修士街"(sikkat az-zuhād)上,这条街在一个时期内亦以这位谢赫之名为名,称阿布·阿卜杜·拉赫曼街。萨木阿尼曾瞻拜过这位谢

---

① 萨木阿尼书,原文如此。

赫的坟墓①。

现在我们要回到阿母河沿岸诸省区来。前已述及,阿母河左岸阡陌相连的耕地系从阿模里开始;在阿模里以下五日程处为花剌子模境内第一座城镇塔希里亚;中间站有维扎、麦尔杜斯、阿斯巴斯、锡法亚或锡帕亚(伊斯塔赫里书印本误作锡法那)②;最后一村亦见于帖木儿史中③。今凯特门奇废墟可能即塔希里亚故址。自十一世纪起④,在以后的几个世纪内,人们常把塔希里亚以下二日程的达尔甘看作是花剌子模最南方的城市。二城中间有村名吉格尔本德⑤,是为从布哈拉通往花剌子模系城的大道逼近阿母河的地点⑥。在阿布勒-加齐书中⑦,达尔甘被称为达鲁甘或达鲁甘-阿塔,即今达尔甘-阿塔废墟。在十世纪,达尔甘被认为是阿母河左岸仅次于古尔干只的大城,它有一座美丽的、也是省境以内最好的大礼拜寺,寺内器物饰以宝石,镶有金箔。沿河有葡萄园五百余座,迤逦2法尔萨赫,所产葡萄干外销各地。亚库特也叙述了达尔甘的情况,他曾在从马鲁前往花剌子模途中访问过这一城镇。达尔甘位于距河2英里的台地上,台地与河之间是当地居民的田地和园林⑧。吉格尔本德也有一座大礼拜寺,该村为一商业重镇⑨。

R198

143

---

① 《原文史料选辑》,页64(萨木阿尼书;Margoliouth 刊本,al-Kāsanī 条)。
② BGA,Ⅰ,伊斯塔赫里书,页301,338。De Goeje,*Das alte Bett des Oxus*,页95。
③ 谢雷甫丁·叶兹迪书,Pétis de la Croix 译本,Ⅰ,页232,260;加尔各答刊本,Ⅰ,页236,261。
④ 拜哈吉书,Morley 刊本,页859(此页之 Darkhān 一字应作 Darghān;〔Ghanī Fayyād 刊本,页684〕;《原文史料选辑》,页29,42(*Inshā*')。
⑤ 德·古耶在其专著 *Das alte Bett des Oxus*,页95 倾向于将诸抄本的文字了解为吉格尔本德介于达尔甘与萨杜尔(Sadūr,正确的拼读应作萨德瓦尔——Sadwar,参照我写的《突厥斯坦灌溉史》,页80)之间,衡以萨德瓦尔与达尔甘-阿塔二地间的距离,此说自可成立;但果采此说,则吉格尔本德距"河面转狭处"三日程云云又难以解释。马克迪西在其所编阿母河渡口表(BGA,Ⅲ,页292)中亦将吉格尔本德置于达尔甘下方。还可参照下文所引哈木杜拉·可疾云尼叙述的路程。
⑥ BGA,Ⅲ,马克迪西书,页343;吉格尔本德位于阿母河左岸(同上书,页287)。
⑦ *Родословная тюрок*,Desmaisons 刊本,〔原文,页259,279,326〕;译本,页277,300,348。
⑧ 亚库特,*Mu'jam*,Ⅱ,页567。А. Калмыков 对近代达尔甘-阿塔的描述多与此雷同,见所撰 *Хива*,页70。
⑨ BGA,Ⅲ,马克迪西书,页289。

达尔甘下面的一站为萨德瓦尔(此据伊斯塔赫里刊本,实则吉格尔本德位于达尔甘与萨德瓦尔之间)。萨德瓦尔有一座大礼拜寺①,此城复见于十七世纪的记载②,今为萨迪瓦尔废墟。由萨德瓦尔前行一日,可达哈扎拉斯普,这是一座著名的城镇,其名称一直沿用至今。距哈扎拉斯普3法尔萨赫为凯尔德兰-哈斯,距后者5法尔萨赫为今之省会基发③。由哈扎拉斯普圣基发,当时计算为一日程。基发位于草原地带的边缘,有一座大礼拜寺。凯尔德兰-哈斯与哈扎拉斯普均为设防城镇,各有木门和堑壕④。哈扎拉斯普渠导源于"阿模里地区"⑤;凯尔德兰-哈斯渠距哈扎拉斯普2法尔萨赫,基发渠更在此以下。根据马克迪西的记载⑥,哈扎拉斯普与凯尔德兰-哈思二渠相距2法尔萨赫。诸渠中以基发渠为最大,由渠源至基发城可通舟楫⑦。十三世纪初,基发居民尚属沙菲伊派,虽则花剌子模的其他居民均属哈乃菲派⑧。

在这些水渠的源头以下,在阿布克沙地方,阿母河穿过一个山峡,河面至此转狭,仅当入峡前河面的1/3,人们公认此地是行船的险境⑨。依照马克迪西的记载,"河身转狭处"距吉格尔本德三日程⑩,中间站为哈桑与纳巴德金二拉巴特。此处所说的峡口,显然就是位于乌奇-丘查克或乌奇-乌查克与伊奇-亚尔二地之间的杜勒杜勒-阿特拉干,河流至此,宽度缩减到392码。峡口以下3法尔萨赫(或依伊本·豪卡勒的记载⑪,峡口以下一站路),有自阿母河分出的加乌-霍雷(意

---

① BGA,Ⅲ,马克迪西书,页288。同书页286置此城于阿母河右岸,殆不可信。
② 阿布勒-加齐书,Desmaisons 刊本,〔原文,页326〕;译本,页349。
③ BGA,Ⅰ,伊斯塔赫里书,页341。
④ BGA,Ⅲ,马克迪西书,页289。
⑤ Mummāyali Āmul;塔赫里书(页301)说明距阿模里五日程的塔希里亚的位置时亦谓为在阿模里地区,因此不能推断当时哈扎拉斯普渠的源头在今查尔术附近。
⑥ BGA,Ⅲ,马克迪西书,页292。
⑦ BGA,Ⅰ,伊斯塔赫里书,页302。
⑧ 亚库特,Mu'jam,Ⅱ,页512。
⑨ BGA,Ⅰ,伊斯塔赫里书,页304。
⑩ BGA,Ⅲ,马克迪西书,页343。三日程云云疑非是,参看上文R197,注6。
⑪ BGA,Ⅱ,伊本·豪卡勒书,页354。

为"乳牛的饲料")大渠①,该渠大于哈扎拉斯普渠一倍,宽5齐拉(3-4码),深2卡码(参看上文R137)。该渠支渠名吉雷渠,其分出之地距该渠源头5法尔萨赫。阿母河右岸,加乌-霍雷渠源头以下6法尔萨赫处为加拉卜哈什那或加拉姆哈什那城之所在,阿母河右岸由此始有农田。加乌-霍雷渠②与阿母河正身之间的地区为花剌子模首府柯提的属县,柯提本城距离加乌-霍雷渠12法尔萨赫。自阿母河左岸分出麦德拉渠与韦达克渠。麦德拉渠流至同名之城,该渠与基发渠相距1英里③(1/3法尔萨赫)。麦德拉渠以北为韦达克渠,后者通至古尔干只,渠身距离柯提2法尔萨赫。麦德拉渠大于加乌-霍雷渠一倍。我们找不到表明麦德拉城的方位的资料,据萨木阿尼与亚库特的记载④,费尔尼弗坦村距麦德拉城2法尔萨赫。

花剌子模旧京柯提位于阿母河正身右岸,距基发一日程⑤。根据亚库特的记载⑥,花剌子模人使用柯提一词称呼草原上的土城,尽管其中也许空无一物;因此柯提的意义与今日中亚所用的图尔特库勒(turt-kul)⑦一词相同。在阿拉伯进攻时期,柯提分为三部分,其中有着最坚固的防御工事的一部分,即子城,名菲勒或菲尔⑧。比鲁尼述及菲尔有三道等高而平行的城墙,花剌子模沙的宫殿耸立在全部防御工事的顶巅,10英里或10英里开外均可望见。堡垒用黏土和砖筑成⑨。子城渐

---

① 关于这些渠道,参看 BGA,Ⅰ,伊斯塔赫里书,页301-3。
② 亚库特本人既谓(Muʻjam,Ⅱ,页567;De Goeje,Das alte Bett des Oxus,页113)达尔甘河2英里之遥,而又谓(Muʻjam,Ⅳ,页230-1)加乌-霍雷渠流经达尔甘,可知后说必误。
③ 马克迪西书(BGA,Ⅲ,页292)谓二渠相距0.5法尔萨赫,又谓麦德拉渠距韦达克渠0.5法尔萨赫。
④ 萨木阿尼书,亚洲博物馆藏抄本,页322;Margoliouth 刊本,al-Farnīfthānī 条;亚库特,Muʻjam,Ⅲ,页885. 亚库特书没有说明这个村庄的方位。萨木阿尼书相应段落中称麦德拉为麦德拉凯特;德·古耶认为马克迪西书中(BGA,Ⅲ,页287注f)提到的麦德拉米坦即此麦德拉城。
⑤ BGA,Ⅰ,伊斯塔赫里书,页341。
⑥ 亚库特,Muʻjam,Ⅳ,页222。
⑦ 参照 Бартольд,Отчет о поездке в Среднюю Азию с научной целью,1893-1894年,页12。甚至俄国人晚近建立的彼得罗亚-历山德罗夫斯克在革命后仍被称为 Turtkul。
⑧ Sachau,Zur Geschichte,Ⅰ,页20,24。
⑨ 同上书,Ⅰ,页10,12。

被阿母河水侵蚀;在伊斯塔赫里的时候①,子城和整个旧城已为居民所遗弃;旧城各城门已被河水漂走,方城有彻底损毁之虞。居民们在废址以东修筑新居;也兴建了子城、大礼拜寺、花剌子模沙的宫殿以及监狱。一条水渠流贯全城中心,渠的两岸为巴扎尔。城长、宽各 1/3 法尔萨赫,依另一读法(伊本·豪卡勒书的读法与伊斯塔赫里书波斯译本的读法),城长、宽各 3 法尔萨赫。据伊本·豪卡勒的记述②,在他那时候,子城与在其近旁的大礼拜寺及监狱等均已荡然无存;但比鲁尼告诉我们,菲尔的遗迹到 994 年才最后消失。

马克迪西对花剌子模京城的描述③如下:"柯提亦名沙赫里斯坦;位于河岸,〔大小〕与你沙不儿相若④(另一版本作"大于布哈拉")。城在河东,诸巴扎尔中间有一座大礼拜寺⑤;列柱用黑石造成,高 1 卡码(5 英尺),其上再植木柱⑥。埃米尔的宫院位于全城中心;子城已被河水冲毁;有些水渠流经城内。全城气象雄伟,有不少学者和文人,也有不少富户以及许多珍贵物资和商品。建筑工匠的技术驰名遐迩;《古兰经》的诵读者声调优美,感染有力,乃至其风采、学识,遍伊拉克罕见其匹。然而全城长年备受河水泛滥之害,居民等陆续迁离河岸〔并愈迁愈远〕。柯提更比阿尔德比勒污秽,有很多污水沟,沟内污水洋溢,波及道路。居民们多以街巷为公厕,秽物被收集在土坑里,而后用袋子运往田野。秽物奇多,因而外来人仅能在昼间进入城内;居民们通常〔只〕用脚把秽物聚集成堆⑦。"柯提故城遗址今称谢赫·阿巴斯-韦利⑧;近代的堡垒很小,

---

① BGA,Ⅰ,伊斯塔赫里书,页 301。
② BGA,Ⅱ,伊本·豪卡勒书,页 351。
③ BGA,Ⅲ,马克迪西书,页 287-8。
④ 据伊斯塔赫里书(BGA,Ⅰ,页 254),你沙不儿长宽共 1 法尔萨赫。
⑤ 由此可知,马克迪西此处所描写的是不见于伊斯塔赫里记载的一座新建筑物,这证实了上文所引伊本·豪卡勒关于原有礼拜寺被毁的记载。
⑥ 此谓列柱下部用石材,上部用木材。
⑦ 德·古耶的译文(*Das alte Bett des Oxus*,页 102)作"他们的脚把秽物带入了礼拜寺"。
⑧ А. Кун 撰文(*Культура оазиса низовьев Аму-Дарьи*,页 251 以下)描述了这一废墟,称之为 шах-Абад-Вали。

占地仅及旧子城的四分之一，目前尚能看到呼楼和城墙的残迹。

上文述及，韦达克大渠（德·古耶认为①即今库尼亚河的河床）系在柯提以上不远从阿母河分出之渠；柯提以下，又从阿母河分出布韦渠，此渠在距古尔干只一日程之安德拉斯坦村与韦达克渠合流；它小于韦达克渠。在距古尔干只1加勒瓦（参看上文 R149 沙绳注）处在河上设置木闸，截河水使向东流，在此以前，河水一直流到古尔干只。由此可见，在萨曼时期，介于库尼亚－兀笼格赤与萨里－卡米什湖之间的乌龙河，其水量并不甚大，马斯乌迪关于"朱里章尼亚湖"（即萨里－卡米什湖）的叙述②显系时代错误。河的一个分支东出，流向费拉的斤或贝拉的斤村，此村距柯提五日程③，在河的东方，且离河颇远（4法尔萨赫有奇）④；从费拉的斤村到咸海，当时计算为一日程⑤。根据马克迪西的记载⑥，贝拉的斤村是山区附近草原上的大村。人们从这里采运石料；大礼拜寺位于诸巴扎尔中间，房屋用上好黏土筑成。库尔德尔大渠从阿母河正身向东分出，源头上距柯提4法尔萨赫。伊本·鲁斯泰提到了⑦这个地方："在这里，〔阿母〕河形成若干盆地、布满芦苇的沼泽以及草场。"库尔德尔渠的源头分四处引出河水，渠的水势与布韦及韦达克二渠合流后的水势相若；此渠长度各书失载，但隔河与古尔干只相对的米兹达赫坎县以此渠为其东界，且如下文所述，库尔德尔城确位于阿母河三角洲上，足见此渠长度未可低估。

古尔干只，阿拉伯人称为朱里章尼亚、后来蒙古人和突厥人称为兀笼格赤，位于距上述木闸1加勒瓦⑧处，距阿母河正身1法尔

---

① 德·古耶，*Das alte Bett des Oxus*，页71。但是，无待赘言，韦达克只是一条渠道，自不得与十世纪时河之正身混为一谈。
② *Kitâb at-tanbîh wa'l-ischrâf*，(BGA，Ⅷ)，页65；译本，页96。
③ 此依伊斯塔赫里说（BGA，Ⅰ，页341），依马克迪西书，尚远于五日程（参看下文）。
④ BGA，Ⅰ，伊斯塔赫里书，页341－2。
⑤ BGA，Ⅲ，马克迪西书，页343。
⑥ 同上书，页288。
⑦ BGA，Ⅶ，伊本·鲁斯泰书，页91。
⑧ 〖加勒瓦（ghalwa），长度名，等于350码或320.25米。〗

萨赫①。它被人们认为是阿母河左岸最重要的城市,马克迪西还说②,此城方兴未艾,日益扩展。城有四门,渠水流抵门前,而因城内街巷过密,故不曾引入城内。见于记载的个别建筑物有马蒙的宫院,在哈贾只门附近;宫院各门均成自良工之手,备极华美,遍呼罗珊无与伦比。马蒙之子阿里在马蒙宫前另建了一所宫院,并规仿布哈拉的里吉斯坦在新宫门前辟有广场,人们在广场上买卖羊只。此项记载中的马蒙,看来是指古尔干只的埃米尔马蒙·本·穆罕默德,这位埃米尔后来在995年③也侵入南部花剌子模,并开始采用前此只有都于柯提的古老王朝的代表人物才使用的花剌子模沙的称号。997年,马蒙子阿里嗣立,上述新宫院显然是他在他父亲生前所建成。在萨曼时期,古尔干只虽日益扩展④,但其重要性仍在柯提以下。关于此二城市在十一、十二两个世纪的情况,我们没有详细资料。十二世纪时⑤,古尔干只作为强盛的花剌子模朝的京城,取得了前所未有的重要地位;当花剌子模进而成为整个穆斯林世界之首屈一指的强盛国家时,它的京城必因掠自被征服地区的财富源源流入而更加富足。1219年年底到1220年岁初客居这里的亚库特⑥,在他见过的诸城市中,既大且富,无逾于古尔干只者。

马克迪西的撰述中⑦有花剌子模的城名与村名详表,表中且标明城、村间的距离;另外他还写出了阿母河左、右两岸的路程表。从哈札拉斯普到古尔干只的路程,马克迪西开列如下:

---

① BGA,Ⅰ,伊斯塔赫里书,页342。
② BGA,Ⅲ,马克迪西书,页288-9。
③ 关于这一年份,参看下文R324与325。
④ 古尔干只旧城遗迹中保存至今的呼楼,乃花剌子模沙马蒙·本·马蒙所建,落成于401/1010-1年。呼楼基座铁牌上的阿拉伯语铭文,业经 Н. Катанов 刊出,见 *Хорезмийская свинцовая плита*,页015以下。
⑤〔本书1900年俄文版作"十二世纪时";1928年英文版作"十三世纪时",显然错误,因在1221年,古尔干只已被蒙古人堕毁。〕
⑥ 亚库特,*Mu'jam*,Ⅱ,页54,486。
⑦ BGA,Ⅲ,马克迪西书,页343-4。

哈扎拉斯普

泽尔杜赫① ·· 2 策②

凯尔德兰－哈斯③ ·· 1 策　　R203

基发 ··· 2 策　　148

拉胡什米坦或阿尔达胡什米坦④ ···························· 1 站

德斯卡罕－哈斯 ·· 1 站

乌扎尔门德或韦扎尔门德 ······································ 2 策

鲁宗德 ··· 1 策

努兹瓦尔 ·· 1 站

扎马赫沙尔 ·· 1 站

古尔干只 ·· 1 站

伊斯塔赫里征引了⑤一个较短的路程表,他说,柯提距古尔干只仅三日程,其间到阿尔达胡什米坦需时一日,从阿尔达胡什米坦到努兹瓦尔再需时一日。伊斯塔赫里把哈扎拉斯普到基发以及从基发到柯提的距离各计算为一日程,但从他同时征引的法尔萨赫的数字看来,则全部距离当较二日程为远:

哈扎拉斯普

凯尔德兰－哈斯 ·· 3 法尔萨赫

基发 ·· 5 法尔萨赫

---

① 花剌子模的城镇总表(BGA,Ⅲ,马克迪西书,页 286)却将泽尔杜赫置于河的右岸。
② 在东方各省,一策(barīd,即驱策、鞭马前进之意)等于 2 法尔萨赫(BGA,Ⅳ,页 187)。
③ 德·古耶(*Das alte Bett des Oxus*,页 84)将凯尔德兰－哈斯比定为阿布勒－加齐所著录的格尔登－哈斯特村;阿布勒－加齐谓格尔登－哈斯特村位于基发与哈扎拉斯普之间,德·古耶书则误作"unterhalb Khîwa"["在基发以下"];参照 Aboul－Ghâzi, *Histoire des Mogols et des Tatares*, Desmaisons 刊本,〔原文,页 226〕;译文,页 243。
④ 据亚库特书(*Mu'jam*,Ⅰ,页 191;此处作阿尔塔－胡什米坦),距古尔干只三站之遥。亚库特于回历 616 年韶瓦勒月(公历 1219 年 12 月 10 日至 1220 年 1 月 7 日之间)由柯提渡河前往阿尔塔－胡什米坦,其时河面已为冰块叉封。
⑤ BGA,Ⅰ,伊斯塔赫里书,页 341。

萨费尔迪兹 ……………………………………	5 法尔萨赫
柯提 ……………………………………………	3 法尔萨赫

萨费尔迪兹不见于马克迪西的里程表，但德·古耶认为，马克迪西在介绍阿母河左岸诸诚镇时提到的塞德费尔①，当即萨费尔迪兹。十分可疑的是萨木阿尼和亚库特②都说萨费尔迪兹的位置"距阿模里不远，正当通往花剌子模的路上"。扎马赫沙尔为今之咨穆克施尔废墟，现似已成定论，但此废墟与基发相距在80俄里以上，与库尼亚－兀笼格赤相距约125俄里，这和马克迪西征引的数字大相径庭③，虽则从基发经过咨穆克施尔到库尼亚－兀笼格赤的全程和他指出的基发与古尔干只之间的距离非常接近。

马克迪西书详细记录了有关上述一些地点的情况④。泽尔杜赫是一个有防御工事的大村庄，并有拉巴德；鲁宗德是一个中等村庄，有防御工事和堑壕；有大路穿村而过；大礼拜寺在巴扎尔附近；居民所饮之水取自特殊来源。努兹瓦尔是设防的小村庄，有堑壕和铁门；因有大道穿过此村，故设二门和一座吊桥，吊桥每夜悬起。西门附近有为全省它处所无的浴场；大礼拜寺在诸巴扎尔中间，巴扎尔有少数是露天的，余加顶盖。扎马赫沙尔是同样的设防小村庄，有堑壕、铁门、监狱、吊桥和一座美观的大礼拜寺。在萨木阿尼的时候，扎马赫沙尔是一个很像城市的大村镇⑤。萨木阿尼和亚库特⑥还提到了阿母河左岸、哈扎拉斯普附近的一个名为萨乌坎的村庄，亚库特并且说此村位于哈扎拉斯普与胡什米坦即阿尔达胡什米坦之间⑦。亚库特曾于1220年在萨乌坎停留，他把该村说

---

① BGA，Ⅲ，马克迪西书，页287。
② 亚库特，Muʻjam，Ⅲ，页12。
③ 据伊本·巴图塔书（Ⅲ，页6），花拉子模（古尔干只）距扎马赫沙尔仅4英里。
④ BGA，Ⅲ，马克迪西书，页288—90。
⑤ 《原文史料选辑》，页66（萨木阿尼书，Margoliouth 刊本，al‑Zamakhsharī 条）。
⑥ 亚库特，Muʻjam，Ⅲ，页24。
⑦ 在有的资料中，胡什米坦与阿尔达胡什米坦被分别提及，似非同地，参看BGA，Ⅰ，伊斯塔赫里书，Ⅰ，页299。

成是有大巴扎尔、有华美的大礼拜寺和呼楼的人烟稠密的村庄。

关于阿母河右岸，马克迪西摘引了以下一个"从河身转狭处"到米兹达赫坎的路程表，米兹达赫坎隔河与古尔干只相对，距河岸2法尔萨赫①——亦即在霍杰利(Khojeili)附近：

马什拉巴特	1 站
森德拉巴特	1 站
巴基尔坎	1 站
舒拉罕	1 站
柯提	1 站
哈斯	1 站
努兹卡特	2 策
瓦伊罕	1 站
努巴格	1 站
米兹达赫坎	2 站，穿行草原

此路以外，另有二路。其第一条路从马什拉巴特出发到下列地点：

埃米尔	1 站
巴拉卜－萨尔	2 站
阿尔达希发②	1 站

第二条路从柯提出发，沿途站头及相互距离如下：

---
① BGA, I, 伊斯塔赫里书，页342。米兹达赫坎一名不仅屡见于阿布勒－加齐书，甚而亦屡见于十九世纪的基发的历史。米兹达赫坎台地(qir)位于霍杰利以西1法尔萨赫处至今日，人们尚能在此地指出先知(nabī)沙蒙的坟墓，并认为沙蒙即使徒彼得。同地还存一座堡垒的遗迹，堡垒名 Gyawr－Qalʾa，意为"无信仰者的堡垒"。参照 A. Кун 的论文 Культура оазиса низовьев Аму－Дарьи，页217；亦可参看我写的 Орошение，页83.〔还可参看更新的撰述：Якубовский, Городище Миздаххан.〕

② 〔本书1900年俄文版页149作阿尔德希发(Ардхива).〕

加尔德曼 ………………………………………………	1 站
瓦伊罕 ………………………………………………	2 策
阿尔达希发 …………………………………………	1 策
努克巴格 ……………………………………………	1 站

"河身转狭处"距离现在的舒拉罕约 90 俄里,此数与马克迪西所记的 4 站大致相符;又舒拉罕与柯提故城(今谢赫－阿巴斯－韦利村)相距约 30 俄里。马克迪西提到的巴基尔坎与阿布勒－加齐提到的巴剋尔甘绝非同地,后者乃基发乌兹别克人诸村落的北界[1]。谢赫－阿巴斯－韦利[2]与霍杰利相距约 140 俄里,故马克迪西所说的此路第二段(特别是如取从柯提经加尔德曼到瓦伊罕的捷径)的距离也大致正确。加尔德曼多半在今古尔伦(Gurlen)附近。伊斯塔赫里书称哈斯为德尔哈斯[3],距柯提二日程;在阿布勒－加齐的时候,由于河的正身改道,哈斯已位于河的左岸[4]。瓦伊罕多半在曼吉特附近;阿尔达基发距瓦伊罕仅 1 策,且如下文所述,位于山麓,其地大约在火者－库勒驿站附近。从马什拉巴特到阿尔达基发的直路显系先沿加乌－霍雷大渠右岸前进,然后再沿库尔德尔渠(即今阿母河正身)[5]右岸前进。此路全程约 170 俄里,走完需时五日。

---

[1] 阿布勒－加齐, *Histoire des Mogols et des Tatares*, Desmaisons 刊本,〔原文,页 276, 279, 280〕;译文, 298, 300, 301。巴基尔甘－阿塔一名已见于此处,于以知圣徒哈基木－阿塔的诞生地当即阿布勒－加齐所说的巴剋尔甘,而非马克迪西所说的巴基尔甘,尽管 К. Г. Залеман 持有与此不同的意见(见所撰 *Легенда про Хоким － Ата*,页 106)。现在人们认为哈基木－阿塔的坟墓在今昆格拉德附近;参看我写的 *Орошение*,页 88 以下。

[2] 〔本书 1928 年英文版,页 146, 150 误作沙赫－阿巴斯－瓦利(Shāh－'Abbās－Walī)。〕

[3] BGA, I,伊斯塔赫里书,页 341。

[4] 德·古耶, *Das alte Bett des Oxus*,页 79。

[5] 饶有趣味的是,十世纪时,人们认为库尔德尔渠从前曾是河的正身;参照伊斯塔赫里书,页 303。塔巴里书(II,页 1525)提到了库尔德尔城(参看下文)在回历 110 年顷是一位王公的治所。由此可见,阿母河在阿拉伯征服前一世纪、循乌兹博伊(the Uzboi)流入里海之说殊不足据。参照我写的 *Орошение*,页 82。A. Hermann 有与此相反的意见,见所撰 *Alte Geographie*;3ВОРАО XXII, 357 页以下有我写的对此书的评论。

载籍中尚有关于以下各地的记述①:加尔德曼有二门;有宽达一箭程的堑壕,水盈其中。瓦伊罕周围也有堑壕,门旁设有机弩。阿尔达基发位于草原边缘;其围墙靠近山脚,仅有一门。环绕努克法格(即努克巴格)有从阿母河分出的水渠,此渠流向草原。米兹达赫坎是一座大城、辖县面积辽阔,其四周防御设施多至12,000处(?);本城面积几与古尔干只相埒。伊本·鲁斯泰②置赫拉韦兹(一作赫尔瓦兹)村于米兹达赫坎境内,此村恰在阿母河畔。上述所有村庄皆有防御设施。

米兹达赫坎以下地区,有下列地点及其相互距离见于记载:

米兹达赫坎
德尔散 ·· 2 策
库尔德尔 ·· 1 站
术维坎 ·· 2 策
贝拉的斤 ·· 1 站
湖岸 ·· 1 站

在米兹达赫坎与库尔德尔之间,记载中还征引了距离相等的另一条路:

瓦尔德拉格(?) ··· 1 站
库尔德尔 ·· 1 站

据伊斯塔赫里计算③,从德尔哈斯到库尔德尔只需一日,从库尔德尔到贝拉的斤需要二日;前一数字显然错误。从霍杰利到咸海岸,即经过昆格拉德到塔勒迪克河口(约150俄里),相当于五日程;如果阿母河的主流彼时在艾布吉尔泄入咸海,那么,载籍中自应记下较此为短的

---
① BGA,Ⅲ,马克迪西书,页288。
② BGA,Ⅶ,伊本·鲁斯泰书,页92。
③ BGA,Ⅰ,伊斯塔赫里书,页341。

R207 距离。由于地理家们关于阿母河三角洲以及该河支流的数目和位置不曾留下什么报道,故我们现在已难确定各个地点的方位。根据上引(R201)资料,熟悉当地地理的专家也许能够求出贝拉的斤的位置①。至于库尔德尔,我们只知道它大于努克法格,并有更好的防御工程②。

距贝拉的斤不远,有名为麦德米尼亚的村镇,此地距河较近,但仍有4法尔萨赫之遥③。马克迪西称此地为麦德卡米尼亚④,它是这一带最北端的居民点。阿母河左岸的吉特村与麦德米尼亚隔河相对,该村旁倚一山,山后即为草原。吉特与古尔干只的距离已不可考;仅有的记载称吉特与库贾格(?)相距5法尔萨赫⑤。马克迪西⑥置吉特于与古斯领土接界的草原上,称之为占地甚广、设有防御工事的大村庄。德·古耶⑦比定吉特就是在十六世纪获得重要地位的韦齐尔城,并认为韦齐尔城的遗址若非乌斯特-乌尔特斜坡上与歛克为邻的迪尤-凯斯肯废墟,当即库尼亚-兀笼格赤西南方36俄里的谢尔宛废墟⑧。实则吉特更在此以东,"与麦德米尼亚相对"。据伊斯塔赫里的记载⑨,麦德米尼亚曾归入吉尔干只(省)辖境;其位置(之所以在河的右岸),只是阿母河从库尔德尔起改变流向,取道吉特与麦德米尼亚之间的结果。伊本·

---

① 根据距离判断,似可将贝拉的斤置于卡什卡那-陶山地附近,但从这些山岭的地质构造来看,由于"缺乏石化作用"(参看 И. В. Мушкетов,*Туркестан*,Ⅰ,页637),故自这一带采运石料,似不可能。卡什卡那-陶是卡拉-陶高原之最高的部分,当地尚有库贝-陶、派甘贝尔-基兹等山。参照 А. Кун,*Культура оазиса низовьев Аму-Дарьи*,页224以下。
② BGA,Ⅲ,马克迪西书,页288。
③ BGA,Ⅰ,伊斯塔赫里书,页303,341-2。
④ BGA,Ⅲ,马克迪西书,页286。
⑤ BGA,Ⅰ,伊斯塔赫里书,页302。库贾格(Kūjāgh)这样一个地名不见于任何其他载籍。德·古耶在其研究阿母河的专著中(*Das alte Bett des Oxus*,页64)建议将此地名读作古尔干只或古尔干杰克(Gurganjak,即小古尔干只,参看下文)。但是伊斯塔赫里何以独在此处采用他本人和十世纪其他阿拉伯地理学家都不曾用过的此名之波斯字形,仍难索解。
⑥ BGA,Ⅲ,马克迪西书,页289。
⑦ De Goeje,*Das alte Bett des Oxus*,页63-4。
⑧ 韦齐尔废墟甚至在十九世纪时已为人所熟知。这一废墟附近尚有谢马哈堡垒的废墟,俄国地图中作施马基;参看我写的 *Орошение*,页100。韦齐尔城建于1464年以前不久;同上书,页92。
⑨ BGA,Ⅰ,伊斯塔赫里书,页303。

豪卡勒重复了伊斯塔赫里的叙述,这种叙述只能使人们明确一点,即麦德米尼亚远在阿母河右岸诸村镇迤西。阿母河口附近之咸海岸上有地名哈利詹。哈利詹不成其为村落,仅有渔夫居住的少数茅舍而已。另据伊本·鲁斯泰的记载①,哈利詹并不是阿母河主要河口的名称,而是阿母河下游许多沼泽的总称,在这里捕得的鱼类从花剌子模运销各地。极有可能,伊本·鲁斯泰此处记述的是阿母河之流向萨里-卡米什湖的分支;尽管伊斯塔赫里把哈利詹说成是阿母河注入咸海之所在②,但伊本·鲁斯泰所记述的哈利詹当系萨里-卡米什低地,而不是艾布吉尔。父伊本·鲁斯泰述及咸海周长 80 法尔萨赫,伊斯塔赫里则作 100 法尔萨赫③;伊本·鲁斯泰称绵延于咸海西岸的山岭为锡亚赫-库赫(意为"黑山"),而伊斯塔赫里却称之为吉基尔-乌古斯。后一名称可能与查吉拉克或查格拉特部落有关,拜哈吉④几次提到这个部落,谓与花剌子模为邻。茂密的森林覆盖着右岸的沼地,其中只贯有一条由野猪踏成的狭径。从阿母河口到锡尔河口,据当时计算为四日程。

除上述城、村之外,马克迪西还提到⑤以下各地,但未指明它们的方位,计左岸有韦贾兹或贾兹(一个设防的大村庄,有宽阔的堑壕,上架桥梁,此村距干路颇远,其大礼拜寺位于村边);小古尔干只⑥(?);另一吉特;麦萨散与卡尔达尔;右岸有杰施尔⑦(一个设防的大村庄)。伊本·鲁斯泰⑧述及,在古尔干只以下 4 法尔萨赫处有瓦拉格德赫村,又其下,在哈利詹稍上之处,有贝拉比德(?)⑨村;右岸赫拉韦兹以下还有

---

① BGA,Ⅶ,伊本·鲁斯特书,页 92。
② BGA,Ⅰ,伊斯塔赫里书,页 303. 参照《伊斯兰百科全书》中我写的 *Āmū-Daryā* 条和我写的 *Орошение*,页 84。
③ BGA,Ⅰ,伊斯塔赫里书,页 304。
④ Morley 刊本,页 91,398。
⑤ BGA,Ⅲ,马克迪西书,页 286-9。
⑥ 亚库特,*Muʻjam*,Ⅳ,页 261,谓距古尔干只本城 3 法尔萨赫。
⑦ 〔Jashīr,俄新版作杰施拉(Джешира)〕。
⑧ BGA,Ⅶ,伊本·鲁斯泰书,页 92。
⑨ 抄本中作 Barābōz。

两个名称失载的村庄①。此外萨木阿尼与亚库特提到了以下花剌子模诸村庄:(1) 巴弗②;(2) 贝尔坎或比尔坎③,此村在阿母河右岸柯提郊区,距古尔干只二日程,萨木阿尼时此村大部已毁,变为农田。(3) 布盖伊迪德④;在其他史料中作巴格达或巴格达德克(意为"小巴格达"),位于毡的与花剌子模之间,此村系著名的谢赫麦只杜丁及其兄弟的诞生地,人所熟知的文牍汇编(参看上文 R80)即成于这位谢赫的弟兄之手。(4) 藁什芬只⑤距古尔干只约 20 法尔萨赫。(5) 加齐尼兹⑥,在贝拉古德(?)县境。(6) 伊什什⑦。(7) 淮坎·阿哈什沙⑧。(8) 哈鲁尔⑨,在萨乌坎附近。(9) 鲁丹⑩。(10) 萨拉库斯塔⑪。(11) 锡卜⑫,系下花剌子模地区的一个地方或岛屿。(12) 苏布尔那或苏巴尔那⑬,依亚库特的记载,这是花剌子模边境上的一个村庄,距古尔干只 20 法尔萨赫,位于通往沙赫里斯坦(即通往呼罗珊)的道路上。(13) 图穆尔塔什⑭。又上述文牍汇编还提到⑮努哈斯与森干-阿赫塞克两个村庄。

---

① 此指河之左侧流向萨里-卡米什的分支,参看上文的解释。
② 萨木阿尼书,Margoliouth 刊本,al-Bāfi 条;亚库特,Mu'jam,Ⅰ,页 475。
③ 《原文史料选辑》,页 53(萨木阿尼书,Margoliouth 刊本,al-Barqānī 条;亚库特,Mu'jam,Ⅰ,页 570)。
④ 亚库特,Mu'jam,Ⅰ,页 698。此村必为导源于阿母河之水渠所灌溉,帖木儿 1388 年武功录中(谢雷甫丁·叶兹迪书,加尔各答刊本,Ⅰ,页 447)称此渠为巴格达德克渠(nahr)。至于此渠系自库尔德尔大渠抑系自加乌-霍雷大渠分出,史无记载;参照我写的 Орошение,页 87。此村遗址可能即今之古勒杜尔木松·卡拉废墟,该废墟正临从彼得罗-亚历山德罗夫斯克(今图尔特库勒)至库克查诸井的道路(Масальский,Туркестанский край,页 749)。
⑤ 亚库特,Mu'jam,Ⅲ,页 825;此处之元音标记不合阿拉伯语的发音规则。
⑥ 《原文史料选辑》,页 63(萨木阿尼书,Margoliouth 刊本,al-Ghazīnizī 条)。
⑦ 亚库特,Mu'jam,Ⅰ,页 279。
⑧ 同上书,Ⅱ,页 133。
⑨ 同上书,Ⅱ,页 429。
⑩ 同上书,Ⅱ,页 830(引自乌木拉尼)。
⑪ 同上书,Ⅲ,(引自乌木拉尼)页 80。
⑫ 同上书,Ⅲ,(引自乌木拉尼)页 209。
⑬ 同上书,Ⅲ,(引自乌木拉尼)页 32,182。沙赫里斯坦在奈萨以北 3 英里或 1 法尔萨赫,距今阿什哈巴德不远。我们根据这些叙述可以推断,农耕地带在十三世纪初比十世纪时更向南延伸。马克迪西书及,在这条路上只有一个村庄,即距古尔干只一站路的阿尔达库瓦。其余各站仅以拉巴特为标志。
⑭ 亚库特,Mu'jam,Ⅰ,页 873。
⑮ 《原文史料选辑》,页 75,76(Багдади,Kitāb at-таваssul)。

如所熟知,花剌子模之所以在历史上比较孤立,盖因其地理位置有以致之。在今日,花剌子模四境全为草原所环绕;我们根据伊斯塔赫里的叙述①可以推断,在中古时期,或有一条起自阿模里城、狭长而接连不断的农耕地带把它和呼罗珊以及河中地区联结起来,但伊斯塔赫里的这种叙述也许与实际情况不符②;无论如何,这样一条狭长的农耕地带不会为花剌子模召来被外敌征服的危险,因为它容易被水淹没,而且花剌子模的统治者也确曾几次采取过这样的御敌措施。至于穿过草原的道路,根据伊斯塔赫里的记载③,八天之内可以走完从布哈拉的法拉赫沙村到花剌子模的全程;但沿途没有任何拉巴特,极目四望,惟见一片片的牧场而已。马克迪西还记载了从布哈拉到达阿母河岸的吉格尔本德拉巴特(此一拉巴特可能与同名的村庄隔河相对)的另一路程④:

布哈拉
阿姆扎⑤ ································· 2 策
塔什(拉巴特) ···························· 1 站
舒鲁赫 ································· 1 站
沙碛(ar-raml) ·························· 1 站
图甘拉巴特⑥ ···························· 1 站
吉格尔本德拉巴特 ························ 1 站

马克迪西书有一版本⑦记载着从古尔干只出发用九天时间行抵呼罗珊的一条路;此路终点是阿弗拉瓦或费拉瓦拉巴特,由三个相连的堡垒

---

① BGA,Ⅰ,伊斯塔赫里书,页338。
② 参看 Бартольд,*Орошение*,页79。
③ BGA,Ⅰ,伊斯塔赫里书,页338。
④ BGA,Ⅲ,马克迪西书,页343。
⑤ 德·古耶推测此村即本书上文述及之阿姆迪扎。
⑥ 有一版本置"河身转狭处"于图甘拉巴特与吉格尔本德之间,恐非是。下文所引另一路程表将"河身转狭处"置于吉格尔本德与萨德瓦尔之间,当合事实。
⑦ BGA,Ⅲ,马克迪西书,页344。

组成,距奈萨城四站之遥①。萨木阿尼书述及②该拉巴特为阿卜杜拉·本·塔希尔(卒于844年)所建。此路显然有一部分系沿阿母河的故道(乌兹博伊,the Uzboi),全程经过下列各地,各地之间的距离均为一日程:

  阿尔达库瓦

  巴罕拉巴特

  马赫迪拉巴特

  米延-沙拉巴特

  哈基姆井

  阿布·萨赫勒拉巴特

  杜加只拉巴特

  贾法尔拉巴特

哈木杜拉·可疾云尼与哈吉·哈里发摘引了以下从马鲁到古尔干只的路程表③:

苏克里或萨法里	5 法尔萨赫
阿巴丹-肯只	2 法尔萨赫
苏兰拉巴特	8 法尔萨赫
比仑井	8 法尔萨赫④
努沙基尔或努沙基尔德拉巴特	7 法尔萨赫⑤
森加巴德	7 法尔萨赫

---

① BGA,Ⅲ,马克迪西书,页320;参看Ⅰ,伊斯塔赫里书,页273。
② 亚洲博物馆抄本,叶318;Margoliouth 刊本,al-Farāwī 条;参照亚库特,Muʻjam,Ⅲ,页866。
③ 哈木杜拉·可疾云尼,Nuzhat al-Qulūb,Le Strange 刊本,原文,页179以下,译文,页172,De Goeje,Das alte Bett des Oxus,页112;Жуковский,Развaины Cmapoгo Mepвa,页58-61,81。
④ Nuzhat al-Qulūb〔Le Strange 刊行〕印本作土井(Chāh-i Khāk,译"干井"),5 法尔萨赫,萨奇井,7 法尔萨赫;哈仑井,7 法尔萨赫,可能较确。
⑤ 此站有流沙,长达2000步。

塔希里亚①	6法尔萨赫
布德拉巴特②	10法尔萨赫
达尔甘	10法尔萨赫
吉格尔本德③	7法尔萨赫
德罕-伊·施尔拉巴特④	5法尔萨赫
萨杜尔或萨德瓦尔	4法尔萨赫
哈扎拉斯普	10法尔萨赫
迪赫-伊·阿兹拉克(意为"蓝村")	10法尔萨赫⑤
阿尔达胡什米坦	7法尔萨赫
安德拉斯坦	6法尔萨赫
努兹瓦尔	2法尔萨赫
古尔干只	6法尔萨赫

以下尚待我们说明锡尔河盆地的情况。锡尔河,阿拉的人称为细浑或赛浑⑥,中古诸地理家都认为它的上源是哈剌河,甚至在今天"大多数居民仍认为哈剌河是锡尔河的直接源头"⑦。实际锡尔河流量更大的上源为纳林(Naryn)河,中古时期称为海拉姆河。费尔干纳之位于哈剌、纳林二河中间的地区为米延-鲁丹县境⑧,米延-鲁丹一名恰与此地之今突厥语名称Iki-su-arasi⑨相当。在这一带与突厥人领土接

---

① 印本〔*Nuzhat al-Qulūb*, Le Strange 刊行〕中作塔希里-拉巴特(Ṭāhirī-rabāṭ)。
② 印本〔同上书〕中作布迪那(Būdīna)。
③ 同上书刊本置吉格尔本德于达尔甘以前;由布迪那-拉巴特至吉格尔本德的距离为9法尔萨赫,续行5法尔萨赫至达尔甘。
④ 此处河身转狭。
⑤ 印本作9法尔萨赫。
⑥ 关于锡尔河诸旧名,参看 J. Marquart, *Die Chronologie*, 页5;Бартольд, *Орошение*, 页130. 古希腊人所译古名"Yaxartes"保存在汉语转写的"药杀水"与见于图曼斯基抄本〔Hudūd al-'Ālam〕页24a 的 Kh. sh. n. t 之中。伊本·霍尔达德贝赫书原文(页178,3),此字有残缺,大约读音相同。
⑦ Л. Ф. Костенко, *Туркестанский край*, Ⅰ,页230。
⑧ BGA, Ⅰ,伊斯塔赫里书,页334;Ⅱ,伊本·豪卡勒书,页396。
⑨ 〔意为"河间之地"。〕

壤的边境上,除讹迹邗外,尚有比斯肯德、塞拉特①诸城以及赫弗特－德赫(意为"七村"),赫弗特－德赫至十世纪始为穆斯林所征服。靠近这些地点,当时有进入突厥国土的通道,此通道虽与讹迹邗路相距不远,但究非讹迹邗路本身;此通道大约指库加尔特山口而言。米延－鲁丹县的县城为海拉姆,马克迪西书中②作海尔拉姆,显然位于同名之河的岸上。关于上述地点的方位,地理学家的著作③中有下记资料:从阿赫锡凯特(当时费尔干纳的首府,在纳曼干西南方约15俄里,靠近卡桑－萨伊河与锡尔河交汇处)到米延－鲁丹县境第一个村庄施基特,计为9法尔萨赫,又五站至塞拉特;由海拉姆至塞拉特7法尔萨赫。在阿赫锡凯特西北方7法尔萨赫,当费尔干纳与易剌克(亦即安格伦河流域)交界处,为宛凯特;宛凯特与海拉姆相距3法尔萨赫;后一数字看来有误,否则系指另一宛凯特(见下文)而言。依据马克迪西的记载,海拉姆是一座大城,有壮丽的大礼拜寺;又据伊斯塔赫里的记载,它是萨曼王室成员阿布勒－哈桑·纳斯尔(亦思马因之兄)的诞生地。施基特也是一个大村庄,有一座大礼拜寺,寺在诸巴扎尔中间。此村以产核桃著称,有时一枚第尔赫姆可买核桃一千枚。④

至于靠近突厥疆域的两个主要城镇,奥什与讹迹邗⑤,前者在当时被认为是费尔干纳境内第三大城;有沙赫里斯坦、子城和拉巴德;宫院、监狱均在子城以内。奥什有三门:(1) 山门;(2) 河门;(3) 穆护凯德门,即拜火寺门。大礼拜寺在诸巴扎尔中间。奥什郊区有一大拉巴特,系各方圣战者们结集之处,此拉巴特容或就是奥什城所依傍之山的山头上的哨所⑥,后来

---

① 依据伊本·豪卡勒的记述(BGA,Ⅱ,页395),比斯肯德与塞拉特各为县名。
② BGA,Ⅲ,马克迪西书,页272。
③ 同上书,Ⅰ,伊斯塔赫里书,页346－8。
④ 同上书,Ⅲ,马克迪西书,页271。
⑤ BGA,Ⅰ,伊斯塔赫里书,页333;Ⅱ,伊本·豪卡勒书,页394;Ⅲ,马克迪西书,页272。
⑥ 读伊本·豪卡勒书原文,似可推断山头有一突厥人的哨所,驻守哨所的突厥人可从山头对奥什居民准备圣战的活动加以监视。但在萨曼时期,一任突厥人占有控制奥什城及其郊区的制高点,实为颇难想象的情况。

巴布尔在此为自己建造了府第①。

讹迹邗②大小约当奥什的三分之二,亦有沙赫里斯坦、子城与拉巴德。子城位于沙赫里斯坦以内,马克迪西说讹迹邗在这一点上不同于费尔干纳的其他城镇。讹迹邗有门四座,用水被引至全城各处。哈剌河流经讹迹邗城门,因无桥梁,故渡河须涉水而过。讹迹邗是对突厥人进行贸易的中心;如所熟知,从这里有一条路通往七河流域,中经亚锡山口以达阿特巴什③。九世纪时,讹迹邗本城处于迪赫坎楚尔的斤的统治之下,楚尔的斤显然是一位突厥王公。讹迹邗与山口之间的一个地方亦名"迪赫坎楚尔的斤"④,在今天,据Н.Ф.彼得罗夫斯基考证⑤,迪赫坎楚尔的斤系左从讹迹邗通往旧阿特巴什的道路上、亚锡山口之后、乌拉兹-罕山口之旁的一个地点。讹迹邗以在哈拉汗朝初期最为繁盛,当时是河中的首府;不过此地保存下来的古迹⑥并不属于这个时期,而为十二世纪后半期的遗物,讹迹邗在这时候已经仅仅是费尔干纳的首府。哈拉契丹诸君主以及头几位察合台汗都把国库财宝存放在讹迹邗⑦。奥什与讹迹邗相距7法尔萨赫⑧;讹迹邗附近没有其他城镇,但在奥什附近2法尔萨赫处有城名麦德瓦,今为马迪村⑨。

157

R214

---

① *Бābур-Нāме*,Ильминский 刊本,页3;Beveridge 刊本,页2b,译本,Ⅰ,页5;Leyden 与 Erskine 译本,页2.巴布尔书中称此山为 B·rākūh;杰马勒·卡尔希书中(见《原文史料选辑》,页148)称之为 B·rāk·t;在此山及其相邻之哈纳夫山中有圣徒的坟墓;根据某些记述,所罗门的宰相阿萨夫的坟墓亦在此处;今日当地居民还指出所罗门本人的坟墓,坟墓所在之山被称为"所罗门的宝座"(Takht-i Sulaymān)。参照 Н. Щербина-Крамаренко,*По Мусульманским святыням Средней Азии*,页53,以及 Л. Зимин 所译之рисала об Оше,译文附有译者据其本人考察结果写出的注释(Л. Зимин,*Мусульманское сказание о городе Оше*,页3以下)。
② 亦写作 Yūzgand(Юзгенд)。
③ 参照 Бартольд,*Отчет о поездке в Среднюю Азию*,页41-3。
④ BGA,Ⅵ,伊本·霍尔达德贝赫书,页30;库达玛书,页208;德·古耶的译文(伊本·霍尔达德贝赫书22;库达玛书页159)略有删节。
⑤ *Еще замедка*,页357。
⑥ 关于这些古迹,参看 Щербина-Крамарен,*По мусульманским святыням*,页53;Домобровский,*Древняя башня*,页1-2;*Надписи на древних могильных комнях*,页5-7;Маллицкий,*Несколько слов*,页8-9。
⑦ Бартольд,*Очерк истории Семиречья*,页109,129(单行本,页36,56)。
⑧ BGA,Ⅴ,伊本·法吉书,页328。
⑨ BGA,Ⅰ,伊斯塔赫里书,页347;Ⅱ,伊本·豪卡勒书,页396。

横贯费尔干纳南部之从忽毡到奥什的干路①(六日程),中经下列城镇(这些城镇相距各一日程):肯德、莎赫、里什坦、增德达姆什、库巴;库巴与奥什相距较远。肯德城后来被称为肯德-伊·叭哒姆(意为"叭哒杏城"),即今坎-伊·叭哒姆;在萨曼朝时期,肯德不属于费尔干纳,而由忽毡所在之省管辖②。忽毡距坎-伊·叭哒姆约60俄里,趱程行进,一日可达。肯德旧城似在今村迤西;特别是巴布尔也说过,忽毡到肯德-伊·叭哒姆的距离为5或6阿加奇(即法尔萨赫),足为旧城偏西之一证。根据马克迪西的记述③,有河(或渠)穿肯德的诸巴扎尔而过。莎赫与里什坦当时已归费尔干纳管辖,在上奈斯亚县境内。莎赫④离山不远,显然有同名之河流经其地,其地大约在今萨里-库尔干村以西,当时四周村庄共达六十个之多⑤。里什坦是一个名称至今未改的大村庄,有门二,一在诸巴扎尔附近,其旁为大礼拜寺,另一在方场附近。上奈斯亚县境内见于记载的其他城镇为霍坎德和宛凯特;前者距莎赫颇远,距锡尔河5法尔萨赫——显然即今浩罕所在地;后者距海拉姆3法尔萨赫(?),距锡尔河1法尔萨赫余⑥。据马克迪亚的叙述,宛凯特与里什坦大小相若。

下奈斯亚县的城镇更多;除增德拉姆什以外,见于记载的还有马尔吉南、贝伦格、乌什提坎与安杜坎。前三城亦见于马克迪西书,被称为小城镇或村庄:乌什提坎的大礼拜寺在诸巴扎尔中间,贝伦格的大礼拜寺在城外,当通往撒马尔罕的道路,马尔吉南的大礼拜寺距巴扎尔甚远,有河流经该城城门。马尔吉南即今马尔格兰,安杜坎即今安集延,

---

① BGA,Ⅰ,伊斯塔赫里书,页335。
② 同上书,页333。
③ BGA,Ⅲ,马克迪西书,页272。
④ 关于费尔干纳南部各城镇,参看 BGAⅡ,伊本·豪卡勒书,页395-6;Ⅲ,马克迪西书,页272。
⑤ 在萨里-库尔干以西25俄里处之索赫河岸上,曾经发现名为穆护-帖别(Mugh-tepe)或穆护-库尔干(意为"拜火教徒的山岗"或"拜火教徒的城堡")之一座古城的废墟,关于废墟的情况可参看 А. Петров, *Развалины Муг-тепе*,页24-25;Л. Зимин, *Краткая историческая справка о Древнем Сохе*,页21-3。
⑥ BGA,Ⅰ,伊斯塔赫里书,页335,347。

其位置均为人所熟知；乌什提坎位于从库巴到阿赫锡凯特的路上，距库巴3法尔萨赫，距锡尔河岸7法尔萨赫①。贝伦格位置，史籍失载。马尔吉南与增德拉姆什的距离亦无文献足征，因此我们不能确切地断定增德拉姆什的方位。看来早在哈剌汗朝时期，马尔吉南就已经成为这一地区最重要的城镇，萨木阿尼②称之为费尔干纳"尽人皆知的城镇之一"，他甚至提到该城区坊之一，名甘达卜③。巴布尔将马尔吉南计入费尔干纳八大城镇之列；当时甚至里什坦也是马尔吉南管辖下的一个村庄。在费尔干纳诸村庄中，萨木阿尼④提到了拉米什，杰马勒·卡尔希⑤称之为伊拉米什，位于安集延附近。根据术外尼的记载，花剌子模沙摩诃末对哈剌契丹的战役即发生于伊拉米什草原（sahrā），术外尼在他处又说，这次战役发生于塔拉兹即塔拉斯附近⑥；由此可见，伊拉米什位于安集延县北部。库巴城为今之库瓦村，是另一县份的县城，该县境内并无其他城镇；当时它被认作是费尔干纳的第二大城，就水源之量与园林之多而言，甚至为阿赫锡凯特所不及；马克迪西也说它的面积和富足竟在阿赫锡凯特以上。至于库巴城本身，马克迪西只说该城中心有一方场，大礼拜寺位于诸巴扎尔中间；根据伊本·豪卡勒的记载⑦，库巴城分为子城、沙赫里斯坦与拉巴德；子城已圮，其中有大礼拜寺⑧；巴扎尔、官廨与监狱均在拉巴德以内。库巴城临同名之河，该河当时流入锡尔河。此地现有三条小河，分名阿拉宛、阿卜舒拉、伊斯法伊拉姆，昔日当库巴还是一座城镇。而不像从巴布尔时期以至今日已退为一个

---

① BGA，Ⅰ，伊斯塔赫里书，页347。
② 亚洲博物馆藏抄本，叶402；Margoliouth 刊本，al‑Marghinānī 条；参照亚库特，Mu'jam，Ⅳ，页500。
③ 亚洲博物馆藏抄本，叶311；Margoliouth 刊本，al‑Ghandābī 条；亚库特，Mu'jam，Ⅲ，页820。
④ 《原文史料选辑》，页69（萨木阿尼书，Margoliouth 刊本，al‑Lāmishī 条）；参照亚库特，Mu'jam，Ⅳ，页343。
⑤ 《原文史料选辑》，页149。
⑥ 参照 Бартольд，Отчет о поздке в Среднюю Азию，页17；术外尼书，Qazwīnī 刊本，Ⅱ，77，91。
⑦ BGA，Ⅱ，伊本·豪卡勒书，页394。
⑧ 在费尔干纳，惟有库巴的大礼拜寺位于子城以内。这一事实表明，在库巴，像在布哈拉和撒马尔罕一样，子城从前由阿拉伯戍兵驻守。

村庄①的时候,这三条小河中的哪一条向该城供水,现已不得而知。库巴与奥什相距 7 法尔萨赫②,另一比较夸大的估计作 10 法尔萨赫③;乌雷斯特城及其所领之县似在此二地之间。乌雷斯特一名可能与 'Αριστεîs 有关,据托勒密的记载④,'Αριστεîs 乃住在锡尔河诸上源的一个部落的名称。乌雷斯特河为锡尔河诸支流之一,当与图曼斯基抄本所说"流经奥什与乌雷斯特之间"的奥什河(即阿克-布拉)同为一河。奥什以东,除麦德瓦外,尚有胡尔沙卜城⑤,临胡尔沙卜河,伊本·豪卡勒记述⑥锡尔河诸支流时,置此河于首位;在今天,人所熟知,哈刺河左岸诸支流中只有一条库尔沙卜河直接注入哈刺河,即此胡尔沙卜河。所有其他支流均流归名为沙赫里罕的一条大渠,此渠和十九世纪从哈刺河及纳林河分出的其他大渠一样,在十世纪以及在巴布尔时期尚未开浚。

  费尔干纳虽然直到九世纪始被穆斯林最后征服,但是一些穆斯林圣迹竟早在中古时期已出现于安集延附近。马克迪西已经提到⑦费尔干纳境内先知艾尤卜(约伯)的坟墓(今哈兹雷特-艾尤卜温泉疗养院,距杰拉拉巴德⑧村 2 俄里)。杰马勒·卡尔希也曾谈到⑨先知的 2700 名伴士及其追随者们之在伊斯皮德-布兰的坟墓,这些人为哈里发奥斯曼的派遣,由穆罕默德·本·杰里尔统率,全部牺牲在对异教徒

---

① *Bābur-nāmah*, Beveridge 刊本,页 16b,译本,页 30 以下,此处误将库巴拼作 Qabā。库巴在十世纪以后不复成为重要城镇的原因不明。道雷特沙书(Browne 刊本,页 174 以下,此处征引了纳西尔丁·徒锡的著作)所述库巴"五兄弟"及其对哥疾宁的马哈茂德作战的故事,未可轻信为历史事实,因马哈茂德从未进入费尔干纳境内。参看 Бартольд, *Орошение*,页 132 以下。在巴布尔时期,库巴有"类似沼泽的一潭死水,行人须渡桥而过"。
② BGA, VI,库达玛书,页 208。
③ BGA, VI,伊本·霍尔达德贝赫书,页 30。
④ Tomaschek, *Sogdiana*,页 48。
⑤ 图曼斯基抄本提到了此城,[*Hudūd al-'Ālam*,页 24a,写作 Khursāb]。
⑥ BGA, II,伊本·豪卡勒书,页 392。
⑦ BGA, III,马克迪西书,页 46。
⑧ 在 Щербина-Крамаренко 的文章中(*По Мусульманским святыням*,页 52)作贾勒拉巴德(Джаллабад)。
⑨《原文史料选辑》,页 148。

的战斗中。此地今存,仍名伊斯皮德-布兰,位于卡桑-萨伊河流域,N. N. 施切尔宾纳-克拉马连科误称为萨菲德-布连德。施切尔宾纳-克纳马连科①从此地土著口中听到了与杰马勒·卡尔希的记述基本相同的传说。此外,杰马勒·卡尔希还述及浩罕有伊玛目侯赛因之孙,伊玛目穆罕默德·巴吉尔(卒于113/731年)的弟兄阿卜杜拉的坟墓。最后,征服河中而于96/715年殒身的阿拉伯统帅库泰巴的坟墓也成为人们崇拜的对象。奈尔沙希②与杰马勒·卡尔希③都著录了库泰巴的坟墓,奈尔沙希称其墓地在卡赫村的拉巴特-伊·塞尔亨格地方。直至今日,安集延县杰拉勒-库杜克乡的居民仍在证明当地有"伊玛目谢赫库泰巴"的坟墓④。

R217

干路以南的山区有伊斯法拉(一作伊斯帕拉)、阿瓦勒、奈卡德⑤三县。伊斯法拉作为城名(巴布尔书中已经提到此城)当时尚不存在;当时伊斯法拉县内的城镇为塔麻胡什与巴姆卡胡什。巴姆卡胡什与莎赫相距5法尔萨赫,塔麻胡什与巴姆卡胡什相距1英里许(2至3俄里)⑥。此二城大约在今之伊斯法拉村稍北。伊斯法拉县半为平原区,半为山区。伊本·豪卡勒特别注意这一带的"杂色的冈峦"⑦。根据伊斯塔赫里⑧与伊本·豪卡勒的记载,这一带有产煤的矿山,亦即一些"黑石头的山峦,黑石头有如〔木〕炭一样燃烧,灰烬可以漂白衣服"。三匹驴驮量之煤售价—第尔赫姆(法郎)⑨;一匹驴的驮量约重八十至九十公斤;即便按较低的计量(五十五公斤)折合,仍须承认煤价极为

161

---

① *По Мусульманским святыням*,页51;还可参照 Масальский,*Туркестанский край*,页702。
② Schefer 刊本,页57。
③ 此处拼作 Kuhj。
④ ПТКЛА,Ⅲ,页4. 杰拉勒-库杜克乡原属奥什县,1893年始改属安集延县。
⑤ 马克迪西书(BGA,Ⅲ,页262)作瑙卡德(Nawqād)。
⑥ BGA,Ⅰ,伊斯塔赫里书,页347。同处也记载了费尔干纳其他城镇之间的距离。
⑦ BGA,Ⅱ,伊本·豪卡勒书,页397;参照 Мушкетов,*Туркестан*,Ⅰ,页509。
⑧ BGA,Ⅰ,伊斯塔赫里书,页334。
⑨ 〔本书1900年俄文版,与1928年英文版,均有此"法郎"字样。〕

低廉,若与我们统治突厥斯坦边区的初期相比,此点尤为显著①。

阿瓦勒城为同名之县的治所,距莎赫10法尔萨赫,在通往乌只那或乌真那(?)的道路上;关于乌只那,我们一无所知②。阿瓦勒村至今犹存,位于马尔格兰以南。奈卡德县在山区中,境内只有一座城镇米斯坎③。自库巴东行7法尔萨赫抵奈卡德,当即米斯坎。奈卡德县约即奇莱与乞儿吉思-阿塔诸河流被之地。

以下进而叙述费尔干纳北部,我们应当首先说明全省首府阿赫锡凯特的概况。该城位于锡尔河右岸,伊本·豪卡勒与马克迪西均曾述及④。他们把它分为子城、沙赫里斯坦与拉巴德。伊本·豪卡勒谓子城在沙赫里斯坦以内,马克迪西则谓在拉巴德以内。子城以内有宫院和监狱,沙赫里斯坦以内有大礼拜寺,紧靠子城(像撒马尔罕和布哈拉一样),节日祈祷场在锡尔河岸上。诸巴扎尔分布于沙赫里斯坦及拉巴德以内,沙赫里斯坦以内的诸巴扎尔面积颇广。沙赫里斯坦有五门,我们知其名者四:麦尔德库珊门(与布哈拉-城门名相同)、柯散门、大礼拜寺门、保证门(? riḥāna)。供应沙赫里斯坦用水的渠道甚多,渠水注入若干美丽的池沼,池边砌砖抹灰。房屋用黏土筑成,主要建筑物位于沙赫里斯坦以内。根据伊本·豪卡勒的记载,城长3法尔萨赫有奇,这或是说沿河长度,也许是说城周长度,而依据马克迪西的记载,阿赫锡凯特比巴勒斯坦境内著名的拉姆莱城大半倍;拉姆莱城据称⑤宽1英里,长1英里余。阿赫锡凯特近郊的园林更向外延伸2法尔萨

---

① 参照 Костенко, *Туркестанский край*, Ⅲ, 173-5。
② 德·古耶在伊斯塔赫里书原文刊本中(BGA,Ⅰ,347)建议读此字为乌兹德(Ūzjand),即讹迹邗(Ūzgand)。
③ BGA,Ⅱ,伊本·豪卡勒书,页396。
④ 同上书,Ⅱ,页393-4;Ⅲ,马克迪西书,页271。关于阿赫锡凯特废墟的现况,参看 Лыкошин, *Очерк археологических изысканий*,页30-1。还可参看我为《伊斯兰百科全书》撰写的 *Akhsī-kath* 条,在该条中,我描述了旧子城(Iski-Akhsi)的遗址:由东至西1000步,由南至北600步,高出锡尔河面150英尺。A. S. Beveridge 夫人在其所译 *Memoirs of Bābur* 附录一中说"旧阿赫锡的消失",是有待解释的叙述,实际上旧阿赫锡迄未消失。中国的《唐书》称阿赫锡凯特为西鞬,参看沙畹《西突厥史料》,页148[冯承钧译本,页137]。
⑤ BGA,Ⅲ,马克迪西书,页165。

赫。在锡尔河彼岸有草场和牧场,草场和牧场后面为长达一日程的沙碛。

阿赫锡凯特有几条路与费尔干纳南部相通。从浩罕到阿赫锡凯特的一条直路穿越草原和沙漠,长7法尔萨赫。行人循此路可达"阿赫锡凯特门",然后渡河;由此可以推知,阿赫锡凯特的拉巴德部分位于锡尔河南岸。另一道路从浩罕通至巴卜(今帕普,距浩罕5法尔萨赫),再从巴卜至阿赫锡凯特①(4法尔萨赫)。库巴与阿赫锡凯特相距10法尔萨赫,其中从库巴到乌什提坎为3法尔萨赫,从乌什提坎到锡尔河岸为7法尔萨赫。关于从忽毡到阿赫锡凯特的道路,诸地理家著作中列有下记路程单②:

忽毡

萨姆加尔 ············· 5法尔萨赫(1站)

哈吉斯坦 ············· 4法尔萨赫(2策)

图尔穆坎 ············· 7法尔萨赫(1站)

巴卜 ················· 3法尔萨赫(半站)

阿赫锡凯特 ··········· 4法尔萨赫(2策)

萨姆加尔是平原上一大村庄,至今保有旧名;哈吉斯坦是与易剌克境内诸山相连的一条山脉近旁的设防地点。哈吉斯坦一带有大的盐矿,产量足以满足赭时、忽毡及其他省区的需要。如所熟知,至今萨姆加尔附近诸山仍产岩盐。图尔穆坎与巴卜均临锡尔河,后者是一座巨大而富饶的城镇;九世纪时,行人从哈吉斯坦出发,常在当天赶到巴卜,由于畏惧突厥人而避免在图尔穆坎过夜。

阿赫锡凯特以北5法尔萨赫③为位于柯散河岸的柯散城;这座小

---

① BGA,Ⅰ,伊斯塔赫里书,页335-6。
② BGA,Ⅲ,马克迪西书,页341;Ⅵ,伊本·霍尔达德贝赫书,页29-30;库达玛书,页207-8。
③ BCA,Ⅰ,伊斯塔赫里书,页346。

城连同旧城的遗迹今仍存在①。八世纪末至九世纪初,柯散是费尔干纳诸王公的都城②;因此,若对该城遗迹,特别是对古老的穆护堡垒的遗迹进行考察,必将有一些极有趣味的发现。

最后,尚应述及费尔干纳北部的奈只木与凯尔宛二县及与二县同名的二县城,以及吉德吉勒县与其境内的阿尔德兰凯特城。奈只木在柯散东北一日程,凯尔宛与柯散相距4法尔萨赫;从阿赫锡凯特到凯尔宛县边境7法尔萨赫,到凯尔宛城9法尔萨赫③。奈只木故城可能在今纳奈(Nanai)村;凯尔宛县大约相当今丘斯特县北部。吉德吉勒据记载系帕拉克河亦即奇尔奇克河④诸源之一;可见吉德吉勒与乔特卡勒河流域相当,当时乔特卡勒河流域属费尔干纳辖境。阿尔德兰凯特,如下文所述,也是位于帕拉克与易剌克河、即奇尔奇克河与安格伦河之间的诸城镇之一⑤。柯散与费尔干纳境内的阿尔德兰凯特相距一日程⑥或两站⑦。

马克迪西称⑧,费尔干纳境内共有四十个建有大礼拜寺的城镇和乡村;他列举了三十一个城镇的名称,其中除首府外,他区分为三类:属

---

① Щербина - Крамаренко,*По Мусульмаским святыням*,页49. А. Брянов, *О следах древнего города Касана*,页142 以下有更详细的叙述;穆护堡有三块小的方形地基,各为500,2000,3200 平方沙绳〔沙绳,俄国长度名,等于2.134米〕,共占地6英亩,或2.5公顷弱。中国史籍称柯散为渴塞,见沙畹,《西突厥史料》,页148〔冯承钧中文译本,页137 - 8〕。成书较早的《北史》言及(比丘林俄语译文见所辑《古代中亚民族史料汇编》,第一版,Ⅲ,186)费尔干纳的都城周4里(约1.33俄里),可能即指此城。参看我为《伊斯兰百科全书》写的 Farghāna 条。〔伯希和氏认为汉语渴塞,古读 Kʻât - sək,与 Kāsān 之音不协,从而推测汉语渴塞二字有误。参看 Pelliot, Notes sur le《Turkestan》,页15〔冯承钧,《西域南海史地考证译丛三编》,页4〕〕。
② *Ja'qūbī Historiae*,Ⅱ,页478;BGA,Ⅶ,Yaʻqūbī, *Kitâb al - buldân*,页294。
③ BGA,Ⅰ,伊斯塔赫里书,页246 - 7;Ⅱ,伊本·豪卡勒书,页405。
④ BGA,Ⅱ,伊本·豪卡勒书,页388。德·古耶读作 Turk,误。这一名称应拼作 Barak,不作 Farak 或 Parak;Parak 一名见于晚至十六世纪的撰述中(Muḥammad Ḥaydar, *Ta'rīkh - i Rashīdī*,英译本,页116;Ḥāfiẓ Tānish, 'Abadallāh - Nāmah,亚洲博物馆藏抄本,574age,叶253a 并多处散见;参照我对维亚特金编 *Материалы* 所写的评论,见 ЗВОРАО,ⅩⅤ,053,和我写的 *Орошение*,页139)。Chirchik(奇尔奇克)是 Chir 的指小;此名初见于帖木儿传记。
⑤ BGA,Ⅰ,伊斯塔赫里书,页345;Ⅱ,伊本·豪卡勒书,页385,404。
⑥ BGA,Ⅱ,伊本·豪卡勒书,页405。
⑦ BGA,Ⅰ,伊斯塔赫里书,页346。
⑧ BGA,Ⅲ,马克迪西书,页262,272。

于米延－鲁丹县的有纳斯拉巴德、米纳拉、伦杰德、施基特、扎尔坎、海尔拉姆、贝什贝商、乌什提坎、增德拉姆什或增德拉米什与讹迹邗；属于奈斯亚县的有奥什、库巴、贝伦格、马尔吉南、里什坦、宛凯特与肯德；属于瓦吉兹县的有布肯德、柯散、巴卜、查雷克、阿什特①、图卜卡尔、阿瓦勒、迪葛尔凯尔德、瑙卡德－米斯坎、比干、提思罕(？)②、吉德吉勒与沙乌丹。看来马克迪西意在将纳林河与哈剌河之间的城镇放在第一类，将费尔干纳南部的城镇放在第二类，将锡尔河以北属于费尔干纳的城镇放在第三类。马克迪西为某些城镇所定的方位显然是错误的，例如将乌什提坎与增德拉姆什设置于第一类，又将阿瓦勒、米斯坎误置于第三类。上述城镇有的未为较早的地理家所著录，马克迪西补记了它们的如下一些细节③：纳斯拉巴德是有着茂密园林的一座大城，乃某王公（多半是艾哈迈德·本·阿萨德）为其子纳斯尔所建。伦杰德附近耕地甚多，华美的大礼拜寺位于补鞋匠巴扎尔中间。提斯罕是一座人烟稠密的大城，大礼拜寺位于棉货商巴扎尔中间。扎尔坎是中等城镇，有许多稻田，灌溉甚便；大礼拜寺门前有林荫苍翠的园地。贝什贝商是一座大城，大礼拜寺门前辟有方场。伊斯塔赫里与伊本·豪卡勒④还提到锡尔河边的巴拉卜或法拉卜城。又萨木阿尼与亚库特⑤提到了叶杜赫凯特（亚库特书作叶达赫凯特），但没有指明它的位置。费尔干纳境内单个村庄所占面积之大，为河中地区其他村庄所不及，有的村庄长逾一日程⑥。费尔干纳夙以富于矿产闻名；阿赫锡凯特附近、奈卡德以及

---

① 今仍存在。
② 马克迪西书页262作Ishiḥḥan，页271作Tishān；此名或应读作Ātashkhān，即"拜火教徒的寺院"。
③ BGA，Ⅲ，马克迪西书，页271-2。
④ BGA，Ⅰ，伊斯塔赫里书，页347；Ⅱ，伊本·豪卡勒书，页406。
⑤ 萨木阿尼书，亚洲博物馆藏抄本，叶345；Margoliouth刊本，al-Yadhukhkathī，亚库特 *Mu'jam*，Ⅳ，页1014。此名很可能就是这两位作者在另处（萨木阿尼书，al-Badakhkathī条；亚库特，*Mu'jam*，Ⅰ，页524）提到的Budakhkath一名之误记，萨木阿尼并指出后者系伊斯菲贾卜或赭时境内的一个村庄。我们从伊本·霍尔达德贝赫书中得知，此村位于伊斯菲贾卜东北方9法尔萨赫处，当通往塔拉兹的道路。其余情况详见 巴尔托德，*Отчет о поездке в Среднюю Азию*，页9。
⑥ BGA，Ⅰ，伊斯塔赫里书，页333-4；Ⅰ，伊本·豪卡勒书，页394-5。

其他一些地点出产金、银；莎赫附近出产水银、上奈斯亚出产焦油、石棉、金、银、绿松石、铁、铜与铅；最后，费尔干纳省是穆斯林统治区域内出产硇砂①的少数省份之一，据《寰宇志略》一书的记述，硇砂产地在讹迹邘附近②。

忽毡(Khojend, Khujanda③)城在十世纪时是一个独立的行政单位，后来有时被认为受费尔干纳管辖。史籍提到，在前穆斯林时期，此地有"忽毡王公(malik)"④，但此王公似系费尔干纳王公的附庸。忽毡为河中诸大城之一，有子城、沙赫里斯坦与拉巴德；监狱在子城以内，大礼拜寺在沙赫里斯坦以内，宫院坐落在拉巴德以内一个方场的中央。忽毡城以其葡萄园与园林闻名；人口众多，以致周围田地的产粮不能满足居民的需要，须从费尔干纳和乌什鲁桑那输入粮食。一渠流贯城中央，此渠大约非自锡尔河分出，而系自火者－巴克尔甘分出⑤。如上文所述，肯德亦系忽毡省所辖城镇。

撒马尔罕与忽毡二城之间（今二城之间的公路长275俄里）的几乎全部地区，为乌斯鲁沙那或苏对沙那⑥省辖境。阿拉伯诸地理家为这段行程记载了几个路线。依照伊斯塔赫里的记载⑦，从撒马尔罕到忽毡全程八日，中间站为巴尔凯特⑧或阿巴尔凯特、赛阿德拉巴特、布尔奈麦德、扎敏、萨巴特、阿尔坎德与沙乌凯特⑨。伊本·胡尔达德贝

---

① BGA，Ⅱ，伊本·豪卡勒书，页397－8；参照Ⅰ，伊斯塔赫里书，页334。
② 《原文史料选辑》，页81(Bakrān, Jahān - Nāmah)。还可参照上文关于费尔干纳煤矿及其开采情况的叙述。
③ BGA，Ⅰ，伊斯塔赫里书，页333；Ⅱ，伊本·豪卡勒书，页391－2；Ⅲ，马克迪西书，页272。
④ 塔巴里书，Ⅱ，页1439。
⑤ 参照 Бартольд, Орошение，页136。
⑥ 苏对沙那系世人自中国史籍得知之此地较古的读音，此读音亦见于十世纪若干著作的抄本中；参照伊本·豪卡勒书，页379，注b；图曼斯基抄本也有相同的读音；参看 Бартольд, Орошение，页104。〔关于乌斯鲁沙那，参看新出版的 Негматов 的著作: Историко － географический очерк Усрушаны; Усрушана.〕
⑦ BGA，Ⅰ，伊斯塔赫里书，页334－5。
⑧ 参照上文，页145。
⑨ 马克迪西书(BGA，Ⅲ，页342)谓自萨巴特至沙乌凯特仅一日程。亚尔库比书(BGA，Ⅶ，页294)亦谓由撒马尔罕至忽毡七日可达。

赫与库达玛①所记从巴尔凯特(前已述及,巴尔凯特距撒马尔罕4法尔萨赫)到布尔奈麦德的行程与此稍有出入;依据他们的记载,路出巴尔凯特穿越卡特宛草原,可达胡舒法根(4法尔萨赫),自此经过一段山地到达布尔奈麦德(5法尔萨赫),而后再过一个草原以至扎敏(4法尔萨赫)。由此可见,胡舒法根在今养尼-库尔干驿站稍南,当时是从这个地方而不是从吉扎克向东分出一路,翻山岭过草原以达扎敏。伊斯塔赫里所说的经行赛阿德拉巴特的道路大约更在此路以南。又据伊斯塔赫里的记述,在巴尔凯特与赛阿德拉巴特之间,在阿布·艾哈迈德拉巴特附近,从费尔干纳大路分出一条中经迪扎克(即吉扎克)以达赭时的道路;他还提到这条路上有名为卡特宛-迪泽的地方②,与巴尔凯特相距一日程,此地多半就是胡舒法根。从巴尔凯特前往迪扎克,中途亦可不在卡特宛-迪泽,而在哈尔坎那驻足;哈尔坎那距撒马尔罕9法尔萨赫,距迪扎克5法尔萨赫,距扎敏9法尔萨赫③。

扎敏与忽毡之间也有几条道路。从萨巴特④可以经过阿尔坎德(一作鲁昆德⑤,距萨巴特3法尔萨赫)与加鲁克-安达兹(距鲁昆德3法尔萨赫)以达忽毡(距加鲁克-安达兹4法尔萨赫)。出扎敏亦有路

---

① BGA, VI,伊本·霍尔达德贝赫书,页26;库达玛书,页203。
② BGA, I,伊斯塔赫里书,页336。
③ 同上书, I,伊斯塔赫里书,页343;II,伊本·豪卡勒书,页382,403。〔据俄文版,哈尔坎那距迪扎克2法尔萨赫。〕
④ 扎敏与萨巴特的距离,马克迪西书(BGA, III,页342)计算为2策,伊斯塔赫里书(BGA, I,页343)计算为3法尔萨赫,伊本·法吉书(BGA, V,页328)、伊本·霍尔达德贝赫书与库达玛书(BGA, VI, 27, 207)并作2法尔萨赫。П. С. Скварский 认为 (Несколько слов о древностях Шахристана,页50)这一萨巴特并非今日之萨巴特站,而应比定为更在其北12俄里之伊斯基-萨巴特(Iski-Sabat)。
⑤ BGA, V.伊本·法吉书,页328;BGA, VI,库达玛书,页207;〔本书1900年俄文版页166作库尔凯特〕。库尔凯特一名仅出于校订者德·古耶的臆测(库达玛书原文页207,注d);抄本中之 rukad 应作 rukand,等同于伊斯塔赫里书中(页355)之 Arkand,在此处,德·古耶本人正确地考订该城当与库达玛书中之 Rukand(德·古耶读作 Rukīd)同为一地。A. Кушакевик 谓 (Сведения о Ходжентском уезде,页215 与地图)鲁贡特(Ругунт,原文如此)系位于乌拉-提尤别以北的村庄。Muh. Wafā Karmīnagī 提及此村时作鲁贡(Rugūn),见所撰 Tuhfat al-Khānī,亚洲博物馆藏抄本,0581b,叶150b。萨巴特与库尔凯特的距离更为遥远。

经哈瓦斯(距扎敏7法尔萨赫)以达库尔凯特(距哈瓦斯6法尔萨赫)①。扎敏、萨巴特(一作萨瓦特)、哈瓦斯(一作哈瓦斯特)、鲁昆德、库尔凯特②、加鲁克－安达兹等村镇的名称一直沿用至今。

乌什鲁桑那的首城本吉凯特(当即喷赤凯特的音转)距上述诸路甚远。依据伊本·霍尔达德贝赫与库达玛③的记载,道出萨巴特,行平原2法尔萨赫,然后傍河(河自本吉凯特流来)行5法尔萨赫始抵本吉凯特,夹路皆山,山上村落星罗棋布。根据此项记载,正如我有机会在另文中说到的④,我们有理由把位于乌拉－提尤别西南方25俄里的沙赫里斯坦废墟看作是乌斯鲁沙那首城的遗址⑤。1894年,我勘查了这一遗址⑥,后来P.S.斯克瓦尔斯基另有详细描述⑦。十世纪时⑧,本吉凯特的男性居民多至十万人。城分子城、沙赫里斯坦与拉巴德,河水流经沙赫里斯坦。按照马克迪西的记载,子城位于沙赫里斯坦以外(伊本·豪卡勒书中有关字句语意含混),监狱在子城以内,大礼拜寺在沙赫里斯坦以内,沙赫里斯坦与拉巴德各有若干巴扎尔。宫院座落在拉巴德以内王家土地上。沙赫里斯坦有二门,即内上门与内城门;拉巴德有四门:扎敏门、麦尔斯门达у、努只凯特门、凯赫拉巴德门。拉巴德城墙的直径⑨约1法尔萨赫。诸建筑物均用土、木筑成。有六条水道⑩供

---

① BGA,Ⅰ,伊斯塔赫里书,页343;Ⅱ,伊本·豪卡勒书,页382;Ⅵ,伊本·胡尔达德贝赫书,页27。
② 马克迪西书中(BGA,Ⅲ,页265)作库尔德凯特(Kurdkath)。
③ BGA,Ⅵ,伊本·霍尔达德贝赫书,页29;库达玛书,页208。据伊本塔赫里的记述(BGA,Ⅰ,页343),由萨巴特至本吉凯特3法尔萨赫。
④ Бартольд, Несколько слов об арийской культуре в Средней Азии,页32。
⑤ 更为普遍的意见是,乌拉－提尤别即本吉凯特故址。此说已见于巴布尔书(Bābur－Nāmah, Beveridge刊本,页86;译本,Ⅰ,页17),当代考古学家И. Кастанье以及和他共同进行考察的考古爱好者突厥斯坦分会的诸成员均力赞此说;参看ПТКЛА, ⅩⅩ,页32以下,159以下。今乌拉－提尤别,与乌什鲁桑那的古代首城一样,也有名为努只凯特门的城门。然而此说与上引傍河行5法尔萨赫,夹路皆山的记载不合,故不宜轻信。
⑥ 参照 Бартольд, Отчет о поездке в Среднюю Азию,页75－6。
⑦ Несколько слов о древностях Шахристана,页47－51。
⑧ BGA,Ⅰ,伊斯塔赫里书,页326－7;Ⅱ,伊本·豪卡勒书,页379－80;Ⅲ,马克迪西书,页277。
⑨ 或作周长,伊本·豪卡勒书(BGA,Ⅱ,页380,2)即指周长而言。
⑩ 据马克迪西的记述,"除一条大河外,尚有六条水道"供应该城用水。

应该城用水,六水同出一源,其地距本吉凯特半法尔萨赫。六水名称为:萨林(流经沙赫里斯坦)、布尔真、马真、森克真、鲁伊真、森布克真。沿诸水道有许多水磨。

扎敏是乌什鲁桑那境内第二大城①,位于初由山中流出的一河两岸之上。旧城在新城近旁,十世纪时已被居民遗弃。新城亦名塞尔森达,没有城墙。诸巴扎尔分布在河的两岸,有一些小桥把它们连结起来。大礼拜寺位于通往撒马尔罕的道路右侧,亦即在道路的北面。

乌什鲁桑那的第三座城,迪扎克或吉扎克②,位于费克南县的平原上,以其为"圣战者"集合点之一而闻名,当地有许多专为这些战士们建造的拉巴特和馆舍;其中单独被提到的有胡代塞尔拉巴特,距迪扎克1法尔萨赫,建造人为阿弗申。

乌什鲁桑那的其余城镇,大小相若,方位见于记载者如下所列③:努只凯特,在哈尔坎那东南方2法尔萨赫,亦即在省境西部;法格凯特,位于通往忽毡的路上,距本吉凯特3法尔萨赫④;加扎克,距法格凯特2法尔萨赫,距忽毡6法尔萨赫;阿尔斯亚尼凯特或阿尔苏巴尼凯特⑤,距本吉凯特9法尔萨赫,位于费尔干纳边境;希什特,位于山中,靠近银矿⑥,亦即在省境西北部。总的说来,城市生活在乌什鲁桑那地区比较落后;与其他省区相比,该省受阿拉伯文化的影响较少⑦;从而保持旧阿利安贵族制度的特征较久。根据亚尔库比的记载⑧,乌什鲁桑那有

---

① BGA,Ⅱ,伊本·豪卡勒书,页380-1;Ⅲ,马克迪西书,页277。
② BGA,Ⅰ,伊斯塔赫里书,页327;Ⅱ,伊本·豪卡勒书,页381。
③ BGA,Ⅰ,伊斯塔赫里书,页343-4。
④ 伊本·豪卡勒书(BGA,Ⅱ,页404)作9法尔萨赫,当误。法格凯特与加扎克大约就是马其顿亚历山大历史中提到的加扎与巴加二城(参照 Лех, Мавераннагр, 页578),今之瓦加特村可能是法格凯特(伊斯塔赫里书页326作瓦格凯特)的故址,该村居民至今仍被认为是国王卡什塔西卜(一作古什塔斯普)的后裔,参照 Скварский, Несколько слов о древностях Шахристана, 页50。亚库特书(Mu'jam, Ⅲ,页797)依据萨木阿尼书(Margoliouth 刊本,al-Ghazaqī 条)将加扎克置于费尔干纳境内。
⑤ BGA,Ⅲ,马克迪西书,页265;参照下文 R233。
⑥ BGA,Ⅲ,马克迪西书,页278。
⑦ Бартольд, Несколько слов об арийской культуре, 页32。
⑧ BGA,Ⅶ,Kitāb al-buldān, 页294。

防御工事达四百处之多,所谓防御工事,多半系指迪赫坎的堡寨而言;另一方面,伊本·豪卡勒与马克迪西①列举了许多县份,境内根本没有城镇。布特姆山区,即上泽拉夫尚省,同样有不少堡寨和村庄。上泽拉夫尚省当时也被认作是乌什鲁桑那的一部分,尽管有一段时期它是一个单独分立的省区;伊本·霍尔达德贝赫②就说过它是一个直接纳贡的政治单位;他在一段文字中③甚至提到一位"布特姆王公(malik)"。很有可能,载籍中没有确切指明方位的麦尔斯门达(亚尔库比书中④作阿尔斯门达,就是布特姆山区的一座城镇。据伊本·豪卡勒记述⑤,麦尔斯门达坐落在河岸上,河面宽阔,冬季结冰甚厚;由于天气严寒,故不能种植葡萄,亦不能经营其他园艺,但居民等从事谷物生产和辟地培植花卉尚颇得手;此外,这里每月有一次热闹的集市,大礼拜寺在巴扎尔附近。

在全无城镇的县份中,麦斯哈(约即麦斯恰,巴布尔书作麦恰)与布尔加尔(参看上文 R133)无疑位于上泽拉夫尚省境。布尔加尔(Burghar)这一阿拉伯语名称很可能是帕尔加尔(Parghar)或法尔加尔(Farghar)的音转,如 Panjikath 之转为 Būnjikath,Quwādhiyān 之转为 Qabādhiyān 等是。看来我们此处遇到的这一名称突即克奇－苏尔哈布河的古名(参看上文 R118);这一名字也被保存在今法勒加尔县的名称中。根据巴布尔的记述⑥,麦恰与帕勒加尔在奥卜布尔丹村稍下处接界,该村今日犹存。敏克(亚尔库比书作曼克)县大约亦在此地区,依伊本·豪卡勒的记述⑦,阿弗申堡即在此县境内,库泰巴曾在这里同

① BGA,Ⅱ,伊本·豪卡勒书,页 382;Ⅲ,马克迪西书,265－6。
② BGA,Ⅵ,伊本·霍尔达德贝赫书,页 38。
③ 同上书,页 40。
④ BGA,Ⅶ,*Kitâb al - buldân*,页 294。
⑤ BGA,Ⅱ,伊本·豪卡勒书,页 381－2;还可参照Ⅲ,马克迪西书,页 278。
⑥ Бáбур － нáме,Ильминский 刊本,页 121;Beveridge 刊本,页 99,译本,页 152;Erskine,*Memoirs of Baber*,页 101。
⑦ BGA,Ⅱ,伊本·豪卡勒书,页 383－4。

"穿黑衣服的人们"战斗过①;不过这一事件不见于史家记载。又甄卡凯特与苏伊达克二村似亦在敏克县境,二村系阿塞拜疆萨只朝②建立者阿布-萨只·迪乌达德家族的故乡。敏克与麦尔斯门达附近产铁,为费尔干纳制造武器之所取资,所制武器行销各省,远至巴格达。此外,布特姆山中还出产金、银、矾类和硇砂。伊斯塔赫里与伊本·豪卡勒③相当详尽地描写了开采硇砂的方法,他们的描写与近代旅行家的记述完全符合④。

在乌什鲁桑那东北方,易剌克与赭时⑤二省位于锡尔河右岸,此二省在地理上构成一个不可分割的整体⑥。易剌克系指安格伦河(阿痕葛兰河⑦的简称)流域而言,赭时系指帕拉克河(即奇尔奇克河)流域而言。帕拉克河有二源,其一出自比斯卡姆山,另一出自吉德吉勒县⑧(普斯凯姆与乔特卡勒)。安格伦河口附近有城名别纳凯特,奇尔奇克河口附近有城名奈贾凯特:二城相距3法尔萨赫⑨。根据马克迪亚的记述⑩,别纳凯特没有城墙,大礼拜寺在巴扎尔附近,居民以强悍好乱著称。如所熟知,别纳凯特为蒙古人所堕毁,后经帖木儿重建,帖木儿为加荣于其子而名此城为沙赫鲁希亚。沙赫鲁希亚的废墟在锡尔河右岸吉日根谷口,安格伦河左支流经其地⑪;人们告诉我,别纳凯特故址

---

① 伊斯塔赫里书中(BGA,Ⅰ,页328)只说库泰巴曾在这里"作战并围困了阿弗申"。
② S. Lane-Poole,*The Mohammadan Dynasties*,页126。
③ BGA,Ⅰ,伊斯塔赫里书,页327-8;Ⅱ,伊本·豪卡勒书,页382-3。
④ Tomaschek,*Soghdiana*,页24。
⑤ 当地读音无疑作 Chāch〖察赤〗,波斯诸著作家即常如此称呼此地及其首城。遇有 ch 音,阿拉伯人常以 sh 表之;参照我写的 *Орошение*,页139。
⑥ BGA,Ⅰ,伊斯塔赫里书,页332-3。易剌克(Īlāq)一名既不见于中国史籍,亦不见于与阿拉伯征服有关的记载,由此可知前穆斯林时期的易剌克必在政治区划上与察赤合而不分无疑。参照 Бартольд,*Орошение*,页142。
⑦ 〔参看 М. Е. Массон,*Ахангеран*。〕
⑧ BGA,Ⅱ,伊本·豪卡勒书,页388。
⑨ BGA,Ⅰ,伊斯塔赫里书,页345。
⑩ BGA,Ⅲ,马克迪西书,页277。
⑪ Смирнов,*Древности в окрестностях г. Ташкента*,页134。还可参看 И. Кастанье 对于废墟的描述,见所撰 *Отчет о поездке в Шахрохию и местность《Канка》*,页112以下,附地图与图片。

即在沙赫鲁希亚废墟近旁。

从乌什鲁桑那有两条道路通往奇尔奇克河谷,其一起自哈瓦斯,另一起自迪扎克。前一条路上别纳凯特以上 4 法尔萨赫①处到达锡尔河岸。在从别纳凯特到奇尔奇克河的一段途程中,见于记载的城镇有哈拉什凯特(距别纳凯特 1 法尔萨赫,系赭时境内第二大城)与胡代恩凯特(意为"夫人城",距哈拉什凯特 1 法尔萨赫);进而至吉南只凯特,即抵奇尔奇克河右岸,此地距别纳凯特 4 法尔萨赫,距锡尔河岸 2 法尔萨赫②。吉南只凯特和别纳凯特一样,没有城墙③。来自哈瓦斯的道路在此地与来自迪扎克的道路相会。迪扎克与奇尔奇克河口④相距三日程,位于草原上的中间站有侯赛因井与胡麦德井;复前行经过一个名为文凯尔德的基督教(大约属聂斯脱里派)村庄⑤。伊斯塔赫里曾述及⑥吉南只凯特位于从文凯尔德到宾凯特的道路上,由此可以推断,文凯尔德亦在奇尔奇克河左岸,或更南在锡尔河渡口的前面。已故的 N. S. 雷科申在 1896 年 4 月 13/14 日写给我个人的一封信中说,"关于奇尔奇克河左岸、靠近该河河口的基督教古村,我从当地居民口中听到一些传说,他们称此村废墟为乌勒贾-肯德,并援引文献证据表明这里有一个时期住着基督教徒(tersā)"。但在这以后,维亚特金指出,乌勒贾肯特或翁贾凯特实即奈贾凯特⑦。按伊本·豪卡勒将文凯尔德作为赭时农耕地区界址之一置于远离赭进河(即锡尔河)之处,他还在下文⑧述及这是旅行家在穿过草原(此处并无一语说到渡河)以后到达的地点,可见文凯尔德更有可能位于锡尔河以南曾经发现有古代渠道的地方;锡尔河以

---

① BGA,Ⅵ,库达玛书,页 204。马克迪西书中(BAG,Ⅲ,页 342)作 2 策。
② BGA,Ⅰ,伊斯塔赫里书,页 344–5;Ⅵ,库达玛书,页 204。
③ BGA,Ⅲ,马克迪西书,页 277。
④ BGA,Ⅰ,伊斯塔赫里书,页 336。
⑤ BGA,Ⅱ,伊本·豪卡勒书,页 384。
⑥ BGA,Ⅰ,伊斯塔赫里书,页 345。
⑦ Вяткин,К исторической географии,页 156 以下。
⑧ BGA,Ⅱ,伊本·豪卡勒书,页 399。

南和草原以北的农耕地带可能曾被划入赭时境内①。

在吉南只凯特附近渡过奇尔奇克河,即到达舒图尔凯特(一作乌什图尔凯特②,"骆驼城"),此为省内第三大城③。库达玛说④,"渡河右手方即舒图尔凯特",据此似可推断,舒图尔凯特更在吉南只凯特以下,然而实际未必如此。根据伊斯塔赫里的记述⑤,胡代思凯特与舒图尔凯特相距3法尔萨赫。很有可能,舒图尔凯特位于距今伊斯基-塔什干不远的地方,也许就在埃瓦尔尼茨基所说⑥的"伊斯基-塔什干以东,与基尔沙乌勒村(qishlaq)相对,沿河岸伸延约8俄里,并向西伸延约2至3俄里至于草原的废墟上"。依照马克迪西的记述⑦,舒图尔凯特筑有防御工事,城内有一些美观的、上加覆盖的巴扎尔(tīmāt)。该城与赭时首府宾凯特相距一日程⑧。沿路城镇有登费甘凯特(距舒图尔凯特2法尔萨赫)、扎勒提凯特⑨(距登费甘凯特1法尔萨赫)与巴农凯特⑩(距舒图尔凯特3法尔萨赫)。巴农凯特与宾凯特相距2法尔萨赫。扎勒提凯特距宾凯特亦2法尔萨赫,于以知扎勒提凯特或与巴农凯特因为一地,或在其近旁。因此,十分可能,今之塔什干即宾凯特故址。

宾凯特⑪有两道城墙,外墙有门七,其名称拼音均有疑问;内墙有门十⑫,著称者为埃米尔门、哈坎街门、迪赫坎堡寨门。沙赫里斯坦有

R228

171

---

① 已故的 Караваев 比定文凯尔德为乌鲁姆拜·米尔扎,可能正确,参看他撰写的 *Голодная стеиь* 和我对此书的评论(3BOPAO, XXIII, 414)。
② BGA, VI, 伊本·霍尔达德贝赫书, 页27。
③ BGA, II, 伊本·豪卡勒书, 页389。
④ BGA, VI, 库达玛书, 页204。
⑤ BGA, I, 伊斯塔赫里书, 页344。
⑥ Эварницкий, *Путеводитель*, 页149。
⑦ BGA, III, 马克迪西书, 页276-7。
⑧ 同上书, 页342。
⑨ BGA, I, 伊斯塔赫里书, 页344。
⑩ BGA, VI, 伊本·霍尔达德贝赫书, 页27。
⑪ BGA, II, 伊本·豪卡勒书, 页386-7; III, 马克迪西书, 页276。在诸历史家著作中,常可遇到赭时古代首城的名称作塔尔本德(参照巴拉祖里书,页421);此名在地理家撰述中从未一见。
⑫ 马克迪西谓仅有八门。

门三:阿布勒-阿拔斯门、碣石门、术奈德门。子城有门二,一临沙赫里斯坦,一临拉巴德宫院与监狱均在子城以内,大礼拜寺在子城以外而相距甚近。诸巴扎尔有一部分在沙赫里斯坦,但大多数在拉巴德以内。外墙长宽各约 1 法尔萨赫。城内和郊区都有不少的园林和葡萄园。

至于从忽毡到宾凯特(塔什干)的道路,迄于近年,山路一直比现在穿过草原的道路更为重要。根据马克迪西的计算①,从宾凯特到"银矿"为一日程,从"银矿"于哈吉斯坦复需时一日。如上所述,哈吉斯坦位于从忽毡到阿赫锡凯特的道路上。无论如何,这条道路上的站头彼此相隔甚远②,因为按照伊本·霍尔达德贝赫与库达玛③的计算,宾凯特距银矿 7 法尔萨赫,银矿距哈吉斯坦 8 法尔萨赫。库答玛书还记述了通往安格伦河流域的另一路径;根据他的记述,此路沿河(锡尔河)先至一个世称"观象台"(Mawdi' al-Marsad)的废墟。由此前行 2 法尔萨赫到达位于"银矿河河口附近"的穆希南堡寨,此银矿河当即安格伦河或其以南的支流之一。毫无疑义,前一行经哈吉斯坦的道路乃指通过肯迪尔-达宛山口的道路而言。"赭时矿"常见于钱币,甚至于出现在阿拔斯时期的钱币上;德·古耶早已指出④,此地之波斯名称为库赫-伊·锡姆(直译"银山");库赫-伊·锡姆村亦见于伊斯塔赫里书⑤,其地似在安格伦河以南,大约与今之阿卜利克村隔河相望。

确定易剌克首城通凯特的位置颇非易事。现存关于从通凯特到宾凯特的道路的记载多已残缺不全⑥,而从通凯特到忽毡或到银矿的距离,复为任何史料的未载。我们只知道通凯特位于安格伦河岸,有鉴于此,我们可以接受德·古耶的推断:宾凯特与通凯特相距 8 法尔萨赫。

---

① BGA,Ⅲ,马克迪西书,页 342。
② 亚尔库比(Kitāb al-Buldān,页 294)谓从费尔干纳至赭时五日程,从忽毡至赭时四日程。
③ BGA,Ⅵ,伊本·霍尔达德贝赫书,页 27;库达玛书,页 207。
④ BGA,Ⅵ,伊本·霍尔达德贝赫书,页 27。
⑤ BGA,Ⅰ,伊斯塔赫里书,页 332,345。
⑥ BGA,Ⅰ,伊斯塔赫里书,页 344,Ⅱ,伊本·豪卡勒书,页 404。

通凯特①的大小约为宾凯特的一半,但亦具备子城、沙赫里斯坦与拉巴德三者;宫院在子城以内,大礼拜寺和监狱均在子城近旁,诸巴扎尔部分在沙赫里斯坦以内,部分在拉巴德以内。

奇尔奇克河岸的农耕地带北以长墙为界,长墙起自萨卜利克或赛利克山②,蜿蜒至于锡尔河岸。这道长墙显然兴筑于阿拉伯统治时期(在萨曼家族征服伊斯菲贾卜以前,亦即 840 年以前),旨在防御突厥人的侵袭。伊本·豪卡勒③称造墙者为阿卜杜拉·本·胡麦德·本·扫尔,但更可能的是阿卜杜拉·本·胡麦德·本·卡赫塔巴,此人曾在他父亲死后于 776 年统治了呼罗珊五个月④。长墙以北即卡拉斯(Qalās)草原;入草原行 1 法尔萨赫到达一长壕,长壕亦从山区伸到锡尔河岸。长墙遗迹今犹存在,形似土岗,而且和布哈拉的土冈一样,也被土人称为凯姆皮尔-杜瓦勒⑤(意为"老妪之墙")。截至目前,只有从博苏渠附近高地起到贾勒达马村止、计长 35 俄里的土冈西段经过了踏勘,当地居民甚至说,"这道土冈伸到锡尔河左岸,蜿蜒于饥饿草原,以吉扎克城为终点",但这种传说迄未证实。长墙东段有无残迹,现尚不得而知。伊本·豪卡勒提到的长壕,无疑系指"岸陡而壑深的"博苏渠渠身而言;此渠以北为"冈峦起伏的草原,凯莱斯(Keles)河歧为两支流贯其间"。卡拉斯草原这一阿拉伯语名称很可能与凯莱斯河名同为一词,虽然二者的拼音有异。

根据穆斯林地理家们的叙述,上述长墙显然在叶护凯特⑥附近延伸到奇尔奇克河岸。叶护凯特意为"叶护之城",叶护(jabghū 或

---

① BGA,Ⅱ,伊本·豪卡勒书,页 388-9;Ⅲ,马克迪西书,页 277。
② Бартольд,Несколько слов об арийской культуре,页 27。
③ BGA,Ⅱ,伊本·豪卡勒书,页 388。
④ 哈木扎·亦思法杭尼书,原文,页 221;译文,页 172。加尔迪齐书也说(牛津抄本,叶 94;剑桥抄本,叶 75b),阿卜杜拉在其父死后统治这个省区至回历 159 年年底〔公元 776 年 10 月〕。
⑤ Смирнов,Древности в окрестностях г. Ташкента,页 132-3。
⑥ 据库达玛记述(BGA,Ⅵ,页 204),赛咤特与"墙内侧的军台"相距 2 法尔萨赫。图曼斯基抄本称(Ḥudūd al-'Ālam,叶 24b),"叶护凯特是一座美丽的小城,古时此地有察赤的军营"。伊斯塔赫里称(BGA,Ⅰ,页 345),宾凯特与叶护凯特相距 2 法尔萨赫,后者位于奇尔奇克河岸。

yabghū）系人所熟知的突厥称号。叶护凯特位于宾凯特以上 2 法尔萨赫处,原为省军集结的地点。该城多半即位于从前尼亚兹贝克堡所在之地。

与乌什鲁桑那相反,赭时与易剌克各有为数特多的城镇;伊斯塔赫里①列举城镇之数,赭时境内为 27 个,易剌克境内为 14 个;马克迪西②所举数目为赭时 34 个,易剌克 17 个。我们并不能逐一订正这些城镇名称的确切读音,关于它们的方位,也找不到可以信赖的资料③。奇尔奇克河以北,介于该河与长墙之间,除上述城镇外,尚有可敦凯特(意为"王后城",距宾凯特 2 法尔萨赫)、贝尔库什(距可敦凯特 3 法尔萨赫)、哈尔干凯特④(西距可敦凯特 4 法尔萨赫)。在城镇总表中,哈尔干凯特被列入易剌克境内,疑误。又奇尔奇克河左岸另有一城名肯科拉克,距胡代恩凯特 1 法尔萨赫。关于从宾凯特到通凯特的干路,各书记载诸多分歧,且复残缺失次,依我看来,下列路程表或较切合实际情况:

宾凯特
努只凯特⑤ ························· 1 法尔萨赫
巴拉延⑥ ··························· 2 法尔萨赫
努凯特 ····························· 1 法尔萨赫
班只哈什 ··························· 2 法尔萨赫
塞卡凯特 ··························· 1 法尔萨赫
通凯特 ····························· 1 法尔萨赫

---

① BGA,Ⅰ,伊斯塔赫里书,页 328-32。
② BGA,Ⅲ,马克迪西书,页 264-5。
③ BGA,Ⅰ,伊斯塔赫里书,页 344-5;Ⅱ,伊本·豪卡勒书,页 404-5。
④ 写作 Kharkānkat 与 Kharjānkat。
⑤ 应读作 Nūjkath,而不读作 Nūghkath;后者不见于城镇总表。据图曼斯基抄本(Ḥudūd al-'Ālam,叶 24b),在帕拉克(奇尔奇克)与哈沙尔特(亚克萨尔特,即锡尔河)二河沿岸操舟的舟子(kishtūbānān)均为努只凯特人。努只凯特多半即今奇尔奇克站。
⑥ 参照伊斯塔赫里书列举易剌克诸城镇的次第。

在这些城镇之中,另有努只凯特属于赭时省,其余城镇均属易剌克省。位于干路以东的城镇有费伦凯特(或作费雷斯凯德,距叶护凯特2法尔萨赫)、巴贡凯特(距费伦凯特1法尔萨赫)、阿努德凯特(距巴贡凯特2法尔萨赫)。同一地区内相距一日程的城镇有凯达克、加德兰克、凯贝尔那、加扎克、韦尔杜克、贾布增;所有这些城镇均在赭时境内。干路以西,安格伦河以北,分布在面积与上相等的地区以内的城镇有阿什宾古、凯莱什吉克、阿尔德兰凯特、比斯凯特、萨姆西雷克、胡姆雷克、甘纳只;此中比斯凯特(可能即今之普斯肯特或比斯肯特)、萨姆西雷克、胡姆雷克属于易剌克,余属赭时,值得注意的是,甚至别纳凯特也被置于赭时,而不置于易剌克境内。安格伦河以南、通凯特以东的城镇为加尔金德、哈什、达赫凯特(亦作阿达赫凯特)①、图克凯特(亦作努克凯特)②、库赫-伊·锡姆;此中仅有加尔金德属于赭时,余属易剌克,但马克迪西并将加尔金德亦置于易剌克境内;上述这些城镇分布的地面长达两站路,宽稍弱于一站路。通凯特以西5法尔萨赫,有属于易剌克的阿尔比拉赫与奈穆德利克二城镇。伊斯塔赫里书中列举的属于赭时的城镇,其中未标明位置的只有奈卡利克。马克迪西还征引了一些地名,但这些地名的发音颇多疑问,同一地名往往以不同的形式重复出现。在这些地名之中,赭时境内的巴尔斯凯特与易剌克境内的沙乌凯特亦见于萨木阿尼与亚库特的辞书③;很有可能,前者的遗址即今之帕尔肯特村④。马克迪西提到的泽兰凯特(在赭时境内)或与扎尔肯特同为一地。关于其他地名,我们不想发表什么意见。萨木阿尼与亚库特⑤还提到了一个谢哈赫村,没有指明它的方位。

---

① 萨木阿尼书(亚洲博物馆藏抄本,页176,191;Margoliouth 刊本,al‑Dhakhkatī 与 al‑Rūdhbārī 条;参照亚库特,*Mu'jam*,Ⅱ,页717,831)置达赫凯特"于赭时省之鲁德巴尔(直译为'河')地方"。萨木阿尼列举诸城镇时,并不区分其在赭时或易剌克省境,甚至置通凯特于赭时省境内(亚洲博物馆藏本,页80;Margoliouth 抄本,al‑Tūnkatī 条;参照亚库特,*Mu'jam*,Ⅰ,页900)。
② 德·古耶(BGA,Ⅰ,伊斯塔赫里书,页332)疑二者非指同地,论据殊不充分。
③ *Mu'jam*,Ⅰ,页463;Ⅲ,页245。
④ 可与巴尔斯-库勒及巴尔库勒相参证(Бартольд,*Очерк истории Семиречья*,页134)。
⑤ 亚库特,*Mu'jam*,Ⅲ,页265。

在萨曼时期,伊斯菲贾卜省,即阿里斯河及其诸支流流被的农耕地带,也被计入河中境内。据当地人传说,今塞蓝①村即伊斯菲贾卜城的遗址。关于从赭时到伊斯菲贾卜的路程,有不同的记载;据伊斯塔赫里②,全程需时四日,而亚尔库比③仅作二日。马克迪西④亦谓宾凯特与加尔凯尔德(或作古兹凯尔德)相距仅一日程。依库达玛的记载⑤,叶护凯特至加尔凯尔德5法尔萨赫,加尔凯尔德至伊斯菲贾卜4法尔萨赫;后一距离与马克迪西的计算(2策)相合。另据伊本·霍尔达德贝赫的记述⑥,银矿距铁门8英里,铁门距凯塔克或凯达克2法尔萨赫,自此复前行6法尔萨赫至加尔凯尔德。诸说(特别是第一说)所举的距离何以如此之近,颇难索解。无论如何,伊本·霍尔达德贝赫提到的铁门,纵有舛误,也不会和伊本·豪卡勒所说的、位于赭时北部卡拉斯草原上的铁门⑦同为一地。根据伊斯塔赫里的记载⑧,在卡拉斯草原中,宾凯特与加尔凯尔德之间以安弗兰拉巴特为站头。加尔凯尔德与伊斯菲贾卜之间也有一片草原。加尔凯尔德的遗址可能就是杜瓦那(Duvana)废墟;无论如何,加尔凯尔德当位于凯莱斯河上游及其诸支流流被的地区。

伊斯菲贾卜城⑨的面积,约当宾凯特的三分之一;十世纪时,子城已圮,仅余沙赫里斯坦与拉巴德。拉巴德周长1法尔萨赫。沙赫里斯坦有四门,分名努只凯特、费尔罕、沙克拉那与布哈拉。沙赫里斯坦以内有宫院、监狱、大礼拜寺与若干巴扎尔,对棉织品巴扎尔,马克迪西曾特笔加以记载。宾凯特是"圣战者们"的集合地,伊斯菲贾卜更是如

---

① 当地文人谓此名应作塞尔亚姆(Saryam),显系捏造。
② BGA,Ⅰ,伊斯塔赫里书,页345-6。
③ BGA,Ⅶ,*Kitāb al-Buldān*,页295。
④ BGA,Ⅲ,马克迪西书,页342。
⑤ BGA,Ⅵ,库达玛书,页204。
⑥ BGA,Ⅵ,伊本·霍尔达德贝赫书,页27。
⑦ BGA,Ⅱ,伊本·豪卡勒书,页384。
⑧ BGA,Ⅰ,伊斯塔赫里书,页336-7。
⑨ BGA,Ⅰ,伊斯塔赫里书,页333;Ⅱ,伊本·豪卡勒书,页389-90;Ⅲ,马克迪西书,页272-3。

此;为供这些人居住,这里兴建了很多拉巴特(kārawānsarāys)。据马克迪西所记,为数达1700所之多。这里的拉巴特,像其他各地的一样,一部分系各大城的居民为本城的战士而建,故载籍中常见那黑沙比人拉巴特、布哈拉人拉巴特、撒马尔罕人拉巴特等名称;还有一部分为某些王公贵族捐资营建,如哈剌-的斤拉巴特是。哈剌-的斤是纳斯尔·本·艾哈迈德在位期间伊斯菲贾卜①的统治者;伊斯菲贾卜有他的坟墓,其旁是他的儿子曼苏尔(卒于340/951年②)的坟墓。这里还有哈剌-的斤所立的巴扎尔,得自巴扎尔的收入(每月7000第尔赫姆)专供为穷人购买面包及其他食品之用。伊斯菲贾卜城的建筑物概用黏土建成。

东区塔拉斯河流域(该流域包括在内)、西北至萨卜兰(一作扫兰)的整个地区,当时都被人们认作是伊斯菲贾卜省属境。关于塔拉斯河流域的情况及其与伊斯菲贾卜城间的交通,我曾在他处作过详细叙述③。至于西北方各县④,首先,伊斯菲贾卜以西有肯吉达县,县治苏巴尼凯特或乌斯巴尼凯特(马克迪西书作阿尔苏巴尼凯特)距伊斯菲贾卜二日程⑤。苏巴尼凯特是设防城市,有一座大礼拜寺,大部分建筑物在拉巴德以内。肯吉达县以下为巴拉卜或法拉卜县,辖境跨锡尔河两岸,长、宽各略少于一日程。伊斯塔赫里与伊本·豪卡勒都说凯德尔是巴拉卜县的县治,并称其地在距锡尔河岸半法尔萨赫处。另据马克迪西的记载,该县治所与县同名,能征召士兵七万人(?);大礼拜寺在沙

---

① 〔本书1900年俄文版与1928年英文版均作巴里黑,显系著者笔误;参看下文R287。〕
② 伊本·阿西尔书,Tornberg刊本,Ⅷ,157,370。
③ Бартольд, *Отчет о поездке в Среднюю Азию*,页9-10,15-6。可以补充的一点是,位于奇姆肯特东北方的近代村庄曼肯特(Mankent)已见于亚库特的记载(*Mu'jam*, Ⅳ,页671),被称为曼凯特(Mankath)。
④ BGA,Ⅰ,伊斯塔赫里书,页346;Ⅱ,伊本·豪卡勒书,页390-1,405;Ⅲ,马克迪西书,页273-4。
⑤ 胡尔卢格与术穆什拉古二城镇大约亦在该县境内;马克迪西在伊斯菲贾卜与苏巴尼凯特之间述及此二城镇,但未详指其方位。我们不应忘记,马克迪西列举诸城镇,并非永远按照它们的地理顺序,例如韦西只本在凯德尔城下方,可是他仍将韦西只列在凯德尔前面。关于术穆什拉古,参照Бартольд, *Отчет о поездке в Среднюю Азию*,页10。

赫里斯坦以内①；巴扎尔大部分在拉巴德以内，但沙赫里斯坦也有市肆②。马克迪西还说凯德尔是一座新城；为着在这座新城中兴建大礼拜寺（minbar），曾引起一场内战，所谓内战，自系指凯德尔居民与县城居民之间的冲突而言。由于上引记述互相矛盾，从而很难判断应将凯德尔比定为后来的法拉卜，还是比定为讹答剌③。讹答剌一名大约已见于塔巴里书④，塔巴里在列举马蒙的敌人时，曾提到讹答剌-本德城的王公。锡尔河左岸属于法拉卜的城镇有休特肯德⑤与韦西只。休特肯德住着一些改奉伊斯兰教的古斯与葛逻禄突厥人。韦西只是一个小而设防的村庄，在凯德尔以下 2 法尔萨赫处，有一座大礼拜寺，其中住着一位"有权势的埃米尔"。韦西只也是著名哲学家阿布·纳斯尔·法拉比的诞生地。它的堡垒至十二世纪依然存在⑥。依据马斯乌迪的记载⑦，锡尔河流到法拉卜，有时泛滥成灾，淹没 30 余法尔萨赫的地面（显系夸大之辞）；在这种时候，坐落在小山顶上、形似城堡的一些小村庄；只能靠船只保持彼此间的联络。

由凯德尔至沙乌加尔⑧，可一日行。沙乌加尔是有防御工事的大城镇，巴扎尔附近有大礼拜寺，领县面积甚广。续由沙乌加尔前行不及一日为扫兰或萨卜兰。作为与古斯人和基马克人的领土接界的边防重

---

① 在这里应将 ḥiṣn〔意为防御工事或堡垒〕理解为沙赫里斯坦，因子城与拉巴德是被分别提到的。
② 〔本书 1900 年俄文版页 178 作"有若干酒肆"。〕Ḥawānīt 一词常译作"酒肆"，但亦泛指一般商店，参照亚尔库比关于巴格达的叙述（BGA，Ⅶ，*Kitāb al-Buldān*，页 242，9；246，7；250，20。
③ 依据下文标明的距离，应将凯德尔置于讹答剌迤北。
④ 塔巴里书，Ⅲ，页 815-6。
⑤ 我们在这里依据图曼斯基抄本（*Ḥudūd al-'Ālam*，页 24b）采取了 Sutkand 这一读音，意为"牛乳城"（伊本·豪卡勒书，德·古耶刊本作 Bīskand）。休特肯德废墟至今仍甚著名，在哈剌-库勒以上 2 俄里。Н. Руднев 对此废墟有记述（*Заброшенный уголок*）。谢雷甫丁·叶兹迪的《武功录》中（加尔各答刊本，Ⅱ，646 有 Sūnkant 一名，亦应读作 Sūtkant。
⑥ 《原文史料选辑》，页 69（萨木阿尼书，Margoliouth 刊本，al-Wasījī 条）。
⑦ BGA，Ⅷ，*Kitāb at Tanbīh wa'l-Ishrāf*，页 65；译本，页 97。
⑧ 与此同名的另一城镇，位于通往塔拉斯的道路上，今库尤克站附近，不可将此同名之二城镇混为一谈（Бартольд，*Отчет о поездке в Среднюю Азию*，页 9）。Le Strange（*The Lands*，页 485）将西面的沙乌加尔定为今之突厥斯坦城，其说甚是。昔日此城在干路近旁。参照 Бартольд，*Орошение*，页 147。

镇,扫兰有着颇为坚固的防御工事,周围有七道城墙,大礼拜寺在内城(沙赫里斯坦)以内。古斯人来这里进行交易,或来缔结和约。马克迪西述及,在扫兰后面,还有一个较小的设防城镇,名图拉尔,在其领县内又有一村庄名泽拉赫,因此,这一城镇有时被称为图拉尔-泽拉赫。这座城镇的名称虽与讹答剌的名称有些相似,但从标明的方位来看,决不可视二者同为一地。马克迪西进而述及紧靠突厥边界的几个地点;其中位于基马克人边界上的沙格勒詹是富足并有防御工事的大城镇;次则小城镇巴拉只与大城镇贝鲁凯特均在归依伊斯兰教的土库曼人占领之下;巴拉只与贝鲁凯特的防御工事俱已倾圮。总地说来,这一带边疆防务已委托于从草原方面迁来的人,这些迁来的人,如果我们相信伊本·豪卡勒的记述,曾对信仰异教的本族部众进行了殊死战斗。在法拉卜,肯吉达与赭时之间的,也就是伊斯菲贾卜以西和西南的"丰美牧场",亦为改宗伊斯兰教的突厥游牧人所占领,其人数在一千户左右。

　　扫兰以下,锡尔河流入古斯人占有的草原。养尼肯特①位于距锡尔河口二日程、离河 1 法尔萨赫处。养尼肯特意为"新城",阿拉伯人称之为 al-Qaryat al-Hadītha,波斯人称之为 Dih-i Naw②;文献中亦常称之为谢赫尔肯特③,这一名称有时也出现在钱币上。养尼肯特为古斯王驻冬之地。今锡尔河南的詹肯特废墟当即养尼肯特遗址,与以前基发汗国的詹-卡拉要塞相距 5 俄里④,距卡扎林斯克 15 英里。距养尼肯特不远还有两个小城镇,毡的与胡瓦拉或术瓦拉;虽然周围都是不信教者的土地,但是这三个城镇的居民则均为穆斯林,多半是来自花剌子模和河中地区的商人。养尼肯特距花剌子模十日程,距法拉卜二十日程⑤。加尔

------

① 关于此一及其他城镇,参看 BGA,Ⅱ,伊本·豪卡勒书,页 393。
② Бартольд,*Отчет о поездке в Среднюю Азию*,页 83,106。
③ 《原文史料选辑》,页 79-80(*Kitāb at-tawassul*);Schefer,*Chrestomathie persane*,Ⅱ,页 114(术外尼书,原文);奈塞维,《扎阑丁传》,Houdas 刊本,页 36,译文,页 62。
④ Лерх,*Археологическая поездка*,页 11。
⑤ J. 马夸特(*Komanen*,页 202)以为此处之二十日程应作 20 法尔萨赫,其说殊误。两地相距甚远,二十日程云云,并不失实。

迪齐也记述了①从养尼肯特进入基马克地区的商路,亦即到达也儿的石河两岸的商路。在和平岁月中,人们顺锡尔河而下把粮食运到养尼肯特来。据 V. 卡劳尔考证,在图马尔－乌特库勒县境、距佩罗夫斯克 25－30 俄里的希什特－卡拉废墟即毡的遗址②。

锡尔河下游地区的居民,赖有有利的地理位置,故能在较长时期内保持其独立地位。但锡尔河口早在十世纪末已落入穆斯林手中,这是由于塞勒术克信奉了伊斯兰教的缘故③。十一世纪前半期,此地受沙－麦利克的统治,沙－麦利克是塞勒术克后裔的敌人④,但从他的名号看来,不得不认为他已经是一位穆斯林。虽然如此,毡的与法拉卜之间的地带,直至十二世纪末仍被人们认为是不信教者的领域。这一不信伊斯兰教的乞卜察克人的领域,有如本书第三章所述,以昔格纳黑⑤城为中心,该城后来在蒙古统治时期,其地位仍极重要。昔格纳黑距讹答剌 24 法尔萨赫,P. 列尔赫考证其遗址当为今提尤绵－阿里克邮站以北 8 至 10 俄里的苏纳克－库尔干或苏纳克－阿塔废墟⑥。关于术赤征战的记述也提到了在昔格纳黑与毡的之间的讹迹邗、巴尔钦利格肯特⑦

---

① Бартольд, *Отчет о поездке в Среднюю Азию*, 页 106－7。
② В. Каллаур, *Древние города Саганак, Ашнас и другие*, 页 16；*О следах древнего города《Дженд》*, 页 81,〔84〕；还可参照 Бартольд, *Орошение*, 页 151。卡劳尔关于其他古地名的考释,有的颇难取信。〔С. П. Толстов 认为詹卡拉废墟即毡的遗址(*По следам*, 页 60－1)。〕
③ 伊本·阿西尔书, Tornberg 刊本, IX, 页 322。
④ 拜哈吉书, Morley 刊本, 页 856。
⑤ 根据诸抄本的拼写,应将此城名称读作锡加纳克(Sighnāq),而且第一个元音常被标出。当地居民呼此城废墟为萨加纳克(Saganak),因而一直有人认为应将抄本的拼写读作萨加纳克(Saghanāq),实则锡加纳克远比萨加纳克更与苏纳克(Sunak)的读音相近。有些抄本也标出读音作苏格纳克(Sughnaq)。早在十一世纪,此城已以苏格纳克之名见称,见 Maḥmūd Kāshgharī, *Dīwan lughāt at - Turk*, I, 页 392。〔还可能看 Якубовский, *Развалины Сыгнака*。〕
⑥ Лерх, *Археологическая поездка*, 页 11－12；Смирнов, *Древности на среднем и нижнем течении р. Сыр － Дарьи*, 页 7－8。
⑦ 普朗·迦尔宾书中(Beazley 刊本,页 76,110,152；〔Мален 译本,页 24,51〕)作巴尔钦(Barchin),契拉科斯书中作帕尔钦(Parchin),术赤朝钱币上作 Bārjīn(Лерх, *Археологическая поездка*, 页 10－11)。中国转写作 Ba － eulh － chi － li － han, Ba － eulh － chen (Schefer, *Chrestomathie persane*, II, 页 167)；布雷特施奈德书(《中古东亚史料考证》, II, 页 95 与地图)作 Ba － rh － chi － li － han。在穆斯林资料中,此城名称亦简作 Bārjikand,《原史料选辑》,页 135,151〔Jamāl Qarshī〕。巴尔钦一名多半至今尚保存在锡尔河支流之一巴尔申河(Barshin － Darya)的名称中(乞儿吉思方言〔转下页〕

与阿什纳斯①诸堡垒。根据列尔赫引自十六世纪某作家的供述,讹迹邗位于卡拉陶山中,但对所引的原文予以这样的解释,是大有问题的②。十分可能,巴尔钦利格肯特距毡的较近,距昔格纳黑较远,故花剌子模沙泰凯什首先经营巴尔钦利格肯特,其后始征服昔格纳黑③。见于记载的次要地点尚有:萨格-德雷,临锡尔河,距毡的20法尔萨赫,似在毡的下方,因其当来自花剌子模的道路④;海拉巴德,在毡的附近⑤;拉巴特-图加宁,系巴尔钦利格肯特附近主要村庄之一;还有名为拉巴塔特⑥(意为"诸拉巴特")的村庄,殆与拉巴特-图加宁同为一地。

(接上页)例以 sh 代替 ch);此依卡劳尔说(*O следах древнего города «Дженд»*,页83;*Древние города крепости и курганы*,页77以下);惜卡劳尔本人未曾亲对巴尔申河进行查勘,以致所言尚欠明晰。

① 有人误将此一讹迹邗比定为费尔干纳境内之讹迹邗,亦误将阿什纳斯(Ashnās)比定为赭时(al-Shāsh),此种错误曾将近代的一位伊斯兰专家A.米勒(*Der Islam*,Ⅱ,页209)引入迷途。阿什纳斯的故址当即今之阿萨纳斯废墟,该废墟位于锡尔河左岸,距河25俄里,距贝尔-卡赞邮站30俄里(Каллаур,*Древние города Саганак Ашнас и другие*,页14以下)。

② 参看 Бартольд,*Орошение*,页151。

③ 《原文史料选辑》,页74(*Kitāb at-tawassul*)。

④ 同上,页41(*Inshā'*)。

⑤ 同上,页152(*Jamāl Qarshī*)。

⑥ 同上,页74-5,79-80(*Kitāb at-tawassul*)。

第二章　截至十二世纪的中亚史

关于阿拉伯进攻前夕河中居民的生活状况,我曾在另文①中试述梗概。应当认为,当时河中居民生活的主要特征,在于地方贵族即所谓迪赫坎(Dihqān)主宰一切;这一地区的地方贵族不像在波斯②那样别有君主和僧侣结成同盟与相抗衡,换言之,即没有强有力的君权和教权与相对峙。地方的统治者只不过是一些为首的贵族;甚至最有势力的地方统治者也像他们的臣下一样被称为迪赫坎。阿拉伯史料中时常提到这些统治者拥有侍卫,即沙基尔(shākir)或查基尔(chākir)③,直译"亲随";但据奈尔沙希关于布哈拉女王宫廷的记载④,可知这种侍卫不过是一种荣誉卫队,由贵族的青年成员组成,这些贵族青年更番到地方统治者的宫廷中当值,正像欧洲骑士的儿子们入侍国王或公爵等一样。

在这样的政治结构下面,当然谈不到有严格意义的所谓国教;在这里像在波斯一样,祆教是统治阶级所信奉的宗教,但是在波斯受到迫害的各种二元教派信徒仍能在河中找到容身之地。佛教徒和聂斯脱里教徒在河中似乎也享有同样的自由。当时祆、佛二教之间的斗争迹象仅

---

① *Несколько слов об арийской культуре в Средней Азии.*
② 即便在波斯,迪赫坎的地位也远比乡村其他居民的地位为高。塔巴里在记述神话式君王麦努切赫尔时说:"他为每一村庄指派一名迪赫坎;他使村内居民成为他的仆役和奴隶,压抑他们到属民的地位,命令他们顺从他的意旨"(塔巴里书,Ⅰ,页434)。
③ 例如塔巴里书,Ⅱ,页1159,【此即见于玄奘《大唐西域记》卷1飒秣建国之"赭羯"与见于《新唐书·西域传下》安国条之"柘羯"。】
④ 奈尔沙希书,Schefer刊本,页7-8。

见于玄奘关于撒马尔罕的记述中,但玄奘屡屡暗示其个人活动的成功,这就说明二者之间的斗争并不激烈①。就今所知,在反抗阿拉伯入侵者的战斗中,河中僧侣并不曾发生任何作用②。关于87/706年屈底波攻陷培肯德的记载曾提到一个独眼人煽动突厥人反抗穆斯林,这个人,由穆斯林看来,显然是比军事首领们更为危险的敌人。当此人被俘,愿出百万(第尔赫姆)以赎身时,穆斯林并未因面对巨款而迷惘失措,他们决意除却这一死敌以免贻害未来③。不过,我们从这位历史家的记述中,看不出这位独眼人对于他的追随者的影响是否具有宗教性质。

我们找不到什么资料据以断定河中的贵族也像波斯的贵族④那样显然分为若干等级或阶层。塔巴里书中有些段落⑤用波斯称呼最高等级贵族的名号来称呼中亚的贵人;但如上文所述,在河中,"dihqān"一字既用以指称一般的地主,也用以指称当权的王公⑥。金融贵族,即因与中国及其他国家进行驼商队贸易而致富的商人,看来也处于特殊地位。塔巴里在其关于粟特人向外迁徙的记载⑦中,将这些商人与"诸王公"(mulūk)并列。奈尔沙希的关于布哈拉商人的描述⑧表明这些商人拥有大量地产,住在堡寨以内,地位上殆与迪赫坎无别。因此,我们在这里所探讨的乃是其利益与贵族们一致的一些独立的富人,而不是像在穆斯林时期那样要探讨为数甚多的手工业行会。关于迪赫坎与商人之间有无利害冲突,我们今日一无所知。

令人遗憾的是历史家没有留下任何记载供我们了解培肯德(Pay-

---

① Бартольд,*О христианстве в Туркестане*,页5(引自《大唐慈恩寺三藏法师传》,儒莲法文译本,页59以下)。
② 只是在关于征服花刺子模的记述中,才在迪赫坎以外也还提到了僧侣(aḥbār,可能即书吏,与见于《圣经》的文士相似),——塔巴里书,Ⅱ,页1237。
③ 塔巴里书,Ⅱ,页1188。
④ 马斯乌迪,《黄金草原》,Ⅱ,页240。
⑤ 塔巴里书,Ⅱ,页1237,1243。
⑥ 在特殊的中亚称号中,可举布哈拉贵族的称号札穆克(jamūk)为例(奈尔沙希书,Schefer刊本,页5);突厥人也有这一称号(塔巴里书,Ⅱ,页1613)。
⑦ 塔巴里书,Ⅱ,页1444。
⑧ 参看上文R159。

kand,即布哈拉的"商人城")的组织情况及其与布哈尔－胡达特和布哈拉诸迪赫坎的关系;但根据奈尔沙希所叙述①的那位被激怒的父亲的行动以及阿拉伯人在培肯德找到大批武器②的事实,可以推断,这里的人们像河中其他地区的人一样,富有尚武精神。塔巴里叙述③的粟特人的一项习俗,尤能说明当地的特殊风尚。在撒马尔罕,每年献给粟特最英勇的骑士一桌酒席。如某人染指食品,这就表明他向最英勇的骑士挑战;结果谁能杀死敌手,谁就在新挑战者出现以前被认作是当地最勇武的英雄。

由此可见,阿拉伯人在河中遇到的对手乃是一些彼此混战不已的王公小国和一个勇武好斗然而漫无组织的骑士阶级。在这种情况下展开的斗争,其结局可以预卜。以与河中的地方纷争相较,阿拉伯人自身间的内讧乃至南北阿拉伯部落间的敌对行动直可视若等闲。甚至在内战期间,阿拉伯人在呼罗珊地区的统治地位也不曾发生动摇。阿拉伯人致胜的原因,部分在于取得了河中土著的帮助。欧马尔颁布的非信徒不得持有武器的著名法令,并未在中亚施行④。屈底波以及其他阿拉伯征服者都利用了某些地方的居民攻击另外一些地方。至于征服之稽延岁月,这一则因为阿拉伯人在一个长时期内满足于军事劫掠和索取贡物,没有作永久占领的打算,再则因为需要克服种种自然障碍。阿拉伯人确实具有卓越的勇武精神,但他们本土的自然条件也对他们有着一定的影响。在草原上作战,他们固久擅胜场,但在山地作战,他们就历尽艰辛才能逐渐适应。有的山隘对当时其他军队本不成其为障碍,而他们在那里作战,则往往失利⑤。

关于乌迈亚朝阿拉伯人征服进程的知识,我们仅得之于一些长时

---

① 奈尔沙希书,Schefer 刊本,页43。
② 塔巴里书,Ⅱ,页1189。
③ 同上书,Ⅱ,页1146。
④ 参照同上书,Ⅱ,页1693。
⑤ 参照关于阿拉伯人与突厥人在碣石与撒马尔罕之间的山区作战的记述(塔巴里书,Ⅱ,页1533－44)。

期内口耳相传、后世才笔之于书的半传说性质的记述①。这也正好说明为什么许多记述互有出入,年代也不精确,甚至关于阿拉伯人在什么时候初次渡过阿母河,也还不一其说②。

尽管有些史实不无可疑,但历史家们留下的传述,毕竟能令人把当时的时代精神领会得明白无误。阿拉伯人从事征服,毫无疑义只是为掠夺财富和获得荣耀的欲望所驱使,至于宗教,在征服者心中实际上像在抵御者心中同样无关紧要。出现过阿拉伯人与土著骑士建立个人友谊的情况③。英武、任侠的理想,对征服者也不无影响;屈底波为了激励士气,曾把自己的战士叫作"阿拉伯人的迪赫坎"④。阿拉伯英雄萨比特·本·库特巴为穆萨·本·阿卜杜拉在忒耳迷的亲随之一,他在河中土人中间享有极高的声望,乃至居民等互有约许时,常指"萨比特的生命"立誓以取信⑤。像当地诸统治者一样,萨比特身旁也有沙基尔(侍卫),沙基尔显然都是土著,因为在记载中,他们是为了与阿拉伯人对比而被提到的⑥。

阿拉伯人最初对河中发动的几次进攻,其目的仅在掠夺,无待详述;下文我们试图说明阿拉伯人进行征服的几个重要阶段。溯自贵霜帝国(参看 R147)灭亡后,河中地区就没有任何外国君主委派的长官;有的报道说到萨珊王朝曾派总督管辖河中⑦,这类报道不可尽

R241

183

---

① 这些记述具有史诗的性质,关于这一点,参照 Wellhausen, *Das Arabische Reich*,页 257,和我的更详细的论文 К истории арабских Завоеваний,页 0140 以下。
② 巴拉祖里书,页 408;塔巴里书,Ⅱ,页 156;亚尔库比,*Historiae*,Ⅱ,281;萨阿利比,*Lataifo' l – ma' arif*,Jong 刊本,页 11。
③ 塔巴里书,Ⅱ,页 1522。
④ 同上书,Ⅱ,页 1247。
⑤ 同上书,Ⅱ,页 1152。
⑥ 同上书,Ⅱ,页 1155。
⑦ 除塔巴里与阿布·哈尼法(塔巴里书,Nöldeke 译文,页 159,167)的记述外,巴拉祖里的记述(巴拉祖里书,页 195)也属于这一类的报道。巴拉祖里谓萨珊王库巴德(或卡瓦德,公元 488–531 年)把自粟特迁来的人安置在高加索,并在该地建立了 Soghdbīl 城。这一传说,很可能像其他许多传说一样,是用以解释地名由来的一种臆测;马夸特已摈弃这一传说(Marquart, *Ērānshahr*,页 108,注 2)。伊本·霍尔达德贝赫曾谈到萨珊王朝在河中的统治(BGA, Ⅵ,页 14;参照 Жуковский, *Развалины Старото Мерва*,页 9)。据他的记述,呼罗珊的四玛尔兹班(marzbān)之一,即以河中为(转下页)

信。阿拉伯的历任总督起初只是寇略河中,每年返回呼罗珊驻冬;阿拉伯总督之留河中驻冬,由塞勒木·本·齐亚德(681-3年)首开其端①。

根据塔巴里的记载②,在此时期,河中各地的王公每年在花剌子模附近的某一城镇集会一次③,相约用和平磋商的方式而不凭藉武力来解决他们之间的各种争端,并同心协力对阿拉伯人作战。然而每年须续约一次的规定,以及屈底波征服河中的经过,足以表明这种约言未曾被认真履行过。

哈里发叶齐德一世卒于683年,他死后爆发的内战也蔓延到呼罗珊境内。呼罗珊人起初宣誓效忠于总督塞勒木·本·齐亚德,以待新哈里发的选出④,但这位总督不久即被迫离职。阿拉伯诸部落代表人物之间旋即展开血战,最后呼罗珊地区落入凯锡部(Qaysites)首领阿卜杜拉·本·哈齐木手中,此人全权统治呼罗珊到72/691-2年,曾以他自己的名字铸造钱币,甚至金币⑤。他拒绝臣服于哈里发阿卜杜-麦利克,回历72年,被后者下令处死。前此数年,他曾把他的儿子穆萨派往河中;穆萨率领少数人占据了忒耳迷,迫使原来的地方统治者出走,控制该城达十五年之久⑥(689-704年)。叶齐德·本·穆哈拉卜充任总督期间(701-4年),萨比特·本·库特巴·胡扎伊亦与穆萨联合。

(接上页)其管辖范围,但更可能的情况是,呼罗珊之划分为四个玛尔兹班,相当于该地后来在阿拉伯时期的另一区划(Жуковский, *Развалины Старого Мерва*,页10),在后一区划中,有沙木而无河中。可再参照 *Ērānshahr*,页70。

① 参照 E. 沙畹据中国类书《册府元龟》译出的撒马尔罕王[即康国王]乌勒伽718年上中国皇帝表,表中称三十五年来每共阿拉伯人战斗(沙畹,《西突厥史料》,页204以下[冯承钧中文译本,页181—2])。乌勒伽此语,显然仅指起始于塞勒木的军事行动,而未将前此阿拉伯人的若干次侵袭计算在内。还可参看我的论文 *К истории арабских завоеваний*,页0142。

② 塔巴里书,Ⅱ,页394。

③ 这一城镇的名称,大约仅为亚库比所著录(BGA,Ⅶ,页299 K·ndākīn),后来的地理学家均未提及。无待赘言,此城并非上文(页R178)提到的粟特境内村庄之一。

④ 塔巴里书,Ⅱ,页489。

⑤ Тизенгаузен, *Нумизматические новинки*,页229(科马罗夫将军收藏的钱币)。

⑥ 塔巴里书,Ⅱ,页1150。

在土著中间,萨比特颇孚众望,为地方王公所拥护,穆萨因此得将叶齐德派来的税吏逐出河中,独占当地全部贡赋①。从此河中当地王公不再隶属于合法的阿拉伯政府,而仅向一个叛变了的首领交款纳贡。未几,穆萨又驱散了人数众多的突厥、波斯和呎哒②的联军。此后,穆萨复与萨比特相争,从而亦与后者的地方同盟者相争,穆萨再次化险为夷,获得胜利。萨比特被杀,土著王公的首脑粟特的伊赫施德塔尔洪遭受穆萨的猛攻而败退③。最后,奥斯曼·本·马斯乌德将军奉行总督穆法达勒·本·穆哈拉卜的命令,并取得粟特的伊赫施德及珂咄罗王公的协助④,终于在704年攻陷忒耳迷。由此可见,这一次,诸土著王公站在合法的阿拉伯政府一边。

R243

翌年(705年,另一记载⑤作早在704年),著名的哈贾只麾下一位杰出的裨将屈底波·本·穆斯林受任呼罗珊总督。屈底波像他的长官与指挥者哈贾只一样,遇事凌厉直前,有进无退;在猛进未能得逞的场合,则变诈多端,不惜背信弃义以取胜。他是在河中牢固地树立起阿拉伯人威权的第一人。他充分利用了河中土著内部的不和与分歧。705年,石汗那王公为了应付他的敌人舒曼〔旧译愉漫〕王公及阿哈仑〔旧译忽露摩〕王公而召请屈底波进入河中⑥;712年,屈底波复率军进入花剌子模,扶持花剌子模沙对抗其弟胡拉扎德及一些抗命的迪赫坎⑦。同年,对撒马尔罕用兵,布哈拉人与花剌子模人尽心竭力协助屈底波作战,以致粟特的伊赫施德乌勒伽讥讽屈底波只是凭藉敌人的"弟兄与亲族"的臂助才获得胜利⑧。在713年的征战中,屈底波勒令布哈拉、

185

---

① 塔巴里书,Ⅱ,页1153。
② 在这个时期提到呎哒人(同上书,参照巴拉祖里书,页418),颇为奇异,不易索解。
③ 塔巴里书,Ⅱ,页1155-60。
④ 同上书,Ⅱ,页1162。关于al-S-bil这一称号或名字,参看同上书,Ⅱ,页1040-41;还可参照Marquart, *Ērānshahr*, 页302。
⑤ 塔巴里书,Ⅱ,页1180。
⑥ 同上。
⑦ 同上书,Ⅱ,页1237-39。
⑧ 同上书,Ⅱ,页1244。

碣石、那色波与花剌子模的居民共出兵20,000名①。

屈底波的辉煌胜利在阿拉伯首脑人物中间引起了无限希望。与此同时(711年),穆罕默德·本·卡西木率军自海道进抵印度河口,并征服了信德,于是哈贾只向这两位将领作出约许,由先入中国者充任中国总督②。然而阿拉伯人不得不满足於远较此为平凡的结局,在河中,他们所能确保的也只是在南部取得的战果。

屈底波在布哈拉、撒马尔罕和其他一些地方建筑了寺院③,并迫使布哈拉居民把沙赫里斯坦内半数房屋让与阿拉伯人居住④(在这以前,头几位呼罗珊总督曾在马鲁采取过同样措施⑤)。据另一位作家的记述⑥,撒马尔罕居民被迫悉数从城中迁出,而后全城尽被阿拉伯人占领。当阿拉伯人占领全城的时候,屈底波背诵着《古兰经》中关于消灭阿德与赛穆德二部落的诗句。屈底波的军队北至赭时,东南据说进抵当时包括在中华帝国版图以内的喀什噶尔⑦。许多省区,甚至费尔干纳省(参看下文)也在其内,都设置了阿拉伯总督。从以后的情况来看,这些总督只是一些军事将领与赋税征收者,而且这两种职务有时委由不同的人分别担任。总督之外,土著王朝继续存在,它们还很可能保留下管理民政的职权。

屈底波虽屡战屡捷,并为阿拉伯人掠得大量财富,但是他并未赢得

---

① 塔巴里书,Ⅱ,页1256。依照巴拉祖里的记述(de Goeje 刊本,页423),屈底波任呼罗珊总督期间,麾下有来自巴士拉的阿拉伯人40,000名,来自库法的阿拉伯人7,000名,还有7,000名依附民(mawālī)。塔巴里书Ⅱ,页1290以下记载较详,而数字相同。
② 亚尔库比,*Historiae*,Ⅱ,页346;亚尔库比也说到(同上书,Ⅱ,页192),当哈里发奥斯曼在位期间,曾对巴斯拉总督阿卜杜拉·本·阿米尔与库法总督赛义德·本·阿斯同样应许过呼罗珊。
③ 参照上文页160与171。
④ 奈尔沙希书,Schefer 刊本,页51。
⑤ 巴拉祖里书,页410;《原文史料选辑》,页1(加尔迪齐书)。
⑥ 塔巴里书,Ⅱ,页1250。史家记载互歧,此从塔巴里所述。但这桩事可能发生在713年,亦即在居民背叛,粟特再次被征服以后。参照 Barthold, *Die alttürkischen Inschriften und die arabischen Quellen*, 页11–12。
⑦ 塔巴里书,Ⅱ,页1276,H. A. R. 吉布(Gibb, *The Arab Invasion of Kāshghar*,页467以下)则谓,库泰巴并未越过边界,其说大约符合事实。

麾下士兵无条件的拥护。715年,他企图发动反抗新哈里发苏莱曼的叛乱,结果为部众所遗弃,终至死于非命。接续他的几位总督均不胜方面重寄。屈底波死后数年,锡尔河流域各省相继失守,非复阿拉伯人所有。103/721-2年,费尔干纳君主能将伊斯法拉县境内名为"伊萨木·本·阿卜杜拉·巴希利山口"的地方划归粟特的移民居住,伊萨木·本·阿卜杜拉原为屈底波留置此地的总督①;由此可见,在屈底波死后,阿拉伯人已被驱逐或被歼灭,他们占领过的这一地区已重归费尔干纳统治者所有。上文(R216)所述一支阿拉伯队伍在对不信教者作战中被歼的传说,容或与此有关。

在河中西南部,虽然布哈拉、撒马尔罕及其他一些设防的城镇仍然处于阿拉伯戍军控制之下,但后者不得不屡对谋叛的土著展开恶斗,这种形势复因突厥人的介入而更加复杂。如所熟知,突厥诸汗早在六世纪时已将整个中亚并入自己的版图,甚至希望与拜占庭结盟,并力推翻萨珊王室统治下的波斯国家,仅因拜占庭国力孱弱而未果。未几,突厥帝国分裂为东、西两个汗国,这两个汗国时而强盛,时而衰弱,当其衰弱之时,中国人乘机扩张领土,将这些游牧人收为臣属。七世纪②末东突厥汗国的复兴差不多恢复了突厥帝国大一统的旧观。早在689年,东突厥某部在击败西突厥军队以后,即向粟特进攻,深入至铁门,即今布兹加拉山口。701年,再次入侵③。最后,东突厥默啜可汗在711年俘获西突厥可汗,征服了西突厥汗国。712年岁杪,粟特居民在屈底波返回马鲁后起而反抗阿拉伯人,默啜可汗诸侄应当地居民邀请率军占领了粟特,只有撒马尔罕仍在阿拉伯人手中;但在713年春季,屈底波利用突厥人的困难处境,迫使撤离粟特。突厥人甚至无力阻止阿拉伯人向赭时和费尔干纳前进④。716年,默啜卒,在他死后,西突厥再次脱离

---

① 塔巴里书,Ⅱ,页1440。其书上文(Ⅱ,页1276)将这一山口置于从费尔干纳到喀什噶尔的道路上。
② 〔本书1900年俄文版及1928年英文版均误作八世纪。〕
③ Barthold,*Die alttürkischen Inschriften und die arabischen Quellen*,页14-6。
④ 同上书,页11-2。尽管豪茨玛教授提出异议(Houtsma,GGA,1899年,No.5,页386页),(转下页)

东突厥羁绊。突骑施部首领苏禄建立了一个强大的汗国,据阿拉伯方面的资料,这个汗国存在到737年,中国方面的资料说它存在到738年①。苏禄奄有整个中亚西部,自不甘心将河中拱手让与阿拉伯人。如果说阿拉伯人将粟特视为"信徒统帅的花园"②,那么突厥人同样认为占有这个富庶的省区至关重要。终苏禄之世,他一直支持诸迪赫坎反抗阿拉伯人,以致阿拉伯人蒙受重大损失,后者因而称他为阿布·穆扎希木(Abū Muzāḥim)③,意为奔突或抵触之物,亦即象或牡牛。

河中居民之所以屡揭叛旗,可从乌迈亚朝阿拉伯统治的性质得到圆满的解释。乌迈亚朝哈里发不同于阿拔斯朝诸哈里发,前者还没有建立庞大帝国的理想。他们首先是阿拉伯人在"为信仰而战"过程中的首领,他们所关心的只是在阿拉伯人中间维持他们的威权,向被征服地区的居民征税,向藩臣附庸索取贡品。他们任命的封疆大吏所注意的必然也是这些目标,并因在边疆地区骤致巨富的希望吸引来一批极不安分的人物④,这也就使得总督的处境特别困难。阿卜杜拉·本·哈齐木被谋杀后,呼罗珊的显贵们请求哈里发阿卜-麦利克委派一位乌迈亚宗室继任呼罗珊总督,因为"只有古莱氏成员才能够继变乱之后在呼罗珊恢复秩序"⑤。当时绝大多数总督不能胜任,更迭频繁,他们因而在其短暂的任职期间尽量搜刮,并尽量购置不动产,这类不动产在他们卸任以后有的仍归他们或他们的后嗣所有⑥。阿拉伯人如此骄横,总督们如此贪婪,受其害者当然首先是被征服地区的人民。征服原是打着宗教的旗号进行的,可是财政的利益与权势的考虑有时不免与宗教的利益相牴牾。在河中,像在阿拉伯帝国全境一样,最大的难题

(接上页)我们仍然认为将碑文的记述和亚尔库比的记述联系起来是合理的。H. A. R. 吉布持有相反的意见(Gibb, *The Arab Conquests in Central Asia*, 页46)。

① Barthold, *Die alttürkischen Inschriften*, 页27。
② 塔巴里书, Ⅱ, 页1428。
③ 同上书, Ⅱ, 页1593。
④ 同上书, Ⅱ, 页178。
⑤ 巴拉祖里书, 页416。
⑥ 同上书, 页406;《原文史料选辑》, 页2;加尔迪齐书, 牛津抄本, 叶84;剑桥抄本, 叶67。

是应否从已经接受了伊斯兰教的土著身上征收赋税(kharāj)①。这个问题在不同的时期依不同的主导倾向得到不同的解决,而土著居民不能对这类变动漠不关心,自亦事所必至,理有固然。

乌迈亚朝最虔诚的一位哈里发,欧马尔二世(717-20年),非但不许向归依伊斯兰教的人征收赋税,而且也不许新的归依者领受割礼②。他要求他的总督们首先尽心竭力传布伊斯兰教义、修建旅栈(khāns)③和其他公共福利设施。欧马尔二世委派的第一任总督伽拉赫·本·阿卜杜拉尚能维持阿拉伯的权威于不坠,其裨将阿卜杜拉·本·马阿马尔·叶什库里在河中东北部的军事行动颇获胜利,并作了出兵中国领域的准备。但阿卜杜拉终被突厥人包围,仅赖向突厥人交纳赎金才幸得脱身④。

伽拉赫·本·阿卜杜拉认为呼罗珊只能赖"刀与鞭"以为治⑤,对这一意见,虔诚的欧马尔二世不以为然,他改委阿卜杜-拉赫曼·本·努艾木·加米迪为呼罗珊总督。在后者任职期间,粟特人在突厥人支持下揭起叛旗⑥,这次变乱甚至延续到次任总督赛义德·本·阿卜杜-阿齐兹于102/720-21年来到呼罗珊的时期(时哈里发叶齐德二世已继位)。赛义德企图怀柔呼罗珊诸迪赫坎,因此惹起阿拉伯人的反感,他得到胡代那的绰号⑦,意即"妇人"。他在应付敌人的行动上同样优柔寡断。103/721-22年,赛义德·本·阿卜杜-阿齐兹去职,由赛义德·本·阿慕尔·哈拉施继任。在赛义德·本·阿慕尔任内,参与

---

① 人所熟知,彼时在 kharāj(后来称"田赋")与 jizya(后来称"人头税")之间还没有明显的差别。主要参照 Wellhausen, *Das Arabische Reich*, 散见有关各页;Müller, *Der Islam*, Ⅱ, 页 361 以下;Becker, *Djizya*;Becker, *Egypt*(二文均见《伊斯兰百科全书》)。甚至 *Mafātīh al-'ulūm* 的作者也将二者混为一谈,见该书页 59。
② 塔巴里书,Ⅱ,页 1354。
③ 同上书,Ⅱ,页 1364。
④ 巴拉祖里书,页 426。
⑤ 塔巴里书,Ⅱ,页 1355。
⑥ 同上书,Ⅱ,页 1418。
⑦ Barthold, *Die alttürkischen Inshriften*, 页 22-3。

叛乱的粟特人,特别是迪赫坎和富商等,决定离弃故土(粟特君主乌勒伽没有参与这一行动)。费尔干纳君主本来允许在伊斯法拉县境拨给这些迁来的人一块土地,嗣又食言自肥,把他们出卖给阿拉伯人。流亡者被阿拉伯人围困于忽毡,力屈降服,承认缴纳下欠税款。阿拉伯人受降得城,旋即藉故毁约,对粟特人横加诛戮。通过类似的背信弃义行为,阿拉伯人终于控制了泽拉夫尚河与卡什卡河流域的所有设防据点,完全恢复了他们在当地的威权①。106/724 年,在巴鲁坎附近发生了阿拉伯北方部落与南方部落之间的一场血战。尽管如此,总督穆斯林·本·赛义德仍在当年出征河中,进抵费尔干纳,但班师途中遭受突厥人袭击,损失甚重②。次任总督阿萨德·本·阿卜杜拉·库谢里③于725年收复巴里黑,并企图降服该城西方和东北方山区各省的居民,未竟全功而罢④。

阿萨德的继任者为阿什拉斯·本·阿卜杜拉·苏拉米(727 - 9 年)。据塔巴里的记载⑤,阿什拉斯励精图治,事无巨细,躬自处理。拉巴特(rabāṭ,作 ribāṭ 更为正确,此言供戍边骑兵驻扎以防外敌攻扰的军站⑥,略与俄国的哥萨克组织相似)的建造,即自阿什拉斯开始。然而席卷河中全境,以致阿拉伯人蒙受严重损失的反阿拉伯统治运动,亦阿什拉斯有以启之⑦。728 年,阿什拉斯策划使河中全部居民归依伊斯兰教,他派遣教士二名(一为阿拉伯人,一为波斯人)前往撒马尔罕布道,并允许他们不向归依者索取贡赋。教士们取得了出乎意料的成功,却

---

① 塔巴里书,Ⅱ,页 1439 - 49;巴拉祖里书,页 427。
② 塔巴里书,Ⅱ,页 1472 - 81. 关于这次败衂的重要性,参看 Gibb, *The Arab Conquests*,页 66。
③ "在奈尔沙希书及巴里黑史中作 al – Qushayrī;塔巴里及巴拉祖里书印本中均作 al – Qasrī,以伊本·哈兹木的记载(Ibn Hazm, *Jamharat Ansāb al – 'Arab*,页 366)及其他记系之书证之,可知其不误"(F. Krenkow)。
④ 塔巴里书,Ⅱ,页 1490 - 94。
⑤ 同上书,Ⅱ,页 1504。
⑥ 《原文史料选辑》,页 57(萨木阿尼书;Margoliouth 刊本,alr·bāṭī 条)。
⑦ 塔巴里书,Ⅱ,页 1507 以下;Marquart, *Die Chronologie*,页 33 - 6;Barthold, *Die alttürkischen Inschriften*,页 23 - 6。

也因此在国库官员和诸迪赫坎中间引起了强烈不满。诸迪赫坎十分关心保持自己的贵族地位，故不能对于一种当时尚未丧失其民主性质的新宗教的传播熟视无睹。阿什拉斯本人也深知"赋税乃穆斯林力量之所寄"，遂又下令只对领受割礼、履行全部伊斯兰教仪、并能读出《古兰经》一章的新教徒才能免税。他得到的答复是：当地土著确已改宗伊斯兰教，并开始修建寺院，"所有的人已变成阿拉伯人，不复有征税的对象"。阿什拉斯随即作出决定："以前纳税的人，今后仍须纳税"，于是激起了全面的反抗运动。前此派出的阿拉伯教士亦对阿什拉斯的背信行为不表赞同，并因支持反抗运动而被逮捕。整个粟特一致奋起反抗阿拉伯人，并向突厥人乞援。728年，只有撒马尔罕和答不昔牙尚在阿拉伯人手中；729年，阿拉伯人重新收复布哈拉；730年（有些记载作731年），阿拉伯人不得不与突厥可汗的军队展开激烈的战斗。直到728年尚与阿拉伯人合作的当地统治者、粟特的伊赫施德乌勒伽，此刻也投到突厥可汗一边。总督术奈德·本·阿卜杜－拉赫曼历尽艰辛，始得保全他的队伍，击退突厥人，但全省除撒马尔罕及布哈拉二城市外仍为突厥人所控制。115/733年，呼罗珊发生饥荒，其原因多半在于突厥人占领了泽拉夫尚河流域：根据术奈德自己的讲话可以推断，饥荒的出现系因前此向马鲁供应粮食的诸省区至是复被异教徒占领之故①。

在这种情况下，阿拉伯人自身中间反抗乌迈亚朝统治的运动也很有成功的可能。塔巴里②曾把呼罗珊境内什叶派运动的开端定在欧马尔二世在位期间；但实际上是在734年，哈里思·本·苏列只始以"真主之书和他的先知的言行（Sunna）"的名义举起了黑色旗帜③，并允许"遵守与被保护的诸异教（ahl adh－dhimma）的信仰者所订立的契约，不向穆斯林征收赋税，也不欺压任何人"④。这样一个纲领必然会使穆

---

① 塔巴里书，Ⅱ，页1563。
② 同上书，Ⅱ，页1358。
③ 同上书，Ⅱ，页1567,1570。
④ 《原文史料选辑》，页1 2（加尔迪齐书）。

斯林（特别是新的归依者）和异教徒翕然相从。这一运动最初没有反对乌迈亚朝的性质。哈里思甚至接受了呼罗珊总督阿西木·本·阿卜杜拉·希拉利的建议，与阿西木合派专使觐见哈里发希沙木，请求遵行先知拟定的教令，但望能得哈里发俞允，此外别无希冀①。哈里发对这一请求的答复是将阿西木免职，再次任命阿萨德·本·阿卜杜拉为总督（735－8年）。阿萨德到任后，立即下令将阿拔斯专使处死②，并对哈里思重开衅端。军事行动主要在忒耳迷附近和珂咄罗境内展开；因此阿萨德这次也主要驻在巴里黑，并于736年把省治迁来此城③。阿拉伯人自身间的纷争使得非伊斯兰教徒乘机占领了撒马尔罕；735年或736年，阿萨德进抵瓦拉格塞尔，企图筑成土坝引走撒马尔罕的用水。阿萨德亲自参加了筑坝工作，虽则这一工程很难望其成功④。

737年，阿萨德不得不在（广义的）吐火罗斯坦对突厥可汗及其同盟者（包括哈里思和珂咄罗的统治者）展开一场恶战。石汗那王公——石汗－胡达特（Ṣaghān－Khudāt）——大约因与邻邦失和，继续与阿拉伯人合作⑤。战局初对阿拉伯人极为不利，突厥人跨过了阿母河至其左岸⑥，突厥人南侵，这大概是长期以来第一次。但此后阿拉伯人转败为胜；突厥人被迫退到乌什鲁桑那，在这里，他们准备新的出征并围攻撒马尔罕⑦（大约在突厥人后退时，撒马尔罕复被阿拉伯人占领）。又此后不久，突厥可汗为突骑施首领库尔苏勒所杀，西突厥汗围至是瓦解。哈里思走依突厥人；当时在某来自帆延的人统治之下的珂咄罗全境，除一座小的堡垒外，均为阿拉伯人所征服⑧。阿萨德虽然忙

---

① 塔巴里书，Ⅱ，页1577。
② 加尔迪齐书，牛津抄本，叶84；剑桥抄本，叶67。
③ 参看上文R77，注6。
④ 塔巴里书，Ⅱ，页1585－86。
⑤ 同上书，Ⅱ，页1596。
⑥ 同上书，Ⅱ，页1604。
⑦ 同上书，Ⅱ，页1613。
⑧ 同上书，Ⅱ，页1632。

于征战，而仍抽暇从事和平建设。据塔巴里的记载①，来自哈烈城的一位迪赫坎盛赞阿萨德是一位了不起的"领主"(katkhudā)，在草原上修建了旅栈："香客们无论是东来的还是西往的，都看不到任何应加指摘的事物。"

阿萨德的继任人纳斯尔·本·赛亚尔(738－48年)赓续阿萨德的各项活动，取得了更大的成就。纳斯尔前曾参加屈底波的征战，并于705年接受了他的直接长官赏赐给他的一个村庄②。他受任总督时已届高龄，被人们认为是呼罗珊地区穆达尔族(北方阿拉伯人)的谢赫(长老)③。

纳斯尔连战连捷，当使阿拉伯人回忆屈底波的年代。他趁西突厥汗国解体的时机，在锡尔河流域重建阿拉伯人的统治，739年，他与乌什鲁桑那④、赭时和费尔干纳的统治者分别缔结了条约。杀害突厥可汗、崛起于突厥境内的库尔苏勒在锡尔河岸被俘并被处死；来自游牧人方面的一切威胁因此解除，从而有可能向赭时与费尔干纳派遣阿拉伯总督⑤。在克服内部困难上，纳斯尔起初也同样得手。为了解决赋税问题，他企图把穆斯林担负的捐税转嫁到非法被免税的异教徒身上。据塔巴里的记述⑥，当时不当课税而被课税的穆斯林凡30,000人，依法应课税而未课税的异教徒凡80,000人，故将第一类人的负担转嫁到第二类人身上，并非难事。再有原来走依突厥、但在突厥可汗被害后又想返回故土的粟特人也和纳斯尔达成协议，纳斯尔接受了他们提出的所有条件。双方商定：对一度信奉伊斯兰教、后来又归复祖辈信仰的人免予追究；对返还本土的人豁免其离开本土以前的个人债务以及亏欠

---

① 塔巴里书，Ⅱ，页1636－37。
② 同上书，Ⅱ，页1180。
③ 同上书，Ⅱ，页1661。
④ 据巴拉祖里书(页429)转引阿布·乌拜达的记述，纳斯尔在乌什鲁桑那未获成功；但据塔巴里书(Ⅱ，页1694)，乌什鲁桑那的迪赫坎曾向纳斯尔纳贡，又乌什鲁桑那的居民也参加了反对突厥人的征战(同上书，Ⅱ，页1690)。
⑤ 塔巴里书，Ⅱ，页1694－95，1767。
⑥ 同上书，Ⅱ，页1689。

国库的税款;最后,只有经卡孜裁决、并有满法定数目的证人作证,始得要求归还本土的人交出其夺自穆斯林的俘虏。纳斯尔为订立这一协定受到了很多责难,哈里发批准这一协定也很勉强;但纳斯尔断言,责难他的人如曾亲身体验过粟特人的勇武,他们就同样不会拒绝后者提出的条件①。

据塔巴里记载②,纳斯尔治下的呼罗珊达到了空前的繁荣。然而纳斯尔未能恢复省内秩序,甚至也未能使阿拉伯人两派对立的局面趋于缓和。纳斯尔本人属于穆达尔派,经常与也门派首领、前任总督阿萨德发生冲突③。在其出任总督的头四年内,纳斯尔仅从穆达尔派人员中选任军官,后来从调和两派的愿望出发,也开始起用也门派人员。可是这种作法未能防止也门派发动武装叛乱。叛乱发生于744年,领导人为在阿萨德死后短期内统治过呼罗珊的木德伊阿·本·阿里·凯尔马尼④。不过在纳斯尔心目中,这位武装敌人并不像投靠突厥人以后的哈里思那样危险。744年,纳斯尔从哈里发手中讨来一道完全赦免哈里思及其追随者的命令,劝说哈里思回到呼罗珊来⑤。745年春,哈里思返抵马鲁,立即以纳斯尔与凯尔马尼之间的仲裁人的姿态出现,宣称他所关切的只是正义的胜利;可是这一切并没有妨碍哈里思将他的数千名追随者召集到自己身旁并再度揭出黑色旗帜⑥。当时的情况迫使哈里思先对凯尔马尼作战;746年春,哈里思在与凯尔马尼的战争中阵亡⑦。这样,纳斯尔便摆脱了他在阿拉伯人中间的主要敌人。毫无疑义,如果纳斯尔又不曾遇到阿布·穆斯林这样一位劲敌的话,他也定能削平其余的叛乱者。在政权从乌迈亚朝向阿拔斯朝转移的过程中,

---

① 塔巴里书,Ⅱ,页1717-18。
② 同上书,Ⅱ,页1664-65。
③ 同上书,Ⅱ,页1493-94,1498,1584-85。
④ 同上书,Ⅱ,页1664,1847。
⑤ 同上书,Ⅱ,页1867-68。
⑥ 同上书,Ⅱ,页1889,1919。
⑦ 同上书,Ⅱ,页1832-33。

阿布·穆斯林确不失为一位关键性人物。

如所熟知，什叶派运动最初只是揭出先知教令的旗帜，并以维护先知家族的利益为号召而开展的，当时并不曾宣布何人是先知的继承人。阿里家族的成员被认作是先知的当然继承人，这个家族的成员之一叶海亚·本·扎伊德出现于呼罗珊，但在743年被杀。他的尸体被钉在胡实健（即叶胡迪亚或安巴尔，参看 R130）的城门上，一直悬挂到阿布·穆斯林得胜的时候①。阿布·穆斯林（他采用的并铸在钱币上的名字作阿卜杜－拉赫曼·本·穆斯林），亦思法杭人，是阿拔斯家族派出来的最活跃的专员之一，这时候阿拔斯家庭已取代了阿里家族的地位。747年，阿布·穆斯林被阿拔斯家族成员伊卜拉欣·本·穆罕默德派遣到呼罗珊来。他在呼拉珊靠调和伊斯兰教与当地人民固有的信仰②（特别是灵魂转世的信念）而将迪赫坎与农村居民吸引到自己方面，一天之内，就有六十个村庄的居民前来投效③。纳斯尔劝说也门派相信这种运动的真正目的在于屠杀阿拉伯人，并指出，面对当前的危险，所有阿拉伯人必须团结起来反对共同的仇敌④。纳斯尔空自劝说，阿布·穆斯林还是成功地把所有反对乌迈亚家族的人众集结到自己的阵营以内，其中包括塞吉斯坦一部分哈里吉派⑤以及凯尔马尼领导的一部分也门人。纳斯尔委派哈里思的儿子率领一支军队伏击也门人；凯尔马尼被杀⑥，但是他的两个儿子阿里与奥斯曼仍与阿布·穆斯林联盟。748年岁初，纳斯尔被迫退出呼罗珊，同年秋季，死在波斯。749年岁杪，政权之从乌迈亚家族转入阿拔斯家族掌握，即在西亚亦成定局。

由此看来，阿布·穆斯林是靠联合多方面的力量才把乌迈亚朝总

---

① 塔巴里书，Ⅱ，页1770–74；亚尔库比，*Kitāb al–Buldān*，BGA，Ⅶ，302。
② Розен，3ВОРАО，Ⅲ，页155–6，参照塔巴里书Ⅲ，129；Shahristānī 书，Th. Haarbrücker 译本，Ⅰ，页173.〔关于阿布·穆斯林，还可参看 *Арабский аноним* Ⅺ *b.*，原文，叶2576以下；译本，页95以下。〕
③ 塔巴里书，Ⅱ，页1952。
④ Dīnawarī 书，页360。
⑤ Shahristānī 书，Th. Haarbrücker 译本，Ⅰ，页149。
⑥ 塔巴里书，Ⅱ，页1975。

督打败了的;因此,在战胜共同的仇敌以后,势须再接再厉控制这一极为庞杂的队伍并铲除危险的竞争者。阿布·穆斯林的主要战友为阿布·达乌德·哈利德·本·伊卜拉欣与齐亚德·本·萨利赫·胡扎伊。首先被铲除的是也门派的两位首领;奥斯曼在珂咄罗为阿布·达乌德所杀,同日,阿布·穆斯林也杀了阿里①。然而阿拔斯家族之人承大统,既未能使其阿拉伯的追随者满意,亦未能使其波斯的追随者悦服。阿布·穆斯林在推翻乌迈亚政府以后,不仅必须对阿拉伯人的,而且也必须对波斯人的群众运动展开斗争。你沙不儿的拜火教徒中出现了一位宗教改革者比赫-阿费里德(奥菲书中作马赫-阿费里德),他想恢复纯粹的祆教教义并对官方帕尔西僧侣集团进行尖锐抨击。穆护们向阿布·穆斯林控诉这一新出现的人物不但诋毁他们的信仰,而且也诋毁阿布·穆斯林的信仰。阿布·穆斯林协助穆护们镇压了这一运动②。但更为危险的是133/750-51年阿拉伯人在布哈拉发动的变乱。领导这次变乱的谢里克·本·谢赫麦赫里宣称,"我们所以追随先知的家族,不是为了使人流血,也不是为了多行不义"。由此可见,早在这个时候,已经出现了对阿拔斯家族失望的情绪,这种情绪后来也在据称是阿布·穆斯林所写的信中得到了非常生动有力的表达③。谢里克发动这次变乱,意在拥护阿里家族。追随谢里克的有三万多人;在布哈拉与花剌子模的阿拉伯政权代表都站在他这方面;根据奈尔沙希的记述判断,他也得到了布哈拉城居民的拥护。阿布·穆斯林派齐亚德·本·萨利赫讨伐谢里克,支持齐亚德的有布哈尔-胡达特库泰巴和700座堡寨(参看R159)的居民。这次变乱遭到极其残酷的镇压;城被纵火延烧,三日不熄,俘房们被吊死在布哈拉各城门上。齐亚德又转往

---

① 塔巴里书,Ⅱ,页1999-2000。
② 《原文史料选辑》,页93-4('Awfī);Shahristānī 书,Th. Haarbrücker 译本,Ⅰ,页283-4;比鲁尼,*Āthār-ul-bākiya*,Sachau 刊本,页210-11,译本,页193-94;*Fihrist*,Ⅰ,页344;*Bih' Āfrīd b. Farwardīn*(《伊斯兰百科全书》本条)。
③ Dozy,*Essai*,Chauvin 译本,页240-41。

撒马尔罕,消灭了残存的变乱者①。布哈尔-胡达特库泰巴虽在这次战役中效了力,但后来仍被阿布·穆斯林以叛离伊斯兰教的罪名处死②。

与内部变乱同时,河中地区也面临着外患的严重威胁。西突厥汗国灭亡后,突厥斯坦草原上没有兴起新的强大游牧国家。因此,中国人企图乘突厥人衰微的机会在河中一带重振自己的声威,而这一带的统治者们久已遣使中国,接受了中国政府的封号。748年,中国人攻占并堕毁了碎叶城③。翌年,他们复以"无蕃臣礼"为辞将赭时统治者处死。根据阿拉伯方面的记载④,中国人问罪赭时,系应费尔干纳伊赫施德的邀请;被处死者的儿子则向阿拉伯人乞援。

刚刚平定了谢里克变乱的齐亚德·本·萨利赫于751年7月击溃了由高仙芝统率的中国军队。据阿拉伯史家多半有些铺张的记述,中国人被杀者50,000人,被俘者20,000人,但据中国的记载,高仙芝全军不过30,000人之众⑤。较早的阿拉伯史家忙于记录当时发生在西亚的事变,对这次战役竟无一语道及⑥(参看上文R47);然而这在突厥斯坦历史上无疑是意义非常重大的一次战役,因为它决定了是中国文明还是阿拉伯文明将在这一地区占主导地位的问题。中国人也在其他地区支持了当地统治者反抗阿拉伯人,不过未曾直接对阿拉伯人公开作战。中国史籍提到中国人曾在河中地区的东南端,即在印度边界,获

---

① 塔巴里书,Ⅲ,页74;亚尔库比,*Historiae*,Ⅱ,页425;奈尔沙希书,Schefer刊本,页60-3。
② 奈尔沙希书,Schefer刊本,页8。
③ Бичурин,*Собрание сведений*,第一版,Ⅲ,页244-5;Hirth,*Nachworte*,页71;沙畹,《西突厥史料》,页143;[冯承钧译本,页132]。
④ 伊本·阿西尔书,Tornberg刊本,Ⅴ,页344。
⑤ 沙畹,《西突厥史料》,页143,注;[冯承钧译本,页132,注3]。
⑥ 我们看到萨阿利比书述及此役(*Latâifo' l – ma' ârif*,Jong刊本,页126),据称齐亚德·本·萨利赫俘获的中国人将造纸法传授于撒马尔罕的居民。萨阿里比引了《道路与诸国志》一书,此书可能即杰伊哈尼的著作(参看上文R57)。更早提到齐亚德的出征的有伊本·泰福尔书(Keller刊本,页8),曾被吉布征引(Gibb,*The Arab Conquests*,页96)。参照沙畹,《西突厥史料》,页297以下[冯承钧译本,页273以下]。

得重大胜利①;但此项记载没有相应的阿拉伯方面的材料可资印证。阿布－达乌德·哈利德·本·伊卜拉欣被阿布·穆斯林委任为巴里黑总督,在珂咄罗与碣石连续获胜;珂咄罗的统治者逃往中国,碣石的迪赫坎被杀,其弟继位②。752年,乌什鲁桑那的统治者向中国求援以抵抗阿拉伯人,被中国回绝③。

这样,阿布·穆斯林在对内、外敌人的斗争中都获得了胜利。就呼罗珊的居民说来,他不仅是行政权力的代表,而且也是宗教信仰的导师。他在呼罗珊居民中间享有崇高的威望,因此而引起阿拔斯家族的疑忌,终于不得不和那些靠他扶上宝座的人们相见以兵。135/752－3年,曾被阿布·穆斯林任为河中总督的锡巴·本·努尔曼与齐亚德·本·萨利赫奉哈里发萨法赫的密谕发动叛乱,但未成功。锡巴·本·努尔曼在阿模里被处死;齐亚德见弃于所部,投奔巴尔凯特(参看R145)的迪赫坎,被后者杀害,传首于阿布·穆斯林④。在这场战争中,阿布·达乌德协助阿布·穆斯林作战,但后来转而会合阿拔斯家族一致行动。阿布·穆斯林终被诱至哈里发宫廷,旋遭杀害,时在755年。

在这以后,阿布·穆斯林派自然成为阿拔斯家族的敌人。阿布·穆斯林死后,呼罗珊境内立即发生了波斯人的暴动,暴动虽在两个月内即被削平⑤,但阿布·穆斯林派的势力继续存在。波斯与河中地区的什叶派运动从此一波未平,一波又起,其煽动者总要多多少少为自己的活动挂上阿布·穆斯林的名号⑥。这一派的标志(自然仅适用于公开活动的场合),是白衣白旗,因此,尽管阿布·穆斯林曾以黑旗为取得胜利的标志,而在他死后代表他进行活动的人们却被称为萨皮德－伽

---

① Бичурин,*Собрание сведений*,第一版,Ⅲ,页254;沙畹,《西突厥史料》,页151〔冯承钧译本,页140〕。
② 塔巴里书,Ⅲ,页74,79－80。
③ Бичурин,*Собрание сведений*,第一版,Ⅲ,页242－3;沙畹,《西突厥史料》,页140〔冯承钧译本,页132〕。
④ 塔巴里书,Ⅲ,页81－2。
⑤ 同上书,Ⅲ,页119－20。
⑥ 尼扎木·穆勒克书,Schefer刊本,原文,页199,204;译文,页291,298。

麦干(Sapīd – jāmagān),意为"着白衣者",阿拉伯语作"穆拜伊达"(al – mubayyiḍa)。

阿拔斯朝的政策已为人所熟知。这个朝代的头几位哈里发,与乌迈亚朝的哈里发相同,身兼世俗的统治者,公开提倡希腊学术,主要当马蒙在位时期,更公开支持过穆尔太齐赖派的唯理主义倾向。他们有别于乌迈亚家族之处,主要在于政治目标不同。乌迈亚家族首先是阿拉伯民族的代表,而阿拔斯家族则企图创建一个所有省区(不论其居民为波斯人或阿拉伯人)都能参加、也都享有平等权利的国家。萨珊朝之平衡对称的政治体制曾被阿拉伯人视为施展治国经邦才能的最佳典范[1],阿拔斯家族即奉之为模式。他们的韦齐尔(宰相——wazīr,此职在其作为官僚机构的意义上[2]亦创始于阿拔斯朝),从哈里发曼苏尔在位时起,就由波斯贵族巴尔马基家族(参看 R127 – 8)的成员世袭;历任韦齐尔亦以萨珊时代布祖尔只米赫尔(Buzurjmihr)及其他半神话人物之直接继任者自居[3]。

各省总督的任务,特别是呼罗珊省(一如既往,河中地区仍受该省管辖)总督的任务,也决定于上述原则。与萨珊朝情况相似,国家元首的儿子曾两度被任为呼罗珊省总督,这自然是由于该省总督的职司至关重要,与内、外敌人斗争的任务特别艰巨的缘故。呼罗珊总督们面临的任务是:依照萨珊朝的传统精神增强政治机构;团结所有拥护秩序和安宁的力量;绥靖暴乱分子;讨伐抗命的藩属及其草原上的同盟者。为了使这一省区彻底服从穆斯林统治并使完全不受内忧外患的干扰,惟有从该省土著贵族中遴选既熟悉地方情况、亦为居民所信赖的人物出

198
R256

---

[1] 著名博学家贾希兹(卒于 255/869 年)在其论《突厥人的优秀品质》(Manāqib al – atrāk)一文(蒙 B. P. 罗森男爵以此文的一份抄本见示,至深感谢)中述及萨珊朝波斯人之长于治国,亦犹中国人之长于工艺,希腊人之长于科学研究,以及突厥人之长于战斗。此文已于 1903 年由 van Vloten 刊出,并由 Harley Walker 转为英文;上引文句见页 682。
[2] 关于 wazīr 一词在阿拔斯朝以前及其以后的用法,参看 Barthold, Die persische Šuʿūbīja und die moderne wissenschaft,可特别注意页 258。
[3] 尼扎木·穆勒克书,Schefer 刊本,原文,页 150 – 151;译文,页 223 – 224。

任总督并由其后人世袭此职,方能奏效。无待赘言,这样遴选出来的世袭总督必将置其自身利益于哈里发的利益之上,其对哈里发的从属关系也会很快变得有名无实。

塔希尔朝兴起前,阿拔斯朝委派的历任呼罗珊省总督不得不应付波斯人乃至阿拉伯人本身发动的一系列叛乱。谢里克事件平息后,布哈拉什叶派阿拉伯人仍不断背叛。阿布·穆斯林的第二位继承人阿卜杜-贾巴尔·本·阿卜杜-拉赫曼于140/757-8年命将布哈拉的统治者阿拉伯人穆贾施阿·本·胡莱思·安萨里处死,因后者同情于阿里家族①。

哈里发马赫迪在位时期(775-85年),约在160/777年,有哈里吉派优素福·贝尔木之乱。优素福是萨吉甫部落的依附民,他以伊斯兰教令的名义举起叛旗②。据加尔迪齐的记载③,优素福占领了麦尔韦鲁德、塔里寒与胡实健,可见军事行动主要发生在阿富汗西北部。马蒙在位时期,又须平定一次叛乱,这次叛乱的领导者为优素福之孙曼苏尔·本·阿卜杜拉④。哈里吉派在塞吉斯坦与巴德吉斯屡次倡乱,甚至到塔希尔与萨曼时期,塞吉斯坦依然是暴乱的温床。在巴德吉斯境内,约于150/767年发生了波斯人的宗教运动,运动的首领,先知阿什纳斯,企图完成比赫-阿费里德的未竟之业⑤;比赫-阿费里德是被阿布·穆斯林处死的,已于上文述及。

至于"着白衣者",亦即阿布·穆斯林一派的活动,虽已很少表现为公开的叛乱,但实际上从未真正停止过(这个教派直到十二世纪仍然存在)。阿布·穆斯林被谋杀后,他的追随者伊斯哈克就在河中煽动起一次变乱。伊斯哈克是文盲,人称之为"突厥人",因为从前阿

---

① 塔巴里书,Ⅲ,页128。
② 亚尔库比,*Historiae*,Ⅱ,页478-9;亚尔库比,*Kitāb al-Buldān*,BGA,Ⅶ,页303-4。
③ 牛津抄本,叶94;剑桥抄本,叶75b。
④ 亚尔库比,*Historiae*,Ⅱ,页546。
⑤ 加尔迪齐书,牛津抄本,叶92;检桥抄本,叶74a。

布·穆斯林曾一度派他出使突厥。伊斯哈克自命为琐罗阿斯特的继承者，宣传琐罗阿斯特仍在人间，即将为确立其宗教而显示真身①。这次叛乱旋被扑灭，但接续阿布·穆斯林的第一位呼罗珊总督阿布·达乌德则在757年死于这个教派的刺客之手②。阿布·达乌德的继任人，阿卜杜－贾巴尔，对哈里发的政府渐生嫌怨，终在759年与以贝拉兹为首的叛党联合揭出白旗③。阿卜杜－贾巴尔出战失利，于逃亡途中在麦尔韦鲁德附近被部属阿拉伯人④俘获，送交哈里发处置。远比这次事件更为严重的是哈施木·本·哈基木⑤之乱。哈施木是马鲁附近的土著，先在阿布·穆斯林麾下，继在阿卜杜－贾巴尔麾下供职。据加尔迪齐与奈尔沙希的记述，早在胡麦德·本·卡赫塔巴总督任内，亦即在776年岁初以前，哈施木之乱业已开始。哈施木对其徒众宣称，从前亚当、诺亚、亚伯拉罕、摩西、耶稣、穆罕默德以及阿布·穆斯林都有神附体，他也有神附体；他常用一块绿布蒙脸，说所有凡人都承受不起从他脸上发出的光芒，因此，阿拉伯人称他为穆坎纳(Al-Muqanna‘)，意为"蒙脸的人"⑥。另有人说，哈施木也还为了遮掩面部的残疾，不使徒众得见，故常蒙脸；今日自难判断此说是否属实。哈施木在碣石和那色波附近最为得势，这一带的苏巴赫村首先归附；此外，"着白衣者"也在布哈拉和粟特积极活动，并得到布哈尔－胡达特布尼亚特的支持⑦。布哈拉的穆坎纳徒众在颇长时期内以奈尔沙赫村为根据地。穆坎纳亦向突厥人乞援。这位宗教首脑最后占有碣石附近山上一座堡垒凭险固

---

① Fihrist, Ⅰ, 页345。
② 此从加尔迪齐的记述，牛津抄本，叶90；剑桥抄本，叶73a；依塔巴里书(Ⅲ, 页128)，他为"来自军队的人们"所杀。
③ 加尔迪齐书，牛津抄本，叶91；剑桥抄本，叶73a：'alm Sapīd kard. 还可参照 van Vloten, *Zur Abbasidengeschichte*, 页216-7。
④ 塔巴里书，Ⅲ, 页135。据加尔迪齐书，这些人属于阿兹德部落。
⑤ 关于此人，奈尔沙希书(Schefer 刊本，页63-74)记述最详。
⑥ 此即 Thomas Moore 所撰小说中之"蒙面的先知"。现在还可参看 E. G. Browne 翻译的阿拉伯文的记载(Browne, *A Literary History of Persia*, Ⅰ, 页138以下)。
⑦ 奈尔沙希书，Schefer 刊本，页9。

守。这次变乱在总督穆赛亚卜·本·祖海尔[①]任内(780－3年)始告平息,同情于叛党的布哈尔－胡达特布尼亚特在法拉赫沙为哈里发的骑兵所杀。此后这个教派仍存在于碣石和那色波附近以及布哈拉的一些乡村中;奈尔沙希书的译本列举了这些乡村的名称[②],但这些名称不见于其他记载,除非将泽尔马兹读作泽尔曼(见上文 R147)或雷兹马兹(见上文 R180)。欧马尔寨在萨木阿尼书中[③]作欧麦尔寨,方位不明。马克迪西也说到[④],河中的一些乡村中存在着"着白衣者"的宗教,"其教仪与津迪克(Zindīq,二元论者)的教仪相似"。据图曼斯基抄本,"着白衣者"的人数以在易剌克的农村人口中为最多[⑤]。

806年,纳斯尔·本·赛亚尔之孙拉菲尔·本·莱思聚众为乱,这次变乱的原因及其初起时取得成功的理由,今已不知其详。先是,纳斯尔家族已与阿拔斯朝廷言归于好;拉菲尔之父莱思(据塔巴里的记载[⑥],莱思是哈里发马赫迪的食客)及其从兄弟哈桑·本·帖米木都曾参加过平定穆坎纳的战斗[⑦]。塔巴里完全以个人恩怨来说明这次变乱的起因[⑧],谓为由于哈里发下令处罚拉菲尔所犯的奸淫罪。至于拉菲尔如何取得土著的拥护,如何置撒马尔罕总督于死地并占领了撒马尔罕,我们仍不得而知。那色波的居民请求拉菲尔协助他们反抗政府,拉菲尔接受了这一请求,派遣"赭时的统治者及其突厥人"[⑨]赴援,可见赭

---

① 奈尔沙希书(Schefer 刊本,页70)穆赛亚卜于术马达 I 月到任;据哈木扎·亦思法杭尼书(原文,页222;译文,页172－3,该处误将这位总督的名字写作祖海尔·本·穆赛亚卜),于回历163年术马达 II 月到任;另据加尔迪齐书(牛津抄本,叶95;剑桥抄本,叶76b),穆赛亚卜于166年术马达 I 月行抵呼罗珊,在此地只留驻了八个月。

② 奈尔沙希书,Schefer 刊本,页73。胡什图宛寨可能就是卡胡什宛拉巴特,胡什图宛村与乡均因此拉巴特而得名;参照上文 R168,与《原文史料选辑》,页64(萨木阿尼书,Margoliouth 刊本,al－Kākhushtuwānnī 条)。

③ 《原文史料选辑》,页66(萨木阿尼书,Margoliouth 刊本,al－M·bīzī 条)。

④ BGA,III,马克迪西书,页323。

⑤ Barthold, Die alttürkischen Inschriften,页22。

⑥ 塔巴里书,III,页484。

⑦ 加尔迪齐书,牛津抄本,叶93;剑桥抄本,叶75a。

⑧ 塔巴里书,III,页707－8。

⑨ 同上书,III,页712。

时统治者先已与拉菲尔结盟。此外,亚尔库比还提到①,拉菲尔的战士中有费尔干纳、忽毡、乌什鲁桑那、石汗那、布哈拉、花剌子模以及珂咄罗等地的居民。甚至九姓乌古斯、葛逻禄与吐蕃亦出兵支援拉菲尔②,直至810年,这次变乱才完全平息;拉菲尔于809年见弃于突厥人③,"当他听到马蒙为政清明的报告时"④,遂向马蒙纳降,得到了后者的宽宥,既往不咎。

如上所述,突厥人实际上参与了河中的叛乱,而叛乱者也不断向突厥人乞援;但此时与阿拉伯人为敌的突厥兵力,已不像乌迈亚朝时期那样强大。在突骑施汗国灭亡以及中国人战败以后,河中边界上出现了两个汗国。葛逻禄于766年占领了前突骑施汗国的都城碎叶,继更夺取了今七河省与锡尔河省东部。在锡尔河下游兴起了乌古斯的汗国,这些乌古斯显然与东突厥斯坦境内的九姓乌古斯同样是苏禄死后分散在各地的西突厥人的一部分⑤。上文言及九姓乌古斯在九世纪初期介入了河中地区的动乱局面,我们自应认定这批九姓乌古斯是来自锡尔河方面的乌古斯,即古斯(Ghuzz),而不是来自东突厥斯坦方面的九姓乌古斯⑥。这些游牧人进入河中地区,其目的并不在开拓疆土,而仅从事突击性的劫掠并对诸土著统治者和犯上作乱的阿拉伯人予以援助。阿拉伯人为着保卫这个地区免遭劫掠,故在拉什特、布哈拉附近与赭时修筑了城墙⑦;由此可见,尽管齐亚德·本·萨利赫颇获胜利,但阿拉伯人已放弃了奇尔奇克河以北各省区。总的说来,关于阿拉伯人对桀骜不驯的地方统治者与对诸突厥可汗用兵的情况,我们只能找到很少的报道。曼苏尔在位时期(754－75年),派"教主的食客"莱思(可能

---

① 亚尔库比,*Historiae*,Ⅱ,页528。
② 同上。
③ 塔巴里书,Ⅲ,页775。
④ 同上书,Ⅲ,页777。
⑤ Marquart, *Chronologie*,页24－5;Barthold,*Die alttürkischen Inschriften*,页28。
⑥ 参看 Barthold,Ghuzz(《伊斯兰百科全书》本条)。
⑦ 参看上文 R121,R163－4,R229－30。

即纳斯尔·本·赛亚尔之子,参看上文 R258)出使费尔干纳。当时费尔干纳君主居于喀什噶尔,而仍被迫乞和,交纳贵重贡物。费尔干纳君主遣显要贵族巴蒂术尔(或作拜丘尔)报聘,这位使臣断然拒绝了阿拉伯人提出的改信伊斯兰教的要求,因而一直被囚禁到哈里发马赫迪继位的时候(775 年)。对所有劝说,巴蒂术尔一贯回答:"我是国君的使臣,不能有辱君命。"①马赫迪在位期间(775 – 85 年),约与优素福·贝尔木之乱同时(见上文 R256),艾哈迈德·本·阿萨德一度远征费尔干纳,这时候费尔干纳的国都为柯散②,可知费尔干纳君主已将失地收复。此后不久,马赫迪分遣使节要求若干国家的统治者称藩纳贡,其中多数应命臣服。史籍载称应命称藩者有粟特的伊赫施德、乌什鲁桑那的阿弗申、费尔干纳的君主、葛逻禄的叶护、九姓乌古斯的可汗、"突厥人之王答儿罕"(可能是赭时的统治者)、吐蕃王,甚至还有中国皇帝③。当哈仑·拉施德在位时(786 – 809 年),总督吉特里夫·本·阿塔(792 – 3 年)为了驱逐葛逻禄叶护的军队,派遣阿慕尔·本·杰米勒进入费尔干纳④;总督法兹勒·本·叶海亚·巴尔马基(794 – 5 年)在河中用兵,亦颇顺利,前此"从未朝觐任何人,亦未臣服于任何人"⑤的乌什鲁桑那王至是降附。马蒙驻在呼罗珊期间(809 – 18 年),认为有派军进入粟特、乌什鲁桑那和费尔干纳的必要,同时令令这些地方的统治者遣使入觐以表忠顺⑥。伊本·阿西尔记述了阿拉伯人于 194/810 年远征库兰城(今奥利耶 – 阿塔县境塔尔提地方)的经过,苏菲派谢吉克·本·伊卜拉欣·巴里希即殁于是役⑦。马蒙在对哈里发阿敏(811 年)

---

① 亚尔库比,*Historiae*,Ⅱ,页 465 – 6。
② 同上书,Ⅱ,页 478。参照 Barthold,Farghāna(《伊斯兰百科全书》本条)。
③ 亚尔库比,*Historiae*,Ⅱ,页 479。
④ 加尔迪齐书,牛津抄本,叶 96;剑桥抄本,叶 77b。关于阿慕尔·本·杰米勒,参看《原文史料选择》,页 2(加尔迪齐书)。
⑤ 加尔迪齐书,牛津抄本,叶 97;剑桥抄本,叶 78a。
⑥ 巴拉祖里书,页 430。
⑦ 伊本·阿西尔书,Tornberg 刊本,Ⅳ,页 164。我所写的 *Отчет о поездке в Среднюю Азию*,页 21,31 都提到了库兰。还可参照 Grenard,*La légende*,页 27。

展开斗争以前,曾向其韦齐尔法兹勒·本·萨赫勒诉说他是在非常不利的时刻被迫用兵的:(葛逻禄)叶护拒不服从;"吐蕃主可汗"同样不甘臣顺;喀布尔王正要夺取呼罗珊与喀布尔毗连的地区;讹答剌君主①不肯继续入贡。法兹勒向马蒙建议:分函叶护与可汗,予以他们已经统治的省区,允许他们对(其他)君王作战时予以援助;厚赠喀布尔王,提出他所乐于接受的议和条款;退还讹答剌君主一年贡献以示优遇②。这些以及类似的一些措施,大约至少曾为这个国家赢得对外的和平。

至于内政方面,从历史家们的记载来看,这一时期力为这个国家谋求福利的总督有阿布勒-阿拔斯·法兹勒·本·苏莱曼·徒锡③(783-7年④)与法兹勒·本·叶海亚·巴尔马基⑤(794-5年)。其他总督大都只顾个人发财致富;其中如阿卜杜-贾巴尔·本·阿卜杜·拉赫曼⑥与穆赛亚卜·本·祖海尔⑦等人皆到任伊始即擅自提高税率。总督们滥用职权的行为并非经常立即受到中央政府的处分;阿里·本·伊萨·本·马罕是最贪婪的总督之一,因与哈里发哈仑共分赃物⑧,竟得任职十年以上⑨(796年起)。境内各省居民,一如往昔,须服兵役。

---

① 原文印本中作 Utrārbandah;抄本中作 Airāzabanh。
② 塔巴里书,Ⅲ,页815-6。
③ 《原文史料选辑》,页2(加尔迪齐书)。
④ 加尔迪齐书(牛津抄本,叶95;剑桥抄本,叶77a)谓法兹勒的专使于回历167年穆哈兰月(公元783年秋季)到达马鲁,法兹勒本人则于回历同年拉比阿Ⅰ月(公元10月)到达。在亦思法杭人哈木扎书中,月份均与加尔迪齐所记相同,但年份则作166年(原文,页222;译文,页173,此处译文有误)。塔巴里书(Ⅲ,页517)与奈尔沙希书(Schefer刊本,页32)皆称法兹勒于回历166年被任为总督,但未记何时到任。
⑤ 塔巴里书,Ⅲ,页631。人们把许多事情归到法兹勒身上,但他任职不久,显然不可能作出那么多事情;参照我写的Barmakiden(《伊斯兰百科全书》)本条)。
⑥ 加尔迪齐书,牛津抄本,叶91;剑桥抄本,叶73。阿卜杜-贾巴尔也被控诉杀害过花剌子模人的若干首脑人物(塔巴里书,Ⅲ,页134)。
⑦ 加尔迪齐书,牛津抄本,叶95;剑桥抄本,叶76b。
⑧ 塔巴里书,Ⅲ,页703-4。
⑨ 据塔巴里书(Ⅲ,页713)与加尔迪齐书(牛津抄本,叶98;剑桥抄本,叶79b),他在回历191年(公元806-7年)被免职;亦思法杭人哈木扎书(原文,页225;译文,页175)则谓在同历193年拉比阿Ⅱ月(公元808年4月)。

法兹勒·本·叶海亚在呼罗珊建立了一个强大的波斯兵团:据塔巴里的记述①,应征入伍的士卒达500,000人之多(这显然是个夸大的数字),其中20,000人被送往巴格达,余均留驻呼罗珊。这个兵团称为"阿拔斯兵团",显以原拟作为阿拔斯朝的支柱而得名。

在有关阿里·本·伊萨平定哈木扎叛乱的记述中,提到了"粟特人与那色波人"的部队②,又塔希尔·本·侯赛因率以攻击伊拉克(811年)的军队中,有花剌子模人700名③。

我们还必须着重说明阿拔斯朝诸总督的另一措施,即对当地经济生活无疑有着重大影响的劣质钱币的铸造和使用。据奈尔沙希的记载④,布哈拉铸造银币(第尔赫姆),始于统治布哈拉达三十年之久的布哈尔-胡达特卡纳。卡纳初定这种币制,尚在阿布·贝克尔在位的时期(632-4年)。第尔赫姆以纯银铸造,上有布哈尔-胡达特头戴王冠的肖像。下至八世纪末,这种银币为花剌子模的钱币所取代,不复流通。布哈拉人对此不满,吁请总督吉特里夫·本·阿塔为他们铸造与布哈尔-胡达特的第尔赫姆形制相同,但仅用以满足地方需要,不能输出省外的新银币。时值银价昂贵,吉特里夫商得布哈拉城代表们的同意,开始用六种金属(金、银、铅、锡、铁、铜)的合金铸造钱币。新币形制皆同旧币,但标有吉特里夫的名字,遂被称为吉特里菲。起初布哈拉居民拒绝使用这种黑色第尔赫姆,于是规定了六枚吉特里菲相当于一枚纯银第尔赫姆的兑换率,贡赋可按此率折算,用吉特里菲交纳。截至当时,布哈拉及其近郊的赋税总额接近200,000第尔赫姆⑤,现折

---

① 塔巴里书,Ⅲ,页631。
② 加尔迪齐书,牛津抄本,叶98;剑桥抄本,叶79a。
③ 塔巴里书,Ⅲ,页800。
④ 奈尔沙希书,Schefer刊本,页34-6。
⑤ H. И. 韦谢洛夫斯基教授(ЖМНП,1897年12月号,页467-8)认为应将奈尔沙希的字句译作(如列尔赫所译):"从前布哈拉的田赋共为200,000第尔赫姆,此数不是很大。"事实上没有这样曲解波斯原文的必要;因我们下文征引的数字表明赋税总额确在200,000银第尔赫姆或1,200,000吉特里菲第尔赫姆以下。

合为1,168,567①吉特里菲第尔赫姆。这一兑换率规定后不久,吉特里菲开始涨价,一直涨到与白银第尔赫姆比价相等,但税额并未照减。因此布哈拉人不得不负担六倍于前的赋税。其后吉特里菲继续涨价;220/835年,100②银第尔赫姆值85枚吉特里菲第尔赫姆;522/1128年,仅值70枚。

上引奈尔沙希的记载不无可疑之点。布哈拉之所以开始铸造劣质钱币,像以前花剌子模一样,意在防止这种钱币在省界以外流通。马克迪西③这样说到花剌子模人:"他们规定一枚第尔赫姆的价值等于四枚达奈克④,以防商人运走他们的第尔赫姆;截至今日,白银被带到我们这里来(作者在这里显然用花剌子模人的口气说话),而不是从我们这里被带走。"由此可见,铸币之从纯银改变为六种金属的合金,并不是因为白银价高的缘故,而是如奈尔沙希本人所述,为了限制新币的流通范围;既然如此,布哈拉人就不会反对吉特里菲的流通。关于劣币兑换率迅速提高的原因,奈尔沙希亦未加以解释。很有可能,原因在于旧的、被磨损的银第尔赫姆的贬值;因此,既在事先将税额折合成若干吉特里菲第尔赫姆,就不可能在吉特里菲增值以后,也就是在银第尔赫姆贬值以后,再请求政府降低税额。马克迪西也说到⑤,仅在河中流通的黑第尔赫姆,在当地比白第尔赫姆更为人所乐用。不幸我们找不到什么材料据以了解吉特里菲对库菲第尔赫姆和费勒斯(铜币)的兑换率。伊本·豪卡勒⑥述及用吉特里菲兑换费勒斯,奈尔沙希⑦在叙述260/

---

① 原文中此处脱数字(参照奈尔沙希书,Schefer刊本,页31)。马克迪西书(BGA,Ⅲ,页340)所记之数与此稍异,为1,166,897,下文又作1,166,877;伊本·霍尔达德贝赫书(BGA,Ⅵ,页27)则作1,189,200。
② 原文中脱一字。
③ BGA,Ⅲ,马克迪西书,页286(de Goeje, *Das alte Bett des Oxus*,页100)。
④ 另써作4.5(BGA,Ⅲ,马克迪西书,页340;de Goeje, *Das alte Bett des Oxus*,页109);一般的第尔赫姆重6达奈克。
⑤ BGA,Ⅲ,马克迪西书,页340。
⑥ 同上书,Ⅱ,伊本·豪卡勒书,页363。
⑦ Schefer刊本,页76。

874年事变时也述及用吉特里菲兑换白银,但他们都没有说到兑换率①。

吉特里菲第尔赫姆既不是这类钱币中仅有的一种,也不是其中最早的一种。除开花剌子模的第尔赫姆以外,诸历史家和地理家将河中地区用来纳税的合金第尔赫姆分为三种,即穆罕默迪第尔赫姆、穆赛亚比第尔赫姆以及吉特里菲第尔赫姆。第一种,据加尔迪齐的记述②,是在穆罕默德·本·德赫达任职期间开始使用的。不过呼罗珊历任总督中并无穆罕默德·本·德赫达其人,他多半是呼罗珊总督属下驻在河中的一位阿拉伯官员。穆赛亚比第尔赫姆是在穆赛亚卜·本·祖海尔任内(780-3年)铸造的。据伊本·霍尔达德贝赫系于211年与212年(即公元826-8年)下的记载③,交税情况如下:在花剌子模,用花剌子模第尔赫姆交纳;在并入努赫·本·阿萨德辖境内的突厥诸城镇,用花剌子模第尔赫姆与穆赛亚比第尔赫姆交纳;在赭时、易剌克与忽毡,用穆赛亚比第尔赫姆交纳;在乌什鲁桑那,部分用穆赛亚比第尔赫姆,主要用穆罕默迪第尔赫姆交纳;在费尔干纳、粟特、碣石和那色波,用穆罕默迪第尔赫姆交纳;在布哈拉,用吉特里菲交纳。由此可见,三种合金钱币各自流通于一定的区域。至于这三种第尔赫姆的外形,就诸地理学家的叙述推断,彼此似乎无大差别,上面都有与一般穆斯林钱币极其不同的图形④与伊本·豪卡勒⑤谓为意义不明的一些文字。这类钱币的由来,不久即被人们遗忘。正如马克迪西说过的⑥,早在十世纪时,就存在着下述传说(此项传说亦见于萨木阿尼书⑦):穆罕默德、穆

---

① 〔关于吉特里菲的兑换率,参看 Массон, *К вопросу о 《черных дирхемах》*; Давидович, *Термезский клад.*〕。
② 加尔迪齐书,牛津抄本,叶95;剑桥抄本,叶76b。
③ BGA,Ⅵ,伊本·霍尔达德贝赫书,页27-8。
④ BGA,Ⅰ,伊斯塔赫里书,页314。
⑤ 同上书,Ⅱ,伊本·豪卡勒书,页363。
⑥ 同上书,Ⅲ,马克迪西书,页340。
⑦《原文史料选辑》,页58〔萨木阿尼书,Margoliouth 刊本,al-Rīwandī 条〕。马克迪西没有说到这三位弟兄充任河中总督的时期;据萨木阿尼的记述,他们紧接赛义德·本·奥斯曼之后管辖河中。

赛亚卜与吉特里夫三兄弟夺取了河中,并开始用自己的名字铸造第尔赫姆。

至于今日,已在中亚发现了规仿前穆斯林时期当地银质第尔赫姆铸造的多种多样的合金第尔赫姆。在这里,我们不能深入探讨此等合金第尔赫姆属于上述三种铸币哪一种的这一类钱币学上的问题①。钱币学家把前穆斯林时期的中亚钱币分为两大类,即花剌子模与粟特钱币。前一类钱币正面有国王半身像,面部无须,背面为燃烧着圣火的祭坛;有一枚钱币上刻着一只右行的骆驼。至于正面的题铭,A. K. 马尔科夫认为应读作 Mazda Hodat,意为"独裁的统治者";O. 唐纳教授则认为应读作 Malka Sodak,与安息钱币上的 βασιλε ὐs δίκαιοs 同义,即"公正的国王"。粟特钱币又可细分为数种,但每一种上面都有萨珊王瓦拉赫兰(一作贝赫拉木)五世(420-38 年)的肖像,粟特人显然用这位国王的铸币作为造币的模范②。题铭不尽相同,传布最广的一种钱币上有着十一个符号,这些符号,按照列尔赫的解释③,应读作 bukhar khuddat(布哈尔-胡达特)。已经发现的钱币有的是成色很高的银质第尔赫姆(93.3%)④,有的是后来的成色很低的合金铸币,后者有的有阿拉伯文题铭,例如有的有与穆赛亚卜同时的哈里发马赫迪的名字。截至今日,还不曾发现上面可以清楚认出穆罕默德、穆赛亚卜和吉特里夫等名字的钱币出土,只是在若干钱币上,在宗教的题词后面,又有穆罕默德一名,这可能是穆罕默德·本·德赫达的名字⑤。奈尔沙希与萨木阿尼书所记、钱币上刻的是三位总督的名字一说,依我看来,实属

---

① O. 唐纳教授撰文(Sur l' origine,页 33-38)详细讨论了这一问题,也列举了有关这一问题的文献。
② 依照 E. 托马斯的意见. (Thomas,Bilingual coins,页 118),属于瓦拉赫兰五世类型的钱币是粟特人模仿叛乱者瓦拉赫兰(贝赫拉木)·丘宾(约 578 年)的钱币制造的,并非直接模仿瓦拉赫兰五世的钱币。
③ 参看 Lerch,Sur les monnaies,页 419-29,和他的比较详细但未完成的论文 Монеты бухар-худатов。
④ 〔英译本作(97%)。〕
⑤ Tiesenhousen,Notice,页 11;Thomas,Bilingual coins,页 128;在这里,或应将 Muḥammad·l·h 读作 Muḥammadīya。人所熟知,哈里发马赫迪名穆罕默德,这些钱币上的穆罕默德字样可能是这位哈里发的名字。

无可置疑,虽然 H. И. 韦谢洛夫斯基教授有着不同的见解①。或许他们的名字不是用阿拉伯文拼写,而是像阿拉伯-巴列维钱币那样,用的是阿拉姆字母。大凡劣质合金的钱币都不耐磨损,这些第尔赫姆自非例外;因此,不但阿拉姆文题铭,即便是阿拉伯文题铭也极难辨认。列尔赫考订的"布哈-胡达特"的解读,本可目为定论,可是 E. 德鲁安仍持异议,附和德鲁安之说者有 O. 唐纳教授。另一颇难索解的情况是:吉特里菲第尔赫姆仅在布哈拉流通,而所谓布哈尔-胡达特的第尔赫姆却除布哈拉以外亦见于撒马尔罕、忽毡以及基发等地②。因此,截至目前,钱币学的资料只表明这样一个事实:五或六世纪时,粟特开始仿照萨珊朝钱币铸造第尔赫姆;如果奈尔沙希记载的布哈拉开始铸币的年代确实可靠的话,那么布哈尔-胡达特所铸钱币的形制,可能是仿效他们的邻居粟特人,而非直接仿效萨珊朝,否则他们会以库萨和二世的第尔赫姆为模范,与此后不久阿拉伯人的作法相同。特别奇怪的是,晚至八世纪末,在河中地区久已铸造库菲型第尔赫姆与费勒斯之后,为了满足居民对于劣质货币的需求,竟然铸造上有异教形象的旧型第尔赫姆。

哈里发马蒙既藉波斯人之助击败其兄阿敏,自然要对辅佐他登上宝座的人们有所酬报,因此他比以前的哈里发更加信赖波斯人,更常委以治理东方各省的重任。为塔希尔与萨曼两朝的建立打下基础的,正是这些被信赖的波斯人。塔希尔朝的祖先③拉齐克系阿布·穆罕默德·塔勒哈·本·阿卜杜拉·胡扎伊④门下的食客,塔勒哈任塞吉斯坦总督,受塞勒木·本·齐亚德(见上文 R241)的节制;哈菲兹-伊·阿卜鲁⑤曾误将这位塔勒哈与伊斯兰教初兴时一位同名的著名人物混

---

① 参看上文 R262,注 2。
② Lerch, *Sur les monnaies*, 页 423。
③ 关于塔希尔朝的由来,伊本·哈利坎书曾详加叙述(Wüstenfeld 刊本,No. 350;de Slane 译本,Ⅰ,页 649 以下)。据马斯乌迪的记载(BGA,Ⅷ,页 348),塔希尔家族系勇士鲁斯泰木的后裔。
④ 塔巴里书也提到了此人(Ⅱ,页 393)。
⑤《原文史料选辑》,页 158(哈菲兹-伊·阿卜鲁书)。这位著作家也提到穆斯阿卜的父亲名法尔鲁赫。

为一谈。拉齐克之子穆斯阿卜为哈烈省布申格城统治者,当阿拔斯家族从事宣传期间,他是阿布·穆斯林的一位追随者的书记官。关于优素福·贝尔木变乱的记载,又提到穆斯阿卜是布申格城统治者,优素福从他手中夺取了这座城镇①。变乱平定后,穆斯阿卜官复原职,后由其子侯赛因(卒于199/814-15年),又由其孙塔希尔继任。塔希尔继任前不久,参加过讨伐拉菲尔·本·莱思的战争②。811年,反抗阿敏军兴,塔希尔升任马蒙全军司令官,韦齐尔法兹勒·本·萨赫勒亲自把司令军旗挂在他的矛头上③。马蒙正位(813年)后,以塔希尔为杰齐拉(即美索不达米亚)总督、巴格达驻军统帅,兼萨瓦德(即伊拉克)理财官④。塔希尔的朋友艾哈迈德·本·阿布·哈利德进谗言于马蒙,引起马蒙对当时呼罗珊总督伽散·本·阿巴德的疑忌。821年,塔希尔被调任呼罗珊总督⑤。822年,塔希尔从呼图白(Khuṭba)的宣读中除掉了马蒙的名字,藉以表示脱离巴格达哈里发的统治。同年十一月,塔希尔暴卒,人们很自然地猜想是哈里发授意将他毒杀。然而马蒙仍批准塔希尔之子塔勒哈继任呼罗珊总督(822-28年)。塔勒哈的继承人为阿布勒-阿拔斯·阿卜杜拉,于830年到达呼罗珊,他实际上已经是完全独立的君主。哈里发穆阿塔西木(833-42年)虽恨之入骨⑥,但亦只能秘密组织暗杀活动⑦,不敢公开和他作对。同时,塔希尔家族的其他成员仍在西方担任一些要职,如巴格达驻军的指挥权即仍操于塔希尔家族成员手中,这种情况自然有利于塔希尔朝的兴起。不过,总的说来,塔希尔家族诸首脑也都了解他们仅在本国境内才有安全保证。阿

---

① 加尔迪齐书,牛津抄本,叶94;剑桥抄本,叶75b。
② 塔巴里书,Ⅲ,页777。
③ 《原文史料选辑》,页2(加尔迪齐书);亦见伊本·哈利坎书。
④ 塔巴里书,Ⅲ,页1039。
⑤ 同上书,Ⅲ,页1042。
⑥ 关于所以怀恨的诸种原因,参看《原文史料选辑》,页3(加尔迪齐书)。
⑦ 据加尔迪齐的记载(牛津抄本,叶102;剑桥抄本[叶82b]〔Muhammad Nazim 刊本,页7〕,哈里发赠与阿卜杜拉女奴隶一名,给她一条浸透了毒药的缠头巾(dastārcha)供阿卜杜拉缠用;但在她到达你沙不儿以后,钟情于阿卜杜拉,泄露了密谋。

卜杜拉曾向他的一位近臣表示有意赴麦加朝圣,这位近臣忠诚地回答道:"啊,埃米尔!以殿下之圣明,自然不做这种没有意义的事情。"①阿卜杜拉完全赞同他的官员的意见,并说明所以出此戏言,不过是要测验他如何回答而已。

萨曼家族的得势,甚至比塔希尔家族更早,但萨曼家族初起时,只是作为河中的统治者,受呼罗珊总督的节制。萨曼朝的祖先,萨曼-胡达特,系巴里黑省萨曼村的建立者和统治者②,世人认为他是591年走依突厥人的萨珊显贵贝赫拉木·丘宾的后裔。萨曼-胡达特颇得总督阿萨德·本·阿卜杜拉·库谢里(卒于738年)的青睐,他改奉伊斯兰教,并为了对自己的长官表示礼敬,给自己的儿子取名阿萨德。阿萨德一生事迹,我们毫无所知,他的四个儿子努赫、艾哈迈德、叶海亚、伊勒亚斯参加过平定拉菲尔·本·莱思的战役③,其后在哈里发马蒙身旁供职,颇蒙宠信。呼罗珊总督伽散·本·阿巴德(819-21年)迎合哈里发意旨,委任努赫为撒马尔罕总督,艾哈迈德为费尔干纳总督,叶海亚为赭时总督,伊勒亚斯为哈烈总督④。萨曼家族未能长期保持其对哈烈的统治,伊勒亚斯于242/856-57年死在哈烈⑤,似无后嗣,因为传留到今天的关于萨法尔家族兴起于塞吉斯坦与哈烈省的记载都没有提

---

① 加尔迪齐书,牛津抄本,叶103;剑桥抄本,叶83a[Muhammad Nazim 刊本,页7]。
② 多数历史家如此云云。马克迪西(BGA,Ⅲ,页338;亚库特,Mu'jam,Ⅲ,页13)则置萨曼村于撒马尔罕附近。
③ 奈尔沙希书,Schefer 刊本,页74。
④ 此据米尔洪德的记述(Histoire des Samanides,Defrémery 刊本,页2,113)。另据哈木杜拉·可疾云尼的记述(奈尔沙希书,Schefer 刊本,附录,页100),伊勒亚斯得到了赭时,叶海亚得到了哈烈;但在 Browne 刊本中(Ḥamdallāh Qazwīnī,Ta'rīkh-i Guzīdah,原文,页379),伊勒亚斯得到哈烈,叶海亚得到赭时(抄本中又不作赭时,而作 Ashnās 与 Ashfās;译文页73亦译 Ashnās)。米尔洪德的记述为下文所引萨木阿尼的语句所证实。我们从金迪撰《埃及的总督与法官》一书中(Kindī,Governors and Judges of Egypt,Guest 刊本,页184)得知,伊勒亚斯·本·阿萨德·萨曼尼于212/827年受任亚历山大里亚总督,但不知他留在西方多久;还可参照 Guest, Relations,页169。奈尔沙希的叙述(Schefer 刊本,页75)在这一点上于史实和纪年方面均多严重失误。加尔迪齐书(牛津抄本,叶101;剑桥抄本,叶81a)仅提到努赫被任命。
⑤《原文史料选辑》,页59(萨木阿尼书,Margoliouth 刊本,al-Sāmānī 条);此处也记载了萨曼家族其他成员的卒年。

到萨曼家族。在河中,萨曼家族成为世袭的统治者。艾哈迈德·本·阿萨德在其昆仲中谢世最晚,故能将大权传给他的儿子们。如果我们可以依据伊本·霍尔达德贝赫的关于河中税收的记载①加以判断,那么在回历211与212年(公历826-7年),四兄弟中年龄最长的努赫·本·阿萨德还被认为仅仅是粟特一部分地区(包括撒马尔罕城在内)、费尔干纳及若干"突厥城镇"的统治者。努赫死(227/824年)后,轮到艾哈迈德年龄最长,艾哈迈德本人留在费尔干纳,把他的儿子纳斯尔派到撒马尔罕②。

关于萨曼朝头几位君主在位时期河中地区内部历史,我们所知无几。加尔迪齐③述及,224/839年,费尔干纳发生了一次地震;《坎迪埃》的作者述及,245/859年,沙乌达尔县有数千人被屠杀,但未详述这次变乱的起因何在④。855年叶海亚卒后,赭时也显然转到艾哈迈德治下,因为我们后来看到阿布·优素福·亚尔库卜·本·艾哈迈德成为此地的统治者⑤。864年艾哈迈德卒后,萨曼家族的新首脑纳斯尔继续统治撒马尔罕;艾哈迈德的另一个儿子阿布勒-阿什阿思开始统治费尔干纳⑥。布哈拉直到874年才并入萨曼国家的版图⑦,翌年(875年),纳斯尔·本·艾哈迈德接到哈里发穆阿塔米德颁发的授权状,授以在河中全境处理政务的权力⑧。

河中确定成为穆斯林统治区,正是在这一时期。塔希尔与萨曼家族在完成此一任务的过程中,仍然得到了巴格达政府的支持。上文述

---

① 伊本·霍尔达德贝赫书,页27-8。为了得出伊本·霍尔达德贝赫所记河中税收的总额,须将"努赫所辖之省"的税款与粟特、布特姆、碣石、那色波、乌什鲁桑那、赭时、银矿(在易剌克境内)以及忽毡等地的税款加在一起。但上文则将粟特计入"努赫所辖之省"以内;可能上文的粟特系指以瑟底痕为首城的伊赫施德的领地而言,此处乃指以撒马尔罕为首城的区域而言。
② 米尔洪德 Histoire des Samanides, Defrémery 刊本,页2,114。
③ 《原文史料选辑》,页3(加尔迪齐书)。
④ 《原文史料选辑》,页49;那色菲, Кандийа, Вяткин 译本,页242。
⑤ 奈尔沙希书,Schefer 刊本,页81。
⑥ 同上书,页80。
⑦ 同上书,页77。
⑧ 塔巴里书,Ⅲ,页1889。

及,马蒙即位初年,河中全境曾发生过反抗阿拉伯统治的骚动。马蒙离去后,变乱再起,直到总督伽散·本·阿巴德任职期间(819-21年)始告平息①。201/816-7年出现于呼罗珊的饥荒②(实际上是遍及波斯全境的饥荒)可能像733年的情况一样(见上文R248),部分原因在于禁运河中粮食出境。至塔希尔身死,塔勒哈继位后,艾哈迈德·本·阿布·哈利德奉命率军进入河中,这次出兵主要是为了征服乌什鲁桑那,因乌什鲁桑那君主卡乌斯(其父曾降附法兹勒·本·叶海亚)承认向马蒙纳贡,但在马蒙到达巴格达以后,竟又背约。此后不久,乌什鲁桑那王室内部发生纷争;卡乌斯之子海德尔杀死一位有名的贵族,这位贵族是海德尔的弟兄法兹勒的岳父,也是法兹勒派的首脑。海德尔行凶后,先走依阿拉伯政府驻在当地的代表,继又逃往巴格达。法兹勒则于205/820-21年将九姓乌古斯召至乌什鲁桑那境内。207/822年,艾哈迈德·本·阿布·哈利德引军循海德尔指引的阿拉伯人前所未知的捷径进入乌什鲁桑那,卡乌斯猝不及防,被迫投降。法兹勒旋即随突厥人逃入草原,但又背弃突厥人转而与阿拉伯人联合;突厥人渴死在草原上。卡乌斯前往巴格达,信奉了伊斯兰教,受命为乌什鲁桑那省的统治者。卡乌斯卒,海德尔嗣位③,后来成为哈里发朝廷上的首席贵族,人称阿弗申(Afshīn,乌什鲁桑那君主的尊号),颇负时誉。841年,阿弗申被处死;但他的朝代继续统治乌什鲁桑那至280/893年而亡。彼得格勒爱尔米达日美术博物馆中藏有乌什鲁桑那最后一位阿弗申赛尔·本·阿卜杜拉铸造于279年的钱币,还藏有萨曼朝宗室亦思马因280年在乌什鲁桑那铸造的钱币一枚④。

艾哈迈德·本·阿布·哈利德是对塔希尔朝兴起予以助力的主要人物之一,他受命统军,无疑深为塔勒哈所欢迎,塔勒哈对这位阿拉伯

---

① 亚尔库比,*Kitāb al-buldān*,页307。
② 塔巴里书,Ⅲ,页1015。
③ 同上书,Ⅲ,页1044,1065-6;巴拉祖里书,页430-1。
④ Марков,*Инвентарный каталог*,页112-4。

将军及其幕僚馈遗甚丰。从米尔洪德的记载①看来,艾哈迈德·本·阿布·哈利德的行动证明他也是萨曼家族的庇护者,他从费尔干纳赶走"信仰的敌人",把统治费尔干纳的权力归还给艾哈迈德·本·阿萨德。又据巴拉祖里的记述②,取得柯散与乌雷斯特二城从而最后树立起萨曼家族在费尔干纳的威权的是努赫·本·阿萨德,但他又说这件事发生在哈里发蒙塔西尔在位期间(861-62年),实则其时努赫下世已久。努赫的另一成就为在840年征服伊斯菲贾卜城③,此事大约可信。努赫下令在伊斯菲贾卜"环绕居民的葡萄园和耕地"建筑墙垣④,亦即仿效赭时前例,靠这种工事防御突厥人入侵。但伊斯菲贾卜省则直至十世纪尚为一个分立的突厥王朝⑤所统治,享有一些重要特权,甚至免纳赋税⑥。伊斯菲贾卜省统治者每年仅向萨曼政府送交达奈克四枚(折合不到五便士)和一把扫帚⑦以表臣顺。

哈里发马蒙⑧责成各省总督继续镇压叛乱,同时谕令使臣、差官等征聘地方上著名人士入哈里发朝廷任职。被征人士到达巴格达后,马蒙通常馈赠有加。后来穆阿塔西木在更大范围内实行这种政策,当他在位期间,突厥禁卫军(其中也收编了来自粟特、费尔干纳、乌什鲁桑那与赭时等地的移民)成为哈里发政权的支柱之一⑨。这一情况有助于穆斯林巩固其在河中的统治权。阿卜杜拉·本·塔希尔,大约在萨曼家族协助下,派他的儿子攻入古斯境内,夺取了在他以前别无军队到过的若干地方。⑩ 也就是从这时候起,河中居民成为虔诚的穆斯林,开

---
① *Histoire des Samanides*, Defrémery 刊本,页2,114。
② 巴拉祖里书,页420。在一份抄本中,称哈里发为曼苏尔。
③ 《原文史料选辑》,页58(萨木阿尼书,Margoliouth 刊本,al-Sāmānī 条)。
④ 巴拉祖里书,页422。
⑤ 关于这一王朝的若干君王,参看上文 R233。
⑥ BGA,Ⅰ,伊斯塔赫里书,页333。
⑦ BGA,Ⅲ,马克迪西书,页340;Ⅳ,343(词汇)。
⑧ 关于马蒙与穆阿塔西木,参看巴拉祖里书,页431。
⑨ Dozy, *Essai*,页247。当马蒙在位时期,穆阿塔西木身边就已经有一个突厥卫队;214/829年,他和他的突厥人4,000名来到了埃及(金迪书,页188)。
⑩ 〔R. B. 巴托尔德在他后来撰写的《上库曼族简史》一书中推测这次出征的目标是西北方(转下页)

始主动地"为了信仰"对突厥族邻人进行战斗。至于在塔希尔家族统治期间,哈里发之所以仍然多少关怀河中事务,这大约是因为巴格达朝廷上尚有一些河中人士身任要职的缘故。哈里发穆阿塔西木尽管颇为勉强,还是拨出二百万第尔赫姆供在赭时境内开浚一条灌溉大渠之用:据奥菲的记述,这条水渠到十三世纪仍然存在①。上文(R147、R150)已经提到,直到穆罕默德·本·塔希尔在位末年,河中境内有些土地仍被认作是哈里发的私有财产。

塔希尔朝与萨曼朝诸君主出身贵族,又是阿拉伯统治的正式代表,所以他们不像阿布·穆斯林或其他达伊(Dā'ī,什叶派宗师)那样能够体现和表达民族主义与民主主义的倾向。这两个朝代的统治,可以最确切不过地称之为开明专制主义的统治。从他们力求建立稳定的秩序和在辖境内恢复和平来看,他们似在保护较低阶级使不受较高阶级的压迫;他们注意振兴教育,但决不进行根本的社会改革,他们无情地打击群众中间那些比较好动的人。当呼罗珊的第一位组织者阿卜杜拉·本·塔希尔在位时,所有这些特征都已经很明显地表现了出来,正如亚尔库比所说,阿卜杜拉统治呼罗珊,与以前的人迥然不同②。阿卜杜拉的兴趣主要寄托在农业方面③。居民们在灌溉用水上常起纠纷;而穆斯林律书对这类事件并无规定,于是阿卜杜拉召集呼罗珊的法学家,令与来自伊拉克的法学家共同制定关于用水的条例。法学家们编纂的《水渠之书》(Kitāb al-Qunīy)甚至到两个世纪以后,亦即到加尔迪齐的时候,仍然是处理这类问题的准绳。阿卜杜拉在对官吏颁发的应当

(接上页)的里海沿岸。他这样立论,系以巴拉祖里书中的一段记载为根据,而 С. Л. Волин 为这段记载的译文加注称:"В. В. 巴托尔德认为这次出征指向古斯国家的西部,因为正是在这一带,阿卜杜德·伊本·塔希尔建立了边防堡垒迪希斯坦与费拉瓦。巴托尔德此说不仅在地理方位上不够明确,而且在语言学解释上也存在着以下的问题:抄本中一字未标音点,可读作'гузийя'即古斯人,亦可读作'гурийя'即古尔人,古尔人系今阿富汗古尔山区的居民,事实上几次出征都是对古尔人进行的。"(METT,Ⅰ,78,注3)。〕

① 塔巴里书,Ⅲ,页1326;《原文史料选辑》,页83-4(奥菲书)。
② 亚尔库比,Historiae,Ⅱ,页586。
③ 其他情况,见《原文史料选辑》,页3(加尔迪齐书)。

保护农民利益的命令①中，提出了关于农民的道义性质的考虑："真主使他们的手养活我们，使他们的嘴欢迎我们，也禁止我们虐待他们。"阿卜杜拉对于较低阶级的关怀，使得他有普及教育的意图，他很明确地说："无分善人或恶人，都应当有求得知识的机会；知识会照顾它自己，它不会和恶人常在一起。"当时连赤贫农民的孩子也到城镇受教；哈尔贡村（见 R185）居民哈尔贡尼两兄弟的经历可以为证。他们的父亲在 233/847－48 年送他们到撒马尔罕就学，在三年时间内他们掌握了多种知识，同时他们的母亲靠纺毛线为他们筹措学费②。尽管伊斯兰神学这时候在呼罗珊与河中，特别是在布哈拉已确立其地位③，但因阿卜杜拉生在唯理主义的极盛时代，故未可率尔肯定他把"知识"仅仅了解为伊斯兰神学。阿卜杜拉本人，像他的父亲一样，也略有诗人之名；他的侄子，马鲁、阿模里与花剌子模的统治者曼苏尔·本·塔勒哈写了一些哲学论著；阿卜杜拉称曼苏尔为"塔希尔家族的智慧"，引以为莫大荣耀④。

　　塔希尔朝诸君主势须应付的群众运动，主要的有塞吉斯坦境内的哈里吉派运动和塔巴里斯坦境内的什叶派运动，这两种运动在萨曼朝也都仍在持续。但这些不和谐的因素只是到阿卜杜拉之孙穆罕默德·本·塔希尔在位的时候才显示出它们的影响。穆罕默德的父亲塔希尔·本·阿卜杜拉（844－62 年）是阿卜杜拉的克家之子，历史家像赞美他的父亲同样地赞美他的治绩和个人品德⑤。塔希尔卒，穆罕默德冲龄嗣位⑥，史家说他是一位脆弱的君主，耽于逸乐⑦。其时塔巴里斯坦的统治者是穆罕默德的叔父苏莱曼·本·阿卜杜拉；另有边境上介

---

① 《原文史料选辑》中 barzkarān 误印作 bazrakān。
② 《原文史料选辑》，页 56（萨木阿尼书，Margoliouth 刊本，al - Kharghūnī 条）。
③ 奈尔沙希书，Schefer 刊本，页 54。
④ *Fihrist*，Ⅰ，页 117。
⑤ 《原文史料选辑》，页 3（加尔迪齐书）；亚尔库比，*Kitāb al - buldān*，页 307。
⑥ 亚尔库比，*Historiae*，Ⅱ，页 605。
⑦ 加尔迪齐书，牛津抄本，叶 104；[剑桥抄本，叶 84a；Muhammad Nazim 刊本，页 10]。

于塔巴里斯坦与低廉二省(均位于里海沿岸)之间的一片土地,原系哈里发的财产,亦于此时被赐予由 851 至 867 年充任巴格达总督的穆罕默德·本·阿卜杜拉。后者派遣基督教徒贾比尔·本·哈仑为代表来管理这片土地,贾比尔也夺取了与这片土地毗连的"死地"(Sawāfī),即邻近各村居民公用、不归任何人私有的牧场。这一侵害居民权利的行动,掀起了一场由阿里家族领导的蔓延甚广的变乱①。864 年,阿里家族的哈桑·本·扎伊德自立为塔巴里斯坦省的统治者,统治这个省区至 884 年,二十年中仅有短暂的间断。由此可见,这次什叶派运动的起因在于侵害了农民的利益。后来在 301/913-14 年发生的反对萨曼君王的运动,多半具有同样的的民主性质;这次运动是由哈桑·本·阿里·乌特鲁什领导的,人们认为他也是阿里的后人。哈桑在低廉宣传伊斯兰教颇有成效②,赢得了当地居民的信任,终其身深孚众望。公正的历史家③都赞扬他为政清明,可是另一方面,热烈维护古老的波斯传统的比鲁尼④却斥责哈桑破坏了由神话人物费里敦确立的家庭组织。"费里敦命令人们要管理自己的房舍,管教自己的家庭和子孙,并给与他们以凯特胡达(Katkhudā)的称呼,意为'一家之主'。纳西尔·乌特鲁什却废除了这种习俗,以致强盗像(好)人一样成为凯特胡达的时代重又到来"。由此可见,哈桑曾取消过家产所有者的权利。

在呼罗珊和河中,自然不会发生如上所述为较低阶级的利益而采取严厉措施的情况;不满于自己的处境的人们只有一条出路,即加入"圣战者"的行列,前往正对不信伊斯兰教者或对异端作战的地区去。圣战者的结合除被称为伽齐(Ghāzī)、法塔(Fatā)以外,也常被称为穆塔维阿(al-Muṭawwiʻa,正确的拼读作 al-Mutaṭawwiʻa),意为"志愿兵"。这种结合,像所有东方会社一样,是有组织的团体。这类义勇战

---

① 塔巴里书,Ⅲ,页 1523-26。
② 伊本·阿西尔书,Tornberg 刊本,Ⅷ,页 61。
③ 同上书,Ⅷ,页 64;塔巴里书,Ⅲ,页 2292。
④ Athâr-ul-bākiya,Sachau 刊本,页 224;英文译本,页 210。

斗队的首领往往声誉鹊起,并取得官方承认①。志愿战士,特别是那些来自河中的志愿战士,既与家乡断绝了联系,因此哪里进行圣战,哪里有财物可以掠夺,他们就到哪里去投效②。当然,统治者们利用这些人的服役,也不能永远保证对自己没有危险。马克迪西写过一篇痛斥宾凯特居民的文章③,说他们对萨曼家族的政权"既是一种支持,又是一种威胁",很有可能,马克迪西所谴责的就是这种志愿战士④。加尔迪齐曾用艾亚尔('ayyār,意为"恶汉")一词代替上述诸名词⑤,亦不为无理。这些不安分的人在大城市中集结的力量特别雄厚,这种情况各地皆然。撒马尔罕的居民甚至为萨曼朝君主带来麻烦⑥。帖木儿在位时期,撒马尔罕的伽齐英勇地保卫这座当时没有设防的城市,击退外来的进攻,但旋即受到政府的惩处⑦。据旅行家们的报道,虽在目前布哈拉朝统治下,撒马尔罕依然有颇不易与的名声⑧。

在呼罗珊,早在821年,就发生过一次由一名志愿战士煽动起来的叛乱⑨。到这个世纪末年,从志愿兵行伍中兴起了强大的萨法尔朝,它推翻了塔希朝,取得了统治波斯的大权。然而萨法尔君主犹以为未足,力图向河中扩张,终于导致这一王朝本身的崩溃。萨法尔朝的建立者⑩,亚尔库卜·本·莱思·本·穆阿达勒及其三弟兄,阿慕尔、塔希

R274

216

---

① 拜哈吉书,Morley 刊本,页 28;〈Ghanī 与 Fayyāḍ刊本,页 23〉:sālār ghāziyān.
② 同上书,页 347〈Ghanī 与 Fayyāḍ刊本,页 283〉。
③ BGA,Ⅲ,马克迪西书,页 276。
④ 关于赭时与费尔干纳境内的武装力量,参看伊斯塔赫里书,页 291。
⑤ 《原文史料选辑》,页 4(说到亚尔库卜·本·莱思),13〔Ibn' Alamdār,乌特比书阿拉伯语原本(亚洲博物馆抄本,叶 65;乌特比——马尼尼书,I,页 341);波斯语译本(奈尔沙希书,Schefer 刊本,页 225)〕。
⑥ 参看上文 R138。
⑦ 谢雷甫丁·叶兹迪书,Pétis de la Croix 译本,Ⅰ,页 91-6;加尔各答刊本,页 109-12。关于这些事件的比较详细的叙述,参看 Бартольд,*Народное движение в Самарканде*,页 01-014。
⑧ Wolff,*Narrative*,页 202-3。
⑨ 塔巴里书,Ⅲ,页 1044。
⑩ 关于这一王朝的由来,参看《原文史料选辑》,页 3-4(加尔迪齐书);BGA,Ⅰ,伊斯塔赫里书,页 245-7;伊本·哈利坎书,Wüstenfeld 刊本,NO.838;de Slane 译本,Ⅳ,页 301 以下。内尔德克教授为萨法尔朝历史写出的概要极为精彩(Nöldeke,*Orientalische Skizzen*,页 187-207;J. S. Black 英译本,*Sketches from Eastern History*,页 176-206)。还可参看 Barthold,*Zur Geschicht der Ṣaffāriden*。

尔与阿里,是塞吉斯坦境内卡尔宁城的人,该城距省会泽伦只一程之遥,位于通往布斯特道路的左侧。亚尔库卜入城(约指泽伦只城)为一位铜匠佣工,月得工资 15 第尔赫姆;他的弟兄阿慕尔,一说是赶骡子的脚夫,另一说是木匠。这几位弟兄很快就在侪辈中崭露头角,由于慷慨好义,赢得了许多追随者。他们和他们的叔父凯西尔·本·拉卡克结合为一伙强盗,旋即加入一支"圣战者"队伍,在迪尔赫木·本·纳斯尔·本·萨利赫①的率领下征讨塞吉斯坦的哈里吉派,虽则如我在别处指出的②,亚尔库卜本人在其创业初期也属于哈里吉派。他们在布斯特城附近与哈里吉派有小规模的战斗,四兄弟之一塔希尔殁于此役。志愿战士们很快就变为政府甚感难与相处的同盟者,以致奉塔希尔朝名义统治塞吉斯坦的伊卜拉欣·本·侯赛因③不得不让出政权,离省他去。在这以后,迪尔赫木处于实际管辖塞吉斯坦的地位,任亚尔库卜为布斯特城长官。但亚尔库卜屡建奇功,不久即使迪尔赫木在军队中的威信相形见绌。迪尔赫木认为应当尊重众人的意见,于是推亚尔库卜总军,本人退为一员裨将。伊本·哈利坎使用的一种史料,记载了这件事发生的确切日期,即回历 247 年穆哈兰月 6 日,日曜日(公元 861 年 3 月 22 日)。由此可见,尽管亚尔库比的说法④与此不同,实际上当塔希尔·本·阿卜杜拉在位期间,亚尔库卜已跻于显贵之列。

亚尔库卜首先致力于巩固其在塞吉斯坦的权力;他杀死号称鲁特

---

① 塔巴里书(Ⅲ,页 1892)述及迪尔赫木·本·纳斯尔是亚尔库卜的部属。加尔迪齐书原文中 Naṣr 一字前多半脱落了 Dirham bin 二字。伊本·阿西尔书与伊本·哈利坎书中之所以出现迪尔赫木·本·侯赛因一名,多半由于将此人与伊卜拉欣·本·侯赛因混为一谈。洪德米尔书(*Habib as - Siyar*,德黑兰 1271/1854—55 年刊本,Ⅱ,页 127)谓迪尔赫木为拉菲尔·本·莱思之孙(参看上文 R258—9)。

② Barthold,*Zur Geschichte der Ṣaffāriden*. 关于亚尔库卜与萨利赫·本·纳斯尔(或作本·纳德尔)及迪尔赫木(大约是萨利赫·本·纳斯尔的弟兄)的关系,参看上引文 R178 以下。

③ 伊本·穆因书中(*Firdaws at - Tawārīkh*,叶 399a)作伊卜拉欣·本·纳斯尔·本·拉菲尔;伊本·穆因也说到亚尔库卜之父莱思即在伊卜拉欣手下任职。

④ 亚库比,*Historiae*,Ⅱ,页 605。

比勒(Rutbīl)①的当地王公,制服了哈里吉派②。在这以后,他伸张势力到喀布尔河流域,继又扩张到信德和麦克兰,最后在867年③征服了哈烈和塔希尔家族的发祥地布申格,时塔希尔·本·侯赛因·本·塔希尔④正任布申格的长官。869年,亚尔库卜夺取了起儿漫;哈里发穆阿塔兹(866-69年)曾把这个省区同时许给亚尔库卜与法尔斯的统治者阿里·本·侯赛因二人,意在促使他们火并,从中蒭除一人⑤。结果,亚尔库卜获胜,阿里·本·侯赛因不仅未能保全起儿漫,而且也丧失了法尔斯。871年,亚尔库卜奉到哈里发穆阿塔米德(870-92年在位,在位期间,他的弟兄阿布·艾哈迈德·穆瓦法克总揽国政)的新的宠命,被任为巴里黑与吐火罗斯坦的总督⑥。据加尔迪齐的记载⑦,亚尔库卜

---

① 或作尊比勒(Zunbīl)。马夸特认为读作 Zunbīl 是最确切的(*Ērānshahr*,页248),但他的意见似乎没有充足理由。参照 Nöldeke,ZDMG,Ⅵ,页432。
　〔Rūtbīl 或 Ratbīl 的读法,虽已为阿拉伯的词典编辑者或语言学家所公认,但迄未得到令人满意的解释。看来马夸特的意见可能正确,即应将此词读作 Zunbīl,使与名为 Zūn 或 Zhūn 的天神具有联系,此天神有祠在阿富汗东南部之扎明达瓦尔(Zamīndāwar)地方,亦有中文译名可资印证〔按此天神之中文译名当即见于《大唐西域记》卷一迦毕试国阿路猱山条下之"稻那天神"〕。在近年刊行的有关撰述中,可参看 M. Bussagli,"Cusanica et serica. I La fisionomia religiosa del dio Žūn (o Shūn) di Zābul,"*R. S. O.*,ⅩⅩⅩⅦ,1962,79-91,与 G. Scarcia,"Zunbīl or Zanbīl,"? *Yádnáme-ye Jan Rypka*,Prague,1967,41-5。——C. E. B.〕。
② 看来亚尔库卜的企图与其说是要消灭这些异端信奉者,还不如说是要诱使他们成为自己的羽翼。至少尼扎木·穆勒克书中(*Siasset Nameh*,Schefer 刊本,原文,页194;译文,页283,此处译文并非完全正确)曾经这样说到某一叛乱者:"他是亚尔库卡·本·莱思的伙伴,在哈里吉派中被指定为他的继承人。"哈木杜拉·可疾云尼(*Ta'rīkh-i Guzīdah*,Defrémery 节译本,页419-20;Browne 刊本,原文,页375)指责萨法尔朝诸君主像布伊朝诸君主同样信奉什叶派教义。尼扎木·穆勒克也显然认为亚尔库卜是什叶派信徒,据他的记述,亚尔库卜曾向哈里发宣称:"几时我把你的首领送往玛赫迪亚(Mahdīya),方消我心头之恨,"送交玛赫迪,意即送交法提玛朝廷(*Siasset Nameh*,原文,页14;译文,页20)。尽管亚尔库卜决不曾说过这样一句话,因为彼时还没有法提玛朝,也还没有玛赫迪亚这座城市(关于玛赫迪亚城的建立,参看伊本·阿西尔书,Tornberg 刊本,Ⅷ,页70),但尼扎木·穆勒克的这种记述仍使我们推想,亚尔库卜像阿布·穆斯林一样,曾将当时较低阶层喜动不喜静的人都招揽在他的旗帜之下。
③ 加尔迪齐书(牛津抄本,叶105;剑桥抄本,叶85a)作871年,在征服巴里黑以后。据塔巴里书(Ⅲ,页1500),亚尔库卜于862年向哈烈进军。参照 Barthold,*Zur Geschichte der Ṣaffariden*,页189。
④ 见加尔迪齐书。
⑤ 塔巴里书,Ⅲ,页1698。
⑥ 同上书,Ⅲ,页1841。
⑦ 《原文史料选辑》,页4(加尔迪齐书)。

已在870年春季夺取了这两个省区,同时也占领了哥疾宁、加尔迪兹与喀布尔。最后,在873年,亚尔库卜决定向穆罕默德·本·塔希尔本人进攻,以后者收容了他的一个敌人为口实。穆罕默德被俘,873年8月1日①,亚尔库卜进入塔希尔朝的京城。加尔迪齐关于穆罕默德的使节与亚尔库卜之间的谈判作了一项很有趣味的记载。穆罕默德命使节转告亚尔库卜:"你如奉教主之命而来,且请出示诏书,我自当将总督的职权交卸于你;否则且请回去。"②亚尔库卜从他的祈祷席下抽出他的刀来回答道:"这里就是我所奉到的诏书和我的旗号。"③

巴格达政府这一番不能再宽宥亚尔库卜的行为;塔希尔家族在巴格达的势力迫使哈里发站在穆罕默德方面。874年,来自东方各省的朝拜者被召集到塔希尔家族成员乌拜杜拉·本·阿卜杜拉的官邸,在这里向他们宣读了反对亚尔库卜的谕旨④。可是巴格达政府慑于亚尔库卜的威胁行动,很快就又让步;穆瓦法克在亚尔库卜要求下把商人们召集在一起,对他们宣读了一道委任亚尔库卜为呼罗珊、塔巴里斯坦、朱里章、赖伊与法尔斯总督兼巴格达驻军司令官的敕令⑤。然而这已经不能诱使亚尔库卜取消其向巴格达进军的计划。亚尔库卜在代尔·阿库勒的败绩(876年4月8日)拯救了阿拔斯朝,但复陷呼罗珊于混乱。因哈里发军赴援而获释的穆罕默德·本·塔希尔重被任命为东方诸省的总督,但他几乎经常住在巴格达,由他的弟兄侯赛因·本·塔希尔以他的名义指挥呼罗珊各城镇的军事行动。侯赛因早在874年就已经率领花剌子模王公以及其他方面派遣的援军进抵麦尔韦鲁德。亚尔库卜卒于879年6月9日,火曜日⑥,生前仅在南部波斯确立了他的权

---

① 加尔迪齐书(牛津抄本,叶106;剑桥抄本,叶85b)作回历259年韶瓦勒月2日;Nöldeke 书中(*Orientalische Skizzen*,页195;英译本,页184)作日曜日,公历8月2日;还可参照塔巴里书,Ⅲ,页1881。
② 加尔迪齐书,牛津抄本,叶106;剑桥抄本,叶85b。
③ 同上。
④ 塔巴里书,Ⅲ,页1887。
⑤ 同上书,Ⅲ,页1892。
⑥ 此依伊本·哈利坎书;Nöldeke 书中(*Orientalische Skizzen*,页204)作水曜日,公历6月5日,但是日为金曜日。

威。

以上所述是这位"铜匠"(Ṣaffār,萨法尔朝由此而得名)在位时期的事迹。他有着坚强的性格,因此他的敌人之一,塔巴里斯坦的统治者哈桑·本·扎伊德,曾称他为"铁砧"。亚尔库卜从来不以法理来论证他的行为的正义性,他仅以刀剑作为他的权利的根源①。因此他不得不竭尽全力编练一支效忠于他的军队并筹措充足的战费。为了筹措战费,他不得不时常没收富有者的财产。亚尔库卜晚年作战虽频频失利,但在他死后,金库中尚存有四百万第纳尔和五千万第尔赫姆的巨款。依照《善事系年》一书作者的记述②,亚尔库卜有驼5,000峰,驴10,000头:除贵族和军官以外,他的兵卒都从府库领取马匹和饲料。亚尔库卜在个人生活方面一贯保持俭朴作风,身着棉布衣服,席地而坐,枕盾而眠。只有在讲求礼仪的场合,特别是在接见使节的场合,亚尔库卜才让卫士站在自己周围;卫士们是从精兵锐卒中挑选出来的,分为两队,队各千人。第一队执金杖,第二队执银杖。一切政务概由亚尔库卜本人独断专行。

亚尔库卜的弟兄及继承人阿慕尔(879-900年)已经不得不采取另一战略,作出重大让步,对客观情况多加考虑。阿慕尔被兵士们拥立为他的弟兄的继承人以后,急忙向哈里发表示臣服,被委任为呼罗珊、法尔斯、亦思法杭、塞吉斯坦、起儿漫与信德的总督③,因此,僧侣及志愿战士等便能够承认他,而不承认他的仇敌是这些省区的合法统治者④。不仅如此,阿慕尔甚至还企图与塔希尔家族息兵言和。他以巴格达军事都统的身份指派乌拜杜拉·本·阿卜杜拉·本·塔希尔为他

---

① 除上引加尔迪齐书诸语外,还可参看尼扎木·穆勒克书,Schefer刊本,原文,页14;译文,页20。
② 穆塞维,*Ta'rīkhi Khayrāt*,英国博物馆藏抄本,Or.4898,叶133a(参看上文页R105)。在我所选辑的原文史料和160页我的研讨业经刊出以后,我才见到这一抄本和其他几种抄本,如《拜哈史》(参看上文R78,注2)。关于前一抄本及其作者穆塞维,参照 Бартольд,*Историк Мусеви*,页1365以下。穆塞维的关于亚尔库卜·本·莱思的报道,系根据马斯乌迪的记载(《黄金草原》,Ⅷ,46以下,关于驼和驴的记载,见同书页55)。
③ 塔巴里书,Ⅲ,页1932。
④《原文史料选辑》,页4(加尔迪齐书)。

的常驻巴格达的代表,并予以金节①作为委任的标志。然而事实证明已不能与塔希尔家族维持相安无事的局面,塔希尔家族成员之一,侯赛因·本·塔希尔,在877年夺取了马鲁②(在此以前,马鲁被"花剌子模沙的弟兄"占有)。885年4月,穆罕默德·本·塔希尔再被宣布为呼罗珊总督,派拉菲尔·本·哈尔萨玛为代表驻在该省,在此以前,拉菲尔·本·哈尔萨玛已于882年攻占你沙不儿③。哈里发在来自呼罗珊的朝拜者面前诅咒阿慕尔,并通令各寺院重复他的诅咒④。889年,阿慕尔复获恩宠,并再次派乌拜杜拉·本·阿卜杜拉作为驻在巴格达的代表。旗帜、戈矛、盾牌等等都标有阿慕尔的名字;但890年岁初,阿慕尔又遭贬黜,标有他的名字的旗帜、戈矛、盾牌等均弃置不用⑤。只是到了892年,哈里发穆阿塔迪德即位以后,阿慕尔才最后被承认是呼罗珊的合法统治者。巴格达送来的旗帜,作为哈里发恩宠的实物证据,在你沙不儿的总督府中展出三日⑥。

像亚尔库卜一样,阿慕尔的威权实际上亦以强力为基础,因此筹措战费,对他来说,也是头等重要的大事。为了筹措战费,阿慕尔在掠夺和没收以外,也采取了常规的行政手段。阿慕尔收入的确切数字,今已不得而知,我们仅能根据流传到现在的关于塔希尔朝和萨曼朝税收的资料试加估计。据塔巴里的记述⑦,阿卜杜拉·本·塔希尔去世之年,在他治下的各省税收共为48,000,000第尔赫姆。又据伊本·霍尔达德贝赫的记述⑧,阿卜杜拉向哈里发交纳的贡赋为44,846,000第尔赫姆,良马13匹,羊2000只,古斯奴隶2000名,计值600,000第尔赫姆,

---

① 塔巴里书,Ⅲ,页1936。
② 同上书,Ⅲ,页1915。
③ 同上书,Ⅲ,页2039。
④ 同上书,Ⅲ,页2106。
⑤ 同上书,Ⅲ,页2115,2117。
⑥ 同上书,Ⅲ,页2133。
⑦ 同上书,Ⅲ,页1338–39。还可参见马斯乌迪的记述(《黄金草原》,Ⅷ,页125以下),他说到阿慕尔在283/896年向哈里发奉献礼品,其中有阿慕尔从印度边境山民手中夺来的铜质偶像一尊。
⑧ BGA,Ⅵ,伊本·霍尔达德贝赫书,页28。

此外尚有织物1,187匹,铁1,300锭。这些贡赋是在回历211与212年（公元826与827年）交纳的;如果库达玛的记载①可信的话,在221/836年,阿卜杜拉应共交纳38,000,000第尔赫姆,奴隶、羊只与棉布总值包括在内。收入余额此时显然全归塔希尔家族享用。亚尔库比②估计到呼罗珊的贡额为40,000,000第尔赫姆,外加上"圣战"中掠夺物的五分之一,全部归塔希尔家族支配。塔希尔家族还从伊拉克收到了13,000,000第尔赫姆,献礼在外。关于萨曼时期呼罗珊的税额,伊本·豪卡勒③和马克迪西④记载的数字与上举数字大致相同。阿慕尔的统治地区不包括河中,他的收入可能远较上举数字为少,但与塔希尔时期情况相反,全部收入都归他自己支配。除不定期的献礼以外,阿慕尔是否还定期送钱到巴格达去,现已无从得知。据伊本·穆因的记述⑤,穆斯林诸君主中,下令在呼图白中加入自己的名字的,以阿慕尔为第一人,在此以前,宣读呼图白一直仅用哈里发的名义。即便这一记述失实⑥,无论如何,与塔希尔朝诸君主比起来,阿慕尔是一位更加独立自主的统治者。据伊本·哈利坎判断,呼罗珊久已不复有像阿慕尔这样贤明有为的统治者了。关于阿慕尔的理财措施,加尔迪齐⑦有如下叙述(多半根据塞拉米的记载):阿慕尔有三个金库;第一个贮存田赋及其他税入,用以供应军队的开支;第二个贮存统治者私产的收益,用以供应宫廷开支;第三个贮存临时税收⑧与自附敌士兵抄没来的财产,用以赏赐

---

① BGA,Ⅵ,库达玛书,页185。
② BGA,Ⅶ,亚尔库比,*Kitāb al-buldān*,页308。
③ BGA,Ⅱ,伊本·豪卡勒书,页341。
④ BGA,Ⅲ,马克迪西书,页340。
⑤ *Firdaws at-Tawārīkh*,叶400a。
⑥ 参照奈尔沙希的记述(Schefer刊本,页77),奈尔沙希在此处述及布哈拉先用呼图白表示对亚尔库卜的尊崇,后又用以表示对纳斯尔·艾哈迈德的尊崇。但此项记述可能失实。阿慕尔似乎是将他自己和他父亲的名字铸在银币上面的第一人。如所熟知,在伊斯兰诸国,造币(Sikka)与呼图白二者密相关联。
⑦《原文史料选辑》,页4(加尔迪齐书)。
⑧ Iḥdāth一词,冯·克雷默尔认为不可解(Kremer,*Culturgschichte des Orients*,Ⅰ,页200),然细绎上下文,其意自明。亦可将此词解释为来自新垦田地的收入;参照al-mustaḥdathat一词（转下页）

R280　　忠诚的臣仆、贵族和使节。加尔迪齐说，阿慕尔通常选择"适当的时机"来抄没他人的财产，并永远提出似能服人的口实①。

　　　　阿慕尔特别关心军队，每三个月举行隆重的仪式发饷一次。伊本·哈利坎与加尔迪齐②依据塞拉米的记载转述了一次发饷仪式。发放军饷由一位专职的官员阿里兹('Āriḍ)主持。阿里兹在指定举行仪式的地方就座；擂击一对大鼓，使全军闻声集合。阿里兹面前摆放了若干装钱的口袋；他的助手面对士兵名册逐一唱名。第一个被呼唤的是阿慕尔本人；阿里兹在详细查看他的马匹和装备以后表示嘉许，发给他300第尔赫姆。阿慕尔把钱放在靴筒里，说道："真主应被颂赞，他曾许可我向教主效忠，也使我无忝于他的恩宠。"在这以后，阿慕尔坐在一个较高的座位上，注视骑、步士卒依次接受阿里兹同样仔细的检阅，领取他们的饷银。伊本·哈利坎正确地指出：阿慕尔的这种仪式与波斯萨珊朝库萨和·阿努施尔宛在位时期的阅兵场面相似③。我们认为，这种相似并不是偶然的巧合。

　　　　关于阿慕尔在位时期推行的民政制度，我们毫无所知。加尔迪齐只说他在各地都安置了细作，他晓得辖境内发生的每件事情④。《善事系年》的作者也说⑤，阿慕尔购买一些年轻的奴隶，使在身旁接受服务的训练，然后把他们分送给显贵人物；这些奴隶向他报告他们的主人的一切行动。他们并不因为畏惧他们的主人而在执行任务时有所顾忌，因为阿慕尔在位期间，没有一位贵族未经阿慕尔许可胆敢责打奴隶。

　　　　阿慕尔并不满足于身为波斯统治者的地位，他认为塔希尔家族在

（接上页）(Розен, ЗВОРАО, Ⅳ, 135). 此词尚有另一涵义，即编入特殊作战部队的"青年人"，大约与上文提到的 ghāziyān 或 muṭawwi'a 同义。〔Iḥdath, 即"得自罚款的收入"？——V. M.〕

① 加尔迪齐接着说到阿慕尔诬指一位大臣穆罕默德·本·巴沙尔犯下多种罪行，但在穆罕默德领会了他的主上的意图，愿将自己的财产献交国库以后，他的主上立即撤销了他的全部罪名。
② 《原文史料选辑》，页4-5(加尔迪齐书)。
③ 塔巴里书，Ⅰ，页963-5；迪纳韦里书，页74-5。
④ 《原文史料选辑》，页5(加尔迪齐书)。
⑤ 穆塞维, Ta'rīkhi Khayrāt, 叶136b。

河中地区的权力也应归他承袭。这种奢望导致他的败亡。当时萨曼朝在河中的统治已臻牢固,又当时在河中处于尊位的人,就能力而言,也决不在阿慕尔以下,其在辖境内设置的类似的政治机构,从法律根据看来,且比这位从前"赶骡子的脚夫"所设置的更为有理有力。

亦思马因·本·艾哈迈德在849年生于费尔干纳;874年被他的弟兄纳斯尔派到布哈拉,他的事业由此发轫。先是,在塔希尔家族失势以后①,布哈拉遭到与呼罗珊的其他城镇相同的命运,同样没有稳定的行政组织。874年初,侯赛因·本·塔希尔·塔伊从花剌子模来到这个城市,此人多半与那位塔希尔家族的著名成员同为一人②。布哈拉居民进行抵抗,经过五天的战斗,该城终被侯赛因占领。侯赛因带来的花剌子模人横暴恣肆,胡作非为,布哈拉不小的一部分被纵火焚毁。侯赛因允许大赦全体居民,但在居民们听信他而走散以后,他又自食其言,结果引起新的骚动。侯赛因被围在堡寨以内,不得不贪夜出奔,甚至未能带走从居民身上搜刮来的钱财。参加起事的人瓜分了这笔现款,布哈拉许多家族靠这一夜的行动骤致巨富。侯赛因离去以后,骚乱复起,一些渴望安宁和秩序的人聚集在著名的阿布·哈弗斯的儿子法吉阿布·阿卜杜拉的周围,听从他的建议向纳斯尔·本·艾哈迈德乞援,于是后者派来他的弟兄亦思马因。亦思马因进抵凯尔米尼亚,阿布·阿卜杜拉本人已在此迎候。据奈尔沙希叙述,阿布·阿卜杜拉此举大大增强了亦思马因对其前程的信心:"他了解,凡阿布·阿卜杜拉所作所为,布哈拉居民都不会反对。"当时布哈拉已被埃米尔侯赛因·本·穆罕默德·哈瓦里吉夺取,从这个人的附名判断,他是哈里吉派首领之一,可能还是亚尔库卜的追随者。大约正是由于阿布·阿卜杜拉

R281

---

① 以下细节,均据奈尔沙希书,Schefer 刊本,页76 以下。
② 〔关于侯赛因·本·塔希尔·塔伊在布哈拉的行动,奈尔沙希作了长篇的记述,说他与塔希尔家族的侯赛因·本·塔希尔·本·阿布杜拉同为一人,看来此说颇成疑问。参阅 R. Vasmer, "Über die Münzen der Ṣaffāriden und ihrer Gegner in Fārs und Ḥurāsān," *Numismatische Zeitschrift*, LXIII, 1930,148−9.——C. E. B.〕

居间调停,亦思马因与侯赛因达成协议:由亦思马因任布哈拉埃米尔,侯赛因为其副手,军队一律宣誓遵守这一协议。回历拉马丹月第一个金曜日(公元874年6月25日),布哈拉不复用亚尔库卜·本·莱思的名义,而改用纳斯尔·本·艾哈迈德的名义宣读呼图白。几天以后①,亦思马因进入布哈拉,随即背约,下令囚禁侯赛因,自立为布哈拉唯一的统治者。

不过亦思马因的处境依然十分困难。他势须同时应付他的弟兄纳斯尔的疑忌和侯赛因·本·塔希尔的阴谋,也要和破产农民的队伍以及尚未归顺的布哈拉贵族进行斗争。事实证明,亦思马因终能克服所有这些困难。破产农民的队伍共约4,000人,正在巴尔凯德与拉米坦之间的地区行劫。在对农民队伍的斗争中,亦斯马因取得了地主和贵族的协助,后者为了自身利益当然把恢复秩序看作当务之急。秩序恢复后,亦思马因又设法调开了以布哈尔-胡达特阿布·穆罕默德与富商阿布·哈提木·叶萨里为首的地方贵族中最有势力的人物。亦思马因派他们充任使节前往撒马尔罕,同时秘密请求纳斯尔加以扣押。亦思马因趁他们不在布哈拉的时机巩固了自己的权势,然后请求他的弟兄释放他们,并在他们回到布哈拉以后对他们多方示惠,尽量满足他们的一切要求。他这样做,显然是为了在巩固自己权势的同时,激起贵族们对纳斯尔而不是对他自己的反感。然而后来在亦思马因与纳斯尔两弟兄的斗争中,居民们并非永远拥护亦思马因。商业城镇培肯德举行了盛大仪式迎接纳斯尔;在其他地区,居民们不肯向亦思马因的军队供应粮秣,在他们看来,亦思马因是反抗合法政府的叛乱者。888年秋季②,冲突以纳斯尔被俘告终。这时候,亦思马因不改其一贯不为已甚的明智作风;兄弟们会面后,亦思马因不用征服者对于俘虏,而用臣下对于主上的口吻交谈,这种雅量大约使纳斯尔深受感动,无疑也更抬高

---

① 据奈尔沙希书(Schefer刊本,页78),在月曜日,回历拉马丹月12日,但是日为木曜日。
② 据奈尔沙希书(Schefer刊本,页83),战斗发生在火曜日,回历275年术玛达Ⅱ月15日,但是日为金曜日。

了亦思马因本人的声望。纳斯尔返抵撒马尔罕,直到身死之日(892年8月21日)①名义上仍然是萨曼朝的元首。生前他已指定亦思马因为继承人,因此亦思马因继位得到全国的承认。893年春,亦思马因接到哈里发的加封。同年,他对塔拉斯进行了胜利的出征,把该城最大的教堂改作清真寺②。在这一年,他也撤消了乌什鲁桑那的土朝廷,将该省并入萨曼家族的直辖领地③。

　　此后数年中,阿慕尔巩固了他在波斯的统治,哈里发势须满足他的一切心愿。898年2月,哈里发按照他的要求,把来自呼罗珊的朝拜者召入宫内,对他们宣布罢免亦思马因,改委阿慕尔为河中总督的命令④。嗣即派专使一人前往你沙不儿把赏赐的物品和委任诏书送交阿慕尔。奇怪的是,阿慕尔在领受他自己从哈里发那里勒索来的东西的时候还伪装吃惊。专使把哈里发送来的袍服摆列在他面前;他一一试穿,每穿一套,谢恩一次。最后,专使把委任诏书递了过来。阿慕尔说:"我要它何用？如果没有十万把出鞘的刀前来相助,就不能从亦思马因手中夺得这一省份。"专使答道:"原是你自己需要此物,当然你最了解(它的用途)。"阿慕尔接过诏书,吻了它,拿它触了额角一下,然后放在自己眼前。专使引退,阿慕尔下令赠予专使及其随员7,000第尔赫姆⑤。

　　关于亦思马因与阿慕尔之间的战争经过,史书所载,颇不一致。据塔巴里的记述⑥,亦思马因先请求阿慕尔停止实行他的谋划,许可亦思

---

① 据奈尔沙希书(Schefer 刊本,页84),在回历术玛达 I 月,据萨木阿尼书(《原文史料选辑》,页59;Margoliouth 刊本,al‑Sāmānī 条),在回历术玛达 II 月,两书所记,日同而月不同。据萨木阿尼书所记,该日为月曜日,故奈尔沙希所记比较可信。
② 参照 Бартольд, *Отчет о поездке в Среднюю Азию*,页15(据奈尔沙希书与塔巴里书);还可参看马斯乌迪,《黄金草原》,VIII,页144以下,该处说到塔拉斯王名 al‑Tankas(其他读音见同页420),其军被俘者,连同可敦在内,达15,000人,战死者10,000人。马斯乌迪认为这些突厥人属葛逻禄部,阿拉伯语作哈尔卢赫部。
③ 参看上文 R269。
④ 塔巴里书,Ⅲ,页2183。
⑤ 伊本·哈利坎书,Wüstenfeld 刊本,No.838;还可参看《原文史料选辑》,页5。
⑥ 塔巴里书,Ⅲ,页2194。

马因统治河中;但阿慕尔坚决拒绝了他的全部建议。只是到亦思马因的军队在巴里黑附近包围了阿慕尔的军队、形势完全倒转以后,阿慕尔请和的建议才又为亦思马因所拒绝。另据奈尔沙希的记述,阿慕尔在接到哈里发的诏书以后,同时向胡实健的统治者艾哈迈德·本·费里贡、巴里黑的统治者阿布·达乌德①以及亦思马因要求降服。亦思马因因阿慕尔把他和这些微小的君王摆在同等地位而勃然大怒,遂对阿慕尔宣战;在这时候,阿慕尔却又同意亦思马因继续统治河中,向后者乞和,后者不许。记载尽管相歧,可以肯定的是,亦思马因取得了主动地位,899 年与 900 年的战斗都发生在阿母河以南的地区,而不在河中境内。899 年秋季②,阿慕尔的大将穆罕默德·本·巴沙尔③战败被杀;亦思马因释放了所有战俘,不索赎金,他这一次也试图以宽宏大量制服敌人。阿慕尔由于贪婪、悭吝而失掉了贵族和士卒们的好感,其中有些人甚至在决定性战役发生以前就已向亦思马因输诚,有些人则在 900 年春季④巴里黑近郊的决定性战役中转入亦思马因的营垒。阿慕尔被俘,继被解往巴格达。巴格达接到阿慕尔战败的消息,大喜过望。尽管亦思马因的行动与哈里发郑重表示过的意愿恰恰相反,可是哈里发此刻急忙向战胜者传令嘉奖⑤。很有可能,巴格达政府在满足阿慕尔的愿望的同时,就已经向亦思马因派出密使,密使负有鼓动后者反对

---

① 带有这位统治者的名字的钱币曾被保存下来,他的全名为阿布·达乌德·穆罕默德·本·艾哈迈德。参照 Марков, *Инвентарный каталог*, 页 171。
② 据伊本·哈利坎的叙述,这次战役发生于月曜日,回历 286 年韶瓦勒月 17 日,但是日为金曜日。Nöldeke 书中(*Orientalische Skizzen*,页 213)作月曜日,公元 898 年 10 月 29 日,疑 898 年系 899 年之讹。
③ 奈尔沙希书中(Schefer 刊本,页 86)作穆罕默德·本·莱思。
④ 据塞拉米的记述,此役发生于回历 287 年拉比阿 I 月中旬的一个火曜日,即发生于公历 3 月 18 日;据另一记载(伊本·哈利坎书),则发生于水曜日,回历拉比阿 II 月 17 日,但是日(公历 4 月 21 日)为月曜日;又据乌特比——马尼尼书(I,343),在回历 287 年拉比阿 II 月中旬的一个火曜日,是月首日为土曜日,即公元 900 年 4 月 5 日。奈尔沙希书(Schefer 刊本,页 88)作水曜日,回历 288 年术马达 I 月 10 日,必误。据塔巴里书(III,2194),巴格达接到这次战役的消息在水曜日,回历 287 年术马达 I 月 25 日,即公元 900 年 5 月 28 日。
⑤ 塔巴里书,III,页 2195。

阿慕尔的使命①。此后,亦思马因终身忠顺于哈里发,并逐渐将波斯北部诸省收入自己的统治范围②。然而亦思马因的诸继承人却不得不将里海沿岸各省以及波斯西部转让于什叶派的阿里朝、齐亚尔朝与布伊朝③,大概这是由于这些王朝比萨曼朝更受群众的支持,它们也力求满足波斯人的民族愿望的缘故④。

我们据以了解萨曼家族与萨法尔家族斗争经过的诸历史家,毫无疑义均对萨曼家族寄以同情。从出身来看,萨曼家族自与起自平民行列的军事专制君主不同;创始于塔希尔家族的事业,萨曼家族乃其自然的继承人。萨曼诸君主倾向于维护法律和秩序,而社会上层阶级所深切关怀的也正是先将法律和秩序稳定下来。从塔巴里记述⑤的字里行间,可以明显看出,无论"富有者及迪赫坎等"原来与亦思马因有着什么样的关系,而在后者对阿慕尔进行斗争时,他们无不忠诚地拥护后者。亦思马因所建立或恢复的复杂的国家组织,无论如何也总比军事专制君王如萨法尔家族统治下的普遍平等更能迎合贵族的利益。由于缺乏有关塔希尔朝国家机构的报道,我们无从判断萨曼朝的复杂的国家组织有哪些方面是因袭旧制,又有哪些方面是出自亦思马因与萨曼国家另一组织者韦齐尔阿布·阿卜杜拉·穆罕默德·本·杰伊哈尼的创造⑥。总的说来,只是关于萨曼时期,我们才有比较翔实的史料,从而能就呼罗珊及河中的政府组织以及当地居民的经济生活获得相当清晰的概念。

226

R285

国家元首自然是仅对真主负责的独裁君主⑦。虽然在巴格达政府

---

① 尼扎木·穆勒克书,Schefer 刊本,原文,页14;译文,页22。
② 参看 Barthold, Ismāʻīl b. Aḥmad(《伊斯兰百科全书》本条)。
③ 参照 Lane – Poole, *Mohammadan Dynasties*, 页 127, 136 – 43。
④ 齐亚尔朝建立者麦尔达维只曾妄想恢复萨珊朝王祚(伊本·阿西尔书,Tornberg 刊本, Ⅷ, 页 226——依据伊本·米斯卡韦赫书,参照 Caetani 刊本, Ⅴ, 页 489);我们常在布伊朝钱币上看到 Shāhānshāh(意即"诸沙之沙")这一古老的波斯称号。
⑤ 塔巴里书, Ⅲ, 页 2194。
⑥ 《原文史料选辑》,页 6(加尔迪齐书)。
⑦ 尼扎木·穆勒克书,Schefer 刊本,原文,页9;译文,页11。

心目中萨曼君主不过是埃米尔(amīr,总督),是"教主的依附者"(mawālī),甚或仅仅是阿米勒('āmil①,税吏),但他们在自己的领土以内,却毫无疑义是独立的统治者。在争夺王位的场合,当事者双方往往各向哈里发请求诰封②;而因哈里发依赖与萨曼家族为敌的布伊家族,故哈里发往往将封号授予背叛萨曼君主的人物③。但一位王位觊觎者接到了哈里发的诰封以后,绝对不会因此而使其拥护者的人数有所增加。在王位争夺中,哈里发的诰封通常不起作用,争端例靠武力解决。其后到巴格达哈里发的废立完全受布伊家族操纵的时候,布伊家族所拥立的哈里发即便有的不为呼罗珊所承认④,萨曼政权也绝不因此而动摇。波斯历史家有时称萨曼君主为"教主"⑤,这就是给予他们以与称呼哈里发相同的称号。依照波斯人的理想,一位国君必须首先是他的王国的一位好的"一家之主"(katkhudā)⑥,注意国家的安全太平,开浚水道和地下井渠,在大河上架设桥梁,关心民瘼,鼓励农耕,兴修堡垒,建立新城镇,建筑高楼大厦以美化城市,在大路上设置拉巴特,如此等等⑦。当然,国君的任务主要在于选贤任能,使国家各个行政部门均庆得人。像一条红线般贯穿着东方穆斯林政治组织整个体系的一项特征是将全盘行政机构分为两类:德尔加赫(dargāh,内廷)与迪宛(dīwān,政府部门)。从史料看来,在萨曼时期以前,东方穆斯林诸国君主身旁还不像阿拔斯朝诸哈里发身旁那样有由奴隶编成的禁卫军(构成禁卫军的奴隶是专为编入禁卫军买来的,多数是突厥人)。但到亦思马因及其后继者在位的时候,这一类的禁卫军也在东方出现了,虽然这时候"内廷的人"还比不上后来那样重要。主要的军职不仅委派禁

---

① 塔巴里书,Ⅲ,页2279。
② 同上书,Ⅲ,页2290。
③ 伊本·阿西尔书,Tornberg刊本,Ⅷ,页380-1。
④ Тизингаузен,*О саманидских манетах*,页188以下,234;伊本·阿西尔书,Tornberg刊本,Ⅷ,页381;Ⅸ,页103。
⑤《原文史料选辑》,页90(奥菲书)。
⑥ 尼扎木·穆勒克书,Schefer刊本,原文,页110;译文,页163。
⑦ 同上书,原文,页6;译文,页6-7。

卫军军官,而且也委派地方显贵家族的成员充任。迪赫坎像突厥人一样能进入军队①。总的说来,当时河中居民大多数仍持有武器②。

尼扎木·穆勒克③描述萨曼宫廷中一个突厥奴隶由贱而贵的经历如下:第一年,这位奴隶(ghulām)充当马夫,必须步行服役,因畏遭惩罚虽在无人得见时亦不敢骑在马上;在这段时间,他穿增丹尼布(Zandānī cloth)的衣服,这种布因布哈拉的增达那(参看上文 R164)村而得名。一年以后,哈吉卜(hājib)取得护帐(withāq)长官的同意,给他一匹突厥马,配以平常的马具。第三年,他领受一条特制的腰带④(qarāchūr);第五年,他得到一具较好的马鞍、饰有星花的马笼头、比较华美的衣服和一根棒槌;第六年,他得到在检阅式中穿用的服装;第七年,他和另外三人同任护帐官(Withāq - bāshī)。护帐官的制服是一顶用银线绣花的黑毡帽和一袭甘吉服(Ganjī Clothing),甘吉因甘迦(Ganja)而得名,甘迦即今伊丽莎贝特波勒(Elizabetpol)⑤。他逐渐升任海勒 - 巴施(Khayl - bāshī,部队长官)与哈吉卜。内廷最高的官职是首席哈吉卜(Hājib - i - buzurg)或"哈吉卜的哈吉卜"(Hājib al - hujjāb),这是王国头等尊贵的官职之一。

内廷的第二位重要官员是"侍卫处长官"⑥(sāhib -haras 或 amīr - haras; Captain of the Watch)。侍卫处长官一职,与内廷其他官职相同,初由穆阿维亚设置,穆阿维亚是第一位炫耀帝王威仪的穆斯林统治者⑦。侍卫处长官原来的职务当与"禁卫军长官"(sāhib ash - shurat⑧;

228

R287

---

① BGA,Ⅰ,伊斯塔赫里书,页292;Ⅱ,伊本·豪卡勒书,页 343。
② Розен,Рассказ Хилâля ас - Сâби,页275;参照 Hilāl as - Sābi',The Eclipse of the Abbasid Caliphate,原文Ⅲ,页374,译文,Ⅵ,页400。
③ Schefer 刊本,原文,页95;译文,页139 - 40。〔看来巴托尔德似乎过分重视尼扎木·穆勒克的这段叙述了;参看 Bosworth, "Ghaznevid military organization", Der Islam, XXXVI,1960,45。——C. E. B.〕。
④ 〔俄文版作"腰带",英文版作"长刀"。原文 qarāchūr,意为刀剑或带刀剑的人。〕
⑤ 〔此地在阿塞拜疆境内,现改名基洛瓦巴德(Кировабад)。〕
⑥ 尼扎木·穆勒克书,Schefer 刊本,原文,页121;译文,页178。
⑦ 塔巴里书,Ⅲ,页205;亚尔库比,Historiae,Ⅱ,页276。
⑧ 此 shurat 一字,单数作 shurta,即希腊语之 Χόρτις〔据 И. Ю. Крачковский 氏口头解答〕。

Captain of the Guard)的职务颇多共同之点,后者同时兼任城防司令。塔巴里①在叙述乌迈亚朝一位总督的事迹时所使用的侍卫(ḥaras)与禁卫(shuraṭ)二词有着相同的涵义;但在哈里发朝廷上,这两种职位常由不同的人分别担任②。"禁卫军长官"的职位显然更为重要,如上所述,在巴格达,只有塔希尔与萨法尔家族之最重要的成员方能荣膺此职;在撒马尔罕,亦思马因本人至少曾在名义上担任过他的弟兄纳斯尔宫廷中的这一官职③。至于侍卫处长官,至少在阿拔斯朝已经是负责执行哈里发判词的主要官员。尼扎木·穆勒克④借哈里发马蒙的口吻说过,"我有两名侍卫处长官;他们从早到晚的工作是斩首、断手、刖足、杖责和投人入狱"。这一官职的外部标志,也和它的职司相称;在乌迈亚朝,禁卫军长官持矛为总督的前导⑤;尼扎木·穆勒克认为,经常在宫廷中听候侍卫处长官指示的应有持杖卫士(chūbdār)50名;20名持金杖,20名持银杖,其余10名持大木杖。

除了这些重要官职以外,还有一系列比较次要的官职⑥,如守门官、侍膳官、进酒官等。王国以内的重要军职,特别是各省总督,有时由诸统治者家族的成员充任(如伊斯菲贾卜的哈剌-的斤与其子曼苏尔⑦、石汗那的阿布·阿里是);有时由突厥奴隶充任,藉以酬劳他们的功勋(如西木术里家族、阿勒普-的斤、塔什·法伊克是);但后者不满35岁不得被委任⑧。"哈吉卜的哈吉卜"如调任总督而别无兼职,则视同贬谪⑨。呼罗珊总督是全国特别重要的军职,有sipah-sālār⑩(大将

---

① 塔巴里书,Ⅱ,页1028-29。
② 塔巴里书,Ⅱ,页205;Ⅲ,页1549-50。
③ 奈尔沙希书,Schefer刊本,页78。但至萨曼朝后期,我们看到禁卫军长官的职责在执行君主的判决(萨阿利比,Yatīmat ad-Dahr,Barbier de Meynard摘译,Ⅲ,页303;参照贝鲁特刊本,Ⅳ,页45)。
④ 尼扎木·穆勒克书,Schefer刊本,原文,页122;译文,页179。
⑤ 塔巴里书,Ⅱ,页862。
⑥ 其中有些见尼扎木·穆勒克书,Schefer刊本,原文,页111,114;译文,页164,167。
⑦ 参看上文R233。
⑧ 尼扎木·穆勒克书,Schefer刊本,原文,页95;译文,页140。
⑨ 《原文史料选辑》,页11(加尔迪齐书)。
⑩ 阿拉伯译文作ṣāhib al-jaysh(BGA.Ⅲ,马克迪西书,页337)。

军)的头衔,驻在你沙不儿,管辖萨曼朝治下阿母河以南的全部领土。在萨曼时期,像后来在蒙古统治时期一样①,人们认为统治者在任命最高民政长官韦齐尔(wazīr,宰相)的时候,理应征询诸军事将领的意见②。

宫内大臣(wakīl)掌宫廷庶务③,加尔迪齐以宫内大臣与埃米尔、韦齐尔相提并论④,可见此职在萨曼时期甚为重要。

在萨曼时期,政府组织得到了同样充分的发展。奈尔沙希⑤记载了布哈拉的官廨十处,均位于里吉斯坦附近:(1)国务部(Dīwān of the Wazīr);(2)财政部(Dīwān of the Treasurer——Mustawfī);(3)"国家栋梁"部(Dīwān of the "Mainstay of the State"——'amīd al-mulk);(4)禁卫军长官部(Dīwān of the Captain of the guard——ṣāḥib-shuraṭ);(5)邮传部(Dīwān of the Postmaster⑥——ṣāḥib-barīd);(6)监察部(Dīwān of the Mushrifs);(7)王产部(Dīwān of the private domains——of the ruler);(8)公安长官部(Dīwān of the Muḥtasib);(9)遗赠管理部(Dīwān of the Awqāf);(10)司法部(Dīwān of the Qāḍī)。

韦齐尔或"大火者"(chief Khwājah⑦——Khwājah-i buzurg)典领"文职百官",亦即领导整个官僚机构;他的职徽虽在塞勒术克人中间也还是一只墨水壶⑧。尼扎木·穆勒克认为韦齐一职亦应像王位那样父子世袭⑨。早在萨曼时期,我们已经看到有某些家族世袭此职,如杰伊哈尼、巴勒阿米、乌特比诸家族均是;然而父为韦齐尔,其子直接接替的情况亦不多见(至少在萨曼朝如此):大抵韦齐尔一旦失势,直接继

---

① 《多桑蒙古史》,Ⅳ,页666[冯承钧译本,下册,页422-3。]
② 《原文史料选辑》,页91(奥菲书)。
③ 尼扎木·穆勒克书,Schefer 刊本,原文,页81-2;译文,页121。
④ 加尔迪齐书,牛津抄本,叶127;剑桥抄本,叶102a。
⑤ Schefer 刊本,页24。
⑥ 参照奈尔沙希书,Лыкошин 译本,页36。Schefer 刊本此处波斯原文讹舛不可解。
⑦ 波斯语 khwājah-i buzurg 一词,甚至见于本达里的阿拉伯文著作中(Houtsma 刊本,页55)。关于 khwājah 一字及其在呼罗珊的起源,参照马斯乌迪,《黄金草原》,Ⅸ,24;马斯乌迪为此字所作的解释表明,在他那时候,西方对此字尚颇生疏。
⑧ 伊本·阿西尔书,Tornberg 刊本,Ⅹ,页138。
⑨ 尼扎木·穆勒克书,Schefer 刊本,原文,页151;译文,页223。

承者常是他的政敌,若干年之后,才又由他的后人入继。

穆斯陶菲(mustawfī;财务长官)一词,多半与 Khāzin① 及 Khazīnah - dār② 等词同义。财务长官以下,大约有一些"会计人员"③(Hāsib,复数Hussāb)。财务长官主管的机关多半相当于阿拔斯朝的"税务部"④。萨曼国家并不曾仿效阿慕尔在位时期将国家收入分储三个金库的制度⑤。尼扎木·穆勒克⑥认为,理财莫善于有两个金库,一个支付经常费,另一个储存仅在十分必要的场合始得动用的基金,又在此场合动用亦仅作为借用。

"国家栋梁部"多半与"文书部"(dīwān ar - rasā'il 或 dīwān - i inshā)为同一机关,历史家时常提到文书部,有的讲萨曼时期就已经提到⑦。拜哈吉书⑧谓"文书部"的长官称"Khwājah - i 'amīd,系国家最高级官员之一。

"侍卫处长官"一职,上文已有说明。他所主管的机关多半与阿拔斯朝的"突厥军务部"相当⑨。很有可能,阿里孜('āriḍ)便是这个机关的最高文职官员,受侍卫处长官的领导。阿里孜掌发放军饷,监督军容严整⑩。萨曼朝像阿慕尔的朝廷一样,每年向军队官兵发饷四次⑪,即每隔三个月发放一次。

---

① 《原文史料选辑》,页 56(萨木阿尼书,Margoliouth 刊本,al - Khāzin 条)。
② 《原文史料选辑》,页 10(加尔迪齐书)。
③ 《原文史料选辑》,页 55(萨木阿尼书,Margoliouth 刊本,al - Hāsib 条)。
④ 塔巴里书,Ⅲ,页 1550。
⑤ 马克迪西(BGA,Ⅲ,页 300,340)仅将你沙不儿的《金库》这一名词用来指称你沙不儿附近三个最富饶的城镇,即徒思、奈萨与阿比韦尔德;还可参照 BGA,Ⅳ,页 225〔de Goeje 的注释〕。
⑥ 尼扎木·穆勒克书,Schefer 刊本,原文,页 205;译文,页 300。
⑦ 萨阿利比,Yatīmat ad - Dahr,Barbier de Meynard 摘译,Ⅰ,页 213 - 16;Ⅲ,页 319,321,327(萨阿利比的原文见 Yatīmat ad - Dahr,贝鲁特刊本,Ⅳ,页 29 - 32,69,70,75);《原文史料选辑》,页 67(萨木阿尼书,Margoliouth 刊本,al - Mīkālī 条)。
⑧ Morley 刊本,页 163,167;〔Ghanī 与 Fayyaḍ刊本,页 144,147〕。
⑨ 塔巴里书,Ⅲ,页 1550。
⑩ 《原文史料选辑》,页5(加尔迪齐书),62(萨木阿尼书,Margoliouth 刊本,al - 'āriḍ条)。参照上文页 280。
⑪ BGA,Ⅱ,伊本·豪卡勒书,页 341 - 2。发放给军队的饷款共为二千万第尔赫姆,因此发饷被称为 bīstakānī(参看 Vullers,Lexicon),阿拉伯语作 al - °ishriniyyat. 花剌子米,Mafātḥ al - 'olūm,页 65。

如所熟知,东方邮传设备仅为政府服务①。邮传长官称ṣāḥib - barīd,亦常被称为ṣāḥib - khabar 与 munhī。邮传官员的职责在于将重要信息传递到各省并向中央报告地方官吏的行动。原则上,邮传官员构成一特殊的行政部门,不受各省总督的节制。在萨曼时期,中央政府的权力仍甚强大,故关于纵然是最有势力的地方官如呼罗珊总督的行动,邮传官员也能写成真实、独立的报告送达京城②,但至哥疾宁朝,邮传人员就有时必须将按照总督的意旨写成的报告付邮,要想发出关于总督的行动的真实报告,转须假手于乔装的专差③。

"伊什拉甫"(ishrāf)一词的字面意义是"在高处进行的观察"。按照尼扎木·穆勒克的记载④,穆什里甫(Mushrif,观察者)的职责是"知晓内廷发生的一切事情,并在认为必要时写出报告";他应该在每一城镇和每一地方都有自己的代表。拜哈吉书⑤将穆什里甫与财务长官并举,并谓穆什里甫编制宫廷财产的报告,由此可知,穆什里甫的职司当与供养宫廷的经费有关。

王产部在阿拔斯朝称为"地产部"(dīwān of domains⑥——dīwān aḍ -ḍiyā')。在萨曼朝,它多半由宫内大臣掌管。

穆赫塔西卜(Muḥtasib,公安长官)的职务是维持街头和巴扎尔的秩序,查办那些公开⑦违反教律和企图欺骗顾客或未能交纳法定税额

---

① Kremer, *Culturgeschichte*, I,192 以下。*Mafātiḥ al - 'olūm* (页 63) 谓 "barīd" 一字源出波斯语,但更有可能此字即拉丁语 "veredus" 的转写(参照 Hartmann, Barīd,《伊斯兰百科全书》本条)。传递文书的人被称为 "al - furāniq" (波斯语 "parwānah",意为仆役),内装文书及其清单的箱箧被称为 "Uskudār" (波斯语 az kū dārī,意为"你何由得知?")——花剌子米, *Mafātiḥ al - 'olūm*,页 64. 拜哈吉书中,Uskudār 一字颇为常见,例如 Morley 刊本,页 392,394;〔Ghanī 与 Fayyaḍ 刊本,页 319 –21〕. 机密文书用密码(mu'ammā)书写(出处同上)。〔Uskudār 可能起源于 σκουτάριος。——V. M.〕
② 《原文史料选辑》,页 12(加尔迪齐书),页 92(奥菲书)。
③ 拜哈吉书,Morley 刊本,页 395,398;〔Ghanī 与 Fayyaḍ 刊本,页 320 –2〕。
④ 尼扎木·穆勒克书,Schefer 刊本,原文,页 56;译文,页 86 –7。
⑤ Morley 刊本,页 181。
⑥ Kremer,*Culturgeschichte*, I,199。
⑦ 对户内发生的事情,穆赫塔西卜概不过问;参阅赛阿迪的 *Gulistān* 中的诗篇(君士坦丁堡 1904 年版本,页 75;Холмогоров 译本,页 88。

的人①。尼扎木·穆勒克说明②,国王"永远委任靠近宫廷的人充任这一官职,或为一名宦官,或为某一历来守正不阿、上下畏服的老年突厥人"。然而我们看到,在萨曼时期,也有文人出任此职③;当时公安长官制裁为非作歹的分子,可能还不是十分严厉。

萨曼朝本来设有专管遗赠财产(Awqāf)的行政部门,后经撤销:十二世纪的诏令规定,遗赠财产的事务并归卡孜(Qādī,法官)掌管④。

"卡孜的卡孜"(Qādī of Qādīs)是司法部的长官。波斯人以此一官职与萨珊王朝的"穆贝德的穆贝德"(mūbadh of mūbadhs,即高级僧侣)相比配⑤。有些案件,特别是控告官吏欺压的案件,常由国王亲自审理⑥,或特派王族成员⑦负责审理。

各省官职和行政部门多与中央相同。省以内与韦齐尔相当的官职为哈基木(ḥākim)⑧或凯特胡达(katkhudā,意即地主,此词屡见于拜哈吉书)。在萨曼朝与哥疾宁朝,省级官吏也常由国王亲自委派⑨,他们的辞呈也要经国王批准,虽低级官吏亦须如此⑩。后来,随着官僚势力的增长,中央各部门的长官通常自行选任各省城镇相应部门的官员⑪。

萨曼国家境内,僧侣享有极高的荣誉⑫。如上所述,连萨曼朝开国

---

① Kremer, *Culturgeschichte*,Ⅰ,页423。
② Schefer 刊本,原文,页41;译文,页62。
③《原文史料选辑》,页66(萨木阿尼书,Margoliouth 刊本,al-Muḥtasib 条)。
④《原文史料选辑》,页75(巴格达迪,*Kitāb at-Tawassul*)。
⑤ 尼扎木·穆勒克书,Schefer 刊本,原文,页39;译文,页57;中国史籍中也有关于首席穆贝德(摸胡坛,Mo-hu-tan = mogpetan - mogpet)之司法职权的记载(比丘林,《古代中亚民族史料汇编》,第一版,Ⅲ,页168;Laufer,*Sino-Iranica*,页531;[劳费尔著,林筠因译,《中国—伊朗编》,1964年,页361])。
⑥ 尼扎木·穆勒克书,Schefer 刊本,原文,页17;译文,页26。
⑦ 萨木阿尼书,亚洲博物馆藏抄本,叶209(关于亦思马因的弟兄阿布·亚尔库卜·伊斯哈克;Margoliouth 刊本,al-Sāmānī 条。
⑧《原文史料选辑》,页52(萨木阿尼书,Margoliouth 刊本,al-Asbānīk·thī 条)。
⑨ 拜哈吉书,Morley 刊本,页165-6。
⑩ 拜哈吉书,Morley 刊本,页753-4。
⑪《原文史料选辑》,页42,43(*Инuā'*),75(巴格达迪书)。
⑫ 萨木阿尼述及萨曼家族某成员曾在一隐修士墓前祈祷,又有一谢赫,死后由韦齐尔阿布·阿里·巴勒阿米执绋,——《原文史料选辑》,页53,67(萨木阿尼书,Margoliouth 刊本,al-Bāb·k·sī 与 al-M·z·nī 条)。

之君也还是靠地方僧侣首脑的帮助始能在布哈拉确立其统治地位的。饱学的教士在君主面前免行以唇吻地之礼。君主要从布哈拉哈乃菲学派法吉(faqīh)中挑选出一位学行最优的人,在重大问题上听取他的意见,满足他的要求,并依照他的推荐确定官吏人选①。根据萨木阿尼的记载②,这位相当于后来的穆夫提(muftī)或伊斯兰谢赫(shaykh al-Islām)的人物彼时有着乌斯塔德(Ustādh,意为国师)这一波斯称号,乌斯塔德一职在亦思马因君临期间即已存在。河中地区称国师为答失蛮(dānishmand),这也是一个波斯语称号,方言中作丹舒门德(dānshūmand)③。

在纯粹宗教职位中,有海推布(Khaṭīb,讲道者)一职。如所熟知,伊斯兰教礼拜寺中原由哈里发本身或其代表担任讲道。到萨曼时期,这一成例在东方已经过时,因为东方的统治者和他们任用的总督是波斯人或突厥人,多不娴习阿拉伯语;但遇有总督能口操流利的阿拉伯语的,那么他就会同样以一身而兼韦利(Walī;总督)与海推布二职④。

萨曼国家的官僚行政体系不可能整齐划一地推行于全国各地,因为有些省份还处在当地小朝廷的统治之下,其中有的还是颇为古老的王朝。在巴里黑,有阿布·达乌德家族的王朝,虽其王祚已不绝如缕。此外,下记地区亦各有王朝:塞吉斯坦(萨法尔家族);胡实健(费里贡家族);哥疾宁(当地统治者,后为阿勒普-的斤及禁卫军的其他成员所废黜);布斯特(与哥疾宁相同,处于突厥人统治之下);加尔吉斯坦(位于木尔加布河上游流域);花刺子模;伊斯菲贾卜;今布哈拉汗国东部的多山地区(石汗那、珂咄罗与拉什特)。根据马克迪西的记载⑤,所

---

① BGA,Ⅲ,马克迪西书,页339。
② 《原文史料选辑》,页52-3(萨木阿尼书,Margoliouth 刊本,al-Ustādh 条)。
③ BGA,Ⅲ,马克迪西书,页43;尼扎木·穆勒克书,Schefer 刊本,原文,页88。大约长春真人及其他中国旅行家曾经听到这些字如此发音,汉文音作"大石马"、"答失蛮"、"迭舍蛮"(长春真人书,Кафаров 译本,页326,417;布雷特施奈德,《中古东亚史料考证》,Ⅰ,页90,注231)。
④ 《原文史料选辑》,页57(萨木阿尼书,Margoliouth 刊本,al-Khaṭīb 条)。
⑤ BGA,Ⅲ,马克迪西书,页337。

有这些统治者(马克迪西没有提到石汗那与拉什特的埃米尔,也没有提到伊斯菲贾卜的统治者,当系一时失检)仅向京城奉献礼品而不交纳贡赋。只是在易剌克有居于通凯特的一位重要迪赫坎,当时虽已失掉一切政治权力①,但可能由于他占有广大地产,故对居民仍有影响,因此马克迪西②称他为"强有力的迪赫坎"。掌握着极其广泛的政治权力的,当推花剌子模、伊斯菲贾卜与石汗那三地的统治者。

花剌子模沙朝代③的由来,可以一直追溯到神话传说时代。阿拉伯征服者虽不曾剥夺地方统治者的沙的称号,而实权固已转入他们所任命的总督手中。由于史料缺乏,我们无从知晓此后花剌子模沙与阿拉伯埃米尔之间的关系,也无从知晓他们之间的斗争如何导致花剌子模分裂为二部:花剌子模南部及其境内的柯提城仍在花剌子模沙统治之下;北部及境内的古尔干只城则归埃米尔管辖。双方统治者不断发生冲突,995 年,古尔干只的埃米尔终于征服了花剌子模沙的全部领域,并袭取了花剌子模沙的称号④。

伊斯菲贾卜的统治者每年向萨曼君主纳铸币四枚,并随献礼贡扫帚一把⑤,用以表示他对萨曼君主的臣顺。分布于锡尔河省东部与七河流域西部的突厥人,虽然都是萨曼君主的属民,但在一定程度上受到伊斯菲贾卜统治者的控制。住在斡耳朵城的"土库曼王",据说"从不曾停止向伊斯菲贾卜的统治者献礼"⑥。遗憾的是我们不知道当哈剌汗朝进攻河中的时候,伊斯菲贾卜的统治者曾否进行抵抗。

伊本·豪卡勒⑦谓石汗那的统治者属于穆赫塔只家族(Āl Muh-

---

① 关于易剌克,图曼斯基抄本(*Hudūd al - ʿĀlam*,叶 24a)的作者述及,"这个地区的统治者被称为易剌克迪赫坎;在古代,易剌克迪赫坎系地方诸王公(mulūk - i aṭrāf)之一"。
② BGA,Ⅲ,马克迪西书,页 277。
③ 关于花剌子模诸沙,参看 Sachau, *Zur Geschichte*,1。
④ 《原文史料选辑》,页 12 - 3(加尔迪齐书);奈尔沙希书,Schefer 刊本,页 189(摘自乌特比书);参看下文 R324。
⑤ 参看上文 R270。
⑥ BGA,Ⅲ,马克迪西书,页 275。
⑦ BGA,Ⅱ,伊本·豪卡勒书,页 401.关于穆赫塔只,看伊本·阿西尔书,Tornberg 刊本,Ⅷ,页 196。

tāj),其来源今已无考。他们有着埃米尔这一阿拉伯语称号,前穆斯林时期的称号,石汗－胡达特(Ṣaghān － Khudāt),到这时候已废而不用。萨曼朝灭亡后,石汗那仍受它自己的埃米尔的统治①。在珂咄罗,这时候同样也不再用前穆斯林时期的珂咄兰－沙(Khuttlān － Shāh)与施尔－珂咄兰(Shēr － Khuttlān)等称号②。十二世纪,珂咄罗埃米尔仍自称是萨珊王贝赫拉木－古尔的后裔③,贝赫拉木－古尔即瓦拉赫兰五世,公元420－38年间在位。

城镇及其近郊的长官称为莱伊斯(raʾīs)④,莱伊斯一职父传子袭的情况,并非罕见,但在蒙古统治以前,它还不曾取得像它现在具有的警察的性质⑤。莱伊斯是一个城镇的中心人物,代表本城镇的利益,并将君主的旨意下达至城镇居民⑥。很有可能,他们是从地方重要家族的成员中被选任的,至少最初是如此。

由于萨曼时期对外和平有保障,国内工、商业有巨大发展,故一般民众尚能安居乐业。我们曾在另文⑦中摘引了奈尔沙希关于各工业城镇的居民在政府同意下收买土地所有者的土地的报道;此外,在亦思马因君临期间,布哈尔－胡达特的巨额财产⑧,连同其他一些乡村⑨,均转归王家所有。马克迪西曾在其撰述中⑩列举了河中诸城镇的输出品名,这大有助于我们对河中地区工、商业发展的情况获得比较完整的概念。

---

① 《原文史料选辑》,页15(加尔迪齐书)。
② BGA,Ⅵ,伊本·霍尔达德贝赫书,页29。
③ 伊本·阿西尔书,Tornberg 刊本,Ⅺ,页155。
④ 拜哈吉书,Morley 刊本,页298,352;〔Ghanī 与 Fayyaḍ刊本,页247,286－7〕;《原文史料选辑》页77(巴格达迪,Kitāb at － Tawassul)。
⑤ 今日称为拉伊斯的官吏,在中古时期称为穆赫塔西卜(Muḥtasib)。
⑥ 除被引用的段落外,还可参看《原文史料选辑》,页157(哈菲兹－伊·阿卜鲁书)。
⑦ Бартольд,Несколько слов об арийской культуре,页31。
⑧ 奈尔沙希书,Schefer 刊本,页10。
⑨ 同上书,页13－4,26－7。
⑩ BGA,Ⅲ,马克迪西书,页323－6.从这个商品表中,我们仅摘引了与河中有关的部分。还可参看伊本·鲁斯特书,Хвольсон 刊本,页180－1;Jacob,Handelsartikel. Jacob 试图证明 abʾuz 系鸐而非鹰,我认为他的证明不足以取信。

"说到商品,输出情况如下:忒耳迷输出肥皂和阿魏;布哈拉输出柔软织物、祈祷用毛毯、旅栈铺地用的编织物、铜灯、塔巴里织物、囚犯编结的马肚带、乌什穆尼织物(Ushmūnī① fabrics)、油脂、羊皮、头油;凯尔米尼亚输出餐巾;答不昔牙与维达尔输出染成一种颜色的维达里织物(Wadhārī fabrics)。我曾听到巴格达的一位苏勒坦把维达里织物叫作呼罗珊缎②。雷宾詹输出冬季披用的红毡斗篷③、祈祷用毛毯、白蜡器、兽皮、坚韧的大麻和硫黄;花剌子模输出黑貂皮、银鼠皮、花鼬皮以及草原狐、貂、海狸、斑兔、山羊等毛皮;此外,蜡、箭、桦树皮、高筒皮帽、鱼胶、鱼齿④、海狸胶、琥珀、熟马皮、蜜、榛实、隼、刀、甲胄、哈兰只树(皮)、斯拉夫奴隶,羊和牛等亦有输出。所有这些均来自保加尔,但花剌子模也输出葡萄、大量葡萄干、扁桃糕、芝麻、条纹呢、毛毯、棉毯、贡缎、穆勒哈姆织物(mulham⑤ fabrics)作成的覆盖物、锁、阿兰只织物(Āranj⑥ fabrics)、只有大力士才能拉开的硬弓、拉赫宾(rakhbīn,一种干酪)、酵母、鱼、船(忒耳迷也输出船只)。撒马尔罕输出西姆贡(sīmgūn,一种银色织物)与撒马尔罕毛绒、大件铜制器皿、精美的高脚酒杯、帐幕、马镫、马勒、皮带;迪扎克输出细羊毛和精织毛布;别纳凯特输出突厥斯坦织物;赭时输出马革制造的高鞍、箭囊、帐幕、由突厥人手中购来并加以鞣制的皮革、斗篷、祈祷用毛毯、皮披肩、亚麻仁、良弓、劣质的针、专对突厥人销售的棉花、剪刀;又撒马尔罕也输出专对突厥人销售的锦缎和名为穆玛尔贾勒(mumarjal)的红色织物、西尼齐布(Sīnīzī⑦ cloth)、各种丝和丝

---

① 自埃及城市乌什穆奈恩得名(BGA,I,伊斯塔赫里书,页53)。
② 参照伊本·豪卡勒对于维达里织物的评语(BGA,II,页403);还可参看 Becker, Dibādj(《伊斯兰百科全书》本条)。
③ 塔巴里也提到了雷宾詹的羊毛织物(II,页1249)。
④ 可能是海象齿,在俄罗斯商品表中,鱼齿即指海象齿而言(ПДТС,III,页303-4);突厥语,Balyq tishi,参照 Самойлович, Тийишь,页1278。
⑤ Жуковский, Развалины Старого Мерва,页17。
⑥ 据萨阿利比的记述(Lataifo' l - ma' arif,页129),这是一种棉织物。
⑦ 这种布因法尔斯境内西尼兹城而得名;织成这种布所用的麻先从埃及输入,自十世纪起,大部分在当地出产(BGA,III,马克迪西书,页443)。这一情况表明,河中的手工业通过法尔斯受到埃及的影响,故应注意之。参看以下与达比吉织物有关的注文(R296注)。

织物、橡实及其他坚果;费尔干纳和伊斯菲贾卜输出突厥奴隶、白色织物、兵器、刀、铜、铁;塔拉兹(塔拉斯)输出山羊皮;谢勒吉输出银;突厥斯坦与珂咄罗将马与骡赶至上述各地出售。有些特产,世无其匹,如布哈拉的肉类,一种他们叫作沙克(ash-shāq)或沙弗(ash-shāf)的甜瓜,花剌子模的弓,赭时的碗碟①以及撒马尔罕的纸张等。"

上述商品项目足以证明伊斯塔赫里②的论断是正确的,他肯定河中物阜民丰,无须依赖其他地区的任何物产。毫无疑义,工业的发展深受中国的影响,伊本·法吉③在这一点上以呼罗珊与中国相比。阿拉伯征服者在河中地区见到许多中国产品④,而中国产品在河中的销售量必然已随河中当地工业的发展有所降低⑤。此后阿拉伯人把所有精工巧制的器物都称作中国的⑥,由此可见中国工匠的技巧给予穆斯林以何等深刻的印象。河中产品在穆斯林世界最负盛名的是泽拉夫尚河流域的丝织物和棉织物以及费尔干纳的金属器物,特别是兵器,后者的销路远至巴格达(参看上文 R225-6)。费尔干纳的金属工业的发达,无疑得力于上文述及的煤矿(R217)。对精美织物的发展发生影响的,不仅有中国的工业,也还有埃及的工业:花剌子模境内到处织造的达比吉织物(Dabīqī⑦ fabrics)因仿自埃及的达比克城而得名,又马克迪西提到的乌什穆尼织物亦与埃及有关,可为例证。

R296

撒马尔罕纸在文化史上具有特别重要的意义。据穆斯林的记载,撒马尔罕人的造纸技术传自751年被齐亚德·本·萨利赫俘获的中国

237

---

① 〔本书1928年英文版作"赭时的瓷器"。按赭时并不出产瓷器,1900年俄文版作"赭时的碗碟"。在赭时并不曾发现任何瓷器的碎片(无论是当地出产的或从外地运来的),也不曾发现陶瓷的遗存。〕
② BGA,Ⅰ,伊斯塔赫里书,页287。
③ BGA,Ⅴ,伊本·法吉书,页316。
④ 塔巴里书,Ⅲ,页79。
⑤ 马克迪西述及,囚犯制造的成品也在市场上出售,这是很特殊的情况。
⑥ 萨阿利比,Lataifo 'l-ma'arif,页127。
⑦ 同上书,页129.关于达比吉织物,参看 Becker,Dabīk(《伊斯兰百科全书》本条):"用亚麻线织成,有时或经常织上金线和丝线"。法尔斯境内也生产达比吉织物(BGA,Ⅲ,马克迪西书,页443)。

工匠(参看 R253 – 4)。直到最近,一般人根据卡拉巴策克教授研究的结果①,认为破布造纸系撒麻尔罕人的发明,因中国之有褴褛纸,不早于940年。然而目前由于 M. 奥里勒·斯坦因爵士在中亚的探查②,中国人早在公元二世纪即知纯用破布造纸,已成定论,因此它绝不是阿拉伯人的独立发明,而且阿拉伯人也不曾把它说成是新鲜事物。十世纪末,撒马尔罕出产的纸张已在穆斯林诸国家中完全代替了纸草纸和羊皮纸③。

R297　　前引花剌子模的输出商品中,提到了"扁桃糕",这让我们联想到萨阿利比关于花剌子模输出西瓜的一段叙述④:为西瓜制成铅模,外封以雪,送往哈里发马蒙(813 – 33 年)和瓦西克(842 – 47 年)的宫廷,到达后启模验看,每一完好无损的西瓜作价700 第尔赫姆。在奢侈品中,我们可以提一下从不同国家输入的麝香,麝香以来自吐蕃者为最上品⑤。

　　与游牧人进行贸易,永远十分重要,大宗食用畜⑥与驮载畜以及皮革、毛皮和奴隶都靠游牧人供应。对游牧人来说,与定居者进行贸易,亦属必不可缺,因游牧人要藉此取得衣着和粮食⑦。在河中,像在中国和俄国一样,游牧人自动把畜群赶到定居地区的边界上,并不等候商队到草原里来⑧。从与游牧人的贸易中得到最大利益的是花剌子模人,据伊斯塔赫里的记载⑨,花剌子模的繁荣完全建立在与突厥人的贸易

---

① Karabacek,*Das arabische Papier*,页 108 – 17。
② 参看 Stein,*Serindia*,Ⅱ,页 650。
③ 萨阿利比,*Lataifo ' l – ma ' arif*,页 126。十一世纪,叙利亚已有造纸业,纳西尔 – 伊·胡斯罗述及〔叙利亚内〕特里波利制造的"质量很高的纸和撒马尔罕的纸同样好,甚至更好"。见 Nāṣir – i Khusraw, *Sefer Namèh*, Schefer 刊本,原文,页 12;译文,页 41。
④ *Lataifo ' l – ma ' arif*,页 129。
⑤ 亚尔库比,*Kitāb al – Buldān*,页 365。
⑥ 关于河中北部边境肉类售价之低,参照马克迪西书(BGA,Ⅲ,页 274,12)。关于从突厥人输入羊只,参照伊斯塔赫里书(BGA,Ⅰ,页 288)与伊本·豪卡勒书(BGA,Ⅱ,页 336)。
⑦ 关于向游牧人输送粮食的情况,参看上文 R235。虽在今日,我曾看到游牧人满意地从萨尔特人(Sarts)手中接受又干又硬的面饼而酬以酸乳(aïran)。
⑧ BGA,Ⅰ,伊斯塔赫里书,页 303;Ⅱ,伊本·豪卡勒书,页 391。
⑨ BGA,Ⅰ,伊斯塔赫里书,页 305。

关系上。商队从古尔干只出发,南至呼罗珊,西至哈扎尔人分布区①。加尔迪齐②还记载了沿咸海西岸的另一道路,循此路穿过草原可达佩切涅格人的国度。花剌子模人成为呼罗珊境内商人阶级的主要代表人物。在呼罗珊的每一城市中都会遇到不少的花剌子模人,他们和当地居民的区别,像现在一样,是头戴高筒皮帽③。奈萨城的地产完全落到他们名下为业④。一如通例,随着物质生活的富足,他们也追求文化生活的提高。马克迪西说过⑤,他在呼罗珊遇到的讲授法律、人文科学和教读古兰经的教师几乎都有花剌子模的学生随侍受业。最后,由于要有商品与游牧人进行贸易,故毛棉织物的生产有着巨大的发展⑥。

至于当时的工资,我们只能征引加尔迪齐的一则记述⑦:亚尔库卜·本·莱思作为一位铜匠的雇工,每月得到15枚第尔赫姆的报酬。

最后,当时没有沉重不堪的捐税负担,这是有利于工商业的发展的⑧。萨曼君主的岁收,约为4,500万第尔赫姆⑨,此数全归他们自己支配;东方各省的贡赋,此时已与哈里发的金库毫无关联⑩。国家最大的开支是军队和官吏的薪饷,达2,000万第尔赫姆(每三个月发放500万第赫姆,参看上文R289)。各省官吏的薪俸均有定额;凡在同一地区服务的官吏,级别同,则薪额亦同⑪。据尼扎木·穆勒克的记述⑫,"从

---

① BGA,Ⅰ,伊斯塔赫里书,页299。
② 参看 Бартольд,*Отчет о поездке в Среднюю Азию*,页119-20;《原文史料选集》,页95(奥菲书)。
③ GBA,Ⅰ,伊斯塔赫里书,页304-5。
④ BGA,Ⅲ,马克迪西书,页320。
⑤ 同上书,页284。
⑥ BGA,Ⅰ,伊斯塔赫里书,页304。
⑦ 《原文史料选辑》,页3;参照上文 R274。
⑧ BGA,Ⅲ,马克迪西书,页340-1。
⑨ 由于试作比较精确的计算,结果得出不同的数字,(BGA,Ⅲ,马克迪西书,页340;Ⅴ,伊本·法吉书,页328-9)。
⑩ Розен,ЗВОРАО,Ⅳ,页136。
⑪ BGA,Ⅱ,伊本·豪卡勒书,页341-2。
⑫ 尼扎木·穆勒克书,Schefer 刊本,原文,页91-2;译文,页134-5。舍费尔在其译文中,由于采取了违反文法规则的读法,误以为 iqtaʻdar(采地的领有者)就是那些仅仅接受薪金的人。生在萨曼朝时代的阿布·阿卜杜拉·花剌子米已经提到 iqtaʻ一词(*Mafātīḥ al-ʻolūm*,页595(转下页))

前的国王"(即萨曼君主与哥疾宁君主)对官吏发薪,仅用现金(bistagānī 或 mawājib),对军队亦不分配采地(iqṭāʿ,复数 iqṭāʿāt)。然而也有一些例外,即如库希斯坦这样一个广阔地区就曾经是突厥奴隶后裔西木术里家族①的采地。最后,凡得任最高军职的奴隶可通过购买占有土地。阿勒普-的斤在呼罗珊和河中共占有约500个村庄;在每一城镇中,他都有一所官邸、一座园林、一处商站和一所浴室②。毫无疑义,存在于萨曼朝和哥疾宁朝的旧制,比后来实行的军人采地制度更有利于防止非法的征发③。然而,彻底清除征发,自亦无此可能;不仅如是,我们且将在下文述及,政府本身在财政困难的时候,也还要加征特别捐,增添新税目,并延期发放公务人员的薪饷。所有这些,足以引起不满;置禁卫军与"圣战者"等组织于不论,单是流行于河中地区的居民持有武器的习惯,就不难把这种不满变为对于政府的威胁,尤以在大城市中为然。最大的商业城市撒马尔罕的居民夙以借端生事著称④,并保持这种名声至于近日⑤。有文化的无产者的兴起,虽对政府危险较小,但同样不为政府所欢迎,这个阶层是由许许多多志在干禄、但未能捞得一官半职的人们构成的。由于这个阶级的存在而发生的危险,可举尼扎木·穆勒克⑥征引的关于布伊朝(与萨曼朝同时)的一段记事作为证明。为了预防这种危险,尼扎木·穆勒克特别反对一人身兼数职,然而这种兼职的情况,在萨曼朝业已屡见不鲜⑦。

(接上页)以下),并曾指出 qaṭīʿa(世袭采地)与ṭuʿma(终身采地)的区别。参照伊马杜丁·亦思法杭尼的原文(本达里书,Houtsma 刊本,页 58)。有 C. H. Becker 的译文和注释(Becker, *Steuerpacht*,页 89)。

① 《原文史料选辑》,页 60(萨木阿尼书,Margoliouth 刊本,al-Sīmjūrī 条)。
② 尼扎木·穆勒克书,Schefer 刊本,原文页 101-2;译文,页 149-50。
③ 一种有趣的情况是,尽管尼扎木·穆勒反对军事采地制度,然而正是他本人以更大的规模推广了这种制度,至少在西亚是如此。
④ BGA,Ⅲ,马克迪西书,页 278(参照上文 R138,139)。
⑤ Wolff, *Narrative*,页 203。
⑥ Schefer 刊本,原文,页 145-8;译文,页 215-9。
⑦ 《原文史料选辑》,页 56(萨木阿尼书,Margoliouth 刊本,al-Khāzin 条)。

关税①主要是在阿母河各渡口上征收,每峰骆驼征收第尔赫姆 2 枚,每一骑牲口的人(大约不论骑在马上或骑在驴上)所带的物资征第尔赫姆 1 枚;银条仅准运往布哈拉,为此税关组织了检查;在各停止地点(大约即商品转运的终点)征第尔赫姆 0.5 至 1 枚。转运突厥奴隶,每次须经政府特许,领取许可证须交 70 至 100 第尔赫姆②;转运突厥女奴隶也要交纳此数,但无须领许可证;转运已婚妇女,仅征收 20 至 30 第尔赫姆。

凭藉上述体制,萨曼家族得享国约百年之久,虽然在亦思马因之后,这个朝代就没再出现一位根据历史报道可以认作是英明有为的君主。亦思马因的第一位继承人,艾哈迈德(907-14 年),以信教虔诚见称,当他在位时,重新定阿拉伯语为公牍语③(大约历时不久)。艾哈迈德对娴熟阿拉伯语的官吏特别垂青,这多半是引起禁卫军不满的原因之一;914 年 1 月 23 日④,这位埃米尔在费雷卜尔被他自己的奴隶们杀害了。在这以后,内廷派掌握大权,指控卡提卜(kātib,官员)阿布勒-哈桑·纳斯尔·本·伊斯哈克⑤煽动奴隶凶杀埃米尔而处以死刑。谢赫和禁卫军的首领们⑥立艾哈迈德之子纳斯尔二世(914-43 年)为君;纳斯尔二世时年八岁,据说正是这位幼君讲的一些话⑦表明艾哈迈德之被杀,实为禁卫军诸首领所主使。在内廷派同意之下⑧,阿布·阿

---

① BGA, Ⅲ, 马克迪西书,页 340-1。Ḍarība:花剌子米书中(Mafātīḥ al-'olūm,页 59)曾用此词,与 maks 同义,亦可与伊本·鲁斯泰书中(BGA, Ⅶ,页 168,3)的波斯字 bāj 相参证。人所共知,伊斯兰国家从来认为关税是违反教律的。
② 据伊本·霍尔达德贝赫的记载(BGA, Ⅵ,页 28),塔希尔朝君主每年送交哈里发的 2,000 名奴隶共值 600,000 第尔赫姆,于以知在九世纪,突厥奴隶每名平均值 300 第尔赫姆。
③ 哈木杜拉·可疾云尼, Ta'rīkh-i Guzīda, Browne 刊本,原文,页 381;译文,页 73。译文中之 proclamations 与原文中之 manāshīr wa aḥkām 不甚相当。
④ 此据萨木阿尼书(《原文史料选辑》,页 59;Margoliouth 刊本, al-Sāmānī 条)所记之正确时日,此日确系日曜日,其他史书作木曜日,误。
⑤ 奈尔沙希书,Schefer 刊本,页 92。此人全名见加尔迪齐书(牛津抄本,叶 114;剑桥抄本,叶 92b)。
⑥ 加尔迪齐书(牛津抄本,叶 115;剑桥抄本,叶 92b)。
⑦ 伊本·阿西尔书,Tornberg 刊本,Ⅷ,页 58;米尔洪德, Histoire des Samanides, Defrémery 刊本,页 19,134。
⑧ 伊本·阿西尔书,Tornberg 刊本,Ⅷ,页 59。

卜杜拉·穆罕默德·本·艾哈迈德·杰伊哈尼出任韦齐尔,杰伊哈尼得到军事首领哈穆亚·本·阿里的积极协助,恢复了国内秩序[1]。亦思马因的弟兄伊斯哈克·本·艾哈迈德在撒马尔罕联系该城惯于滋事的居民而发动的叛乱遭到镇压;伊斯哈克被哈穆亚的军队击败,受到政府的宽宥,返回布哈拉。他的儿子伊勒亚斯逃往费尔干纳;萨曼家族的另一成员,纳斯尔一世之孙[2],受任撒马尔罕总督。伊斯哈克的另一个儿子,阿布·萨里赫·曼苏尔也曾举起叛旗,死在你沙不儿[3]。曼苏尔死后,其同盟者侯赛因·本·阿里·麦尔韦齐(有些记载中作麦尔韦-鲁迪)将军代领其众。侯赛因当艾哈迈德在位期间立有大功,因未获相应的酬劳而觖望作乱。这位造反的首领大约依靠民族主义者的支持,因为尼扎木·穆勒克[4]以及 Fihrist[5] 的作者都把他列入什叶派运动的首领名单以内。萨曼政府委派一位贵族,著名的迪赫坎艾哈迈德·本·萨赫勒[6]率军讨伐,918 年夏季[7],侯赛因战败被俘。其后不久,艾哈迈德本人亦叛,919 年岁杪[8],被哈穆亚·本·阿里荡平。在这以后的十年之内,基本上保持了和平局面[9]。922 年伊勒亚斯·本·伊斯哈克在费尔干纳掀起的叛乱,由于阿布·阿慕尔·穆罕默德·本·阿萨德[10]出奇制胜,迅即平息。穆罕默德·本·阿萨德以寡胜众,率领仅有

---

[1] 《原文史料选辑》,页6(加尔迪齐书)。
[2] 塔巴里书,Ⅲ,页 2289—90;伊本·阿西尔书,Tornberg 刊本,Ⅷ,页 60;米尔洪德,*Histoire des Samanides*, Defrémery 刊本,页 132。塔巴里所记受命统治撒马尔罕之王公的名字可能有误,他所提到的与阿布·阿慕尔·穆罕默德·本·阿萨德同为一人,关于此人,参看下文。
[3] 奈尔沙希书,Schefer 刊本,页 92,93。
[4] 尼扎木·穆勒克书,Schefer 刊本,原文,页 187;译文,页 274。
[5] *Fihrist*, Ⅰ,页 138,188。
[6] 关于此人,参看《原文史料选辑》,页 6—7(加尔迪齐书)。
[7] 此据伊本·阿西尔书(Tornberg 刊本,Ⅷ,页 65)与加尔迪齐书(牛津抄本,叶 116;剑桥抄本,叶 94b)。
[8] 此据伊本·阿西尔书,Tornberg 刊本,Ⅷ,页 89。
[9] 关于纳斯尔初即位时的诸背叛者,伊本·阿西尔(同上书,页 59)还提到了某一贾法尔。关于此人的活动,我们一无所知;但 306/918—9 年与 308/920—1 年在撒马尔罕与赭时铸造的有米卡伊勒·本·贾法尔一名的钱币(Марков. Инвентарный каталог,页 141)多半与这次背叛事件有关。
[10] 关于有这位王公的名字的铜币,参看我的论文 *Из минц-кабинета*,Ⅱ,页 059。

2,500人的一支队伍伏击伊勒亚斯军,驱散了后者,后者的实力据记载达30,000人之多。伊勒亚斯的主要追随者,穆罕默德·本·侯赛因·本·穆特①逃往塔拉兹,当地迪赫坎听从布哈拉政府的指示将他处决。伊勒亚斯在赭时总督阿布勒-法兹勒·本·阿布·优素福的协助下再揭叛旗,失败后,逃往喀什噶尔,与当地"迪赫坎"图甘-的斤结盟。他出击费尔纳无功,最后接受他的堂侄的宽宥,从喀什噶尔返回布哈拉②。萨曼朝最著名的政治家之一阿布勒-法兹勒·穆罕默德·本·乌拜杜拉·巴勒阿米出任韦齐尔,大约正在此时。

约在930年③,当纳斯尔旅居你沙不儿时,发生了新的动乱。纳斯尔有三位弟兄,叶海亚、伊卜拉欣与曼苏尔,被囚禁于布哈拉子城中。三个人通过一个名叫阿布·贝克尔的烘制食品的人得与居民中谋叛分子以及布哈拉驻军建立了联系④,恢复自由,并夺取了布哈拉。叶海亚被立为埃米尔。据伊本·阿西尔的记载⑤,叛乱分子中有低廉人、什叶派和"强盗"(指圣战者而言);又领导这次运动的,除阿布·贝克尔以外,还有侯赛因·麦尔韦齐的儿子,这也说明什叶派教徒参加了这次运动。韦齐尔巴勒阿米与侯赛因的儿子达成协议,后者将阿布·贝克尔送交纳斯尔的军队处置。阿布·贝克尔在鞭打下毙命;相传他的尸体被投入一口赤热的大锅,第二天取出来并未灼伤⑥,这种传说足以表明他在人民中间势力甚大。政府军在与叶海亚数度冲突后恢复了秩序。石汗那埃米尔阿布·贝克尔·穆罕默德·本·穆扎法尔受任呼罗珊总督,后由其子著名的阿布·阿里·艾哈迈德·本·穆罕默德继任⑦。

---

① 我们将要看到,这是十世纪末伊斯菲贾卜的一位将领的名字。很有可能,伊勒亚斯的追随者也是伊斯菲贾卜统治者的家族成员之一。
② 伊本·阿西尔书,Tornberg刊本,Ⅷ,97;米尔洪德,*Histoire des Samanides*,Defrémery刊本,页237。
③ 此事发生年月难以确指(参照伊本·阿西尔书,Tornberg刊本,Ⅷ,页154;米尔洪德,*Histoire des Samanides*,Defrémery刊本,页138,245。
④ 加尔迪齐书,牛津抄本,叶117;剑桥抄本,叶94b-95a。
⑤ 伊本阿西尔书,Tornberg刊本,Ⅷ,页155。
⑥ 《原文史料选辑》,页7(加尔迪齐书)。
⑦ 伊本·阿西尔书,Tornberg刊本,Ⅷ,页196;加尔迪齐书,牛津抄本,叶118;剑桥抄本,叶95a-b。

纳斯尔在位最后一年，发生了规模更大的一次什叶派运动，连纳斯尔本人也未能置身事外①。在呼罗珊，什叶派从未停止过宣传活动，这里有什叶派的重要圣地之一，阿里的后裔一向对这里的居民具有极大的号召力。据阿布勒-哈桑·拜哈吉的记载②（拜哈吉引自拜伊阿的著作③），早在阿卜杜拉·本·塔希尔君临期间，你沙不儿即已用阿里家族成员之一阿布勒-侯赛因·穆罕默德·本·艾哈迈德的名义宣读呼图白，阿卜杜拉本人亦使自己的侄女成为后者的妻室④。纳斯尔在位时期，你沙不儿居民宣誓效忠于穆罕默德·本·艾哈迈德之孙阿布勒·侯赛因·穆罕默德·本·叶海亚，奉为哈里发；纳斯尔请他来到布哈拉，先加以拘留，后于释放时赠以荣誉服一袭，甚至予以年金。呼罗珊的阿里家族成员从国库领取年金，由他开端。十世纪初，伴随法提玛朝的兴起，什叶派的宣传力量大见增加。法提玛朝所派专使深入呼罗珊境内，使侯赛因·本·阿里·麦尔韦齐接受了什叶派信仰。接续侯赛因的是穆罕默德·本·艾哈迈德·那黑沙比（亦作那色菲），后者遵其师之遗嘱将他的宣传活动移至河中地区，在这里，他首先在自己的故里那色波城，后来又在萨曼国家的京都获得一定的成功。在他的影响下，不少贵族改宗什叶派教义，其中有首席哈吉卜阿伊塔什、私人秘书（dabīr-i khāṣ）阿卜·贝克尔·本·阿卜·阿什阿思、阿里兹阿卜·曼苏尔·查甘尼⑤、布哈拉的莱伊斯、财务长官⑥以及易剌克⑦的统治者侯赛因-麦利克。他通过这些人得以进入宫廷，不久，埃米尔本人也

---

① 尼扎木·穆勒克书，Schefer 刊本，原文，页187 以下；译文，页274 以下；又 Fihrist，I，页188。
② Ta'rīkh-i Bayhaq，不列颠博物馆藏抄本，叶149。
③ 参看上文 R61-2。
④ 〔Ta'rīkh-i Bayhaq，中关于阿里家族在呼罗珊境内取得优势的全段记载，业经博斯沃思译为英文，见 Bosworth，The Ghaznavids, their empire in Afghanistan and Eastern Iran 994-1040，爱丁堡，1963年，页196-7。——C. E. B.〕。
⑤ 可能系阿布·阿里之子，后来他统治石汗那与忒耳迷（《原文史料选辑》，页10，加尔迪齐书）。
⑥ Ṣāḥib-kharāj：此词可能为穆斯陶菲（mustawfī）的别称，参看上文 R288-9。
⑦ 关于这一地区的特点，参看上文 R292，还可参看 Barthold，Die alttürkischen Inschriften，页32。

成为"卡尔玛特"(qarmaṭ)①。纳斯尔听从那黑沙比的请求,拨交法提玛哈里发卡伊木(934 – 46 年)119,000 第纳尔②作为曾使侯赛因·本·阿里瘐死于布哈拉狱中③的罚金。埃米尔改宗什叶派异端一事,当然不为僧侣等所心许,后者转而求助于一贯结纳的盟友,即突厥禁卫军诸首领。突厥人决将王位献给"伟大的大将军"(great sipahsālār)④,其行动步骤拟定如下:大将军藉口即将出征八剌沙衮(不久以前为突厥异教徒所攻陷),在预使纳斯尔得知的情况下,召集所有将领参加宴会,大将军将在席间诱使将领等归附自己,宣誓效忠,然后靠他们的帮助迫使埃米尔退位,诛杀卡尔玛特分子。这一预谋被纳斯尔的儿子努赫探悉:纳斯尔依努赫的请求,巧妙地将主谋者赚来自己面前,下令立即斩首。在这以后,父子二人出现在将领们的宴席上。纳斯尔宣布他已知晓他们的阴谋,并令将主谋者的首级抛在席前;同时,他宣布让位于努赫,当时没有人指责努赫信奉异端。突厥人惊惶失措,不得不表示顺从:努赫下令给他的父亲带上锁链,送入子城囚禁。努赫继又宣布,在出征外地突厥族异教徒以前,必须先肃清内部的异端;异端分子的财产,自己被黜退的埃米尔的金库起,一律没收,交由正统派信徒掌握。河中与呼罗珊两地开始扑灭异端,那黑沙比和接受他的说教的贵族先被处死。与此同时,也采取了一些措施防止个人因挟嫌报复而陷害正统派教徒。从此以后,在河中,什叶派仅作为秘密教派而存在。

以上为尼扎木·穆勒克所记这一事件的始末。*Fihrist* 所描写的镇

R304

244

---

① 尼扎木·穆勒克与拜哈吉的著作者表明,此词具有比它的一般用法远更广泛的意义。
② *Fihrist* 的原文此处不甚明晰;参看 *Fihrist*,Ⅱ,页 79。
③ 据伊本·阿西书(Tornberg 刊本,Ⅷ,页 366),侯赛因·本·阿里犯了叛逆罪以后,韦齐尔阿布·阿卡杜拉·杰伊哈尼曾将他释放出狱,并使重新任职。可能他再次叛变,其后身死,惟关于他再次叛变事,史书完全失载。萨阿利比(*Yatīmat ad – Dahr*,Barbier de Meynard 摘译,Ⅰ,页 204)收录了他写给韦齐尔巴勒阿米的诗,诗中对被释出狱表示感谢。
④ 此处所指何官,颇难断言。既不能是业已改信异端的首席哈吉卜,也不能是呼罗珊总督,其时任呼罗珊总督的是阿布·阿里·查甘尼。很有可能,当时以称呼伊塔什的 Ḥajib – i – khāṣ 一词非指禁卫军长官,乃指为君主所宠信的哈吉卜而言。若然,当时尼扎木·穆勒克称之为"Sipahsālār"的官员,可能就是首席哈吉卜。

压什叶派的经过,与此略有不同。后者把患病说成是纳斯尔所以"忏悔"的主要原因。纳斯尔疾病缠身,久困床蓐,他显然认为这是大降之殃。身死以前,他也使努赫了解这一点,于是努赫甫即位,即命人召来那黑沙比使与诸法吉互相诘难;在辩论中,那黑沙比理屈辞穷,认罪服输。努赫也发现那黑沙比曾私自吞没补偿侯赛因之死的罚金40,000第纳尔;因此那黑沙比与其徒众均被处死。

诸历史家对纳斯尔信奉异端事曾无一语道及。他们说纳斯尔患肺痨症达十三个月之久,终于943年4月6日逝世①。逝世前,他在宫门近旁为自己筑起一间静室,成天在室内礼神祈祷②。仅有几种记载说到纳斯尔和他的父亲一样,也被奴隶杀害;按照这些记载③,纳斯尔死于942年5月31日,与上引时日不同。很有可能,这并不是纳斯尔死亡的日期,而是他宣布退位,将政权交于努赫的日期;纳斯尔修建静室云云,大约亦指退位而言。还有一点也和尼扎木·穆勒克的记载不同,即努赫系在纳斯尔死去以后才正式即位:据与努赫同时的奈尔沙希的记载④,努赫即位于943年4月10日,也就是循例在为死去的统治者尽哀三日以后。伊本·阿西尔⑤也曾提到那黑沙比被处死事:这位被处死的宣道师的尸体被人从绞刑架上偷走,而窃尸者为何人一直未经查明。

伊本·阿西尔⑥和取材于伊本·阿西尔书的米尔洪德⑦征引了一些显示纳斯尔为人异常宽厚的传说;但另外也流传下来一些故事⑧,表

---

① 此依萨木阿尼书(《原文史料选辑》,页59;Margoliouth 刊本,al-Sāmānī 条)与乌特比书波斯文译本(奈尔沙希书,Schefer 刊本,附录,页228)所记之确切时日。
② 伊本·阿西尔书,Tornberg 刊本,Ⅷ,页301;米尔洪德,Histoire des Samanides,Defrémery 刊本,页141。
③ 其中最早的是哈木杜拉·可疾云尼的记载(Ta'rīkh-i Guzīda,Browne 刊本,原文,页383;译文,页74),此处记载了相同的时日(回历330年拉马丹月12日),但关于埃米尔被杀并无一语道及。还可参照奈尔沙希书,Schefer 刊本,附录,页111-2;术兹贾尼书,Raverty 译本,Ⅰ,页37。
④ 奈尔沙希书,Schefer 刊本,页94。
⑤ Tornberg 刊本,Ⅷ,页302。
⑥ 同上书,Ⅷ,页300-1。
⑦ Histoiré Samanides,Defrémery 刊本,页139-41。此处所记与伊本·阿西尔所记无异,且先后次序亦相同。还可参照《原文史料选辑》,页88-9(关于纳斯尔与其导师,引自奥菲书)。
⑧ 拜哈吉书,Morley 刊本,117-9。

明纳斯尔的性情极为暴烈,终至采纳韦齐尔巴勒阿米与阿米德('amīd)穆斯阿比①的诤言,谕知臣下,凡是他置人于死或处人以重刑的命令,均须延缓三日而后执行;为此另简三位耆老专为遭逢他的盛怒的人讲情。然而,证以伊本·阿西尔②与加尔迪齐③的记载,显然这些措施均无济于事。他们说,纳斯尔身死时,他的股肱大臣已无一人在世,"他们经常互相倾轧,有的死于非命(即被杀害),有的得终天年"。这样一位未满四十岁即死于肺痨症的脆弱的君主,甚难设想其曾在处理国政上产生如何重大的影响;其在位期间一些较好的表现,似应归功于他的两位韦齐尔,阿布·阿卜杜拉·杰伊哈尼与阿布勒-法兹勒·巴勒阿米。可惜记载纳斯尔信奉异端及 942 年革命经过的史料不曾说明当时谁是官僚机构的首脑,在上述事变中韦齐尔起了什么作用。据加尔迪齐的记述,巴勒阿米之为阿布·阿里·杰伊哈尼所接替,与在正常公众生活中发生的一次动乱有关,而据伊本·阿西尔的记述④,这次动乱发生在 326/938 年。巴勒阿米卒于 940 年 11 月⑤。330/941-42 年,杰伊哈尼死"在废墟下面"⑥,这是当时表明一个人死于地震的流行说法⑦。我们从这里得知 330 年发生过一次地震,舍此别无记载。纵然这位韦齐尔之死与 330 年的革命没有直接联系,我们仍可断言,他的死亡为僧侣及军人派的胜利铺平了道路。据 *Fihrist* 的报道⑧,阿布·

---

① 即阿布特-泰伊卜·穆罕默德·本·哈提木。据萨阿利比的记述(Babier de Meynard,选译,Ⅰ,页196-7),纳斯尔深喜穆斯阿比为人明敏,使随侍身旁;穆斯阿比升到了韦齐尔的职位,但终被处死。加尔迪齐述及,当任命阿布·阿里·杰伊哈尼为韦齐尔时,穆斯阿比曾"表示反对"(《原文史料选辑》,页8)。
② Tornberg 刊本,Ⅷ,页 300。
③ 《原文史料选辑》,页 8。
④ Tornberg 刊本,Ⅷ,页 283。
⑤ 《原文史料选辑》,页 54(萨木阿尼书,Margoliouth 刊本,al-Bal'amī 条)。
⑥ 伊本·阿西尔书,Tornberg 刊本,Ⅷ,页 294。
⑦ 伊本·阿西尔(同上书,页 302)在其关于回历 331 年地震的记述中就用了这种说法;在这次地震中被灾的有呼罗珊的奈萨城。
⑧ *Fihrist*,Ⅰ,页 138。在这段文字中,提到了侯赛因·本·阿里·麦尔韦齐与阿布·扎伊德·巴里希,这表明 *Fihrist* 的作者未将杰伊哈尼父子二人分清(参照上文 R57);也许他们父子均被控信奉异端。在亚库特的 *Irshād* 中(Ⅱ,页 59-60),甚至将阿布·阿卜杜拉·杰伊哈尼与其孙(转下页)

阿里·杰伊哈尼曾被人指责倾向于二元论异端。

努赫·本·纳斯尔在位时期(943-54年)①,萨曼朝已呈现明显的衰微迹象。由于纳斯尔在位末年发生的一系列事件,政权转到异常虔诚的法吉阿布勒-法兹勒·穆罕默德·苏拉米手中,他后来被人称为"al-hākim ash-shahīd"(意即"殉道的统治者")。这位虔诚的法吉②久久力辞韦齐尔职位,后经努赫再三敦促,始肯接受。新韦齐尔每逢月曜日、木曜日一定把斋,按教规进行所有的(包括夜间的)祷告,虽在旅途,亦决不暂废循例可免的祈祷。他只用很少的时间接见僚属,处理政务,只要得便,他就回到私室,赶写他的神学著作。不言而喻,这样一位韦齐尔不可能把王国从因942年国库被劫而陷入的困境中解救出来。当时,为了平定944年爆发于花剌子模的叛乱③,为了对突厥人进行讨伐④,最后,还为了对呼罗珊总督阿布·阿里·查甘尼作战,在在需要军队。945年春,呼罗珊居民向努赫控诉阿布·阿里⑤,努赫决意将他撤职,代之以突厥派首领,一身兼有"世俗权势与宗教威望"⑥的伊卜拉欣·本·西木尔尔。阿布·阿里无意自动离职,而政府又不能用武力加以驱逐,因为军队由于未曾拿到应发的饷银正对埃米尔和韦齐尔啧有烦言。财政上的重重困难导致贡物和捐税的增加;马克迪西⑦叙述道,努赫在位期间,有一次以借债的方式预征一年的税款,此款政府未能偿还。当时的诗人⑧也在抱怨:"税收部门的官员们"在居民人

(接上页)混为一人。同书Ⅵ,页293-4又提到第一位杰伊哈尼。

① 在亚库特的 Irshād 中(Ⅲ,页99),努赫·本·纳斯尔被称为萨曼朝有文化的君主之一。
② 关于此人,参看《原文史料选辑》,页61(萨木阿尼书,Margoliouth 刊本,al-Shahīd 条)。
③ 伊本·阿西尔书,Tornberg 刊本,Ⅷ,页310-1;米尔洪德,Histoire des Samanides,Defrémery 刊本,页249。
④ 突厥王的儿子为努赫所俘(同上)。
⑤ 伊本·阿西尔书,Tornberg 刊本,Ⅷ,页334;米尔洪德,Histoire des Samanides, Defrémery 刊本,页143。
⑥ 《原文史料选辑》,页60(萨木阿尼书,Margoliouth 刊本,al-Sīmjūrī 条)。
⑦ BGA,Ⅲ,马克迪西书,页340。
⑧ 萨阿里比,Yatīmat ad-Dahr,Barbier de Meynard 摘译,Ⅰ,页176。Barbier de Meynard 的翻译("l'excédant"与"le droit ordinaire")不能谓为成功。关于 al-baqāyā 一词的意义,还可参照花剌子米,Mafātīḥ al-'olūm,页60;此词似与 al-bāqī 的意义不尽相同(同上)。

等连经常的捐税尚无力交纳的时候,竟还向他们追讨欠税。

946年秋季,努赫为保全韦齐尔而牺牲了军人派首领艾哈迈德·本·哈穆亚①(可能系著名的哈穆亚·本·阿里之子);但未出两个月,他又不能阻止军人们对韦齐尔实行血腥报复,军人们说韦齐尔应对积欠军饷负责,并指控他与阿布·阿里合谋乱政。据诸历史家的叙述②,努赫下令将韦齐尔处死;依照萨木阿尼摘引③的拜伊阿的叙述,政府曾派一队人马保卫韦齐尔,但被叛军击退。

先是,阿布·阿里④已将努赫的叔父伊卜拉欣·本·艾哈迈德从美索不达米亚召至呼罗珊。努赫的军队似在韦齐尔死后仍未领到饷银,因此转投到叛乱者方面。947年1月,时距"殉道的统治者"遇害甫及一月,阿布·阿里与伊卜拉欣已进入布哈拉,并以伊卜拉欣的名义宣读呼图白,努赫逃往撒马尔罕。然而阿布·阿里统治布哈拉,为时亦仅两个月之久。居民的敌对态度迫使他退出布哈拉;他委任他的亲信为主要部门的长官,并将伊卜拉欣和萨曼家族的另一成员,努赫的弟兄阿布·贾法尔·穆罕默德留在布哈拉⑤。阿布·阿里本人离开布哈拉,原以进军撒马尔罕为借口,但在到达那色波时,转往他的故里石汗那。留在布哈拉的两位王族成员立即开始与努赫谈判,后者作出赦免他们的诺言。4月,努赫已能重返首都。在与叛乱者的斗争中,努赫还比不上他的父亲那样宽厚;他不顾自己的诺言,下令挖掉他的叔父和两位弟

---

① 《原文史料选辑》,页8,(加尔迪齐书)。
② 除加尔迪齐以外,还有伊本·阿西尔(Tornberg 刊本,Ⅷ,页345)。
③ 《原文史料选辑》,页61-2(萨木阿尼书,Margoliouth 刊本,al-Shahīd 条)。
④ 关于此人及其活动,参看伊本·阿西尔书,Tornberg 刊本,Ⅷ,页344-8;加尔迪齐书,牛津抄本,叶120-2;剑桥抄本,叶97a-99b;《原文史料选辑》,页8-9。
⑤ 伊本·阿西尔书(Tornberg 刊本,Ⅷ,页35)与米尔洪德书(Histoire des Samanides, Defrémery 刊本,页146-7)均述及阿布·阿里前往突厥斯坦,继又返回布哈拉,此项记述未能从加尔迪齐书中得到证实。据伊本·阿西尔书,伊卜拉欣取得布哈拉人同意,决与努赫讲和,但在努赫返抵布哈拉以前,阿布·阿里已击败布哈拉人,并将焚毁布哈拉城,经诸谢赫恳求,始打消焚城之意。据米尔洪德书,伊卜拉欣与努赫联合已经成功,但二人均被阿布·阿里击败。加尔迪齐没有提到伊卜拉欣与阿布·阿里之间的战争,他说阿布·阿里之所以要焚毁布哈拉城,原因在于布哈拉居民曾对他显示敌意。

兄(阿布·贾法尔·穆罕默德①与阿布·穆罕默德·艾哈迈德)的眼睛,处死一位重要贵族哈吉卜图甘。948 年春,伊卜拉欣·本·西木术尔死去②,伊斯菲贾卜家族的首脑曼苏尔·本·哈剌-的斤受命继任呼罗珊总督。

叛乱者的魁首阿布·阿里尚未被击败。当阿布·阿里获悉努赫正在调兵遣将准备进攻的时候,他退往巴里黑(这一情况向我们提示巴里黑统治者是和他站在一边的),想从这里再向布哈拉进军。在哈尔真格③附近,尽管努赫已率主力军后退,可是阿布·阿里仍接战失利(时在 947 年岁杪)。政府方面的胜利带来了新的刑、杀,受害者有乌特比家族的成员一人。阿布·阿里退往巴里黑和胡实健,与珂咄罗埃米尔结盟并和他的军队在悉泯干④会师,又与库米吉人⑤和拉什特埃米尔结盟:他的这些行动表明,他成功地煽动起来阿母河上游各省境内的藩属和他一道反抗中央政府。由于这种缘故,布哈拉的军队在劫掠阿布·阿里的驻地石汗那以后,便发现自己陷入窘境,与布哈拉的交通已全被遮断。948 年岁杪,双方同意媾和,阿布·阿里以其子入质布哈拉。我们不知道政府对阿布·阿里及其同盟者作出何种让步,不过从政府隆重接待阿布·阿里的儿子的情况看来,胜利显然属于叛乱者方面。为庆祝阿布·阿里的儿子的到来,布哈拉披上了盛装,人质也得到了荣誉服,应邀与君主同桌进餐。阿布·阿里继续留驻石汗那,顺应政

---

① 〔以前人们认为鲁德基写的颂诗,就是赞扬这位阿布·贾法尔·穆罕默德·本·艾哈迈德的。这种想法,在发现了 *Ta'rīkh - i Sīstān* 一书之后,已被否定;人们得知,这首诗所歌颂的原是塞吉斯坦总督阿布·贾法尔·艾哈迈德·本·哈拉弗·本·莱思。参看 Sir E. D. Ross 所撰论文"A Qasida by Rudaki",页 213 以下。——吉布〕。

② 《原文史料选辑》,页 60(萨木阿尼书,Margoliouth 刊本,al - Sīmjūrī 条)。

③ 据杰马勒·卡尔希的记述(《原文史料选辑》,页 312),在哈尔真格附近设有一"国王的拉巴特"(rabāṭ - at - malik 或 rabāṭi malik),系谢木斯·穆勒克所建。关于这位汗兴建的此一及其他建筑物,参看下文。这座拉巴特大约位于凯尔米尼亚以西之麦利克草原。在编选《原文史料选辑》时,我显然错误地将哈尔真格比定为哈尔滕格(关于后者,参看上文 R185)。

④ 加尔迪齐书原文中的 S·m·kān 一词显然应读作 Siminkān, 阿拉伯语作 Siminjān, 参看上文 R117。

⑤ 参看上文 R121。

府的要求,他扑灭了一次反穆斯林性质的地方宗教运动。在呼罗珊,曼苏尔·本·哈剌-的斤一方面徒劳无功地试图恢复军队的纪律,另一方面不断请求埃米尔解除他的沉重的负担:显而易见,和从前一样,军饷仍不能如期发放。曼苏尔卒于951年,阿布·阿里受命继任。阿布·阿里使其子阿布·曼苏尔·纳斯尔·本·艾哈迈德留守石汗那和忒耳迷,他自己于952年到达呼罗珊。他恢复了呼罗珊与花剌子模两地的秩序,并开始对布伊家族作战①。结束对布伊家族的战争的和约,引起了努赫的不快,阿布·阿里再被罢免,由阿布·赛义德·贝克尔·本·麦利克·费尔干尼继任。贝克尔尚未及启程,努赫已于954年8月28日月曜日身死②。

努赫遗有五子,阿卜杜勒·麦利克、曼苏尔、纳斯尔、艾哈迈德③以及阿卜杜勒·阿齐兹。努赫像有些哈里发一样,曾想让他的儿子们兄终弟及地循序继承王位④,并曾通令臣民等宣誓对这些王子效忠。三个年龄较长的儿子各有禁卫军的首领一人当辅佐之任⑤,由此可见当时军事贵族的地位何等重要。阿卜杜勒·麦利克登上了王位。马克迪西对这位埃米尔的能力有极高的评价("萨曼朝诸君王无与伦比")⑥,然而马克迪西的评价并不符合实际情况:我们将要看到,阿卜杜勒·麦利克在位末年,大权完全掌握在禁卫军长官手中。阿卜杜勒·麦利克即位之初,曾经追认他的父亲罢免阿布·阿里、代之以贝克尔的命令,并任命阿布·曼苏尔·穆罕默德·本·乌宰尔为韦齐尔⑦。事态的发

---

① 《原文史料选辑》,页8-9(加尔迪齐书);伊本·阿西尔书,Tornberg刊本,Ⅷ,页370-1,378。
② 伊本·阿西尔书,Tornberg刊本,Ⅷ,页379-81;《原文史料选辑》,页59,萨木阿尼书,Margoliouth刊本,al-Sāmānī条。据乌特比与马尼尼书(Ⅰ,页349)及乌特比与杰尔巴德坎尼书(奈尔沙希书,Schefer刊本,附录,页229)所记,在火曜日,8月22日。
③ 奈尔沙希书(Schefer刊本,页16)也提到了此人。
④ 加尔迪齐书,牛津抄本,叶124;剑桥抄本,叶100a;此处只提到四位王子,曼苏尔被漏掉了。
⑤ BGA,Ⅲ,马克迪西书,页337。
⑥ 同上书,页337-8。
⑦ 此依加尔迪齐书,马克迪西书(同上)则称阿布·曼苏尔·本·乌宰尔为努赫的韦齐尔。

展显然对阿布·阿里不利,因为,据伊本·阿西尔的记述①,他既不能留在呼罗珊,也不能返回石汗那。事实上,尽管有布伊朝的协助和哈里发送来的封册,阿布·阿里毕竟不能保持其在呼罗珊的地位。955年11月,阿布·阿里卒,被运回石汗那的只是他的尸体。

新政府没有能够长期保持政权。贝克尔·本·麦利克"以傲慢态度对待禁卫军,不理他们的要求,激起了他们的仇恨";956年12月,禁卫军长官阿勒普－的斤多半预先取得阿卜杜勒·麦利克的同意,在宫门前杀害了贝克尔·本·麦利克。在这以后,韦齐尔亦被罢免,由阿布·贾法尔·乌特比继任。在呼罗珊,贝克尔的继任人是他以前的部下阿布勒-哈桑·穆罕默德·本·伊卜拉欣·西木术里将军,957年,阿勒普－的斤的儿子②向他送致委任诏书和旗号。乌特比与阿布勒-哈桑·西木术里的施政都引起了普遍的不满,因之亦均被解职;959年,阿布·曼苏尔·优素福·本·伊斯哈克继任韦齐尔;960年起,阿布·曼苏尔·穆罕默德·本·阿卜杜·拉扎克(加尔迪齐称之为公正的统治者)继任呼罗珊总督。在这时候,即便是阿勒普－的斤本人也显然曾被暂时解职,此由阿布·纳斯尔·曼苏尔·本·拜哈剌③(马克迪西称此人为曼苏尔的首席哈吉卜)送达委任新大将军的诏令一事可以见之。又据伊本·阿西尔的记载,是年(960年)阿卜杜勒·麦利克及其韦齐尔处死一位高级将领,结果在国内引起了动乱,这一记载表明,阿卜杜勒·麦利克及其韦齐尔曾试图摆脱军人派的钳制。此项尝试无疑未能成功,因为阿卜杜勒·麦利克为了使他所深恶的阿勒普－的斤离开自己身旁,不得不任之为呼罗珊总督。961年2月,阿勒普－的斤到达呼罗珊,他从前的一名奴隶受任哈吉卜。又在此以前,阿勒普－的斤

---

① Tornberg 刊本,Ⅷ,页 379。

② 〔即伊卜拉欣·本·阿勒普－的斤,为向伊本·豪卡勒提供消息的人员之一,被称为"Ḥājib Ṣāḥib Khurāsān",见 Kitāb ṣūrat al – arḍ, Kramers 刊本,莱顿,1938 – 9 年,Ⅰ,页 14——V. M.〕。

③ 如所熟知,这位哈吉卜的名字见于曼苏尔的钱币;参照 Тизенгаузен, O саманидских монетах, 页 218。

曾说服埃米尔罢免韦齐尔,代之以阿布·阿里·穆罕默德·本·穆罕默德·巴勒阿米,后者没有继承来他的父亲的才干,在权势无边的军人派首脑面前,他不过是便于使用的工具而已①。

上述系萨曼国家当阿卜杜勒·麦利克于961年11月②猝然身死时的情况。他的暴卒引起了新的变乱:前已述及(R162),甚至埃米尔的宫院也遭到叛乱者的抢掠和焚烧。依照阿勒普-的斤的意愿,巴勒阿米将阿卜杜勒·麦利克的幼子纳斯尔③拥上王位,但纳斯尔在位不过一天:萨曼家族及禁卫军诸首领都支持阿布·萨利赫·曼苏尔·本·努赫,后者在其幼年以来的同伴法伊克的协助下夺取了王位。阿勒普-的斤显然已为众人所共弃。巴勒阿米保持相位直至老死,可见他已转到政府方面来。在呼罗珊,阿布·曼苏尔·本·阿卜杜·拉扎克(阿勒普-的斤曾使他留任徒思总督)此刻欣然出兵反对他的凤敌,特别因为政府已许他以阿勒普-的斤的职位。阿勒普-的斤退往哥疾宁,于962年废掉当地统治者,建立了一个独立的王国④。据加尔迪齐的记载,阿布·曼苏尔深知政府也正在相机免去他的职务,所以他放任自己的士兵肆行劫掠,并结布伊家族为奥援。962年,阿布勒-哈桑·穆罕默德·西木术里再度受任呼罗珊总督(在其军中有曼苏尔·本·哈剌-的斤的儿子艾哈迈德),奉命讨伐阿布·曼苏尔,阿布·曼苏尔

R311

251

---

① 《原文史料选辑》,页10-11(加尔迪齐书);伊本·阿西尔书,Tornberg刊本,Ⅷ,页396;BGA,Ⅲ,马克迪西书,页338。
② 确切时日待考;参照《原文史料选辑》页59(萨木阿尼书,Margoliouth刊本,al-Sāmānī条);伊本·阿西尔书,Tornberg刊本,Ⅷ,页398;奈尔沙希书,Schefer刊本,页96,103,112,229;乌特比书,亚洲博物馆藏抄本,叶67;乌特比与马尼尼书,Ⅰ,页349,此处谓在回历350年韶瓦勒月11日,木曜日,但是日为公历11月23日,土曜日。
③ 此事仅在马克迪西书中(BGA,Ⅲ,页338)述及;但从加尔迪齐书中(牛津抄本,叶126;剑桥抄本,叶101b)征引的阿勒普-的斤的建议来看,可知纳斯尔确已登上王位。与此相反,尼扎木·穆勒克书(Schefer刊本,原文,页97;译文,页144)则说明,阿勒普-的斤认为纳斯尔过于年幼,不宜为君。较晚的诸编纂家(奈尔沙希书,Schefer刊本,页104;哈木杜拉·可疾云尼,Ta'rīkh-i Guzīda,Browne刊本,原文,页384;译文,页74;米尔洪德,Histoire des Samanides,Defrémery刊本,页153)也都说阿勒普-的斤欲使曼苏尔的叔父继位。
④ 尼扎木·穆勒克书(Schefer刊本,原文,页97;译文,页144)关于阿勒普-的斤的记载显然对阿勒普-的斤深表同情。

战死。阿布勒-哈桑任呼罗珊总督直至曼苏尔在位末年,对布伊家族与齐亚尔家族作战连获胜利①。曼苏尔答复阿布勒-哈桑催索饷银时所用的字句,说明了这些战争的目的:"军饷必须取之于比苏图恩"②,这比苏图恩乃是齐亚尔朝的一位王公。与巴勒阿米分担韦齐职务的阿布勒-哈桑和阿布·贾法尔·乌特比二人此刻处理事务,已与他们从前在阿卜杜勒·麦利克君临期间大不相同,因而赢得了谨慎而公正的统治者的令名。在哥疾宁,萨曼朝也恢复了主权,至少在名义上是如此。先是,阿勒普-的斤于963年身死,其子伊斯哈克③继立,964年,伊斯哈克被当地前统治者击败,逃至布哈拉;至是,靠萨曼政府的支持,他于965年重新战胜了他的敌人④,此后,哥疾宁铸造的钱币不仅有地方统治者的名字,而且也有萨曼君主的名字⑤。就我们现在所知,曼苏尔在和平中度过了他享国的其余岁月。巴勒阿米卒于974年春季(参看上文R54注),韦齐尔一职复由优素福·本·伊斯哈克继任,但任职仅五阅月亦卒。曼苏尔在位末年,任阿布·阿里·穆罕默德之子,有名的阿布·阿卜杜拉、穆罕默德·本·艾哈迈德之孙,阿布·阿卜杜拉·艾哈迈德·本·穆罕默德·杰伊哈尼为韦齐尔。976年6月⑥,曼苏尔卒。

曼苏尔的儿子和继承人阿布勒-卡西木·努赫年仅十三岁⑦,由

---

① 参看上文 R284 注。
② 加尔迪齐书(牛津抄本,叶128;剑桥抄本,叶103a)。
③ 他的真名可能是伊斯哈克·本·伊卜拉欣;参照伊本·豪卡勒书(BGA,Ⅱ,页13-4)。
④ 关于这些事迹,参看《原文史料选辑》,页160(法西赫书);术兹贾尼本,Raverty 译本,Ⅰ,页70-3。法西赫所记阿勒普-的斤在哥疾宁取得政权的年份(回历322年),无疑是错误的。总的说来,尽管法西赫的著作有其一定的价值,但仍不应像 Raverty 那样把法西赫说成是"卓越的权威作家"(见术兹贾尼书,Raverty 译本,Ⅰ,页40),即便对于十世纪的事迹,法西赫也算不得什么权威作家。
⑤ Савельев,Дополнения,页240。
⑥ 据乌特比的记载(特比与马兹尼书,Ⅰ,页349;亚洲博物馆藏抄本,叶267),在火曜日,回历韶瓦勒月12日(公历6月13日)。关于曼苏尔在位期间的事迹,加尔迪齐书(牛津抄本,叶126-30;剑桥抄本,叶101b-104b)的叙述最为详确。乌特比的著作仅提到了河中的事迹;de Sacy,Histoire de Yémineddoula 有比较完整的记述。
⑦ 此依伊本·阿西尔书,Tornberg 版本,Ⅷ,页495。

他的母亲①与在977年年底②受任韦齐尔的阿布勒-侯赛因·阿卜杜拉·本·艾哈迈德·乌特比摄政。新王即位之初,政府企图与军人派主要首脑,特别是阿布勒-哈桑·西木术里取得和解,因此,政府加在阿布勒-哈桑身上的恩宠和荣衔使得他眼花缭乱③。到乌特比巩固了自己的权位以后,这位雄心勃勃的韦齐尔便决意恢复官僚机构的优势,迫使军事首领等俯首听命。982年岁初④,他成功地将权倾上下的阿布勒-哈桑·西木术里解职,派哈吉卜塔什继任。塔什原是乌特比的父亲的奴隶,对乌特比绝对忠诚。据某些记载⑤,乌特比也对阿布勒-哈桑怀有私恨,因为后者曾认为他太年轻,不胜宰辅重任,曾向努赫建议要保留杰伊哈尼的韦齐尔职位。阿布勒-哈桑被迫退往他的家族的采地库希斯坦(参看上文R298)。禁卫军的其他首领,包括举足轻重的法伊克在内,均奉命出发,参加对布伊朝的战争。然而韦齐尔乌特比的胜利至此已达顶点。982年3月,呼罗珊的军队被布伊家族击败,若非阿杜德·道拉适于此时亡故,布伊军队无疑将乘胜直入呼罗珊境⑥。乌特比调遣援军,使在马鲁集中待命,他准备亲临阵前督战,正在这时候,他殒命于法伊克与阿布勒-哈桑雇用的刺客之手。历史家乌特比⑦正确地评定

R313

---

① 关于此人,参看乌特比书(亚洲博物馆藏抄本,叶23;乌特比与马尼尼书,Ⅰ,页136;奈尔沙希书,Schefer 刊本,页140)。
② 加尔迪齐书中(牛津抄本,叶130;剑桥抄本,叶105a)作回历367年拉比何Ⅱ月,亚库特,*Irshād*,Ⅱ,页60所记同此。亚库特取材于阿布勒-哈桑·穆罕默德·本·苏莱曼·本·穆罕默德为塞拉米书写的续编,大约即加尔迪齐之所本。Farīd al-ta'rīkh 系 mazīd al-ta'rīkh 之讹:参照 *Irshād*,Ⅲ,页140。
③ 《原文史料选辑》,页11(加尔迪齐书)。
④ 乌特比书(亚洲博物馆藏抄本,叶16;乌特比与马尼尼书,Ⅰ,页105。数字仅见于马尼尼的注释)与加尔迪齐书(牛津抄本,叶131;剑桥抄本,叶105b)均作回历371年沙阿班月中旬。
⑤ 《原文史料选辑》,页11-2(加尔迪齐书),91-2(奥非书);奈尔沙希书,Schefer 刊本,页105;哈木杜拉·可疾云尼,*Ta'rīkh-i Guzīda*,Browne 刊本,原文,页385以下;译文,页75;参看上文,页62。
⑥ 加尔迪齐书(牛津抄本,叶131;剑桥抄本,叶106。)马克迪西(BGA,Ⅲ,页338)认为阿杜德·道拉的死亡及其王朝的衰微乃是因进攻萨曼朝而受的惩罚。
⑦ 亚洲博物馆藏抄本,叶91;乌特比与马尼尼书,Ⅰ,页121以下(此处说到乌特比为其他见于史籍的韦齐尔所不及);奈尔沙希书,Schefer 刊本,页130。值得注意的是,这位韦齐尔在被刺前也曾受任军职(乌特比书,同上;奈尔沙希书,Schefer 刊本,页129),这样,他已将军政及民政大权都掌握在自己手中。

他的族人为足以当韦齐尔之称而无愧的最后一位韦齐尔。他的诸继任人均无实权,根本不想和内廷的代表人物试行较量。塔什被政府召回布哈拉负责维持秩序,可是他和他的对手们达成一项协议,从而得以保持大将军的职位。阿布勒-哈桑留驻库希斯坦,其子阿布·阿里被任命为哈烈总督,法伊克被任命为巴里黑总督。在塔什离开布哈拉以后,他的对方占了上风:986年8月①,乌特比家族的夙敌阿卜杜拉·本·穆罕默德·本·乌宰尔出任韦齐尔②,阿布勒-哈桑重任大将军。塔什在取得布伊家族成员法赫鲁·道拉的支持,并由该家族另一成员法尔斯王谢雷甫·道拉·阿布勒-法瓦里斯发骑兵2,000名相助的情况下,试图以武力对抗阿布勒-哈桑和法伊克;但在987年12月2日③接战败绩,逃往古尔干,翌年,在古尔干染疫身亡④。据乌特比的记载⑤,萨曼朝末年的诸韦齐尔已不复有恢复秩序的权能:"大多数省区在叛乱者控制之下,政府收入日益减少,兵士们肆无忌惮地欺压人民:统治权转入突厥人手中,韦齐尔的命令全然失效。"阿布勒-哈桑卒于989年春季⑥,他的继任人是比他才干更高、野心更大的儿子阿布·阿里。布哈拉政府显然左袒法伊克,这促使阿布·阿里决意诉诸武力。法伊克战败,逃往麦尔韦鲁德。阿布·阿里派遣专使到布哈拉解释自己的行动,并表示对政府效忠。政府出于无奈,只好接受这位战胜者的辩解,正式委任他为阿母河以南所有省区的总督。阿布·阿里得到努赫赐给他的"天神襄助的埃米尔的埃米尔"

---

① 加尔迪齐书中(牛津抄本,叶132;剑桥抄本,叶106b)作回历376年拉比Ⅰ月;伊本·阿西尔书(Tornberg刊本,Ⅸ,页19)系此事于373/983-4年。
② 在 Ta'rikh-i Bayhaq 一书中(不列颠博物馆藏抄本,叶69a),我们看到了对这位韦齐尔的不良品质的控诉。
③ 加尔迪齐书中(牛津抄本,叶133;剑桥抄本,叶107a)作回历377年沙阿班月7日。
④ 据乌特比的记载(乌特比与马尼尼书,Ⅰ,页145),塔什在古尔干停留了三年之久,但乌特比本人(同上书,Ⅰ,页149)又将疾疫的流行与塔什的死系于回历377年(公元987年5月3日至988年4月20日)。德·萨锡(de Sacy, Histoire de Yéminedoula, 页349)谓塔什卒于回历379年,亦与下文所记事件发生的年月不相投合。
⑤ 奈尔沙希书,Schefer刊本,页152;乌特比与马尼尼书,Ⅰ,页152。
⑥ 依加尔迪齐书(牛津抄本,叶133;剑桥抄本,叶107a),在回历378年祖勒-希贾月。

的称号①。他在所属各省范围内很快地成为绝对的统治者，并以筹措军费为口实，截留了全部国家收入，乃至王室私产的收入②。同时，法伊克在向布哈拉进军受挫③之后，夺取了巴里黑，续向忒耳迷推进。胡实健埃米尔阿布勒－哈里思·穆罕默德·本·艾哈迈德④·本·费里贡奉努赫命出兵抵御，但被击败，转而与法伊克结盟以反对他们的共同敌人石汗那统治者塔希尔·本·法兹勒，后者是否为穆赫塔只家族的亲属，今已无考。据乌特比的记载⑤，在这以前，石汗那已并入胡实健埃米尔的领土。塔希尔于围攻巴里黑时战殁，他的军队解围遁走。萨曼国家呈现极为混乱的局面，对正向河中北部边境进军的征服者来说，攻占这个王国，已易如探囊取物。

关于推翻了萨曼朝统治的突厥汗国的起源，我们找不到什么资料⑥；甚至突厥诸汗属于哪一个部落的问题，目前也仍在争辩之中。我们在他处征引的一些记载⑦说到九姓乌古斯战胜了葛逻禄，九姓乌古斯的一支样磨部占领了喀什噶尔，异教的突厥人征服了八剌沙衮；这些记载似乎表明：击破葛逻禄汗国的九姓乌古斯以哈剌汗家族为首；然而这种解释与下文即将述及的葛逻禄人在哈剌汗国中的地位不合，因为

---

① 此依乌特比书（亚洲博物馆抄本，叶29；乌特比与马尼尼书，Ⅰ，页155）；参照米尔洪德，*Histoire des Samanides*，Defrémery 刊本，页170。

　　〔这个称号是阿布·阿里本人加在自己头上的，并不是由努赫·本·曼苏尔恩赐的；参照乌特比与马尼尼书，Ⅰ，页155；加尔迪齐书，Nazim 刊本，页53（"他让埃米尔努赫受到多种多样难堪的待遇；同时自称'埃米尔的埃米尔，圣神加佑的埃米尔'"）。——C. E. B.〕

② 《原文史料选辑》，页12（加尔迪齐书）。此处列举了收入的种类如下：田赋、商品税、实物税、临时收入，以及王室财产的收入。

③ 据乌特比的记述（乌特比与马尼尼书，Ⅰ，页165），法伊克于回历380年拉比阿Ⅰ月11日/990年6月8日，日曜日，接战败绩。

④ 乌特比（乌特比与马尼尼书，Ⅰ，页166）与较晚的史籍都称他为艾哈迈德·本·穆罕默德；参照 Туманский，*Новооткрытый персидский географ*，页127－30。

⑤ 亚洲博物馆藏抄本，叶31；乌特比与马尼尼书，Ⅰ，页167；奈沙希书，Schefer 版本，157。

⑥ 〔关于哈拉汗家族的起源，现可参看 O. Pritsak, "Von den Karluk zu den Karachaniden", ZDMG, CI, 1951年，页270－300。——C. E. B.〕

⑦ Бартольд, ЗВОРАО, Ⅺ, 页348－9；Бартольд, *Очерк истории Семиречья*, 页94－5；Barthold, *Die alttürkischen Inschriften*, 页28。

葛逻禄在哈剌汗国中的地位恰与乌古斯在塞勒术克帝国中的地位相当①。又关于哈剌汗家族接受伊斯兰教的经过,我们也只看到一些传说性的叙述:其中最早的见于杰马勒·卡尔希的记载②,后者复取材于十一世纪写成的《喀什噶尔史》(参看上文 R64)。按照这一记载,首先归依伊斯兰教的是萨图克·博格拉-汗·阿卜杜·凯里木(卒于344/955年),他是河中地区第一位征服者的祖父,第二位征服者的曾祖。尽管这是颇为古老的报道,但包含有不少时代上的错误,尤以与萨曼朝有关的年代为然;因此,此项报道所征引的年代未可认为确实可靠,从而并不妨碍我们推想:伊本·阿西尔提到③的349/960年有许多突厥部落(200,000 帐)归依了伊斯兰教一事,可能与哈剌汗家族有关。由于河中与草原之间永远存在着密切的贸易关系④,河中地区多人信奉的宗教,必然要在游牧人中间逐渐传布。在他处,我曾搜集了一些资料,说明玛兹达信仰(Mazdeism)、二元论信仰、基督教与伊斯兰教传布的情况,从这些资料可以看出⑤:早在乌迈亚朝,穆斯林已在草原上积极宣传教义,不过成效不著。游牧人,甚至包含阿拉伯人在内⑥,总是

---

① 还可参看 Бартольд, О христианстве в Туркестане, 页22; Barthold, Zur Geschichte des Christentums, 页49。十一世纪末,如我们将要看到的,哈剌汗朝的军队以所谓吉基勒(Jikils)为核心,但在当时写作的马哈茂德·喀什噶里则谓(Dīwān lughāt al-Turk, I, 页330)所有的东突厥人均被塞勒术克帝国的土库曼人称为吉基勒或奇基勒(chikil)。

② 《原文史料选辑》,页130 以下。伊本·阿西尔书中(Tornberg 刊本, XI, 页54)记有另一传说(关于突厥汗的预言性梦境),该处称突厥汗为哈剌-可汗(Qarā-Khāqān)。十分可能,他有哈剌汗与哈剌-可汗这两个称号。他的孙子,河中征服者,在萨阿利比书中(贝鲁特刊本, IV, 页316)被称为布格拉-哈剌-可汗(Bughrā-qarā-khāqān)。

③ Tornberg 刊本, VIII, 页396。伊本·米斯卡韦赫书(Margoliouth 刊本,原文, II, 页181; 译文, V, 页196)也提到了这一事件。原始资料无疑本于萨比特·萨比的著作。

④ 关于从河中迁出的人在突厥人分布地区所建立的移民点,参看上文R235, 还可参看,Бартольд, О христианстве в Туркестане, 页20-1; Бартольд, Очерк истории Семиречья, 页83,89; Barthold, Zur Geschichte des Christentums, 页46-7。又可参照萨木阿尼的关于布哈拉袄教徒阿兹拉克延(Azrakyān)的记述(《原文史料选辑》,页52; Margoliouth 刊本, Azrakyān 条)阿兹拉克延是和哈里发阿里同时的人,因经商曾到中国,归途乘船抵巴士拉,在该地成为伊斯兰教徒。关于"在东突厥斯坦及中国内地的粟特移民点",现可参看 Stein, Serindia (Index) 所提供的资料来源。

⑤ Бартольд, О христианстве в Туркестане, 页9; 亚库特, Muʿjam, I, 页839。

⑥ Dozy, Essai, 页526。

认为伊斯兰教正宗,亦即穆斯林法律家所阐明的教义,不合他们的需要;正因为这样,所以谢赫与穆斯林神秘主义的其他代表人物曾在游牧人中间发生过远为巨大的影响,至于今日,他们仍在草原上有着为数最多的追随者。关于萨曼时期穆斯林对突厥人进行宣传的经过,我们所知亦少,只有萨木阿尼的记载[①]提到:当阿卜杜·麦利克在位时期,突厥地区有一位你沙不儿人名阿布勒－哈桑·穆罕默德·本·苏弗延·凯利马提,此人于340/951－2年离开你沙不儿,在布哈拉住了几年,以后投到"诸汗之汗"处效力直至身死,死时不晚于350/961年。从年代上的巧合看来,凯利马提的活动可能与上述349/960年的事件有些联系。如果关于萨曼王子的活动的传说属实,如果这位王子名叫纳斯尔[②],那么,十分可能,他就是努赫·本·纳斯尔的儿子。上文(R309)述及,据记载,萨曼王努赫·本·纳斯尔生前曾通令臣民等向他的五个儿子宣誓效忠,五子之一名纳斯尔·本·努赫,而此后则不复出现与此人有关的报道。上文(R301)又曾述及,早在十世纪前半期,已有一萨曼王子逃入突厥地区,可是我们找不到任何资料可以说明喀什噶尔的"迪赫坎"图甘－的斤与哈剌汗朝有无关系。其他在突厥人方面进行工作的伊斯兰代表人物中,我们知有阿布勒－哈桑·赛义德·本·哈提木·乌斯巴尼凯提其人,此人在380/990年以前不久"入居突厥人地区"[③]。

至于萨曼君主与突厥人之间的政治关系,我们曾经看到,在九世纪和十世纪前半期,萨曼君主为了征服突厥人,屡次向草原进军,见于记载的有努赫·本·阿萨德对伊斯菲贾卜的征服(R269－70),有亦思马因对塔拉兹的出征(R282)和纳斯尔对沙乌加尔[④]的出征,还有穆斯林

---

① 《原文史料选辑》,页65(萨木阿尼书,Margoliouth 刊本,al - Kalimatī 条)。汗的京城的名称显经窜改。参看 Margoliouth 刊本中的原文,页486a。
② 《原文史料选辑》,页131(杰马勒·卡尔施书)。依照较晚的说法,萨曼王子被称为火者阿布恩－纳斯尔·萨曼尼,关于这种说法,参看 Smirnow, *Manuscrits turcs*,页160－1;Grenard,*La légende*,页7 (Khodja Aboul - Naṣr Sāmānī)。
③ 《原文史料选辑》,页52(萨木阿尼书,Margoliouth 刊本,al - Usbānīkatī 条)。
④ 参照 Бартольд, *Отчет о поездке в Среднюю Азию*,页10,依据伊斯塔赫里书(BGA,Ⅰ,(转下页)

对费尔干纳境内赫弗特德赫村的占领。突厥军队大举进攻河中的情况，仅在904年发生过一次，当时正值亦思马因·本·艾哈迈德在位①，他在来自哈里发辖境的志愿军的协助下将突厥军队逐出境外。942年，异教的突厥人夺取了八剌沙衮，其时对这些突厥人是否组织了讨伐，今已无考；我们只知道，第二年，突厥可汗之子②作了萨曼君主的俘虏。据记载，十世纪后半期，遵照法伊克的命令，在麦尔基附近建造了一座拉巴特③，可见彼时萨曼家族仍在突厥人地区保有一定的势力。游牧人需要农业地区的产品，而在萨曼朝强盛时期，这类产品又不能靠突然的掠夺取得，因此，一如通例，他们成群结队地前来边境上的各城镇进行互市④。此外，基于某种原因，若干乌古斯部落离弃故土，在取得萨曼政府同意后，占据了河中仅适合于游牧人生活的一部分土地，在这里，他们转而负起保卫边疆、抵御外来侵犯的责任。定居在伊斯菲贾卜以西和西南一带的土库曼人（乌古斯），已于上文（R235）述及。另一支土库曼人，由塞勒术克⑤率领，与分布于锡尔河下游的同族分离；塞勒术克信奉了伊斯兰教，并协助毡的的穆斯林居民摆脱了向非伊斯兰教徒纳贡的负担⑥。塞勒术克死在毡并葬在该地，但是他的诸继承人

（接上页）页291）。尽管此处有一些相反的叙述，所提到的城镇无疑还是西沙乌加尔（参照同书页346），而不是东沙乌加尔（参看上文R234），后者不见于伊斯塔赫里书与伊本·豪卡勒书。

① 据塔巴里书，Ⅲ，页2245。
② 伊本·阿西尔书，Tornberg 刊本，Ⅷ，页310；米尔洪德，*Histoire des Samanides*，Defrémery 刊本，页249（引自伊本·哈勒敦书）。
③ BGA，Ⅲ，马哈迪西书，页275。
④ 参照上文R297。
⑤ 近代西欧英、法、德等国学者采用的表音法均作 Saljūq 或 Salčuq，但正确的拼音应作 Seljuk，纯正的突厥文献如 *Kitāb-i Qorqūd* 与收集在马哈茂德·喀什噶里的《突厥语词典》中（Ⅰ，页397）的资料均作 Saljuk 可以为证。

〔喀什噶里确将塞勒术克一词拼作 Saljuk 并将它列入腭音化即前列元音一类，然而我们不应忘记关于塞勒术克进攻的最早的史料，皆出于当时或与当时相隔非久的诸作家之手，这些作家如加尔迪齐、拜哈吉以及 *Ta'rīkh-i Sīstān* 的作者等人均将塞勒术克拼作 Saljuq。无待赘言，了解此词的语源，甚关重要，可惜迄今尚无定论。最近 K. H. Menges 提示，此词起源于 Salmaq，意为"进攻，向前冲"＞salchuq，意为"攻击，突击"；由于 salchuq 一词在东方突厥人中间有不同的表音，故在阿拉伯语书法中亦有不同的拼法（*J. N. E. S.*，Ⅹ1951,268n.2）。Menges 此说新颖可取。——C. E. B.〕

⑥ 伊本·阿西尔书，Tornberg 刊本，Ⅸ，页322。

显然与他们所解放的穆斯林群众发生了争吵,因此继续南迁。十一世纪,我们看到毡的的一位穆斯林统治者极端仇视塞勒术克的诸继承人①,后者为萨曼君主所收容,被安置在努尔(参照上文 R171)附近。哈木杜拉·可疾云尼系此事于 375/985 年②,若干年后,伊斯菲贾卜为八剌沙衮的汗所占领,在这位汗与萨曼君主的斗争中,下文即将说到,土库曼人也介入了。

萨图克之孙、博格拉-汗·哈仑·本·穆萨③有着"帝国的光明与信仰召唤的支柱"(Shihāb ad-Dawla wa Ẓāhir ad-Da'wa)④这一尊荣的称号,他进入河中几乎没有遇到任何反抗。他曾和阿布·阿里缔结了瓜分萨曼土地的一项密约,依约博格拉-汗得占领河中,阿母河以南诸省区仍归阿布·阿里统治。此外,博格拉-汗也受到许多迪赫坎的邀请,如前所述,这些迪赫坎在萨曼王国虽处于颇为重要的地位,但仍对政府不满⑤。我们不知道僧侣们对于河中第一位征服者的态度如何,但历史家们叙述了博格拉-汗的虔诚⑥,也叙述了他的主要拥护者

---

① 拜哈吉书,Morley 刊本,页 856。
② 哈木杜拉·可疾云尼,Ta'rīkh – i Guzīda,Defrémery 摘译本,页 421;Browne 刊本,原文,页 434;译文,页 93。还可参看术兹贾尼书,Raverty 译本 I,页 117 – 8。
③ 此依杰马勒·卡尔希书(《原文史料选辑》,页 132);关于哈剌汗朝的世系,杰马勒·卡尔希向我们提供了最详细、显然也是最可靠的报道。据伊本·阿西尔(Tornberg 刊本,XI,页 54)和奥菲《原文史料选辑》,页 84)的记述,萨图克之子穆萨的后裔构成哈剌汗家族的另一支派,纳斯尔就属于此另一支派;伊本·阿西尔(Tornberg 刊本,IX,页 68)呼博格拉 – 汗为哈仑·本·苏莱曼。最早的资料,乌特比书与加尔迪齐书,都只说博格拉汗是"一位乙力(Ilak)的儿子",据杰马勒·卡尔希的记述,当萨图克的另一个儿子(纳斯尔的祖父)有着汗的称号的时候,博格拉 – 汗的父亲还不过是一位乙力。还可参照希拉勒书(Hilāl as – Sābi',Eclipse,原文,页 393);Harūn b. Ilak。〔据伯希和的意见,本书 1928 年英文版转写的 Ilak 一字,似以转写为 Ilig 较妥,后者之意为王,参照现代维吾尔语。见 Pelliot, Notes sur le《Turkestan》,页 16;〔中译文见冯承钧《西域南海史地考证译丛》,三编,页 5〕)。
④ 382/992 年在易剌克铸造的博格拉 – 汗的钱币上有与此相同的称号,参看 Марков, Инвентарный каталог,页 198。
⑤ 乌特比书,亚洲博物馆藏抄本,叶 30;乌特比与马尼尼书,I,页 163;参照 Бартольд, Несколько слов об арийской культуре,页 33。波斯语译文中(奈尔沙希书,Schefer 刊本,页 155)只说"河中某些贵族们"以代"迪赫坎";de Sacy, Histoire de Yémineddoula,页 352:"autres émirs"。
⑥ 伊本·阿西尔书,Tornberg 刊本,IX,页 70。

阿布·阿里与法伊克的虔诚①,据此我们可以推断,僧侣们对他表示了并不亚于他们后来对纳斯尔所表示的好感。萨阿利比提到了②博格拉-汗的另一追随者,即被认作是哈里发瓦西吉的后裔的阿布·穆罕默德·阿卜杜拉·本·奥斯曼·瓦西吉。凡属哈里发的后裔,依例得在本土和在萨曼王国领取定额年金;可是瓦西吉既未能领到年金,也未能谋得厚禄的官职,因此他投靠了突厥人,取得了突厥汗的信任,汗"对他言听计从,逢事咨询"。经他怂恿,突厥汗决意对河中用兵,萨阿利比之所以把瓦西吉看作是颠覆萨曼王朝的主谋者,其原因在此。河中被征服后,瓦西吉为自己编制了一支由 300 名奴隶组成的卫队,他已开始梦想自己有朝一日将被尊奉为哈里发,命博格拉-汗以臣属身分统治河中与呼罗珊。但博格拉-汗的疾病与撤退迫使瓦西吉逃往伊拉克。他的出走使我们揣想萨阿利比大大夸张了他的重要性③。很有可能,瓦西吉并不是什么了不起的人物,他未必比呼罗珊境内其他真正的以及伪托的阿拔斯哈里发的后裔更为重要,也许只是他本人以要人自许,不可一世。同年(992 年),萨阿利比在布哈拉看到了另一位哈里发后裔马蒙尼,此人从萨曼政府领取年金,他力图使萨阿利比相信,不久他将率领呼罗珊境内他的为数甚多的追随者向巴格达进军并将夺得哈里发宝座④。

  关于在萨曼朝与新兴的统治者的斗争中人民群众的态度,我们所知更少。据乌特比的记载⑤,当突厥人撤退时,布哈拉居民参加了对他

---

① 《原文史料选辑》,页 56,59-60(萨木阿尼书)。
② *Yatīmat ad-Dahr*, Barbier de Meynard 摘译,Ⅲ,页 339-41。
③ 诸历史家也提到了瓦西吉。关于瓦西吉的生平及其对博格拉-汗的影响,希拉勒(Hilāl as-Sābi', *Eclipse*,原文,页 393-7;译文,页 420-4)作了最详细的报道,但他不曾提到纳斯尔,将纳斯尔与博格拉-汗混为一人。从希拉勒的记述看本,似乎在纳斯尔逝世以后,由其弟兄艾哈迈德继位(参看下文)以前,瓦西吉未曾离开河中。此后,瓦西吉再次离开美索不达米亚到东方诸省,最后被哥疾宁的马哈茂德下令逮捕,软禁至死。
④ 萨阿利比,*Yatīmat ad-Dahr*, Barbier de Meynard 摘译,Ⅲ,页 339-411。
⑤ 乌特比书,亚洲博物馆藏抄本,叶 33;乌特比与马尼尼书,Ⅰ,页 176;奈尔沙希书,Schefer 刊本,页 161。

们的追击,并以喜悦的心情欢迎努赫的归来;但是,另一方面,也没有任何材料表明以前在博格拉-汗从伊斯菲贾卜向撒马尔罕和布哈拉进军以及占领萨曼朝首都时,他曾遇到什么抵抗。十分可能,在连年不断的战祸中,身为主要受害者的人民群众,已对朝代的更换抱持漠不关心的态度。自努赫·本·纳斯尔即位以来,国库空虚,不得不增加赋税。《拜哈克史》中有一段关于遗产税的有趣的叙述,这种税由我们看来本是公平合理的,但在当时则引起强烈的不满。萨曼朝末期,颁布了如下命令:各行政部官吏死亡,其遗产应提交国库一部分;后来又颁布一项法律(至少是在拜哈克地区),规定境内居民凡死而无子者,虽有其他继承人,仍须提出部分遗产上交国库;最后,此项法律更推广适用于所有有直系后嗣的人①。

哈吉卜阿亚奇(一作艾塔赫②)奉命迎击博格拉-汗,全军溃散,本人被俘,此刻惟有法伊克可能成为萨曼国家的救星,他被赦免,在布哈拉受到优异的接待,嗣被派往撒马尔罕抵御敌人的进攻。在哈尔真格(参看上文 R308 注)附近,法伊克一战败衄。人们以主将的背叛来解释这次战争的失利,这种解释看来不为无据。努赫迫于形势,自京城出走。992 年 5 月③,博格拉-汗进入布哈拉。法伊克出城迎接战胜者,表示归顺,被任为忒耳迷与巴里黑的总督。假如拜哈吉的记载可信的话,尽管萨曼朝衰微已久,博格拉-汗仍在布哈拉金库中找到了巨额财富。博格拉-汗留居著名的术-伊-穆利延宫(参看 R161)。与此同时,努赫在阿模里集合了一支队伍,并从花剌子模召来阿卜杜拉·本·穆罕默德·本·乌宰尔④使任韦齐尔。像从前一样,阿布·阿里不肯

259

R320

---

① 《拜哈克史》,不列颠博物馆藏抄本,叶 75。
② 〖英译本第二版标明阿亚奇(Āyach)亦作艾塔赫(Aytakh)。〗
③ 十一世纪两位历史家,加尔迪齐(《原文史料选辑》,页 12)与拜哈吉(Morley 刊本,页 234)所记年月恰好相同,即回历 382 年拉比阿 I 月,因此,伊本·阿西尔(Tornberg 刊本,Ⅸ,页 67-8)关于博格拉-汗两次战役(回历 382 年与 383 年)的叙述实不可信。乌特比书中未记年月。
④ 加尔迪齐书中误作 Abd al-'Aziz,乌特比(乌特比与马尼尼书,Ⅰ,页 170;de Sacy, Histoire de Yémineddoula,页 353)也提到了阿布·阿里·巴勒阿米,但巴勒阿米此时当已不在人世;参看上文 R54 注。

出师勤王,另一方面,他和博格拉-汗之间已生嫌怨,因后者在巩固了他在布哈拉的地位以后,无意履行瓜分萨曼朝领土的协定,并开始按呼罗珊统治者对他们的大将军发文的成例向阿布·阿里发文①。为此,阿布·阿里终于同意与努赫会师,但以取得"教主的股肱"(Walī of the Commander of the Faithful)这一称号为条件——截至当时,只有萨曼君主才享有"教主的股肱"的称号②。努赫甚至也同意了这一条件。但是,在阿布·阿里到来以前,形势已转而对萨曼家族有利,努赫虽然得不到他的不尽臣职的总督的协助,却也已有重返布哈拉城的可能,这是由于博格拉-汗因食水果及不能适应当地气候致疾③(痔)的缘故。博格拉-汗首先撤退到撒马尔罕,带走了萨曼朝韦齐尔阿布·阿里·穆罕默德·本·伊萨·达木甘尼④。努赫·本·纳斯尔的儿子阿卜杜·阿齐兹·本·努赫被留在布哈拉,博格拉-汗宣布阿卜杜·阿齐兹有依法继承王位的权利,即应正位⑤。博格拉-汗所谓依法,多半系根据努赫·本·纳斯尔的遗嘱(参看 R309)而言。又从伊本·阿西尔书的一段记载⑥可以推断:博格拉-汗之所以撤退,还由于他遭受土库曼人的进攻,努赫曾争取到土库曼人的支援。无论如何,土库曼人此刻正与布哈拉的居民一道追击撤退中的队伍,歼灭了它的殿后部分,夺取了它的辎重⑦。在这种情况下,博格拉-汗自不能实践他的支持阿卜杜·阿齐兹反对其敌手的约许。992 年 8 月 17 日⑧,努赫返抵布哈拉,下令

---

① 乌特比书,亚洲博物馆藏抄本,叶33;乌特比与马尼尼书,I,页177;奈尔沙希书,Schefer 刊本,页162。
② 乌特比书,亚洲博物馆藏抄本,叶33;乌特比与马尼尼书,I,页174;奈尔沙希书,Schefer 刊本,页160。
③ 关于这一点,参看萨阿利比,*Yatīmat al-Dahr*,贝鲁特刊本,IV,页113,316,萨阿利比在此处引用了阿布勒-法特赫·艾哈迈德·本·穆罕默德·本·优素福的话,后者先在萨曼朝为官,其后改事博格拉-汗,且为韦齐尔达木甘尼的竞争者。Barbier de Meynard 的译文中(III,页341)称此人为阿布勒-法兹勒。
④ 关于此人,参看加尔迪齐书(牛津抄本,叶133;剑桥抄本,叶107a)。这位韦齐尔卒于回历382年拉贾卜月1日,即公元922年9月2日。
⑤ 加尔迪齐书中有错误;参照《原文史料选辑》,页12,注5。
⑥ Tornberg 刊本,IX,页322。
⑦ 乌特比书,亚洲博物馆藏抄本,叶33;乌特比与马尼尼书,I,页176;奈尔沙希书,Schefer 刊本,页161。
⑧ 此依拜哈吉书(Morley 刊本,页234)所记时日。

挖掉阿卜杜·阿齐兹的眼睛。博格拉－汗退到撒马尔罕以后,病势愈加沉重,于返回突厥斯坦途中死在名叫廓奇卡尔－巴施①的地方。这样,萨曼朝重新恢复了它的统治,至少是对泽拉夫尚盆地的统治已经恢复。法伊克虽已丧失了他的保护人,而仍再次企图从巴里黑夺取布哈拉,战败后,退至马鲁。他在马鲁向他以前的敌人阿布·阿里表示愿意提供协助。此刻法伊克的力量似仍相当强大,因为阿布·阿里欣然接受了他的约许,虽然阿布·阿里鉴于萨曼王朝的胜利,已经备办下丰盛的礼物(据乌特比的记载,备办这些礼物的款项是从呼罗珊的富有之家聚敛来的)将以贿买努赫,以博取好感。至是,阿布·阿里将礼物转送于法伊克。面对两位强有力的臣属的联盟,萨曼政府只好求助于第三位强有力的臣属,后者直到这个时候还不曾参预过当时的重大事变,可是已经利用当时的混乱局面巩固了他本身对南部阿富汗的统治。

塞布克－的斤②被后来蓄意称誉的谱牒学家说成是古代波斯诸王的后裔③,其实他是一位突厥族无宗教信仰的人④,在战争中成为或者是他本族人的,也或者是萨曼朝"圣战者"的俘虏。他被奴隶贩卖者带到了呼罗珊,在你沙不儿被大将军阿勒普－的斤买去为奴⑤。这位青

---

① 《原文史料选辑》,页12(加尔迪齐书);可能即 *Shāh－Nāmah* 中提到的卡查尔－巴施(Qāchār－bāshī)或库奇卡尔－巴施(Quchqār－bāshī)堡垒;参照 Бартольд, *О христианстве в Туркетане*,页16;Barthold, *Zur Geschichte des Christentums*,页35;Marquart, *Komanen*,页110。
② 我们在这里保留了这一专名之人们惯用的拼音;不过正如内尔德克教授在写给我个人的一封信中曾经说明的,这样一个把波斯语形容词 Sabuk(意为"轻浮的"或"卤莽的")与突厥语称号 tagīn(意为"王公")联合起来的专名,甚难设想其存在。从字源上看,这个专名多半应读作 Sü－beg－tegīn;beg 与 tegīn 二称号连用,不乏其例,参看《原文史料选辑》,页20(选自十二世纪某历史家的撰述),但又将此二称号与 sü(意为"军队")连用,则亦不多觏。容或 sabuk 即突厥语之 sebik,以代 sewik(意为"亲爱的")。马夸特(*Komanen*,页50)拼作 Sübük－tigin,未言理由何在。〔依照伯希和的意见,与其拼作 Sabuk－tegin 或 Sü－beg－tegin,不如拼作 Säbäk－tegin 或 Säbük－tegin;见 Pelliot, *Notes sur le*《Turkestan》,页16;〔冯承钧,《西域南海史地考证译丛》,三编,页5－6;冯氏附按语称,Säbäk/Säbük 唐译作"婆匐"〕。〕
〔哥疾宁朝建立者的名字,现可肯定其应作 Sebük/Sevük－tigin,意为"敬爱的王公"。Sebük/Sevük 已见于鄂尔浑突厥语专名中。——C. E. B.〕。
③ 《原文史料选辑》,页158(哈菲兹－伊·阿卜鲁书);尼扎木·穆勒克书,Schefer 刊本,译文,页141。
④ 拜哈吉书,Morley 刊本,页107;〔Ghanī 与 Fayyad 刊本,页99〕。
⑤ 同上书,页237－8;〔Ghanī 与 Fayyad 刊本,页202－3〕。

年奴隶的才能一开始就引起他的主人的注意,因此他的提升特别迅速①。曼苏尔即位后,塞布克-的斤随阿勒普-的斤到了哥疾宁,在这里为阿勒普-的斤及其继承人屡建奇功,以致阿勒普-的斤的最后一位继承人毗里不得不让位于他,977年4月20日②,他被推戴为哥疾宁的埃米尔。此后他在阿富汗、印度连获胜利,声誉鹊起,遂应努赫之请出现于河中。他在碣石附近与努赫会晤,宣誓对努赫效忠,应许帮助他制服他的敌人。先是努赫留在阿模里的时候,曾得到花剌子模沙与古尔干只埃米尔(参看 R293)的协助;为了酬谢他们,努赫畀予前者阿比韦尔德城作为食邑,另以奈萨城畀予后者。事实上,这些位于呼罗珊境内的城市均在阿布·阿里的统治之下,努赫以之赠人,用意显然在于为阿布·阿里树立新的对手。阿布·阿里愿意让出奈萨,但坚决拒绝花剌子模沙的代表进入阿比韦尔德。他的这种策略扩大了花剌子模两位统治者之间的分歧,从而消除了来自花剌子模方面对他的威协。在呼罗珊境内开始了军事行动:胡实健与加尔吉斯坦的埃米尔均站在努赫与塞布克-的斤方面,原与阿布·阿里联盟的古尔干埃米尔达拉·本·卡布斯在战役进行中向努赫投诚,结果萨曼军队获得全胜(994年)③。由于这次胜利,塞布克-的斤得到了"信仰与国家的保护者"(Nāṣir ad-Dīn wa'd Dawla)的称号,他的儿子阿布勒-卡西木·马哈茂德也得到了"国家的宝刀"(Sayf ad-Dawla)的荣衔。阿布·阿里与法伊克退往古尔干;马哈茂德取代了阿布·阿里在你沙不儿的地位,并采取措施在呼罗珊境内恢复和平与安宁;与此同时,努赫返抵布哈拉④。

---

① 尼扎木·穆勒克书,Schefer 刊本,原文,页 96 以下;译文,页 140 以下。
② 此依术兹贾尼书(Raverty 译本,Ⅰ,页 73-4)所记时日。
③ 据乌特比的记述(乌特比与马尼尼书,Ⅰ,页 189),在回历 383 年拉马丹月中旬一个水曜日,可能为拉马丹月 13 日(公元 993 年 11 月 1 日)。
④ 乌特比书,亚洲博物馆藏抄本,叶 34-7;乌特比与马尼尼书,Ⅰ,页 180-99;奈尔沙希书,Schefer 刊本,页 164-73。加尔迪齐关于这些事件的叙述,与前人雷同,但亦补记了一事,于以见塞布克-的斤是智多谋(牛津抄本,叶 135;剑桥抄本,叶 108b);塞布克-的斤在预知达拉将背叛阿布·阿里以后,特在阿布·阿里的一位间谍面前诡称,达拉、法伊克以及阿布·阿里的弟兄阿布勒-卡西术已应许将在战役进行中向政府方面投诚,其中且有一人应许将阿布·阿里本人(转下页)

阿布·阿里与法伊克避入布伊王朝境内,仅能得到古尔干省的部分收入;他们向布伊君主乞求较多的支援,遭到断然的回绝。995年春季①,法伊克决计返回呼罗珊,阿布·阿里劝阻无效,只好同意出兵。他们击败了马哈茂德,占领了你沙不儿、徒思以及其他一些城镇。但是法伊克与阿布·阿里二人谁都没有取得最后成功的信心,分别谋与萨曼政府进行谈判,各自希冀获得赦免。决定性的战役发生于徒思附近,塞布克-的斤与其众盟友(努赫本人未预是役)大获全胜。两个叛军首领逃往塞拉赫斯,继而利用塞布克-的斤及其庞大军队不能迅速穿过沙漠的弱点,从塞拉赫斯逃到了阿模里。二人各从阿模里派遣专使到布哈拉向努赫请求宽宥。萨曼政府断然拒绝了法伊克的请求,但允许赦免阿布·阿里的全部罪责,命他前往古尔干只,留该地埃米尔阿布勒-阿拔斯·马蒙·本·穆罕默德处作客。萨曼政府完全达到了分散叛乱者的力量的目的。阿布·阿里接受了特赦,由阿模里沿阿母河岸行抵花剌子模②。孤立了的法伊克决计不问努赫同意与否,径向河中进军。努赫派遣哈吉卜贝格图宗率兵堵截,两军相遇于那色波附近,但未交战,法伊克因此得进入哈剌汗家族的领土,受到了热情的接待。同时阿布·阿里所部在哈扎拉斯普附近被花剌子模沙阿布·阿卜杜拉击溃;阿布·阿里本人被俘(996年9月19日,土曜日)③。他的追随者中间,只有哈吉卜伊勒曼古一人得达古尔干只。埃米尔马蒙乘机要搭救他的被保护者,同时也要打垮他的宿敌。花剌子模沙阿布·阿卜杜拉

R324

263

(接上页)送到塞布克-的斤手中。因此,在达拉降附政府以后,阿布·阿里对他的其他二同盟者亦不敢置信。

① 据乌特比的记述(乌特比——马尼尼书,Ⅰ,页205),在回历385年拉比阿Ⅰ月(公元995年4月5日至5月4日)。

② 此依乌特比的记述(亚洲博物馆藏抄本,叶37–41;乌特比与马尼尼书,Ⅰ,页199–219;奈尔沙希书,Schefer刊本,页174–286)。另依加尔迪齐的记述(牛津抄本,叶136;剑桥抄本,叶109b),在战役结束后,阿布·阿里逃至剌夷,在该地每月接受布伊朝阿里(即著名的法赫鲁-道拉)发给的津贴50,000第尔赫姆,但他由于恋爱的原因(Zibahr Zanī-rā)返回你沙不儿,被马哈茂德擒获,其后越狱逃入花剌子模。

③ 乌特比与马尼尼书,Ⅰ,页224:在回历386年拉马丹月1日,土曜日,但这一时日可能有误。回历386年拉马丹月以木曜日开始(公历9月17日)。参看下文注①。

被俘入狱，其领土及封号均转到马蒙名下。由马蒙居间，阿布·阿里与布哈拉政府达成了全面和解。阿布·阿里返抵布哈拉，受到了韦齐尔阿卜杜拉·本·乌宰尔、哈吉卜贝格图宗及其他贵族的盛大欢迎，也在里吉斯坦的宫院（参看上文 R161 以下）被努赫接见。但后来阿布·阿里与其弟兄及军事将领等十八人仍由努赫下令幽囚于布哈拉的子城以内①。

同年，哈剌汗家族再度入侵。努赫此刻仅领有河中的一部分，不能结集雄厚的力量与突厥人对抗，被迫向塞布克-的斤乞援。是时后者留驻巴里黑，接到努赫的召请，立即率领大军进入河中，胡实健、石汗那、珂咄罗的埃米尔亦各率军相助。塞布克-的斤在碣石与那色波之间安营，请求努赫出师相会。萨曼韦齐尔阿卜杜拉·本·乌宰尔对努赫指出：以萨曼国家堂堂元首之尊，不宜率手下寥寥无几的士兵与塞布克-的斤的大军会合，以免成为对朝廷的一场屈辱。努赫颇以此言为然，决定拒绝塞布克-的斤的请求。塞布克-的斤于是分兵二万，交他的儿子马哈茂德和他的弟兄博格拉丘克统率向布哈拉前进。此举已足以使萨曼政府作出一切让步。努赫罢免了韦齐尔，送交塞布克-的斤处置，另任塞布克-的斤的追随者阿布·纳斯尔·艾哈迈德·本·穆罕默德·本·阿布·扎伊德为韦齐尔。经塞布克-的斤要求，努赫也将阿布·阿里及其哈吉卜伊勒曼古随前任韦齐尔一并送交塞布克-的斤②；这些人全被囚禁于加尔迪兹的堡垒。塞布克-的斤与哈剌汗朝缔结了和约，双方同意以卡特宛草原作为萨曼国家与哈剌汗领土的分

---

① 乌特比书，亚洲博物馆藏抄本，叶 41-3；乌特比与马尼尼书，Ⅰ，页 219-31；奈尔沙希书，Schefer 刊本，页 186-91；《原文史料选辑》，页 12-3（加尔迪齐书；牛津抄本，叶 137；剑桥抄本，叶 110a，此处记有与阿布·阿里一道被捕的人数）。

② 据加尔迪齐的记述（剑桥抄本，叶 110a，牛津抄本此处有缺文），此事发生于回历 386 年沙阿班月，亦即公元 996 年 8 月或 9 月。但此一时日与上述阿布·阿里为花剌子模所俘的时日不无牴牾。颇有可能，乌特比书中的 386 年系 385 年之讹，阿布·阿里在花剌子模被俘，乃 995 年 9 月 28 日事（依照维斯腾费尔德的时日对照表，回历 385 年拉马丹月 1 日系日曜日，当公元 995 年 9 月 29 日）；否则距努赫之死，为时过近，中间不可能出现偌多事件。此外，回历 386 年，民间已谣传阿布·阿里被杀，参照《原文史料选辑》，页 60（萨木阿尼书，Margoliouth 刊本，页 323b, al - Sīmjūrī 条）。

界。这样,整个锡尔河盆地仍处于哈剌汗朝统治之下,并应后者的要求,法伊克被任命为撒马尔罕的总督①。

无待赘言,塞布克-的斤依然是阿母河以南所有省区的全权在握的主人,努赫已不复过问呼罗珊境内的事态发展。在河中,韦齐尔阿布·纳斯尔企图用严厉手段恢复秩序,"用血液冲洗血液"②,但未及五个月,他被奴隶们杀害了。努赫唯恐他的庇护者塞布克-的斤指责萨曼政府与杀人犯同谋,故以非刑处死后者,并遣专使敦请塞布克-的斤指派被害者的继承人③。塞布克-的斤告知努赫自行选择,努赫选定了阿布勒-穆扎法尔·穆罕默德·本·伊卜拉欣·巴尔加施继任,此人至努赫于回历387年拉贾卜月14日,金曜日(公元997年7月23日)④逝世时一直在职。

对努赫的儿子和继承人阿布勒-哈里思·曼苏尔宣誓效忠的仪式,根据萨木阿尼的记述⑤,延至997年11月方始举行。拜哈吉称道过这位新君才德出众⑥,可是尽管他采取一些严峻措施逐渐恢复了境内秩序,他毕竟无力挽救萨曼朝的危亡。大权仍然操在法伊克与韦齐尔巴尔加施手中。被塞布克-的斤幽囚起来的阿布·阿里及其诸追随者死在监狱以内⑦;但韦齐尔阿卜杜拉·本·乌宰尔则不知何故获释并经允许返回河中。在阿卜杜拉·本·乌宰尔煽动下,阿布·曼苏尔·

---

① 乌特比书,亚洲博物馆藏抄本,叶44-6;乌特比与马尼尼书,Ⅰ,页231-41;奈尔沙希书,Schefer 刊本,页191-5。
② 乌特比语(亚洲博物馆藏抄本,叶46;乌特比与马尼尼书,Ⅰ,页241;奈尔沙希书,Schefer 刊本,页196。
③ 乌特比书,亚洲博物馆藏抄本,叶47;乌特比与马尼尼书,Ⅰ,页250;奈尔沙希书,Schefer 刊本,页199-200。
④ 乌特比书中(亚洲博物馆藏抄本,叶48;乌特比与马尼尼书,Ⅰ,页255)的时日与下述译本不同;乌特比书波斯文泽本(奈尔沙希书,Schefer 刊本,页201)以及其他波斯文资料中作 rajab sez-dahum,但更正确地说,金曜日系14日。
⑤《原文史料选辑》,页59(萨木阿尼书,Margoliouth 刊本,al-Sāmānī 条,叶286b,见最后数字)。
⑥ 拜哈吉书,Morley 刊本,页803;〔Ghanī 与 Fayyad刊本,页640〕;此一评介与历史事实不合。
⑦ 参阅《原文史料选辑》,页60(萨木阿尼书,Margoliouth 刊本,al-Sāmānī 条,叶286b)。虔诚的阿布·阿里尸体不腐的故事说明了僧侣集团对西木术里家族的好感。

穆罕默德·本·侯赛因·本·穆特·伊斯菲贾比（可能属于伊斯菲贾卜统治者的家族,参看上文 R301 注）举起叛旗,并向哈剌汗家族在河中的统治者乙力纳斯尔乞援。乙力应许援助,率军进入撒马尔罕,但在这里乙力下令逮捕了叛乱者的两个首领;另一方面,被召至乙力营帐的法伊克则受到优异的接待,并奉命率军 3,000 骑前往布哈拉。曼苏尔离开京城,逃往阿模里。法伊克占领了布哈拉,但又立即宣布他本人是萨曼王室的忠实臣仆,并劝诱曼苏尔回到布哈拉来①。另一哈吉卜贝格图宗被擢为大将军,接替马哈茂德任呼罗珊总督,其时马哈茂德不得不离开呼罗珊,因为他的父亲塞布克-的斤也死在 997 年,他的弟弟亦思马因继立为哥疾宁埃米尔,和他争位。

为了消弭一场新的内战,曼苏尔力图恢复主要显贵之间、特别是法伊克与具格图宗之间的和谐。虽然如此,法伊克仍暗中唆使库希斯坦的统治者阿布勒-卡西木·西木术里向贝格图宗进攻;不过使法伊克大失所望的是双方冲突竟以贝格图宗的胜利告终（998 年 3 月）②,贝格图宗在与西木术里媾和之后以胜利者的姿态返回布哈拉。接着法伊克又与韦齐尔巴尔加施发生争执,巴尔加施一向托庇于埃米尔曼苏尔本人。曼苏尔这次同样没有达到息事宁人的目的。法伊克要求交出巴尔加施,对埃米尔进行了粗暴的攻讦。最后经布哈拉诸谢赫居间斡旋,始得达成协议;巴尔加施被罢免韦齐尔职,流放到胡实健境内③。据加尔迪齐的记载,萨曼朝末年的韦齐尔有阿布勒-卡西木·阿拔斯·本·

---

① 乌特比书,亚洲博物馆藏抄本,叶 50-1;乌特比与马尼尼书,Ⅰ,页 268-71;奈尔沙希书,Schefer 刊本,页 205-6;加尔迪齐书,牛津抄本,叶 137;剑桥抄本,叶 110b。

② 乌特比书（亚洲博物馆藏抄本,叶 54;乌特比与一马尼尼书,Ⅰ,页 287)作回历拉比阿Ⅱ月（公历 4 月），但在 Reynolds 的译文中（页 221）则作拉比阿Ⅰ月;加尔迪齐书（牛津抄本,叶 138;剑桥抄本,叶 111a)与伊本·阿西尔书（Tornberg 刊本,Ⅸ,页 97）亦作回历拉比阿Ⅰ月。

③ 乌特比书,亚洲博物馆藏抄本,叶 54;乌特比与马尼尼书,Ⅰ,289;de Sacy,*Histoire de Yémineddoula*,页 369。据拜哈吉的记述（Morley 刊本,页 442-5），这位韦齐尔预知王朝必亡,因而决定在适当时机辞卸韦齐尔职务,借保私产。为实现这一目的,他诡称他的腿骨折断,并贿买一位医士共同设法使埃米尔准他辞职。卸职后,他退往胡实健处理他不久以前在那里取得的财产。他把财产卖掉,带着"一颗轻松的心和治疗已愈的腿"到你沙不儿落户,此后若干年间,他过着奢靡的生活,也享有崇高的荣誉。

穆罕默德·巴尔马基与阿布勒-法兹勒·穆罕默德·本·艾哈迈德·杰伊哈尼①(很有可能是阿布-阿卜杜拉·艾哈迈德的儿子)。乌特比还提到②阿布勒-哈桑·哈穆利,此人系马哈茂德派到布哈拉来的专使,他在布哈拉停留的时期受任萨曼国家的韦齐尔。这些韦齐尔对当时的政局变化显然都没有发生什么影响。

最困难的课题是调和贝格图宗与马哈茂德之间的利害冲突。此刻马哈茂德已击败其弟亦思马因,夺得了哥疾宁,他不想将呼罗珊总督一职让予贝格图宗。曼苏尔徒劳无功地试图任命马哈茂德为巴里黑、忒耳迷、哈烈、布斯特等城的总督以为补偿。马哈茂德坚持其充任呼罗珊全境总督的权利,强迫他的对手贝格图宗交出你沙不儿③。曼苏尔偕同法伊克率军进入呼罗珊,但据拜哈吉的记载,曼苏尔仍然衷心希望此事通过协议取得解决。曼苏尔的优柔寡断这番成为他的致命伤。前来萨拉赫斯与曼苏尔会师的贝格图宗认为曼苏尔之所以犹豫不决,其原因不外是密谋与马哈茂德达成协议。法伊克怀有同样的顾虑,唯恐(这样担心不是没有理由的)自己和贝格图宗将蹈阿布·阿里的覆辙④。因此他们决定先发制人。999年2月1日⑤晚,二人废黜了埃米尔,一星期以后,又弄瞎了他的双目,送还布哈拉。曼苏尔之弟阿布勒-法瓦里斯·阿卜杜-麦利克被立为埃米尔。

马哈茂德扬言将为被废黜的埃米尔复仇,然而未几即与他的敌人们达成一项协议。马哈茂德将你沙不儿让予贝格图宗,他自己保有巴里黑和哈烈。实际上这是马哈茂德接受了先前曼苏尔对他提出的条

---

① 两个抄本(牛津抄本,叶138;剑桥抄本,叶111a)均作 al-Ḥayānī;〔参照 Muhammad Nazim 刊本,页59,al-Jayhānī)。
② 亚洲博物馆藏抄本,叶55;乌特比与马尼尼书,Ⅰ,页292;de Sacy,*Histoire de Yémineddoula*,页370。
③ 乌特比书,亚洲博物馆藏抄本,叶55-6;乌特比与马尼尼书,Ⅰ,页291-4;de Sacy,*Histoire de Yémineddoula*,页370。
④ 拜哈吉书,Morley 刊本,页803-4。
⑤ 拜哈吉书(Morley 刊本,页804)与加尔迪齐书(牛津抄本,叶138;剑桥抄本,叶111a)所记时日相同:回历389年萨法尔月12日,水曜日。

件。马哈茂德之所以退让一步,显然是因为阿布勒－卡西木·西木术里也加入了他的敌人一伙,敌军在人数上占了优势。协议条款尽管对马哈茂德不利,但他却十分高兴,为了表示自己的喜悦,拿出2,000第纳尔周济贫民①(时在999年5月)。不过,协议不久即告破裂;马哈茂德的殿后部队遭受到不顾信义的攻击,战争复起。马哈茂德获得了辉煌的胜利,结果全部呼罗珊重新为他所有。马哈茂德写信给哈里发卡迪尔的捷报曾被保存了下来②,在捷报中,马哈茂德断言战争爆发的唯一原因在于萨曼家族拒不承认哈里发的权威。马哈茂德从此"继承了"(借用乌特比的话说)阿母河以南各省的"萨曼朝领地"。马哈茂德这番不再领受大将军的头衔,他自己委任他的弟兄纳斯尔为呼罗珊的大将军,由此可见当日情况起了何等巨大的变化。阿卜杜－麦利克和法伊克逃到布哈拉,在这里试图再次发动对马哈茂德的斗争而未得如愿,接着贝克图宗也来和他们联合。同年夏季,法伊克卒,其后乙力纳斯尔③决定彻底清除萨曼王朝在河中地区的残余势力。据当代人及目击者的叙述④,萨曼家族将对它的敌人们进行拼死的抵抗。政府命令布哈拉各礼拜寺的海推布极力劝说城民拿起武器保卫王朝。其时布哈拉人像河中地区一般居民一样还都持有武器;如果萨曼王朝确能发起一次保卫王朝的全民运动,那么,这一运动纵不能挽救王朝于危亡,但至少会使哈剌汗家族收拾残局甚感棘手。实际上,海推布们的号召并未生效。萨曼朝诸君王,甚至连亦思马因本人⑤也包括在内,从不曾致力于赢得人民大众的信任使其成为王朝的支柱,这有他们对于无疑具有民主性质的什叶派运动的镇压可以为证。

我们知道,在萨曼王朝后期,河中地区仍有什叶派的秘密追随者存

---

① 此据加尔迪齐的记述;拜哈吉书(Morley 刊本,页805)只说分配了巨额款项。
② Hilāl as – Sābi', *Eclipse*,原文,页341–5;译文,页366–70。战役发生在马鲁附近,时在回历389年术马达I月3日,火曜日,公历999年5月16日。
③ 加尔迪齐书中(剑桥抄本,叶111b)称之为"汗的弟兄"。
④ Розен,*Рассказ Хиляля ас – Сāби*,页275;Hilāl as – Sābi',*Eclipse*,原文,页472以下;译文,页400以下。
⑤ 参看奥菲书中(《原文史料选辑》,页90–1)关于他的生动的描述。

在,例如著名的阿维森纳的父亲和弟兄即属于此派①。前已述及,尽管萨曼君主从不曾对宗教及其代表人物恝然置之②,但逊尼派教职人员所同情的仍然不是萨曼王朝,而是诸如阿布·阿里、法伊克等王朝的政敌。布哈拉居民也不听信诸海推布的说教,而是敬佩"那些被他们视为法吉的人们",这就是说,正如 B. P. 罗森男爵揆情酌理所推想的,他们所信赖的乃是那些非官方的教职代表人物。在群众中间,这些非官方的教职代表人物常比政府所任命的海推布和伊玛目等起更大的作用,有更大的影响。一如在类似场合出现的通例③,迷信的游牧人,虽然他们归依伊斯兰教为时较晚,但是他们对于宗教及其执事人员的尊崇及礼敬却远非有文化的政府职官所能及。不过,我们也未可全部接受罗森男爵的意见,我们显然不能肯定诸法吉"无疑"已为哈剌汗朝所收买。姑不问实际情况如何,布哈拉居民毕竟听信了诸法吉的劝告,作出如下决定:"当斗争是为着尘世利益的时候",穆斯林就没有"献出生命"的必要。乙力宣布,他只是作为萨曼王朝的朋友和保护者前来布哈拉;布哈拉居民十分冷静地对待这些征服者。布哈拉驻军首脑贝格图宗和扬纳勒－的斤均自动出现于征服者的营帐,当场就逮。999 年 10 月 23 日,月曜日④,乙力没有遇到任何抵抗就占领了布哈拉,夺取了萨曼王朝的金库。阿卜杜－麦利克和萨曼王族的其他成员被遣往讹迹邗。乙力本人也回到该地,把所委派的总督们留在布哈拉和撒马尔罕。一个赫赫有名的朝代就是这样在普遍的漠不关心中悄悄收场。当时似乎没有任何人认识到这一历史事件的重大意义,即当地阿利安成分的

R329

268

---

① 伊本·阿比·乌赛比阿书,Ⅱ,页2;伊本·吉弗蒂书,页413。
② 参照 B. A. 茹科夫斯基教授为在萨曼时期用阿拉伯与波斯两种语言写成的一本宗教手册所作的饶有意趣的介绍(*К истории персидской литературы*,页05)。他提到了阿布勒－卡西木·撒马尔罕迪,以与阿布·曼苏尔·马图里迪并列,称之为正统派的主要捍卫者,与穆尔太齐赖派及卡拉米叶派相敌对(《原文史料选编》,页50,引自那色菲,*Qandiya*;参阅维亚特金译本,页263)。
③ 参照 Dozy, *Essai sur l' histoire de l'Islamisme*,页 364。
④ 此据加尔迪齐的记述(牛津抄本,叶 139;剑桥抄本,叶 111b),是日确系月曜日。乌特比书(亚洲博物馆藏抄本,叶 60;乌特比与马尼尼书,Ⅰ,页 319;奈尔沙希书,Schefer 刊本,页 216)及以后的撰述(米尔洪德),*Histoire des Samanides*, Defrémery 刊本,页 197)作火曜日,误。

统治已自此一去而永不复返①。

博格拉-汗·哈龙死后哈剌汗朝汗位由何人继承的问题,我们现在还不能根据确切的资料作出答案②。它也许是由纳斯尔的父亲阿尔斯兰-汗·阿里继承。据杰马勒·卡尔希的记述③,998年1月,阿尔斯兰-汗·阿里以身殉道,被称为哈里克(Harīq,意为"焚身人"),人们可由此推测他的死因。纳斯尔取号阿尔斯兰-乙力,实际上他不过是河中地区居于讹迹邗的一位藩主而已。哈剌汗国和一切游牧帝国一样,将族产观念从私法领域带入了公法领域。国家被看作是整个汗族的财产,分藩而治,大的藩国复分为许多小的采地;一些强大的藩主往往不听大汗的号令。分封制度从来就是内讧频繁和统治者经常更换的根源,正因为如此,我们现在不能确定哈剌汗朝历代君主的在位年代。哈剌汗朝钱币流传至今的为数甚多,而亦无补于这一问题的解决;在缺乏确切的历史资料的情况下,我们常常无从考定同一钱币上的不同名号所代表的是一个人还是几个人。

十一世纪初年,河中的哈剌汗家族不得不用兵镇压萨曼家族阿布·伊卜拉欣·亦思马因煽动起来的一次变乱。亦思马因是被俘往讹迹邗的曼苏尔与阿布杜-麦利克的众兄弟之一,他乔装妇女幸得逃出讹迹邗④。亦思马因取号蒙塔西尔(意为"得胜者"),到达布哈拉,嗣转赴花剌子模,很可能经花剌子模沙阿布勒-哈桑·阿里(马蒙之子,马蒙于997年为部下所杀,阿布勒-哈桑·阿里继位⑤)默许,在花剌子

---

① 参照内尔德克教授的论断(Nöldeke, *Das Iranische Nationalepos*,页152 注6):"这个地区历史上最可哀叹的灾难之一"。
② 〔参看新发表的撰述:Pritsak, *Die Karachaniden*.〕
③ 《原文史料选辑》,页132-3。
④ 乌特比书,亚洲博物馆藏抄本,叶61;乌特比与马尼尼书,Ⅰ,页320;奈尔沙希书,Schefer刊本,页217. 在 Lane — Poole, *The Mohammadan Dynasties* 一书中(页132, 133)和我的译本中(*Мусульманские династии*,页108,109),均将亦思马因误写为伊卜拉欣。
⑤ 乌特比书,亚洲博物馆藏抄本,叶48;乌特比与马尼尼书,Ⅰ,页254以下;奈尔沙希书,Schefer抄本,页201。

模结集了许多追随者。蒙塔西尔结集的队伍由哈吉卜阿尔斯兰-亚卢统率,将哈剌汗朝的布哈拉总督贾法尔-的斤逐出城外。贾法尔-的斤残部与撒马尔罕总督的斤-汗所部会合,但后者亦在泽拉夫尚河大桥附近被萨曼军队击败而逃散。蒙塔西尔回到了布哈拉①,如果乌特比的记述②属实,他受到了布哈拉城居民的热烈欢迎。蒙塔西尔与阿尔斯兰-亚卢虽然取得了上述胜利,但究非乙力大军之敌,当乙力逼近时,他们取道阿模里逃往波斯。他们和马哈茂德、纳斯尔两兄弟的斗争虽偶获胜利,而亦以惨败告终。蒙塔西尔对他的主要助手哈吉卜阿尔斯兰-亚卢行事专擅久已不满,至是透过于阿尔斯兰-亚卢,将他处死③。在蒙塔西尔仅有的兵力也被纳斯尔消灭以后,这位觊觎王位者于1003年返回河中,向古斯(土库曼人)乞援。据加尔迪齐的记载④,古斯首领培古(疑应作叶护)⑤乘此时机首先信奉了伊斯兰教;但是,我们勿宁认为此人就是塞勒术克的儿子,上文述及,塞勒术克曾援助萨曼家族对抗哈剌汗家族。古斯为了大掠财富,欣然来与蒙塔西尔会合,先在泽拉夫尚河岸击溃苏巴施-的斤所部,继又在撒马尔罕附近击败乙力大军(1003年夏季)。是役,乙力的十八名将领被俘。古斯把这些将领拘禁在自己营内,坚决拒绝交付蒙塔西尔。古斯的用意显然在于向乙力勒索赎款,但蒙塔西尔则怀疑古斯谋与乙力勾结,因此他决定舍弃古斯他去。1003年深秋,蒙塔西尔率领少数士兵(骑兵300,步卒400)在达尔甘踏冰越过阿母河,到达阿模里。

---

① 此事大约发生于公元1000年;有一枚蒙塔西尔在布哈拉铸造的钱币,即铸造于是年(回历390年)。参照 Марков,*Инвентарный каталог*,页169。
② 亚洲博物馆藏抄本,叶61;乌特比与马尼尼书,Ⅰ,页323;奈尔沙希书,Schefer 刊本,页218。
③ 乌特比书,亚洲博物馆藏抄本,叶63;乌特比与马尼尼书,Ⅰ,页329;奈尔沙希书,Schefer 刊本,页221。
④ 《原文史料选辑》,页13(加尔迪齐书)。乌特比书(亚洲博物馆藏抄本,叶64;乌特比与马尼尼书,Ⅰ,页335;奈尔沙希书,Schefer 刊本,页222)所记较简。
⑤ 〔据伯希的意见,也可能读作 Baïqu 或 Baïyu,因蒙古语专有名称中有'伯忽'(Pai-hou)一名,音与 Baïqu 或 Baïyu 相当。此外,突厥语中有 bïghu 一词,意为与鹰相类的一种鸷鸟。见 Pelliot, Notes sur le《Turkestan》,页16;〔冯承钧,《西域南海史地考证译丛》,三编,页6〕。〕

1004年，蒙塔西尔企图立足于奈萨与阿比韦尔德二地，但为花剌子模沙应二地居民请求派来的援军所击退。蒙塔西尔的追随者死于此役的有塔什的儿子①。蒙塔西尔率残部第三次出现于河中，虽又被布哈拉总督击败，但占领了努尔这一设防的据点，并由此发兵攻击驻在答不昔牙的敌军。蒙塔西尔是役获胜，其后终于形成了一次扶持萨曼家族的民众运动。撒马尔罕圣战者的首领哈里思（绰号伊本·阿雷木达尔，意为"旗手之子"）率战士3000名与蒙塔西尔会合，该城众谢赫②武装了300名奴隶；古斯也重来与蒙塔西尔会师。蒙塔西尔靠这些士兵于回历394年沙阿班月（公元1004年5-6月）在布尔奈麦德附近击败了乙力的主力部队，甚至，如果相信加尔迪齐的记载③，还击败了"大汗"的军队。不过蒙塔西尔这次胜利历时不久。"大汗"增兵回到介于迪扎克与哈瓦斯二地之间的饥饿草原上接战。古斯满足于在布尔奈麦德的劫掠所得，业已返回他们的游牧营地，未预此役。战役进行中，蒙塔西尔部将之一哈桑·本·塔克率士卒5,000人叛附乙力。蒙塔西尔再度逃往呼罗珊，但在其居于布哈拉的亲属萨曼宗室伊本·苏尔哈克的引诱之下，他又第四次在河中出现。先是，伊本·苏尔哈克曾与乙力密约，由他约许与蒙塔西尔合作，将蒙塔西尔骗回河中。蒙塔西尔正向布哈拉行进，大部分士兵叛附乙力的哈吉卜苏莱曼与萨菲；余众被敌军包围，阿母河各渡口也被敌军夺取。蒙塔西尔仅率八人得脱，他的弟兄及亲信均被俘送讹迹邗。1005年岁初④，蒙塔西尔死于马鲁附近阿拉伯某部落的头人之手。

在萨曼朝最后一位代表人物去世以后，当前就只还有哈剌汗朝与

---

① 乌特比书，亚洲博物馆藏抄本，叶65；乌特比与马尼尼书，Ⅰ，页340；奈尔沙希书，Schefer 刊本，页225。
② 阿拉伯原文作 mashā'ikh（乌特比与马尼尼书，Ⅰ，页341）；波斯译文作 khwājakān。
③《原文史料选辑》，页13. 伊本·阿雷木达尔所部人数，此处仅作1,000名。
④ 加尔迪齐书，（牛津抄本，叶142；剑桥抄本，叶114a）谓在回历395年拉比阿Ⅱ月；乌特比书（亚洲博物馆藏抄本，叶66；乌特比与马尼尼书，Ⅰ，346；奈尔沙希书，Schefer 刊本，页228）则谓在回历同年拉比阿Ⅰ月。

马哈茂德瓜分萨曼家族遗产的问题。回历389年祖勒－卡达月(公元999年10-11月),乙力(īlak①)的军队开入布哈拉,而马哈茂德作为独立统治者的即位典礼亦于是月隆重举行。这位新的"教主的股肱"由哈里发卡迪尔授以领有呼罗珊的封册、冠冕以及"国家的右手与宗教共同体的代表"(Yamīn ad-Dawla wa Amīn al-Milla)的封号②。马哈茂德方面则下令在呼罗珊用哈里发卡迪尔的名义宣读呼图白;卡迪尔早在991年即为布伊家族所拥立,但迄未为萨曼家族所承认③。马哈茂德宫廷之豪华壮丽,又驾萨曼朝而上之;正是当他在位的时期,至少在宫廷范围内,采用了"苏勒坦"的称号。据一般史书记载④,"苏勒坦"一词的原义为"政权、政府",特指合法的哈里发政府,在马哈茂德以前,从未用以指称个别统治者;我们认为,此说并非得当。塔巴里书中就有称统治者为苏勒坦的用例⑤。法提玛朝诸君主也用了苏勒坦的称号,伊本·尤努斯进献天文表⑥时称"献给教主阿布·阿里·曼苏尔,伊斯兰的苏勒坦,伊玛目哈基木·比-阿木里拉(Sulṭān of Islam, the Imām al-Hākim bi-amri'llāh,996-1021年)。马克迪西⑦屡"与苏勒坦及韦齐尔等"交谈,他也说到中亚的某一小城"城内大部分居民并非伊斯兰教徒,但是它的苏勒坦是一位穆斯林"。马哈茂德被宫廷的历史家与诗人们,或者还被承办公文的记室们称为苏勒坦;而在日常生活中,马哈茂德与其继承人则仍被称为埃米尔;拜哈吉书中记载的人

---

① 〔Īlak 写作 Ilig 较妥。——C. E. B.〕。
② 乌特比书,亚洲博物馆抄本,叶60;乌特比与马尼尼书,Ⅰ,页317;加尔迪齐书,牛津抄本,叶140;剑桥抄本,叶112b。马哈茂德的第三个封号"国家与伊斯兰的庇护者"(Kahf ad-Dawla wa'l-Islam),据加尔迪吉的记述,是迟至1026年他才得到的。尼扎木·穆勒克书中(Schefer 刊本,原文,页131-6;译文,页193-200)所述故事,可能没有事实根据。
③ 伊本·阿西尔书,Tornberg 刊本,Ⅸ,103;Hilāl as-Sābi',Eclipse,原文,页341;译文,页366。参照 Тизенгаузен,О саманидских монетах,页234。
④ 伊本·阿西尔书,Tornberg 刊本,Ⅸ,页92;术兹贾尼书,Raverty 译本,Ⅰ,页75-6;尼扎木·穆勒克书,Schefer 刊本,原文,页44;译文,页68。
⑤ 塔巴里书,Ⅲ,页1894,此处及苏勒坦亲临战场。
⑥ 莱顿抄本,No.143(关于此表,参看 Catalogus LB,Ⅲ,页88。)
⑦ BGA,Ⅲ,马克迪西书,页44,275。

物在彼此谈话时称马斯乌德为埃米尔;加尔迪齐几乎不用"苏勒坦"一词,此词亦不见于哥疾宁朝初期的钱币①。

哈剌汗朝诸君主也宣称自己是"教主的附庸(mawlā)"②,至少在河中是如此。在河中,哈剌汗朝自始即以哈里发卡迪尔的名义铸造钱币③。乙力纳斯尔在其铸币上有着"真理的护主"(Nāṣir al‑Ḥaqq)的称号。乙力与马哈茂德之间的协定,早在与蒙塔西尔斗争的时期即已缔结。1001年,马哈茂德命沙菲伊派伊玛目阿布·泰伊卜·萨赫勒·本·穆罕默德·萨阿卢基与塞拉赫斯总督图甘奇克出使讹迹邗。纳斯尔友好地接待了使者,托他们为苏勒坦带回珍贵礼物:矿产品、麝香、马、驼、奴婢、白鹰、黑毛皮、"骨觕"(khutuww)角④、软玉以及中国珍品。马哈茂德娶纳斯尔之女为妻,双方缔结了条约,其条款与从前博格拉‑汗和阿布·阿里所缔结者相同,即两国公认以阿母河为界⑤。但两国之间的和平局面不久即因哈剌汗朝方面违约而破裂。马哈茂德为自己规定了每年向印度进行一次远征的任务⑥;在1006年进行的远征中,当他驻在穆勒坦的时候,哈剌汗家族分兵两路侵入呼罗珊,一路由苏巴施‑的斤统率,目的在于占领你沙不儿与徒思;另一路由贾法尔‑的斤统率,目的在于占领巴里黑。两路军队都达到了目的;巴里黑的居民曾顽强抵抗,从而哈剌汗军队报之以劫掠⑦;你沙不儿对侵入者俯首听命,并且这里的贵族⑧像河中的贵族一样,站到了入侵者一边。马哈茂

---

① Lane‑Poole, *Mohammadan Dynasties*, 页286, 注。
② 铸造于390/1000年的钱币上已有这些字样(Марков, *Инвентарный каталог*, 页198)。
③ 自393/1003年起(同上书, 页200)。
④ BGA, Ⅳ, 页222〔语解〕khutuww. 此词今释为海象与一角鲸之长齿。参看 Laufer, *Arabic and Chinese Trade*, 页315‑64; Pelliot, *Addenda*, 页365‑70(参照 Laufer, *Sino‑Iranica*, 页565以下,〖林筠因译,《中国‑伊朗编》, 页400以下〗); Ruska, DI, Ⅴ, 页239(此文作者发表的另一意见:*Noch einmal al‑Chutuww*, 同上书, Ⅳ, 页163以下); G. Ferrand, *Relations*, Ⅱ, 页679以下。
⑤ 乌特比书,亚洲博物馆藏抄本, 叶87‑8;乌特比与马尼尼书, Ⅱ, 页28‑32;加尔迪齐书,牛津抄本, 叶140;剑桥抄本, 叶113a。
⑥ 乌特比书,亚洲博物馆藏抄本, 叶60;乌特比与马尼尼书, Ⅰ, 页318。
⑦ 拜哈吉书, Morley刊本, 页688;《原文史料选辑》, 页157(哈菲兹‑伊·阿卜鲁书)。
⑧ 乌特比书,亚洲博物馆藏抄本, 叶97b;乌特比与马尼尼书, Ⅱ, 页77。

德接获入侵消息后,迅速回到哥疾宁,迫使贾法尔-的斤从巴里黑退到忒耳迷。苏巴施-的斤同样不是马哈茂德及其将领的对手,在将辎重送交花剌子模沙阿里①以后,仅率零星残部回到河中,他的弟兄及士卒900人为敌所俘。乙力为了牵制马哈茂德对苏巴施-的斤的压迫,派遣贾法尔-的斤率军6,000人第二次往取巴里黑,但这支兵力在阿母河岸为马哈茂德的弟兄纳斯尔所歼灭②。关于这次阿母河战役,加尔迪齐书中③记载了扫荡突厥军残部一次战斗的情况:马哈茂德的兵卒"用于阗(Khotan)腔调唱出突厥歌曲";突厥人闻声大惊,纷纷跃身入河,部分士兵溺毙。马哈茂德不准士卒追击,唯恐敌人困兽犹斗,有使战局逆转的可能。

据记载,乙力的将领回答乙力的责问说:"同这些象、武器和人,实无对阵的能力。"④乙力决计一雪战败之耻;翌年,以更大兵力重开战端。他召集"河中诸迪赫坎"⑤为己之助,并与他的亲属于阗统治者卡迪尔-汗·优素福(Qadir-Khān⑥ Yūsuf)结为同盟。乌特比详细记述了这些突厥人的形象:"面宽,眼小,鼻平,少须,手持铁刀,身着黑衣。"战役发生于距巴里黑4法尔萨赫⑦的沙尔希延桥附近,时在回历398年拉比阿Ⅱ月22日,日曜日(公元1008年1月4日)。马哈茂德军中有

273

R335

---

① 维尔肯(F. Wilken)所译米尔洪德书(*Mirchondi Historia Gaznevidarum*,页163)以辎重送交花剌子模事归诸阿尔斯兰-贾齐卜,与原文语义不合。沿袭维尔肯此误者有扎豪(Sachau, *Zur Geschichte*, Ⅱ,页8)与韦谢洛夫斯基教授(*Очерк историко-географических сведений*,页45)。雷诺兹在此处对原文的理解不失正鹄,未受扎豪注文的影响;参看乌特比书,亚洲博物馆藏抄本,叶98;还可参照 de Sacy,*Histoire de Yémineddoula*,页385。
② 乌特比书,亚洲博物馆藏抄本,叶97-9;乌特比与马尼尼书,Ⅱ,页77-82;de Sacy, *Histoire de Yémineddoula*,页384-7。
③ 《原文史料选辑》,页13-4。令人遗憾的是,此处原文不仅在牛津抄本中颇有讹夺,即在我于1899年初次见到的剑桥抄本中亦复如是。
④ 加尔迪齐书,牛津抄本,叶144;剑桥抄本,叶116a。
⑤ 乌特比书,亚洲博物馆藏抄本,叶99;乌特比与马尼尼书,Ⅱ,页83。
⑥ 称号 Qadir Khān 中之 qadir,当然不是阿拉伯语名词,而是突厥语形容词。参照 Радлов,*Опыт словаря тюркских наречий*,Ⅱ,页326,马哈茂德·喀什噶里书,Ⅰ,页304为此字标音,并对称号予以解释。
⑦ 伊本·阿西尔书(Tornberg 刊本,Ⅸ,页135)作2法尔萨赫。

象 500 头，突厥人不解象战，从历史家的叙述看来，在这次战役中，主要是象决定了谁胜谁负。哈剌汗军大败，士兵奔逃，溺死河中者甚众①。

这次战役结束了哈剌汗朝对呼罗珊的侵扰。哈剌汗家族的内讧使得他们不可能采取进一步的联合行动。乙力之兄②喀什噶尔的图甘-汗，与马哈茂德缔结了反对乙力的同盟；乙力拟从讹迹邗进攻喀什噶尔，阻于深雪而罢。在此以后，双方均遣使与马哈茂德修好，马哈茂德在他们的纷争中成功地扮演了仲裁的角色。马哈茂德是时竭力向专使等炫耀自己宫廷的华贵，召见时礼仪肃穆，卫士等皆着华服侍立左右。据乌特比的记述，可以推知此事发生于 402/1011 – 12 年。

依乌特比书③，乙力卒于 403/1012 – 13 年，在河中，由其弟兄图甘-汗继位。上文业已述及，为哈剌汗朝的历史理出端绪，困难甚多；多恩④凭藉钱币学的资料得出结论称：征服河中的为"真理的护主"（Nāṣir al – Ḥaqq）纳斯尔与"国家的枢轴"（Quṭb ad – Dawla）⑤艾哈迈德兄弟二人，纳斯尔年长，故居首位，亦先于艾哈迈德而卒。带有纳斯尔·本·阿里⑥名字的钱币今尚存在，其中最晚的造于 401/1010 – 11 年。我们不知道他的继承人是否也用了"真理的护主"的称号；如其未用，势须认定他在位至 406/1015 – 16 年⑦。带有艾哈迈德·本·阿里一名的

---

① 乌特比书，亚洲博物馆藏抄本，叶 99 – 100；乌特比与马尼尼书，Ⅱ，页 83 – 6；de Sacy, *Histoire de Yémineddoula*，页 386 – 7；加尔迪齐书，牛津抄本，叶 144 – 5；剑桥抄本，叶 116a – b。

② 乌特比书，亚洲博物馆藏抄本，叶 112；乌特比与马尼尼书，Ⅱ，页 128：alkabīr。

③ 亚洲博物馆藏抄本，叶 131；乌特比与马尼尼书，Ⅱ，页 219. de Sacy, *Histoire de Yémineddoula* 页 397。

④ Dorn, *Über die Münzen*，页 706 – 7。

⑤ 若干钱币上也有 Naṣr al – Milla 字样（Марков, *Инвентарный каталог*，页 210, 221）。钱币上的哈剌汗（Qarā – Khān）或哈剌可汗（Qarā – Khāqān）字样，多半不是此二兄弟之一或他们的宗主的称号，而是他们的父亲阿里的称号；参照伊本·阿西尔书，Tornberg 刊本，Ⅸ，页 210；《原文史料选辑》，页 84（奥菲本）。Hilāl as – Sābi'（*Eclipse*，原文，页 396；译文，页 424）。

⑥ 回历 409 与 410 年造于乌什鲁桑那的钱币上有畏兀儿文纳斯尔一名（А. Марков, *Инвентарный каталог*，页 235），大约指另一纳斯尔，与此一纳斯尔无关。

⑦ 同上书，页 217。

钱币,其最晚的年份为407/1016-17年。喀什噶尔图甘-汗的统治是否实际伸张到河中地区,这一点已难确定,因为在流传至今的图甘-汗的钱币上,既无造币的年份,亦无造币城市的名称①。图甘-汗既是"兄长",或许当乙力在世时,他在名义上也是哈剌汗朝的元首,加尔迪齐在其关于河中征服的记述中即称纳斯尔为"汗的弟兄"。回历五世纪初年在河中铸造的钱币,上面不同的称号和名字甚为繁多,以致不能根据这些得出什么历史结论。第四位弟兄的名字阿布·曼苏尔②·穆罕默德·本·阿里,已见于403/1012-13年在布哈拉铸造的钱币③,此人后称阿尔斯兰-汗。阿尔斯兰-汗与图甘-汗也彼此为敌,恰如拜哈吉④在其关于"汗与乙力"的记载中所述,他们曾在讹迹邗附近交战,1016年,由花剌子模沙马蒙居间调停,始罢干戈。马蒙此举,其动机在于面临对马哈茂德的战争,为自己寻求盟友。不过,讹迹邗附近的战争,也可能是阿尔斯兰-汗与卡迪尔-汗双方之战,阿尔斯兰-汗是河中的统治者,卡迪尔-汗则如下文将要说明的,当时君临喀什噶尔。

　　关于马哈茂德攫取花剌子模的经过,拜哈吉书中有一段取材于比鲁尼撰《花剌子模史》的十分详细而生动的记载⑤。上文述及,花剌子模沙马蒙死后,其子阿布勒-哈桑·阿里嗣位。有关苏巴施-的斤出征事迹的记载(参看上文R334)表明,阿里在一段时间内臣服于哈剌汗朝;大约因乙力及其同盟者战败,阿里始转而与马哈茂德修好。据乌特比的记载⑥,阿里与马哈茂德的一位姊妹结婚。阿里的弟兄及继承人

---

① Марков, *Инвентарный каталог*, 页224;Dorn, *Über die Münzen*, 页717。
② 此从乌特比书(亚洲博物馆藏抄本,叶132,乌特比与马尼尼书,Ⅱ,页227);伊本·阿西尔书(Tornberg刊本,Ⅸ,页210)及许多钱币上作阿布勒-穆扎法尔。
③ Марков, *Инвентарный каталог*, 页226。
④ Morley刊本,页844;〔Ghanī与Fayyaḍ刊本,页673〕。
⑤ 拜哈吉书,Morley刊本,页838以下;〔Ghanī与Fayyāḍ刊本,页668以下〕。扎豪在其关于花剌子模的专题论文中也引用了这一叙述(参看上文R45,R66)。
⑥ 亚洲博物馆藏抄本,叶134-5;乌特比与马尼尼书,Ⅱ,页251;de Sacy, *Histoire de Yémineddoula*, 页398,此处花剌子模沙被误称为阿布·阿里。

阿布勒－阿拔斯·马蒙·本·马蒙也是马哈茂德的盟友,也婚配了苏勒坦的姊妹,据加尔迪齐书①,婚礼举行于 406/1015－16 年。哈里发卡迪尔向马蒙颁赐荣誉服、封册、旗帜以及"国家的眼目与宗教共同体的珍饰"(Ayn ad-Dawla wa Zayn al-Milla)这一称号,当时马蒙深恐直接领受哈里发的这些赐与,会招惹马哈茂德的嫉恨。因此,马蒙决定不在都城接待哈里发的专使,特派比鲁尼前往草原上迎候,在草原上领受恩赐。其后,当马哈茂德与图甘－汗及乙力缔结和约时,花剌子模沙置其强大同盟者的愿望于不顾,断然拒绝参与这一条约。这件事导致两位君主关系上一定程度的冷淡。马哈茂德采用韦齐尔阿布勒－卡西木·艾哈迈德·本·哈桑·麦门迪的献计,决定一试马蒙对自己的忠诚。这位韦齐尔在与花剌子模沙的专使会谈时,好像由他自己创意,希望花拉子模沙在其领土内宣读的呼图白将为苏勒坦祝福,韦齐尔附带表明,他的这种希望,苏勒坦毫无所知。据拜哈吉的记述,此乃 1014 年事。花剌子模沙当然了解,未经苏勒坦许可,韦齐尔不会自己作主提出这样的要求。虽然如此,马蒙仍迟迟不肯屈就。接着韦齐尔比较强烈地再次提出该项要求。马蒙召集众将领及国内最有代表性人物共同计议,向他们转达了马哈茂德的要求,并宣布自己有意接受,否则身死国亡,决难幸免。众显贵坚决反对屈服,忿然离宫,揭旗露刃,可能既对马哈茂德、也对马蒙诟詈不已。为了平息众怒,马蒙被迫宣布,马哈茂德并不曾提出任何要求,他不过是藉此试验大家对他本人的忠诚。在这以后,比鲁尼鼓其"金银之舌",劝说众显贵应为自己犯上失礼向君主谢过请罪。与此同时,花剌子模沙听从比鲁尼的建议,竭力调解哈剌汗家族的内争,由此稳定了哈剌汗朝的政局,两国结为同盟。马哈茂德获悉上述情况,从巴里黑遣使向"汗与乙力"表示不快。汗与乙力答称,他们从来把花剌子模沙看作是马哈茂德的挚友和妹(或姊)婿,也依照马哈茂德本人以前的愿望把他们与花剌子模沙缔结的条约看作是他们与

---

① 牛津抄本,叶 147;剑桥抄本,叶 118b。

马哈茂德缔结的条约的补充；如果当前苏勒坦与花剌子模沙之间不无芥蒂，他们愿效疏通调解之劳。马哈茂德对这一建议未作答复。哈剌汗家族以马哈茂德遣使事告知花剌子模沙，后者提议两国发兵自不同方向进入呼罗珊从事游击战争，但不扰和平居民，应将此役视为恢复和平的一种手段。哈剌汗朝拒绝在军事上援助花剌子模沙，惟重申居间调处的建议。马蒙同意调处。1016－17年冬季，马哈茂德在巴里黑接见了汗与乙力的专使，作出委婉的答复命专使还报，略谓他与花剌子模沙原无任何重大分歧，小有龃龉，现经哈剌汗家族居间调解，业已涣然冰释。

此后不久，马蒙接到苏勒坦具名的一封词意很不平常的来函，内称"我们之间在什么样的条件下缔约订盟，花剌子模沙受我恩惠何等深厚，是所尽知，无待烦言。在呼图白问题上，花剌子模沙亦知违抗后果不堪设想，故曾表示顺从我们的愿望。然而群小作祟，不准他自由行事。在这里，我不用'翊卫、臣庶'等称谓，因为那些盼咐君主你要做这，不要做那的人们，我自不能称之为翊卫和臣庶。而君主之懦弱无能，于此亦昭然若揭，且其懦弱无能，今昔皆然。此辈行径令人愤慨，我之所以久留巴里黑，并集结步骑十万人，象五百只，即欲用以讨伐冒犯君上的叛逆，使他们迷途知返；与此同时，亦可唤醒埃米尔，我们的弟兄和妹（或姊）婿，示以君人之道。身为埃米尔而懦弱无能，实不胜君人重任。我们不会返回哥疾宁，除非我们收到词意诚恳的谢罪书，此外，花剌子模沙尚须就下列三项要求择从其一：(1) 或者如他所应许的，情愿（以苏勒坦的名义）宣读呼图白；(2) 或者贡献钱币和值得我们接受的礼物，该项钱币和礼物，我们日后将暗中归还，因为我们不需要过多的钱币，我们现有的大量金银已压颤了许多地方和府库；(3) 或者遣送国内贵族、伊玛目与法吉等携带请罪书前来恳求恩宥，我们日后将把这伙人连同被我们俘来的数千人众一并放还"。

事实上，上述三条款均须满足，至少花剌子模沙对马哈茂德的最后通牒有这样的了解。花剌子模沙先在他的呼罗珊领地内，在奈萨和费拉瓦①,改以苏勒坦名义宣讲呼图白,继而推广到其他城镇,惟将两京(柯提与古尔干只)除外;他也送出一些谢赫、卡孜和贵族入朝,纳币80,000第纳尔,献马3,000匹。首席哈吉卜布哈拉的阿勒普-的斤②统率之下的花剌子模沙的军队,驻扎在哈扎拉斯普,大约鉴于马哈茂德方面的军事部署,此刻背叛了自己的君主。韦齐尔与花剌子模沙的若干近臣被杀,余众纷纷逃命;花剌子模沙藏身在自己的碉堡以内,当碉堡被叛军纵火焚烧之际,亦遭杀害,是日为公元1017年3月20日,水曜日。马蒙既死,叛军以其年十七岁之侄阿布勒-哈里思·穆罕默德·本·阿里继位,大权仍操在阿勒普-的斤和他所指派的韦齐尔手中。叛乱者为所欲为,杀掠富户,挟宿怨者乘机清除其私敌。

马哈茂德顾虑他的姊妹(马蒙的寡妻)的命运,用韦齐尔计,先故示宽大,仅要求用苏勒坦名义宣读呼图白,并交出杀害马蒙的凶手。马哈茂德指示专使,要好像出于专使自己的意思,向花剌子模人表明,欲与苏勒坦和解,莫善于必恭必敬地送还他的姊妹。果如韦齐尔所料,花剌子模人立即将马蒙的寡妻送到呼罗珊;同时,叛乱者的首领下令拘捕了五、六人,指为杀害马蒙的凶手,投入狱中,允许在缔约以后立即将他们送交马哈茂德,并将献币200,000第纳尔,马4,000匹。整个这段时间,马哈茂德用于充实军备;依照韦齐尔的命令,珂咄罗、库瓦迪延、忒耳迷三地备妥船只、粮草集中在阿模里待用。为了更能延缓花剌子模人的行动,马哈茂德偕花剌子模专使至哥疾宁一行,在哥疾宁始向使者断然提出送交阿勒普-的斤及叛乱者其他首领的要求。至是,花剌子模人除拼死抵抗外别无他途,他们集结兵力,共得五万骑。

马哈茂德出师时,通知"突厥斯坦的乙力与汗",他前往为自己的妹(或姊)婿复仇,并荡平一个对他自己和对哈剌汗家族历来都是动乱之源的国家。哈剌汗家族当然了解,一旦花剌子模转归马哈茂德治下,

---

① 参看上文R210。
② 乌特比与马尼尼书,Ⅱ,页254称此人为Niyāltikīn(即Yanāltikīn)。

这对自己将是何等不利;然而值此紧要关头,他们仍然不肯违反前约,
而且在他们的回答中,甚至赞扬马哈茂德惩罚叛逆的意图"堪为弑君
者戒"。花刺子模人单靠他们自己的力量,势难长期抵抗马哈茂德的
军队。后者从阿模里出动,显然沿阿母河左岸推进①。马哈茂德进抵
花刺子模边疆城镇贾法尔本德(Ja'farband)②,由此派出先锋部队,交
穆罕默德·本·伊卜拉欣·塔伊③统率。这支部队受到胡马尔-塔什
·谢拉比统率下的、来自草原方面的花刺子模人的突然袭击,损失奇
重,幸得马哈茂德本人及时赶到,始免于全军覆没。此后,花剌子模人
战败,胡马尔-塔什本人被俘。翌日,马哈茂德在哈扎拉斯普附近与花
剌子模的主力军接战,花刺子模人再被击溃,叛乱者的两个首领,布哈
拉的阿勒普-的斤与赛亚德-的斤·汗尼均被生擒④。在这以后,马
哈茂德的军队进抵花刺子模的京城(柯提),1017年7月3日⑤城陷。
作乱的三罪魁在象蹄下被踏毙,尸体缚在象牙上绕城一周以弑君者的
下场示众,最后悬尸在三架部分用砖在马蒙墓上搭建起来的绞架上。
其他叛乱者依其罪责轻重受到不同的惩罚;据乌特比的记述,受刑的人
不以杀害马蒙的人为限,还有被马哈茂德疑为信仰异端,也就是出于政
治原因被他认为应当清除的人。年轻的花拉子模沙以及沙的宗室在马
哈茂德回国时奉命随行,而在进入马哈茂德的国土以后,即被分别囚在
若干堡垒中。花拉子模沙的军队被押解到哥疾宁,后经释放,编入马哈
茂德的军队,参加对印度的远征。马哈茂德以其首席哈吉卜阿勒暾塔

---

① 述及这些行动的不仅有拜哈吉(Morley 刊本,页850-1),而且还有加尔迪齐(《原文史料选辑》,
页14)。以下的注文中,根据剑桥抄本,对我所选录的原文作了一些改正。
② 很有可能,这座城镇就是吉葛尔本德(Jigarband,见上文R197);关于这一地名的异读,参看马克迪
西书(BGA,Ⅲ,页287,注g);Жуковский,*Развалины Старого Мерва*,页60-1。
③ 在拜哈吉书中作穆罕默德·阿拉比;他大约是呼罗珊贝督因分队的首领。乌特比(乌特比与马尼
尼书,Ⅱ,页256)称他为阿布·阿卜杜拉·穆罕默德·本·伊卜拉欣。
④ 乌特比书(亚洲博物馆藏抄本,叶136;乌特比与马尼尼书,Ⅱ,页258)也叙述了这些事件的若干
细节;他述及,只有阿勒普-的斤敢以尖锐的词句回答苏勒坦的责问,余人均报以缄默。
⑤ 加尔迪齐所记时日(回历萨法尔月5日)为拜哈吉书中(Morley 刊本,页848[Ghani 与 Fayyad 刊本,
页676]叛乱者的统治延续了四个月一语所证实。

什为花拉子模沙,但不得不留阿尔斯兰－贾齐卜统军驻守当地直至该地彻底平定之时。

马哈茂德既占有花剌子模,遂与哈剌汗国强弱异势;哈剌汗国复内乱迭起,自无暇从事对外征服。我们关于河中这一时期的历史知识,颇嫌凌乱。据乌特比①与伊本·阿西尔②的记载,马哈茂德的忠实盟友图甘－汗与马蒙死于同年(408/1017－18年),时在他和来自中国方面、人数众多(超过十万③帐)的不信伊斯兰教的军队作战、大获全胜之后不久。图甘－汗的弟兄与继承人,阿尔斯兰－汗·阿布·曼苏尔·穆罕默德·本·阿里("聋子"④)素以信教诚笃著称,在位期间与马哈茂德保持友好。马哈茂德请求阿尔斯兰－汗及"其弟兄乙力"以宗女婚配他的长子马斯乌德;公主在巴里黑受到极为隆重的迎接,但马哈茂德·喀什噶里在其《突厥语词典》中⑤记有一则特异的故事,据称马斯乌德与其突厥配偶在新婚之夜发生口角,并演成斗殴。另据拜哈吉的记载⑥,阿尔斯兰－汗之妻逐年赠送马哈茂德奴一婢一,马哈茂德则报之以珍贵织物、珍珠与希腊缎。伊本·阿西尔述及⑦,乙力－伊勒汗(即河中的征服者)的弟兄阿里－的斤曾被阿尔斯兰－汗囚禁,后乘间逃至布哈拉,夺取了该城,并与塞勒术克之子阿尔斯兰结为同盟。"阿尔斯兰－汗的弟兄乙力"率军来攻,被他们击败。他们留在布哈拉,但阿里－的斤的种种败行召来了下文即将述及的马哈茂德的征讨。同一历

---

① 亚洲博物馆藏抄本,叶131－2;乌特比与马尼尼书,Ⅱ,页227,未记年代。
② Tornberg 刊本,Ⅸ,页209－10。
③ 乌特比与马尼尼书Ⅱ,页220作十万帐;伊本·阿西尔书作三十万帐。伊本·阿西尔也引用了另一记载,谓此役发生于回历403年,当艾哈迈德·本·阿里在位期间。
④ 乌特比书中作 al－aṣamm. 此系浑名,或其人确系重听,今已无考。
⑤ 马哈茂德·喀什噶里书,Ⅰ,页394。
⑥ Morley 刊本,页305;〔Ghanī 与 Fayyāḍ 刊本,页252〕。
⑦ Tornberg 刊本,Ⅸ,页323。
〔关于阿里－的斤,参看 Pritsak,"Karachanidische Streitfragen. 2 Wer war'Alī Tigin?", Oriens,Ⅲ, 1950,216－24,在此处,普里察克表明阿里－的斤并不像扎豪与巴托尔斯所说的是乙力纳斯尔的亲兄弟,而是他的再从兄弟;阿里－的斤和卡迪尔－汗·优素福才是亲兄弟,都是布哈拉的第一位征服者博格拉－汗·哈龙的儿子。——C.E.B.〕。

史家伊本·阿西尔在其所撰哈剌汗朝简史中①述及,图甘-汗死后,原代图甘-汗统治撒马尔罕的卡迪尔-汗·优素福(布哈拉的第一位征服者博格拉-汗·哈仑之子)拒绝听命于阿尔斯兰-汗,并向马哈茂德乞援。马哈茂德统军乘船渡过阿母河(这是他对河中的第一次出征),旋即撤退。阿尔斯兰-汗与卡迪尔-汗媾和,相约夺取马哈茂德的领土。410/1019-20 年,他们并力进攻呼罗珊,但惨败于巴里黑附近。战役过后不久,马哈茂德接到花剌子模沙阿勒瞰塔什的贺信,因为阵亡突厥人的无数软帽顺阿母河漂流到花剌子模,阿勒瞰塔什予以知他的主君取得了胜利。此后,有卡迪尔-汗与马哈茂德会见事。

尽管这些叙述颇为详细,我们仍可断言,马哈茂德的出征与 410 年的战役等均无其事,否则不能解释何以乌特比与加尔迪齐关于这些情况竟无一语道及。加尔迪齐说明②马哈茂德从事 1025 年出征的原因之一,在于欲"渡过阿母河一览彼岸地区"。由此可见,1025 年的出兵才是马哈茂德初征河中之役。在卡迪尔-汗·优素福与哈剌汗家族其他成员的斗争中,马哈茂德确实是卡迪尔-汗的同盟者,然而这是几年以后的事情,其时卡迪尔-汗已不是撒马尔罕,而是东突厥斯坦的统治者。

如上所述(R335),乌特比在其关于 1007-8 年战争的记载中,称卡迪尔-汗为于阗的统治者;如伊本·阿西尔的记载③可信,则征服于阗的是卡迪尔-汗,使当地接受伊斯兰教的也是卡迪尔-汗。很有可能,当博格拉-汗·哈龙去世,汗位传到哈剌汗家族的另一支派时,博格拉-汗·哈龙之子优素福没有得到任何领地,然而他善于集结民众中间好动的人,靠这些人的帮助他为自己开辟了一片疆土④。其后,他

---

① 伊本·阿西尔书,Tornberg 刊本,Ⅸ,页 210-1。还可参照奈尔沙希书,Schefer 刊本,页 234(引自 Ta'rīkh-i Ḥaydarī)。伊本·阿西尔书未引年代。
② 《原文史料选辑》,页 14。
③ Tornberg 刊本,Ⅸ,页 211。
④ 伊本·卡兰尼西(Ibn al-Qalānisī)在其著作中(Amedroz 刊本,页 71)述及,经法提玛朝哈里发任为市齐尔的突厥人杜兹比里(Duzbirī)从前曾在 Kh·t·l 被俘,解往喀什噶尔,由此逃至(转下页)

逐步迫使他的敌手让出东突厥斯坦的其余城镇。上文述及,十一世纪初,喀什噶尔的统治者是乙力纳斯尔的长兄图甘－汗,但是早在404/1013－14年就在鸭儿看,也早在405年就在喀什噶尔铸造了带有哈里发卡迪尔和卡迪尔－汗·优素福名字的钱币。在这些钱币上,后者的称号是"国家的保护者"（Nāṣir ad－Dawla）与"东方之王"（Malik al－Mashriq）。此后若干年中,喀什噶尔的钱币均用卡迪尔－汗的名义铸造①。由此可以推断,图甘－汗远在历史家所传述的他的卒年以前就已经失掉了东突厥斯坦,他只保有七河流域,或许还是河中的最高统治者。从钱币学的资料来看,当图甘－汗在世时,他的弟兄穆罕默德·本·阿里是臣服于他的河中藩主,其领地达到并包括塔拉兹;图甘－汗卒后（图甘－汗多半卒于406/1016－17年,与此不同的传述似不足信）,他以阿尔斯兰－汗为号,在位至415/1024－5年②。在此期间,甚至在阿尔斯兰－汗统治的末年,变乱迭作,这种局势遂为阿里－的斤所利用。伊本·阿西尔认为阿里－的斤是乙力纳斯尔的弟兄（从而也是图甘汗和阿尔斯兰－汗本人的弟兄）,这一点颇难断定。阿里－的斤在位虽久,我们却看不到带有他的名字的钱币。容或这一时期带有乙力、阿尔斯兰－乙力与阿尔斯兰－的斤等称号的大量铜币,都应归到阿里－的斤名下。阿里·本·阿里一名迄未在钱币上出现过;有424年造于凯尔米尼亚的一枚钱币,一面有阿里·本·穆罕默德一名,另一面有阿里·本·侯赛因③一名;阿里·本·侯赛因一名亦见于425年造于答不昔牙的钱币④。所有这些均

（接上页）布哈拉,在布哈拉第二次沦为奴隶,先被送到巴格达,继又被送到大马士革。此项记述当与卡迪尔－汗征服于阗有关,彼时珂咄罗早已成为穆斯林国度,且珂咄罗一名常被写作 al－Kh·t·l,即便 Amedroz 本人在其刊本的索引中所用的也是这种写法。极有可能,应将 Kh·t·l 读作 Kh·t·n(Khotan)。

① Марков,*Инвентарный каталог*,页192。
② 同上书,页226－45。根据若干钱币来判断,乌特比与伊本·阿西尔称之为阿尔斯兰－汗的弟兄的乙力（参看上文 R336,R341）名艾哈迈德。
③ Dorn,*Über die Münzen*,页727。
④ 同上书,页728－9;Dorn,*Nachträge*,页63。豪沃思（Howorth,*The Northern Frontagers*,pt. IX,页485－6)也让人注意这些钱币（在一处他引用了哈桑的读音),他也将这些钱币归在阿里－的斤名下。

与伊本·阿西尔的报道不相吻合。下文即将说明,阿里－的斤的弟兄号图甘－汗,是七河流域的统治者。极有可能,这位图甘－汗二世和阿里－的斤都是图甘－汗一世的儿子,而图甘－汗一世或许有侯赛因这一穆斯林命名。在这个时期的若干钱币上,我们看到优素福或优素福·本·阿里一名①;带有此名的钱币在阿里－的斤死后许多年间仍继续铸造,因此它很可能是阿里－的斤的儿子和继承人的名字。在东方,君主继承人的名字往往在父殁以前就被铸在钱币上。阿里－的斤本人早在纳斯尔在位期间已经来到河中,因为依据拜哈吉的记述②,韦齐尔麦门迪于1032年告知苏勒坦马斯乌德,阿里－的斤在河中已达三十年之久。

马哈茂德乘哈剌汗朝内乱带兵进入河中,宣战的口实是:河中居民常至巴里黑控诉阿里－的斤的败行,又阿里－的斤不许马哈茂德派往"突厥诸王"(即东突厥斯坦诸统治者)的专使过境③。1025,马哈茂德用铁索连缀船只搭成浮桥渡过阿母河④。河中诸统治者首先与马哈茂德会师的是石汗那的埃米尔,其次是花剌子模沙阿勒暾塔什。马哈茂德为他的庞大的军队建立了营寨,下令为他自己搭成能容骑兵万名的帐幕。被加尔迪齐称为"全突厥斯坦的首脑"和"大汗"的卡迪尔－汗从喀什噶尔方面进攻河中,到达撒马尔罕。如果我们相信拜哈吉的记载⑤,卡迪尔－汗与马哈茂德在撒马尔罕城下举行了极为友好的会见。从加尔迪齐的比较详细的记述来看,卡迪尔－汗"在到达撒马尔罕以后,怀着最真挚的和平意愿赓续前进,停止于距离埃米尔马哈茂德军1法尔萨赫处,搭起了营帐,遣使向马哈茂德通报自己的到来并表示和他会见的愿望"⑥。由此我们得知马哈茂德的营帐远在撒马尔罕以南。

---

① Dorn, *Über die Münzen*, 页724; Марков, *Инвентарный каталог*, 页248。
② Morley 刊本,页418;〔Ghanī 与 Fayyaḍ 刊本,页338〕。
③ 伊本·阿西尔书(Tornberg, Ⅸ,页323)只举出后一理由。
④ 关于更多的细节,参看《原文史料选辑》,页14-7(加尔迪齐书)。原文中叙述的技术细节,我并不完全了解。
⑤ Morley 刊本,页82,255;〔Ghanī 与 Fayyaḍ 刊本,页79,216〕。
⑥〔加尔迪齐,剑桥抄本,叶124a; Muhammad Nazim 刊本,页82。〕

加尔迪齐的记述全面刻画了当时都是独立并同等强有力的君主在会见中遵循的一套礼节。

马哈茂德在对卡迪尔－汗来使的答辞中指定了会晤地点。两位君主各带骑卒数人赴约。"他们到了彼此遥望得见的时候,各自下马步行;埃米尔马哈茂德事先交给财务官用手帕包裹的一块宝石,〔此刻〕他命令将宝石递交卡迪尔－汗。卡迪尔－汗也带来一块宝石,而因张皇失措,竟至忘记交出。与马哈茂德别后,他才觉察自己的疏失,急遣一名近侍补送宝石,兼致歉意,然后返回〔自己的营帐〕"①。"翌日,埃米尔马哈茂德下令搭设一座锦绣大帐,并备齐宴会所用物品。〔在这以后〕,他派专使邀请卡迪尔－汗前来作客。卡迪尔－汗莅临后,马哈茂德吩咐②左右,筵席力求丰盛。埃米尔马哈茂德与汗同桌就食。餐后,他们步入'游艺厅';厅中陈设究极瑰丽,有奇花、异果、宝石、绣金织物、水晶、宝镜和〔各种〕奇珍,以致卡迪尔－汗一直局促不安③。坐有顷,卡迪尔－汗酒未沾唇,因为河中诸君王,尤其是突厥诸部君王,均不惯饮酒。他们聆乐曲片刻;而后,〔卡迪尔－汗〕起立;是时埃米尔马哈茂德命取来敬汗的礼物:金与银高脚杯④、宝石;来自巴格达的珍品、精美织物、贵重武器;骏马,配有饰以宝石的金勒;牝象十头,配有金勒并附以嵌有珠宝的象杖;贝尔达阿(Bardha'a)⑤骡,配有全副金辔;乘驼用坐具⑥,附以腹带、金银驼杖⑦、銮铃与绣鞯;亚美尼亚产珍贵地毯、以及乌瓦伊西(uwaysī?)的杂色小毯;绣花缠头巾(?)⑧;塔巴里斯坦产

---

① 〔加尔迪齐书,剑桥抄本,叶 124a－b;Muhammad Nazim 刊本,页 83.〕
② 剑桥抄本中,bi－farmūd 一字之前无字母 w。
③ 剑桥抄本中作 khīrah mānd。
④ 剑桥抄本中作此。
⑤ 如所熟知,贝尔达阿系南高加索境内的一座城镇。关于这座城镇被罗斯人堕毁的经过,参看 Barthold,*Bardha'a*;Margoliouth,*The Russian seizure of Bardha'ah*,页 82－95.〔还可参看 Якубовский,*Ибн Мискавейх о походе русов в берда'a*.〕
⑥ 剑桥抄本中,在 hrrāhā 一字之后有一段文字。
⑦ 以与'asa 相类比,可知此字当作 bāhū。
⑧ D·s·t·hā 也许是几束织物。

玫瑰色印花织物；印度剑；卡马里（Qamarī）①产沉香、马卡西里（Maqāsīrī）产檀香木②、灰琥珀；牝驴；贝尔贝尔（Barbary）虎皮；猎犬，受过训练用以捕捉鹤、羚羊及其他野兽的隼和鹰。他彬彬有礼地送别卡迪尔－汗，竭力表示友好，并〔为自己招待得简慢与赠礼的菲薄〕深致歉意。卡迪尔－汗归还营帐后，检视上述珍品、珠宝、武器和财富，大为惊愕，不知何以为报。他命令财务官打开金库，取大量金钱送交马哈茂德，也送去突厥斯坦的产物，即配有金银饰件的骏马、腰束金带并悬有箭囊的突厥奴隶、隼与白隼、黑貂皮、银鼠皮、花鼬皮、黑狐皮、貂皮、用两张羊皮做成的器皿（即皮囊），上有骨触角、中国缎等等③。两位君主离别时均甚欢快感情极为融洽"④。

　　这次会见的政治结果是，双方议定，并力夺取阿里－的斤的河中，交付卡迪尔－汗的次子亚甘－的斤⑤统治，后者将与马哈茂德之女扎伊纳卜成婚。卡迪尔－汗应许以其女婿配马哈茂德的次子埃米尔穆罕默德，马哈茂德对其长子马斯乌德不满，有意改立穆罕默德为储君⑥。不过这些计议均未见诸事实。马哈茂德首先对阿里－的斤的盟友，即以塞勒术克之子伊斯拉伊勒⑦为首的土库曼人采取行动。马哈茂德师出克捷，擒获伊斯拉伊勒（据伊本·阿西尔的记载，马哈茂德为此不得不采取背信弃义的手段），把他解往印度，幽闭于堡垒中；他的部众一

---

① 本书1900年俄文版误解为来自印度的科摩林海角（Cape Comerin），实则来自高棉（Khmer，即柬埔寨）；参照 Ferrand, *Relations*, I, 页284（关于其他引文，参看同书，索引）。
② 原文中之 muṣfirī 系 maqāṣīrī 之误读，参照 Ferrand, *Relations*, 页605与617，注8。
③ Dār khāshālī 一词（剑桥抄本中作 khāshāk），不知其意。
④ 〔关于马哈茂德与卡迪尔－汗会见的完整记述，参看加尔迪齐书，剑桥抄本，叶124a－125b；Muhammad Nazim 刊本，页82－5。〕
⑤ 抄本中作 yaghā 与 yaghān；钱币上无最后之 n（Dorn, *Über die Münzen*, 页706, 721；Марков, Инвентарный каталог, 页243；此二处提到的均非卡迪尔－汗之子，而系另一人）。我们认为，以与阿尔斯兰及博格拉二词相类比，此词应读作亚甘（Yaghān，意为"象"）。在其他场合，钱币上亦略去最后之 n（Марков, Инвентарный каталог, 页192）。
⑥ 拜哈吉书，Morley 刊本，页230, 655；〔Ghani 与 Fayyad 刊本，页197, 526－7〕。
⑦ 此依加尔迪齐书（《原文史料选辑》，页17）；伊本·阿西尔书（Tornberg 刊本，IX，页266, 323）称之为阿尔斯兰；极有可能，阿尔斯兰是伊斯拉伊勒的突厥语名字。

R347　部分被歼灭,另一部分①脱离了他们的首领(塞勒术克的后裔),经马哈茂德同意,移居呼罗珊境内。

阿里-的斤放弃撒马尔罕与布哈拉,逃入草原;他的辎重被马哈茂德的哈吉卜比勒伽-的斤截获,妻女等被俘。马哈茂德虽已获得这些胜利,他却回到了巴里黑,又由巴里黑前往哥疾宁,不再采取任何措施以保障他的盟友的权益。显而易见,马哈茂德从不曾将消灭哈剌汗家族的两大支派之一列入他的计划以内,他无意让卡迪尔-汗成为整个突厥斯坦最强有力的统治者。后来,我们看到只有与巴里黑毗连的忒耳迷、库瓦迪延、石汗那与珂咄罗诸省处于哥疾宁朝统治之下②,这些省份可能在此以前已为马哈茂德所领有(参看上文 R339)。当王子亚甘-的斤行抵巴里黑,意在前往哥疾宁与哥疾宁公主成婚,藉岳父之助以取布哈拉与撒马尔罕时,马哈茂德劝告王子遄返本国,并说明,他本人即将赴索姆纳特(印度境内的城镇)一行,在此期间,王子当能在突厥斯坦击败自己的对手,彼时可以协力征服河中。亚甘-的斤完全领会这一答复的真意何在,怀着屈辱的心情离开巴里黑。卡迪尔-汗及其诸子讨伐阿里-的斤的弟兄图甘-汗获胜,从他手中夺得了八剌沙衮③。马哈茂德自印度归来后,派法吉阿布·贝克尔·侯赛里驻在马鲁。就拜哈吉的叙述看来,河中境内有某些军事行动,我们不知其详,最后以和议告终④。无论如何,阿里-的斤依然是布哈拉与撒马尔罕的统治者。他的弟兄图甘-汗在被逐出八剌沙衮以后,似在一段时间内领有西鞬,417/1026 年与 418/1027 年,西鞬用他的名字铸造钱币。在费尔干纳南部,亦即在讹迹邗(乙力纳斯尔的故都),早在 416/1025 年就已经用卡迪尔-汗的名字铸造钱币,420 年起,带有他的名字的钱

---

① 据加尔迪齐的记述(牛津抄本,叶 156;剑桥抄本,叶 125b)。这另一部分多至 4,000 户,向马哈茂德控诉他们的首领们(umarā)。
② 拜哈吉书,Morley 刊本,页 98;〔Ghanī 与 Fayyād 刊本,页 92。〕
③ 同上书,Morley 刊本,页 98,655;〔Ghanī 与 Fayyād 刊本,页 91,526〕。
④ 同上书,Morley 刊本,页 655-6;〔Ghanī 与 Fayyād 刊本,页 526-7〕。十分可惜的是,拜哈吉书中详细叙述这些事件的一章今已不传。

币亦见于西鞬①。

1026年,有两位非穆斯林统治者纥亚-汗与博格拉-汗②所派遣的专使到达哥疾宁;从这两位统治者的称号(拼音均不无可疑)看来,他们都是突厥族的汗,容或属于哈剌汗家族亦未可知。他们向马哈茂德表示臣顺,并愿与哥疾宁朝通婚。马哈茂德郑重接待来使,但作出如下答复:"我们是穆斯林,你们则是与我们不同教的人,〔因此〕我们不能将自己的姊妹和女儿嫁给你们;如果你们归依伊斯兰教,届时将另作计议。"③

同年,即1026年,马哈茂德接待了哈里发卡迪尔派来的专使,专使带来承认马哈茂德统治他所征服的各省区的授权状,以及授予马哈茂德本人、他的儿子和他的弟兄优素福的新的称号④。马哈茂德在其与哈里发的关系上,以萨曼朝的真正继承者,亦即整个〔哈里发世界的〕

---

① Марков, *Инвентарный каталог*,页246,250。
② 加尔迪齐书,Muḥammad Nazim刊本,页87提到了两位汗的名字。
③ 《原文史料选辑》,页17(加尔迪齐书);〔Muḥammad Nazim刊本,页87.〕雷沃蒂(Raverty, *Tabakat-i Nasiri*,页905)将这两位统治者说成是卡迪尔-汗的弟兄,并引加尔迪齐书为凭;然而加尔迪齐书之牛津及剑桥抄本中均无与此有关的记载。П. М. 梅利奥兰斯基刊布的无撰者名氏的一部语言学著作(*Араб-филолог о Турезком языке*,原文,页80;译文,页041)根据今已失传的资料也提到了这一突厥使节团。该失名作者曾引用医士谢雷甫·扎曼·麦尔韦齐所撰 Ṭabā'i' Al-Ḥaiwān 一书,此书若仍存传,当使我们深感兴趣。据称书中记有中国与突厥若干地区(nawāḥī)的名称。又称中国的君主(ṣāhib)与突厥的君主在418/1027年送出一些信件,但作者又说这些信件写于鼠儿年5月,鼠儿年则为1024年。谢雷甫·扎曼从这些资料中找出突厥历法用以纪年之十二属相。在其十二属相中,龙儿年作鱼儿(baligh)年,虎儿(bars或quplan)年被称为狮儿(arslān,抄本中作ṣalān,梅利奥兰斯基未能解释)年。〔谢雷甫·扎曼·塔希尔·麦尔韦齐书中与中国、突厥人及印度有关的各章,已于1942年由V. 米诺尔斯基刊出(阿拉伯原文,译文与注释)。П. М. 梅利奥兰斯基刊布的语言学著作(阿拉伯-突厥辞典),今已知其作者为伊本·穆罕那(Ibn Muhannā)。正如伯希和曾经指出的ṣalān当系qablān(即虎)之误书,与arslān无关(参看Pelliot, Notes sur le《Turkestan》,页17-8;〔冯承钧《西域南海史地考证译丛》,三编,页7-8〕)。〕
〔原由梅利奥兰斯基刊的无撰者名氏的著作,确系成于伊本·穆罕那之手的辞典,辞典名 *Ḥilyat al-insān wa-ḥalbat al-lisān*,后来由 Kil'isli Rif'at Bey 再次校订,于1337/1919年在伊斯坦布尔刊出。又 *Ṭabā'i' al-hayawān* 一书已由米诺尔斯基校订、翻译了一部分并详加注释,题名 *Sharaf al-Zamān Ṭāhir Marvazī on China, the Turks and India*,1942年出版于伦敦。据麦尔韦齐关于使节团的记载(原文,'7'9,译文,页19-21,76-82),第二位统治者的名字并非博格拉-汗,而为"尊贵的乙力,尤古尔汗(the Exalted Ilig, Yughur Khan)";米诺尔斯基认为这可能是以甘肃为中心的裕固尔王国(Uighur Khanate)的统治者。——C. E. B.〕
④ 加尔迪齐书,牛津抄本,叶158;剑桥抄本,叶127a;〔Muḥammad Nazim刊本,页87-8〕。

东方的最高统治者自居;他和哈里发订立条约,约定哈里发不得与哈剌汗家族发生任何关系,非经马哈茂德居间,亦不得对哈剌汗家族有任何赠与①。依照尼扎木·穆勒克的叙述②(此项叙述多半与事实不符),马哈茂德在其与哈里发的交往中称哈剌汗朝统治者为其藩臣,然而,正如我们在上文看到的,他确乎是在完全平等的基础上与哈剌汗国元首相往还。

哈剌汗朝与哥疾宁朝的关系,在马哈茂德卒后略有变更。马哈茂德卒于 1030 年 4 月 30 日,木曜日。他的统治,如我们在上文看到的,只伸展到河中的几个省区,但是对于整个东方历史来说,他的统治仍极重要,因为正是当他在位期间,东方穆斯林的政治体制得到了充分的发展。凡是拥护这种体制的人,如尼扎木·穆勒克,都最常引用马哈茂德的言论以实其说。这样,似有必要比较详细地说明马哈茂德统治的一些要点,特别因为至今还不曾有人对此加以论列。甚至是最晚近的伊斯兰教历史家 A. 米勒③,在述及马哈茂德为人的特征时,也几乎只是强调他的精力如何充沛;关于他的短处,也仅仅举出他的"目光短浅的宗教狂热"曾使得印度的不信伊斯兰教者血流成渠,也曾使得这位苏勒坦实际管辖地区内的信奉异端者受到了无情的迫害。

然而马哈茂德的统治还有其他一些更为阴暗的方面。他的臣民由于被控信从异端,由于无力交纳敲骨吸髓式的赋税,死者恒以万计。他历次出征印度,旨在劫掠,遂曾为他自己、为他的侍卫和来自各地(包括河中④)的"志愿军"带来巨额财富;马哈茂德有时用这些财富兴造宏伟的建筑物,如在哥疾宁兴建的礼拜寺、经文学院等是⑤;但就人民大

---

① 拜哈吉书,Morley 刊本,页 359;〔Ghanī 与 Fayyāḍ 刊本,页 291〕。
② Schefer 刊本,原文,页 132;译文,页 193。
③ Müller, *Der Islam*, Ⅱ,页 53,60 - 1,75。
④ 乌特比书,亚洲博物馆抄本,叶 136;乌特比与马尼尼书,Ⅱ,页 262 以下。此处说到"来自河中远近各地的"圣战者 20,000 人。
⑤ 乌特比书,亚洲博物馆抄本,叶 141 - 2;乌特比与马尼尼书,Ⅱ,页 290 以下;de Sacy, *Histoire de Yémineddoula*,页 404 - 5。

众来说，历次出征只曾为民众种下家破人亡的祸根。马哈茂德对外用兵，不能不筹措军费；某次出征前，他限令两天征齐必要的款项；款虽如期征齐，但是，用当时一位宫廷历史家的话说，居民却"如牡羊被活剥"①。这位历史家将横征暴敛的责任全部归到韦齐尔阿布勒-阿拔斯·法兹勒·本·艾哈迈德·伊斯费拉伊尼身上②，并且说，由于横征暴敛，"农业地区大部荒无人烟，有些地方的灌溉工程破败失修，在另一些地方，则完全归于湮灭"；事实证明，这一责任未应专由韦齐尔承担。正是在这种情况下，401/1011年，又出现了荒年，是年早霜，谷物不熟③，居民大饥。只有在你沙不儿还可以找到足用的粮食；据乌特比的记载④，有一个时期，你沙不儿市上积存待售的粮食达400曼（mann⑤）之多。乌特比提到这种情况时，他仅有感于天神的全能："神叫谁死，尽管粮食丰盈，他也不能幸生。"据说，单在你沙不儿及其近郊，饿殍即达100,000具之多；A. 米勒说过的一句话用在这个数字上，实比用在战死于印度的士兵的数字上更为得当："schon der vierte Theil wäre furchtbar"〖这个数字但有其四分之一，也就可怕了〗。猫、狗几被杀绝；有的地方发生了人吃人的现象，罪犯虽遭受重惩，但严刑峻法已丧失其儆戒的效用。当此之时，苏勒坦也不过通令他的总督们对赤贫居民加以赈济而已。

由于居民倾家荡产，税源枯竭，苏勒坦下诏索款，有时亦遭韦齐尔断然回绝，此际遂须采取更为有效的措施。苏勒坦发现，欲济当前之急，应求独立于官僚集团之外的贵族、亦即巴里黑的莱伊斯⑥迪赫坎阿布·伊斯哈克·穆罕默德·本·侯赛因的协助。这位莱伊斯果然就在当年(401年)从哈烈城筹得一笔巨款，至于他筹款的办法，今已不得而

R350

288

---
① 乌特比书，亚洲博物馆抄本，叶122；乌特比与马尼尼书，Ⅱ，页168。
② 乌特比书，亚洲博物馆抄本，叶120；乌特比与马尼尼书，Ⅱ，页158以下。
③ Ta' rīkhi Bayhaq，不列颠博物馆抄本，叶102a（摘录 Ta' rīkhi Bayhaqī 之失传的部分）。
④ 亚洲博物馆抄本，叶112；乌特比与——马尼尼书，Ⅱ，页127。
⑤ 一作 al-minā，参照花剌子米，Mafātiḥ al-'olūm，页14,67以下。
⑥ 关于莱伊斯的意义，参看上文 R293-4。

知。下缺款额,韦齐尔仍不肯设法筹足,并自动投监待罪。苏勒坦勃然大怒,抄没韦齐尔的家产,韦齐尔被迫宣誓声明绝未隐匿私财。此后发觉他似将若干款项交巴里黑某商人收存;全案重新审理,这位不幸的人每日受刑,终因熬刑不过而丧命(404/1013－14年)。苏勒坦利用了韦齐尔死于他外出之时的情况,转来对人们过分严格执行他的命令表示不满①。

马哈茂德用掠自印度的财富大兴土木,但维修他所兴造的宏伟建筑物,依然是人民的重负。哈菲兹－伊·阿卜鲁②从拜哈吉书失传部分摘引了一桩值得注意的故事:马哈茂德在巴里黑修起一座壮丽的花园,责成该城注意维修。苏勒坦屡在园中游宴,但每次均未及尽兴而罢。某日,苏勒坦询问近侍,园景虽好,何以求在其中举行一次尽兴的游宴而不可得。阿米德('amīd)阿布·纳斯尔·米什坎(拜哈吉的老师)请求许其直言无隐,然后说,"巴里黑居民均为保养本园的无益糜费而忧闷不已。他们每年分担巨款以偿此项因人的开支。正因此故,苏勒坦心中也没有欢快的感受。"苏勒坦闻言不悦,几天未和阿布·纳斯尔交谈。此后不久,马哈茂德在巴里黑某街头被人群拦阻,众人纷纷向苏勒坦倾诉维修花园的苦难。苏勒坦立即断定,诉苦的人群必为阿布·纳斯尔所煽动,虽然后者对众人的意图实毫无所知。马哈茂德召来巴里黑的莱伊斯,询以经他(马哈茂德)赶走的哈剌汗人在1006年为巴里黑城造成多大的损失。莱伊斯答称,这一损失殆不能以数字计。"他们肆意破坏这座城市,短期内决难恢复旧观,且旧观能否恢复,亦属疑问"。于是苏勒坦评论道:"我为城民清除了那样的灾难,他们为我维护一座花园却叫苦不迭。"莱伊斯谢罪后说,"〔拦驾诉苦的人〕事先不曾和我们会面,〔总之,〕这回事未曾使本城良民与显贵得知"。四个月后,苏勒坦在首途前往哥疾宁时,终于下令豁免巴里黑居民保养花

----

① 乌特比书,亚洲博物馆抄本,叶121;乌特比与马尼尼书,Ⅱ,页160以下(年代见页161)。
② 《原文史料选辑》,页157－8。

园的义务,使归犹太人承担,但规定取自犹太人的款额不得超过500第尔赫姆。

由此可见,就关怀人民福利而言,马哈茂德决不能与于开明专制君主之列。诗人和学者们在他的宫廷中确实受到了优厚的待遇,不过,他之所以优遇他们,连一向对马哈茂德深致推崇的 A. 米勒①也认为这不是出于对学术的真诚的热爱,而是受着一种虚荣心的驱使,即要使他的朝廷成为人文荟萃的中心。同样,他对于宗教事务的关切,也不能看作是他信心甚虔的佐证。马哈茂德不会不知道政治上的保守主义与宗教上的保守主义有着密不可分的联系,因此,他也对乌莱玛及谢赫等优礼有加,但以他们愿作贯彻他的政策的驯服工具为前提。在涉及钱数不多的场合,马哈茂德可以考虑满足个别僧侣的恳求,豁免这笔或那笔税款②;但僧侣作为一个阶级在他的心目中处于何等地位,这可以验之于他对当时发生在你沙不儿的虔信主义运动③所持的态度。这一运动乃隐士阿布·贝克尔·穆罕默德·本·伊斯哈克所倡导,他是凯拉米派的领袖,凯拉米派乃阿布·阿卜杜拉·穆罕默德·本·凯拉木所首创④。阿布·贝克尔的父亲曾是颇有令闻的隐士,阿布·贝克尔本人亦已在塞布克-的斤的时期即见重于世人。他像凯拉米派其他代表人物一样,继续受到马哈茂德的礼遇。乌特比引用当时一位诗人的诗句说,惟一真实的教理(dīn)就是穆罕默德·本·凯拉木的教理,正如惟一纯正的法理(fiqh)就是阿布·哈尼法的法理。但其他诸乌莱玛都指责凯拉米派犯了神人同性论的错误。凯拉米派以对异端绝不宽容为其特征,在迫害异端信徒上,马哈茂德一向倚阿布·贝克尔为左右手。昔

---

① Müller, *Der Islam*, II, 62。
② 伊本·阿西尔书, Tornberg 刊本, IX, 页247。
③ 关于这一运动的详细叙述,见乌特比书(亚洲博物馆抄本,叶143-6;乌特比与马尼尼书, II, 页 309以下; de Sacy, *Histoire de Yémineddoula*, 页406-7)。
④ 沙赫里斯坦尼书也讲到了凯拉米派,见 Haarbrücker 译本, I, 页 29-30, 119以下。沙赫里斯坦尼也提到这个教派的神人同性的论点以及这个教派在马哈茂德君临期间的重要性。〔关于凯拉米派,现可参看 Bosworth, "The Rise of the Karrāmiyyah in Khurasan," *Muslim World*, L, 1960, 5-14. ——C. E. B.〕

在突厥人进攻时期,阿布·贝克尔在你沙不儿居民中间影响甚大,以致征服者感到威胁,对他作了适当措置。当马哈茂德迫使突厥人退出你沙不儿时,突厥人挟阿布·贝克尔同行,但他幸得逃回,此后在马哈茂德的帝国中的地位更加重要。阿布·贝克尔虽然身着羊毛衣(这是苏菲派的服装),但仍被任命为你沙不儿的莱伊斯,当地所有居民,无分贵贱,都"用希冀和畏惧的目光注视着这位人物"。他残酷地迫害异端信徒,抄没他们的财产,终至弊端百出,物议沸腾。苏勒坦几经踌躇,终于决定牺牲阿布·贝克尔,重新委任世俗人士为你沙不儿的莱伊斯。新任莱伊斯阿布·阿里·哈桑·本·穆罕默德素被宠信,出身名门,他的祖父属于萨曼朝的"显宦和富室",他的父亲当马哈茂德尚任呼罗珊大将军时已投靠了马哈茂德。哈桑·本·穆罕默德就职后,立即对凯拉米教派采取了严峻措施。阿布·贝克尔的家私被抄没①,他的主要门徒被分别囚在不同的堡垒中。这位新莱伊斯对僧侣阶层的其他代表人物,特别是对阿里派僧侣宣布,他们能否被尊重,就看他们能否无条件地听命于世俗权力而定②。

马哈茂德的宗教战争,如前人所述③,其目的完全在于掠夺印度的财富,没有任何理由视之为宗教狂热的表现。对于异端信徒的迫害,也要用上述政治动机加以解释;指控某人信奉异端,有时仅以此作为夺取他的财产的藉口而已④。尽管马哈茂德是菲尔道西题献其著作的对象,但是如将马哈茂德看作是波斯民族情绪的鼓舞者,则亦与事实不符。马哈茂德的武装力量,全部是由购买来的奴隶和雇佣兵构成的;主张军队应由各族人民代表组成的尼扎木·穆勒克即特别援引马哈茂德

---

① 但这并不是阿布·贝克尔一生活动的终点:马哈茂德卒后,当新苏勒坦马斯乌德行抵你沙不儿,召见当地耆宿时,阿布·贝克尔和他的朋友卡孜萨伊德亦在被召见之列(拜哈吉书,Morley 刊本,页 39;〔Ghanī 与 Fayyāḍ刊本,页 39〕。谢赫阿布·赛义德的传记中也曾提到阿布·贝克尔与萨伊德都是迫害异端信徒的人,见 Ибн ал - Мунаввар 书,Жуковский 刊本,页 84 以下。参照下文 R373 - 4。
② 乌特比书,亚洲博物馆抄本,叶 146;乌特比与马尼尼书,Ⅱ,页 325。
③ Menoutchehri,序言,页 133。
④ 伊本·阿西尔书,Tornberg 刊本,Ⅸ,页 283。

的这种作法①以为前车之鉴,而他的论述亦完全为历史报道所证实②。士兵以外的所有臣民,在马哈茂德心目中,不过是纳税者的集体,根本不该流露任何爱国主义的思想感情。依据拜哈吉的记述③,巴里黑居民对哈剌汗家族的抵抗,只换来马哈茂德的一场严厉斥责。"众臣民与战争有什么相干?你们的城市自然要被毁,他们自然要焚烧为我所有、带来偌大收入的财产④。本应向你们索取赔偿,但是我们宽恕了你们。今后不得再有类似的举动。如有某一君王〔在一定的时间内〕证明他更为强大,要求你们纳税并保护你们,你们就应该纳税,以此来拯救自己。"马哈茂德在位时期,波斯语及波斯文学并未占统治地位,此可于韦齐尔麦门迪企图再一次确立阿拉伯语为公牍用语一事见之。在此以前,所有公牍均用波斯语书写,结果,用乌特比的话⑤说,"文坛受到了损失","能者与不能者已无高低之别",因此韦齐尔麦门迪重新"高举书吏的旗帜",规定仅在必不得已的场合,亦即在"接受公义的一方无知"的场合,始可使用波斯语。而在当时这正是经常出现的场合,殆不容疑。

显然从这个时候起,国家被看作是军队与庶民二者的集合体。国家对军队发放薪饷,转来向他们要求尽忠效力;君主保护庶民不受国内外敌人的侵犯,转来向他们要求无条件的服从和无烦言的纳税。士卒也好,庶民也好,谁都无权以自己的愿望与君主的意志相对抗;我们在上文(R338)看到,马哈茂德在其致花剌子模沙的信件中异常明白地表达了这种观点。专制制度照例是和侦察制度相伴随的;马哈茂德甚至

---

① Schefer 刊本,原文,页 92;译文,页 135 –6。
② 据乌特比的记述(亚洲博物馆抄本,叶 99;乌特比与马尼尼书,Ⅱ,页 84;de Sacy,*Histoire de Yémineddoula*,页 386),马哈茂德用以于 1008 年在巴里黑附近取得胜利的军队系由突厥人、印度人、哈拉吉人、阿富汗人与古斯人(al – Ghurnūwīya 当系 al – Ghuzīya 的误书)组成。
③ Morley 刊本,页 688;〔Ghanī 与 Fayyad 刊本,页 551〕。
④ 马哈茂德此语指巴里黑的主要巴扎尔而言,该巴扎尔系马哈茂德敕建,城陷时被焚。
⑤ 亚洲博物馆抄本,叶 123;乌特比与马尼尼书,Ⅱ,页 88,170 以下;de Sacy,*Histoire de Yémineddoula*,页 396。

在其子马斯乌德身旁也布置了侦察人员①。

根据上述事实,可以推知马哈茂德的统治无疑使他的臣民感受莫大的痛苦②。如果马哈茂德本人幸未自食他的统治所招致之恶果,如果在他君临时期,君权尚未凌替,那么,这一点只能用他和他的后人大不相同的个人气质来加以解释。由于他具有坚定的意志和灵敏的头脑,所以专制主义所特有的暴戾恣睢还不至在他身上表现得过分强烈。向马哈茂德进谏,会惹他震怒,使言者日惶惶而手足无措,但这并不妨碍他终于采纳合理的建议③。在这种情况下,韦齐尔的处境自极困难,一位乖觉的妇女评论道,"苏勒坦若用某人为韦齐尔,从第一个星期起就会把他当作仇敌看待,不拘以前对他如何宠信"④。上文已经提到一位韦齐尔的下场(R350),这位韦齐尔的继任人麦门迪也曾被逮捕、幽囚于堡垒以内。然而马哈茂德君临期间,如将宗教迫害除外,处死的案件确乎较少;根据乌特比的记载⑤,马哈茂德有一种见解:君主盛怒之际,不可剥夺臣下的性命,可以剥夺的只应是那些到自己想要开恩的时候尚能使之复原的东西,即财产和自由。韦齐尔麦门迪就险些丢掉自己的性命:马哈茂德先已手谕侍者阿布勒－卡西木・凯西尔将韦齐尔处死,"偿还他下令杀人的血债",仅因阿布勒－卡西木坚不承担这一任务,麦门迪才幸免一死⑥。阿布勒－卡西木这一果敢行为看来未曾为他本人招来奇祸,此亦为马哈茂德善自克制之一证。又在哥疾宁朝统治下,法制观念尚颇浓厚,甚至失宠的人被抄没家产,也要尽可能赋

---

① 拜哈吉书,Morley 刊本,页 135,154;〔Ghanī 与 Fayyaḍ刊本,页 121,137〕。
② 参照马夸特对哥疾宁朝的过于尖刻的评判(Marquart, *Komanen*, 页 50, 注 1):"Jene Dynastie, welche von den Mordbrennern Sübük – tigin und seinem widerlichen Sohne Maḥmūd in Gaznīn gegründet wurde."〔"那个由杀人放火的塞布克－的斤及其邪恶的儿子马哈茂德在哥疾宁建立起来的朝代"。〕
③ 拜哈吉书,Morley 刊本,页 495;〔Ghanī 与 Fayyaḍ刊本,页 400〕。
④ 同上书,Morley 刊本,页 421;〔Ghanī 与 Fayyaḍ刊本,页 340〕。
⑤ 乌特比书,亚洲博物馆抄本,叶 59 - 60;乌特比与马尼尼书,I,页 316 以下;de Sacy, *Histoire de Yémineddoula*,页 396。
⑥ 拜哈吉书,Morley 刊本,页 450;〔Ghanī 与 Fayyaḍ刊本,页 364〕。

予以合法购买的性质。马哈茂德废黜加尔吉斯坦诸当地统治者,禁闭终身,收其个人地产为国库所有①,但仍照付地价(在这种情况下,地价高低当然全凭马哈茂德本人裁夺)。更典型的是拜哈吉记述的马斯乌德在位时期一位获罪论死的韦齐尔被抄没家产的经过,这位韦齐尔被迫声明愿将全部动产与不动产出售于苏勒坦,并已领得预先商定的地价。在场官吏作为证人在声明上画押,司法官署的代表也正式用印②。

马哈茂德次子穆罕默德在位日浅,其兄马斯乌德践祚(1030-1041年)。马斯乌德只继承来他父亲的缺点,和他同样对自己的能力估计甚高,也和他同样要单凭自己的见解裁夺一切。但是,他没有他父亲那样的才具,决事不合机宜,而复刚愎自用,不听有经验的人的劝告。流传下来的关于马斯乌德在畋猎中③和在疆场上④的勇武故事,表明他膂力过人,但这更衬托出他气魄不足,危疑之际,柔懦甚于妇女⑤。他的贪婪,视其父殊不多让,当他君临期间,税敛繁重到无以复加的程度。马斯乌德在位时期,出现过"惩窃贼以徇巨盗"⑥的事例,从而那些与苏勒坦伙分赃物的巨盗仍得安然继续其肥私便己的活动。其中最出名的是呼罗珊的民政长官阿布勒-法兹勒·苏里,苏勒坦从苏里手中接受了大量进奉,却也不过是苏里从当地搜括所得的半数。居民陷于水深火热之中,贵族等开始向河中"突厥诸首领"修书或遣使吁请援助⑦。这些情况虽不曾为哈剌汗家族所利用,但已为服役于哈剌汗家族的土库曼诸首领准备下乘势崛起的条件。

对哈剌汗国,马斯乌德继续执行他父亲的政策。哥疾宁朝与哈里

293

R356

---

① 乌特比书,亚洲博物馆抄本,叶117;乌特比与马尼尼书,Ⅱ,页146;de Sacy, *Histoire de Yémineddoula*,页394。
② 拜哈吉书,Morley 刊本,页215;〔Ghanī 与 Fayyāḍ 刊本,页184-5〕。
③ 同上书,Morley 刊本,页288;〔Ghanī 与 Fayyāḍ 刊本,页240〕。
④ 同上书,Morley 刊本,页783;〔Ghanī 与 Fayyāḍ 刊本,页624〕。
⑤ 同上书,Morley 刊本,页828;〔Ghanī 与 Fayyāḍ 刊本,页660-1〕。
⑥ 同上书,Morley 刊本,页556-7;〔Ghanī 与 Fayyāḍ 刊本,页449〕。
⑦ 同上书,Morley 刊本,页509-10;〔Ghanī 与 Fayyāḍ 刊本,页411-2〕。

发订立的条约,于1031年底续订一次,依约哈里发除非通过哥疾宁政府不得与哈剌汗国有任何联系①。与此同时,马斯乌德对哈剌汗国仍然予以与自己平等的待遇,并训令专使务使卡迪尔-汗明了像他们"这样的两位君主"之间的协议所具有的世界性重要意义②。然而最能说明哥疾宁与哈剌汗二家族间关系之性质的,实莫过于花剌子模沙阿勒暾塔什写于1030年的致苏勒坦书③:"世所熟知,由于已故埃米尔花费了大量人力和物力,卡迪尔-汗才能在他的援助下取得汗位,安享尊荣。至于今日,仍须予以支持以敦邦交。他们决不是我们的真正盟友,不过表面上必须与之保持良好关系,他们才不会煽动〔别人来和我们作对〕。阿里-的斤是我们的真正敌人,对我们心怀怨恨④,因为他的弟兄图甘-汗是由已故埃米尔从旁策划才被逐出八剌沙衮的。敌人永远不会化为朋友,但有必要与之缔约修好,此举固亦不足信赖,然而我们还是要作到这一点才好。此外,巴里黑、吐火罗斯坦、石汗那、忒耳迷、库瓦迪延以及珂咄罗等地均须驻扎重兵,因为对方正在伺机攻掠无兵戍守的省区。"

马斯乌德采纳了阿勒暾塔什的建议,1031年春季⑤,派遣阿布勒-卡西木·伊卜拉欣·本·阿卜杜拉·侯赛里与卡孜阿布·塔希尔·阿卜杜拉·本·艾哈迈德·泰巴尼⑥率领使节前往喀什噶尔。使者的任务是向卡迪尔-汗报知马斯乌德的即位,对他保证维持旧好,并请求卡迪尔-汗以女婚配马斯乌德本人,亦以其子与继承人博格拉-的斤之女婚配马斯乌德之子与继承人毛杜德。马斯乌德愿为本人出资50,000

---

① 拜哈吉书,Morley刊本,页359;〔Ghanī与Fayyaḍ刊本,页291〕。
② 同上书,Morley刊本,页251;〔Ghanī与Fayyaḍ刊本,页212-3〕。
③ 同上书,Morley刊本,页98.原文中提到图甘-汗的部分,曾据页655加以订正;〔参照Ghanī与Fayyaḍ刊本,页91-2,526〕。
④ 原文直译应作"并且是一条被砸烂了尾巴的蛇"。
⑤ 此依拜哈吉书(Morley刊本,页261;〔Ghanī与Fayyaḍ刊本,页220〕).如以所记日曜为准,则应断定原文中的回历拉比阿Ⅰ月系拉比阿Ⅱ月之讹。
⑥ 使者们的全名见拜哈吉书,Morley刊本,页250;〔Ghanī与Fayyaḍ刊本,页212〕.有一处(Morley刊本,页231;〔Ghanī与Fayyaḍ刊本,页199〕阿布·塔希尔被称为阿布·塔利卜(Abū Ṭālib)。

哈烈第纳尔,为其子出资 30,000 哈烈第纳尔作为聘金①。使者们于 1031 年连续从喀什噶尔发回的呈文表明他们遇到一些困难②。1032 年③,谈判因卡迪尔-汗下世而暂时搁浅。卡迪尔-汗的长子博格拉-的斤·苏莱曼继立,取号阿尔斯兰-汗。卡迪尔-汗的次子亚甘-的斤·穆罕默德取号博格拉-汗,成为塔拉斯与伊斯菲贾卜二地的统治者。马斯乌德依例致函喀什噶尔,哀悼卡迪尔-汗逝世,兼贺继承人即位。使者们迟至 1034 年 9 月 6 日始于完成使命后返抵哥疾宁。毛杜德的新妇死于途中,马斯乌德的新妇沙-可敦安抵哥疾宁,受到异常隆重的迎接;据拜哈吉的记载,埃米尔有意炫耀空前的豪华以使突厥人吃惊④。

马斯乌德与阿里-的斤的谈判没有结果。马斯乌德即位前,曾为反对穆罕默德求助于阿里-的斤,并约定割让珂咄罗作为报酬。旋因穆罕默德众叛亲离,王位继承问题不战而决,马斯乌德自亦无须践约,这当然引起阿里-的斤的不快⑤。上文述及,阿勒暾塔什建议对阿里-的斤采取以防御为主的政策⑥,马斯乌德与之相反,重新推行他父亲的计划——协助卡迪尔-汗的次子夺取阿里-的斤的河中,如此策不妥,则命阿勒暾塔什独当征服河中之任。苏勒坦诸谋臣认为第二策比较可取,于是付诸实施⑦。1032 年春,阿勒暾塔什奉苏勒坦命率军进入河中,苏勒坦从巴里黑派出 15,000 人作为援军助战⑧。阿里-的斤责

R357
295

---

① 拜哈吉书,Morley 刊本,页 253-4;〔Ghanī 与 Fayyād 刊本,页 210〕。
② 同上书,Morley 刊本,页 348;〔Ghanī 与 Fayyād 刊本,页 283〕。
③ 此依伊本·阿西尔书(Tornberg 刊本,Ⅸ,页 211);拜哈吉书未记年份,有一处(Morley 刊本,页 656;〔Ghanī 与 Fayyād 刊本,页 527〕)谓卡迪尔-汗卒于马斯乌迪即位后一年,另一处(Morley 刊本,页 89;〔Ghanī 与 Fayyād 刊本,页 84〕)则谓在其后二年。杰马勒·卡尔希所记时日(回历 424 年穆哈兰月 1 日,参看《原文史料选辑》,页 132,核以钱币学资料(Марков, Инвентарный каталог, 页 251),似不可信。
④ 拜哈吉书,Morley 刊本,页 526,656;〔Ghanī 与 Fayyād 刊本,页 425,527〕。
⑤ 同上书,Morley 刊本,页 348;〔Ghanī 与 Fayyād 刊本,页 283〕。
⑥ 参照拜哈吉书(Morley 刊本,页 426;〔Ghanī 与 Fayyād 刊本,页 344-5〕。
⑦ 拜哈吉书,Morley 刊本,页 418-9;〔Ghanī 与 Fayyād 刊本,页 338-9〕。
⑧ 同上书,Morley 刊本,页 423;〔Ghanī 与 Fayyād 刊本,页 342〕。

成义勇军(圣战者)保卫布哈拉,留奴隶(ghulām)150 名坚守子城,本人退往答不昔牙。敌人迫近时,阿里－的斤的留守者弃城出走,居民与义勇军等一齐归附马斯乌德;子城在猛攻下陷落,70 名奴隶被俘①。答不昔牙附近进攻阿里－的斤主力之役不似这样顺利,在这里,以塞勒术克家族为首②的土库曼人协助阿里－的斤作战;阿里－的斤的赤旗飘扬在一山岗上,赤旗和华盖同为君权的标志③。这次战役未分胜负,可是阿勒瞰塔什身负致命重伤,仅赖他的韦齐尔措置适宜,军队始得撤回花剌子模。韦齐尔隐讳花剌子模沙负伤的事实,不使敌方闻知,似乎用他自己的名义与阿里－的斤的韦齐尔进行谈判,后者接受他的意见,说服阿里－的斤谢罪,并请求花剌子模沙居间调解他和哥疾宁政府之间的分歧。阿里－的斤还提到已故苏勒坦曾称他为儿子,前在王位继承争议中,他也曾准备出兵予马斯乌德以臂助④。生命垂危的花剌子模沙强自挣扎着接见了阿里－的斤的专使,藉以使阿里－的斤确信不疑。约成,阿里－的斤退往撒马尔罕⑤,听任花剌子模人返回阿模里,未加阻挠。花剌子模人退军前,阿勒瞰塔什已气绝身死,但到已与敌军相隔 20 法尔萨赫的时候,军中才传开他的死讯⑥。1032 年 5 月 2 日⑦,苏勒坦得报,始知上述事件。

很可能是马斯乌德对河中的军事行动迫使阿里－的斤加强与其家族成员间的联系,承认了他们的宗主权;布哈拉与撒马尔罕开始用阿尔斯兰－汗与博格拉－汗的名义铸造钱币⑧。不仅如此,战后二年,花剌子模的统治者竟亦成为阿里－的斤的新的盟友。

花剌子模因其地理位置实际上常是一个独立的国家,特别在如阿

---

① 拜哈吉书,Morley 刊本,页 424;〔Ghanī 与 Fayyad 刊本,页 343〕。
② 同上书,Morley 刊本,页 425;〔Ghanī 与 Fayyad 刊本,页 343〕。
③ 同上书,Morley 刊本,页 428;〔Ghanī 与 Fayyad 刊本,页 346〕。
④ 同上书,Morley 刊本,页 432;〔Ghanī 与 Fayyad 刊本,页 349〕。
⑤ 同上书,Morley 刊本,页 434;〔Ghanī 与 Fayyad 刊本,页 351〕。
⑥ 同上书,Morley 刊本,页 436;〔Ghanī 与 Fayyad 刊本,页 352〕。
⑦ 此从拜哈吉书,Morley 刊本,页 425;〔Ghanī 与 Fayyad 刊本,页 342〕。
⑧ Марков,Инвентарный каталог,页 251－2。

勒瞰塔什这样一位干练的军事统帅和统治者管辖该省时更是如此。自阿勒瞰塔什受任该省总督以来,他屡次成功地击退邻境游牧人的入侵,这些游牧人中间有迟至此时才被提到的钦察人①。同时,他和他的继承人都像十二世纪的花剌子模诸沙一样,从游牧人中间招来一些部落为自己服务②；此外阿勒瞰塔什也像他的主君那样大批购买奴隶编为自己的警卫军。阿勒瞰塔什的警卫军,因其人数众多,曾引起马哈茂德的疑忌③。阿勒瞰塔什始终以哥疾宁政府的藩属自居,但马哈茂德完全了解,他随时都能公开背叛,靠武力的强大将哥疾宁或巴里黑的命令置若罔闻。马哈茂德一再设法将阿勒瞰塔什诱至哥疾宁未遂,马斯乌德袭用此策④,亦未成功。阿勒瞰塔什终其身不曾公开背叛,但是他依照韦齐尔的建议,用最肯定的语气表明：他治下的臣民,凡私通哥疾宁政府者必将严惩不贷⑤。甚至在阿勒瞰塔什死后,马斯乌德也不曾剥夺他的后嗣的大权,不过采取了一些削弱其权力的措施。马斯乌德将花剌子模沙的称号畀予其子赛义德,命阿勒瞰塔什之子哈仑仅以赛义德的代表(Khalīfat ad-dār)的名义治理花剌子模。哈仑得自马斯乌德的赏赐仅及他父亲所得的一半⑥。1034年春季,哈仑叛迹渐彰；促使他背叛的外因是他的一位居于马斯乌德宫廷中的弟兄不幸从屋顶上失足堕地的事故(时在1033年底或1034年初)；有"奸人"致函哈仑,诬告他的弟兄是苏勒坦命人从屋顶上推落地面致死的⑦。哈仑与阿里-的斥及塞勒术克家族达成协议,1034年8月,公然背叛,不复以苏勒坦的名义宣讲呼图白⑧。

_R359_

297

---

① 拜哈吉书,Morley刊本,页91；〔Ghanī与Fayyad刊本,页86〕。
② 同上书,Morley刊本,页398,859；〔Ghanī与Fayyad刊本,页323,684〕。
③ 尼扎木·穆勒克书,Schefer刊本,原文,页206；译文,页300-2；《原文史料选辑》,页89-90(奥菲书)。
④ 拜哈吉书,Morley刊本,页91,389以下；〔Ghanī与Fayyad刊本,页86,316以下〕。
⑤ 同上书,Morley刊本,页410-1；〔Ghanī与Fayyad刊本,页332-3〕。
⑥ 同上书,Morley刊本,页439；〔Ghanī与Fayyad刊本,页355〕。
⑦ 同上书,Morley刊本,页499；〔Ghanī与Fayyad刊本,页403〕。所有抄本关于此事的记述,从前均有阙文；1307/1890年德黑兰刊本页410有〔Ghanī与Fayyad刊本中亦有〕三行文字不见于Morley刊本。
⑧ 拜哈吉书,Morley刊本,页854-5；〔Ghanī与Fayyad刊本,页680-1〕。

当时盛传哈仑已与阿里-的斤相约,前者向马鲁进军,后者同时袭取忒耳迷与巴里黑①。1034年春,珂咄罗遭受库米吉山民的进攻②,同年岁秒,库瓦迪延遭受土库曼人的进攻,大约均与上述计划有关。忒耳迷守将贝格-的斤率军迎击土库曼人,后者绕道以避其锋,在迈拉附近渡过阿母河。贝格-的斤追及敌军于沙普尔坎,接战获胜,但在乘胜掩击中殒命。马斯乌德遣统军阿里-的斤·本·阿卜杜拉出征,局势渐定③。

同在1034年,哈仑与塞勒术克家族结为同盟。据伊本·阿西尔记述④,早在1029年,阿里-的斤已与塞勒术克家族有隙。先是,阿里-的斤亲自委派塞勒术克之孙优素福统率所有为他服役的突厥人,并予以伊南奇-培护⑤的称号,但于是年阿里-的斤命部将阿勒普-哈剌将优素福处死。翌年(1030年),死者的从兄弟二人托格鲁勒与达乌德作乱,杀阿勒普-哈剌及其所部士卒1,000人。阿里-的斤率领诸子在居民支持下讨伐托格鲁勒等;土库曼人大败,财物被夺,部分妇孺被俘。"形势迫使他们移居呼罗珊";适于此时,他们接到了哈仑的邀请,于是立即利用了这一机会。以上事实,仅见于伊本·阿西尔一人的记载。拜哈吉的记述⑥与此有异,拜哈吉认为阿里-的斤一直将土库曼人看作是自己保有王位的支柱,生前力图用"游说与银钱"赢取他们的欢心。阿里-的斤死后,他的两个儿子和他们的统将开始与土库曼人为敌,迫使他们迁往花剌子模(从前阿勒暾塔什在世时,他们已常在花剌子模驻冬⑦)。哈仑划出舒拉罕与马什-拉巴特⑧周围的土地供他们

---

① 拜哈吉书,Morley刊本,页535;〔Ghanī与Fayyad刊本,页433〕。
② 同上书,Morley刊本,页499;〔Ghanī与Fayyad刊本,页403〕。
③ 同上书,Morley刊本,页543-4;〔Ghanī与Fayyad刊本,页439-40〕。
④ Tornberg刊本,IX,页324-5。
⑤ 培护(Payghū)大约应读作叶护(Yabghū);参考马夸特,Komanen,页45。
⑥ 拜哈吉书,Morley刊本,页551,856;〔Ghanī与Fayyad刊本,页445,681〕。
⑦ 同上书,Morley刊本,页583;〔Ghanī与Fayyad刊本,页470〕。
⑧ 此处马什称为Māshh(马什呵);〔拜哈吉书,Morley刊本,页856;Ghanī与Fayyad刊本,页682〕;参看上文R204。

居住。在这里,土库曼人于当年10月受到他们的夙敌毡的统治者沙-麦利克的袭击。土库曼人战死者达七、八千名之多,余众踏冰渡河而逃。哈仑与沙-麦利克进行谈判,后者断然拒绝哈仑调停他与塞勒术克家族间争端的建议,但同意与哈仑缔约,为哈仑出征呼罗珊提供援军。双方议定,两军开抵阿母河岸,两位君主各自乘船至河水中流相会。会见定于11月12日举行,但沙-麦利克鉴于哈仑兵力强盛(30,000人),未敢践约,亦未通知其同盟者,即匆匆返回毡的。沙-麦利克的敌意未能阻止哈仑于1035年春季向呼罗珊出兵,因为从毡的进攻花剌子模,人们都认为仅在冬季方属可行①。

如果阿里-的斤的死亡是土库曼人外迁的原因,那么,阿里-的斤约死于1034年夏季或秋季。1035年春,马斯乌德获悉阿里-的斤的长子继位,当即致函布哈拉,哀悼旧君的下世,祝贺新君的践祚;书中称年轻的乙力为"荣耀的埃米尔,儿子"②。然而,阿里-的斤二子在这时候已开始履行与哈仑订立的条约,他们依约进攻石汗那与忒耳迷,渡过阿母河以后在安德胡德与哈仑会师。石汗那的统治者阿布勒-卡西木无力抵抗,向北逃入库米吉人地区。乙力的军队通过达尔增吉进围忒耳迷,但未能拔取这座城堡。适在此际,消息传来,哈仑于军事行动甫开始时即为哥疾宁政府贿买的奴隶所杀害③,于是阿里-的斤的儿子们决定班师,经过铁门返回撒马尔罕④。同年夏季,他们听到在哈仑死后进入呼罗珊的塞勒术克人连续获胜的消息,欣羡之余,再度向石汗那出兵。军发撒马尔罕,然而走了不过两三站的路程即又回军,因为他们探知阿布勒-卡西木和马斯乌德的一些将领已经集结起雄厚的兵力⑤。马斯乌德准备对阿里-的斤二子的屡次攻扰加以报复,但12月

---
① 拜哈吉书,Morley 刊本,页 856-8;〔Ghanī 与 Fayyāḍ 刊本,页 682-4〕。此一记述不无可疑:早在10月,全军即能踏冰渡过阿母河,似非事实。
② 同上书,Morley 刊本,页 575;〔Ghanī 与 Fayyāḍ 刊本,页 465〕。
③ 同上书,Morley 刊本,页 860;〔Ghanī 与 Fayyāḍ 刊本,页 685〕。
④ 同上书,Morley 刊本,页 575-7;〔Ghanī 与 Fayyāḍ 刊本,页 465-6〕。
⑤ 同上书,Morley 刊本,页 611;〔Ghanī 与 Fayyāḍ 刊本,页 492〕。

8日,后者派遣的一位贵族出身的专使偕同一位撒马尔罕的答失蛮行抵巴里黑,代主君呈递谢罪书。马斯乌德接受了谢罪书,但为了表示自己的不快,未曾召见专使,仅由韦齐尔出面与答失蛮进行谈判①。

一年以后,1036年12月,马斯乌德再次接待了阿里-的斤诸子派遣的使节,即阿勒普-的斤与布哈拉的海推布阿卜杜拉·帕尔西。这一番,苏勒坦隆重召见来使,询问"他的弟兄乙力"的健康,这就比在第一封信中称乙力为"儿子"抬高了乙力的地位。马斯乌德对使者们保持警惕,谕知官员等严防他们刺探本国情况。乙力向苏勒坦请求以哥疾宁王室的一位公主婚配他本人,他也愿以一位哈剌汗公主婚配苏勒坦诸子之一;为此,他放弃对珂咄罗的一切要求;此外,他希望马斯乌德出面在他和哈剌汗朝阿尔斯兰汗之间进行调停;作为报酬,他应在苏勒坦对塞勒术克家族的斗争中与苏勒坦以军事援助。他的愿望一一得到满足;双方商定,以乙力的一位姊妹许配马斯乌德之子赛义德,以马哈茂德的侄女即纳斯尔之女许配乙力。巴里黑的莱伊斯阿卜杜·塞拉木奉命至河中答聘②,此人至1037年9月尚留在阿里-的斤诸子的宫廷③。

马斯乌德对突厥斯坦方面哈剌汗家族的态度,亦非完全友善。1034年秋季,与哥疾宁朝使节归国同时,博格拉-汗所派迎娶扎伊纳卜公主的使节亦已到来。苏勒坦本已有意允其所请,但随即得知博格拉-汗意在用扎伊纳卜的名义争夺马哈茂德的一份遗产。他斥退博格拉-汗的使节,并向阿尔斯兰-汗抱怨他的弟兄的贪求。阿尔斯兰-汗的告诫反而激怒了博格拉-汗,后者从此成为阿尔斯兰-汗与哥疾宁家族双方公开的敌人。在这种情况下,塞勒术克家族在1035年取得的成功使他十分高兴,特别因为托格鲁勒是他的旧友④。1037年,有一

---

① 拜哈吉书,Morley刊本,页615-6;〔Ghanī 与 Fayyad 刊本,页496〕。
② 同上书,Morley刊本,页631-4;〔Ghanī 与 Fayyaḍ刊本,页508以下〕。
③ 同上书,Morley刊本,页661;〔Ghanī 与 Fayyaḍ刊本,页530〕。
④ 伊本·阿西尔书中(Tornberg刊本,IX,页323)所记托格鲁勒为博格拉-汗所俘,又由其弟兄达乌德释放的故事,显然与此一博格拉-汗无关,不可混同。

位鞋匠在阿母河岸被捕,讯明系博格拉-汗的间谍,携有博格拉-汗写给土库曼诸首领的信件,信件中允许对后者的需求决尽全力支援。苏勒坦用其某亲信计,佯若不知汗的这一行动;鞋匠得款 100 第纳尔,被送往印度,藉使无人得知信件的存在;派遣以伊玛目阿布·萨迪克·泰巴尼①为首的豪华的使团(耗款在 10,000 第纳尔以上)前往突厥斯坦,以期由阿尔斯兰-汗居间与博格拉-汗订立和平协定。泰巴尼于 1037 年 8 月 23 日由哥疾宁启程,留突厥斯坦十八个月,圆满完成了使命;博格拉-汗称赞他辩才无碍在阿布·哈尼法以上②。从这段故事看来,当时兄弟二人的关系虽然紧张,尚不似前引拜哈吉所述,已至公开敌对的地步。同年 9 月 24 日,马斯乌德同时接见三位使节,其中两位是两兄弟各自派来的,第三位不知其为何人所派③。

1038 年,第一位乙力纳斯尔之子阿布·伊斯哈克·伊卜拉欣④在河中出现,当时他以布里-的斤(Būrī-tagīn)⑤为号。他曾为阿里-的斤诸子所俘,乘间脱逃,大约先逃至讹迹邗依其弟兄阿恩·道拉⑥,但未能在该处久留⑦。1038 年夏季,哥疾宁朝韦齐尔接到他的来信,当即上报苏勒坦;这位王公的"大名"促使哥疾宁政府与以善意的答复,虽然遵照苏勒坦的指示,回信措辞审慎,使其纵然落到阿里-的斤诸子手

---

① 〔阿布·萨迪克·泰巴尼应读作阿布·塔希尔·泰巴尼。——C. E. B.〕。
② 拜哈吉书,Morley 刊本,页 656-8;〔Ghanī 与 Fayyaḍ 刊本,页 527-9〕。
③ 拜哈吉书,Morley 刊本,页 660;〔Ghanī 与 Fayyaḍ 刊本,页 530〕。参照 Бартольд, *Очерк истории Семиречья*,页 97。
④ 拜哈吉书原文,Morley 刊本,页 682;〔Ghanī 与 Fayyaḍ 刊本,页 547〕)似有讹夺。从无乙力伊卜拉欣(īlak Ibrāhīm)其人;īlak-i māḍī 一词,虽在较晚的时期亦仅指纳斯尔而言(参照《原文史料选辑》,页 133)。此处显系叙述日后声名赫赫的桃花石汗·伊卜拉欣的初次出现;据伊本·阿西尔的记载(Tornberg 刊本,Ⅸ,页 211),桃花石汗·伊卜拉欣尚有一附名,即阿布勒-穆扎法尔,此一附名可能是后来附加的。
⑤ 拜哈吉书、加尔迪齐以及麦努切赫里书中均作普尔-的斤(Pūr-tagīn),但普尔无疑应读作布里(Būrī),其意为狼;麦努切赫里诗篇中(原文页 47,诗 62)的诗格亦正需要如此读音。
⑥ 1307/1890 年德黑兰刊本如此拼音(页 558),甚是;Morley 刊本页 682 作 Rāst Ürkanj;他的致哥疾宁韦齐尔书是在讹迹邗写的。
    〔关于阿恩·道拉·穆罕默德·本·纳斯尔,参看 Pritsak, "Karachanidische Streitfragen", *Oriens*, Ⅲ, 1950, 224-7。——C. E. B.〕。
⑦ 拜哈吉书,Morley 刊本,页 697;〔Ghanī 与 Fayyaḍ 刊本,页 558〕。

中亦无大碍①。布里-的斤退入库米吉人地区,在此集结了有3,000人的一支队伍,开始骚扰胡勒布克附近的瓦赫什②与珂咄罗辖境,在他收到苏勒坦将对他亲征的消息时,他已进抵喷赤河岸。他引兵后退,并表示反悔,但在10月底,苏勒坦仍遣骑兵10,000人追击③。苏勒坦旋即获知他已撤出珂咄罗,回到库米吉人地区。将军阿里奉苏勒坦之命返回巴里黑。此刻马斯乌德重新计划亲征河中,准备在当年冬季全歼布里-的斤,以便来年春季进攻土库曼人。韦齐尔徒劳地苦口谏阻:兴师须在新草滋生的春天或在收获已毕的秋季,对布里-的斤的讨伐,委诸石汗那的统治者及阿里-的斤诸子足可胜任,无待苏勒坦的军队经受冬季行军的艰苦④。苏勒坦拒不听从任何规劝;正如加尔迪齐所记⑤,他一心要利用河中的动乱收该地为己有。

马斯乌德命令忒耳迷守将贝格-的斤⑥重修马哈茂德于1025年渡河时通过的浮桥。浮桥连接河的两岸,中经阿拉勒-培甘贝尔岛,因此桥身分为两半(参看上文R125-6)。浮桥修复并非难事,因用料、船只等项犹在当地储存。苏勒坦的军队于12月18日(月曜日)渡过浮桥,31日(日曜日)到达石汗那,一路未遇敌人,但饱受严寒风雪之苦。拜哈吉亲自参加了这次出征,他认为从无一次如此艰辛的行军。1月9日(火曜日),当大军进抵舒尼延山口时,苏勒坦接到韦齐尔来函,报告塞勒术克军正由塞拉赫斯向胡实健移动,似将夺取忒耳迷、破坏浮桥,遮断苏勒坦与本土的联系。苏勒坦被迫班师,特别因为布里-的斤已从舒尼延前进,占领了山口。在此情况下,与十分熟悉当地地形的敌人

---

① 拜哈吉书,Morley 刊本,页684;〔Ghanī 与 Fayyāḍ刊本,页548〕。
② 在拜哈吉书中 Rakhsh 应读作 Wakhsh;〔Ghanī 与 Fayyāḍ刊本中正作 Wakhsh〕。
③ 拜哈吉书,Morley 刊本,页696-9;〔Ghanī 与 Fayyāḍ刊本,页557-60〕。
④ 同上书,Morley 刊本,页702-3;〔Ghanī 与 Fayyāḍ刊本,页563〕。
⑤ 《原文史料选辑》,页17(加尔迪齐书)。
⑥ 据拜哈吉的记载(Morley 刊本,页704;〔Ghanī 与 Fayyāḍ刊本,页563〕),可以推断,此贝格-的斤是由塞布克-的斤任为忒耳迷的守将的,亦即与上文(R360)所述(同样据拜哈吉的记载)在1034年被杀的贝格-的斤同为一人。拜哈吉书下文(Morley 刊本,页707)述及忒耳迷守将为努什-的斤;〔但 Ghanī 与 Fayyāḍ刊本,页566 仍作贝格-的斤(Kotwāl Begtagīn)〕。

一较胜负,殆为事势所不许。撤军开始于1月12日(金曜日),整整两周以后(1月26日),马斯乌德回到了忒耳迷。在此期间,布里-的斤紧蹑其后,截获马斯乌德军的部分辎重、骆驼和马匹①。马斯乌德出征失利,自然提高了布里-的斤的威望;从哥疾宁政府在1039年秋季收到的信件中可以看出:布里-的斤已由土库曼人协助一再击败阿里-的斤诸子,河中几为所得②。

本书无须述及③塞勒术克家族在呼罗珊境内渐次取得的成功以及马斯乌德的军事力量(人数较多,武器较良,但在行军中辎重为累)与游牧人的轻装部队(草原亲如"父母"④,辎重抛在120英里或30法尔萨赫以外亦不足虑⑤)彼此较量的经过。河中方面的一些部队应邀与塞勒术克家族以协助⑥;他们全无后顾之忧,因为花剌子模的政权,在哈仑卒(参看R361)后,转入他的弟兄亦思马因·罕丹手中,此人一直是哥疾宁家族的仇敌。为了清除这一对手,马斯乌德于1038年以统治花剌子模的授权状送交毡的沙-麦利克。沙-麦利克试以经合法宗主授权的事实诱致花剌子模人来归,未克如愿;直到1040-41年冬季,他才出兵花剌子模,进行武力征服。1041年2月,在阿西卜平原上发生的历时三日的战役,以花剌子模人的溃败告终。据拜哈吉的记述,花剌子模人本来尚能继续战斗,但哥疾宁朝军队即将开到的谣传在他们中间引起了恐惧。亦思马因唯恐被叛卖,放弃了京城(3月28日),走依塞勒术克家族。4月,沙-麦利克占领了京城,改奉马斯乌德名义宣读呼图白,虽然这时候马斯乌德已经离开了人世⑦。

早在沙-麦利克出征以前,塞勒术克家族已对马斯乌德取得了决

R365

303

---

① 拜哈吉书,Morley 刊本,页707;〔Ghanī 与 Fayyad 刊本,页566;此页注释中说到舒尼延(Shūniyān)应作舒漫(Shūmān),《突厥斯坦》1900年俄文版亦作舒漫(Шумāн)〕。
② 拜哈吉书,Morley 刊本,页745;〔Ghanī 与 Fayyad 刊本,页594〕。
③ 比贝尔施泰恩-卡齐米尔斯基本已部分述及(参看上文R70)。
④ 拜哈吉书,Morley 刊本,页669;〔Ghanī 与 Fayyad 刊本,页537〕。
⑤ 同上书,Morley 刊本,页712-3;〔Ghanī 与 Fayyad 刊本,页570〕。
⑥ 同上书,Morley 刊本,页734;〔Ghanī 与 Fayyad 刊本,页586〕。
⑦ 同上书,Morley 刊本,页865-7;〔Ghanī 与 Fayyad 刊本,页687-90〕。

定性胜利。1040年5月登丹坎①之役，决定了哥疾宁朝对呼罗珊的统治从此一去不返。正是在这次战役的疆场上，托格鲁勒被拥戴为呼罗珊埃米尔，登上人们临时设置的宝座②。其后，托格鲁勒遣人分向突厥斯坦二汗、阿里－的斤诸子、布里－的斤以及阿恩·道拉投递捷报。难民被驱至阿母河岸，俾得逃入河中，充作胜利之有目共睹的证明。另一方面，马斯乌德命拜哈吉秉笔致函哈剌汗国元首，表示他坚信阿尔斯兰－汗不会坐视不救，甚或同意亲自统军后援③。但马斯乌德心中却认定大势已去，不仅巴里黑及依附它的各省均应放弃，即哥疾宁亦难确保，尽管韦齐尔及其他诸权贵一再向他论证，如此过虑实无必要④。他将统治巴里黑与吐火罗斯坦的授权状送交布里－的斤⑤，意在藉此挑起后者与塞勒术克家族间的纠纷；他也允许留在哥疾宁的诸贵族，在塞勒术克家族到来时，可以为他们服役⑥。他已决定退往印度。

种种事实证明，马斯乌德的绝望确乎失之过早。在这位苏勒坦被废黜和去世（1041年1月⑦）以后，其弟穆罕默德在军队拥护下短期复位。至1041年4月⑧，马斯乌德之子毛杜德嗣立。毛杜德能力较强，当他在位期间，事态转而对哥疾宁朝有利。巴里黑与忒耳迷仍由毛杜德领有，"河中突厥人之王"（大约指布里－的斤而言）向他表示臣顺⑨。任忒耳迷守将的是埃米雷克·拜哈吉（真名作阿布勒－哈桑·艾哈迈

---

① 堡垒距马鲁40英里；参看 Жуковский, *Развалины Старого Мерва*, 页38。
〔关于登丹坎战役，Б. Заходер 曾根据拜哈吉书写出详细的记述，发表于 ИЖ, Ⅲ－Ⅳ 1943；土耳其语译文，见 *Belleten*, ⅩⅧ, 1954, 581－7。——C. E. B.〕
② 拜哈吉书,Morley 刊本,页788。虽然如此,雷沃蒂（术兹贾尼书,Raverty 译本,Ⅰ,页132,注）却仍然肯定地说："Baihaki does not say anything about a throne"；〔参照 Ghanī 与 Fayyaḍ 刊本,页628〕。
③ 拜哈吉书,Morley 刊本,页796；〔Ghanī 与 Fayyad 刊本,页633－4〕。
④ 同上书,Morley 刊本,页829－30；〔Ghanī 与 Fayyaḍ 刊本,页661－2〕。
⑤ 同上书,Morley 刊本,页826；〔Ghanī 与 Fayyaḍ 刊本,页659〕。
⑥ 同上书,Morley 刊本,页832；〔Ghanī 与 Fayyaḍ 刊本,页663〕。
⑦ 加尔迪齐书（牛津抄本,叶174；剑桥抄本,叶140a；〔Muḥammad Nazim 刊本,页110〕）作回历432年术马达Ⅰ月11日。参照《原文史料选辑》,页18。
⑧ 拜哈吉书(Morley 刊本,页867；〔Ghanī 与 Fayyad 刊本,页690〕）与伊本·阿西尔书（Tornberg 刊本,Ⅸ,页334）所记年月相同,即回历432年沙阿班月；Müller, *Der Islam*, Ⅱ,页77）谓在回历433年,误。
⑨ 伊本·阿西尔书,Tornberg 刊本,Ⅸ,页334。

德·本·穆罕默德),据阿布勒-哈桑·拜哈吉的叙述①,此人坚守忒耳迷以拒塞勒术克军达十五年之久,直到哥疾宁朝一切无望的时候,始放弃该城,交于达乌德。达乌德拟任埃米雷克为韦齐尔,埃米雷克固辞,返回哥疾宁,受任国家文书部长官。不过,这位历史家又说当毛杜德在位期间(亦即在1048年以前),埃米雷克即已出长文书部,这就与他本人所记长期坚守忒耳迷之说自相牴牾。在此以前,在1043年,塞勒术克家族已占有花剌子模;沙-麦利克遁入波斯,在一段时间内据守拜哈克城②,终在麦克兰被俘,瘐死狱中③。

1059年,依照达乌德与哥疾宁苏勒坦伊卜拉欣缔结的条约④,巴里黑最后转入塞勒术克家族的掌握,从而哥疾宁家族与河中的联系亦终于断绝。

在此期间,布里-的斤·伊卜拉欣在河中巩固了自己的权位,建立了独立的国家⑤。根据钱币学的资料⑥,可以推断:早在433/1041-1042年,他大约作为博格拉-汗的藩臣而领有布哈拉;在438/1046-47年大约铸造于撒马尔罕的钱币⑦上,我们看到伊卜拉欣的完全称号

---

① Ta'rīkh-i Bayhaq,不列颠博物馆藏抄本,叶69b-70a。
② 同上书,叶28b-29a;依此处所记,沙-麦利克名阿布勒-法瓦里斯·沙-麦利克·木·阿里·贝尔拉尼,其称号为Ḥusām ad-Daula wa Niẓām al-Milla(国家的宝剑与宗教共同体的秩序)。
③ 拜哈吉书,Morley刊本,页867-8;[Ghanī与Fayyad刊本,页691];伊本·阿西尔书Tornberg刊本,Ⅸ,页346。
④ Müller,Der Islam,Ⅱ,页77。还可参照术兹贾尼书,Raverty译本,Ⅰ,页103,132;[Nassau Lees刊本,页20]。
⑤ [普里察克指出](Pritsak, "Karachanidische Streitfragen", Oriens,1950年,Ⅲ,页227-8;"Die Karachaniden," Der Islam,1953-4年,XXXI,页34以下)巴托尔德说到布里-的斤·伊卜拉欣·本·纳斯尔在这时候建立了一个新的独立的汗国,这是不确切的。事实上,哈剌汗国约在433/1041-2年即已陷于分裂。这是因为联合汗国(Double Khanate),即大汗与副汗共治的原则,在卡迪尔-汗·优素福于424/1032年逝世以后,便被乙力纳斯尔的两个有野心的儿子,即穆罕默德与伊卜拉欣,给破坏了。阿恩·道拉·穆罕默德为了与于阗及喀什噶尔方面资望较高的汗室成员苏莱曼·本·卡迪尔-汗·优素福相对抗,在讹迹邗自立为大汗,伊卜拉欣也在撒马尔罕自立为与穆罕默实行共治的副汗。就是从这时候起出现了两个分立的汗国,一个是先以八剌沙衮,接着以喀什噶尔为中心的东哈剌汗国,另一个是先以讹迹邗,接着以撒马尔罕为中心的西哈剌汗国。——C. E. B.]。
⑥ Марков,Инвентарный каталог,页256。
⑦ 同上书,页262。

作"国家的柱石、宗教共同体的冠冕、天帝使者的宝剑"①,桃花石－汗·伊卜拉欣"。伊卜拉欣以及在他以前的博格拉－汗采用桃花石－汗②这一称号,证明他们有意与中国皇帝相比拟。其后伊卜拉欣自称"东方与中国之王"③,他的儿子纳斯尔自称"东方与中国的苏勒坦"④,大概亦出于同样原因,虽然根据确凿可信的记载,他们父子的领地从不曾扩展到河中以外。

伊本·阿西尔认为⑤,突厥斯坦哈剌汗家族的内部纷争有利于伊卜拉欣恢宏故业。关于突厥斯坦哈剌汗家族的内讧,我们已在它处述及⑥。此外,博格拉－汗统治时期,在436/1044－45年,河中发生了一次什叶派运动,这极可能是这类运动的最末一次,令人遗憾的是有关的报道甚为缺乏。在这次运动中,不少居民在什叶派诸使徒诱导下宣誓效忠于法提玛朝哈里发穆斯坦西尔(1036－94年)。博格拉－汗佯若接受他们的教义,但这只是为了骗取他们的信任,后来他出其不意下令屠杀布哈拉城什叶派信徒,并向其他城镇发出相应的命令⑦。

在河中历史上,作为直接统辖河中全境的第一个突厥朝代,哈剌汗朝无疑有着重大意义。可惜的是流传至今的关于这个朝代的报道至为简略,以致我们无从探索萨曼朝确立的秩序在这个时期起了哪些变化以及如何形成了后来蒙古人在这里遇到的局面。我们知之较多的是塞勒术克家族在波斯境内实行的若干改革。大体说来,同样的情况(即同样是东部穆斯林政治组织在起作用的国度为突厥族游牧人所征服)应当导致同样的结果;此外,塞勒术克帝国的体制对河中来说亦属重

---

① 'Imād ad－Dawla wa Tāj al－Milla Sayf Khalīfat Allāh。
② Ṭamghāch 也拼作Tafghāch 与Tanghāch;鄂尔浑碑文中作 Tabgach;关于此词的涵义,参看 Radloff, *Die alttürkischen Inschriften der Mongolei*,圣彼得堡,1895年,页428;Hirth, *Nachworte*,页35。
③ Марков, *Инвентарный каталог*,页263以下。
④ 同上书,页268以下。
⑤ Tornberg 刊本,IX,页211。
⑥ Бартольд, *Очерк истории Семиречья*,页98。
⑦ 伊本·阿西尔书,Tornberg 刊本,IX,页358。

要，因为花剌子模是这个帝国的组成部分之一，而且十三世纪君临河中的花剌子模沙原是塞勒术克家族的方面守臣。因此，我们将就塞勒术克朝有别于其前代各朝的特点稍加论列。

塞勒术克朝头几位君主即托格鲁勒、阿勒普－阿尔斯兰与麦利克－沙的个人品德，久有定评。即便是讲到突厥人一贯出以轻蔑口吻①的 A. 米勒对于这几位君主，特别是后二者，也有完全公允的论断②。早自中古时期，人们就注意到突厥统治者在气质上与一般突厥人截然不同，例如伊德里西就对突厥人有如下的评论③："他们的王公贵族勇武、沉毅、坚定、公道，有着高尚的品德；一般民众则残忍、野蛮、粗鄙、愚昧。"从突厥人的文化水平及其风俗习惯的特征看来，我们自然要推想：使童年人的心情显然不同于成年人的心情的那些心理因素也在他们中间起着作用。此外，游牧人的道德观念也比文明各族的道德观念在更大程度上依附于宗教。以塞勒术克与哈剌汗两朝的头几位君主来和马哈茂德与马斯乌德相比，前者是更好的穆斯林，此与圣·弗拉基米尔是比拜占庭诸帝更好的基督教徒均属理有固然。在哈剌汗朝诸君主心目中，宗教还不仅是维持其统治的工具，有关信仰的训诫还被视为具有凝聚君权作用的力量；正如我们在上文（R345）所见，君主戒酒即具有此种效用。非常可能，某些家族有些君主，在宗教信仰的影响下，怀有真挚的愿望：实现贤明君主的理想。

游牧人的首长，在服装上几与属下战士无别④，而且也参加战士们的一切劳动⑤，因此，他不会骤然变为像马哈茂德、马斯乌德那种类型

---

① Müller, *Der Islam*, Ⅱ, 页 22。
② 同上书，Ⅱ, 页 95。
③ *Géographie d' Edrisi*, Jaubert 译本，Ⅰ, 页 498。
④ 拜哈吉书，Morley 刊本，页 691；〔Ghanī 与 Fayyaḍ 刊本，页 553〕详细描写了托格鲁勒于 1038 年进入你沙不儿时的衣着。据称他身穿用穆勒哈姆织物（参看上文 R295）做成的衣服，头上有塔乌瓦齐（Tavvazī）缠头巾（由法尔斯境内一小城镇塔乌瓦兹得名的塔乌瓦齐织物颇为人所乐用，参照 BGA, Ⅲ, 马克迪西书，页 435），足登毡鞋；臂上挎着一张带有三支箭的弓。
⑤ 当土库曼人退走时，托格鲁勒几天未脱鞋，未卸甲（拜哈吉书，Morley 刊本，页 760；〔Ghanī 与 Fayyaḍ 刊本，页 606〕）。

的专制君主。在塞勒术克朝,最堪注目的特征之一是,令人厌恶的侍卫处长官一职(参看上文 R286)业已失却它的重要性①,又邮传长官一职亦废而不设。侦察制度是和蛮族的观念互相抵触的;主张实行侦察制度的尼扎木·穆勒克②曾摘引阿勒普-阿尔斯兰答复他何以不设邮传长官的理由如下:"假如我任命一位邮传长官,那些归心于我、和我亲密无间的人们自恃其对我的忠诚、友善和亲密,必不肯对他留神,向他行贿;反之,我的对手和仇敌则将对他多方逢迎,啖以金币。显而易见,邮传长官对我呈报的将是对我的朋友的诋毁和对我的仇敌的称赞。谗言和谀词都像箭一样,屡发必有一中;行之以渐,我对朋友的诚意必然递减,而对仇敌的好感必然递增,无须久待,友疏敌近,仇敌终将取朋友的地位而代之。其由此产生的危害,将无人能够补救。"不容否认,寥寥数语,不但显示了以诚待人的坦荡胸怀,而且也显示了未曾沾染文明恶习的人的健全思想。除此以外,侦察制度还有一种缺陷,它也可以被用作反对君主的工具;马哈茂德固然能将侦探安置在他儿子马斯乌德的身旁(参看 R354),同样,马斯乌德也有暗探活动于他父亲的办公厅以内③。另一方面,尼扎木·穆勒克认为邮传长官一职为国赖以安的支柱(qā'ida,复数 qawā'id),之一,亦属未可厚非。废除了侦察制度而不代之以更为有效的监督管理,其结果必然使个别王公和封疆大吏更加暴戾恣睢,为所欲为。

　　游牧人亦无波斯人以君主为国家唯一统治者的概念;在游牧人心目中,帝国是汗的整个家族的财产,塞勒术克家族起初对于专制君主的概念何等生疏,可于下列事实见之:在呼罗珊一部分城镇中,用托格鲁勒的名义宣讲呼图白,而在另一部分城镇中,则用其弟兄达乌德的名义宣讲④。国家分为许多藩国和封邑的制度以及与此相因而至的内讧,

---

① 尼扎木·穆勒克书,Schefer 刊本,原文,122;译文,页 179。
② 同上书,原文,页 65;译文,页 99。
③ 拜哈吉书,Morley 刊本,页 164-5;〔Ghanī 与 Fayyaḍ刊本,页 145-6〕。
④ 伊本·阿西尔书,Tornberg 刊本,Ⅸ,327-8。

在塞勒术克境内有着与在哈剌汗国境内同样广泛的发展。又军事采地制度,即对军队分配采地以代全部或一部军饷的制度,同样有害于居民①。只是在被突厥人征服以后,这种制度才在穆斯林世界的东半部广泛发展起来。在此以前,虽然有过用土地酬劳有功军人的个别情况,但这种例殊不多见,故尼扎木·穆勒克仍能断言,以前的国王从不分配采地,而只是对军队发放饷银。当尼扎木·穆勒克在世时,哥疾宁国家仍然实行这种发放军饷的制度②。至塞勒术克朝时期,采地(iqtā')分配成为常见的现象,但尚未导致农奴制度的确立。尼扎木·穆勒克提醒采地的领有者们说③,只可向居民征收一定的款项,除此之外,对于居民的人身、财产、妻子、儿女等并无任何权利可言。采地制度的推行,势必造成君主地产的逐渐缩减,这多半就是宫内大臣(wakīl)一职之所以逐渐丧失其重要性的原因④。

分封制度乃至军事采地制度的发展,引起了一定的混乱,在混乱中受害最重的当然是地主阶级,这一情况,如事实所指明的,在河中比在呼罗珊更为显著。我们已在上文(R318)述及,河中迪赫坎的活动是陷萨曼王朝于灭亡的诸因素之一,那么,很自然的,在新朝代的初期,迪赫坎的地位更加重要,此有易剌克的迪赫坎开始铸造钱币⑤为证。在关于1007-8年战役的记载中,如在上文(R335)看到的,"河中诸迪赫坎"曾被特书一笔。但在关于蒙古进攻的记述中,我们已看不到表明这个阶级在河中如何重要的任何报道,而在呼罗珊方面,则提到地主们依然住在家族堡寨以内。当蒙古人依其惯例聚集农村居民驱之使服围城的劳役时,他们向地主们下达了类似的命令⑥。接受了采地的突厥

---

① Kremer, *Culturgeschichte*, Ⅰ,页251以下,285。
② 参照上文 R298,注12。
③ 尼扎木·穆勒克书,Schefer 刊本,原文,页28;译文,页40。
④ 同上书,原文,页81;译文,页121。
⑤ Dorn, *Über die Münzen*,页715;Марков, *Инвентарный каталог*,页218-9。
⑥ 奈萨维, *Histoire du sultan Djelal ed-din Mankobirti*,原文,页53;译文,页90-1;多桑的译文较确(d'Ohsson, *Histoire des Mongols*,Ⅰ,页278;[冯承钧译,《多桑蒙古史》,上册,页116)。

人也获有迪赫坎的称号,至少在呼罗珊是如此。1035 年,当塞勒术克家族的托格鲁勒、达乌德和他们的叔父培护或叶护分得迪希斯坦、奈萨与费拉瓦诸城镇时,这三个人都接受了迪赫坎的称号以及与总督(walī)一职相应的赏赐:双尖顶帽、旗帜和缝好的衣服(以上依波斯人惯例),马、马具、金腰带(以上依突厥人惯例),此外还有三十幅未经剪裁的织物①。河中地主阶级的式微,大约因地价狂跌所致;这一点,奈尔沙希书的译者曾经道及②,在他那时候,以萨曼时期每一吉弗特值四千第尔赫姆的土地拱手让人,人亦不受,即便找到一个买主,"由于〔诸统治者的〕横暴及其对臣民的残酷",田地依然任其荒芜。

被征服地区盛行的君主专制主义的观念,不能不对征服者逐渐发生影响。统治者这种专制主义的意图,一方面必使本族部众离心,另一方面也促使他们和波斯官僚集团的代表人物接近。塞勒术克朝君主之所以未能将自己改变到与萨曼、哥疾宁两朝的君主完全相同,其原因在于他们始终与文化无缘。流传下来的完全可靠的记载③告诉我们,甚至塞勒术克家族最后一位强有力的苏勒坦辛贾尔也是既不能读,又不能写;我们没有根据认为他的祖先教养较高,虽然他的父亲麦利克-沙有时被说成有较高的文化素养。

不识字的君主自不能驾驭其幅员辽阔的国家中的一套繁复的官僚行政机构,日理万机的重任当然要落到韦齐尔肩上;因此,塞勒术克朝韦齐尔职权之重,为前此任何时期所未有。尼扎木·穆勒克自称与君主共同治国④,并非言过其实。同时,在这种情况下,君主与内廷干预国家日常行政,其害非浅;为此,尼扎木·穆勒克⑤主张发自宫廷的书面命令越少越好,因"无论何事,重复的次数过多,即不再被人重视"。

---

① 拜哈吉书,Morley 刊本,页 611;〔Ghanī 与 Fayyaḍ 刊本,页 492〕。
② Schefer 刊本,页 29 - 30。诚然,作者说到的是布哈拉城的地价,但很有可能,乡村情况与此相同。
③《原文史料选辑》,页 38(摘自用辛贾尔本人名义写出的外交文件)。
④ 伊本·阿西尔书,Tornberg 刊本,X,页 138。
⑤ 尼扎木·穆勒克书,Schefer 刊本,原文,页 66;译文,页 99 - 100。

君主的口谕为害尤甚;尼扎木·穆勒克认为①国家应有定制:君主的口谕永须由特定的人传达到行政部门或国库,且此人不得委托他人代行职权。行政部门接到口谕,须就其内容草成报告,俟君主知悉后,始得付诸实施。无待赘言,像这样一套在其本质上与专制主义下的行政体系不相并容的安排,从来没有实行过,而且过分扩大韦齐尔的权力,只会引起他和君主间的冲突。

官僚体制面临的一个最复杂的问题,是如何安置随同君主进入国境的突厥战胜者的问题,这些人完全不愿转变到定居生活,不愿像当地居民那样听命于国家行政机构。波斯官僚集团的代表人物当然愿意把武装的游牧人看作是君主的"警卫人员"(ḥasham),并使之遵守从前由君主购买来的奴隶和雇佣兵编成的警卫军所曾遵守的规章。在这方面,值得玩味的是尼扎木·穆勒克关于如何对待土库曼人的意见②。他认为,为数甚多的部落武装是经常酝酿动乱的根源,但因他们与王室同宗共祖,并曾为王室效劳,功勋卓著,故未便对之采取严厉措置。宜从青年土库曼人中选拔千人,编为"宫廷古拉木"(ghulāms of the Court),与一般古拉木受同样训练,俾"与人民接近,能互相了解,与古拉木同样供职,涤除旧染,尽释其〔对朝廷的〕宿怨。遇有必要,更可征集土库曼人五千或一万名,使与古拉木同样服役。如是,则朝廷的存在对他们有益;君主将被颂赞,他们也心满意足"。当然,变草原健儿为"宫廷古拉木"并不似尼扎木·穆勒克所设想的那么容易。更困难的是调和定居人口的利益使与不愿放弃游牧生活的入侵者的利益并行不悖。突厥诸汗愈向波斯的专制君主制蜕变,解决农民与游牧人二者之间无可避免的争端亦必愈趋向于对农民有利;游牧人或过渡到定居生活,或在被征服的土地上陷于困窘,二者必居其一。

情况既如上述,可知尼扎木·穆勒克欲实现其理想,甚非易事,而

---

① 尼扎木·穆勒克书,原文,页81;译文(页120)适与原文意义相反。
② 同上书,原文,页94;译文,页138。

且国家机构稍见削弱,便会发生严重的危险。尼扎木·穆勒克认为麦利克－沙在位期间可虑之隐患有二,一为亦思马因派异端日益强大①,二为妇女在定居社会中可能产生的影响与在游牧社会中大不相同②。又官僚集团中未经任用的人员,也可能成为动乱的因素,从而应当防止任何人担任两种或更多的职务,否则有职人员将因而减少③。尼扎木·穆勒克认为④更加危险的是在麦利克－沙享国末年提出来的削减军费的计划。麦利克－沙听信一位近侍的建议,以为天下底定,已无收养400,000人充作常备军的必要,此数可以缩减为70,000人⑤。由尼扎木·穆勒克看来,此议无异为朝廷树立330,000武装敌人;在他心目中,将军队扩充到700,000人,用以征服东亚、非洲及希腊,方为上计。尼扎木·穆勒克还抱怨⑥麦利克－沙过于吝啬,不像他的先人那样常为军队举办盛大的宴会⑦。各族游牧人向以豪迈慷慨为君主和英雄们的第一美德。这位宰相回忆了托格鲁勒时期的宴飨盛况,指出与此类似的宴飨在哈剌汗国中的重要意义,也指出麦利克－沙出征河中时期竟不曾一次犒劳当地军民,以致后者因此失望。

在哈剌汗国,我们还看到一种现象似乎未在塞勒术克王国发展到同等重要的程度,即世俗权力与僧侣集团的冲突。我们下文征引的一些具体事实足以表明当时这方面的斗争何等激烈,令人遗憾的是我们掌握的资料不足以阐明冲突所以发生的原因。突厥人的头几位汗,如我们已经看到的,均以笃信宗教见称,虽然谢赫及其他苦行者曾比宗教正统派的代表更为他们所宠信。在波斯,这样很有势力的谢赫有著名

---

① 尼扎木·穆勒克书,Schefer 刊本,原文,页 164－5;译文,页 242－4。
② 同上书,原文,页 156 以下;译文,页 231 以下。
③ 参照上文 R299。
④ 尼扎木·穆勒克书,Schefer 刊本,原文,页 144;译文,页 213。
⑤ 据拉文迪书(Iqbāl 刊本,页 131－2),麦利克－沙在位期间,属于苏勒坦禁卫军的骑兵为数不过 46,000 人。
⑥ 尼扎木·穆勒克书,Schefer 刊本,原文,页 115;译文,页 168－9。
⑦ 关于阿勒普－阿尔斯兰举办的大宴会,参看本达里书,Houtsma 刊本,页 47。

的阿布·赛义德·麦赫尼,据为这位谢赫写传的人记述①,塞勒术克家族自其与哥疾宁朝展开斗争之始,就对他深表尊崇。另据奥菲的记述②,我们可以推断,谢赫阿布·赛义德后来并没有过苦行者的生活,恰恰相反,他席丰履厚,"拟于苏勒坦"。在这一点上,他不同于另一谢赫阿布勒-哈桑·哈拉卡尼,但后者却也未曾为自己的苦行所迷惑,他承认,不论衣衫褴褛或华服盛饰,都可以"为天神工作"。谢赫阿布·赛义德对待研究实用科学的代表人物,同样以宽容见称。据哈木杜拉·可疾云尼的记述③,谢赫阿布·赛义德曾与阿维森纳会谈,其后谢赫对人说,"他知我所见",而那位哲学家也评论自己的谈友道,"他见我所知"。存在于一位谢赫和一位为伊斯兰教正宗所深恶痛绝的哲学家④之间的这种关系,未可等闲视之。那些与哈剌汗家族发生冲突的谢赫,看来就不是这样宽厚有容。

据伊本·阿西尔的记述⑤,桃花石汗·伊卜拉欣是一位特别虔诚的君主,他的父亲纳斯尔就已经是一位修道的隐士⑥。桃花石汗若不咨询诸法吉,决不妄取民间一文钱(意即决不征收新税)。他如此尊重僧侣:某日,阿里后人教士阿布·舒伽阿对他说,"你不配为一国之主",他闻言关闭宫门,决定退位;不过居民们终于说服桃花石汗:汗一向关心民瘼,教士之言,臣民无不知其虚妄失实。

在奥菲的记述⑦中,"伟大的"桃花石汗·伊卜拉欣被描绘为圣主明君的楷模;奥菲的叙述具有故事性质,可是我们仍能据以了解当时一般人对于这位统治者施政的观感。奥菲也征引了⑧这位汗的书面命

_R374_

---

① Ибн ал-Мунаввар 书,Жуковский 刊本,页 206。
② 《原文史料选辑》,页 97;Ибн ал-Мунаввар 书,Жуковский 刊本,页 188。
③ 《原文史料选辑》,页 153(选自 Ta'rīkh-i Guzīdah,不见于 Browne 刊本);参照 Ибн ал-Мунаввар 书,Жуковский 刊本,页 252。
④ 伊本·阿西尔书,Tornberg 刊本,IX,页 310。
⑤ 同上书,IX,页 211-2。
⑥ 还可参照杰马勒·卡尔希所述纳斯尔轶事(《原文史料选辑》,页 133-5)。
⑦ 《原文史料选辑》,页 84-7。
⑧ 同上书,页 87。

令,由此看来,哈剌汗朝的文化水平显然高于塞勒术克朝。这种情况殆亦事所必至,因为,无可置疑,前者在东突厥斯坦至少经过畏兀儿人中介,受到了中国文明的影响。八剌沙衮一位土著写成于1069年的《福乐智慧》诗篇中有若干突厥语的文化名词(例如 bitikchi = 写字的人,官吏①),这些名词在蒙古时期仍被沿用,无疑系哈剌汗人与蒙古人自畏兀儿人处借来。

桃花石汗·伊卜拉欣最关心的是境内安宁无事,严惩一切侵害产权的行为。某日,有些盗匪在撒马尔罕子城门上写道,"我们像葱一样,越割越长"。汗命人在这句话下面写道,"我站在这里像园丁,由你滋长,我将把你连根拔掉。"一日,汗对一位近侍说,"许久以前,我从报复的鞘里拔出严厉的刀,剪除了一批青年英俊;现在我需要这类人物,因为我得知有两个城镇②的居民图谋不轨,行将公开作乱。此刻我需要一些干才,我已学会器重他们。你们务须为我从先前以抢劫为生的匪帮中物色一名头目,既往不咎,我要让他为我罗致一批能人"。有一窃贼和强盗的魁首,前在桃花石汗镇压盗匪时已悔罪迁善,率四子劳动为生。他被引至汗前,汗当面任为监斩官③,与四子皆赏穿荣誉服。他遵照汗的旨意纠集了共300名的一队先前从事剽掠的盗匪,汗均加录用,一律赏穿荣誉服。他们逐一被带到储存荣誉服的房间,而后又到另一房间,在此他们一个个全数被捕。匪首及其诸子同样被捕,而后这些人均被斩首。如此严厉地清除盗匪,为撒马尔罕前所未见,宵小无不股栗。此后国内不闻有一枚第尔赫姆报失。这个故事的细节使我们设想,故事涉及的措施当与前代所谓"志愿军"所自出的那一居民阶层有关。

---

① 〔现在一般人公认,突厥语 bitik(公牍)一词应溯源于中国文化,汉语 bit(高本汉写作 piĕt)意即笔或用笔书写。参照 G. Doerfer, *Türkische und Mongolische Elemente in Neupersischen*, II,页 262 - 7, Nos. 717 - 18。——C. E. B. 〕。

② 原文中二城镇名库凯尔(?)与巴提克;前者无考,后者可能即贝提克村(参看上文 R132)。

③ Jāndār 一词颇为常见,似与 Sāḥib-ḥaras(侍卫处长官)同义(参看上文 R286 - 7)。

桃花石汗重视劳动居民的利益,既保护其产权不受公开的侵害,又保护他们免遭贪得无厌的商人们的剥削。一次,众屠户向汗呈递请愿书,抱怨官定肉价过低,获利甚微,请汗准许增价,为此愿向国库献款1,000第纳尔以为报。桃花石汗准其所请,众屠户献款后提高了肉价。桃花石汗旋即禁止居民买肉,违者论死。众屠户损失甚巨,坊间居民纷纷集五、六人合购一羊,分而食之。结果众屠户为恢复原价而不得不再次献款。事后,汗对人说,"假如我为1,000第纳尔而出卖黎民百姓,那是不合理的"。

不明何故,这位虔诚的汗曾与僧侣集团发生冲突,一位谢赫伊玛目阿布勒-卡西木·撒马尔罕迪①被处死。关于这位伊玛目的生平,除开见于《毛拉之子之书》(参看上文R107)、用阿布勒-卡西木的自称加以传述②的一则轶事而外,我们别无所知。这位伊玛目朝圣时,在希拉山上,在先知洞中,进行祈祷,祷词中除他事外,也祈求上帝赐与他某种快乐。有一声音回答道,"我们给人们的快乐表现在三件事上:第一预言,第二殉道,第三贫穷。预言之门现已关闭;那末,你是否要选择殉道或贫穷?"这位伊玛目选择了殉道,"我晓得,要想负起贫穷的重担,就需要有像天神的使者穆罕默德那样的品德"。如果我们相信奥菲的记述③,这位伊玛目的服刑,激起了人民对桃花石汗的憎恨;但据前引伊本·阿西尔的报道,情况则是在汗与僧侣集团发生冲突期间,国人大多数站在汗的一边。

尚在桃花石汗·伊卜拉欣君临期间,塞勒术克苏勒坦已开始侵扰河中。达乌德死后,塞勒术克帝国东部由其子阿勒普-阿尔斯兰统治,

---

① 萨曼时期有一和他同名的人(《原文史料选辑》,页50〔奈塞菲书〕; Жуковский, К истории персидской литературы,页05),不可混同。尚有第三个阿布勒-卡西木·撒马尔罕迪,即伊玛目纳斯尔丁,此人于536/1141年由撒马尔罕到达巴里黑;约1640年写成于布哈拉的 Baḥr al-asrār fī manākib al-ahiār 一书(英国印度事务部图书馆新书目no. 575,旧书目no. 1496,叶329b-330b)曾提到此人;此书作者除记述他事外,对巴里黑作了颇为详细的描述。
② 《原文史料选辑》,页170。
③ 同上书,页85。

后者于1064年对珂咄罗及石汗那进行了艰苦的远征。在哥疾宁朝丧失了巴里黑与忒耳迷之后,这些地区也必将归属于塞勒术克家族;但是这些地区的统治者煽动起叛乱,经阿勒普-阿尔斯兰奋力苦战,始告平定。在强攻几乎不可向迩的山巅堡垒的时候,阿勒普-阿尔斯兰曾不得不身先士卒以励士气①。翌年(1065年),阿勒普-阿尔斯兰又完成了从花剌子模向毡的与扫兰二地的出征(据米尔洪德的记载,时在冬季,参看上文 R361);管辖这些城镇的统治者纳降后,仍留任本省总督②。在此以前,阿勒普-阿尔斯兰曾侵扰桃花石汗·伊卜拉欣的领土,为此,汗于1061年遣使前往巴格达向伊斯兰教主控诉塞勒术克苏勒坦的行动。哈里发仅能对汗报以荣誉服与称号③;我们从汗所铸造的钱币④得知,除了上文(R367)述及的诸称号外,尚有下记三称号:宗教共同体的光荣('Izz al-Ummah)、穆斯林的骄傲(Ka'b al-Muslimīn)、正义的保护者(Mu'ayyid al-'Adl)。

伊卜拉欣生前让位于其子谢木斯·穆勒克,后者甫继位,他的弟兄舒艾思(Shu'ayth)⑤立即起兵反抗。兄弟二人在他们的父亲去世的一年(1068年)在撒马尔罕(依奈尔沙希书续编作者所记,亦在布哈拉)交战,结果谢木斯·穆勒克获胜。谢木斯·穆勒克君临期间,与塞勒术克家族的战争迄未停止。1072年秋季,阿勒普-阿尔斯兰率多至200,000人的大军出征河中,师出,因阿勒普-阿尔斯兰为某堡垒守将(此人前被苏勒坦俘获并判处死刑待决)所刺杀而遽罢。同年冬季,谢木斯·穆勒克攻陷忒耳迷,统军入巴里黑;该城统治者阿亚兹(阿勒普-阿尔斯兰之子)先已弃城出走。谢木斯·穆勒克班师途中,巴里黑

---

① 伊本·阿西尔书,Tornberg 刊本,X,页22。
② 同上书,X,页33;Sachau,*Zur Geschichte*,II,页29。
③ 伊本·阿西尔书,Tornberg 刊本,IX,页212。
④ Марков,*Инвентарный каталог*,页265。
⑤ 从钱币的资料(同上书,页267-8)看来,见于奈尔沙希书印本页49之 Saifas 应读作 Shu'ayth。伊本·阿西尔书,(Tornberg 刊本,IX,页212)称此王子为图甘-的斤;在舒艾思的一枚钱币上似有图甘-的斤这一称号。

部分居民邀击某突厥分队,谢木斯·穆勒克为此意欲焚烧该城,经居民恳求,取商人所献赎金而归。1073年1月,阿亚兹返抵巴里黑,3月6日,进攻忒耳迷,无功折返,士兵溺死河中者大半①。同年岁末或翌年岁初,镇守忒耳迷的谢木斯·穆勒克的弟兄以城降于麦利克-沙,后者款接甚殷,馈以礼物而遣之。麦利克-沙自忒耳迷向撒马尔罕进军,谢木斯·穆勒克请和,并挽尼扎木·穆勒克居间调解。苏勒坦同意媾和,返回呼罗珊②。伊本·阿西尔也述及③。谢木斯·穆勒克与卡迪尔-汗·优素福的二子即托格鲁勒-哈剌-汗·优素福及博格拉-汗·哈龙之间的争端,结果双方议和,规定以忽毡作为谢木斯·穆勒克与突厥斯坦诸汗双方领地的分界。这一规定似乎表明,谢木斯·穆勒克必须放弃费尔干纳以及河中地区之位于锡尔河以北的部分,而下述事实迨为这一情况的旁证:马尔吉南、西鞬与通凯特等地已开始用托格鲁勒-哈拉-汗与其子托格鲁勒-的斤的名义铸造钱币,而前此西鞬、通凯特的钱币均用伊卜拉欣及其诸子的名义铸造④。

  谢木斯·穆勒克像他的父亲一样享有明君的令名。他继续过游牧人的生活,与其军队仅在布哈拉近郊驻冬,驻冬期间,严禁兵丁擅离营帐,欺压居民。日入以后,任何士兵不敢在城内逗留⑤。尽管哈剌汗朝诸君主不改其游牧生活方式,但是他们也竭力履行其作为君主应当"用高大华美的建筑物美化城市,沿大路修建拉巴特等等"的职责(参看上文R285)。从资料中,我们看不出桃花石汗·伊卜拉欣曾经兴修了哪些建筑物,但和他同名的桃花石汗·伊卜拉欣·本·侯赛因则于十二世纪在撒马尔罕的古尔只敏或凯尔术敏区(参看上文R141)兴造了一座宏伟的宫殿,这座宫殿足以使后世回忆这位汗的声名,正如法罗

---

① 伊本·阿西尔书,Tornberg 刊本,X,页49-53。
② 同上书,X,页63-4。
③ 同上书,IX,页212。
④ Марков, Инвентарный каталог,页263-72。
⑤ 《原文史料选辑》,页85(奥菲书)。

斯灯塔之令人怀念马其顿的亚历山大,或如塔克·凯斯拉宫之令人怀念库萨和·阿努施尔宛①。谢木斯·穆勒克经营的建筑物之中,最负盛名的是 471/1078－79 年在哈尔真格村附近兴造的"王家拉巴特"(参阅上文 R308 注 4)。谢木斯·穆勒克又在撒马尔罕通往忽毡的大路上的阿克－库帖勒地方修建了另一拉巴特,据某些记载,汗死后即葬于此地②。此外,谢木斯·穆勒克还兴造了谢木斯阿巴德宫(在布哈拉附近),重修了布哈拉大礼拜寺(参看上文 R160－1)。谢木斯·穆勒克君临期间,政府与僧侣集团的冲突仍在继续,他继位后不久,在461/1069 年,伊玛目阿布·伊卜拉欣·亦思马因·本·阿布·纳斯尔·萨法尔即在布哈拉被处死,其原因,据萨木阿尼的记述,在于这位伊玛目劝他遵守宗教律令,并拦挡他作犯禁的事情③。

1080 年,谢木斯·穆勒克卒,他的弟兄希兹尔继位。关于希兹尔在位时期的事迹,我们几无所知,甚至他卒于何年,亦不可考。根据十二世纪一位著作家尼扎米·阿鲁齐·撒马尔罕迪的记载④,希兹尔在位期间,汗国达到了繁荣的顶峰。他领有河中与突厥斯坦(?),在呼罗珊方面也有可靠的条约保障安全。这位君王以睿智、公正见称,奖励文学,优遇诗人。同一著作家也述及当时河中君王及达官贵人等有将金银放在托盘里置于厅堂中的风气;希兹尔汗的厅堂中有四个托盘,各盛第纳尔 250 枚;某日,四个托盘竟为一位诗人所独得。在礼庆仪仗中,除其他兵器外,兵卫持金银权杖 700 支为君主前导。

---

① 奥菲书,页87。这也正是他的同时代人阿勒普－阿尔斯兰所以大兴土木的目的所在(本达里书,Houtsma 刊本,页47)。

②《原文史料选辑》,页 132(杰马勒·卡尔施书),168 与 172(*Kitab － i Mullāzādah*)。〔*Хафиз － и Таныш* 撰〕'*Абдулла－нāме*(亚洲博物馆抄本,叶 220a － b)也提到了王家拉巴特,南距吉扎克一站之遥。

③《原文史料选辑》,页 62(萨木阿尼书,Margoliouth 刊本,al－Ṣaffār 条,叶 353b,此处 qiblah 系误读,应作 qitlah。谢木斯·穆勒克在位期间僧侣集团之有势力的代表人物中,萨木阿尼提到了巴里黑的宣教士(wā'iẓ)扎伊恩·萨利欣·阿布·阿卜杜拉·穆罕默德·本·阿卜杜拉·舒曼尼,此人是谢木斯·穆勒克的老师(《原文史料选辑》,页 61,摘自萨木阿尼书;Margoliouth 刊本,ash－Shūmānī 条,叶341a)。

④ *Chahār Maqāla*,Qazwīnī 刊本,页 46 以下;Browne 译本,页 52 以下。

希兹尔的儿子和继承人艾哈迈德①在位时期,汗与僧侣集团的宿怨招来了塞勒术克家族的干涉。艾哈迈德初即位,即将韦齐尔阿布·纳斯尔·本·苏莱曼·柯散尼处死,后者曾在希兹尔君临期间任首席卡孜;但据萨木阿尼的记述②,此人居官迄无善行足称。另据伊本·阿西尔的记载③,年轻的汗凌虐人民,沙菲伊派的法吉阿布·塔希尔·本·伊勒克代表受压迫者向麦利克-沙吁求援助。

麦利克-沙于1089年占领布哈拉,进围撒马尔罕,在这里遇到了顽强的抵抗,虽然据伊本·阿西尔的记述,当地居民在塞勒术克军围攻撒马尔罕子城时曾向他们提供粮秣。艾哈迈德责成他的每一埃米尔防守一座碉楼;此中有一埃米尔是阿里的后裔(这就是说,他是僧侣集团利益的代表),其子在布哈拉被俘,麦利克-沙胁之以将杀其子,因此这位埃米尔对自己所守的碉楼防护不力,听其为塞勒术克军所得。撒马尔罕沦陷,艾哈迈德匿居某民宅中,但被搜获,缧绁在颈,押到苏勒坦面前,后者命人送往亦思法杭看管。麦利克-沙复自撒马尔罕前进,到达讹迹邗;喀什噶尔汗应召觐见,执藩臣礼,并开始用麦利克-沙的名义宣讲呼图白和铸造钱币④。苏勒坦返抵呼罗珊,留总督一人驻守撒马尔罕。

苏勒坦甫离河中而纷争复起。构成哈剌汗朝军队核心的吉基勒部落⑤对苏勒坦的悭吝甚感不满,因他驻留河中期间,竟不曾犒赏他

---

① 在拉丁文迪撰 *Rāḥat aṣ-Ṣudūr* 的印本〔刊布者 Muḥammad Iqbāl〕中(页130),被称为苏莱曼。刊布者推测他的真名为苏莱曼·本·艾哈迈德,全然无据。
② 《原文史料选辑》,页64(萨木阿尼书;Margoliouth 刊本,al-Kāsānī 条,叶471a-b)。
③ 伊本·阿西尔书,Tornberg 刊本,X,页112以下。
④ 本达里关于这些事件的记述(Houtsma 刊本,页55),与此稍异。据称,麦利克-沙在讨伐撒马尔罕一年以后始向讹迹邗进军,他将"突厥王"连同撒马尔罕汗一齐带往亦思法杭,但后来又使他们各自复位。
⑤ 舍费尔(尼扎木·穆勒克书,Schefer 刊本,译文,页132)以为见于此处之字乃"省区"之意,系波斯语,非突厥语,其说无据,殊不足信〔正如 P. 伯希和所指明的,此字非波斯字,出于蒙古语,参看 Pelliot, Notes sur le 《Turkestan》,页18-21;〔冯承钧《西域南海史地考证译丛》,三编,页8-13〕。又伊本·阿西尔谓吉基勒人乃撒马尔罕的居民,亦不可信;al-Ma'rūfīn bi-l-jikilīt 二字仅与'askar-hum 有关。毫无疑义,应读作 Jikilīt 与 Jikiliyān,不应读作 Jilikīt 与 Jilikiyān。关(转下页)

们一次①(显然他们已投效麦利克-沙)。这个部落的叛变迫使苏勒坦委派的总督退往花剌子模。吉基勒人的首领阿因·道拉从七河流域召来阿特巴什城长官,喀什噶尔汗的弟兄亚尔库卜-的斤。亚尔库卜执政后第一项措施是将阿因·道拉处死,这当然激起吉基勒人对他的反抗。麦利克-沙甫入布哈拉,亚尔库卜立即出走,经费尔干纳返回阿特巴什。他的军队在塔瓦维斯附近降附麦利克-沙。麦利克-沙重新占领了撒马尔罕,留一埃米尔驻守,他本人再次进抵讹迹邗。突厥斯坦诸汗的内讧②为麦利克-沙消除了一切来自这方面的危险;因此他能够安全返回呼罗珊。

稍后,麦利克-沙复立艾哈迈德为汗。麦利克-沙采取这一措置的原因,今已不详。艾哈迈德复辟后不久,1095年岁初,在与僧侣集团的冲突中遇害。先是,艾哈迈德滞留波斯时,曾与信奉异端的低廉人往还;他回河中后,被控为信仰异端;撒马尔罕的诸法吉与卡孜向军队散发裁定书(fatwā),要求废汗并处以死刑。艾哈迈德在京城颇得众心,故在京城无起事可能;军人派嗾使柯散城长官托格鲁勒-扬纳勒-伯克宣告脱离政府,当艾哈迈德躬自率军进逼该城时,军中将领带头哗变,擒获艾哈迈德,押回撒马尔罕。在撒马尔罕,此已废之汗由宗教法庭审讯;艾哈迈德虽自辩完全无罪,但法官等认为证据确凿,判处死刑,弓弦绞决③。这一事件自应认为系僧侣联合军人对政府和人民取得的最大胜利。关于艾哈迈德在位时期的其他事件,我们只知道当希兹尔君临时期尚矗立无恙的谢木斯阿巴德宫至是倾毁。艾哈迈德从波斯回国后在术伊巴尔兴造了一座壮丽的新宫;术伊巴尔大约就是被称为

(接上页)于吉基勒人从前的居地,参看 Бартольд,*Очерк истории Семиречья*,页90. 吉基勒人显然与哈剌汗人一道进入河中。马哈茂德·喀什噶里的 *Dīwān lughāt at-Turk*(I,页330)说明,土库曼人称所有东突厥人为吉基勒人(Jikils)或奇基勒人(Chikils)。〔书作奇基勒人较妥。——C. E. B.〕

① 尼扎木·穆勒克书,Schefer 刊本,原文,页115;译文,页198-9。
② Бартольд,*Очерк истории Семиречья*,页99。
③ 伊本·阿西尔书,Tornberg 刊本,X,页165-6;奈尔沙希书,Schefer 刊本,页236-7。
 〔这位汗于1095年6月25日被绞决,参看 A. Ateş, "Tarcumān al-balāġa, das früheste neupersische Werk über rhetorische Figuren", *Oriens*,1948年,I,56-7n。——V. M.〕

"阿布·伊卜拉欣术巴尔(渠道)"(参看上文 R156)的地方。这座新宫为诸汗所居达三十年之久①。

艾哈迈德死后,叛乱者奉其从兄弟马斯乌德－汗继位。1097年,这个国度称藩于麦利克－沙的长子苏勒坦巴尔克亚鲁克②,巴尔克亚鲁克先后指派苏莱曼－的斤、马哈茂德－的斤与哈仑－的斤统治该国③。这些统治者之中,只有苏莱曼－的斤我们确知其为达乌德·库奇－的斤之子,桃花石汗·伊卜拉欣之孙④。十二世纪初,河中遭到突厥斯坦哈剌汗家族的新的进攻。博格拉－汗·穆罕默德(参看 R357)之孙卡迪尔－汗⑤。吉卜拉伊勒不仅占领了这个国度,而且在1102年侵入塞勒术克国境以内。他进而攻占忒耳迷,但于6月22,在距该城不远处与苏勒坦辛贾尔的会战中战败被杀⑥。苏勒坦从马鲁召来苏莱曼－的斤之子穆罕默德－的斤,后者在卡迪尔－汗进攻时由河中逃往呼罗珊⑦。穆罕默德－的斤以阿尔斯兰－汗为号,统治这个地区直到1130年。

阿尔斯兰－汗即位伊始,即不得不与桀骜不驯的埃米尔萨吉尔－伯克相见以兵,据伊本·阿西尔的记载⑧,萨吉尔－伯克也是哈剌汗家

---

① 奈尔沙希书,Schefer 刊本,页28。
② 伊本·阿西尔书,Tornberg 刊本,X,页181。
③ 本达里书,Houtsma 刊本,页258－9。马哈茂德－的斤大约即伊本·阿西尔书中(Tornberg 刊本,X,页213)说到的马哈茂德－汗,他还说这位汗耳患重听。伊本·阿西尔此处谓马哈茂德为艾哈迈德的直接继承人,并为一位前统治者之孙;他在另处(X,页166)提到了马斯乌德。
④ 杰马勒·卡尔希书中有正确的系谱(参看《原文史料选辑》,页132)。达乌德·库奇－的斤的名字在他父亲生前已铸在一些钱币上(Марков,Инвентарный каталог,页266)。
⑤ 伊本·阿西尔书(Tornberg 刊本,Ⅸ,页213)称他为图甘－汗,并谓阿里后裔阿布勒·麦阿利·穆罕默德·本·扎伊德·巴格达迪以图甘－汗的名义统治撒马尔罕,但在约三年以后起而为乱;图甘－汗攻陷撒马尔罕城,巴格达迪与城内许多居民被杀。由此可以推断,突厥斯坦的居民藉僧侣之助占领了河中,但其后僧侣集团又对当地新统治者展开斗争。
⑥ 根据本达里的记述(Houtsma 刊本,页262),他系在行猎时被俘。
⑦ 伊本·阿西尔书,Tornberg 刊本,X,页239－41;《原文史料选辑》,页84(奥菲书)。据 Kitābi Mullāzādah(《原文史料选辑》,页172),阿尔斯兰－汗就出生在马鲁的麦苏斯或麦斯韦斯村(参照 Жуковский,Развалины Старого Мерва,页13)。又奥菲与 Kitābi Mullāzādah 的作者均谓阿尔斯兰－汗亦号桃花石汗。
⑧ Tornberg 刊本,X,页241,252。伊本·阿西尔书诸抄本中亦可遇到 Hāghū 与 Sāghū 等拼写。参照奈尔沙希书,Schefer 刊本,页240。

族的成员。第一次萨吉尔－伯克之乱发生于1103年；辛贾尔前来支援他所扶立的阿尔斯兰－汗，经他斡旋，敌对双方言归于好，辛贾尔本人于当年12月返抵马鲁。第二次萨吉尔－伯克之乱发生于503/1109年，阿尔斯兰－汗由辛贾尔协助，在那黑沙不附近击溃叛乱分子①。

此后二十年间，国内升平无事。阿尔斯兰－汗在大兴土木这一点上比哈剌汗朝其他君主更为著名。我们前已述及他所经营的一些建筑工程，如修复布哈拉子城（参看R152）、修复布哈拉城垣（R155）、1119年在谢木斯阿巴德宫遗址修建用于节日祈祷的道场、1121年修建华美的大礼拜寺（R161）、兴造两所宫院——其第一所后来改为经文学院（R162）——以及重建培肯德城（R170）。他命将子城附近大礼拜寺的尖塔移入沙赫里斯坦以内，翻修得更加壮丽；在工程即将告竣的时候，尖塔以及大礼拜寺的三分之一突然坍塌，他下令完全由他个人出资重建尖塔②。《穆拉之子之书》③的作者将修建尖塔一事系于1127年。阿尔斯兰－汗之笃信宗教，不仅表现在他大兴土木及其屡次对不信伊斯兰教者（大约为钦察人）的征讨④上，而且也表现在他推崇苦行者哈桑·本·优素福·布哈里·萨曼尼的态度上，哈桑·本·优素福被人称为奈迈德－普什（Namad－pūsh，意为以毡衣蔽体）。这位谢赫栖身于布哈拉修道院内三十年，仅以蔬菜为食。除他以外，在布哈拉只还有一

---

① 伊本·阿西尔书，Tornberg刊本，X，页335。同年（回历503年）谣传苏勒坦辛贾尔曾在阿母河附近对不信伊斯兰教的某族人众（qaum kāfir）作战获胜（伊本·卡兰尼西书，Amdroz刊本，页168）。
② 奈尔沙希书，Schefer刊本，页49－50。此尖塔至今犹存。
③ 《原文史料选辑》，页172。
④ 据本达里的记述（Houtsma刊本，页264），阿尔斯兰－汗（他称之为艾哈迈德，参看下文）有突厥马木卢克（mamlūk，即已归依伊斯兰教的突厥族奴隶部队的士卒）12,000名，他常率以征讨不信伊斯兰教的突厥人，在后者的分布地区多处巡视，恒历时两个月之久。参照伊本·阿西尔书，（Tornberg刊本，IX，页55以下）关于阿尔斯兰－汗的征讨的叙述，此项叙述曾为马夸特所征引（Komanen，页164以下，此处卷XI作卷XII，年份作回历522年，均误）。据称阿尔斯兰－汗辖有契塔突厥人（al－Atrāk al－Khiṭa）16,000帐，其任务在于把守他的国家与中国（al－Ṣīn）之间的各山口。马夸特由此得出结论说，今楚古察克附近之叶密里城的建立者必为阿尔斯兰－汗的这些雇佣兵，而不是与葛儿罕（Gūrkhān）一道前来的哈剌契丹人。此一意见可断言其必误。撒马尔罕汗的权威会有一个时期向北伸张到如此之远，殊不可解。

位谢赫完全茹素,即阿布·贝克尔·凯拉巴迪。阿尔斯兰－汗呼奈迈德－普什为"父";这位隐士在汗的支持下能够维护布哈拉使不为"道德败坏及标新立异者"所腐蚀。凡白昼在巴扎尔内从水槽中饮水的苏菲派人士都被他逐出布哈拉城,因为在他心目中,苏菲派应以严守礼仪为第一要义。509/1115－16 年,这位谢赫中某"道德败坏者"所发冷箭而卒①。

不论阿尔斯兰－汗如何虔诚,当他在位期间,君主与僧侣集团的冲突仍未停止。上文(R378)述及伊玛目萨法尔为谢木斯·穆勒克所杀,萨法尔之子阿布·伊斯哈克·伊卜拉欣·本·亦思马因,像他的父亲一样,"直言无隐,指责苏勒坦,向君王们提出要求";辛贾尔为维持境内安宁起见,命令他移居马鲁②。阿尔斯兰－汗将终之年患麻痹症,不得不引其子纳斯尔襄理政务。有人密谋杀害这位青年统治者,主其事者为僧侣集团的首脑、阿里的后裔、法吉及宣道师阿什拉甫·本·穆罕默德·撒马尔罕迪与撒马尔罕的莱伊斯。某夜,他们乘纳斯尔的父亲不在纳斯尔身旁的时候把纳斯尔杀害了③。阿尔斯兰－汗向辛贾尔乞援,同时召回他的另一个儿子艾哈迈德④。法吉与莱伊斯出迎艾哈迈德,这位年轻的汗立即下令逮捕二人,并将法吉就地处死。伊本·阿西尔的一则记述⑤称,和平由此恢复,从而不复需要辛贾尔的协助,阿尔斯兰－汗亦颇悔曾向苏勒坦乞援。这位历史家在另一处⑥又说,葛逻禄亦曾起兵反对阿尔斯兰－汗,被辛贾尔击败。无论情况如何,事实是

---

① 《原文史料选辑》,页 170(*Kitābi Mullāzādah*)。
② 同上书,页 62(萨木阿尼书;Margoliouth 刊本,al－Ṣaffār 条,叶 353b)。
③ 有的记载说(伊本·阿西尔书,Tornberg 刊本,XI,页 54),纳斯尔本人也密谋不轨,由其父下令处死。
④ 伊本·阿西尔书中未记这位王子的名字,但带有卡迪尔－汗·艾哈迈德名字的钱币(Марков,*Инвентарный каталог*,页 275－6)很可能是他的钱币;还有拉文迪(Schefer 刊本摘录,页 32;[Muh. Iqbāl 刊本,页 169])与本达里(Houtsma 刊本,页 264)呼撒马尔罕为艾哈迈德并将他与阿尔斯兰－汗混同为一人的情况可资证明。
⑤ 伊本·阿西尔书,Tornberg 刊本,X,页 465－6。
⑥ 同上书,XI,页 54－5。

在率军进入河中的苏勒坦与河中统治者之间,终于出现了争端;辛贾尔行猎时,捕获十二名生人,经讯问,这些人供认为汗所贿买,负有杀害苏勒坦的使命。在这以后,辛贾尔围攻撒马尔罕。僧侣等大约经汗恳求,致函苏勒坦代为缓颊。至今我们尚能看到用辛贾尔的名义写给撒马尔罕的"诸伊玛目、卡孜与耆宿"的复函,苏勒坦在复函中首先表明,他很惊讶何以身为僧侣,竟然"听命于一个已为天神亲自废黜的人,一个已丧失一切权力凭藉的人,一个已不受全能者支持的人,一个已被世界的统治者、全能者的影子、哈里发的代表推下君主宝座的人"。苏勒坦进而言及,是他亲自擢汗于微贱之中,使当君人之任,并徙其诸敌人于呼罗珊,十七年来屡次兴师动众予以支持;然而汗不知自爱,凌辱先知的后裔,摧残古老的家族,怀疑善类,横加诛锄并抄没其家产。苏勒坦讽示,僧侣们的信件是在世俗权威的压迫下送出来的。最后,苏勒坦宣布,"虽卡弗(Qāf)大山亦莫之能阻的"七万大军进薄城下已历三日,攻城在即,他之所以引满未发,只不过为了拯救这个居民素以虔诚见称的城市免于难以避免的劫掠,此外也因为苏勒坦之妻(阿尔斯兰－汗之女)居间调解①。

1130年春初②,撒马尔罕陷落,卧病的阿尔斯兰－汗躺在异床上,被抬到苏勒坦面前③,苏勒坦命交他的女儿收养。未几④,他死在巴里黑,葬于马鲁他本人修建的经文学院以内⑤。他的继承者先定为长成于辛贾尔宫廷中的他的弟兄阿布勒－穆扎法尔·桃花石－博格拉－汗

---

① 《原文史料选辑》,页25－6(Inshā')。
② 回历524年拉比阿Ⅰ月(伊本·阿西尔)。
③ 本达里书,Houtsma刊本,页264。
④ 据 *Kitābi Mullāzādah* (《原文史料选辑》,页172),在回历524年或525年;据杰马勒·卡尔施书(《原文史料选辑》,页132),在回历526年拉фар卜月(公元1132年5－6月)。
⑤ B. A 茹科夫斯基教授误将此事归到塞勒术克君主阿勒普－阿尔斯兰身上(*Развалины Старого Мерва*,页27－8)。关于艾哈迈德的遭际,只有伊本·阿西尔书(Tornberg刊本,X,页480)述及1132年夏季,正在西方用兵的辛贾尔不得不返回呼罗珊,"因为他接到了河中统治者艾哈迈德－汗作乱的报告",此外我们别无所知。很可能,在辛贾尔攻陷撒马尔罕以后,艾哈迈德被留在河中为其某部分地区的统治者。

·伊卜拉欣①,后又改立哈剌汗家族的另一成员吉利奇·桃花石汗·阿布勒-马阿利·哈桑·本·阿里·本·阿卜德-穆敏(此人更常被人称为哈桑-的斤)②,终则确定为阿尔斯兰-汗之子鲁克努丁(或杰拉勒丁)③·马哈茂德。马哈茂德系辛贾尔之甥,一直是他的舅父的忠诚的臣属。辛贾尔还可以说喀什噶尔汗也是他所扶立的君主④。这样,亚洲整个穆斯林地区有如麦利克-沙君临时期的局面,再次听命于单独一位君主。不过在这时候,已有另一个民族走近穆斯林世界的东部边境,它将迫使河中地区的穆斯林初次接受不信伊斯兰教者的统治。

---

① 《原文史料选辑》,页24(引自外交文件);这位汗不见于任何史家的记载。
② 伊本·阿西尔书,Tornberg 刊本,XI,页55。
③ 《原文史料选辑》,页27,33(Inshā')。
④ 同上书,页37(Inshā')。

第三章　哈剌契丹人与花剌子模沙

我在他处已经比较详细地说到了哈剌契丹人的兴起①。喀什噶尔汗艾哈迈德·本·哈桑②挫败了哈剌契丹人之后，塞勒术克朝政府在其致巴格达韦齐尔的信件中表明来自非伊斯兰教徒的威胁已不复存在③。然而实际情况并非如此。哈剌契丹人成功地缔造了一个幅员广大的王国，先后征服了七河流域和东突厥斯坦，并于回历531年拉马丹月（1137年5-6月）在忽毡附近一举击溃马哈茂德-汗的军队。败讯传至河中，居民异常恐慌④。但是哈剌契丹人大约正有事于他方，因此在这方面未曾乘机扩大战果。

辛贾尔此刻正竭尽全力平定藩臣花剌子模沙⑤阿特西兹之乱。阿特西兹的祖父名阿努什-的斤·加尔札⑥，原为塞勒术克朝埃米尔比

---

① Бартольд, *Очерк истории Семиречья*, 页102以下。
〔《七河流域史》已有英语译文，译者为 V 与 T. Minorsky，刊行于 Barthold, *Four Studies on the History of Cential Asia*, I, 莱顿, 1956 年, 页 73-171。——V. M.〕。

② 关于这位汗的来历，参看《原文史料选辑》，页133（杰马勒·卡尔希书）。他的父亲桃花石汗·哈桑，曾在一段时间内统治过塔拉兹，有其所铸钱币为证（Марков，*Инвентарный каталог*，页272）。《福乐智慧》一书，就是为这位汗编写的。Barthold, *The Bughrā Khān*, 页152。

③ 《原文史料选辑》，页38。

④ 伊本·阿西尔书, Tornberg 刊本, XI, 页 56。

⑤ 关于花剌子模朝的史料，见上文 R.77 以下。米尔洪德的著述惟以术外尼书为依据；关于米尔洪德与其所用史料的关系，参看上文 R107。Н. И. 韦谢洛夫斯基教授在其所编 *Очерк историко-географических сведений о Хивинском ханстве с древнейших времен до настоящего*（圣彼得堡，1877年）一书中采用了米尔洪德的著作。在下文我的叙述中，主要是在我所征引的材料未经韦谢洛夫斯基引用的场合，我才标明这些材料的出处。

⑥ Gharja 之更正确的写法应作 Gharcha（今 Ghālcha），参看 Бартольд，*Историко-географи*-（转下页）

勒伽-的斤(或作比勒伽-伯克)的奴隶,因其系比勒伽-的斤自加尔吉斯坦一居民手中购来,遂以伽尔札为姓①。阿努什-的斤初侍比勒伽-的斤,继被引入麦利克-沙宫廷,屡任要职,受命掌管麦利克-沙的洗盥用具②。当时内廷这一部分用度全部取给于花剌子模的税收③,因此阿努什-的斤兼领花剌子模总督衔④。但从两种原始记载⑤来看,阿努什-的斤并不曾实际管辖这一地区。他的儿子库特卜丁·穆罕默德在马鲁长大成人。

1097年,花剌子模沙伊金奇·本·库奇卡尔⑥为诸叛乱埃米尔所害;乱定,苏勒坦巴尔克亚鲁克指派埃米尔达德-哈巴施·本·阿勒暾塔克⑦为呼罗珊总督,后者转委阿努什-的斤之子库特卜丁·穆罕默德治理花剌子模。穆罕默德所受职位得到了辛贾尔的认可,后者且协助他平定了伊金奇之子托格鲁勒-的斤的叛乱,托格鲁勒-的斤曾将突厥人召入国境。据伊本·阿西尔的记载⑧,穆罕默德为政清明,崇尚学术;又据

(接上页)*чсекий обзор Ирана*,页27,还可参看 Бартольд,*К истории Мерва*,页134。
① 伊本·阿西尔书,Tornberg 刊本,X,页182。
② 〔Таштдар,(术外尼书,Qazwīnī 刊本,Ⅱ,页2)。〕
③ 术外尼书,ГПБ Ⅳ,2,34 抄本,叶99;〔Qazwīnī 刊本,Ⅱ,页2〕。
④ 术外尼书,同处。
⑤ 就我所知,称他为花剌子模的真正的统治者的第一位作家是哈木杜拉·可疾云尼(*Ta'rīkh-i Guzīda*,ЛГУ No. 153 抄本,叶283;Browne 刊本,原文,页486 以下;译文,页111 以下),但须参照译者为回历491这一年份所作的注文。
⑥ 提到此人的不仅有伊本·阿西尔,而且有术外尼(Qazwīnī 刊本,Ⅱ,页3,此处写作 al-N·jī,不过后来的作家,自拉施都丁(亚洲博物馆抄本 a 566(D 66),叶517a)以下,都不曾提到他。参照马奈特的意见(*Komanen*,页48以下;201以下),马奈特认为这位伊金奇当与曾经奥菲提到的同为一人(参看《原文史料选辑》,页99)。
〔花拉子模沙埃金奇·本·科查尔(Ekinchi b. Qochar)似与苏勒坦麦利克·沙的一位御医麦尔韦齐相识,并曾亲向麦尔韦齐谈及他属于突厥族的浑(Qūn)部落;参照 Marvazī on China, the Turks and India,页29-30,98-100。——C. E. B.〕。
⑦ Dād-Ḥabashī b. Altūntāq,术外尼书作 Dād-beg b. Habashi Altūntāq;Qazwīnī 刊本(Ⅱ,2)作 Dād-beg Ḥabashi b. Altūntāq。
〔埃米尔-伊·达德(Amīr-i Dād),意为"掌管司法行政事务的埃米尔",此乃哈施·本·阿勒暾塔克的职称;关于这一官职,可参看 I. H. Uzunçarşılı, *Osmanlı devleti teşkilatına medhal*,伊斯坦布尔,1941年,索引;H. Horst, *Die Staatsverwaltung der Grosselgūqen und Ḫorazmšahs* (1038-1231),威斯巴登,1964年,页93。——C. E. B.〕。
⑧ Tornberg 刊本,X,页183。

术外尼的记载,穆罕默德终生臣事辛贾尔甚谨,当其在位期间,每隔一年必躬亲入朝苏勒坦,非躬亲入朝之年,亦必遣其子阿特西兹前往。

1127 年或 1128 年,穆罕默德卒,阿特西兹继立,花剌子模朝的声威,实肇始于阿特西兹在位之时。阿特西兹及其后嗣都有非凡的毅力和才能,并为达成其建立强大而独立的王国的目的不惜采取任何手段。阿特西兹在位初年,依然听命于辛贾尔,屡次参加辛贾尔的远征,包括辛贾尔对河中用兵在内①。但与此同时,他也致力于征服相邻的游牧部落,藉以增强他自己的统治。为此他占据了在游牧人生活中有重大意义的两个地区,一为毡的,即锡尔河下游流域,一为曼吉什拉克半岛②。他从毡的统兵"深入突厥斯坦腹里",战胜了"在不信教者中间极负盛名的一位君主和首领"③。此役之后不久,阿特西兹便背叛了辛贾尔;据术外尼的记载④,阿特西兹前此在随辛贾尔出征哥疾宁时,就已经觉察,苏勒坦惑于谗言,对他日益疏远。1138 年秋季,辛贾尔对花剌子模初兴问罪之师。据流传下来的官方文件⑤的叙述,辛贾尔谴责阿特西兹未经君主许可,擅自进攻毡的和曼吉什拉克二地,"杀伤穆斯林",而此二地的居民一向是穆斯林诸省区的忠实保卫者,经常对不信教者进行战斗。作为对苏勒坦的谴责的答复,阿特西兹公开举起叛旗,将苏勒坦的官吏投入监狱,抄没他们的财产,遮断与呼罗珊往来的所有道路。当时苏勒坦驻跸巴里黑,即自该地(术外尼谓在回历穆哈兰月,亦即公历 9 月)亲统大军出征。阿特西兹安营于要塞哈扎拉斯普附近,防守甚严,将环营数法尔萨赫的地面引水淹没——这正是此后花剌子模诸沙屡次采用的防御战术(参看上文 R209)。由于岸旁地带尽没于

---

① 术外尼书,ГПБ Ⅳ,2,34 抄本,叶 100; Qazwīnī 刊本,Ⅱ,页 4;米尔洪德,*Histoire des sultans du Kharezm*, Defrémery 刊本,页 2。
② 亚库特亦曾述及阿特西兹征服曼吉什拉克事(*Mu'jam*, Ⅳ,页 670)。据伊本·阿特尔书(Tornberg 刊本,Ⅹ,页 183),阿特西兹当其父在世时,已经征服了曼吉什拉克。
③《原文史料选辑》,页 37(Inshā')。写出于 1133 年 7 月的一份文件,见同书页 35。
④ ГПБ Ⅳ,2,34 抄本,叶 100; Qazwīnī 刊本,Ⅱ,页 4;米尔洪德,*Histoire des sultans du Kharezm*, Defrémery 刊本,页 3。
⑤《原文史料选辑》,页 44-7(Inshā')。

水,塞勒术克军只好通过多沙的草原前进,从而行动极为迟缓。行动的迟缓被官方文件解释为苏勒坦有意给予阿特西兹以悔过的时间。两军终于在 11 月 15 日会战。阿特西兹引军出击,他的军队部分由不信教的突厥人组成,结果全军溃败,伤亡及被俘共达 10,000 人之多。战俘中有花剌子模沙的儿子①,立被处决,传首河中。辛贾尔在战地逗留了一星期,阿特西兹残部来归者一律不咎既往。阿特西兹出走,花剌子模全境不战而下。辛贾尔委任其侄苏莱曼·本·穆罕默德②为花剌子模的统治者,并留韦齐尔、阿塔伯克(atābeg)、哈吉卜各一人使为佐贰。1139 年 2 月,苏勒坦返抵马鲁,然而苏莱曼未能久于其位;阿特西兹回到了花剌子模,居民等因对辛贾尔军队的骚扰深感不满,重新集结在阿特西兹的周围,苏莱曼只好走依他的伯父③。534/1139-40 年,阿特西兹一度攻陷布哈拉,俘获该城长官增吉·本·阿里,继加杀害,堕毁布哈拉子城④。虽然如此,阿特西兹迫于当时形势,仍不得不向辛贾尔表示臣服。阿特西兹于 1141 年 5 月底归顺辛贾尔的誓词今尚存在,是一篇官样文章⑤,全文见于阿特西兹向辛贾尔表示悦服的一件公牍中,内称苏勒坦对待花剌子模沙,既向世人昭示其公道于前,今复以其"仁慈之光辉"普照世人⑥。然而时未及数月,这位花剌子模沙表示忠顺的誓言遽为其本人所背弃。

1141 年,在河中屡见不鲜的王权与军权之间的冲突再次出现⑦。马哈茂德-汗求助于辛贾尔以与葛逻禄部相对抗。是年 7 月,塞勒术克军进入河中。葛逻禄部则向哈剌契丹葛儿罕乞援。驻在八剌沙衮的葛儿罕原以马哈茂德-汗的保护者自居,助汗抵抗诸游牧

---

① 术外尼书,Qazwīnī 刊本,Ⅱ,页 5 作 Ātlīgh;米尔洪德书中(Histoire des sultans du Kharezm, Defrémery 刊本,页 4)作 Īl-qutlugh。
② 此据术外尼书。
③ 伊本·阿西尔书,Tornberg 刊本,Ⅺ,页 44。
④ 奈尔沙希书,Schefer 刊本,页 23。
⑤ 《原文史料选辑》,页 40。参照苏勒坦马斯乌德对哈里发的宣誓,见拜哈吉书,Morley 刊本,页 370-4,384-9;〔Ghanī 与 Fayyad 刊本,页 301-4,312-6〕。
⑥ 《原文史料选辑》,页 30(Inshā')。
⑦ 伊本·阿西尔书 Tornberg 刊本,Ⅺ,页 56-7 述之最详。

部落①,此刻却转而与葛逻禄联合,为向辛贾尔缓颊。塞勒术克苏勒坦答词的傲慢召来哈剌契丹人对于河中的新的进攻。9 月 9 日,双方酣战于卡特宛草原,是役,塞勒术克人大败。在哈剌契丹人压迫下,辛贾尔军退抵达尔加姆②渠滨,被渠水卷走的伤亡士卒达 10,000 名之多。此役穆斯林共阵亡 30,000 人③。辛贾尔逃至忒耳迷;马哈茂德-汗弃土不守,和他相偕出走。哈剌契丹人奄有河中全境,同年(536/1141-42 年),占领了布哈拉城。

这时候在布哈拉已经兴起了世袭布哈拉城莱伊斯的家族,这一家族因其创建人而得名"布尔罕家族"④。据《穆拉之子之书》的作者的记述⑤,这些莱伊斯以世界的萨德尔(sadr,意为支柱)为号,其先出于"缠头的人"亦即僧侣阶层,而其家门则成为"王者"避难之地。这一家族的创建人,"伟大的萨德尔",布尔罕·米拉·瓦丁(Burhān al-milla wa'd-Dīn,意为"宗教共同体与信仰的实证"),阿卜杜-阿齐兹·本·欧马尔·马扎,"第二位努阿曼(阿布·哈尼法),观念的大海"(the second Nu'mān——Abū Ḥanīfa, sea of ideas),当时被认为是哈里发欧马尔的后裔;他的名字曾被历史家阿布勒-哈桑·拜哈吉在述其父(拜哈吉之父,卒于 1123 年 8 月)身世时提到⑥。哈剌契丹进攻时期,布哈拉城的萨德尔系阿卜杜-阿齐兹之子胡萨木丁·欧马尔,他的死难足以证明布哈拉对不信教者的侵入进行了抵抗⑦。哈剌契丹人委任

---

① Бартольд, *Очерк истории Семиречья*, 页 103。
② 这大约不是撒马尔罕以南与此同名的那条水渠(参看上文 R133 与 144)。
③ 拉文迪书,选入 Schefer 刊本,页 20,35-6;Iqbāl 刊本,页 172 以下。〔关于这次战役,参看 Sir E. D. Ross, *Prester John*,页 174。此外,还可参看 Zarnske, *Der Priester Johannes*, Abh. I,页 850-60(单行本,I,页 24-34)。——Gibb.〕。
④ 〔关于布哈拉的舒杜尔(Ṣudūr,首脑),参看 Pritsak, "Al-i Burhān", *Der Islam*, XXX,1952 年,页 81-96。——C. E. B.〕。
⑤ 《原文史料选辑》,页 169。
⑥ Taʾrīkh-i Bayhaq,不列颠博物馆抄本,叶 60b-61a。这位阿布杜勒-阿齐兹之祖的名字,此处作阿布杜勒-阿齐兹·马扎;在 *Kitāb-i Mullāzādah* 一书中则作阿卜杜拉。
⑦ 本达里书,Houtsma 刊本,页 278。据法西赫的记载(《原文史料选辑》,页 160),这位萨德尔死在战场上,葬于布哈拉附近的凯拉巴德地方。

一名为阿勒普-的斤者统治布哈拉①。

辛贾尔之败,对阿特西兹极为有利,因此当时流言四起,谓哈剌契丹人的进攻出于花剌子模沙的邀请②。但据术外尼的记载③,则阿特西兹本人的辖境也遭到哈剌契丹一支军队的蹂躏,居民遇害者甚众;阿特西兹被迫乞和,承认每年除贡献实物外,还交纳 30,000 金第纳尔。哈剌契丹人侵入花剌子模,殆不可能紧接在卡特宛战役之后,因为早在同年 10 月,阿特西兹已乘辛贾尔战败之厄急向呼罗珊进军。是年 11 月 19 日,马鲁城被洗劫。但阿特西兹到达你沙不儿城,则晚在 1142 年 5 月,中间的耽搁可能系遭受哈剌契丹人进攻所致。阿特西兹在告你沙不儿居民书中说,辛贾尔的不幸是他不念花剌子模沙的忠勤、以怨报德的应得的惩罚;"我们不知道忏悔对他还有什么用处,因为时至今日,他再也找不到像我们这样支持他的权威的朋友了"④。遵照阿特西兹的命令,你沙不儿城在 5 月 29 日改用阿特西兹的名义宣读呼图白;但同年夏季,辛贾尔已又恢复其在呼罗珊的统治权⑤。

538/1143-44 年⑥,辛贾尔进行了一次对花剌子模的出征;阿特西兹力屈降服,并退还从马鲁掠夺来的财宝⑦。很有可能,古斯人突入布哈拉(1144 年 3 月)并拆毁布哈拉子城,即与辛贾尔这次出征有关⑧。辛贾尔在得知阿特西兹仍怀异志之后,特派诗人阿迪卜·萨比尔为专

---

① 奈尔沙希书,Schefer 刊本,页 23。参照尼扎米·阿鲁齐,*Chahār Maqāla*, Qazwīnī 刊本,页 24; Browne 译本,页 24,译本中,这个人的名字拼作 Atmätigīn。
② 用这一理由可以解释韦谢洛夫斯基教授摘引的(*Очерк историко-географических сведений*,页 60)伊本·阿西尔书的一段记述(Tornberg 刊本,XI,页 53)。
③ ГПБ IV,2,34 抄本,叶 131;Qazwīnī 刊本,II,页 88;米尔洪德,*Vie de Djenghiz Khan*,Jaubert 刊本,页 91-2;Oppert,*Der Presbyter Johannes*,页 146。哈剌契丹首领的名字,米尔洪德书中作 äriẓ,术外尼书中,ГПБ Ханыков 抄本作 āradūz;IV,2,34 抄本字迹不清;Qazwīnī 刊本作 ārabūz。
④《原文史料选辑》,页 43-4(Inshā')。
⑤ 伊本·阿西尔书,Tornberg 刊本,XI,页 56。
⑥ 值得注意的是,在这一年,阿特西兹的一枚纳尔铸有伊拉克苏勒坦马斯乌德(1132-52 年)的名字;参照 Марков,*Инвентарный каталог*,页 297。
⑦ 伊本·阿西尔书,Tornberg 刊本,XI,页 63;本达里书,Houtsma 刊本,页 281。
⑧ 奈尔沙希书,Schefer 刊本,页 23。

使前来和他相见。阿迪卜探悉,阿特西兹已收买亦思马因派分子二人遣往马鲁刺杀苏勒坦。苏勒坦及时收到了预报,但阿迪卜则因此被阿特西兹下令投入阿母河中①。1147年11月②,辛贾尔第三次讨伐花剌子模,哈扎拉斯普经过两个月的围困,终被攻陷。辛贾尔军继向阿特西兹的京城进逼。花剌子模沙敦请隐士阿胡－普什(Āhū－pūsh,这位隐士仅以鹿肉为食,鹿皮为衣③,因而得名阿胡－普什)出面调停。辛贾尔允许宽恕叛乱者,但要求阿特西兹亲至阿母河边行礼以表臣附。1148年6月初④,二人准时相见。然而一反惯例,阿特西兹在君上面前并未以唇吻地,甚至亦未下马参拜,而仅略一点首,未待苏勒坦勒转坐骑,他已拨马归去。辛贾尔认为无须为追究藩臣的这种失礼重开战端,班师返抵马鲁。

阿特西兹建立独立国家与夺取呼罗珊的计划既未得逞,于是重将视线转移到锡尔河流域。阿特西兹对辛贾尔作战失利的后果之一,是他失掉了毡的,凯马卢丁自立为毡的的统治者。凯马卢丁是阿尔斯兰－汗·马哈茂德的儿子,大约为哈剌汗朝的后裔。据术外尼的记载⑤,是时阿特西兹与凯马卢丁订立了同盟,双方约定将于1152年春季共同出征以昔格纳黑(Sighnāq 或 Siqnāq,参照R236)为中心的不信教的钦察人。当阿特西兹统军到达毡的城的时候,凯马卢丁震于阿特西兹军兵员之众,弃城他走。阿特西兹选派重臣为使节,并作出种种约许,劝说凯马卢丁返回毡的。凯马卢丁归来后不久即被逮捕,在囹圄中度过余生。然而流传到今天的一件官方文书⑥根本未提对昔格纳黑的远征,据该

---

① 术外尼书(ГПБ Ⅳ,2,34抄本,叶101;Qazwīnī 刊本,Ⅱ,页8)与米尔洪德书(Histoire des sultans du Kharezm,Defémery 刊本,页5－6)所记如此;韦谢洛夫斯基教授的叙述(Очерк историко－географических сведений,页61)失实。
② 术外尼书记有月份,术马达Ⅱ月。
③ 术外尼书,Qazwīnī 刊本,Ⅱ,页10。
④ 据术外尼书(同处),在回历543年穆哈兰月12日,月曜日,但是日(1148年6月2日)实系水曜日。
⑤ 同上;并参考米尔洪德,Histoire des sultans du Kharezm,Defrémery 刊本,页8－9。
⑥《原文史料选辑》,页41－2(Inshā')。

文书所载,阿特西兹只是说,当他的军队因应付某些事变被调到其他地区的时候,毡的城沦陷于叛乱者手中。回历 540 年(?①)拉比阿 I 月初,阿特西兹终于能整军自花剌子模出发,在短短一星期内穿过了介于花剌子模与毡之间的草原,是月 8 日,进抵锡尔河岸萨格－德雷之地,距毡的 20 法尔萨赫。阿特西兹军兼程前进,当夜走完了这段路程,9 日(金曜日)拂晓,到达毡的城下,作好战斗准备。是时得报,僭称汗号的叛乱者首领业已潜逃,阿特西兹立即分兵尾追,其余首领纷纷纳降,均被宽宥。这样,花剌子模沙兵不血刃而得恢复其在毡的权力。据术外尼的记载,阿特西兹长子阿布勒－法特赫·伊勒－阿尔斯兰被委为毡的统治者。我们将在下文看到,此后,毡的例由花剌子模沙的长子管辖,由此可见阿特西兹及其后人把这座城市看得极为重要。

翌年(1153 年)春②,呼罗珊发生了有利于阿特西兹实现其计划的一些事件。辛贾尔迫使游牧的古斯部众服从波斯官员和税吏的号令,这种尝试为他本人召来毁灭性的打击。古斯诸头人击溃辛贾尔军,俘掳了辛贾尔本人,此后在将近三年时间内挟之往来各地,仅在表面上不损其尊严③。古斯人洗劫了呼罗珊一些城市,包

---

① 很有可能,在抄本原文中,此一年份脱漏了第一个数码。从下文来看,可知回历这一年的拉比阿 I 月 9 日为金曜日;由此可以推定当年为 542/1147 年。如此推定为不误,则阿特西兹之向毡的进军,当在辛贾尔第三次征讨以前。更可能的是,这一年为 547/1152 年,与术外尼所记相符。依照 Wüstenfeld 的史日对照表,回历 547 年拉比阿 I 月 9 日(公元 1152 年 6 月 14 日)为土曜日,但对照表与史料所记相差一日,系比较常见的情况。值得指出的是,这次从花剌子模向毡的进兵,反乎常例,时在热季。

② 拉文迪书(Iqbāl 刊本,页 277)述及回历 548 年岁杪发生了古斯人的叛乱,但依据《善事系年》(*Ta'rīkh al - Khayrāt*)一书的作者所征引(叶 162a)的目击此事者优素福·本·阿卜杜拉·安德胡迪的传述,又依照伊本·阿西尔的记载(Tornberg 刊本,XI,116),则叛乱实发生于是年岁初。伊本·阿西尔的另一段记载(Tornberg 刊本,XI,页 118 – 9),根据他在下文征引的一些文件看来,必须认为这另一段记载完全可靠)说明,辛贾尔两次被古斯人击败,其后在回历萨法尔月(公历 5 月)逃至马鲁。所有将领与苏勒坦本人不久又放弃了都城。回历术马达 I 月(公历 8 月或 7 月底)马鲁遭到古斯人的劫掠。古斯人旋即俘获苏勒坦,并于回历拉贾卜月(公历 10 月或 9 月底)再一次劫掠马鲁。关于年份问题,还可参看 Иностранцев,*Коркуд*,页 040 以下。

③ 据 *Mujmil at - Tawārīkh*(参看上文 R72)一书续编之失名作者所记,古斯人为辛贾尔保留了君主的外表,但从古斯人中为他选派仆役,见巴黎国立图书馆抄本,叶 348。据术外尼书(Qazwīnī 刊本,II,页 12)与米尔洪德书(*Histoire des sultans du Kharezm*,Defrémery 刊本,页 9 – 10)(转下页)

330　括马鲁①与你沙不儿在内。阿特西兹这番未乘苏勒坦之危宣告独立,却以维护苏勒坦之合法地位的姿态出现。首先,阿特西兹檄告阿穆伊(Āmūy,即阿模里)要塞的守将献出这一要塞②;十分明显,阿特西兹从前了解毡的和曼吉什拉克的重要性,此刻他也同样了解阿模里的重要性。阿特西兹夺取阿模里未遂,回到本国,重对"不信教者"钦察人用兵。我们从阿不勒－哈桑·拜哈吉的记载③得知阿特西兹之弟扬纳勒－的斤从1153年12月到1154年秋初洗劫了拜哈克地区。

部分辛贾尔军不肯降附古斯人,另立前河中统治者马哈茂德－汗④为首领。马哈茂德与阿特西兹进行谈判;阿特西兹携子伊勒·阿尔斯兰统军进入呼罗珊境内,留另一子契丹－汗驻守花剌子模。据术外尼的记述,当阿特西兹尚在沙赫里斯坦城的时候(官方文书⑤说他在回历萨法尔月底,亦即在1156年4月到达此地),业已得知,辛贾尔靠他的一位将官的协助逃脱了古斯人的羁押,平安到达忒耳迷。伊本·阿西尔误系此事于回历551年拉马丹月(公元1156年10－11月)⑥。此后,花剌子模沙停留在奈萨地方,马哈茂德的专使伊祖丁·托格拉伊来此和他会谈。

是时,马哈茂德－汗及其埃米尔等深悔邀来这样一位危险的同盟者,但是,出乎他们的意料,阿特西兹并没有提出过分的要求。阿特西兹从奈萨致函辛贾尔⑦,祝贺苏勒坦幸得恢复自由,表示自己准备唯主君之命是听——或前往忒耳迷与苏勒坦会师,或返回花剌子模,抑或留驻呼罗珊境内。阿特西兹分致马哈茂德－汗、塞吉斯坦统治者以及古

(接上页)的记述,古斯人仅在昼间以君王之礼对待辛贾尔,入夜则把他锁在一只铁笼里。

① 参照 Жуковский, *Развалины Старого Мерва*,页29。
② 术外尼书,ГПБ Ⅳ,2,34抄本,叶103;Qazwīnī 刊本,Ⅱ,页12;米尔洪德, *Histoire des sultans du Kharezm*, Defrémery 刊本,页10。
③ Ta'rīkh－i Bayhaq,不列颠博物馆抄本,Or. 3589,叶158b。
④ 〔Anwarī 的诗 The tears of Khurāsān,可能就是题献给这位马哈茂德－汗的。——V. M.〕
⑤ 《原文史料选辑》,页27－8(Inshā')。
⑥ Tornberg 刊本,Ⅺ,页138。
⑦ 《原文史料选辑》,页26(Inshā')。

尔山区统治者诸盟友的函件，措辞同样谦逊婉转。塞吉斯坦统治者的专使，当阿特西兹还留在沙赫里斯坦的时候，就已来和他晤面。在呼罗珊的另一城镇哈布苫，阿特西兹与马哈茂德－汗举行了友好的会见。回历拉比阿Ⅰ月底（公历5月），辛贾尔警卫军的一位军官（护帐官，参看R286）奈只木·穆勒克·劳希也携带辛贾尔的信件①行抵哈布苫。在马哈茂德－汗来到后，等待塞吉斯坦统治者及古尔统治者亦将到来的时候，阿特西兹下令写给古斯头人图提－伯克一封信。这封信②不失为东方外交文件的最佳范例之一。信中关于辛贾尔被俘事只字不提，相反地却说当古斯诸部进入呼罗珊、政府官员们离开马鲁时，苏勒坦本可以外出巡视，因为"全部土地，远至鲁姆边境，一向莫非苏勒坦所有"。然而"世界的共主"视古斯诸部无异自己的财产，故纡尊降贵，抚御众庶，"自愿"置身于古斯诸部之间。不意古斯人未能体察主上恩泽之宏，亦未遵行"礼敬圣廷"之道，是以主上不得不弃而他适，"任其为所欲为"。而古斯人意欲何为，实系当前问题关键所在。若仍日日逐城迁徙，已为事势所不许，前此仅"因尊重主上厕身他们中间"，才允许他们占有呼罗珊境内诸城镇；若谋集结全部兵力于巴里黑省（叛乱以前，曾指定省内土地准其居留），亦属不合事理，因主上现又亲政，任何人自不得未经同意留在他的疆域以内。为古斯人计，而今惟有向塞勒术克政府输诚请罪一途尚属可行，果能如此，马哈茂德－汗、花剌子模、塞吉斯坦以及古尔诸统治者将在君上面前代为缓颊，君上当能指定"牧地"（yūrt），俾享有生活资料云云。

不问花剌子模沙的真实意图何在，其时已无实现可能；1156年7月30日，阿特西兹因患麻痹症在哈布苫死去，得年59岁③。阿特西兹卒时，名义上仍为塞勒术克苏勒坦的藩臣，而夷考其实，应当承认他是

331

R395

───────────
① 《原文史料选辑》，页27-8（Inshā'）。
② 同上书，页28-9（Inshā'）。
③ 关于阿特西兹身故的时日，术外尼书（Qazwīnī 刊本，Ⅱ，页13）与伊本·阿西尔所记相同，即回历551年木儿达Ⅱ月9日；还可参看米尔洪德，*Histoire des sultans du Karezm*, Defrémery 刊本，页11。是

花剌子模朝奠基之主。他兼并了毡的和曼吉什拉克,从而将相邻的诸游牧部落置于依附花剌子模的地位;他收编突厥雇佣军以壮大自己的军事力量,从而为建立一个强盛和实际上独立自主的国家开创了局面。阿特西兹的诸继承人以同样的耐心向相同的方向努力。他们也具有同样的机智,对本朝的利益具有同样正确的理解,他们为实现既定的目标而艰苦奋斗;在遇到不可克服的障碍时,可以暂缓完成某些任务,一旦时机届临,立即旧事重提,继续前进。

阿特西兹的继承人伊勒－阿尔斯兰,为了确保其入承君位而不得不返回花剌子模。伊本·阿西尔记载说①,伊勒－阿尔斯兰"杀害了众伯叔中若干人,一位弟兄被抉目,逾三日而卒,一说自杀身死"。据术外尼的记载②,这位王子苏莱曼－沙被幽禁,其傅(阿塔伯克)斡兀勒－伯克被处决。8月22日,伊勒－阿尔斯兰举行即位典礼,并以增加军士的薪饷和采地为其布政新猷。同年回历拉马丹月,即公历10－11月,辛贾尔在返回马鲁后对伊勒－阿尔斯兰颁赐封册。1157年春③,辛贾尔卒,得年71岁。随着辛贾尔的去世,塞勒术克苏勒坦对波斯东部的宗主权亦告终结。辛贾尔在呼罗珊的继承人为马哈茂德－汗。马哈茂德－汗继位时,伊勒－阿尔斯兰驰书庆贺,并告以花剌子模亦为辛贾尔之丧举哀三日④。但在这些信件中,花剌子模沙像致函呼罗珊诸弱小君王一样,仅以"挚友"(mukhliṣ)自称⑤,而当年阿特西兹上书辛贾尔则自署"奴隶"(bandah)。辛贾尔死后,继承塞勒术克朝大统的是麦

---

① Tornberg 刊本,XI,页138。
② ГПБ IV,2,34 抄本,叶103;Qazwīnī 刊本,II,页14;参照米尔洪德,*Histoire des sultans du Kharezm*,Defrémery 刊本,页12。米尔洪德误将伊勒－阿尔斯兰即位的年份系于回历552年。
③ 据术外尼书(ГПБ IV,2,34 抄本,叶104;Qazwīnī 刊本,II,页14),辛贾尔卒于回历拉比阿I月26日(公元1157年5月8日);据本达里书(Houtsma 刊本,页255),卒于回历拉比阿I月14日,月曜日,但是日(公历4月26日)乃金曜日。
④ 《原文史料选辑》,页33(lnshā')。
⑤ 同上书,页27,38(lnshā')。在第一封信中,花拉子模沙抱怨马哈茂德未在初即位时立即函告,但很有可能,这封信是当阿特西兹还在世的时候写的,其时辛贾尔尚被囚禁,标题内"在苏勒坦死后"的字样系抄写者所误增。

利克－沙的曾孙伊拉克的统治者(1153－59年)加苏丁·穆罕默德·本·马哈茂德。穆罕默德也向伊勒－阿尔斯兰派遣了使节,并告以他想率军东征的意愿。这一意愿曾由于多种原因未得实现,而首要原因则为哈里发在塞勒术克苏勒坦马斯乌德去世(1152年)后恢复了自己的世俗权力,以致苏勒坦与哈里发互相敌视。伊勒－阿尔斯兰完全赞同苏勒坦的意愿,他甚至亲自斡旋于苏勒坦与巴格达政府之间。伊勒－阿尔斯兰在写给哈里发穆克塔菲(1136－60年)的韦齐尔的信件中说①,清扫呼罗珊境内的匪患,为河中解除不信教者施加的衡轭,均非苏勒坦穆罕默德莫办,这些省区的居民无不焦盼苏勒坦前来,当此之时,哈里发应捐弃无足轻重之前嫌,对苏勒坦予以大力支援。花剌子模沙在送达其派驻穆罕默德宫廷的代表的文件②中誉称穆罕默德为"天下的共主,至高无上的苏勒坦,全世界的统帅"。

苏勒坦的意图既未得实现,伊勒－阿尔斯兰就无可争辩地成为东部穆斯林世界之最强有力的君主。他因此决计躬自承担他在致巴格达韦齐尔书中述及的那些任务。他首先得到了干预河中事务的机会。当时,河中虽处于哈剌契丹人的最高统治之下,但河中诸汗与葛逻禄诸部的斗争并未停止。卡特宛战役之后,撒马尔罕归阿尔斯兰－汗·穆罕默德之子桃花石汗·伊卜拉欣统治,他为葛逻禄人所杀,尸体被抛到草原上③。据杰马勒·卡尔希的记载④,此事发生于布哈拉城附近的凯拉巴德,时在551/1156年。他的继承人是哈桑－的斤(参照上文R384)的儿子查格里－汗⑤即杰拉勒丁·阿里。据术外尼

---

① 《原文史料选辑》,页30－2(Inshā'),70(摘自伊马杜丁·亦思法杭尼,Kharīdat al－Qaṣr wa Jarīdat al－'Aṣr)。
② 这也就是次一文件的内容(Rosen, *Les manuscrits persans*,页154,No.75)。
③ 伊本·阿西尔(Tornberg 刊本,XI,页133)系此事于回历祖勒－希贾月(公元1156年1月底与2月)。伊本·阿西尔在此处还说到,这位汗在其在位期间表现为软弱的统治者。参照《原文史料选辑》,页72(al－Kātib as－Samarqandī)。
④ 《原文史料选辑》,页132。
⑤ 此依伊本·阿西尔(Tornberg 刊本,XI,页205)的读法;这位汗的另一附加名的读法尚待考订;术外尼书(Khanykov 抄本与 Qazwīnī 刊本)作 Kök Saghir;参照《原文史料选辑》,页34(Inshā')。

的记载①,查格里-汗杀死葛逻禄部②大首领培护-汗③,并对其诸子和以拉钦-伯克为首的其他葛逻禄头人加以迫害。失势的葛逻禄众头人走依伊勒-阿尔斯兰,后者虽在此以前不久与撒马尔罕汗修好,数有书启④往还,此刻却左祖葛逻禄人。1158年7月,伊勒-阿尔斯兰统军进入河中。撒马尔罕汗召请游牧于哈剌库勒与毡的之间草原上的土库曼人为助,同时亦向哈剌契丹人乞援。哈剌契丹人发兵10,000人助战,由乙力-土库曼⑤统率。花剌子模沙"以种种诺言抚慰布哈拉的居民",这就是说,花剌子模沙赢得了布哈拉居民的拥护。花剌子模沙继续前进,我们从萨木阿尼的记载中得知,他在前进道路上毁灭了雷宾詹城(参看上文R148)。双方军队隔泽拉夫尚河对峙。乙力-土库曼在确信不足以敌花剌子模军优势之后,回避交战,挽请撒马尔罕城诸伊玛目与乌莱玛出面调停。花剌子模沙同意媾和,以葛逻禄诸埃米尔有体面地恢复原职为条件。和议既成,花剌子模沙返回本国。

关于汗和葛逻禄人的冲突,伊本·阿西尔另有一种记述⑥。伊本·阿西尔将这次冲突系于559/1164年,显然有误,因为核以钱币学资料⑦,此时已是杰拉勒丁的儿子吉利奇-桃花石汗·马斯乌德在位的时期。据伊本·阿西尔的记载,哈剌契丹王向汗要求迫使葛逻禄人从布哈拉和撒马尔罕二省撤往喀什噶尔,撤到那里以后,都要解甲归田,或从事其他生计。汗将此项要求转达葛逻禄人,并坚决要求照办。葛

---

① ГПБ Ⅳ,2,34 抄本,叶 104;Qazwīnī,刊本,Ⅱ,页 14;参照米尔洪德,*Histoire des sultans du Kharezm*, Defrémery 刊本,页 12-3。
② 米尔洪德书中,Qarākhān 当读作 Qar. l. ghān(术外尼书之 Khanykov 抄本作 Qūlaghān 与 Q. r. l. gh, Qazwini 刊本作 Qar. l. ghān.)
③ 大约应读作 Yabghū,〖汉译叶护〗。
④ 《原文史料选辑》,页 34-5(Inshā')。在 1157 年也写给塞吉斯坦统治者一封好的信,见《原文史料选辑》,页 30(Inshā')。
⑤ 术外尼书,Qazwīnī 刊本,Ⅱ,页 15。乙力-土库曼可能是八剌沙衮的从前的统治者(Oppert, *Der Presbyter Johannes*,页 132),术外尼书(Ⅱ,88)也提到此人,但刊本此处作 Iyāk Turkān。
⑥ Tornberg 刊本,Ⅺ,页 205。
⑦ Dorn, *Über die Münzen*,页 734;Морков, *Инвентарный каталог*,页 278。

逻禄人因此叛变，联合起来向布哈拉进击。布哈拉城的莱伊斯穆罕默德（1141年被杀的欧马尔的儿子）向汗报警，并请汗及时发兵迎击葛逻禄人，以免布哈拉省陷于糜烂。与此同时，布哈拉莱伊斯遣使劝告葛逻禄人：不信教的哈剌契丹人每攻占一地，尚自检束，不事抢劫，亦不滥杀戮①；今葛逻禄人为穆斯林，为伽齐（圣战者），自更应以杀戮掳掠为戒。穆罕默德进行的这种谈判使葛逻禄人疏于戒备，从而汗能进行奇袭，使敌军全部就歼。很有可能，此一记述与引起伊勒－阿尔斯兰出征的事件有关，但也不排斥另一可能，即在伊勒－阿尔斯兰离去以后，葛逻禄人与杰拉勒丁之间发生了新的争端。至于在这次战斗中，葛逻禄人并未全部覆灭，此可于杰拉勒丁的继承人吉利奇－桃花石汗·马斯乌德继位以后，葛逻禄再揭叛旗一事见之。我们又从伊本·阿西尔的记载②中得知，1158年8月，亦即与伊勒－阿尔斯兰出征同时，珂咄罗统治者阿布·舒伽阿·法尔鲁赫－沙曾向忒耳迷进攻，结果失利，这次攻击可能是应哈剌契丹人之命进行的。

在呼罗珊方面，伊勒－阿尔斯兰的花剌子模政权并没有取得重大成就。在呼罗珊各大城市中，马哈茂德－汗与古斯人大首领穆艾伊德·道拉·阿伊－阿巴互争雄长。古斯人诸首领中间，只有迪希斯坦的统治者伊赫提亚鲁丁·阿伊塔克③一人奉伊勒－阿尔斯兰为宗主，受其保护。然而，尽管阿伊塔克依附于伊勒·阿尔斯兰并与马赞德兰的统治者结为同盟，但他在与对手亚格穆尔汗的斗争中仍不免于失败。1161年岁初，阿伊塔克逃入花剌子模；古尔干与迪希斯坦遭到古斯人的劫掠，后者将古尔干居民驱逐到不同省份④。但在古斯人离去后，阿伊塔克在花剌子模人的协助下，又恢复了对迪希斯坦与古尔干的统治。

---

① 这位萨德尔的父亲死于哈剌契丹人之手，而他却这样称扬哈剌契丹人，殊难索解。
② 伊本·阿西尔书，Tornberg 刊本，XI，页155－6。
③ 阿布勒－哈桑·拜哈吉（*Ta'rīkh－i Bayhaq*，不列颠博物馆抄本，叶166a）征引了他的全部称号，称之为"呼罗珊的统治者，东方之王"（Khusraw－i Khurāsān malik al－Mashriq）。
④ 伊本·阿西尔书，Tornberg 刊本，XI，页192－3。

在这些城市,甚至在马哈茂德与穆艾伊德的斗争已分胜负,亦即在穆艾伊德于 1162 年①俘获马哈茂德－汗及其子杰拉勒丁·穆罕默德,并挖掉他们的眼睛之后,依然用伊勒－阿尔斯兰和阿伊塔克的名义宣读呼图白。穆艾伊德仅仅管辖你沙不儿、徒思和其他几个地方;1163 年,他将比斯塔姆和达木甘并为己有。此后塞勒术克苏勒坦阿尔斯兰(1161—1177 年)承认穆艾伊德是臣属于他的总督,后者接受了委任,并在辖境内以阿尔斯兰的名义宣读呼图白。马鲁、巴里黑、塞拉赫斯均在古斯人手中,这些古斯人不承认更高的权威,但在呼图白中仍然提到已故的辛贾尔的名字。哈烈受埃米尔阿伊－的斤的管辖②,与古斯人保持着友好的关系。1165 年,穆艾伊德与伊勒－阿尔斯兰之间爆发了战争。花剌子模沙成功地击退了穆艾伊德对奈萨城的围攻,置该城于自己的统治之下,但他向你沙不儿进军则以失败告终。此后不久,伊勒－阿尔斯兰又与阿伊塔克发生了争执,后者求助于穆艾伊德。由于穆艾伊德代为防守,阿伊塔克的南部领土未为花剌子模人所得;但后者攻占了迪希斯坦城,派有长官驻守③。

由此可见,当伊勒－阿尔斯兰在位期间,呼罗珊的秩序迄未恢复。在这种情况下,就不必说不能将哈剌契丹人逐出河中,而且连采取措施保障阿母河以南诸省区不受哈剌契丹人的侵扰也无从谈起。《善事系年》④一书的作者引用上文(R392 注)提到的优素福·本·阿卜杜拉·安德胡迪的话说,哈剌契丹人曾于 560/1165 年攻掠巴里黑与安德胡德二地。十分可能,哈剌契丹人这次入侵,与卡提卜·撒马尔罕迪所记述的吉利奇－桃花石汗·马斯乌德的冬季出征有关。阿布勒－穆扎法

---

① 术外尼书(Ⅱ,页 16)与伊本·阿西尔书均谓马哈茂德－汗于回历 557 年拉马丹月(公历 1162 年 8－9 月)被俘。
② 伊本·阿西尔书,Tornberg 刊本,XI,页 180,192－3。
③ 同上书,页 208。据术外尼书(ГПБ Ⅳ,2,34 抄本,叶 104),伊勒－阿尔思兰向你沙不儿进军,系回历 562 年(公历 1166－67 年)事,而 Qazwīnī 刊本中(Ⅱ,页 16)则作回历 558 年(公历 1162－63 年)。
④ 穆塞维,Ta'rīkh-i Khayrāt,不列颠博物馆抄本,Or. 4898,叶 162a。

尔·吉利奇－桃花石汗·马斯乌德·本·阿里又号库特卢格－比勒伽－伯克①，诨名"尘世与信仰的支柱"(Rukn ad-Dunyā wa'd-Dīn)②，根据他所铸造的钱币判断，即位于 558/1163 年。560/1165 年，他重建布哈拉的城墙。新墙以砖为基，所用之砖系自古斯人破坏(参看上文 R391)的布哈拉子城的墙基和塔楼上拆来③。关于吉利奇－桃花石汗在位时期的事迹，卡提卜·撒马尔罕迪有如下一段记载④。当时有艾亚尔－伯克之乱。艾亚尔－伯克并非贵介出身，全凭个人的能力和功勋渐致通显，在葛逻禄警卫军中别无骑士可与伦比。他曾在河中充任司令官一年，其后叛变，叛变原因不明。他和吉利奇－桃花石汗会战于扎敏与萨巴特二地之间的饥饿草原。艾亚尔－伯克突入汗阵，迅猛无前，在几乎冲到汗的华盖、汗及其近侍所在的高阜时被俘，解至汗前，立被处决。汗又"对两伙最阴险邪恶之徒"，亦即对杀害桃花石汗·伊卜拉欣的凶手和对劫掠呼罗珊的古斯人所采取的行动，同样成功。汗亲将大军十万人冬季在冰上越过阿母河一举，显然与讨伐古斯人之役有关。汗军与杀害伊卜拉欣的葛逻禄部相继在那黑沙不、碣石、石汗那、忒耳迷诸地交战；赖汗之功，这些地方重享太平。

R400

最后，哈剌契丹人向花剌子模进行远征。术外尼⑤系此事于 565/1169-70 年，伊本·阿西尔⑥则系之于 567/1171-72 年；证以后来发生的事件，后一年份大约得实。哈剌契丹人用兵原因，在于花剌子模沙未能如期交纳贡物。花剌子模军先锋官艾亚尔－伯克(与上文提到的葛逻禄埃米尔同名，显然并非一人)战败被俘。伊勒－阿尔斯兰抱病

337

---

① 穆罕默德·撒马尔罕迪，*A'rād as-Siyāsat*，莱顿抄本，no. 904, 叶 3 作 Qutlugh Nīkā-bekā.
　〔Qilich-Ṭamghāch-Khān Mas'ūd b. 'Alī 应作 Qilij-Ṭamghāch-Khān Mas'ūd b. al-Ḥusan b. 'Alī (Pritsak, "Die Karachaniden," 页 55)——C. E. B.〕.
② 见于他的铸币与奈尔沙希书.
③ 奈尔沙希书, Schefer 刊本, 页 23, 33-4.
④ 《原文史料选辑》, 页 71-2.
⑤ ГПБ Ⅳ, 2, 34 抄本, 叶 104; Qazwīnī 刊本, Ⅱ, 页 16; Khanykov 抄本作回历 560 年. 参照米尔洪德, *Histoire des sultans du Kharezm*, Defrémery 刊本, 页 14.
⑥ Tornbeg 刊本, Ⅺ, 页 246.

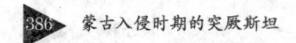

返回自己的都城(为防止哈剌契丹人侵入,采取了惯用的破坏堤坝的对策),1172年3月①,病卒。

花剌子模朝次一君主在位期间,王族成员间的纷争或多或少地阻碍了花剌子模国家的发展。伊勒－阿尔斯兰病卒后,幼子苏勒坦－沙赖其母图尔坎②之助得登沙位;苏勒坦－沙的长兄泰凯什方驻守毡的,不甘臣服,逃入哈剌契丹。是时君临哈剌契丹人的是第一位葛儿罕的女儿及其夫驸马③。泰凯什向哈剌契丹主乞师,许以逐年纳贡。女主之夫遂率大军护送泰凯什返回花剌子模,苏勒坦－沙与其不敢应战,自京城出走。1172年④12月11日,月曜日,泰凯什即位为沙,典礼隆重。苏勒坦－沙求援于穆艾伊德。泰凯什在草原边缘上的小城苏贝尔利(?)附近迎候敌人,接着又放水淹没该城⑤。由于人数众多的军队不能同时穿过草原,穆艾伊德军分为若干队依次前进;有穆艾伊德本人在内的第一分队在花剌子模军袭击下全部覆没,穆艾伊德被俘,

---

① 据术外尼书(Qazwīnī 刊本,Ⅱ,页17),伊勒－阿尔斯兰卒于回历565年拉贾卜月19日(公历1170年4月8日),甚或早在560年〖"甚或"以下数字见英译本,俄文版无〗;据萨德鲁丁·侯赛尼书(Zubdat at – Tawārīkh,不列颠博物馆抄本,叶94a;感谢霍茨玛教授为我查出这一记载),在回历567年拉贾卜月9日(公历1172年3月7日);据伊本·阿西尔书(Tornberg 刊本,Ⅺ,页247),在回历568年(公元1172–73年)。米尔洪德书作回历557年(公历1162年),显然错误;韦谢洛夫斯基教授书(Очерк историко – гографических сведений,页62)沿袭了米尔洪德的错误,并引伊本·阿西尔的记载为证,但后者书中并无此失。

② 图尔坎(Turkān)一词,常见于突厥族诸女王的名字中,并非专有名词,意为"女王、夫人",参照《原文史料选辑》,页150(杰马勒·卡尔希)——Turkan – hu/hi,附代词词尾。正确的拼法,如我们在马哈茂德·喀什噶里的词典中看到的(Ⅰ,314,368)作 Terken。

③ 此词在汉语中,意为"国王之婿",参看 Defrémery 为米尔洪德书(Histoise des sultans du Kharezm,Defrémery 刊本,页124)所作的注文。术外尼书(Qazwīnī 刊本,Ⅱ,17)作 furmā。

④ 此依术外尼书(Qazwīnī 刊本,Ⅱ,页17以下,回历568年拉比Ⅱ月22日);米尔洪德书此处仍作回历558年(公历1162–63年)。

⑤ 此依术外尼书(ГПБ Ⅳ,2,34抄本,叶105;Qazwīnī 刊本,Ⅱ,页18,放水淹城事见Ⅱ,页19)。城的名字有不同的写法,术外尼书刊本采用了 Sūbarlī。据伊本·阿西尔的记载,此城距花剌子模(指古尔干只城)有20法尔萨赫之遥,那么,此城无疑就是上文(R209)提到的位于通往沙赫里斯坦道路上的花剌子模境内最后一城,亚库特书中写作 Sunurnī 与 Sūbarnī。该城必在现已无水的地区,当时则能从阿母河引水进行灌溉。术外尼提到的洪水泛滥,当系蒙古人侵以后阿母河正身改道的结果。参照 Barthold,Āmū Daryā(《伊斯兰百科全书》)本条。

继被处死①(1174年7月11日)②。苏勒坦-沙与其母逃往迪希斯坦,泰凯什率军往追,夺得该城。图尔坎遇害,苏勒坦-沙先投靠穆艾伊德的儿子和继承人图甘-沙·阿布·贝克尔,后便走依古尔国王加苏丁。

古尔是位于哈烈东方和东南方、北与加尔吉斯坦及胡实健毗连的山区,此地山民的方言与呼罗珊的方言大不相同。晚至十世纪,尽管古尔四周均系穆斯林地区,但大部分古尔人仍信奉异教③。图曼斯基抄本的作者断言,到他那时候,古尔地区的统治者(古尔-沙)以胡实健费里贡朝的藩臣自居,而此时大部分古尔人已成为伊斯兰教徒。据拜哈吉的记载④,最先突入古尔腹地的是哥疾宁朝苏勒坦、当时(1020年)任哈烈总督的马斯乌德的军队。哥疾宁朝征服古尔以后,保留了当地的土著王朝。十二世纪中叶,古尔朝苏勒坦和花剌子模沙同样利用了塞勒术克朝与哥疾宁朝由盛转衰的时机。上文述及,辛贾尔被俘后呼罗珊境内发生的事变已与古尔统治者有关。其后不久,加苏丁与施哈卜丁(后来取得穆伊祖丁的称号)两兄弟更使自己的国家上升为世界强国之一。两兄弟中之施哈卜丁久典兵戎,当加苏丁在世期间,他是哥疾宁城的统治者(569/1173-74年,哥疾宁城终于为古尔家族所有)。两兄弟的叔父法赫鲁丁·马斯乌德领有帆延、吐火罗斯坦、舒格南以及远至博洛尔的其他地区;且如术兹贾尼的记载不误,则其子谢木斯丁·穆罕默德更将位于阿母河以北的若干省区,即石汗那省和瓦赫什省也并入版图⑤。古尔朝不仅向东扩张,571/1175-76年也进占哈

338

R402

---

① 术外尼书与伊本·阿西尔书(Tornberg 刊本,XI,页247)所述如此。伊本·阿西尔根据另一资料述及(XI,页249-53)穆艾伊德死在苏勒坦-沙以后,实不可信,因为回历578与579年的文件(参照上文R80)中已经提到了图甘-沙。
② 术外尼书(Qazwīnī 刊本,Ⅱ,页19)所记日期为回历569年的阿拉法特节日。
③ BGA,I,伊斯塔赫里书,页273;Ⅱ,伊本·豪卡勒书,页323,329。
④ 拜哈吉书,Morley 刊本,页128-35;〔Ghanī 与 Fayyad刊本,页113-21〕。
 〔对古尔的早期的攻掠,据说是由哥疾宁的塞尔朱克-的斤与童年的马哈茂德发动的;后来在401/1011年,马哈茂德的将领阿勒畈塔什(未来的花拉子模沙,参看上文R279)与阿尔斯兰·贾齐卜(Arslan Jādhib)也进行了一次大规模的出征。参看 Bosworth,"The early lslamic history of Ghūr,"*Central Asiatic Journal*,Ⅵ,1961年,页116以下。——C. E. B.〕
⑤ 术兹贾尼书,Raverty 译本,I,页423,426;〔Nassau Lees 刊本,页103,105〕。

烈,从此更在呼罗珊与花剌子模沙争雄。在与花剌子模沙的角逐中,古尔家族无疑占有一定的优势。花剌子模沙只能依靠雇佣军进行战争,古尔家族则不仅拥有突厥警卫军,而且还能够依靠本土的勇武善战的山民。花剌子模沙固有权势,但毕竟臣服于不信教的哈剌契丹人;而古尔家族是穆斯林亚洲东部惟一独立自主的强大王室。呼罗珊和河中的穆斯林既不能指靠西来的援助,自然转而对古尔家族寄以殷切的期待。虽然如此,实际斗争的结果却仍对花剌子模沙较为有利。其所以如此,首先在于花剌子模政府的策略比较灵活,花剌子模诸沙有着较强的能力。总的说来,塞勒术克帝国没落以后,代之而兴的恰好是一些在地利人和方面均擅胜场的国家,这决不是偶然出现的情况;古尔君主也好,花剌子模沙也好,他们的本土都不失为坚强牢固的根据地,进可以攻,退可以守。

　　泰凯什全赖哈剌契丹人的扶持得登大位,但未能久与哈剌契丹人和睦相处。哈剌契丹派到花剌子模收取贡物的使者骄纵贪婪,诛求无餍,正如在游牧帝国中时常出现的情况,终至激起叛乱。泰凯什"出于维护君王尊严及信仰神圣的热情"①,杀害了这位与葛儿罕有亲属关系的使者,并谕令花剌子模权贵尽诛这位使者的随员。苏勒坦-沙听到上项消息后,立即赶到哈剌契丹;像他以前说服了穆艾伊德一样,此刻他也说服了契丹女主,使相信花剌子模军民将拥戴苏勒坦-沙,黜退其兄泰凯什。前些年曾胁迫苏勒坦-沙去位的同一驸马,现又衔命统军助苏勒坦-沙复辟。泰凯什放水淹没国境,用以阻遏哈剌契丹军的行动,后者希望居民纷起响应,未成事实。驸马被迫退军,但应苏勒坦-沙之请,分兵一部随他进入呼罗珊。苏勒坦-沙率领的哈剌契丹军在塞拉赫斯附近击败当地的古斯统治者,占领了马鲁。苏勒坦-沙对图甘-沙用兵,同样得手,1181年5月13日②,水曜日,他彻底击溃图

---

① 伊本·阿西尔的用语(Tornberg刊本,XI,页248)。还可参照术外尼书(ГПБ Ⅳ,2,34抄本,叶105;Qazwīnī刊本,Ⅱ,页19;米尔洪德,*Histoire des sultans du Kharezm*,Defrémery刊本,页17以下。
② 术外尼收所记日期,Khanykov抄本与Qazwīnī刊本(Ⅱ,页21)均作回历576年祖勒-希贾月26日;而在ГПБ Ⅳ,2,34抄本中则误作祖勒-希贾月23日。

甘－沙的军队,其后更将塞拉赫斯和徒思并为己有。

关于此后数年的事迹,看不到历史家的记载。流传到今天的一批花剌子模政府与当时其他统治者往来的外交文件,从其中若干件标明的年份,可以知其必属于这一时期。至于这些年份本身,又可以从有的文件内容涉及图甘－沙、而图甘－沙确系在其后数年内去世(参看下文)得推断其无误。图甘－沙当时以泰凯什的藩臣身份领有奈萨城①。我们从这些文件得知,1181 年岁杪②,古尔苏勒坦以埃米尔胡马木丁(Humām ad – Dīn)为使者,派赴花剌子模蹉商呼罗珊事;花剌子模沙允许将在翌年春季率兵入呼罗珊与加苏丁会见。1182 年 1 月③,泰凯什遣返胡马木丁,并派法赫鲁丁随行答聘。

此后不久,花剌子模沙着手准备征讨呼罗珊事宜。适在此时,苏勒坦－沙的专使到达花剌子模。泰凯什向这位专使提出苏勒坦－沙,须与图甘－沙和平共处的要求,专使代其主君表示从命。苏勒坦－沙既已听命,泰凯什出征之议本可作罢;但泰凯什仍然表明他有随时履行对古尔苏勒坦的诺言的决心,并补充说明,花剌子模四境安堵,是以实践前言,决非难事。此函签发于 4 月或 5 月初④;紧接其后,卷宗内有写于 5 月底、发自呼罗珊的两封信⑤。当时花剌子模沙正在呼罗珊境内围攻塞拉赫斯城,由此可知,他不得不实践出征的诺言。花剌子模沙在第一封信中表明他相信塞拉赫斯指日可下,并约定城陷之后,立即安排与古尔苏勒坦会晤;他还提到花剌子模军包含有来自他所管辖的各个地区的队伍。花剌子模沙迅即获胜的希望没有实现,因为第二封信件仍写"于塞拉赫斯城下"。第二封信,除他事外,谈到:是冬,阿勒普－哈剌－乌兰亲率尚未归依伊斯兰教的、人数甚多的钦察部众出现于毡的,

---

① 《原文史料选辑》,页 74(巴格达迪,*Kitāb at – tawassul*,〔Бахманйар 刊本,页 30 – 8〕)。
② 据巴格达迪书(*Kitāb at – tawassul*,莱顿抄本,No. 285,叶 26),在回历沙阿班月;此处未记年份,但从下文可知其为回历 577 年,即公元 1181 – 82 年。
③ 回历拉马丹月。
④ 此函签发于祖勒－希贾月底。
⑤ 第一封信写于回历 578 年穆哈兰月中旬,〔第二封信写于 1182 年 5 月下半月〕。

向花剌子模沙输诚,并遣其长子菲兰(Fīrān?)率领许多"尤古尔子弟(sons of Yūghūrs?)"到花剌子模沙军前效力。花剌子模沙说明他已把他们分派到统治毡的王子麦利克-沙麾下,令随王子征讨非伊斯兰教徒。同年冬季,花剌子模沙意欲往援古尔苏勒坦,而因接到古尔苏勒坦连战皆捷、杀敌致果的消息,遂将行期延缓。

在这以后的一封信,是花剌子模沙于1183年1月①写给加苏丁的。花剌子模沙在这封信中为自己辩解何以未能如期举行拟议中的会晤:前因至为紧急的变故不得不亲征河中,今虽军还,而马力疲惫,又复远行,实有未便云云②。

又1182年10月③与11月④期间花剌子模沙送达阿塔伯克"伊拉克的佩赫雷宛"(Pahlawān of 'Irāq)⑤的信件,也提到了钦察人。10月信中称,阿勒普-哈剌之子菲兰有与泰凯什家族和亲之荣(当指联姻而言);信件还转引阿勒普-哈剌所上书札的语句说,过去一年,阿勒普-哈剌曾从非伊斯兰教徒的羁绊下解救出远至塔拉兹(塔拉斯)的辽阔地区⑥,本年内,愿效驱驰如故,要作出与上年同样的贡献。11月信中称,钦察部众接连不断地从突厥斯坦前来效命于花剌子模沙⑦。

出征河中的情况,反映在单独一份以泰凯什名义写于布哈拉、发往花剌子模交韦齐尔收阅的文件中。花剌子模沙渡过阿母河以后,分兵向布哈拉推进。将士奉命不得扰害和平居民,但在这座设防坚

---

① 写于回历拉马丹月月底。
② 《原文史料选辑》,页78-80(巴格达迪,*Kitāb - at - tawassul*,莱顿抄本,No. 285,叶26-8)。〔此段开头改作"在这以后的几封信",比较确切,因《原文史料选辑》页78-80共节录了致古尔苏勒坦加苏丁的五封信,这五封信的全文,见 *Kitāb - at - tawassul*,Бахманйаф 刊本,页145-65。〕
③ 在回历术马达Ⅱ月中旬。
④ 在回历拉贾卜月中旬。
⑤ Lane - Poole, *Mohammedan Dynasties*,页171。〔这里说的是 Джехан - Пехлеван Мухаммед Ильдегизид,他是阿塞拜疆的阿塔伯克和伊朗塞勒术克国家的实际统治者;据拉文迪书,他主政的时期在1174-1186年,而据 Lane - Poole 书,则在1172-1186年。〕
⑥ 《原文史料选辑》,页80(巴格达迪,*Kitāb at - tawassul*;〔Бахманйар 刊本,页175〕)。
⑦ 巴格达迪,*Kitāb at - tawassul*(莱顿抄本,No. 285,叶32;〔Бахманйар 刊本,页180〕)。

固的城池①内,聚集着"一群一向盘据该地、陷入无信仰的罗网不能自拔的暴徒和肆无忌惮的叛教者"。花剌子模沙素怀宽仁,一再约束军士,并晓谕逆党从善去恶,看来"这些人昧于事理,竟置若罔闻"。月之12日,火曜日②,花剌子模士兵开始攻城,瞬间城破。众军欲乘胜大掠,但主君顾念城内信奉正宗的居民,下令撤军,此因主君了解,凡被猛力攻破之城,胁从乱党的和平居民将不免遭殃。根据这段文字,我们可以推断,花剌子模军攻城受挫。花剌子模沙决定宽限到次日(水曜日)清晨受降;向晚,布哈拉城渠帅利用暮色突围逃命,但被花剌子模军追及,同行千余人无一得脱,经押解到花剌子模沙面前,概蒙赦免③。布哈拉城被攻克的情况如此。今天还存留着泰凯什颁发给布哈拉伊玛目的两道诏书(两道诏书可能是颁发给同一位伊玛目的)。第一道诏书是泰凯什返回花剌子模以后写的,内容系感谢一位赛伊德族伊玛目的多次忠诚表现,特别是在花剌子模人向布哈拉进军的时候。第二道诏书确认贝德鲁丁的职务。贝德鲁丁业经萨德尔布尔罕丁任命为穆达里斯、伊玛目、海推布、穆夫提,现泰凯什下诏加委④,并谕令今后宣读呼图白,须在哈里发名字以外提出苏勒坦的名字⑤。

  1183年夏季,花剌子模沙再次在呼罗珊驻军。当时加苏丁受到马鲁叛乱者(可能即苏勒坦-沙及其军队)的严重压迫,处境极为不利。花剌子模沙在回历拉比阿Ⅱ月初(公历7月底)致古尔苏勒坦的信中洋洋自得地指出,加苏丁除希望得到他的援助外,别无其他希望。信内也说到他已统率突厥兵50,000人在途。显而易见,泰凯什想利用他的

---

① Hiṣn 一词用在此处,多半是"城墙"的意思;参照 Бартольд, *Отчет о поездке в Среднюю Азию*, 页15,注8。布哈拉当时没有子城(奈尔沙希书,Schefer 刊本,页23)。
② 月的名称,在两份抄本(巴格达迪,*Kitāb at-tawassul*, 莱顿抄本 No.285 与 No.586)中都脱漏了。回历578年穆哈兰月12日(公历5月18日)为火曜日,但此处说的可能是公历10月12日,火曜日,是日,依 Wüstenfeld 的史日对照表,为回历术马达Ⅱ月11日,但在回历计年中,类似的一日之差,如所熟知,是常见的情况,参照上文 R392,注3。
③ 《原文史料选辑》,页77-8(巴格达迪,*Kitāb at-tawassul*;〔Бахманйар 刊本,页125-31〕)。
④ 《原文史料选辑》,页76-7(巴格达迪,*Kitāb at-tawassul*;〔Бахманйар 刊本,页104-5〕)。
⑤ 马格达迪,*Kitāb at-tawassul*, 莱顿抄本 No.285,叶20;〔Бахманйар 刊本,页108〕。

对手的窘境为自己取得独霸东部穆斯林世界的地位。在这封信中，与其他文书中不同，加苏丁不再被称为"弟兄"，而被称为"儿子"。花刺子模沙显然想用这种称谓表明，他要把所有的地方统治者，包括古尔苏勒坦在内，都变为他的臣属①。

有些历史家也曾提到上述钦察人入境和泰凯什对布哈拉用兵二事，但他们误将此二事系于泰凯什在位末年，其时苏勒坦－沙已不在人世，麦利克－沙亦已不在毡的。关于钦察人，术外尼有以下一段报道②。1195 年③，花刺子模沙对昔格纳黑的卡伊尔－图库－汗④进行征讨（ghazwa，即对非伊斯兰教徒的征讨）。卡伊尔－图库－汗获悉花刺子模军已抵毡的，惧而出走，花刺子模人跟踪追击。花刺子模沙警卫军中有由乌兰尼延人⑤组成的一支队伍（乌兰尼延人系钦察诸部之一，卡伊尔－图库－汗即属于此部），他们密告卡伊尔－图库－汗：他们将在两军接战时背弃花刺子模沙。这一消息使汗大受鼓舞，遂在 5 月 19 日⑥（金曜日）出战。乌兰尼延人果在阵前脱离了队伍，并劫掠了花刺子模军的辎重。穆斯林因此败绩，战死者甚众。其因不耐酷热和干渴而死于草原上的人为数更多。十八天以后⑦，花刺子模沙返抵花刺子模，是年剩余的时光，他在伊拉克度过。当年年终，花刺子模沙得知卡

---

① 巴格达迪，*Kitāb at‑tawassul*，莱顿刊本，No. 285，叶 35–6；〔Бахманйар 刊本，页 200〕；《原文史料选辑》，页 80。
② 术外尼书，ГПБ Ⅳ,2,34 抄本，叶 111–3；Qazwīnī 刊本，Ⅱ，页 34–43；米尔洪德，*Histoire des sultans du Kharezm*, Defrémery 刊本，页 34–7。
③ 回历 591 年冬季，这个冬季开始于公历 1194 年 12 月 6 日。
④ Qazwīnī 刊本作 Qātir Būqū。很有可能，他就是后来被称为卡迪尔－汗的那位统治者（参看下文）。〔据伯希和的意见，Qazwīnī 采取的写法，Qatïr‑Buqu‑khan，是正确的，参看 Pelliot, Notes sur le《*Turkestan*》，页 22〔冯承钧译，《西域南海史地考证译丛三编》，页 13〕。〕
⑤ Qazwīnī 刊本此处作 A'ajamiyān，亦作 Ūrāniyān（Ⅱ，页 35）。后一字可能系由 Ūran 演变而来，法赫鲁丁·麦尔韦鲁迪所编突厥部落名称表中有名为 Ūrān 的部落，参照 Ross, *The genealogies*，页 407（No. 17）。
⑥ 据术外尼书（Qazwīnī 刊本，Ⅱ，页 35），在回历术马达 Ⅱ 6 日。
⑦ 列宁格勒公共图书馆藏 Ⅳ,2,34 抄本中作十五天，Ханыков 抄本中作十八天，米尔洪德书中亦作十八天。

伊尔-图库-汗与其侄(或甥)①阿勒普-德雷克失和;后者来到毡的,并向花剌子模沙请兵。泰凯什同意援助;他的儿子库特卜丁·穆罕默德从你沙不儿回到花剌子模,于回历594年拉比阿Ⅰ月/1198年1月与阿勒普-德雷克向草原进发。卡伊尔-图库-汗兵败,与其他权贵一齐被俘。回历拉比阿Ⅱ月/2月,所有俘虏都系着铁链被押解到花剌子模②。卡伊尔-图库-汗的臣民归附阿勒普-德雷克;然而后者很快地就表现出来他也很不安宁,是与他的先行者卡伊尔-图库-汗同样使花剌子模感到难与相处的邻居。泰凯什想到"是铁总须铁来打"的阿拉伯谚语,于是从牢狱中放出卡伊尔-图库-汗,和他缔约,让他率领一支劲旅对阿勒普-德雷克作战。翌年,"喜讯"传来,阿勒普-德雷克打败了卡伊尔-图库-汗。以上所述,系据术外尼书抄本,此处行文殆可断言其有笔误,应依米尔洪德书与术外尼书印本③订正为:消息传来,汗打败了阿勒普-德雷克。毫无疑义,这里提到的阿勒普-德雷克必与上文已经述及曾在1181年(并非晚在1195年)到过花剌子模的那位见于官方文书的阿勒普-哈剌同为一人;这里难以判断的一点是,应否把术外尼详加叙述,而官方文书并无一语道及的其他事件也提前系于较早的年份。

关于出征布哈拉之役及其原因,仅见于伊本·阿西尔的记载④。594/1198年,帆延统治者,马斯乌德之孙,穆罕默德之子(参看上文R402)贝哈艾丁·萨木攻占了巴里黑。在此以前,巴里黑为一位突厥王公所有,这位王公系哈剌契丹人的藩臣。萨木乘这位王公死亡的时机占领了该城,开始在该城以加苏丁名义宣读呼图白。当时加苏丁顺应哈里发的心愿,统兵在呼罗珊,将对泰凯什作战。泰凯什向

---

① 据术外尼书(Qazwīnī 刊本,Ⅱ,页40),为兄弟之子,据米尔洪德书,为姊妹之子。
② 术外尼书,Qazwīnī 刊本,Ⅱ,页41。
③ Qazwīnī 刊本,Ⅱ,页43。
④ Tornberg 刊本,Ⅺ,页88—91。

哈剌契丹人乞援。冬季①(?),回历术马达Ⅱ月,哈剌契丹军在重臣太阳古②统率下渡过阿母河,蹂躏了胡实健一部分以及相邻诸省。哈剌契丹人要求萨木或者离开巴里黑,或者称臣纳贡;对于这种要求,萨木置之不理。加苏丁未敢遽向敌人发动进攻,一则因为他的弟兄施哈卜丁经常统率古尔武装,此刻尚在印度,二则加苏丁本人患麻痹症,需人舁之以行。当时,泰凯什正准备从徒思向哈烈进军。虽然如此,毕竟有古尔军的三位将领联兵对哈剌契丹人的营寨进行了夜袭;哈剌契丹人依其旧俗,入夜从不离开帐篷,也就是说,夜间不设哨兵。因此,古尔人这次夜袭取得了辉煌战果。翌日,哈剌契丹人探悉加苏丁不在军中,前来对古尔人挑战,但加苏丁派来的一支队伍已与三位埃米尔所部以及一部"圣战者"会师,哈剌契丹人大败,退却途中渡阿母河,又溺毙多人。哈剌契丹君主经此挫败,开始责难花剌子模沙,以沙之故,哈剌契丹方面竟损失偌多兵员。他要求花剌子模沙赔偿巨款,对每一死者付偿金10,000第纳尔,死者总数为12,000人(?)③。花剌子模沙于是转而与加苏丁谈判,后者要求他向哈里发表示臣顺,并抚慰因哈剌契丹人入侵而受害的居民。谈判结果圆满,花剌子模沙随即答覆葛儿罕:"你的军队只想夺取巴里黑,非为助我而来。我既未与你军会师,并不曾命令你军渡河。下令渡河果出于我,则我自应照付你所要求的款额。现在你无力对付古尔人,因而对我妄发怨言,提出这些要求。说到我自己,我已与古尔人媾和,愿为古尔人的子民④,不复是你的臣仆。"哈剌契丹人围攻花剌子模人的京城,后者每夜开门出击;大批"圣战者"前来支援花剌子模沙,最后,敌人解围而走。花剌子模沙尾随其后,进围

---

① 伊本·阿西尔此处计时多半有误,回历594年术马达Ⅱ月开始于公历4月10日。
② 这不是专有名词,而是一个称号,参看马夸特,*Komaner*,页126。马夸特将此词写作 Tājang Kōh(伊本·阿西尔书作Tāyankūh),并认为前两个音节汉语"太王"(T'ai Wang)的译音。Tāyangū 多半是正确的拼法,参照奥非,*Lubāb al-Albāb*,Ⅰ,页194的标音与196,16的诗句。
③ 哈剌契丹人向一个每年仅纳贡 30,000 第纳尔的省区竟一次勒索 120,000,000 第纳尔的巨款,显非事理之常,自不足信。就我们所知,中世纪从无支付如此巨款的事实。
④ 泰凯什当国末年,威名极盛之际,肯不肯说这样的话,颇成疑问。

布哈拉城。布哈拉城居民抗击花剌子模沙,对哈剌契丹人效忠不贰。不仅如此,布哈拉人还找到一只独眼的狗,为它披上长衫,戴上高帽,曳之行于城墙之上,呼为花剌子模沙(泰凯什眇一目)①,然后用弩将狗射入敌营,齐声叫喊"这就是你们的苏勒坦",花剌子模人亦不示弱,呼布哈拉人为背教的叛逆。最后,布哈拉在猛攻之下陷落。城民虽有上述行为,而泰凯什仍待之甚厚,甚至分赐大量钱币。泰凯什在此稍留,返回花剌子模。

上文言及,伊本·阿西尔的记述有不少可疑之点,令人遗憾的是我们别无旁证可资核对。术外尼与术兹贾尼都不曾提到泰凯什的布哈拉之役,术兹贾尼是古尔朝的历史家,他也没有提到加苏丁对巴里黑的征服与对哈剌契丹人的作战②。伊本·阿西尔,如他本人所承认的③,对于十二世纪下半期呼罗珊发生的事件,没有明晰的概念,对不同史料中互相矛盾的记载,他也不能进行分析。这就部分地说明了何以他的叙述令人生疑,何以他所举的年代与前引官方文件中的年代出入甚大。我们现在没有什么根据来肯定泰凯什曾经两次攻陷布哈拉。

图甘－沙死后,呼罗珊再度陷于混乱。据术外尼的记载,图甘－沙卒于 1185 年 4 月 15 日④,其子辛贾尔－沙冲龄继位,但大片土地则归苏勒坦－沙所有,与苏勒坦－沙为敌的有其兄泰凯什与古尔朝的加苏丁。斗争的结局对泰凯什有利。1187 年 5 月或 6 月⑤,泰凯什占领了你沙不

---

① 〔此依英译本,1900 年俄文版作"目盲"。〕我们不能从其他资料为此事找到旁证。
② 术兹贾尼书(Raverty 译本,Ⅱ,页 924－30;〔Nassau Lees 刊本,页 329－30〕)只说到哈剌契丹人曾与古尔人作战两次或三次,古尔人的将领有哈尔杰木和穆罕默德·本·哈尔纳克。哈尔杰木在某次战役中阵亡。另据伊本·阿西尔书,对哈剌契丹人作战时阵亡的将领名哈尔鲁什。
③ 伊本·阿西尔书,Tornberg 刊本,Ⅺ,页 253。
④ ГПБ Ⅳ,2,34 抄本,叶 106;Qazwīnī 刊本,Ⅱ,页 22(回历 581 年穆哈兰月 12 日)。据伊本·阿西尔书(Tornberg 刊本,Ⅺ,页 249),则在 582 年穆哈兰月。
⑤ 据术外尼书(ГПБ Ⅳ,2,34 抄本,叶 107;Qazwīnī 刊本,Ⅱ,页 25),在回历 583 年拉比阿Ⅰ月 7 日,火曜日,但此日(公历 1187 年 5 月 17 日)系日曜日;而同年拉比阿Ⅱ月 7 日(公历 6 月 16 日)则确系火曜日。又 ЛГУ No. 172 抄本叶 118b 作拉比阿Ⅰ月 17 日,是月 16 日(公历 5 月 26 日)系火曜日,有一日之差。泰凯什围攻你沙不儿始于回历同年穆哈兰月 14 日,金曜日(公历 1187 年 3 月 27 日)。〔按公历 1187 年 3 月 27 日,金曜日为回历 583 年穆哈兰月 15 日。〕

儿,留长子麦利克-沙(前任毡的总督)驻守。辛贾尔-沙被解往花剌子模安置,后因其与你沙不儿续通声息事泄,双目被抉①。马鲁则直到苏勒坦-沙于1193年9月29日(水曜日)身死②之后,始复归泰凯什治下。同年年底,麦利克-沙移驻马鲁,由其弟穆罕默德接任你沙不儿总督③。

尚在此以前,泰凯什已有机会干预西部波斯的事务,亦即干预塞勒术克苏勒坦托格鲁勒与其劲敌阿塔伯克库特卢格-伊南奇④的争端。1192年,泰凯什应库特卢格-伊南奇之请,率军占领了剌夷,但后因接到苏勒坦-沙进攻花剌子模的消息而撤退⑤。1194年,泰凯什再度出兵;这番向泰凯什求救的不仅有库特鲁格-伊南奇,而且有哈里发纳西尔本人,这位哈里发力求扩展他的狭隘的领土,从而引起他和塞勒术克政府之间的冲突。先是,苏勒坦托格鲁勒听从库特鲁格-伊南奇的父亲阿塔伯克穆罕默德·佩赫雷宛-杰罕的劝诱,剥夺了哈里发的世俗权力。据同时代人拉文迪的记载⑥,苏勒坦和阿塔伯克的拥护者们向世人发表了如下言论:"如果哈里发即为伊玛目,那么,他应当以主持礼拜(乃玛孜,namāz)为其经常的职务,因信仰以礼拜为本,而善行亦以礼拜为先。哈里发应当安于这方面的优先地位,作生民的表率。这是真正的主权。至于世俗政务,必须委诸苏勒坦,如哈里发亲自过问,殊无意义。"⑦苏勒坦托格鲁勒有着这种倾向,当然为僧侣等所不喜。

---

① 伊本·阿西尔书,Tornberg 刊本,XI,页 249。
② 术外尼书(ГПБ IV,2,34 抄本,叶 109;Qazwīnī 刊本,II,页 30)与伊本·阿西尔书均作回历 589 年拉马丹月最后一日。由确实可靠的资料得知:苏勒坦-沙从未为其兄所囚禁,亦未被抉双目。因此,杰马勒·卡尔希书所记他们兄弟间的对话(《原文史料选辑》,页 135)纯系虚构。
③ 伊本·阿西尔书,Tornberg 刊本,XII,页 70。
④ 关于此人,参看 Lane-Poole,*Muhammadan Dynasties*,页 171。〔库特鲁格-伊南奇是伊勒德吉兹家族的阿塞拜疆阿塔伯克杰罕-佩赫雷宛的儿子,阿布·贝克尔(1191-1210 年在位)的弟兄。〕
⑤ 伊本·阿西尔书,Tornberg 刊本,XII,页 69。
⑥ 土耳其文译本,叶 116-7;Iqbāl 刊本,页 334。拉文迪书的这一部分系拉文迪本人所撰,非出于伊本·比比与土耳其文译者之手(参看上文 R76)。他在这里(土耳其文译本,叶 121;Iqbāl 刊本,页 384)援引了他的弟兄(泰凯什接见过的来自哈马丹的代表之一)的言词,并有几处说到他本人(Iqbāl 刊本,页 344,357)。
⑦ 土耳其语译文(亚洲博物馆抄本 590ba,叶 116-7)。波斯原文的语气则比较温和。

1194年3月19日①,托格鲁勒在剌夷附近受到花剌子模沙的袭击,托格鲁勒力战而死。泰凯什进占剌夷和哈马丹。哈里发政府迅即觉察:花剌子模沙将是和先前的塞勒术克苏勒坦同样危险的敌人。哈里发的韦齐尔穆艾伊德丁以无比傲慢的口吻向泰凯什提出哈里发的要求。这位韦齐尔宣称:花剌子模沙赖"最高迪宛"(Supreme Dīwān)亦即巴格达政府的支持而得位②,因此当与韦齐尔会见时,他应当首先来会他并下马致敬;据伊本·阿西尔的记载③,韦齐尔要求泰凯什亲至韦齐尔的帐幕领取颁赐给他的荣誉袍服。所有这些托辞和要求,均被泰凯什断然驳回。这一番,仅因韦齐尔迅速退军,才避免了哈里发军与花剌子模沙军的冲突。1196年7月,双方终至兵戎相见,其时韦齐尔已卒。花剌子模人击败了巴格达军,掘出韦齐尔的尸体,枭首送往花剌子模④。然而,哈里发虽在战败以后,仍然要求花剌子模沙离开西部波斯,满足于对花剌子模的占有。泰凯什答称,他的领土,即便包括伊拉克在内,亦不足以维持他的为数众多的军队,因此他要向哈里发提出再将胡齐斯坦割让给他的请求⑤。据伊本·阿西尔的记载⑥,泰凯什在位晚年,像后来他的儿子摩诃末一样,甚至要求在巴格达也用他的名义宣读呼图白。这是阿拔斯朝与花剌子模朝交恶的开始,后来证明也是两个朝廷同归于尽的原因之一。双方兵连祸结,对和平居民发生了毁灭性的影响;花剌子模各路军兵陷伊拉克于糜烂;据拉文迪的记述⑦,泰凯什部将马牙丘克的残暴,视从前古斯人在呼罗珊和后来蒙古人在伊拉克所表现的有过之而无不及。泰凯什在位末年终于听取居民的控诉,罢免

---

① 伊本·阿西尔书(Tornberg 刊本,XII,页70)所记日期:回历590年拉比阿Ⅰ月24日。
② 术外尼书(ГПБ Ⅳ,2,34抄本,叶110;Qazwīnī 刊本,Ⅱ,页33)。
③ Tornberg 刊本,XII,页70。
④ 伊本·阿西尔书,Tornberg 刊本,XII,页73。
⑤ 拉文迪书,土耳其文译本,叶122;Iqbāl 刊本,页385。
⑥ Tornberg 刊本,XII,页88。
⑦ 土耳其文译本,叶129-30;Iqbāl 刊本,页398。作者将马亚丘克的暴行与"阿卜哈兹的非伊斯兰教徒(高加索的基督教徒与格鲁吉亚人)、中国(Хитā)的突厥人以及叙利亚的法兰克人"的行动相比拟。

了马牙丘克的职务,并在他回到花剌子模以后处以极刑。巴格达士兵为所欲为,也并不逊于花剌子模军;拉文迪说①,哈里发在泰凯什于1194年撤兵后,派遣骑兵5,000人进入伊拉克,这些骑兵将花剌子模人劫余之物抢掠一空。韦齐尔穆艾伊德丁生前的改革,不仅以有权势的王公为对象,而且也以私人地主为对象;他宣布:所有穆斯林土地皆属哈里发所有,任何私人不得占有免赋田地(milk)。史家拉文迪把这种改革列为这位韦齐尔的"新政"之一②。泰凯什在位时,花剌子模人在伊拉克占有优势,但泰凯什身死消息甫经传来,伊拉克居民立即背叛,消灭了留在境内的所有花剌子模士兵③。

泰凯什卒于1200年7月3日④。如上所述,他一生强有力地提高了他的王朝的声威,但在施政方针方面,却也遗留下后来成为他的儿子的心腹之患的问题。花剌子模沙既与哈里发处于公然敌对的地位,他们当然就不能依靠僧侣阶层的力量;泰凯什既接受钦察王侯的效忠并与结成亲缘关系,于是出现了一个强大的军人阶层,这个阶层一方面有助于他们军事上的成功,另一方面则如上文(R407)所述,虽在泰凯什生前,也已经证明在用以对草原上的敌人进行斗争时不可信赖。在泰凯什之妻、摩诃末之母图尔坎-可敦⑤这样一位慧而黠的妇女权倾内外的情况下,这一军事贵族阶层的影响迅即动摇了花剌子模沙的威信;钦察人虽以解放者的身份来到花剌子模,可是他们能使被占领的土地陷于荒废,也能使其主君花剌子模沙的名字成为人们憎恨的对象。

---

① 土耳其文译本,叶118;Iqbāl刊本,页377。
② 拉文迪书,土耳其文译本,叶121。波斯原文(*Rāḥat aṣ-Sudūr*,Iqbāl刊本,页381以下)。
③ 拉文迪书,土耳其文译本,叶130;波斯文原本,Iqbāl刊本,页399。
④ 此据术外尼书(ГПБ Ⅳ,2,34抄本,叶114;Qazwīnī刊本,Ⅱ,页46)——回历596年拉马丹月19日;伊本·阿西尔书(Tornberg刊本,ⅩⅡ,页203)作回历拉马丹月20日;韦谢洛夫斯基教授误计是日为公历6月27日(*Очерк историко-географических сведений*,页65)。
⑤ 关于此名,参看上文R400,注4。

泰凯什的长子麦利克－沙于1197年春季先于其父而卒①，他的次子摩诃末继位。摩诃末在其父生前以库特卜丁为号，在其父死后以阿老丁为号，至1200年8月3日②（木曜日）才改称沙，称沙被推迟的原因在于他和麦利克－沙的儿子兴都汗争位。兴都汗的继承权得到古尔人的支持，古尔人在呼罗珊夺取了若干城镇，但他们在呼罗珊的横征暴敛③则引起当地居民的敌意。花剌子模沙及时利用了这一情况，特别是因为加苏丁恰于此时身故。1203年，摩诃末收复了在呼罗珊的辖境，1204年春，已有力向外扩张，抢劫了巴德吉斯，并向花剌子模人从未占有过的哈烈城征发了大量财物。这时候，施哈卜丁从印度返回呼罗珊，统兵直指花剌子模。摩诃末立即从马鲁归来，他仿效他的先人，企图以决口放水的措施阻挡敌军，但这一措施不过把敌军的行动延缓了四十天。花剌子模人在哈剌－苏④附近被击溃，施哈卜丁乘胜包围了古尔干只。据术外尼的记述⑤，花剌子模京城居民同心协力像一个人似地起来保卫本城；武器被分发给所有的人；号称"信仰的柱石和王国的堡垒"⑥的伊玛目施哈卜丁·希瓦基登临教坛，援引并发挥一则"真传的"圣训，"凡为保卫本人生命和财产而遇害的，皆为殉道义士"，用以激励城民奋勇杀敌。当时奥菲⑦正在古尔干只，他对同一事件作

R414

350

---

① 伊本·阿西尔书, Tornberg 刊本, XII, 页85。
② 术外尼书（ГПБ IV, 2, 34 抄本, 叶115; Qazwīnī 刊本, II, 页47）与米尔洪德书（*Histoire des sultans du Kharezm*, Defrémery 刊本, 页41）作回历韶瓦勒月20日。
③ 《原文史料选辑》, 页111-2（术外尼书; Qazwīnī 刊本, II, 页51）。
④ 据术兹贾尼书（Raverty 译本, I, 页474;〔Nassau Lees 刊本, 页122〕), 哈剌－苏系花剌子模首都东方、从阿母河支出的运河之一。伊本·阿西尔书（Tornberg 刊本, XII, 页122）作苏－哈剌（Sū-Qarā）, 并指出此名系"黑水"之意。鉴于阿勒普－哈剌一名的存在（参看上文R360, 404）, 我们不能说一定不会有像苏－哈剌这种个别的词序, 然而此名多半以术兹贾尼书为准, 读作哈剌－苏（Qarā-sū）。
⑤ ГПБ IV, 2, 34 抄本, 叶117; Qazwīnī 刊本, II, 页54以下; 参照米尔洪德, *Histoire des sultans du Kharezm*, Defrémery 刊本, 页46-7。
⑥ 术外尼书, Qazwīnī 刊本, II, 页55。
⑦ 《原文史料选辑》, 页88。

出迥乎不同的叙述,他说,武装每一名城民,不过是女主图尔坎-可敦的军事策略;她派遣急使驰赴呼罗珊向儿子报警①,同时通令全城所有居民都要武装起来;城民用纸糊成头盔。古尔人目睹守军军容之盛,未敢立即攻城,实际城内没有军队,毫无防御能力。一周后,摩诃末到来,但身旁只有骑兵 100 名;人数众多的援军从四面八方陆续开到,古尔干只幸未沦陷②。

据术外尼的记述,花剌子模沙调集的士兵达 70,000 人之多;此外,他还向哈剌契丹人乞援。古尔人扎营于河③的东岸,施哈卜丁先已命令部众探查涉渡滩头,准备翌日攻城;但适在此时,哈剌契丹大军在太阳古-塔拉兹将军与撒马尔罕苏勒坦奥斯曼统率之下到达。古尔人仓惶退却;摩诃末尾追至哈扎拉斯普击败敌人,然后返回古尔干只欢庆胜利。哈剌契丹人仍穷追不舍,终于在安德胡德附近包围了古尔人。9月底或 10 月初④,两军鏖战二日⑤,古尔人败绩。施哈卜丁不得不在安德胡德婴城固守。此刻施哈卜丁的处境似与被困于色当的拿破仑[三世]无异;他之所以能够逃脱后者的命运,主要由于撒马尔罕苏勒坦奥斯曼居间斡旋。奥斯曼身为穆斯林,不肯让一位"伊斯兰苏勒坦"成为非伊斯兰信徒的俘虏,因而出面调解。哈剌契丹人接受了他的调解,允许古尔人返回本国,仅向古尔人索取赎金。施哈卜丁在战败的时候手

---

① 由此可以推想,摩诃末的军队未曾在哈剌-苏对古尔人作战(术外尼完全没有提到这次战役)。在哈拉-苏近旁被击败的可能是女王派遣的部队,决口放水也可能是女王采取的对策。据术兹贾尼的记述,苏勒坦摩诃末在敌人面前"溃败,退入花剌子模"(奥菲反对此说);哈剌-苏之战系"花剌子模的民众"抗击敌军,其时施哈卜丁已进抵花剌子模城下。伊本·阿西尔则将哈剌-苏之役说成是双方军队的一场大战。
② 扎克里亚·可疾云尼书(*Ajā'ib al - Makhlūqāt*, Ⅱ,页 349, Al - Jurjāniyyat 条)所述古尔干只居民的勇武事迹与此迥异。依照他的记述,古尔干只所有居民,包括工匠在内,都是兵士。某年,苏勒坦摩诃末被契丹人(Khiṭāys)击败,逃至古尔干只,仅余随员数人;他夜间进城,以免被人发现自己的兵士如此之少。翌晨,他能够率骑兵 30,000 人出城迎敌。此一叙述无疑有夸大之嫌,且战事可能与对施哈卜丁作战有关,联系到对契丹人作战,显然错误。
③ 术外尼书,Qazwīnī 刊本,Ⅱ,页 55,大约系指古尔干只附近之某渠道,非指河的正身。
④ 据伊本·阿西尔书(Tornberg 刊本,XⅡ,页 122),在回历 601 年萨法尔月初,是月 1 日为公历 1204年 9 月 28 日。
⑤ 〔此据 1900 年俄文版页 376。1928 年英译本页 351 作"鏖战两周之久"。〕

刃他不能驱入城堡的战象四只,另二只为敌所获,和议成立,他必须向哈剌契丹人再献一只;据术外尼的记述,他甚至交出了全部战象①。

施哈卜丁重返哥疾宁;其时哥疾宁盛传施哈卜丁已死,并因此发生了一定的骚动。施哈卜丁恢复秩序后,与摩诃末缔结了和约和同盟;看来,呼罗珊境内,除哈烈外,所有其他城镇仍为摩诃末统治;直到施哈卜丁死去的一年,哈烈是古尔人在呼罗珊领有的唯一的城镇。1205年春,巴里黑总督塔术丁·增吉②突然袭击花剌子模沙的辖境,他的行动事前未经苏勒坦同意,苏勒坦亦未予以任何支援。古尔人大掠麦尔韦鲁德,在塞拉赫斯受挫;增吉及其将领十人被缚送花剌子模处死③。这时候,施哈卜丁一心只想在哈剌契丹人身上报仇雪耻;同时他作为"伊斯兰的苏勒坦"也肩负着从非伊斯兰信徒奴役下解放河中的责任。哈里发纳西尔一再给苏勒坦写信(这些信件后来在花剌子模人占领哥疾宁时被发现)劝说苏勒坦首先要和花剌子模沙断绝关系,甚至为此可与哈剌契丹人结盟④,也就是说,哈里发向苏勒坦建议的行动计划恰与摩诃末次年所实际采取的如出一辙。纳西尔的劝说并未发生作用;显而易见,摩诃末在政治远见上非其对手古尔苏勒坦所能及。同年(1205年)夏季,巴里黑总督伊马杜丁·欧马尔(显然是增吉的继任人)猛攻并占领了原属哈剌契丹、世所公认最强固的要塞之一忒耳迷;伊玛杜丁之子⑤,贝赫拉木-沙⑥,受任忒耳迷长官。此后,印度方面的叛乱迫使古尔苏勒坦推迟了对哈剌契丹的进一步军事行动;据术外尼的记载,施

R416

352

---

① 术外尼书,ГПБ Ⅳ,2,34抄本,叶118;Qazwīnī刊本,Ⅱ,页57;参照米尔洪德,*Histoire des sultans du Kharezm*,Defrémery刊本,页48。麦尔韦鲁迪虽述及苏勒坦的挫败,但其言甚简,只说到他于回历601年"在遭受一定的损失以后"(叶16b)从花剌子模与安德胡伊返抵巴尔舒尔(即白沙瓦)。E. D.罗斯爵士将此句直译为"在他的眼睛受伤以后",Ross,*The genealogies*,页399),未免拘牵害意。
② 古尔家族的成员,法赫鲁丁·马斯乌德之子;参照术兹贾尼书,Raverty译本,Ⅰ,页425;〔Nassau Lees刊本,页104〕。
③ 术外尼书,ГПБ Ⅳ,2,34抄本,叶119;Qazwīnī刊本,Ⅱ,页58。据伊本·阿西尔的记述(Tornberg刊本,Ⅻ,页135),诸俘虏在马鲁被处死,并在城城悬首若干日。
④ 术外尼书,ГПБ Ⅳ,2,34抄本,叶144;Qazwīnī刊本,Ⅱ,页120。
⑤ 伊本·阿西尔书,Tornberg刊本,Ⅻ,页135。
⑥ 奈塞维书(*Histoire du sultan Djelal ed-din Mankobirti*,原文,页39;译文,页66)记载了他的名字。

哈卜丁出征印度,是为了在对哈剌契丹用兵以前,先就"财政和军务"①加以调整。1206 年春,施哈卜丁返抵哥疾宁,全力投入出征河中的准备。帆延统治者贝哈艾丁②奉命督造跨过阿母河的桥梁③;在质浑河(Jayḥūn)岸边修起一座堡寨,堡寨的一半突入河水之中④。诸般准备正在进行,苏勒坦突于 1206 年 3 月 13 日被刺殒命,一些记载谓刺客系印度教徒,另说刺客系亦思马因派分子⑤。

施哈卜丁是最后一位能与花剌子模沙相抗衡的穆斯林君主。古尔朝新君,加苏丁·穆罕默德之子加苏丁·马哈茂德,才具不足以服众。施哈卜丁的庞大的突厥警卫军的首领们发动叛乱,夺取了哥疾宁和古尔朝的印度领地。花剌子模沙取得哈烈统治者的同意,以防止巴里黑城与巴里黑省落入哈剌契丹人之手为辞,统兵进入哈烈的领土⑥。伊马杜丁·欧马尔抵抗花剌子模军四十日,力尽而降(11 月末),被送往花剌子模。摩诃末与哈剌契丹人联兵攻占忒耳迷。忒耳迷仍归哈剌契丹人领有;穆斯林对此极为不满⑦。另据术外尼的记述,忒耳迷的统治者听从其父伊马杜丁的劝告,亲将这座要塞献于撒马尔罕的奥斯曼⑧。12 月⑨,摩诃末在哈烈举行入城仪式;加苏丁·马哈茂德仍为古尔的君主,但即便在古尔也要对花剌子模沙执藩臣礼,并以摩诃末的名义宣读

---

① 术外尼书(ГПБ Ⅳ,2,34 抄本,叶 119;Qazwīnī 刊本,Ⅱ,页 58)。
② 他的领土,据术兹贾尼的记载,东至克什米尔,西至巴里黑与忒耳迷,北接喀什噶尔,南至加尔吉斯坦与古尔(术兹贾尼书,Raverty 译本,Ⅰ,页 431;〔Nassau Lees 刊本,页 108〕)。他是法赫鲁丁·马斯乌德的孙子。
③ 伊本·阿西尔书,Tornberg 刊本,Ⅻ,页 138。
④ 术外尼书,ГПБ Ⅳ,2,34 抄本,叶 119;Qazwīnī 刊本,Ⅱ,页 59。
⑤ 据伊本·阿西尔书(Tornberg 刊本,Ⅻ,页 139-40),刺客之中有印度教徒,也有亦思马因派分子;据术外尼书(ГПБ Ⅳ,2,34 抄本,叶 119;Qazwīnī 刊本,Ⅱ,页 59),刺客皆印度教徒;而与此事件同时代的萨德鲁丁·尼扎米在其所撰 Taj al – Ma'āthir 一书中(ЛГУ 抄本,叶 204)则称刺客等为亦思马因派分子 Malāḥidat);术兹贾尼书亦然(Raverty 译本,Ⅰ,页 485;〔Nassau Lees 刊本,页 124。〕)。
⑥ 术外尼书,Qazwīnī 刊本,Ⅱ,页 62。参照 ГПБ Ⅳ,2,34 抄本,叶 120。
⑦ 伊本·阿西尔书,Tornberg 刊本,Ⅻ,页 151-3。
⑧ 术外尼书,ГПБ Ⅳ,2,34 抄本,叶 121;Qazwīnī 刊本,Ⅱ,页 64。米尔洪德书中(Histoire des sultans du Kharezm, Defrémery 刊本,页 51-2)不作奥斯曼,而作花剌子模沙。
⑨ 在回历卡马达 Ⅰ 月中旬(据术外尼书,参看 ГПБ Ⅳ,2,34 抄本,叶 121;Qazwīnī 刊本,Ⅱ,页 64)。

呼图白和铸造钱币。1207年1月①，花剌子模沙返抵本国都城，毕竟实现了花剌子模君主累世营求的宿愿。

就是这样，摩诃末藉助于哈剌契丹人削平了最后几位穆斯林对手；现在，摩诃末既已达到了自己的目的，既已取得了雄视东部穆斯林世界的地位，自然就不甘心久为不信仰伊斯兰教的哈剌契丹人的藩属；不仅如此，摩诃末为了维系他的声威于不坠，也必须仿效施哈卜丁以穆斯林的解放者自任。形势对他极为有利，因为适在此时，遍东突厥斯坦、七河流域固勒札地区以及河中，发生了穆斯林历史上最为广泛的一次民主运动。

关于十二世纪末年河中发生的各种事件，我们一无所知。我们只是根据钱币学的资料看到，这时候的撒马尔罕，至少还有十三世纪初年的布哈拉，均在一位以"伟大的苏勒坦的苏勒坦"为号的伊卜拉欣·本·侯赛因汗的统治之下。就我们阅览所及，历史家中提到这位汗的只有奥菲②一人，而奥菲亦未详述他的任何事迹。看来他是吉利奇-桃花石汗·马斯乌德的直接继承人，但是他和吉利奇-桃花石汗的关系如何，我们也并不确知。带有他的名字的钱币，早自560/1165年开始首先铸造于讹迹邗，其时尚在吉利奇-桃花石汗当国时期。在撒马尔罕，他的铸币年份始于574/1178-79年，讫于595/1199年；此外，布哈拉还发现一枚伊卜拉欣的铸币，铸于597/1200-01年③。伊卜拉欣卒，子奥斯曼④继位；如上所述，奥斯曼早在1204年业已主政；术外尼说⑤，奥斯曼亦以"苏勒坦的苏勒坦"为号。奥斯曼的政权显然没有伸张到布哈拉。前已述及，早在十二世纪上半期，布哈拉已有号称"世界的支

R418

---

① 在回历术马达Ⅱ月（据术外尼书，Qazwīnī 刊本，Ⅱ，页65-6）。
② 《原文史料选辑》，页84。
③ Марков, Инвентарный каталог, 页282-9。我们从奥菲撰 Lubāb al-Albāb（Ⅰ，页44）得知，当奥菲于回历597年拉贾卜月（公历1201年4月7日至5月6日）行抵布哈拉时，伊卜拉欣尚在人世。
④ 此依奥菲书与钱币资料（Марков, Инвентарный каталог, 页294）。据 Lubāb al-Albāb（Ⅰ，页44），在回历597年（公历1201年），奥斯曼年14或15岁。
⑤ ГПБ Ⅳ，2，34抄本，叶145；Qazwīnī 刊本，Ⅱ，页122。

柱"(Ṣadr Jahān)的、世袭的海推布和莱伊斯朝代兴起,遗憾的是,关于萨德尔世系的记载有自相牴牾之处。诸萨德尔之过问世俗事务,势必引起他们与撒马尔罕诸汗之间的争执,也无可避免地要和一般民众以及哈剌契丹人发生冲突。这种情况也就说明了为什么所有的萨德尔,上自被哈剌契丹人杀害的欧马尔起(参看上文 R390,都缀有"殉道者"①(shahīd)的名号。哈剌契丹人杀害了欧马尔以后,仍然承认他的继承人的宗教权威。据尼扎米-阿鲁齐的记述②,欧马尔的这位继承人为伊玛目艾哈迈德·本·阿卜杜勒-阿齐兹(死者之弟?)。倘尼扎米-阿鲁齐所记不误,哈剌契丹的总督阿勒普-的斤(或阿特马-的斤,参看 R390)不得不在所有事情上唯这位伊玛目之命是听。如前所述(R398),伊本·阿西尔记载葛逻禄部被歼经过时,将被杀害的欧马尔之子法吉穆罕默德称为布哈拉的莱伊斯;在伊本·阿西尔笔下,穆罕默德曾不得不与撒马尔罕的汗共同行动并赞美哈剌契丹军有理有节。根据奈尔沙希的记述③,560/1165 年,在布哈拉当权的是吉利奇-桃花石汗·马斯乌德,他就在这一年修复布哈拉的城墙。奈尔沙希历史节本的作者穆罕默德·本·祖费尔于 574/1178-79 年将自己的作品献给萨德尔布尔罕丁·阿卜杜-阿齐兹④;上文(R406)提到的泰凯什公牍中的萨德尔很可能就是此人⑤。在汗伊卜拉欣·本·侯赛因长期君临的时间内,撒马尔罕汗恢复了其对布哈拉的统治权⑥;但在他以后,萨德尔又成为布哈拉的统治者。另据伊本·阿西尔的记述⑦,1207 年,

---

① 《原文史料选辑》,页 169(Kitab-i Mullāzādah);还可参看 Barthold, Burhān(《伊斯兰百科全书》本条)。
② Chahār Maqāla, Qazwīnī 刊本,页 22 以下;Browne 译本,页 24 以下。
③ Schefer 刊本,页 23,33-4。
④ 同上书,页 2-3。
⑤ 奥菲撰 Lubāb al-Albāb, I,页 211 作阿卜杜-阿齐兹·本·欧马尔。奈尔沙希书之 Schefer 刊本作阿卜杜-阿齐兹·本·阿布杜-阿齐兹,在两个名字中间误将"本·欧马尔"脱漏;奈尔沙希书之布哈拉石印本不误。
⑥ 萨德尔欧马尔·本·马斯乌德(艾哈迈德·本·阿卜杜-阿齐兹之孙)赋诗赞美伊卜拉欣·本·侯赛因,其诗为奥菲所征引,见 Lubāb al-Albāb, I,页 169。
⑦ Tornberg 刊本,XII,页 170-1。

布哈拉哈乃菲派莱伊斯布尔罕丁·穆罕默德·本·艾哈迈德·本·阿卜杜－阿齐兹在朝圣途中到达巴格达。这个人可能就是尼扎米－阿鲁齐提到的伊玛目艾哈迈德·本·阿卜杜－阿齐兹的儿子;他是布哈拉的真正的"统治者",为哈剌契丹人收集贡赋,用哈剌契丹人的名义发号施令。在巴格达,他先受到隆重的接待,但他也在麦加的行为引起了普遍的愤恨,以致他的"世界的支柱"的称号被更改为"地狱的支柱"(Ṣadr Jahannam)。奥菲①所记布哈拉的一位萨德尔在阿拉法特山附近和一位乞丐的对话,多半即与这次朝圣有关。萨德尔这次朝圣,极尽铺张炫耀之能事;他坐卧于轿床之上,需人肩之以行,橐驼百余头为之载运行装;并有"大乌莱玛"随侍左右。一位饥肠辘辘、衣服褴褛的赤脚穷人迎问萨德尔:贫者朝圣如此艰苦,萨德尔朝圣如此壮观,真主给予二者的报偿能否相等。萨德尔回答说,报偿当然不能相等;"我在奉行真主的旨意,你则违反真主之命行事。真主对我说,'能来则来朝圣';对你则是说,'勿以己手毁灭己身'。由此可见,他对我是发出邀请,而对你却是免除你朝圣的负担。我是佳宾,你是寄食者;寄食者永远不能享有与宾客同等的尊荣。"奥菲和伊本·阿西尔的记载表明,萨德尔等拥有巨额财富,其生活与隐修者的生活迥异。奈萨维②关于同一位萨德尔的记载证实了这一情况。奈萨维称,这位萨德尔身兼莱伊斯与海推布二职,但广有资财,富敌王侯,靠他赡养的法吉达6,000人之多。花剌子模沙出征前不久在布哈拉发生的民主运动,矛头可能也正是指向这些萨德尔们的。这一运动的首领,某盾牌商之子辛贾尔,控制了布哈拉全城,使所有"体面人物"成为轻蔑、凌辱的对象③。奥菲说④,在阿卜杜－阿齐兹死后,诸萨德尔投奔哈剌契丹大帐(ordū),控诉麦利

---

① 《原文史料选辑》,页88(奥菲书)。
② *Histoire du sultan Djelal ed-din Mankobirti*,原文,页23-4;译文,页41。
③ 术外尼书,ГГIB Ⅳ,2,34抄本,叶125;Qazwīnī刊本,Ⅱ,页74;米尔洪德,*Histoire des sultans du Kharezm*, Defrémery刊本,页54。
④ *Lubāb al-Albāb*,Ⅱ,页385。作者征引了谢木西·阿拉只·布哈里的讥讽诸萨德尔的诗篇。

克·辛贾尔的行动。他们领到必要的、正式用了印的文件,但这些文件对他们已经没有什么用处,因为哈剌契丹的政权此时已告倾覆,他们的村落水源断绝,财富也荡然无存。

关于摩诃末与哈剌契丹人的斗争始末,术外尼书中有相歧的两种记述。其一①(见"河中的征服"章与"苏勒坦再次归来对葛儿罕作战"章)谓苏勒坦长期向哈剌契丹人纳贡,但最后在607/1210年下令将前来古尔干只、侮慢苏勒坦而竟与苏勒坦并坐于宝座之上的哈剌契丹索贡专使②投入河中。此后苏勒坦占领了布哈拉;遣使预报苏勒坦奥斯曼,旋即从布哈拉向撒马尔罕进发。奥斯曼先因请尚哈剌契丹葛儿罕公主③见拒而心怀怨恨,至是遂与摩诃末结盟,以摩诃末的名义宣读呼图白,也用他的名字铸造钱币。摩诃末命令撒马尔罕设防,委任图尔坎-可敦的亲属埃米尔布尔塔纳④为专使常驻奥斯曼宫廷。他从撒马尔罕继续前进,渡过锡尔河,回历607年拉比阿Ⅰ月⑤(公历8月底和9月)与太阳古统率下的哈剌契丹军相遇于伊拉米什平原⑥。哈剌契丹军败绩,太阳古本人被俘,嗣经解往花剌子模。苏勒坦于回军途中夺取了讹答剌,讹答剌统治者曾稍事抵抗⑦。苏勒坦返抵撒马尔罕,又从撒马尔罕回到花剌子模。他命将太阳古处死,沉尸河中。当苏勒坦不在毡的时,"卡迪尔-汗部众的残余"⑧蹂躏了毡的的郊区;因此摩诃末在花剌子模停留未久,即复统军向毡

---

① 术外尼书,ГПБ Ⅳ,2,34抄本,叶125-9;Qazwīnī刊本,Ⅱ,页74-84;米尔洪德,*Histoire des sultans du Kharezm*,Defrémery刊本,页54-60。
② 专使的名字,在ГПБ Ⅳ,2,34抄本中作dushi,在Khanykov抄本中作dylashi,Qazwīnī刊本中(Ⅱ,页76)作dydasi。
③ 米尔洪德书此处省略了这一细节。
④ 米尔洪德书此处未提对布尔塔纳的任命。据术外尼书(Qazwīnī刊本,Ⅱ,页76),专使的名字作 T. r. tīh。
⑤ 米尔洪德书(*Histoire des sultans du Kharezm*,Defrémery刊本,页55)系此事于回历606年,即公历1209-10年。
⑥ 米尔洪德书未记战场所在。
⑦ 《原文史料选辑》,页112(术外尼书;Qazwīnī刊本,Ⅱ,页80)。
⑧ 术外尼书(ГПБ Ⅳ,2,34抄本,叶128;Qazwīnī刊本,Ⅱ,页82)。

的进发。与摩诃末偕返古尔干只的奥斯曼由于与花剌子模沙之女新婚仍然留在古尔干只。摩诃末击溃钦察人以后,因接获哈剌契丹人重犯撒马尔罕的消息而驰返撒马尔罕。当他即将到达的时候,撒马尔罕的居民已与哈剌契丹人交战七十回合,仅一次受挫,退入城内,其余均获胜利。

哈剌契丹人探悉苏勒坦兵近,同时得知乃蛮部屈出律已在本国东疆起事,于是与撒马尔罕人订立休战条约,匆匆撤退。摩诃末到达撒马尔罕后,引军急追。乌格纳克(Ughnāq?)[①]城长官虽系穆斯林,但不肯归附花剌子模沙;后者分兵围攻该城,攻城部队顺利完成了任务,将抗命的城主械送花剌子模沙处置[②]。不久,屈出律的使者到达摩诃末军营,双方约定,突厥斯坦将归首先战胜葛儿罕者所有:如苏勒坦首先获胜,则远至喀什噶尔与于阗之地均归苏勒坦,如屈出律首先获胜,则锡尔河以东地区当尽归屈出律管辖。战斗结果,屈出律实现了自己的目的,苏勒坦与葛尔罕接战无功。会战以前,花剌子模沙之驻在撒马尔罕的专使布尔塔纳与马赞德兰的一位王公(凯布德贾迈省的伊斯佩赫贝德[③])派员与哈剌契丹人密商,以葛儿罕在胜利后将花剌子模给予布尔塔纳,将呼罗珊给予伊斯佩赫贝德作为交换条件,二人决定在阵前背叛花剌子模沙。葛儿罕对此同意,甚至许给二人更为优厚的报酬。战斗伊始,布尔塔纳与伊斯佩赫贝德及其所部果即依约离阵逃走,哈剌契丹军左翼战胜了穆斯林军右翼;穆斯林军左翼战胜了哈剌契丹军右翼;双方中军乱作一团。两军各有胜利,也各有队伍溃败逃窜。苏勒坦素有在交战时换着敌军服装的习惯;混战中,他突然发现自己和一些随从(也都身着敌军服装)夹杂在哈剌契丹军行伍以内。他滞留敌营数日,乘间出走,在锡尔河岸与本军会合。士兵等喜出望外,当时业已盛传苏勒坦失踪甚至死亡。

———

[①] 可能与上文 R133 提到的尤甘克同为一地。
[②]《原文史料选辑》,页 112 – 3(术外尼书;Qazwīnī 刊本,Ⅱ,页 83)。
[③]〔(伊斯佩赫贝德)(ispahbad),意为指挥官,总司令。〕

对同一事件,术外尼书"哈剌契丹诸汗及其兴亡始末"①章作了很不相同的叙述,略称苏勒坦因屡获胜利而骄傲自满,连续二、三年未依约向哈剌契丹人交纳贡款;葛儿罕乃遣韦齐尔马哈茂德-巴伊为专使追问岁币。是时,摩诃末正准备出征钦察人,认为不宜即与哈剌契丹人展开争论,同时却又不甘心纳贡于非伊斯兰教徒。因此,不接见来使,统军出发,将与哈剌契丹人谈判事宜委托他的母亲办理。图尔坎可敦接待使者如仪,补交全部贡款,同时遣使哈剌契丹,为入贡过迟向葛儿罕谢罪,以摩诃末名义向葛儿罕表示绝对臣顺②。虽然如此,马哈茂德-巴伊仍向葛儿罕报告花剌子模沙势胜而骄,断非忠实藩臣。花剌子模的使节因此没有受到葛儿罕的礼遇。摩诃末在击败钦察人返回花剌子模以后,决计征服河中。他引军进入布哈拉,密与撒马尔罕奥斯曼以及其他统治者建立了联系。所有王公纷纷允许出力相助,因为他们痛恨哈剌契丹官吏的横暴,这些官吏"与昔日大不相同"③,欺压居民无所不用其极。但苏勒坦此际却从布哈拉返回花剌子模,计划到来年再行出兵。这时候,葛儿罕东疆诸藩属亦相继背叛,乃蛮王子屈出律乘机取得葛儿罕的许可,外出召集流散各地的乃蛮部众。由于屈出律的背叛意图迅即暴露,葛儿罕深悔将屈出律放走,于是要求撒马尔罕的奥斯曼及其他藩属协助对屈出律作战。奥斯曼以请尚哈剌契丹公主见拒之旧怨未消,故不奉宗主命令,公然投附花剌子模沙,遣使花剌子模,并以花剌子模沙的名义宣读呼图白和铸造钱币。葛儿罕发兵三万人攻陷撒马尔罕城,同时由于葛儿罕"视撒马尔罕为其府库",约束士兵不得对撒马尔罕省肆行骚扰,故省境未遭蹂躏。屈出律连获胜利的消息使葛儿罕从撒马尔罕召回自己的军队;撒马尔罕城遂被摩诃末占领。奥斯曼亲自迎接摩诃末,献出省境,并将兵力并归花剌子模军。两位同盟者

---

① 术外尼书,ГПБ Ⅳ,2,34 抄本,叶 130-3;Qazwīnī 刊本,Ⅱ,页 186-93。这一章经米尔洪德加以删节,收入其所撰 *Vie de Djenghiz-Khan*, Jaubert 刊本,页 90-5。
② 《原文史料选辑》,页 113(术外尼书;Qazwīnī 刊本,Ⅱ,页 90)。
③ 术外尼书(ГПБ Ⅳ,2,34 抄本,叶 132;Qazwīnī 刊本,Ⅱ,页 90)。

进抵塔拉兹，与太阳古统率下的一支人数众多的哈剌契丹军相遇。会战未分胜负；双方右翼均被对方击溃，但太阳古为穆斯林所擒。两军各自引退①；哈剌契丹军班师途中，竟在本国境内任意劫掠。八剌沙衮居民由于期待七河流域早日亦被摩诃末征服，闭门不准哈剌契丹军入城。马哈茂德－巴伊与葛儿罕的众埃米尔向城民劝降无效。哈剌契丹军围攻十六日，城破，大掠三日。是役，居民死者达 47,000 人。所有这些军事行动荡尽了葛儿罕的资财。马哈茂德－巴伊由于关心自己的财富——"他比戈伦 Qārūn,（《古兰经》②）拥有更多的财宝"——向葛儿罕提出一项毁灭性建议：从士兵手中追回屈出律掠自国库、而在屈出律战败时又为军队所得的金钱。这一建议的采行，引起了军队的哗变，屈出律立即乘机招收叛军。葛儿罕孤立无依，投奔屈出律，愿为臣仆。屈出律厚遇葛尔罕，尊之为君，事之若父。全部政权自归屈出律一人独揽；屈出律且娶葛儿罕前妃为妻；此后一、二年，葛儿罕卒。

米尔洪德取两说中之前说，并从第二说中删除了与第一说中相异之点（如母后安排清偿所欠哈剌契丹贡款，苏勒坦从布哈拉撤退，哈剌契丹人攻陷撒马尔罕，太阳古被擒以及其他一些次要情节）。他为着同一目的，还窜改了术外尼书另外一些地方的原文。据术外尼的叙述③，哈烈统治者伊祖丁·侯赛因·本·哈尔米勒与你沙不儿长官，母后的亲属，突厥人凯兹利均因误信苏勒坦与哈剌契丹交战失踪的谣传而发动叛乱。至苏勒坦返回花剌子模并于回历 604 年拉马丹月 11 日/1208 年 3 月 30 日到达你沙不儿以后，叛乱始告平息。米尔洪德④与术外尼截然相反，他把有关这次叛乱的记述置于有关苏勒坦两次出征哈剌契丹的记述之后，并删掉花剌子模沙返回你沙不儿的日期，因为这一日期和他的叙述不相投合。然而其他一些史料则均证明这一日期的正

---

① 《原文史料选辑》，页 113－4（术外尼书；Qazwīnī 刊本，Ⅱ，页 91－2）。
② 《古兰经》，XXVIII，页 76。
③ ГПБ Ⅳ,2,34 抄本，叶 122－4；Qazwīnī 刊本，Ⅱ，页 66－70。
④ Histoire des sultans de Khwrezm, Defrémery 刊本，页 60－4。

确。如伊本·阿西尔①就同样把摩诃末第一次对哈剌契丹的出征系于回历604年,也说到这次出征以苏勒坦失利告终。另据奈尔沙希②的记载,苏勒坦占据布哈拉,系回历604年事。有鉴于此,尽管最近一位学者仍持异议③,我们却认为,多桑④宁取伊本·阿西尔的记述,而不从米尔洪德所采纳的术外尼的第一说,殆毫不足异。看来,术外尼的第二说似比较近真,虽其中一些语句亦殊有可议之处。

首先,苏勒坦殆不可能在战争以前频年不向哈剌契丹人纳贡。只要苏勒坦还没有最后战胜古尔人,他就不得不善事葛儿罕以邀恩宠,这有上文(R417)提到的1206年年底将忒耳迷让与哈剌契丹人一事为证。摩诃末出征布哈拉,当在1207年秋季。依据术外尼的第一说,苏勒坦支持布哈拉的贵族派:"盾牌商的儿子得到了他的行为应得的报偿。"这句话不当解释为辛贾尔立被处死;从奈塞维的记述中⑤我们得知,许多年以后,辛贾尔还生活在苏勒坦的宫廷,与其他被拘禁的统治者们同样被迫参加宫廷的各项典礼⑥。辛贾尔统治布哈拉的时间,长短不明;如果上文(R419)述及的萨德尔朝圣事与他取得王位有关,那么,似可设想他君临布哈拉不过数月之久;但"辛贾尔-麦利克之宫"的存在则表明他在位的时间更长一些;关于塔拉比叛乱(636/1238-39年)的记载⑦仍然提到此宫,可见1220年兵燹之后,此宫依然无恙。

奈尔沙希书续编的作者告诉我们,苏勒坦修复了布哈拉的城墙和子城。摩诃末这一时期的成就不过是夺得了布哈拉并与哈拉汗家族,

---

① Tornberg 刊本,XII,页171-5。
② Schefer 刊本,页23,34(页34原文有讹夺)。
③ Oppert, *Der Presbyter Johannes*,页156。
④ 多桑《蒙古史》,I,页181-2[冯承钧译本,上册,页85]。
⑤ *Histoire du Sultan Djelal ed-din Mankobirti*,原文,页21;译文,页38。
⑥ 我们从奥菲书中(*Lubāb al-Albāb*,II,页393)得知,辛贾尔被送到阿模伊(今查尔术);奥菲征引了施哈比·加扎勒·忽毡迪写的几首讥讽辛贾尔的诗。
⑦ Schefer, *Chrestomathie persane*,II,页128;术外尼书,Defrémery 刊本页393摘录;Qazwīnī 刊本,I,页87,5。

特别是与苏勒坦奥斯曼结成了同盟;其后,他从布哈拉返回花剌子模。曾经引起呼罗珊境内叛乱的苏勒坦失踪的谣传,证明苏勒坦这次撤退并非出于自愿;这一谣传还证实了伊本·阿西尔关于花剌子模沙及其撒马尔罕盟友被哈剌契丹人击败的记述。另一方面,同是这位伊本·阿西尔所说的摩诃末及其随从被俘,幸赖后者的机智,诡称苏勒坦乃其奴隶,始得脱归的故事,却很难令人相信。如所周知,在麦利克-沙和尼扎木·穆勒克身上,也流传着类似的故事①。

不论情形如何,摩诃末最后回到了花剌子模,并在1208年春季亲临呼罗珊,恢复了当地的秩序。依伊本·阿西尔所述②,哈烈的叛乱导源于花剌子模人的行动。苏勒坦失踪的谣言传开后,哈烈的统治者曾与古尔君主加苏丁重新缔盟③;到花剌子模沙返回以后,他又对花剌子模沙表示拥戴。花剌子模沙的谋臣向主君进言,哈烈统治者如此反复无常,足证不可信赖;哈烈统治者因此被处死;哈烈故君的韦齐尔婴城固守,久经围困始告失陷。至于你沙不儿长官凯兹利(Kazlī,伊本·阿西尔书④作 Kazlik)之叛,其子在苏勒坦进入你沙不儿(1208年3月30日)以后逃往河中,意欲投附哈剌契丹,但在阿母河岸被花剌子模军追及,连同随从均被诛戮。凯兹利本人逃往花剌子模,母后图尔坎-可敦先劝其藏身于苏勒坦泰凯什的陵墓以避祸⑤,但在凯兹利听从其言之后,她又令人将他处死,并取其头颅送交他的儿子花剌子模沙⑥。由此可以推断,是时母后还不敢对她的谋叛的亲属予以坚决的支持。

---

① 哈木杜拉·可疾云尼,*Ta'rīkh-i Guzīdah*,Defrémery 译本页 448-9 摘录;Browne 刊本,原文,页 445;译文,页 97。
② Tornberg 刊本,XII,页 172。
③ 术外尼书,ГПБ IV,2,34 抄本,叶 122;Qazwīnī 刊本,II,页 66;米尔洪德,*Histoire des Sultans du Kharezm*,Defrémery 刊本,页 63。伊本·阿西尔述哈烈统治者之死,与此稍异,他也没有述及哈烈统治者暂时归附加苏丁的情节。
④ Tornberg 刊本,XII,页 172 以下。
⑤ 据伊本·阿西尔的记载(同上书,页 103),泰凯什在一座大经院中为自己立墓,这座经院也是他自己修建的。
⑥ 《原文史料选辑》,页 112(术外尼书;Qazwīnī 刊本,II,页 72)。

此后数年内,我们从记载中只知道花剌子模发生过一次地震,时在605/1208-9年。这次地震发生在白天,居民能够抛弃财产,逃往城外,因而受害较轻;虽然如此,京师以内死者仍有约二千人之多。乡村死者远在此数以上;有两个村庄全部被毁,居民无一幸免①。

假如苏勒坦先有两年未向哈剌契丹人纳贡之事属实,则马哈茂德－巴伊出使与摩诃末对钦察人用兵二事均应系于1209年秋季。苏勒坦的行动表明,他感到当时与哈剌契丹重启衅端的时机尚未成熟,但至次年,他便可采取比较果断的行动。这是因为哈剌契丹的东疆适于此时受到了被成吉思汗从蒙古境内逐出的游牧人的侵袭。1208年,成吉思汗大破屈出律统率下的乃蛮余众与图克塔－别乞统率下的蔑儿乞部于也儿的石河岸②。屈出律逃往哈剌契丹,图克塔－别乞殁于阵,其诸子投奔葛儿罕的藩属畏兀儿亦都护(īdīqut)。亦都护之背叛葛儿罕,转而与成吉思汗结盟,多半与此事有关。1209年,葛儿罕派到畏兀儿境内、驻在哈剌火者的代表沙乌凯木被杀,术外尼称③,"他被围困在一室之内,众人堕毁屋顶,将他砸毙"。由此可以推想,起事者之中有为哈剌契丹税吏的横征暴敛所激怒的平民。亦都护出战蔑儿乞部获胜④,该部余众走入葛儿罕直接统治的国境⑤。在这里,据术外尼的记述⑥,

---

① 《原文史料选辑》,页112(术外尼书,Qazwīnī 刊本,Ⅱ,页72-3)。呼罗珊境内诸城镇,特别是你沙不儿,也受到这次地震的影响(伊本·阿西尔书,Tornberg 刊本,Ⅻ,页187)。
② 拉施都丁书,Березин 刊本,ⅩⅤ,原文,14,168;译文10,113。
③ 列宁格勒公共图书馆抄本Ⅳ,2,34,叶16;Qazwīnī 刊本,Ⅰ,页32。
④ 双方傍查姆河作战。德·格鲁特认为查姆河当即楚河,马夸特同意此说(*Komanen*,页118),然此说甚误。比较可能的是,此河在畏兀儿地西部,贾姆巴利克[旧译彰八里]即由此河而得名。关于贾姆巴利克,参看 Bretschneider, *Researches*,索引[Djambalik 条]。布雷特施奈德认为此河当距也儿的石河不远。[还可参照 Pelliot, Notes sur le *Turkestan*,页22[冯承钧,《西域南海史地考证译丛》,三编,页13-4]。]
⑤ 拉施都丁书,Березин 刊本,ⅩⅤ,原文,页17;译文,页11。
⑥ ГПБ Ⅳ,2,34 抄本,叶21;Qazwīnī 刊本,Ⅰ,页47。依据术外尼书的一些词句(《原文史料选辑》,页106;Qazwīnī 刊本,Ⅰ,页46以下)与拉施都丁书的有关段落(Березин 刊本,ⅩⅤ,原文,页17,55;译文,页11,34-5),似可推断屈出律参加了对畏兀儿地的出征,后来与蔑儿乞部同经库车西逃,但术外尼书同叶又谓蔑儿乞部诸王公在叶密立及霍博(Qazwīnī 刊本作海押立——Qayāligh)地区与屈出律联合,其时葛儿罕已允许屈出律收编一支军队。术外尼的叙述表明他曾误将屈出律混同于克烈部王子桑昆。克烈部王子亦曾逃至东突厥斯坦(参照拉施都丁书,Березин 刊(转下页)

他们与屈出律所部合流。十三世纪初,畏兀儿地以西即穆斯林居民占绝大多数的地区①;游牧部落在这些地区出现,只能加剧在当地久已开始的动荡。正如我们在他处曾经说过的②,引起这一动荡的不仅有宗教的原因,而更加重要的是哈剌契丹帝国的衰微、帝室声威的陵替、个别权贵势力的增强以及税吏的横暴。运动显然开始于东突厥斯坦。术外尼有关葛儿罕如何对待葛逻禄部首领的记述③表明,当时葛儿罕业已预见到,运动将席卷哈剌契丹人治下的全部穆斯林地区。在游牧部落到来以前,穆斯林没有取得什么成功。"喀什噶尔汗之子"是葛儿罕的阶下囚,至屈出律当政后始获释放④,由此可以推断,这次运动的发生,还在喀什噶尔汗,亦即阿尔斯兰-汗·阿布勒-穆札法尔·优素福在位的时候。据杰马勒·卡尔希的记载⑤,这位汗死于回历601年拉贾卜月(公历1205年2—3月)。摩诃末的败绩和哈剌契丹人的攻占撒马尔罕表明,河中地区的运动起初也遭到了镇压。葛儿罕虽然战胜了奥斯曼(大约在1210年上半年),但他并未因此对后者多所诛求,而满足于索取少量贡赋,并在撒马尔罕留驻他的代表一人。极有可能,奥斯曼与前此求而未得的哈剌契丹公主成婚,亦在此时。术外尼⑥将这次

(接上页)本,XIII,原文,页237;译文,页148),人多称之为桑昆。桑昆系来自汉语的称号,我曾在一篇书评中(3BOPAO,XI,页350)指出桑昆一词并非专名,克烈部三子本人的名字已不可考。但纳西尔丁·徒锡在其所编 *Zīj-i Īlkhānī* 中(不列颠博物馆抄本 Or. 7464,叶 1b)则名此王子为 Īlāqā,《元史》中(卷1,叶5b)作亦剌——Yi-la-ha。参看 Pelliot, À propos des Comans,页176,180,伯希和在此处推想正确的拼法为 Nilkha,但又不能援引波斯语的拼法以实其说。拉施都丁书中作 Ilqah, Березин 刊本,原文,VII,页125;译文,V,页98;XIII,原文,页186下;译文,页115与282。〔伯希和在对本书的评注中表明 Ilāqā 与 Nīlkha 两种拼法可能都对,前者大约是克烈部方言的拼法,后者则为蒙古本部的拼法,见 Pelliot, Notes sur le《*Turkestan*》,页22-4〔冯承钧,《西域南海史地考证译丛》,三编,页14-6〕。〕

① 《长春真人西游记》,Кафаров 译本,页303;Bretschneider, *Researches*, I,页68。
② Бартольд, *Очерк истории Семиречья*,页106以下。
③ 《原文史料选辑》,页106-7(术外尼书;Qazwīnī 刊本,I,页56);参照 Бартольд, *Очерк истории Семиречья*,页107-8。
④ 术外尼书,ГПБ IV,2,34抄本,叶22;Qazwīnī 刊本,I,页48;多桑,《蒙古史》,I,页170〔冯承钧译本,上册,页81〕。
⑤ 《原文史料选辑》,页132。
⑥ 同上书,页114(术外尼书;Qazwīnī 刊本,II,页124)。

联姻置于奥斯曼与哈剌契丹重新修好以及奥斯曼背叛摩诃末的时候;不过这位历史家又说,摩诃末接到双方修好与和亲消息后,对他的不忠顺的女婿迟迟不肯用兵讨伐,此说殊不足信。

  1210 年屈出律在七河流域北部的葛逻禄人协助之下所取得的成功以及他对葛儿罕设于讹迹邗的金库的劫掠,迫使葛儿罕撤离撒马尔罕,全力守卫本土。河中是叛乱复起。摩诃末在战胜钦察人以后离开毡①,返抵布哈拉,奥斯曼又转到他这方面来。上文述及的乌格纳克城被围攻及其陷落,当与此役有关。葛儿罕在七河流域距八剌沙衮不远处对屈出律作战获胜,但他的大将太阳古则在塔拉斯附近为穆斯林所俘。穆斯林取得的并不是决定性大捷,故苏勒坦未敢跟踪追击,亦未对七河流域的伊斯兰教友予以援助。虽然如此,这次战斗以及哈剌契丹统帅之被俘送花剌子模,仍使花剌子模群情振奋,大大提高了摩诃末的威望。在官方文书中,摩诃末被称为"第二亚历山大",但花剌子模沙本人心羡塞勒术克苏勒坦辛贾尔在位之久,更愿被人呼为"苏勒坦辛贾尔"②;从此时起,苏勒坦的大印上加刻了"天神在大地上的影子"的尊号。据术外尼的记述③,摩诃末命将太阳古沉于阿母河中;另据术兹贾尼的报道④,这位被俘的统帅信奉了伊斯兰教,滞留在花剌子模,享有极高的荣誉。在这里,术兹贾尼可能误将其他两位哈剌契丹人,即博拉克兄弟二人的命运与太阳古的遭际混为一谈。博拉克兄弟亦于此役被俘,苏勒坦令在身旁供职,几经拔擢而获得埃米尔与哈吉卜

---

① 奈塞维书中(Histoire du sultan Djelal ed-Din Mankobirti, 原文,页 102-3;译文,页 170) 所述苏勒坦留在毡的,当地居民控诉地方佐贰云云,大约与此同时。
② 参看奥菲所记两种称号(《原文史料选辑》,页 84)。又"苏勒坦・锡肯德尔"(Sulṭān Sikandar) 的称号与塔拉兹附近诸战役亦在 Lubāb al-Albāb 中述及(Ⅰ,页 122,此处铺叙韦齐尔阿布・贝克尔・艾哈迈德・贾米吉的生平,颇饶趣味;这位韦齐尔从前到过契丹人的国度和八剌沙衮,同上书,Ⅰ,页 111)。还可参照同书,Ⅰ,页 202;Ⅱ,页 341(Sulṭān Sikandar)。
③ ГПБ Ⅳ,2,34 抄本,叶 127-8;Qazwīnī 刊本,Ⅱ,页 8;米尔洪德,Histoire des sultans du Kharezm, Defrémery 刊本,页 56-7。
④ Raverty 译本,Ⅰ,页 261-2〔不见于 Nassau Lees 刊本〕,934〔Nassau Lees 刊本,页 329〕。

的职位①。

  穆斯林的欢欣没有能够持续很久。哈剌契丹旧日诸藩属迅即察觉,大权之从非伊斯兰教徒葛儿罕转而掌握在信仰正宗的花剌子模沙手中,并没有给他们带来什么好处。据术外尼的记述,摩诃末早在1210年,亦即尚在返回花剌子模以前,曾不得不举兵讨伐讹答剌统治者的叛乱;最后,叛乱者纳降,被流放到奈萨城②。另据奈塞维的记述③,讹答剌统治者塔术丁·比勒伽－汗系撒马尔罕的奥斯曼的从兄弟④,在哈剌契丹人中(亦即在葛儿罕的众藩臣中)他首先叛附花剌子模沙;比勒伽－汗亲自谒见摩诃末,希冀后者酬谢他的功绩(他曾参加安德胡德附近的战役)。奈塞维并无一语道及他的叛乱,他的流放被说成是苏勒坦出征伊拉克(1217年)以前所采取的一项防患于未然的措施。比勒伽－汗留居奈萨一年,在此期间,他慷慨好施,赢得了当地居民的爱戴;于是苏勒坦派遣一名行刑吏诛杀比勒伽－汗,把他的头颅带回花剌子模。无待赘言,奈塞维比其他历史家更加明了发生在他的故里奈萨城的事件;不过,我们也很难设想,比勒伽－汗能够统治讹答剌直到1217年,而未与哈剌汗朝的其他代表人物同时被黜。

  撒马尔罕的奥斯曼⑤伴随摩诃末到达古尔干只以与花剌子模沙的女儿结婚。婚礼持续了很长的时间;奥斯曼欲返撒马尔罕,图尔坎－可敦提出要求说,依突厥礼俗,奥斯曼须在岳家住满一年,奥斯曼只好依从。1211年春季,摩诃末重对哈剌契丹人用兵,当他单独统军至撒马尔罕时,很快就察觉,奥斯曼不回撒马尔罕,业已引起当地居民们的惊慌和他们对于他的敌视。摩诃末迫于形势,下令将奥斯曼及其少妃送

① 《原文史料选辑》,页115(术外尼书,Qazwīnī 刊本,Ⅱ,页211)。
② 术外尼书,ГПБ Ⅳ,2,34 抄本,叶127－8;Qazwīnī 刊本,Ⅱ,页81;米尔洪德,*Histoire des sultans du Kharezm*, Defrémery 刊本,页57。
③ *Histoire du sultan Djelal ed－Din Mankobirti*,原文,页22－3;译文,页38－41。
④ 译文中有误。
⑤ 关于此人的遭际,参看术外尼的记述(《原文史料选辑》,页114－5;Qazwīnī 刊本,Ⅱ,页122)与伊本·阿西尔书(Tornborg 刊本,Ⅻ,页177－8)。

归撒马尔罕;奥斯曼获得了与其爵位相应的一切,但他的弟弟仍留在花剌子模。此后,摩诃末返回自己的京城。据伊本·阿西尔的记载,花剌子模沙指派代表一人偕奥斯曼同至撒马尔罕,这位代表预定享有与以前葛儿罕所派的代表同等的权力。术外尼在此处并无一语道及这一年的军事活动,因此很难判断他的第一说中有关撒马尔罕代表布尔塔纳叛变的记载究有多少真实成份。只有术兹贾尼一人肯定[1],1211 或 1212 年,摩诃末以 400,000 人(?)的大军再一次战胜了哈剌契丹人。

奥斯曼回到撒马尔罕以后,对解放了他的花剌子模人的行为如此恼恨,以致他重新与哈剌契丹人建立了联系。奥斯曼此举之所以特别值得注意,是因为 1211 年葛儿罕正处于极为不利的境地;是年,忽必烈-那颜统率的蒙古军出现于七河流域北部,当地统治者随之而明确地解除了对葛儿罕的从属关系,并杀害了哈剌契丹派驻的总督[2]。虽然如此,奥斯曼仍断然宁以旧日所受之非伊斯兰教徒的压迫来代替目前穆斯林解放者的压迫,而且后来的事态表明,他这样做,得到了他的全体臣民的赞同。不久,摩诃末获悉,奥斯曼凌虐花剌子模沙的女儿,显然偏袒其来自哈剌契丹的王妃,摩诃末之女甚至被强制为其对手服役。最后,1212 年,消息传来,撒马尔罕的居民奉奥斯曼的命令举起叛旗,戕害了住在城内的所有花剌子模人。花剌子模沙的女儿退居子城自保,奥斯曼十分勉强地贷其一死。据伊本·阿西尔所述,花剌子模人被劈为两半,像屠户挂肉般悬于巴扎尔示众,由此可见,居民痛恨他们的压迫者到了何等强烈的程度。如此噩耗,自然触动了苏勒坦向撒马尔罕出征。据伊本·阿西尔的记载,摩诃末原想杀尽住在花剌子模的所有外邦人,后来又专想杀尽撒马尔罕人,但这一念头被图尔坎-可敦劝止。未几,撒马尔罕被迫投降。据术外尼的记述,奥斯曼捧刀和(殓

---

[1] Raverty 译本,Ⅰ,页 262-4〔不见于 Nassau Lees 刊本〕,934〔Nassau Lees 刊本,页 329〕。
[2] 拉施都丁书,Березин 刊本〔原文,Ⅶ,页 171〕;译文,Ⅴ,132;ⅩⅤ,〔原文,页 169〕;译文,页 113-4;《元朝秘史》,Кафаров 译本,页 130-1;《原文史料选辑》,页 107(术外尼书;Qazwīnī 刊本,Ⅰ,页 57)。

尸)布迎见摩诃末以明绝对臣服。另据伊本·阿西尔的报导,奥斯曼退避子城,在花剌子模人抢劫了撒马尔罕以后,子城仍被围困;奥斯曼乞宥见拒,子城破,被解到摩诃末面前。花剌子模人大掠三日,惟外邦人聚居区获免。伊本·阿西尔估计此时全城死者达 200,000 人,而另据术外尼的比较接近实况的记述,全城被杀共计 10,000 人;经赛伊德、伊玛目和乌莱玛等劝谏,摩诃末始下令停止屠杀。花剌子模沙有意赦免奥斯曼,但公主汗－苏勒坦坚决不肯宽宥其夫,翌日夜间,奥斯曼被处死。摩诃末遣使往谕"费尔干纳与突厥斯坦诸埃米尔"降服,又发兵驻守伊斯菲贾卜,监视哈剌契丹人的动向,以防形势逆转。撒马尔罕实际上成为花剌子模沙的京都,他在这里兴建了一座新的大礼拜寺,还动工建造了一座多半是宫殿的"宏伟建筑物"。

　　从伊本·阿西尔①和术兹贾尼②的记述看来,被摩诃末下令处死的哈剌汗王室成员,显然并不以奥斯曼及其一位从兄弟为限;该家族的其他成员也遭到了同样命运。从钱币学的资料③来看,当时讹迹邗的统治者是杰拉勒丁·卡迪尔－汗,他和奥斯曼的父亲同样以"大苏勒坦"为号;十居八九,他的下场与上述二人相同④。摩诃末之所以出兵伊斯菲贾卜,由于他听到了屈出律取得政权的消息。屈出律在拘执葛儿罕以后,曾将被哈剌契丹人囚禁的、喀什噶尔汗的儿子释放并遣返喀什噶尔,不过这位王子未及入城即为背叛的诸埃米尔所杀害⑤。据杰马勒·卡尔希的记载⑥,这位喀什噶尔王子阿尔斯兰－汗·阿布勒·法特赫·穆罕默德被杀于 607/1210－11 年,由此可见,葛儿罕被拘执,不晚于 1211 年上半年。这也恰与术外尼的记载相合,如我们在上文看到

_____

① Tornberg 刊本,Ⅻ,页 178。
② Raverty 译本,Ⅰ,页 265〔不见于 Nassau Lees 刊本〕。
③ Марков, *Инвентарный каталог*, 页 292－3;〔还可参看 Давидвич, *Нумизматические материалы*〕。
④ 大约他和库奇－的斤同为一人,库奇－的斤是奥斯曼的妹夫,Lubāb al-Albāb Ⅰ,页 45 提到了他。有的钱币上也有库奇－的斤这一称号。
⑤ 术外尼书,ГПБ Ⅳ,2,34 抄本,叶 22;Qazwīnī 刊本,Ⅰ,页 48;多桑,《蒙古史》,Ⅰ,页 170。〔冯承钧译本,上册,页 81〕。
⑥ 《原文史料选辑》,页 132－3。

的,术外尼正是在记述哈剌契丹军从塔拉斯河岸溃退、攻陷八剌沙衮之后,接着就记述葛儿罕被拘执。终葛儿罕在世之时,屈出律满足于手握实权,而为葛儿罕保留下帝王尊严的表面现象。朝仪中,葛儿罕仍然登上御座,屈出律与诸哈吉卜一同侍立①。至于葛儿罕被拘执以前,摩诃末与屈出律之间是否进行过谈判,我们现在已经找不到完全可靠的报道。术外尼述及的协定(参看上文 R421)显系虚构,反而是伊本·阿西尔的记述②可能近真。伊本·阿西尔说,葛儿罕与屈出律角逐期间,双方均向花剌子模沙乞援;后者虽应邀出兵(多半是在 1211 年),但在双方胜负未分以前,他采取了观望态度,双方各自把他看作是自己的盟友。只是在葛儿罕兵败被执以后,花剌子模沙才参加了歼灭哈剌契丹人的行动;哈剌契丹的部分军事力量归附了摩诃末。由于这种情况,花剌子模沙向屈出律强调指出:屈出律之获胜,得力于他的协助,为此应当让给他一部分葛儿罕的领土。屈出律断然回绝了这一要求。关于这一段外交折冲,叙述得最翔实的莫过于奈塞维③,奈塞维曾有亲与花剌子模沙派往屈出律处的最后一位使臣穆罕默德·本·哈剌-卡西木·奈塞维接谈的机会。据奈塞维的记述,摩诃末谴责屈出律攘夺了他的胜利果实;声称被击溃的葛儿罕业已向他求和,愿献女塔甫花石-可敦和他成婚,以全部府库充作嫁奁,只求保有最边远的省区;而恰在此时,屈出律却乘葛儿罕之厄窃据其国。苏勒坦因此要求屈出律立即交出葛儿罕本人、葛儿罕之女以及哈剌契丹的库藏。对这一威胁性的要求,屈出律婉言答复,馈赠甚厚,但拒不交出葛儿罕。葛儿罕亦不无根据地预为其将在花剌子模遭遇的命运担忧,故请屈出律拒绝花剌子模沙的要求。据葛儿罕本人自述,则情况完全异于摩诃末的使臣之所言,葛儿罕为了保全其残存的领土,确有与花剌子模沙媾和之意,并愿嫁之以女,然而摩诃末拒绝了他的所有建议云云。由于屈出律迟迟不肯满足苏勒

---

① 奈塞维,*Histoire du sultan Djelal ed-Din Mankobirti*,原文,页 7;译文,页 13。
② Tornberg 刊本,XII,页 178-9。
③ 奈塞维,*Histoire du sultan Djelal ed-Din Mankobirti*,原文,页 7-9;译文,页 13-6。

坦的愿望,故苏勒坦用更为尖锐的辞句再度提出他的要求;他的使臣遵照他的训令,声色俱厉地向屈出律转达了他的愤怒,这位使臣因此被囚禁,后因屈出律与摩诃末的军队屡"在喀什噶尔及其他地点"发生冲突,这位使者在某次交战时乘间逃回。

依照伊本·阿西尔的记述,花剌子模沙满足于派遣小股兵力从事游击战争,因此引起了屈出律对他的非难,屈出律指责他的这种战术与拦路行劫无异,宜为人君所不取。其实屈出律很少有非难他的对手的资格,因为他自己也采用了这种战术,而且行之卓有成效;他最初仅仅据有七河流域与锡尔河地区的东部,其后依靠这种战术终于取得对花剌子模沙的胜利。然而屈出律首先面临的课题,还是肃清穆斯林运动的最后残余势力,亦即消灭窃马贼和强盗出身的、于穆斯林运动期间在固勒扎地区成立了独立国家的布扎尔或欧扎尔①,并扫除曾经杀害了喀什噶尔汗的喀什噶尔叛乱者的魁首。屈出律未曾对东突厥斯坦进行征服战争,但是他连续三、四年(即自1211年至1213年或1214年)每届收获季节便出兵骚扰这一地区,使之陷于荒废。从奈塞维的记述看来,当时摩诃末亦曾派兵进入这个地区,又术外尼的辞句②也表明,摩诃末军曾经到过别失八里(Bishbāliq)。屈出律的剽掠使他的目的完全实现了,这个地区发生了饥荒,饥荒迫使居民向屈出律投降。花剌子模人在其他地区的行径让我们推想,摩诃末所部与屈出律军同时出现于这一地区,只会促使当地居民作出归附屈出律的决定。花剌子模沙也无力解救东突厥斯坦的穆斯林在屈出律胜利以后所受的迫害③。摩诃末不仅没有援助喀什噶尔和于阗的伊斯兰教友,甚至不能保障河中北部诸省区不受屈出律的威胁。据伊本·阿西尔的记载④,苏勒坦由于

---

① 关于此人,参看《原文史料选辑》,页107-8(术外尼书;Qazwīnī 刊本,Ⅰ,57以下),135-6(杰马勒·卡尔希书)。
② 《原文史料选辑》,页115(术外尼书;Qazwīnī 刊本,Ⅱ,126)。
③ 关于此事,参看 Бартольд, *О христианстве в Туркестане*, 页29;Бартольд, *Очерк истории Семиречья*, 页111(摘引术外尼书;Qazwīnī 刊本,Ⅱ,52以下)。
④ Tornberg 刊本,Ⅻ,页199。

担心屈出律侵扰河中,至少在 1214 年以前,每年必在撒马尔罕度夏;最后,苏勒坦命令伊斯菲贾卜、赭时、费尔干纳、柯散等地区的居民向西南方迁徙,而后故陷这些地区于残破,以防其为屈出律所攫取①。在这里,费尔干纳与柯散并提,大约应当解释为花剌子模沙的这道命令只适用于费尔干纳之在锡尔河以外的地区。伊本·阿尔关于伊斯菲贾卜与赭时的报道,从亚库特的记载②得到旁证,亚库特说明移民的原因,与伊本·阿西尔所述无异:花剌子模沙故陷这些地区于残破,仅因他无力保障这些地区为己所有。摩诃末与屈出律斗争的结局就是如此,此二人者,一个是最强有力的穆斯林君主,另一个则是在 1218 年被蒙古将领之一轻而易举地消灭掉的游牧人的首领。

摩诃末对草原上另一敌对势力钦察人采取的对策,比较成功。昔格纳黑已被并入花剌子模的版图,因为在被羁留于花剌子模的诸王公中,史籍记有昔格纳黑统治者的两个儿子在内③。摩诃末屡从毡的北伐,征讨乞儿吉思草原上的钦察人;正是在这样的出征中,某次发生了他和成吉思汗军的第一次完全出乎意料的遭遇战。关于这次冲突,今天流传着四位互不相谋的历史家——伊本·阿西尔④、奈塞维⑤、术兹贾尼⑥、术外尼⑦的记载,但这四位作者对于花剌子模沙历次用兵中亚情况的了解都很模糊。伊本·阿西尔说,苏勒坦对蒙古人用兵,系在讹达剌事件(1218 年)之后,奈塞维有意识地订正伊本·阿西尔的年代上的错误,将这次战争系于回历 612 年,即公历 1215 – 16 年。不过他和伊本·阿西尔一样,仍置蒙古人与苏勒坦军之战在蒙古人战胜屈出律

---

① Tornberg 刊本,XII,页 179。
② *Muʻjam*,I,249 – 50;III,234。
③ 奈塞维,*Histoire du sultan Djelal ed – Din Mankobirti*,原文,页 39;译文,页 67。
④ Tornberg 刊本,XII,页 238;Тизенгаузен,*Сборник материалов*,I,页 7。
⑤ *Histoire du sultan Djelal ed – Din Mankobirti*,原文,页 9 – 11;译文,页 16 – 9。
⑥ Raverty 译本,I,页 267 – 70〔不见于 Nassau Lees 刊本〕,1096 – 7〔Nassau Lees 刊本,页 378〕。
⑦ ГПБ IV,2,34 抄本,叶 23,136 – 7;Qazwīnī 刊本,I,页 51 以下;II,页 100 以下;米尔洪德,*Histoire des sultans du Kharezm*,Defrémery 刊本,页 74 – 7;米尔洪德,*Vie de Djenghiz – Khan*,Jaubert 刊本,页 99;多桑,《蒙古史》,I,页 208 – 10〔冯承钧译本,上册,页 93 – 5〕。

第三章 哈剌契丹人与花剌子模沙

以后,而人所共知,蒙古人战胜屈出律,系在1218年。不仅如此,屈出律败于蒙古人时,住在东突厥斯坦,由此逃往色勒库尔,而蒙古人与花剌子模人的冲突,下文即将述及,则发生于图尔盖(Turgai)省境。术兹贾尼系此事于615/1218年,按照他的说法,苏勒坦当时追击鞑靼人(Tatar?)优素福之子卡迪尔-汗①,遂向北深入到突厥斯坦境内尤古尔(Yūghūr)之地;在这里,术兹贾尼只是以蒙古人穷追鞑靼人来解释蒙古人之所以出现于此地的原因。关于尤古尔②,中国史籍中也有一段记载,称速不台在钦察境内击败蔑儿乞部之地为玉峪(Yu-ku);而在另一段记载中,玉峪又被附会为蔑儿乞部首领的名字③。从上文(R404)摘引的关于"尤古尔子弟"的官方文书看来,在钦察境内,尤古尔一词亦作为称号使用。据术外尼的记载,讹答剌事件发生后,苏勒坦驻跸布哈拉④,在这里,他从回历沙阿班月8日停留到韶瓦勒月10日(大约在回历615年,即公元1218年10月30日至12月30日)。由于时值春季(?),苏勒坦愉快地度过了这段时间,而后前往撒马尔罕,打算出征屈出律。是时,苏勒坦得报,被成吉思汗逐出蒙古的蔑儿乞部,在图克-图甘(拉施都丁书中作呼勒-图甘)⑤率领下攻入康里人(钦

370

R435

---

① 术兹贾尼在其书另处(Raverty译本,Ⅱ,页1097;[Nassau Lees刊本,页378作Thaqaftān Yamak])谓此人为"伊麦克人塔法克坦之子"(伊麦克人系与钦察人同族的基马克人诸部落之一)。马夸特认为(Komanen,页130)术兹贾尼曾将卡迪尔与蔑儿乞部王子呼都混为一人,对马夸特的这种意见,似乎只有假定他不曾看到术外尼书叙述花剌子模朝的部分始能加以解释。
② Raverty拼作伊古尔(Yighur),见术兹贾尼书,Raverty译本,Ⅰ,页267;[参看《元史》,卷121,速不台传]。
③《元朝秘史》,Кафаров译本,页233。马夸特认为(Komanen,页130)见于中国史籍的玉峪系一地名,其他即伊尔吉兹(Irghiz)。马夸特此说,只有在阿拉伯人误将Irghiz转写为ighar或īghar,而中国人又误将引用的情况下始能成立。参照伯希和教授的评论(À propos des Comans,页154)。
④ ГПБ Ⅳ,2,34抄本,此处有讹夺。
⑤ 马夸特强调指出图克-图甘(Tūq-tughān)与呼勒-图甘(Qūl-tughān)决非同为一人。见Komanen,页134注1。他自己的意见是Tūq-tughān系蒙古语图赫塔-汗之错误的转写(falsche Umschreibung),图赫塔-汗即图赫塔-别乞,不得与其呼都-汗混为一谈。马夸特的这种意见亦未必正确。正如马夸特本人说过的(同书,页131),拉施都丁书中提到,呼都与呼勒-图甘都是图赫塔-别乞的儿子;二人逃至钦察地区,呼都在其地被杀,呼勒-图甘在与术赤作战时被俘,嗣经成吉思汗下令处死。由此可见,在钦察地区对蒙古人作战的统帅不是呼都,而为呼勒-图甘。见于中国史籍的火都 Ho(k)-tu(Komanen,页120)一名,可能也是呼勒-图甘的名(转下页)

察人)地区;于是苏勒坦取道布哈拉进抵毡的御敌。在毡的,苏勒坦获悉,来到康里人地区的不仅有蔑儿乞部众,而且还有追击蔑儿乞人的成吉思汗军。术外尼在另处指出,图克-图甘前此曾与屈出律发生争吵,走入"谦谦奇克(Kem-Kemchik)境内",拉施都丁称谦谦奇克为谦谦吉尤特(Kem-Kemjiyūt),亦即乞儿吉思人的国土,而术赤即奉命至此征讨图克-图甘。苏勒坦出于审慎,返回撒马尔罕调集留在后方的部队,嗣即统率远更强大的兵力重向毡的进发,希望能够"一击而杀二兔"①。然而,到这时候,蔑儿乞部已为蒙古人所歼灭,因此苏勒坦仅能以成吉思汗军作为交战对象;此役,他虽然迫使敌军退走,但并未取得决定性胜利。毫无疑问,花剌子模沙所与交战的蒙古军系为追击蔑儿乞部而来。蒙古文与汉文史料②也都说到蔑儿乞部在某王公呼勒图甘-蔑儿根的统率下逃入钦察地区。拉施都丁③将蔑儿乞部的覆灭系于牛儿年(1217年);指挥蒙古军的将领为速不台和脱忽察儿,但成吉思汗的长子术赤亦曾参加作战,术外尼、奈塞维、术兹贾尼(继他们之后还有米尔洪德)都把术赤说成是蒙古军的统帅。据称,呼勒-图甘被解到术赤面前,另处④则谓呼勒-图甘逃依钦察人,"术赤-汗派军追击擒获之",在两份抄本中,"派军"均作"率军"⑤。至于拉施都丁书中的年代,一般说来,这位历史家为1215-25年间诸事件排比的年份,颇欠确切。他在史书正文中遗漏了猪儿年(1215年),在大事年表中遗漏了鼠儿年(1216年);结果,与猪儿年相应的回历年份被误系于鼠儿年

(接上页)字的转写。〔如伯希和指出的,汉名火都〖见《元史》卷128《土土哈传》,同书卷121《速不台传》中作霍都〗〗就是见于《元朝秘史》的Qodu,而非呼勒-图甘。伯希和举出一些理由说明图赫塔实际上即图克-图甘的读音,参看Pelliot, Notes sur le《Turkestan》页24〖冯承钧,《西域南海史地考证译丛》,三编,页16〗。〕

① 术外尼书,Qazwīnī 刊本,Ⅱ,页102。
② 参照《元朝秘史》,Кафаров 译本,页233,248 摘译《元史》的一些片段。
③ 拉施都丁书,Березин 刊本,ⅩⅤ,〔原文,页50-1,171〕;译文,页31,115。
④ 同上书,〔原文,Ⅶ,页93-4〕;译文,Ⅴ,页73。
⑤ 此据译者的说明;在波斯原文刊本中(同上书,Ⅻ,页94),别列津教授并未指出相应的差异。

和牛儿年下,与鼠儿年相应的回历年份被误系于牛儿年下①;从1218年起,两种纪元的年份复归一致,为此而不得不将回历613年省略。在他的历史和大事年表中,河中征服均系于蛇儿年②(1221年)下,而依据所有可靠的资料,河中在1220年内已被征服。术外尼的记述使我们推想:他将蔑儿乞部的覆灭和术赤对乞儿吉思的出征联系了起来;拉施都丁也说到了术赤对乞儿吉思的出征,并将此事系于1218年③;然而蔑儿乞部逃往乞儿吉思一说,并无任何报道可资依据。毫无疑问,奈塞维十分熟悉花剌子模沙在位最后数年的事迹,他总不会把1218年进行的征讨提到一个较早的年份。我们在掌握更可靠的资料以前,应当推定:苏勒坦对今图尔盖省境的征讨开始于1215－6年冬季;他和蒙古人的冲突发生在1216年夏季④。

依据奈塞维的记述,苏勒坦统兵60,000人到达伊尔吉兹河岸,由于河冰尚未融解,故不能立即渡河。可见苏勒坦这番出兵系在春初,其时河冰已无力承载人马。冰泮后,摩诃末渡河到了蔑儿乞人被歼灭的战场;术外尼置此战场于凯利(Qaylī)⑤与吉马奇(?)二河之间。穆斯林从一名负伤战士探悉,战斗就发生在当天。苏勒坦立即决定追击胜利者,翌晨追及。术赤与其他蒙古将领均不愿对穆斯林作战,宣称奉成吉思汗之命而来,仅负有消灭蔑儿乞部的任务。苏勒坦告以他把所有非伊斯兰教徒都看作是仇敌,迫使蒙古人应战。战斗未分胜负。两军右翼各击败了对方左翼,穆斯林军右翼由花剌子模沙的长子札阑丁指

---

① 拉施都丁书,Березин 刊本,XV,〔原文,页49－51,171〕;译文,页29－31,115。
② 同上书,XV,〔原文,页111,173〕;译文,页73－4,116。
③ 同上书,原文,Ⅶ,页169;译文,V,页131;XV,原文,页171－2;译文,页115。
④ 据术兹贾尼的叙述,霞光照耀终宵,由此可知,战役发生于夏季。马夸特书(Komanen,页133)系此战于1219年,与最可信赖的报道相较,出入甚大。他的根据是依伊本·阿西尔所记,在摩诃末返抵布哈拉五个月以后,成吉思汗到达布哈拉城下(1220年2月)云云;然而甚难证明伊本·阿西尔熟悉这些事变。马夸特本人也承认有三年的间隔。关于中国史籍中"奇怪的"系年,参看 Pelliot, À propos des Comans,页162以下【冯承钧,《西域南海史地考证译丛》,三编,页27以下】。
⑤ 术外尼书,Qazwīnī 刊本,Ⅱ,页102。马夸特书(Komanen,页133)谓此河当即中国记载(《元史》【卷121,《速不台传》】中的灰里河;《元史》此处将这一战役与花剌子模沙1220年的出逃混为一谈,又谓这一战役发生于1222年。

挥,因他骁勇善战,穆斯林幸免溃败①。穆斯林有意次日继续战斗,但蒙古人乘夜退走,多燃篝火以惑对方。翌日拂晓,穆斯林才判明蒙古人已离开营帐。蒙古人的勇敢留给苏勒坦强烈的印象,后来他不肯和蒙古人正面作战,此为其原因之一。

　　穆斯林诸君王中间,已不复有苏勒坦的竞争者。1215年顷,古尔家族原有的全部领土已确定地并入花剌子模,置于苏勒坦之子札阑丁管辖之下。如所熟知,古尔家族帆延支派的领土包含有阿母河以北的一些省区;又在羁押于花剌子模的统治者中间,有瓦赫什的杰马勒丁·欧马尔其人②,此人可能就是术兹贾尼书中③提到的麦利克-沙的继承人。当苏勒坦留在河中以防游牧人前来进攻的时候,他的将领们把几乎全部波斯都纳入他的统治范围,远至阿曼,也用摩诃末的名义宣读呼图白④。摩诃末在西方次初遇到的惟一比较严重的挫折,是他向哈里发要求:在巴格达也要用他的名义宣读呼图白,这就是说,哈里发应将自己的世俗权力转让于花剌子模沙;与从前曾转让于布伊家族和塞勒术克家族诸君主同样。如我们已经看到的,泰凯什也提出过类似的要求,但摩诃末此刻强调声明势在必得,并为此目的特派花剌子模的卡孜穆吉鲁丁·欧马尔·本·赛阿德为前往巴格达的专使(历史家奈塞维的资料即从这位专使处得来)。巴格达政府坚决回绝,派谢赫施哈卜丁·苏赫拉韦尔迪往见花剌子模沙。根据术外尼⑤和奈塞维⑥的记载,

---

① 这一细节两次见于术外尼书(Qazwīnī 刊本, I,页52;II,页103),但是否属实,不无可疑;令人难以索解的是,偏偏是为札阑丁作传的奈塞维,关于他的书的主人公札阑丁在这一战役中的事迹竟无一语道及。

② 奈塞维,*Histoire du sultan Djelal ed-Din Mankobirti*,原文,页39;译文,页66-7。

③ Raverty 译本, I,页436,490;[Nassau Lees 刊本,页110,125;Malik-Shāh W. kh. sh]。

④ 伊本·阿西尔书,Tornberg 刊本, XII,页198。

⑤ 参照米尔洪德,*Histoire des sultans du Kharezm*, Defrémery 刊本,页69-70;多桑,《蒙古史》,I,页192-3[冯承钧译本,上册,页89]。术外尼书印本两次述及(Qazwīnī 刊本,II,页96以下,120以下)苏勒坦与哈里发交恶,但两次都没有提到谢赫出使事。关于这位谢赫,参看 Brockelmann, GAL. I,页440。

⑥ *Histoire du sultan Djelal ed-Din Mankobirti*,原文,页12-3;译文,页21-3。关于谢赫这番出使的情况,亦思马因·本·艾哈茂德·本·阿西尔(参看 Brockelmann, GAL, I,页341)在其所撰 *Kumāb ʻибрат ули-л-абсир* 一书中(不列颠博物馆抄本7914,叶37a)作了比较详细的(转下页)

这位谢赫在苏勒坦朝廷上受到的接待颇不与其学问品德应当受到的相称,虽然从奈塞维的叙述看来,苏勒坦也还说了几句表示敬意的客气话。摩诃末使谢赫在厅堂中等候了一段时间,他才出见①,如果我们相信术外尼的报道,他到来以后,甚至未让谢赫就座。谢赫请求许可背诵先知的一则圣训,苏勒坦同意并按照习惯下跪恭听。这则圣训的意思是,先知警告忠诚的信徒不可谋不利于阿拔斯家族之事。苏勒坦答称:"虽然我是突厥人,了解阿拉伯语很差,可是我已经知晓你背诵的这则圣训的意义;直到现在,我不曾作过不利于阿拔斯任何一位后裔的事情,我也从未企图使他们受害。同时我却听到,他们中间一直有些人被教主关入牢狱,甚至这样的人日益增多;如果谢赫肯在教主本人面前背诵这则圣训,那么,这会更好,也更有益处。"谢赫进而试图说明,哈里发作为穆智台希德(mujtahid,意为教法的解释者),为了穆斯林整体的利益,有着禁锢个别人的权利。谢赫这番出使,没有达到预期的目的,结果只加深了两位统治者之间的敌意。

苏勒坦的回答虽然表现了机智,自不能使当时社会对伊斯兰教领袖的尊崇发生动摇。恰与谢赫所征引的圣训的精神完全一致,伊本·阿西尔②根据"高贵的阿拔斯家族之无与伦比的地位"说明,凡谋不利于此一家族的人要为自己的行动或不良意图遭受惩罚。依照术外尼的解释,苏勒坦不想让人说他"为了扩张势力而攻击伊玛目(对伊玛目宣誓服从,是伊斯兰教的基石之一),从而扬弃了自己的信仰"③,因此他不得不寻求比呼图白问题更为妥善的战斗口实。寻求更妥善的口实并不困难;意在巩固自己的权位的哈里发纳西尔,其行事不择手段,正与摩诃末本人不相上下。纳西尔与亦思马因派首领杰拉勒丁·哈桑建立

(接上页)叙述,他说军队有400,000人之多(显系夸张之词),又有王侯所居帐幕三座,其一为波斯王侯所居,另一为呼罗珊王侯所居,又一为河中王侯所居。

① 阿拉伯语原文必须如此解释,法语译文与此有异。

② Tornberg 刊本,XII,页207;多桑,《蒙古史》,I,页194;〔冯承钧译本,上册,页89-90〕。

③ 术外尼书,列宁格勒公共图书馆藏抄本,IV,2,34,叶144-5;Qazwīnī 刊本,II,页121。

了密切联系,邀来若干"侠客"(fidā'is)①,用以翦除自己的仇敌。被他翦除的有花剌子模沙委派的伊拉克总督欧古勒米什②和麦加的埃米尔,后者当朝觐时在驻阿拉法特日被刺杀于圣地。最后,花剌子模沙宣布,当攻陷哥疾宁时(1215年),曾发现一些文件,足以表明哈里发不断唆使古尔君主反对摩诃末。苏勒坦终于从"他的辖境以内的诸伊玛目"得来一件裁定书(fatwā),说明曾有这些行动的伊玛目不配担任伊玛目的职务;另一方面,一位经事实证明衷心拥护伊斯兰、用自己的全部时间为信仰而战的苏勒坦,如其不见容于此伊玛目,自有权废黜该伊玛目,以他人代之;又阿拔斯家族曾以强力将本来属于侯赛因后裔阿里家族的哈里发权位据为己有③。基于宗教权威的这一决定,苏勒坦宣布纳西尔已被废黜,从呼图白中和钱币上除掉了纳西尔的名字,另奉赛伊德阿老-穆勒克·忒耳迷齐为哈里发④。通过这些步骤,花剌子模沙为自己取得了向巴格达进军的法律根据。1217年,花剌子模沙恢复了在波斯的统治,但同年冬季,他从哈马丹派到巴格达的一支兵力在库尔迪斯坦山区遭到暴风雪,损失惨重;残余部队被库尔德人消灭殆尽,只有一小部分得返摩诃末帐下⑤。

　　花剌子模沙的威名受到了严重打击,特别因为人们把这次灾难看作是真主对他的冒犯神明的出征所降的惩罚。如果我们相信伊本·阿西尔的记载⑥,那么,摩诃末之所以返回东方,是因为他怕游牧人向河

---

① 关于这些人,参看 Dozy, *Essai*,页303;Browne, *A Literary History*,Ⅱ,页121以下。
② 〔本书1928年英文版作欧古勒米什(Oghulmish),1958年及以后的英文版均作伊格拉米什(Ighlamish);俄文新版仍作欧古勒米什(Огулмыш)。〕
③ 术外尼书,Qazwīnī 刊本,Ⅱ,页121-2。
④ 术外尼书,ГПБ Ⅳ,2,34 抄本,叶143-5;Qazwīnī 刊本,Ⅱ,页120-2;关于阿老-穆勒克,还可参看 Qazwīnī 刊本,Ⅱ,97;米尔洪德,*Histoire des sultans du Kharezm*, Defrémery 刊本,页66-8;哈木杜拉·可疾云尼在其 *Ta'rīkh-i Guzīdah* 中(Browne 刊本,原文,页496;译文,页114)称这位赛伊德为伊马杜丁。
⑤ 伊本·阿西尔书,Tornberg 刊本,Ⅻ,页207。
⑥ 同上。据同时代人〔巴勒斯坦境内〕阿卡的主教雅各·德·维特里的报道,哈里发曾经取得聂斯脱里教派长老的同意,遣使往见"大卫王",其时大卫王已征服"诸汗之汗",因此摩诃末曾以锡尔河以外的全部地区让交大卫王,亦即让交屈出律。在哈里发所遣使节的影响下,"大卫(转下页)

中进攻,同时他毫未放松对哈里发的斗争;与此相反,当他在回历618年祖勒－卡达月(公元1218年2月)返抵你沙不儿时,立即命令从呼图白中削去纳西尔的名字,并宣布这位哈里发业已死亡。他在马鲁、巴里黑、布哈拉、塞拉赫斯等城市采取了同一措施,但不曾推广到花剌子模、撒马尔罕或哈烈,因为这些城市比较自主,得自由裁量(?)宣读或者废除呼图白。另一方面,奥菲①与奈塞维②却肯定摩诃末本人在遭遇灾难之后已露示悔意,至少在表面上企图与巴格达媾和③。很有可能,花剌子模沙确实认为有向公众意见退让一步的必要,从呼图白中除掉纳西尔的名字,也是进军巴格达以前的事情。至于有些城市(甚至包括花剌子模本身在内)的呼图白并未变更,这大约与苏勒坦和他的母亲之间的斗争有关,在这一斗争中,军事将领与僧侣集团都是支持他的母亲的。

  早在1216年,花剌子模沙就下令将谢赫麦只杜丁·巴格达迪处死,因此激怒了他的母亲和僧侣集团。这位年轻的谢赫受教于谢赫奈只木丁·库卜拉,后者是到今天依然存在的苏菲派(Ṣūfīs)库卜雷维(Kubrawī)宗的创建人。谢赫奈只木丁像十二、十三世纪其他重要的谢赫一样,也属于谢赫阿布·亚尔库卜·优素福·布增德吉尔迪·哈马丹尼④在河中建立的教派,谢赫哈马丹尼来自西方,卒于1140年。这个教派的创建人及其诸追随者都不常为史籍所著录,然而毫无疑问,他们在群众中有很大的影响;其积极活动的成员有至今仍十分受人尊敬的圣徒,如哈基木－阿塔与艾哈迈德·亚塞维⑤是。谢赫对于群众的

(接上页)王"开始了对花剌子模沙的战争,结果后者返回本土(Zarncke, *Der Priester Johannes*,Ⅱ,页48,50-2)。

① 《原文史料选辑》,页84。
② *Histoire du sultan Djelal ed-Din Mankobirti*,原文页20-1;译文,页36。
③ 关于摩诃末所立的哈里发,其下场如何,我们不曾找到任何资料。
④ 《原文史料选辑》,页154(Яфи'и, *Мир'āт ал-джаннāн*);参照 Brockelmann, GAL,Ⅱ,页176以下。关于谢赫 al-Hamadānī,参看 Жуковский, *Развалины Старого Мерва*,页169-72(引自 *Qandīya*,参看 Вяткин 译本,页266-9)。
⑤ 参照 Melioranskij, Aḥmad Yesewī 与 Barthold, Hakīm Atā(《伊斯兰百科全书》各本条)。

影响，有可能引起世俗统治者的疑忌，因此诸谢赫自始就订立了防止这类冲突的规章。教派的创建人已以遗言叮嘱自己的继承人，要把在上苏勒坦辛贾尔奏章①中说过的话告知弟子和信士们，即与群众谈话时，也要有忠君的感情，像与统治者们交谈时一样。如果我们相信奥菲的记述②，麦只杜丁·巴格达迪在这一点上本来采取了类似的审慎态度。术外尼与奈塞维书中屡次提到的伊玛目施哈卜丁·希瓦基，当时在花剌子模充任宫内大臣，他写信给这位谢赫，希望通过他的帮助能够"找到脱离尘杂、顺应天命的光明道路，并用忏悔与虔诚之剑斩断一切顾念"。谢赫回答宫内大臣说，勤劳王事决非罪恶，正因勤劳王事，才便于济困扶危，这比把斋和祈祷还更能求得人间的快乐和天上的幸福。看到这些资料，我们愈难对这位谢赫与花剌子模政府间的冲突了解其原因所在。十三世纪的诸著作家完全忽视了这件事情，而以后的著作家们，从哈木杜拉·可疾云尼③起，都说这位谢赫被杀，是由于他与苏勒坦的母亲私通的嫌疑④。然而这多半不是事实，因为当时女王已经有了曾孙⑤。我们毋宁把女王与谢赫关系密切的记述解释为，在这次冲突中，像在其他类似的冲突中一样，军事将领们在其与王权斗争时有僧侣集团站在他们一边。

麦只杜丁之遇害，据史家记载，系花剌子模沙一时盛怒的结果，很快地他就追悔了。摩诃末需要倚靠他的由突厥人编成的警卫军，从而必须竭尽可能与他们和善相处。雇佣兵是花剌子模国家惟一的武装力量；十二世纪时，一般民众比以前更加被看作是从事劳动的群氓，从而

---

① 《原文史料选辑》，页 51(Qandīya)。
② 同上书，页 97。
③ 同上书，页 153(*Ta'rīkh-i Guzīdah*)；哈木杜拉·可疾云尼，*Ta'rīkh-i Guzīdah*, Browne 刊本，原文，页 788 以下；译文，页 215(原文页 496 误作 Najm al-Dīn Baghdādī, 参照译文，页 114)。
④ 最详细的叙述见《原文史料选辑》，页 156(摘自博德利图书馆藏一份匿名著作的抄本 Th. Hyde 31，叶 115)。
⑤ 关于扎阑丁之子的年龄，参看奈塞维，*Histoire du sultan Djelal ed-Din Mankobirti*, 原文，页 84；译文，页 140。

必须完全服从,绝对听命。卡提卜·撒马尔罕迪①记载了苏勒坦辛贾尔的如下一段言论:保护强者使不受弱者的侵害,比保护弱者使不受强者的欺凌更为必要;弱者为强者所侮,这只是不公平,而如强者见凌于弱者,这不但是不公平,而且也是一种耻辱。一般民众如脱离被统治地位,势将造成最无秩序的局面:"普通人要办大人物的事情,但大人物却不能尽普通人的职责",这就是说,平民要像贵族那样生活着,而平民份内的工作却谁也不想去做。辛贾尔时代的一件公文②尚有较此更为鲜明的、关于"工匠与农民"阶级的论断:"他们不了解君王的语言,拥护统治者或背叛统治者云云,都落在他们的意识领域以外。他们的全部努力只有一个目标,即获得生活资料和维持妻孥的生存;显然不能责怪他们这样作,不能责怪他们永度平安岁月。"

这样,雇佣军成为王权的惟一支柱,而君王为了自己的利益也必然认为军政重于民政。从流传到今天的公文来看,花剌子模沙国家的最高职官与塞勒术克帝国的最高职官相同,即韦齐尔、卡孜与穆斯陶菲。宫内大臣与穆什里甫等词的涵义,至十二世纪时,似稍有变更。除"宫内大臣"(wakīl of the court)③外,又有一"御前司大臣"(wakīl of the personal dīwān)④,后者大约相当于蒙古时期的"贡赋总管"(wakīl-i kharji)⑤。这位大臣点收各种款项,惟不收拨充军费的专款;省级与此相应的官职称穆什里甫⑥。各行政部、司的长官得依自己的权衡任命省级掌管相应事务的官员⑦;只有各省相当于中央韦齐尔的职官才由

---

① 《原文史料选辑》,页71。
② 同上书,页30(lnshā')。
③ 同上书,页97(奥菲书)。
④ 同上书,页23(lnshā')。
⑤ 同上书,页117(术外尼书,Qazwīnī 刊本,Ⅱ,页239)。
⑥ 奈塞维显然就在这种意义上用 mushrif 一词(Histoire du sultan Djelal ed-Din Mankobirti,原文,页195;译文,页125)。【此句中,御前司大臣"点收各种款项,惟不收拨充军费的专款"云云,系据俄文本译出,英译本此语则作"这位大臣不仅点收拨充军费的专款,而亦点收其他大宗款项",与俄文本语义迥异。】
⑦ 参看上文 R290。

君主任命,尤以总督由王公充任的省区更是如此①。武职之中,与塞勒术克朝旧制相反,行刑官(jāndār)一职极为重要。在为泰凯什撰拟的一件公文②中,行刑官被计入"警卫军要员"之列。摩诃末在位时,阿亚兹负责执行苏勒坦颁布的死刑命令,他有着杰罕-佩赫雷宛(Jahān-Pahlawān,意为"世界的骑士")的称号,统率骑兵10,000人③。关于高级文官的职权,我们所知较少。摩诃末的韦齐尔尼扎木-穆勒克·穆罕默德·本·马斯乌德·赫雷维④,可能是泰凯什的韦齐尔的儿子⑤;在花剌子模朝,像在从前的各朝代一样,也有世袭的韦齐尔。在塞勒术克朝被推广了的军事采地制度继续存在。泰凯什在位时受任巴尔钦利格肯特总督的一位将军同时接受该地重要村庄之一拉巴特-图加宁作为"由兵部(dīwān-i arḍ)经手的赐予"⑥。又泰凯什在位时,曾以努哈斯村作为免赋领地(milk)赐予王公亚甘-朵格笃,但基于法律的原因,该领地被宣布为领受者死后仍转归国家的财产⑦。

虽然苏勒坦曾将女王的宠臣处死,大体说来,在进军巴格达以前,他仍然遵照母后的意旨行事。尼扎木-穆勒克·穆罕默德·赫雷维罢官后,苏勒坦顺从母后的愿望,任命从前作过她的古拉木的穆罕默德·本·萨利赫继为韦齐尔,并予以尼扎木·穆勒克和纳西尔丁的称号⑧。苏勒坦为了取得母后的欢心,择立自己的幼子库特卜丁·奥兹拉格-沙为储副,因为后者的母亲与图尔坎-可敦属于同一部落。苏勒坦以古尔家族的故土交其长子札阑丁·曼古贝尔蒂统治(惟将哈烈除外),

---

① 《原文史料选辑》,页75-6(巴格达迪,*Kitāb at-Tawassul*;奈塞维,*Histoire du sultan Djelal ed-Din Mankobirti*,原文,页102;译文,页170。
② 《原文史料选辑》,页78(巴格达迪,*Kitāb at-Tawassul*)。
③ 奈塞维,*Histoire du sultan Djelal ed-Din Mankobirti*,原文,页30;译文,页40。
④ 同上书,原文,页27;译文,页50。
⑤ 关于此人,参看Жуковский, *Развалины Старого Мерва*,页33。
⑥ 《原文史料选辑》,页74-5(巴格达迪,*Kitāb at-Tawassul*)。
⑦ 同上书,页75(巴格达迪,*Kitāb at-Tawassul*)。
⑧ 奈塞维,*Histoire du sultan Djelal ed-Din Mankobirti*,原文,页28;译文,页48-50。

使年少的储副作花刺子模、呼罗珊与马赞德兰的统治者①,而统治这些省区的实权仍掌握在图尔坎-可敦手中。同样,苏勒坦未曾采取削弱僧侣集团的新的措施,仅从布哈拉和撒马尔罕放逐了那些可能危害王权的人物。他罢免了布哈拉的萨德尔布尔罕丁,遣往花刺子模,遗缺由麦只杜丁·马斯乌德·本·萨利赫·费拉维继任,后者系韦齐尔的弟兄(但弟兄二人失和),直到蒙古进攻时依然在职。撒马尔罕的"伊斯兰谢赫"名杰拉勒丁,被流放到奈萨,和他一道被流放的还有他的儿子谢木斯丁和他的弟兄奥哈杜丁②。苏勒坦和他的母亲之间的斗争,只是到了他自伊拉克归来,停留在你沙不儿的时候(1218年2-3月③),才趋于尖锐。苏勒坦责斥韦齐尔尼扎木·穆勒克贪污无能,明令免职,遣返花刺子模,说"回你的老师门下去吧"。这句话似已被觉察对女王隐含敌意。争执因女王的行动而更加炽烈,她在花刺子模京城为这位被罢免的韦齐尔举行了盛大的欢迎仪式,委任他为储副的韦齐尔。苏勒坦在河中闻讯后,派随员伊祖丁·托格鲁勒到花刺子模将尼扎木·穆勒克斩首。图尔坎-可敦逮捕了托格鲁勒,不但阻止他执行苏勒坦的命令,甚至迫使他在朝堂上当众宣布苏勒坦确认对尼扎木·穆勒克的委任④。苏勒坦不敢计较,容忍了事。由此可见,在图尔坎-可敦治下的各省区,苏勒坦的权威实际上不为人所承认。

花刺子模沙在其直接管辖的区域内,在尼扎木·穆勒克罢官以后,迄未恢复官僚体系在国家组织中的重要地位。他将帝国韦齐尔的职权交付一个由宫廷大臣六人共同组成的合议机关行使(其中一人兼任文书部长官),须经六人一致同意的决定始准执行⑤。我们不易说明苏勒坦何以要实现此项与官僚政治传统直接抵触的大胆的改革;无论如何,

---

① 奈塞维,*Histoire du sultan Djelal ed-Din Mankobirti*,原文,页28;译文,页44-5。
② 同上书,原文,页23-5;译文,页41-3。
③ 是年4月,苏勒坦已在马鲁(伊本·阿西尔书,Tornberg刊本,XII,页207)。
④ 奈塞维,*Histoire du sultan Djelal ed-Din Mankobirti*,原文,页28-31;译文,页49-55。译文中(页55)有一处称伊祖丁为凯里木丁(Karīm ad-Dīn),原文不误。
⑤ 同上书,原文,页32;译文,页56。

这样用合议制以代独任制，根本不能达到改革的目的。根据奈塞维的记述，人们此刻反而怀念尼扎木·穆勒克的时代，因为尽管那位韦齐尔专断独行，毕竟"使一人满意易，使六人满意难"。

　　如上所述，由阿拔斯朝奠基，在塔希尔朝与萨曼朝得到了发展的东方穆斯林的政治结构，至此已全部崩溃。官僚体系不复发挥任何效用；以苏勒坦的母亲为首的军事集团公开与最高统治者为敌。僧侣集团不肯捐弃花剌子模沙杀害麦只杜丁和为反对哈里发逼索裁定书的前嫌；被摩诃末从不信教者的衡轭下解放出来的民众转而反对自己的解放者，因此受到血腥的镇压。摩诃末在国家组织中，找不到任何一个可以信赖的机关，在人民群众中也找不到任何一个可以倚靠的阶级。当这样一个政权对团结在古往今来最有天才的组织者领导之下的、朝气方新的游牧人展开斗争时，其结局如何，自不难预卜。